-CLAUDISCHEN HAUSES[1]

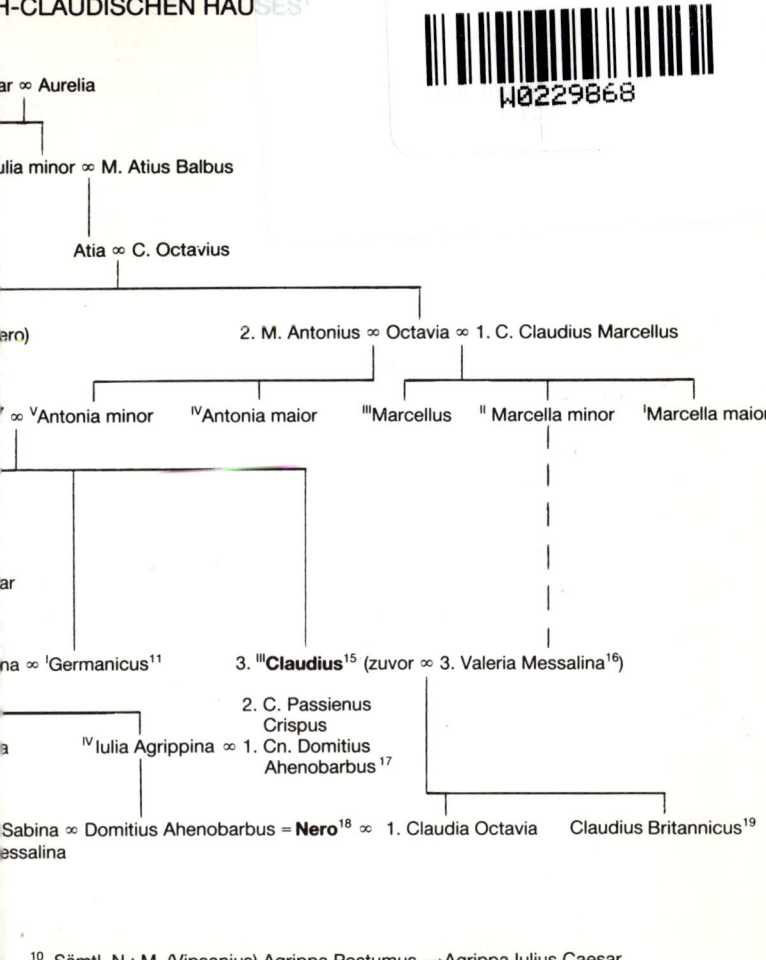

ar ∞ Aurelia

ılia minor ∞ M. Atius Balbus

Atia ∞ C. Octavius

ero)   2. M. Antonius ∞ Octavia ∞ 1. C. Claudius Marcellus

r ∞ [V]Antonia minor   [IV]Antonia maior   [III]Marcellus   [II] Marcella minor   [I]Marcella maior

ar

na ∞ [I]Germanicus[11]   3. [III]**Claudius**[15] (zuvor ∞ 3. Valeria Messalina[16])

         2. C. Passienus
           Crispus
a   [IV]Iulia Agrippina ∞ 1. Cn. Domitius
            Ahenobarbus[17]

Sabina ∞ Domitius Ahenobarbus = **Nero**[18] ∞ 1. Claudia Octavia   Claudius Britannicus[19]
essalina

---

[10] Sämtl. N.: M. (Vipsanius) Agrippa Postumus →Agrippa Iulius Caesar
[11] Sämtl. N.: Nero Claudius Germanicus → Germanicus Iulius Caesar
[12] Sämtl. N.: Nero Iulius Caesar
[13] Sämtl. N.: Drusus Iulius Caesar (Germanicus). Zwischen ihm und Gaius noch 2 Brüder
[14] Sämtl. N.: C. (Iulius) Caesar Germanicus „Caligula"
[15] Sämtl. N.: Ti. Claudius Nero Germanicus → Ti. Claudius Caesar Augustus Germanicus
[16] Enkelin der Marcella minor. In 1. Ehe war Claudius mit Plautia Urgulanilla, in 2. mit Aelia Paetina verheiratet
[17] Sohn des L. Domitius Ahenobarbus und der Antonia maior
[18] Sämtl. N.: L. Domitius Ahenobarbus → Nero Claudius Caesar Augustus Germanicus
[19] Sämtl. N.: Ti. Claudius Caesar Britannicus

KRÖNERS TASCHENAUSGABE
BAND 130

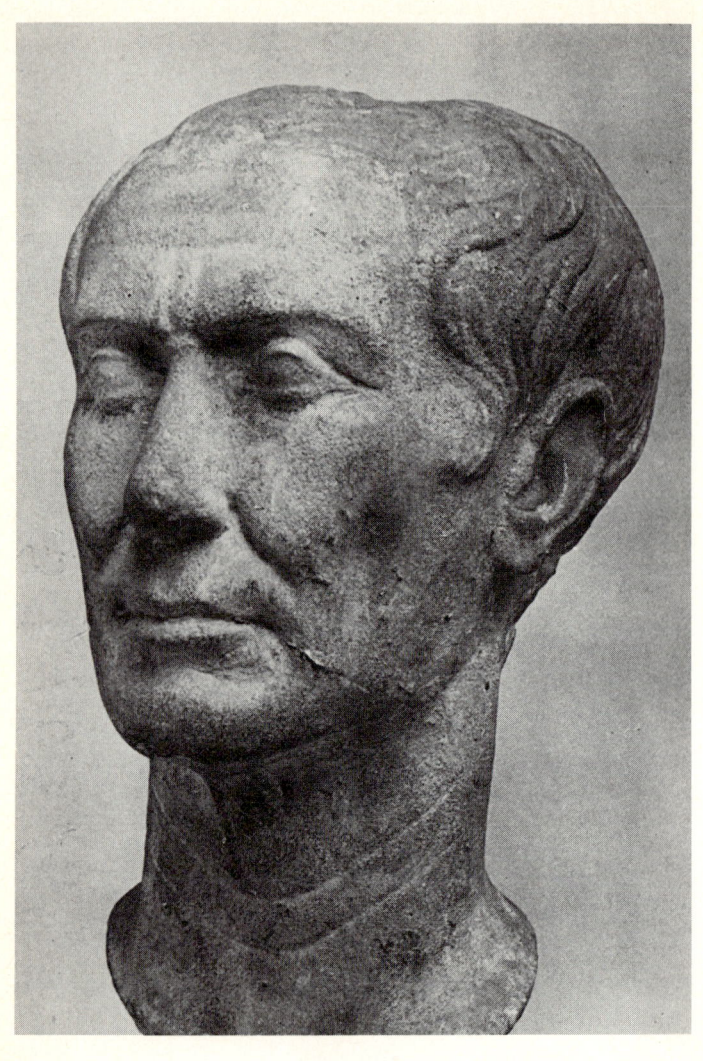

CÄSAR

SUETON

CÄSARENLEBEN

ÜBERTRAGEN UND ERLÄUTERT VON

MAX HEINEMANN

MIT EINER EINLEITUNG VON

RUDOLF TILL

SIEBTE AUFLAGE
IM RAHMENTEIL BEARBEITET VON

REINHARD HÄUSSLER

MIT 15 BILDNISSEN
UND EINER STAMMTAFEL

ALFRED KRÖNER VERLAG STUTTGART

Auswahl und Erläuterung der Abbildungen
durch German Hafner

CIP-Kurztitelaufnahme der Deutschen Bibliothek
Sueton/Cäsarenleben
Übertragen und erläutert von Max Heinemann
Mit einer Einleitung von Rudolf Till
Im Rahmenteil bearbeitet von Reinhard Häußler
7. Auflage 1986
Stuttgart: Kröner 1986
(Kröners Taschenausgabe; Bd. 130)
ISBN 3-520-13007-6

INHALT

VORWORT

Die siebte Auflage dieser deutschen „Cäsarenleben" Suetons bietet sich in der alten Gestalt, aber in neuer Gewan-
dung dar. Der unveränderte Nachdruck von Übersetzung
und Erläuterungen rechtfertigt sich so lange, wie der zu-
grundeliegende Text der Teubnerausgabe von Max Ihm
(vgl. das Literaturverzeichnis) durch keine neuere Stan-
dardausgabe ersetzt wird; auch fehlt es bis heute an einem
modernen Gesamtkommentar, so sehr sich die Kommentare zu einzelnen Viten – mit unterschiedlichem Gepräge –
in der Zwischenzeit vermehrt haben.

Hingegen schien es angezeigt, die rahmenden Werkstücke
zu erneuern, wozu auch die Bildausstattung gehört: German Hafner (Mainz) hat sich ihrer angenommen, sie mit
einem neuen Text versehen und zugleich den größeren Teil
der Abbildungen ausgewechselt, so daß die ikonographi-
sche Illustration dem heutigen Forschungsstand entspricht. Eine solche Aktualisierung war auch das Anliegen
des Bearbeiters bei der Revision der Einleitung und der
Neuerstellung von Literaturverzeichnis, Zeit- und Stammtafel.

Rudolf Till ist am 16. Juni 1979 verstorben. Seine Einleitung hat sich seit 1939 im wesentlichen als wertbeständig
erwiesen. Gewiß gab es manches zu glätten, zu ergänzen
und zu berichtigen, neueren Funden und Erkenntnissen
anzupassen, doch hat das Ganze nichts von seiner charakteristischen Substanz eingebüßt: die souveräne Skizze eines
damals noch so jugendlichen Gelehrten! – Das Literaturverzeichnis beschränkt sich auf eine Auswahl des Wichtigsten; auf Literaturangaben zu einzelnen Viten wurde ver-

zichtet, ebenso auf die Angabe von bloßen Nachdruckda-
ten, die keinen Aufschluß über die Arbeiten letzter Hand
vermitteln. – Die Zeittafel hat sich, wider die ursprüngliche Absicht, von der früher hier beigegebenen Zeittafel
Ernst Kornemanns so weit entfernt, daß von der Aus-
gangsbasis nicht viel übriggeblieben ist; möge sie nun
einigermaßen der Übereinkunft – wenn es denn dergleichen gibt! – heutiger Wissenschaft und vor allem der in
vielen Fällen ganz unzweifelhaften Überlieferung entsprechen. – Schließlich stellt die Stammtafel den Versuch dar,
die verwickelten Familienverhältnisse des Julisch-Claudischen Hauses, unter Beschränkung auf das Wesentliche,
auf den optisch sinnfälligsten Nenner zu bringen; in pros-
opographischen Einzelfragen durfte sich der Bearbeiter
dabei der kundigen Beratung seines althistorischen Kollegen Dietmar Kienast erfreuen, wofür ihm auch an dieser
Stelle gedankt sei.

Abschließend sei – wenigstens mit einigen Sätzen – des
Mannes gedacht, dem diese Übertragung samt ihren Erläuterungen zu danken ist. Dr. Max Heinemann hat, wie es
im originalen Vorwort von 1939 heißt, für seine Übersetz-
zung die vorangegangenen Verdeutschungen von Ad.
Stahr und J. Sarrazin zu Rate gezogen; dabei ging es nicht
nur um sprachliche Erneuerung, sondern ebenso um sachliche Berichtigung anhand des Ihmschen Textes. Für die
Erläuterungen, „bewußt an einen weiteren Leserkreis gerichtet", machte er sich den alten Kommentar von Bremi
(nicht jedoch den von Baumgarten-Crusius) und einen Teil
der bis dahin erschienenen Einzelkommentare nebst allgemeinen Hilfsmitteln zunutze, wobei „Erläuterungen der
häufiger vorkommenden Begriffe" (in den späteren Aufla-
gen gestrichen) als alphabetischer Anhang zusammengefaßt wurden.

Das originale Vorwort wurde bis zu dieser Auflage vom
Alfred-Kröner-Verlag unterzeichnet, das originale Titel-
blatt trug bis zur ersten Nachkriegsauflage Heinemanns
Namen nicht, während die Einleitung Rudolf Tills dort als

solche figurierte. Dr. Max Heinemann war Jude. Von
Beruf Buchhändler, wurde er, nach anderweitigen leiten-
den Stellungen seit 1926 unter der Ägide von Dr. Wilhelm
Klemm (Inhaber der Kommissionsbuchhandlung Carl Fr.
Fleischer zu Leipzig) für die Dieterich'sche Verlagsbuch-
handlung vor allem als Herausgeber der angesehenen Zeit-
schriften „Philologus" und „Klio" tätig. Im Zuge der
Nürnberger Gesetze sah sich Dr. Klemm gezwungen, ihn
zu entlassen, vermittelte ihm aber im Stuttgarter Kröner-
Verlag die Arbeit am neuen Suetonband. Sein Name durfte
nicht erscheinen; um die anonyme Befremdlichkeit zu
kaschieren, übertrug man die Einleitung Dr. Rudolf Till.
Der abschließende Leidensweg Max Heinemanns und seiner (‚arischen') Familie ist hier nicht nachzuzeichnen[1]. Bei
einem unglücklichen Sturz brach er sich beide Arme, trotz
sorgfältiger Behandlung im letzten noch verbliebenen Jüdischen Krankenhaus (zu Berlin) blieb er arbeitsunfähig; in
diesem Zustand wurde er, der 1882 Geborene, am 16. Februar 1944 zu einem Transport, angeblich nach Theresien-
stadt, abkommandiert, wo er nie angekommen ist. – Rudolf Till hat bald nach jener Einleitung „im Auftrage der
Forschungs- und Lehrgemeinschaft ‚Das Ahnenerbe', die
hierzu von ihrem Präsidenten, Reichsführer-SS Heinrich
Himmler, die entscheidende Anregung und immer wieder
erneute, durchgreifende Unterstützung empfing"[2], sich
dem Studium des Codex Aesinas widmen können. –
Bücher haben nicht nur Schicksale, sie spiegeln auch
Schicksale. Im Tod haben die ungleichen Wege von Max

---

[1] Eine Skizze vom Leben Max Heinemanns aus der Feder seines
Schwiegersohnes Max Hofmann (Berlin) findet sich im Rahmen einer
Rezension der 5. Auflage (1957) dieses Bandes in Helikon 6 (1966)
785–792, bes. 788 ff. Die obigen Ausführungen stützen sich auf diese
Skizze, ergänzt und berichtigt durch freundliche Mitteilungen von
Herrn Verleger Arno Klemm im Kröner-Verlag. – [2] Aus dem Vor-
wort von R. Tills „Handschriftlichen Untersuchungen zu Tacitus,
Agricola und Germania" (Berlin-Dahlem 1943); man vergleiche das
Geleitwort.

Heinemann und Rudolf Till ihr gemeinsames Ziel gefunden: Ehre dem Andenken zweier Männer, die sich um die Klassischen Studien verdient gemacht haben.

Düsseldorf, 1. März 1986   *Reinhard Häußler*

EINLEITUNG

Die Wende des ersten zum zweiten nachchristlichen Jahrhundert gehört zu den Zeiten der Geschichte, in denen ein, taciteisch gesprochen, wiederkehrender Lebensgeist alle Gebiete menschlichen Lebens ergreift und eine neue Blüte heraufzuführen vermag. Nicht zufällig spiegelt sich dieser Umschwung auch dem Blick der Nachwelt noch in den Denkmälern der Literatur jener Epoche; die Menschen werden sich damals des Erwachens aus der tiefen Ohnmacht bewußt, die sie während der letzten Jahre domitianischer Herrschaft umfangen hatte. Die Betätigung auf literarischem Gebiet setzt noch einmal mit unerhörtem Schwung ein und zeitigt Werke von tiefster Gegensätzlichkeit. Die Spanne reicht von der liebenswürdigen Weite und Eleganz des jüngeren Plinius bis zu der galligen und doch geistreichen Poesie des Juvenal. Für die Nachwelt verewigen diese Epoche umfassender Vielseitigkeit die Gestalten eines Tacitus, Plutarch und Sueton.

Über das Leben Suetons sind wir nur schlecht unterrichtet. Der Gelehrte hat, wie nicht anders zu erwarten war, keinen Biographen gefunden, da die Späteren nur das Werk, nicht die Person interessierte. Aus den wenigen Nachrichten, die wir hauptsächlich seinen Schriften und einigen Briefen des jüngeren Plinius verdanken, läßt sich jedoch ein Bild seines Wesens gewinnen. Die genauen Lebensdaten liegen freilich – trotz einer 1951 gefundenen fragmentarischen Inschrift (Année Epigraphique 1953, Nr. 73) – recht im Dunkeln. Sueton wurde – möglicherweise im nordafrikanischen Hippo Regius – um 70 n. Chr. geboren. Seine Familie gehörte dem Ritterstande an. Der

Vater, Suetonius Laetus, war Militärtribun (tribunus angusticlavius) im Heere Othos und hing in treuer Liebe an
seinem General und Kaiser, auch als die Schlacht bei
Betriacum (April 69 n.Chr.) gegen diesen entschieden
hatte (Otho 10). Sein Sohn, *Gaius Suetonius Tranquillus,*
hat seine Jugendzeit unter den letzten beiden Flaviern,
Titus und Domitian, verlebt, wie man aus zwei Angaben
in den Kaiserbiographien schließen kann; denn nach eigener Aussage war er ein junger Mann, als bei den Parthern
im Jahre 88 n.Chr. ein falscher Nero auftauchte (Nero 57).
Ungefähr in der Mitte der neunziger Jahre erlebte er die
Auswirkungen der scharfen Steuergesetze Domitians gegen die Juden (Domitian 12). Er wurde Priester des Feuer-
gottes (pontifex Volcani), vielleicht in Ostia. Später lebte
er in Rom als Rechtsanwalt, beschäftigte sich schulmäßig,
als scholasticus, mit Grammatik und Rhetorik und fand als
solcher Anschluß an den jüngeren Plinius, den Mäzen
dieser Zeit, der bis zu seinem Tode schützend die Hand
über den etwas weltfremden Gelehrten hielt und ihm die
Sorgen des Alltags abnahm. Einige seiner Briefe sind an
Sueton gerichtet, andere erzählen gelegentlich von dem
Wissenschaftler in einem etwas gönnerhaften Ton, der den
gesellschaftlichen Unterschied zwischen beiden deutlich
ahnen läßt. Wir erhalten durch sie von Sueton das Bild
eines bescheidenen, zurückgezogen lebenden Menschen.
Einmal wendet er sich an seinen Patron mit der Bitte um
Verschiebung eines Prozesses, weil ihm ein unheilvoller
Traum ungünstigen Ausgang verheißen hat (Plinius' Briefe
I 18). Ein andermal erfahren wir, daß Sueton ein kleines
Landgut zu kaufen beabsichtigt, wobei Plinius durch einen
Freund einen mäßigen Kaufpreis vermittelt. Dieser Brief
charakterisiert die Wesensart unseres Schriftstellers so
trefflich, daß ein Teil hier in Übersetzung folgen möge:
„Würde der Preis ihn nur anheimeln, dann gäbe es genug
an diesem kleinen Gut, was meinen Tranquillus lockt: die
Nähe von Rom, der bequeme Weg, das bescheidene Haus,
das Stück Land, das ihm kaum Lasten, eher nur Erholung

brächte. Und für die Herren Schulgelehrten, wie er einer ist, genügt ja bei weitem soviel Grund und Boden, um dort ihren Kopf auszulüften, ihre Augen erfrischen zu können, eigenen Besitz zu umwandern, ihren Lieblingsweg auf und ab zu gehen, jedes Rebstöckchen zu kennen und ihre Obstbäumchen zu überzählen" (Plinius' Briefe I 24). Plinius hätte es gern gesehen, daß sein Schützling einen militärischen Rang übernehme; deshalb erwirkte er ihm ein Offizierspatent – aber Sueton verzichtete und bat, diese Stelle lieber einem Verwandten zu übertragen (Plinius' Briefe III 8): dem stillen Sammler mochte wenig an militärischen Ehren gelegen sein. Plinius vergaß seinen Freund auch nicht, als er durch kaiserlichen Befehl zum Statthalter in Bithynien ernannt wurde; von dort aus bat er Trajan, dem Sueton, dessen Ehe kinderlos geblieben war, das „Dreikinderrecht" (ius trium liberorum) zu verleihen, das dem Inhaber jene wirtschaftlichen Vorteile brachte, die sonst an die entsprechende Kinderzahl geknüpft waren. Wir lesen noch die ehrenvolle Charakterisierung des Bewerbers: „Ich habe, gnädigster Herr, den Suetonius Tranquillus, einen wahrhaft rechtschaffenen Ehrenmann und ausgezeichneten Gelehrten, dessen Haltung und Arbeiten ich seit langem verfolgen konnte, in meinen Freundeskreis aufgenommen und ihn von da an um so lieber gewonnen, je tiefer ich nun in ihn blicken konnte" (Plinius' Briefe X 94). Nach dem Tode seines Gönners Plinius (um das Jahr 113 n. Chr.) scheint der Gelehrte an eine andere einflußreiche Persönlichkeit Anschluß gefunden zu haben, an Septicius Clarus, den nachmaligen Gardepräfekten Hadrians. Ihm wird er es in erster Linie verdanken, daß ihn, der wohl schon unter Trajan Sekretär für forensische (a studiis) und Bibliotheksangelegenheiten (a bibliothecis) geworden war, nunmehr der neue Kaiser beim Regierungsantritt mit einem der mächtigsten Hofämter betraute: er wurde zum Sekretär der kaiserlichen Kanzlei ernannt (ab epistulis). In dieser Zeit werden die Kaiserbiographien erschienen sein, die dem Gardepräfekten gewidmet waren. Die nahen Be-

ziehungen zu Septicius Clarus hatten später freilich auch
zur Folge, daß Sueton mit ihm zugleich beim Kaiser in
Ungnade fiel (121 oder 122 n. Chr.): Hadrian entsetzte
seinen Gardepräfekten und manche andere, darunter auch
Sueton, ihrer Ämter, weil sie der Kaiserin gegenüber nicht
die Hofetikette gewahrt hatten. Das ist das letzte uns aus
dem Leben Suetons bekannte Ereignis. Wie lange er nach
seinem Sturz noch gelebt hat, läßt sich schwerlich bestimmen; die vielen Werke, deren Titel wir noch kennen,
können aber kaum aus einem kurzen Leben hervorgegangen sein.

Mit Suetons literarischer Produktion ist es sehr merkwürdig gegangen. Zunächst scheint er nur Material gesammelt
und nichts veröffentlicht zu haben. Was er schrieb, erschien ihm unfertig. Wir besitzen einen ergötzlichen Brief,
in dem Plinius seinen Schützling zur Veröffentlichung
eines längst angekündigten und fertigen Werkes drängt
(Plinius' Briefe V 10). Leider wissen wir nicht, um welche
Schrift es sich damals gehandelt haben mag. Später hat
dann Sueton seine gewaltigen Stoffsammlungen verarbeitet
und eine stattliche Reihe von Werken veröffentlicht; die
zahlreichen Titel lateinischer und griechischer Schriften
sind Zeugen seiner unerschöpflichen Vielseitigkeit, in der
er seinem großen Vorgänger Terentius Varro nacheiferte.
Für den Altertumsforscher wird das verlorene Werk Suetons auf fast allen Gebieten lebendig. Man stößt auf seine
Spuren, wenn man in den spätantiken Grammatikern der
Geschichte der lateinischen Sprache nacharbeitet. Am
Ausgang des Altertums benutzte Hieronymus sein Werk
„Über berühmte Männer" für eine lateinische Bearbeitung
der Weltchronik des Eusebios (378); wenig später (392)
gibt er seiner christlichen Literaturgeschichte nach demselben Vorbild den Titel „De viris illustribus". In der Überlieferung über die großen Persönlichkeiten der römischen
Literatur, die entscheidenden Einfluß auf die spätere Bildung ausübten, wirken die verschiedenen Formen von
Suetons biographischer Schriftstellerei nach. Man braucht

nur an die unschätzbaren Nachrichten über die Dichter
Terenz, Vergil und Horaz zu denken, um sich zu verge-
genwärtigen, was wir diesem Manne verdanken. Ehe wir
nun zu einer näheren Betrachtung seines Hauptwerkes,
der Kaiserbiographien, übergehen, sei ein Blick auf die
Grundlagen und das Werden der Biographie in Rom geworfen.

Die Antike hat den Unterschied der biographischen Literatur von der Geschichtsschreibung oft betont und stets
einen scharfen Trennungsstrich zwischen beiden gezogen:
die Historiographie schildert Ereignisse, die Biographie
Persönlichkeiten. Da nun aber beide Arten gleichen oder
zum mindesten ähnlichen Stoff für ihre Darstellung benutzen, wurden die Biographen des Altertums oft nach Maß-
stäben beurteilt, die man an die hohe Geschichtsschreibung zu legen gewohnt ist, und daraus ergab sich eine ganz
falsche Einschätzung der Biographie. Man wandte gegen
sie ein, sie vernachlässige die Chronologie, verstünde nicht
zwischen Wichtigem und Nebensächlichem zu scheiden,
ließe bedeutende Ereignisse beiseite, hätte nicht die Fähigkeit, den Stoff zu einer wirklich geschlossenen Darstellung
zu formen. All diese Vorwürfe aber sind unberechtigt,
wenn man sich vor Augen hält, daß die antiken Biographen
niemals die Absicht gehabt haben, Geschichte zu schreiben.

Sodann noch ein Zweites. Wir sind es gewohnt, diese Art
der Literaturgattung mit dem aus der Spätantike stammenden Wort „Biographie" zu bezeichnen, verbinden aber mit
diesem Begriff nicht ganz das gleiche, was das Altertum
unter Bios oder Vita verstand. Die moderne Biographie
erweist sich als eine Schilderung der äußeren und inneren
Entwicklung eines Menschen, als Gestaltung eines Einzel-
schicksals unter Berücksichtigung der räumlichen und
zeitlichen Bedingungen der Umwelt. Sie ist mit den Mitteln der Psychologie und Charakterologie verfaßt, und der
Entwicklungsgedanke beherrscht als etwas Selbstverständ-
liches die Darstellung. Der antiken Lebensbeschreibung

fehlt jedoch dieser letztere entscheidende Begriff fast gänzlich; sie zeigt uns kaum je das Werden einer Persönlichkeit, sondern ihr im wesentlichen unverändertes Sein.

Aber nicht allein auf die Verschiedenheit moderner und
antiker Biographie ist zu achten; denn auch innerhalb der
biographischen Form des Altertums bestehen wesentliche
Unterschiede. Die sprachlich ungefähr inhaltsgleichen
Worte Bios und Vita deuten als Bezeichnungen einer lite-
rarischen Gattung auf Lebensbeschreibungen verschiedener Art; ihr Wesen wird an den beiden Hauptvertretern,
Plutarch und Sueton, kenntlich. Um die äußerlich wie
innerlich andersgeartete Form des römischen Biographen
verstehen zu können, müssen wir uns zunächst um die
geistesgeschichtlichen Voraussetzungen der römischen
Biographie bemühen.

Überall da, wo römisches Leben sich einen Ausdruck
geschaffen hat, tritt die Bedeutung der Persönlichkeit ei-
genartig und klar hervor. In der Volkssitte begegnen wir
ihr in eindrucksvollen Formen, die Kunst führt sie uns in
packenden Darstellungen lebendig vor Augen, und
schließlich zeigt die politische Entwicklung der römischen
Geschichte die dauernde Auseinandersetzung von Typus
und Individuum bis in die letzten Jahre der Republik.

Die Verbundenheit des Römers mit seinen Vorfahren und
die Schätzung der Persönlichkeit offenbart sich in mannig-
facher Weise. Im Atrium des Hauses hingen die Totenmasken des Geschlechtes (imagines); knappe Inschriften (ti-
tuli) gaben von den wichtigsten Taten aus dem Leben des
Verstorbenen Kunde. Bei den feierlichen Leichenbegängnissen der mächtigen Sippen wurde der Tote dem römischen Volke noch einmal durch die Leichenrede ins Gedächtnis gerufen; die Verdienste des Geschlechtes um den
Staat und besonders die Leistungen des Verewigten fanden
in ihr weitgehende Würdigung. So bewahrte jede der
vornehmen Familien das Andenken an ihre Ahnen, an die
Gründer und Gestalter des beginnenden Weltreichs.

Für uns zeigt sich Roms Verhältnis zur Persönlichkeit

vielleicht am eindrucksvollsten in den römischen Porträts
unserer Museen. Dort erblicken wir diese hartgeprägten,
kantigen, ganz und gar individuellen Römerköpfe, die dem
altgriechischen Menschenbilde und auch dem die Natur
ganz neu ergreifenden Porträt des Hellenismus so fern
stehen. Nüchtern erfaßt der Künstler den Menschen in
seiner äußeren Erscheinung und fixiert ihn mit seinen
charakteristischen Eigentümlichkeiten. Die Gesichtszüge
sind durchaus individuell und realistisch wiedergegeben
mit ihren Falten, Runzeln und Zufälligkeiten; vor Häßlichkeit schreckt man nicht zurück. Verleiht der griechische Bildhauer dem Menschen, den er darstellt, eine ideale
Gehobenheit, ja Züge der Entrückung, so sind die römischen Porträts unmittelbar, nah und von dieser Welt. Gerade darum ist es uns leicht, sie zu begreifen und zu bewundern.

Das Porträt bewahrte die Gesichtszüge und ließ hinter den
einzelnen Formen die Persönlichkeit ahnen. Der Gang der
Geschichte bringt das allmähliche Vordringen der Indivi-
dualität im Staatsleben zum Ausdruck. Der einzelne und
der Staat befinden sich zunächst in dauernder Spannung
und Auseinandersetzung. Auf der einen Seite stehen die
staatlichen Einrichtungen. Das Amt läßt seinen Träger
gerade das am wenigsten entfalten, was ihn von anderen
unterscheidet; der Spielraum seiner Eigenschaften und
Kräfte findet überdies seine Grenze darin, daß er Befugnisse und Gewalt, die ihm nur für Jahresfrist zustehen, mit
einem gleichberechtigten Amtsgenossen teilt. Aus solcher
Nivellierung gingen jene gleichgeformten viri togati hervor, jene namenlosen Begründer und Träger römischer
Macht. Das ist römisches Wesen der Frühzeit, „in dem
wer anders sein wollte als die Genossen ein schlechter
Bürger hieß, in dem der Staat alles war und die Erweiterung des Staates der einzige nicht verpönte hohe Gedanke"
(Mommsen). Am deutlichsten erscheint diese Mißachtung
des einzelnen in dem Geschichtswerke des alten Cato, das
nur von den Taten berichtet, die Namen der Ausführenden

aber bewußt verschweigt: das Geschehnis ist alles, die Person nichts. Diesen Mächten im römischen Staatsleben, die die Persönlichkeit zurückdrängen, steht jedoch das natürliche Geltungsbedürfnis des Individuums gegenüber. In den Notzeiten des Zweiten Punischen Krieges tritt zum erstenmal die einzelne Führerpersönlichkeit in den Vordergrund; dieser Versuch, die Fesseln zu sprengen, stößt auf Widerstand. Der ältere Scipio muß den althergebrachten Grundsätzen der Ordnung des Staates weichen. Ein halbes Jahrhundert später aber ist die Zeit reif für das Hervortreten der Persönlichkeit. Immer weiter setzt sich die Lockerung durch: der jüngere Scipio, die Gracchen und Glieder aus anderen großen Familien bestimmen die Geschicke des Staates maßgeblich. An diese Persönlichkeiten, die sich immer stärker durchsetzen, schließt sich auch die erste Form von Lebensdarstellung in Rom an, die Autobiographie. Sie ist weniger als literarische Schöpfung, denn als Ereignis in der Führergruppe des Staates zu werten; Sulla, Lucullus, der Cimbernsieger Lutatius Catulus berichteten ihr eigenes Leben und ihre Taten, nicht minder als ein Aemilius Scaurus (Konsul 115 v. Chr.) und Rutilius Rufus, der Stoiker und Konsul des Jahres 105. Der Einfluß der Einzelpersönlichkeit ist stetig im Wachsen begriffen; am Ende dieser Entwicklung, welche die Lebensdynamik der republikanischen Epoche auflöst, steht Caesar, der Prototyp des Individuums, der sich über alle Bindungen des Staates hinwegsetzt; er fällt zwar als letztes Opfer der alten Staatsmaximen, aber sein Tod bedeutet zugleich den endgültigen Sieg des Individuums: die alte Staatsordnung hört auf zu bestehen.

Bei diesen Voraussetzungen war es klar, daß sich die griechische Biographie bei der Übertragung nach Rom wandeln mußte. Es entsteht etwas durchaus Römisches, ein verdichtetes Realporträt, das ganz auf das Leben abgestellt ist. Daraus ergibt sich von vornherein eine eigentümlich unmittelbare Wirkung, die sehr verschieden ist von der geistigen Macht einer Menschenschilderung Plutarchs.

Die Biographie war in Griechenland seit Aristoteles und seiner Schule besonders gepflegt worden. Es hatten sich zwei Arten herausgebildet: eine streng wissenschaftliche und eine mehr künstlerische Form. In der Alexandrinerzeit bürgerte sich dann, namentlich bei den Schülern des Kallimachos, die Sitte ein, den Klassikerausgaben das Nötigste über Leben und Werke des Autors vorauszuschicken. Als Forschungsgebiet wird diese exakte wissenschaftliche Biographie, die den Hauptwert auf die Chronologie legte, von Varro, dem umfassenden Gelehrten und Antiquar, gegen Ende der republikanischen Zeit nach Rom übertragen. Sein biographisches Hauptwerk erinnert in dem Titel „Imagines" an die Totenmasken der Verstorbenen und den ihnen beigegebenen titulus. Es enthielt 700 Zeichnungen aller berühmten Römer und Griechen; diesen Porträts waren ein Epigramm sowie biographische Nachrichten in Prosa beigegeben, in denen der Hauptwert in den Zeitbestimmungen lag.

Ungefähr zur selben Zeit erschien von Cornelius Nepos ein biographisches Sammelwerk „Über berühmte Männer" (De viris illustribus), ein Titel, wie er sich seit der hellenistischen Zeit des öfteren findet. So wie Varro teilt auch Nepos sein Werk nach Gattungen ein und stellt die Römer den Griechen gegenüber; die einzelnen Bücher enthielten Biographien von Königen, Feldherrn, Historikern, Dichtern usw. Während uns in Varro ein selbständiger kritischer Forscher begegnet war, ist Nepos nur ein schlichter Erzähler, der den seinen Quellen entlehnten Stoff gefällig zu bearbeiten versteht. In alter wie in neuerer Zeit war er gleich beliebt und konnte noch zu Lebzeiten sein Werk in zweiter Auflage herausgeben. Erhalten sind einmal Biographien von berühmten nichtrömischen Feldherrn, die als historische Quelle anderen Zeugnissen gegenüber keine allzu große Bedeutung haben. Aber seine durch Zusammenfassung der Hauptereignisse wirkungsvoll gestalteten Bilder eines Themistokles, Miltiades, Pausanias haben schon in der gebildeten Welt des Altertums die Auffassung

von diesen Führerpersönlichkeiten der Weltgeschichte
stark beeinflußt. Desgleichen sind sie durch die Schule,
welche die Viten des Nepos lange Zeit in den Mittelpunkt
des ersten Unterrichts gestellt hatte, auch in der Geschichte unserer Bildung und für unser Verhältnis zum
Altertum von Bedeutung geworden. Am kernigsten und
liebenswürdigsten zeigt sich seine Kunst in den beiden
erhaltenen Römerbiographien: der Lebensbeschreibung
seines Freundes Atticus, dem das ganze biographische
Werk gewidmet war, und der des älteren Cato. Nepos will
nicht Geschichte schreiben, sondern das volkstümlich machen, was in der hohen Geschichtsschreibung geringere
Berücksichtigung findet. Worauf er Wert legt, zeigt die
Vorrede der Feldherrnviten: „Ich zweifle nicht, mein lieber Atticus, daß die meisten Leser meine Art der Darstellung zu leicht finden und es für berühmte Persönlichkeiten
wenig angemessen halten werden, wenn sie hier zu lesen
bekommen, wer der Musiklehrer des Epaminondas gewesen, oder wenn unter seinen Vorzügen erwähnt wird, daß
er hübsch getanzt und kunstgerecht Flöte gespielt habe."
Also auf ‚kulturhistorische' Einzelheiten kommt es ihm
an; er liebt Anekdoten und Kuriositäten. Seine Biographien wollen mit ihrer starken pädagogisch-moralischen
Tendenz jedermann belehren und unterhalten.
Jene Zeit der untergehenden Republik bietet mit der stetig
wachsenden Bedeutung der Persönlichkeit besonderen
Stoff und Anregung für den Biographen; so sind, um nur
die Berühmtesten zu nennen, Caesar, Cicero und der
jüngere Cato in Biographien gewürdigt worden.
Seitdem ein einziger Mann die Geschicke des Reiches in
die Hände genommen hatte und im Brennpunkt des Lebens wie des Interesses stand, machte sich die höhere
Einschätzung der Persönlichkeit auch in der Geschichtsschreibung geltend. Besonders deutlich zeigt das Velleius
Paterculus, dessen in raschem Zuge verfaßter Abriß der
Geschichte eine Fülle von lebendigen Charakteristiken
birgt. Ja, „das Geschichtliche wird manchmal nur so weit

herangezogen, als zur Verknüpfung des Biographischen
notwendig erscheint" (Schanz-Hosius). Als Historiker ist
er daher oft und mit einem gewissen Recht getadelt worden. Aber im Grunde interessieren ihn eben nur die Personen, die für ihn die Triebfeder jeglichen historischen Ge-
schehens sind. Jede Seite seines Werkes gibt dem Bekennt-
nis „Männer machen die Geschichte" beredten Ausdruck.
Diese Grundhaltung ist zum guten Teil durch die neue
Wertung der Persönlichkeit bedingt, nicht etwa durch
Benutzung einer biographischen Quelle. Die gesamte Darstellung gipfelt in der Charakteristik des Tiberius, der hier
im Gegensatz zu der des Tacitus in hellstem Lichte erscheint –: einer der ergebensten Offiziere schreibt hier
über seinen kaiserlichen Feldherrn. „Und wir Deutsche
dürfen ihm noch besonders Dank wissen, daß wir uns von
den großen Gestalten unserer ältesten Geschichte, Arminius und Marbod, nur aus ihm ein greifbares Bild machen
können" (Norden).
Wenden wir uns schließlich Roms letztem großen Historiker, Cornelius Tacitus, zu. Seine Darstellung des ersten
Jahrhunderts der Kaiserzeit ist ganz auf Rom ausgerichtet;
die Weltgeschichte des Imperiums mit seinen Provinzen
tritt in den Hintergrund, verdrängt von den Vorgängen in
der Hauptstadt. Das Schicksal des Kaisers und seiner
Umgebung in Verbindung mit dem der stadtrömischen
Gesellschaft bildet den Schwerpunkt seiner Darstellung.
Die Gestaltung dieser Phänomene zeigt Tacitus' eigenstes
Können. Denn stofflich ist sein Werk keine Neuschöp-
fung, da er eigentliche historische Forschung nicht getrieben hat; dazu war nach antikem Brauch nur der verpflichtet, der die Geschichte seiner eigenen Zeit beschreiben
wollte. Tacitus begnügt sich, den vorhandenen, vorge-
formten Stoff für seine Zwecke zu überprüfen und durch
anderes Quellenmaterial zu ergänzen. Die Ereignisse werden zu geschlossenen Bildern geformt, alles strebt nach
packender Anschaulichkeit. Eine überaus komprimierte,
neu geprägte historische Sprache, die jedes ausladendere

Satzgefüge vermeidet, unterstützt dieses Bestreben aufs wirksamste. Der Ernst seines Unternehmens spricht aus der berühmten Ankündigung, sine ira et studio zu schreiben. Freilich die Wahrhaftigkeit dieses großen Schriftstellers und der objektive historische Befund, um den es dem modernen Forscher zu tun wäre, sind, wie man nie vergessen soll, Werte verschiedener Ordnung. Tacitus' leidenschaftliche und innerste Anteilnahme an jedem Geschehen ist unverkennbar. Düstere, nur selten aufgehellte Glut verleiht diesem persönlichsten aller Geschichtswerke eine magische Anziehungskraft, so daß man bis in die Mitte des 19. Jahrhunderts seine Porträts römischer Imperatoren gläubig hinnahm, fasziniert von ihrer großartigen psychologischen Gestaltung. Erst einer Zeit, der die Kritik zur Leidenschaft geworden war, gelang es, auf Grund allen verfügbaren Quellenmaterials die Unterschiede dieser künstlerisch geformten Bilder von der Wirklichkeit festzustellen.

Roms größter Gestalter hat uns ein Kleinod besonderer Art hinterlassen: die Lebensbeschreibung seines Schwiegervaters Agricola. Hier schuf er durch die Verschmelzung von Biographie und Historie ein einzigartiges Werk. Die biographische Darstellung umschließt den historischen Teil, der die Geschichte Britanniens und seiner Eroberung erzählt; meisterlich wird in diesem Mittelstück die Lebensbeschreibung mit dem Gang der Geschichte verflochten. Zu einer solchen Verschmelzung heterogener Elemente entschließt sich der antike Schriftsteller nur schwer. Tacitus hat es gewagt und schuf damit für die Biographie eine Kunstform, die in der Antike keinen Nachahmer gefunden hat.

So stellt sich der Weg der römischen Biographie bis auf Sueton dar. Etwa zu derselben Zeit tritt mit Plutarch eine neue Form der griechischen Biographie auf den Plan, die sich von der Suetons stark unterscheidet. Einmal ist es die äußere Form, welche die Biographie des Griechen von der des Römers trennt. Plutarch vermeidet geflissentlich, sei-

ner Darstellung durch kritische Untersuchungen einen
wissenschaftlichen Charakter zu geben. Ähnlich wie Tacitus legt er nicht etwa Wert auf die Erforschung, sondern
auf die künstlerische Gestaltung des gesammelten Stoffes,
den er seinen Lesern in liebenswürdiger und zeitgemäßer
Form bieten will. Bedeutsamer jedoch erscheint der innere
Unterschied. Sueton verwendet für seine Kaiserbiographien ein festes Schema, in dessen Unterabteilungen er die
einzelnen Eigenschaften der Kaiser verteilt, und vermittelt
so ein Gesamtbild ihrer Persönlichkeit. Plutarch dagegen
erzählt die Taten seiner Helden, damit aus ihnen der
Charakter erkennbar werde. Neben diese indirekte Schilderung des Wesens der Persönlichkeit treten auch ausdrückliche Hinweise auf ihren Charakter. Anekdoten,
Aussprüche und anderes Kleinmaterial, das die wirkliche
Geschichtsschreibung nur wenig beachtet, werden zur
Charakterisierung herbeigeholt. Lehrreich für den Zweck
seiner Darstellung und seine Auffassung vom Wesen der
Biographie ist die Einleitung zur Lebensbeschreibung
Alexanders; nicht alle Taten wolle er ausführlich berich-
ten: „In den meisten Fällen muß ich mich auf eine knappe
Zusammenfassung beschränken. Denn ich gebe Biogra-
phie, keine Geschichte, und Tugend oder Laster eines
Menschen leuchten nicht immer aus den berühmtesten
Taten hervor; vielmehr verraten eine unbedeutende Hand-
lung, eine Rede oder ein Scherz den Charakter des Men-
schen oft deutlicher als blutige Schlachten, gewaltige
Kriegsrüstungen und Belagerungen. Wie der Künstler die
Ähnlichkeit aus dem Gesicht und den Zügen um die
Augen, in denen sich der Charakter darstellt, zu gewinnen
sucht und um die übrigen Teile des Körpers sich wenig
kümmert, so muß es auch mir vergönnt sein, mehr die
seelischen Merkmale aufzusuchen, und nach diesen das
Leben eines Menschen zu schildern, die Beschreibung der
Heldentaten und Schlachten aber anderen zu überlassen"
(Übers. n. W. Ax). Plutarch ist es um die Charakterzüge
des Menschen zu tun, um die Art, wie einer gelebt, nicht

darum, was er getan hat. Seine Darstellung verfolgt mit der
Betonung des Ethos der Persönlichkeit zugleich einen
moralisch-pädagogischen Zweck. Er hat es meisterhaft
verstanden, gerade die menschlichen Züge seiner Helden
zur Geltung zu bringen, und dieses ewig Menschliche hat
auf die Größten aller Zeiten eine starke Anziehung ausgeübt. Wir erinnern uns an das Goethewort:

> „Was hat dich nur von uns entfernt?"
> Hab' immer den Plutarch gelesen.
> „Was hast du denn dabei gelernt?"
> Sind eben alles Menschen gewesen.

Wenden wir uns nun Suetons Hauptwerk zu, den Lebensbeschreibungen der ersten zwölf Kaiser von Caesar bis
Domitian. Mit glücklichem Griff läßt er die Reihe der
Begründer des Imperiums mit Caesar beginnen. Es folgen
die für Rom so schicksalsreichen Zeiten der julisch-claudischen Dynastie, das kurze Zwischenspiel der drei Solda-
tenkaiser, das dräuend an das künftige Schicksal des Reiches mahnt; als letzte in der Galerie dieser Mächtigen
erscheinen die Flavier. So umschließen Suetons „Caesares"
das Geschehen aus den zwei ereignisreichsten Jahrhunder-
ten römischer Geschichte, insbesondere jene Epoche, die
für uns den Inbegriff der römischen Kaiserzeit bedeutet.
Die Kaiserviten sind wahrscheinlich von Sueton selbst in 8
Büchern veröffentlicht worden, und zwar derart, daß die
umfangreichen Biographien der ersten sechs Kaiser je ein
Buch bildeten, während die drei Kaiser des Jahres 69 sowie
die drei Flavier ebenfalls in je einem Buch zusammengefaßt
waren. Die Widmung an Septicius Clarus, die uns Lauren-
tius Lydus bezeugt, ist zusammen mit dem Anfangsteil der
Biographie Caesars verlorengegangen.
All diesen Viten liegt ein gemeinsames Schema zugrunde,
das freilich, je nach der Fülle des zur Verfügung stehenden
Stoffes und entsprechend dem Lebenslauf des betreffenden
Kaisers, einigermaßen abgewandelt wird, in der Hauptsa-
che aber „Name, Taten, Lebensführung, Tod" umschließt.
Wie eine Biographie Suetons angelegt ist, läßt sich am

besten an der Lebensbeschreibung des Augustus verfolgen, in der dieses biographische Schema am deutlichsten markiert und auch durchgeführt ist. Angaben über die octavische Familie und die Eltern des Kaisers bilden die Einleitung (c. 1–4); im Anschluß daran wird die Geburt erzählt, genaue Auskunft über die Beinamen erteilt, schließlich Kindheit und Jugend geschildert (c. 5–8). Dieser einleitende Teil ist ungefähr chronologisch aufgebaut. Sueton hat aber nicht die Absicht, in dieser ‚historischen‘ Art der Erzählung fortzufahren, gibt vielmehr am Anfang des 9. Kapitels etwas wie ein Programm über die weitere Einteilung der Biographie: „Nachdem ich so einen allgemeinen Überblick über sein Leben gegeben habe, will ich jetzt die Abschnitte einzeln, und zwar nicht chronologisch, sondern nach innerlich zusammengehörigen Rubriken ausführlich behandeln, damit sich die Dinge übersichtlicher darstellen und auffassen lassen." Also keine fortlaufende Erzählung, sondern sachlich geordnete Rubriken. In Verfolg dieser Ankündigung wird nun zunächst die Tätigkeit des Augustus als Feldherr und Staatsmann, also sein Leben für den Staat (vita publica) in Krieg und Frieden beschrieben (c. 9–60). Daran knüpft sich als zweiter Hauptabschnitt die Schilderung des privaten Lebens (c. 61 ff.). Auf die Fuge innerhalb der Darstellung wird deutlich hingewiesen (c. 61). Den Bericht über das Leben im engeren Kreise der Seinen beschließt eine Schilderung von Augustus' Stellung zu Glauben und Aberglauben nebst einer ausführlichen Behandlung der Vorzeichen, die einst seine zukünftige Größe andeuteten, sowie solchen, die seinen Tod verkündeten; das hinwiederum leitet zu der Erzählung des Lebensendes (exitus) über, woran die Schilderung von Begräbnis, Apotheose und Testament angegliedert wird. So steht also am Anfang wie am Schluß der Biographie eine zeitlich geordnete Erzählung, welche die Beschreibung der Persönlichkeit umschließt. Dieses Mittelstück ist, abgesehen von seiner Doppelung in öffentliches und häusliches Leben, wobei das letztere, den besonderen

Tendenzen der Biographie entsprechend, meistens aus-
führlicher behandelt ist, außerdem in eine Menge Rubriken
unterteilt; häufig deutet ein Stichwort zu Beginn des betreffenden Kapitels dessen Inhalt kurz an. Sueton ist eben
bestrebt, den Stoff möglichst deutlich anzuordnen. Außerdem durchzieht die einzelnen Abschnitte noch eine weitere
Gliederung nach Gut und Böse der Handlungen eines
jeden Kaisers, nach Erfolgen und Mißerfolgen. Einige
Biographien sind sogar ganz auf diesem Prinzip morali-
scher Gegensätze aufgebaut, was jedesmal ausdrücklich
hervorgehoben wird, etwa am Ende des 19. Kapitels in
Neros Lebensbeschreibung: „Alle diese zum Teil keinen
Tadel verdienenden, zum Teil sogar sehr lobenswerten
Handlungen habe ich hier zusammengestellt, um sie von
seinen Schandtaten und Verbrechen zu sondern. Von ihnen will ich nun im folgenden reden."
Was erfährt nun der Leser in diesen Rubriken Suetons zur
Beurteilung des Kaisers? In der Einleitung wird gemäß
typisch römischer Denkweise besondere Bedeutung der
vorausgehenden Geschichte und dem Aufstieg der Familie
des Herrschers beigemessen. Die Voraussetzungen des
Blutes finden die ihnen angemessene Bewertung; das lehrt
beispielsweise eine Bemerkung über Nero (c. 1): „Ich halte
es für zweckmäßig, den Leser mit mehreren Gliedern
dieser Familie bekanntzumachen, damit man desto leichter
begreift, daß Nero, wenn man die guten Eigenschaften
seiner Ahnen betrachtet, zwar ganz aus der Art geschlagen
war, dagegen aber alle ihre ihm gleichsam überlieferten
und angeborenen Laster in seiner Person vereinigt hat."
Die historischen Taten der Herrscher erscheinen in knap-
pen Zügen, da der eigentliche Ablauf der Geschichte als
bekannt vorausgesetzt wird. Nur so läßt es sich z. B.
erklären, daß in der Lebensbeschreibung Caesars seine
weltgeschichtlich wichtigste Leistung, die Eroberung Galliens, in einem kurzen Kapitel zusammenfassend erzählt
wird; ähnliches geschieht bei der Erwähnung des Bürgerkrieges, von dem nur die Hauptereignisse, getrennt nach

Siegen und Niederlagen, berichtet werden. Die politische Geschichte wird also nur so weit herangezogen, als sie zur Zeichnung eines Gesamtbildes notwendig erscheint. Dagegen beherrscht die Charakterisierung des Kaisers als Herrscher und Mensch die Darstellung. Herrschertugenden und -laster werden mit vielen Beispielen belegt. Die einzelnen Rubriken schildern die persönlichen Eigenschaften der Imperatoren, ihre Milde und Freigebigkeit, oder Grausamkeit und Habgier. Ausführlich wird jedesmal über die äußere Erscheinung des Kaisers Bericht erstattet, über Gestalt, Haltung und Tracht. Wir erhalten Auskunft über seine Lebensführung, über sein Verhältnis zur Familie und zu Freunden, über die Rolle, die Frauen und Freigelassene in seinem Leben gespielt haben. Eine genaue Schilderung des Lebensendes mit all seinen Einzelheiten gibt der Biographie oft einen eindrucksvollen Abschluß. Dem modernen Leser fällt die starke Berücksichtigung von Vorzeichen und Wundern besonders auf. Dafür muß man jedoch die allgemeine Gestimmtheit der Zeit verantwortlich machen; denn selbst Tacitus wagt nicht, diese Vorzeichen völlig aus seinem Geschichtswerk auszuschalten, da sie für ihn dadurch, daß das Volk an sie glaubte, Wahrheitsgehalt erlangen. Als Grammatiker hat Sueton eine besondere Vorliebe für die literarische Betätigung der Kaiser; der Aufzählung und Charakterisierung ihrer Schriften ist ein breiter Raum gewidmet; zahlreich sind die wörtlichen Fragmente aus Reden und Briefen, für deren Bewahrung wir dem Biographen nicht genug Dank wissen können. Die scharfe Beobachtungsgabe Suetons zeigt eine Notiz über Gedichte Neros, die er im Archiv gesehen haben muß (c. 52): „Mit sind Schreibtafeln und Hefte von ihm unter die Finger gekommen mit einigen allbekannten, von seiner eigenen Hand geschriebenen Versen. Man konnte es ihnen auf den ersten Blick ansehen, daß sie weder anderswoher entlehnt, noch nach dem Diktat eines anderen geschrieben, sondern ganz wie von einem, der sie aus eigener Überlegung und Eingebung geschaffen, aufgesetzt waren: soviel war darin ganz ausgelöscht oder durchgestrichen oder übergeschrieben." Auch erhalten wir genaueste Kunde von der Art, wie Augustus zu schreiben pflegte (c. 87): er teilte die Worte am Ende der Zeile nicht ab, sondern setzte die überbleibenden Buchstaben unter das Wort. Diese wenigen Proben sollen nur andeuten, welche Unzahl kulturhistorisch interessanter Einzelheiten Suetons „Caesares" bergen.

Die Fülle des Quellenmaterials, das Sueton vor uns ausbreitet, ist erstaunlich. Mit unermüdlichem Fleiß muß er lange Jahre hindurch nur exzerpiert und gesammelt haben, was gut zu dem Bild des stillen Gelehrten paßt, das wir aus Plinius' Briefen von ihm gewinnen konnten. Die Herkunft des Stoffes ist mannigfaltig; meistens sind es zeitgenössische Quellen für die einzelnen Herrscher: Lebensbeschreibungen neben Autobiographien der Kaiser, Geschichtswerke, Memoiren (darunter der Tatenbericht des Augustus, des Monumentum Ancyranum), Sammlungen von kaiserlichen Reden und Briefen, Senatsprotokolle, die Staatszeitung, politische Pamphlete, Anekdotensammlungen: das alles ist eifrigst benutzt. Als Vorsteher der kaiserlichen Kanzlei hat er Zutritt zum Archiv, dessen Wiederherstellung durch Vespasian ihn in freudiges Entzücken versetzt, eine der ganz wenigen Stellen, an denen sich Sueton das Aussprechen einer warmen persönlichen Regung gestattet (Vespasian 8). Im Archiv nimmt er Einsicht in die handschriftliche Hinterlassenschaft der Kaiser, in Briefe, Testamente, Geheimverordnungen und -akten. Dieses unschätzbare, authentische Material wird dem Leser größtenteils in wörtlichen Zitaten vorgelegt, was sonst in der Antike nur selten geschieht.

Die Zahl der namentlich angeführten Schriftsteller ist sehr groß; von der Existenz mancher Werke haben wir nur durch das Zitat bei Sueton Kunde. Von der Biographie des Tiberius an werden solche Zeugnisse seltener beigebracht, dagegen nehmen die namenlosen Zitate zu, die mit den Ausdrücken „einige erzählen, glauben" u. ä. eingeleitet werden. Auf mündliche Tradition kann sich Sueton schon

bei Tiberius berufen. Für Otho verdankt er in dieser
Hinsicht ziemlich viel den Erzählungen seines Vaters, und
für Domitian stehen ihm dann die Erinnerungen aus seiner
eigenen Jugendzeit zur Verfügung. Auch Gerüchte werden
in die Darstellung aufgenommen. Klatsch und Erzählungen von geschlechtlichen Verirrungen, die Sueton in den
zeitgenössischen Quellen las, finden, dem Geschmack der
Zeit entsprechend, ohne Bedenken Eingang in das Werk.
Wer Sueton deshalb tadeln wollte, hat kein Verständnis für
die völlig anders gearteten Maßstäbe der Antike, zumal die
der Kaiserzeit – nahm doch auch Tacitus dergleichen auf.
In der Bearbeitung des Stoffes zeigt sich Sueton durch
Vergleich der vorhandenen Berichte sehr oft als kritischer
Gelehrter und Forscher. Man lese etwa seine besonnenen
Bemerkungen zum Streit über die Herkunft der Vitellier
(Vit. 2). Interessant für seine Arbeitsweise ist auch die
Untersuchung über Caesars Beteiligung an der Verschwörung des Jahres 65 v.Chr. (Caes. 9). Die Darlegung der
Kontroverse über den Geburtsort des Caligula hat sich
sogar zu einer regelrechten kritisch-historischen Sonder-
untersuchung ausgewachsen (Cal. 8).
Wie verhält sich nun Sueton quellenmäßig zu Plutarchs
Biographien der Kaiser Galba und Otho und namentlich
zu Tacitus? Letzteren zitiert er niemals, was aber keines-
falls besagt, daß er seine Werke nicht gekannt habe; denn
in den Kaiserbiographien werden ja fast nie Berichte aus
zweiter und dritter Hand angeführt. Es hat sich nun
ergeben, daß alle drei Autoren irgendwie im Material,
bisweilen sogar im sprachlichen Ausdruck übereinstim-
men. Das chronologische Verhältnis der einzelnen Werke
untereinander läßt sich nicht genau festlegen, jedoch ist
sicher, daß Sueton sein Werk später als Plutarch und
Tacitus veröffentlicht hat. Vieles spricht dafür, daß Tacitus
und Plutarch einer gemeinsamen Quelle folgen, diese unter
Hinzuziehung von anderen Nachrichten erweitern und für
ihre besonderen Zwecke umarbeiten. Diese uns nicht mehr
kenntliche Quelle, die auch teilweise in der „Römischen

Geschichte" des Cassius Dio Cocceianus (etwa 155 bis 235
n. Chr.) zugrunde liegt, wird neben vielem anderen Gut
auch von Sueton benutzt. Er baut seine Darstellung auf
dem historischen Material auf, bringt dieses aber nicht wie
die Geschichtsschreibung in zeitlicher Ordnung, sondern
verteilt es auf die verschiedensten Sachgebiete. Während
bei Tacitus die Rücksicht auf die Chronologie die Erzählung derartig beherrscht, daß die Schilderung umfangrei-
cher Ereignisse am Jahresende abgebrochen und erst später
wieder aufgenommen wird, verzichtet die Biographie von
vornherein auf das chronologische Gerüst der Geschichtsschreibung. Wegen der Benutzung des historischen Quel-
lenstoffes darf man Sueton aber nicht als Historiker im
eigentlichen Sinne ansprechen und beurteilen; er gibt ge-
treulich weiter, was er gesammelt. Es ist ihm jedoch nicht
darum zu tun, durch Verarbeitung des Stoffes den Gang
der Geschichte darzustellen. Trotz der Übereinstimmung
im Quellenmaterial darf man Suetons „Caesares" mit Tacitus' Geschichtswerken auch nicht innerlich in eine Reihe
stellen. Tacitus hat im Rahmen der fortlaufenden Erzählung durch mannigfaltige Einzelbilder ein künstlerisches
Gesamtporträt der Kaiser geformt. Seine Darstellung ist
letzten Endes subjektiv, wenn er auch äußerlich hinter
seinem Werk fast völlig zurücktritt. Sueton legt ohne
innere Anteilnahme den Stoff so vor, wie er ihn in seinen
Quellen fand. Am besten läßt sich die gänzlich verschiedene Wesensart des Historikers und des Biographen vielleicht durch ein Beispiel aus ihren Werken erläutern. Der
Kaiser Tiberius hatte während seiner freiwilligen Verbannung nach Rhodos eine besondere Neigung zur Astrologie
gefaßt. Wie er diese „Kunst der Chaldäer" bei einem ihrer
Hauptvertreter, dem Astrologen Thrasyllus, auf die Probe
stellt, berichtet Tacitus sowie Sueton. Der Biograph ver-
zeichnet objektiv das Geschehnis: Thrasyllus rettet sein
Leben, indem er im rechten Augenblick etwas Zutreffendes, die Rückberufung des Tiberius, prophezeit (Tib. c.
14): „Damals auch erprobte er die Kunst des Astrologen

Thrasyllus, den er als Lehrer der Weisheit in sein Gefolge aufgenommen hatte. Er versicherte nämlich Tiberius, das in der Ferne gesichtete Schiff bringe ihm eine frohe Botschaft. Gerade in diesem Augenblick hatte Tiberius sich vorgenommen, Thrasyllus als falschen Propheten und gefährlichen Mitwisser seiner Geheimnisse auf einem gemeinsamen Spaziergang ins Meer zu stürzen; denn die Lage war immer ungünstiger geworden, und es war stets das Gegenteil von dem eingetroffen, was jener prophezeit hatte." Demgegenüber gestaltet Tacitus diese Szene folgendermaßen (Annalen VI 21): „Sooft sich Tiberius mit Astrologie beschäftigte, benutzte er dazu einen hochgelegenen Teil seiner Wohnung und zog nur einen einzigen Freigelassenen ins Geheimnis. Dieser, ein ungebildeter aber kräftiger Mann, ging auf unwegsamen und abschüssigen Pfaden – das Haus steht nämlich auf Felsen – vor demjenigen her, dessen Wissen Tiberius gerade auf die Probe stellen wollte; wenn dann in dem Kaiser der Verdacht aufstieg, dies sei ein Schwätzer oder Betrüger, so stürzte ihn jener Freigelassene auf dem Rückwege ins Meer hinab, damit er das Geheimnis nicht verraten könne. So wurde denn seinerzeit auch Thrasyllus über diese Felsen geführt. Nachdem er auf Tiberius, der ihn ausfragte, durch geschickte Enthüllungen über seine Thronbesteigung und Zukunft Eindruck gemacht hatte, wurde er gefragt, ob er sich sein eigenes Horoskop gestellt habe und was dieses Jahr und der gegenwärtige Tag ihm brächten. Da berechnete er der Gestirne Stellungen und Entfernungen und stutzte zunächst, dann fing er an zu zagen, und je tiefer er forschte, desto mehr erbebte er vor Staunen und Furcht, und zuletzt rief er aus, es stehe ihm ein bedenklicher, ja beinahe der letzte Augenblick bevor. Da umarmte ihn Tiberius, wünschte ihm Glück dazu, daß er Gefahren vorhersehen könne und nun ungefährdet bleiben werde, nahm seine Aussprüche wie ein Orakel auf und behielt ihn als einen seiner vertrautesten Freunde bei sich." Auf der einen Seite der nüchterne Bericht des Sueton; bei Tacitus dagegen die dramatische Ausgestaltung der Episode; auf hohem Felsen das Schloß am Meer, der Diener des Kaisers, der nichts von den geheimnisvollen Dingen versteht und nur die Befehle seines Herrn auszuführen hat; wir erleben den Spaziergang und das Gespräch zwischen Kaiser und Sterndeuter in all seinen einzelnen Phasen; pathetisch die glückliche Wendung und der Schluß; alles bildhaft und anschaulich gestaltet, ein Gemälde mit sehr bewußt gesetzten Farben. Bei Sueton keine Ausschmückung, nur die Tatsache: „Tiberius hatte beschlossen, Thrasyllus auf einem gemeinsamen Spaziergang ins Meer zu stürzen."

Der Biograph erscheint hier wie meistens als der gewissenhaftere Berichterstatter. Er ist ein klares Medium, durch das wir die Gestalten der Imperatoren in ihrer eigentümlichen Realität erfassen können. Kein Zwang fortlaufender Darstellung, keine künstlerischen Rücksichten verändern seinen Stoff. Gewiß, Sueton hat nicht den Formensinn und das griechische Künstlertum des Plutarch. Dafür ist aber bei ihm der typisch römische Sachsinn besonders stark ausgeprägt. Aus der Fülle der mit feinem Verständnis für das Charakterisierende ausgewählten Einzelheiten, mögen sie auch auf den ersten Blick unbedeutend und kleinlich erscheinen, ersteht ein lebendiges, äußerst vielseitiges römisches Realporträt, das uns die Persönlichkeiten dieser ersten Imperatoren unmittelbar und nah erscheinen läßt. Auch wenn uns heute andere Zweige der Überlieferung eröffnet sind, die das Bild der Kaiser ergänzend abändern, so werden die Porträts Suetons doch nicht in der Weise zerstört, wie die künstlerischen Schöpfungen des Tacitus an Realität einbüßen. Deshalb sind seine Biographien am besten geeignet, einen verhältnismäßig objektiven Eindruck von den Gründern des Imperiums zu vermitteln. Zwar erscheint uns der Schematismus Suetons besonders in seiner Anwendung auf das in Antithesen aufgelöste Seelenleben äußerlich, doch bieten seine anders angeordneten Rubriken dem Leser und der modernen Psychologie tatsächlich fast alles nötige Material, das ihnen genaue

Kenntnis und umfassende Bewertung dieser Herrscherge-
stalten ermöglicht. Der Gebildete greift außerdem zu Suetons Werk, weil es ihm am besten römische Art der
Biographie im Gegensatz zur griechischen vermittelt. Die
Kaiserbiographien sind in einem gefälligen Erzählerton
geschrieben; jede Weitschweifigkeit wird vermieden, der
Ausdruck ist von möglichster Kürze. In einer Zeit, die sich
um neue Vorbilder für ihren Stil bemühte, bewahrt Sueton
einen konservativen Standpunkt. Es ist der vornehme und
sachliche Stil des Wissenschaftlers.
Sueton ist durch seine „Caesares" zum Begründer einer
neuen lebenskräftigen und ungemein fruchtbaren Literaturgattung in Rom geworden. „Nach ihm reicht die unun-
terbrochene Reihe der Biographien von Marius Maximus,
der unmittelbar an ihn anknüpft und die Kaiser von Nerva
bis Elagabal beschreibt, über Aelius Iunius Cordus und
eine Vielzahl unbedeutender Biographen, die meist nur
dem Namen nach oder aus wenigen Fragmenten bekannt
sind, über die Scriptores Historiae Augustae, die Caesares
des Aurelius Victor bis ins Mittelalter und die Renaissance" (H. Gugel). Die Form, in der seit drei Jahrhunder-
ten römische Geschichte dargestellt worden war, findet in
Tacitus ihren letzten großen und einzigartigen Vertreter.
Von nun an ist es die Biographie, in deren engbegrenztem
Raum die Geschichte des Weltreichs Aufnahme finden
muß. Man wird diesen vollständigen Wandel nicht allein
aus den geschichtlichen Mächten erklären können; Sueton
erscheint uns vielmehr als die eigentlich treibende Kraft:
ihm war es gelungen, in der politischen Biographie eine
neue Form der Geschichtsdarstellung zu schaffen, die der
Zeit und ihrem Geschmack in jeder Beziehung entgegen-
kam. Erst gegen Ende des 4. Jahrhunderts unternimmt es
ein lateinisch schreibender griechischer Offizier, Ammianus Marcellinus, die eigentliche Geschichtsschreibung
noch einmal der Biographie an die Seite zu stellen. Zwar
zollt er jener durchaus Tribut, indem er jeweils nach dem
Bericht vom Tode eines Kaisers die auch bei Tacitus

übliche Würdigung und zusammenfassende Rückschau in suetonischer Manier handhabe; im ganzen aber strebte er die Nachfolge des Tacitus an. Bezeichnend, daß dieser Versuch von einem Griechen ausging: die griechische Literatur hatte sich die völlige Formwandlung ihrer lateinischen Schwester nicht in gleichem Maße zu eigen gemacht. Aber der Versuch des Ammianus wird von anderen nicht aufgegriffen. Suetons Schöpfung hatte endgültig gesiegt; während zu seinen Lebzeiten und in der Moderne die Kaiserbiographien im Schatten der alles überstrahlenden Geschichtswerke des Tacitus standen, sind sie für die unmittelbar auf Sueton folgenden Jahrhunderte das unerreichte und oft nachgeahmte Muster geworden. Bis zu Petrarca herab hat die von ihm neugeschaffene biographische Form im wesentlichen den äußeren Rahmen und das innere feste Gerüst für Lebensbeschreibungen abgegeben. Obgleich ein bedeutender Teil dieser nachahmenden biographischen Literatur verlorengegangen ist, sind wir doch imstande, einzelne Etappen der Nachwirkung Suetons bis ins Mittelalter zu verfolgen.

Besonders deutlich wird die äußere Anknüpfung an Form und Anordnung seiner Biographie im 4. Jahrhundert bei den (von Casaubonus so genannten) „Geschichtsschreibern der Kaiserzeit" (Scriptores Historiae Augustae), die beinahe die einzige literarische Quelle für die Zeit von Hadrian bis Numerian († 284 n. Chr.) darstellen. Das kaum vor 394, eher erst ab 405 anzusetzende Werk eines Anonymus, der sich hinter den sechs überlieferten, fiktiven Verfassernamen versteckt, betont oftmals die Absicht, Biographien zu schreiben. Während jedoch Sueton in gewissenhafter Sammlertätigkeit das Material über die einzelnen Kaiser zusammenbrachte, scheut sich der Verfasser dieser Kaiserviten bisweilen nicht, Fehlendes auf seine Weise zu ergänzen. Die moderne Kritik hat diese „Sudeleien" (Mommsen) daher teilweise mit tiefster Verachtung gestraft; trotzdem muß sich die Wissenschaft auch heute noch damit beschäftigen, bei ihnen die historisch wertvollen Angaben von den erfundenen zu sondern. Man soll diesen Produkten aus einer niedergehenden Welt auch zugute halten, daß sie ihre Leser möglichst interessant unterhalten wollten und daher vor Erfindungen nicht zurückschreckten, besonders bei der Erzählung von Dingen, die das Publikum am meisten interessierten, von denen sie aber nur wenig oder gar nichts Nachprüfbares bieten konnten. – Mindestens Lektüre der suetonischen Caesares – und sei sie auch nur vermittelt – geben die mitunter wörtlichen Anklänge in Geschichtsabrissen aus jener Zeit (Eutrop, Aurelius Victor, der Christ und Augustinschüler Orosius) zu erkennen.

Weniger faßbar dagegen ist die Nachwirkung Suetons in der christlichen Biographie und in den Heiligenleben aus der Übergangszeit zum Mittelalter. Aus der Verquickung von Suetons und Plutarchs biographischer Art hatte sich gegen Ausgang der Antike eine allgemeinere Form für Lebensbeschreibungen herausgebildet. Für die christliche Biographie wird es vielfach zur Regel, daß auf die chronologische Erzählung der Taten eine Beschreibung des Charakters folgt, so z. B. in Paulinus' von Mailand Biographie des Ambrosius, die er auf Wunsch Augustins verfaßt. In den Heiligenleben überwuchern die Erzählungen der Wunder das biographische Gerüst fast vollständig.

Zu neuem Leben wird die von Sueton geschaffene Form in der karolingischen Renaissance erweckt. Karl der Große lernte den Biographen der römischen Kaiser vermutlich durch Vermittlung Alcuins kennen. Ganz bewußt greift jedenfalls Einhard auf das Muster der Kaiserviten Suetons zurück. Er entnimmt ihnen die äußere Form der Darstellung, die Anordnung des Stoffes und zum Teil auch das sprachliche Kolorit. Daß er als Vertrauter des Kaisers bald nach dem Tode Karls von dessen Taten, Art der Lebensführung und Charakter Kunde gibt, also größtenteils Selbsterlebtes und Geschautes schildert, verleiht seiner Vita einen besonderen Reiz. Jedenfalls entstand die schönste mittelalterliche Biographie in weitestgehender Anlehnung an die antike Form dieser Literaturgattung.

Einhard wird die Kenntnis des römischen Biographen einer Handschrift verdanken, die damals im Kloster Fulda aufbewahrt wurde. Dieser Codex, der später verlorenging, spielte für die Erhaltung des Suetontextes noch eine besondere Rolle. Von ihm erhielt nämlich Servatus Lupus, Abt von Ferrières (842–862), eine Abschrift, auf die alle französischen Handschriften der Kaiserbiographien zurückgehen, darunter auch die wichtigste, der Codex Memmianus (9. Jh.), der nach seinem ersten Besitzer Henri de Mesmes benannt ist.

So kann dann Sueton in einer anonym überlieferten Liste vom Ende des 12. Jahrhunderts, die man Alexander Nekkam zugeschrieben hat, zum Schulautor avancieren (nach E. R. Curtius). Auch den Männern der Renaissance ist Sueton wohlbekannt; sie entnehmen seinen Biographien hauptsächlich Material für ihre Darstellungen. Die Künstler dieser Zeit fertigen nach seinen Angaben die Büsten der römischen Imperatoren. Schon Dante benutzt eine Bemerkung Suetons, Caesar habe „schwarze lebhafte Augen" gehabt (Caesar 45), um aus ihr den „Geierblick" des Helden zu schaffen: Cesare armato con gli occhi grifagni. Für Petrarca gilt Sueton als „die zuverlässigste Quelle, der sorgfältigste Geschichtsschreiber", den er besonders wegen seiner objektiven Art der Darstellung lobt (in den Res Memorandae). Er selbst aber durchbricht mit ungestümem Impuls diese Schranke, und seine immer wieder vordringende Kritik der Gestalten und Ereignisse bringt eine starke Subjektivität in die nur äußerlich übernommene antike Form. Doch Sueton bleibt Muster: z. B. nimmt Pier Candido Decembrios „Vita di Filippo Maria Visconti" (dessen Sekretär er vor seinem Wechsel 1450 zu Papst Nikolaus V. gewesen war) Suetons Tiberius-Vita zum Vorbild.

Im Jahre 1470 erschienen die Kaiserbiographien zum erstenmal in Buchform. Für das äußerst lebhafte Interesse der damaligen Zeit an Suetons Werk spricht die Tatsache, daß im Verlauf weniger Monate, gleichfalls zu Rom, eine zweite Ausgabe veranstaltet wurde; die dritte erschien ein Jahr später in Venedig. Auf Suetons und Plutarchs Angaben beruhen in der Folgezeit zahlreiche Werke aller Literaturgattungen. So gründet z. B. Racine auf zwei kurze Notizen in der Biographie des Titus (c. 7) die Handlung seiner Bérénice. Die Fülle moderner Ausstrahlungen, etwa auf dem Felde des historischen Romans, ist kaum mehr zu überblicken. Es wäre schön und der Mühe wert, wenn auch für Sueton einmal die genaue Geschichte seines Nachlebens in den europäischen Literaturen geschrieben würde, wie das für Plutarch bereits geschehen ist.

Rudolf Till

ZU DEN BILDNISSEN

Zu dem Werk des Sueton bieten die Bildnisse der Caesaren eine willkommene Ergänzung; sie sind zahlreich erhalten und durch den Vergleich mit den Porträts auf Münzen identifiziert.

Mehr als Worte vermittelt der Anblick dieser Kunstwerke einen persönlichen Eindruck von diesen Menschen, die Geschichte machten. Die in Rom arbeitenden griechischen Künstler, die diese Porträts schufen, waren ihre Zeitgenossen und gewohnt, mit scharfem Auge zu beobachten. Zwar mußten sie sich die Gunst des Kaisers durch Bildnisse erhalten, die „auf eine angenehme Art" ähnlich waren, doch bleiben diese trotz einer gewissen Idealisierung frei von jenem Schleier, mit dem die Nachwelt im Guten und im Bösen die historische Persönlichkeit verdeckt. Es wird auffallen, daß keinerlei Insignien auf die Macht der Dargestellten hinweisen (der Eichenkranz ist eine Auszeichnung) und keine künstlerische Distanz zum Betrachter geschaffen wird, wie sie bei den Herrscherbildern des alten Orient oder des Mittelalters üblich war. Es war wohl gerade die unbeschränkte Machtfülle der Kaiser und das Fehlen jeder Konkurrenz, die es erlaubten, sie wieder als Menschen zu sehen. Selbst dort, wo der Kaiser mit dem Gott Jupiter identifiziert wird (wie Claudius und Galba), bleibt er ein Mensch, dessen Stärken und Schwächen dem Auge des Künstlers nicht entgingen.

Die erhaltenen Bildnisse sind meistens Kopien, zeitgenössische Nachbildungen der offiziellen Kaiserstatuen, die aus Silber oder vergoldeter Bronze und anderem kostbaren Material bestanden. Die Nachbildungen, oft auf die Büstenform reduziert, waren Zeichen privater und öffentlicher Verehrung des Kaisers; das bescheidene Material schützte sie wenigstens teilweise vor der Vernichtung, der jene kostbaren Originale anheimfielen. Dem römischen Bürger war der Kaiser in seinem Bildnis präsent, nach diesem machte er sich seine Vorstellung von dem Herrscher, den er vielleicht als Person nie zu Gesicht bekam. Den Lesern der Sueton-Viten mögen sie heute dieselbe Aufgabe erfüllen.

GAJUS JULIUS CÄSAR

1. Sechzehn Jahre war Cäsar beim Tode seines Vaters. Im nächsten Jahre wurde er zum Priester des Jupiter ernannt; gleichzeitig ließ er sich von seiner Frau Cossutia scheiden; sie entstammte zwar nur einer Familie aus dem Ritterstande, war aber sehr reich und Cäsar schon als Knaben verlobt worden. Darauf vermählte er sich mit Cornelia, einer Tochter Cinnas, der viermal Konsul gewesen war. Sie schenkte ihm sehr bald eine Tochter namens Julia. Durch kein Mittel ließ sich Cäsar vom Diktator Sulla zur Scheidung von ihr zwingen. Zur Strafe dafür verlor er sein Priesteramt, die Mitgift seiner Frau, seine Ansprüche auf alle Familienerbschaften und wurde ferner als Anhänger der Gegenpartei Sullas betrachtet. Er sah sich daher gezwungen, Rom heimlich zu verlassen, trotz eines Wechselfiebers, das seine Lage noch verschlimmerte, fast Nacht für Nacht sein Versteck zu ändern und sich mit Geld von den nach ihm entsandten Häschern loszukaufen, bis er endlich durch Vermittlung der Vestalinnen und seiner Verwandten Mamercus Ämilius und Aurelius Cotta begnadigt wurde. Es ist hinreichend bekannt, daß Sulla, der die Bitten befreundeter und angesehener Männer längere Zeit energisch abgeschlagen hatte, ihren ununterbrochenen Vorstellungen endlich

---

Gajus Julius Cäsar, geboren 13. Juli 100 v. Chr. (nach Mommsen 102 v. Chr.), ermordet am 15. März 44 v. Chr. – Der Anfang dieser Lebensbeschreibung ist verloren. Nach Suetons üblicher Anordnung hätten die verlorenen Teile Angaben über Cäsars Abstammung, das Julische Geschlecht, seine Geburt und Jugend enthalten. Mit Suetons Biographie Cäsars vgl. die von Plutarch (Kröners Taschenausgabe 67, Seite 300ff.).

nachgab und – sei es durch göttliche Eingebung oder in
richtiger Würdigung von Cäsars Charakter – in die Worte
ausbrach: „So sollt Ihr denn recht behalten und Euren
Willen haben, aber Ihr müßt auch gleichzeitig einsehen,
daß der Mann, dessen Rettung Ihr so dringend wünscht,
einst die von uns gemeinsam verteidigte Adelspartei vernichten wird. Denn in Cäsar steckt mehr als *ein* Marius."
2. Seine ersten Kriegsdienste leistete Cäsar in Asien im
Gefolge des Prätors Marcus Thermus. Von ihm wurde
er mit dem Befehl, die Flotte heranzuholen, nach Bithynien[1] entsandt. Er hielt sich dabei über Gebühr lange beim
König Nikomedes auf, wodurch er in den Verdacht kam,
dem König seine Unschuld geopfert zu haben. Dieser Verdacht erhielt dadurch neue Nahrung, daß er innerhalb weniger Tage von neuem Bithynien aufsuchte, und zwar unter
dem Vorwand, dort einen Geldbetrag einzutreiben, den
man einem Freigelassenen, der sein Klient war, schulde.
Sonst erfreute er sich auf diesem Feldzug eines besseren
Rufes; ja er wurde sogar von Thermus beim Sturm auf
Mytilene[2] durch Verleihung der Bürgerkrone[3] ausgezeich-
net.
3. Ferner diente Cäsar unter Servilius Isauricus in Zilizien[4],
allerdings nicht lange; denn auf die Nachricht von Sullas
Tod kehrte er ohne Aufenthalt nach Rom zurück, da ihn
gleichzeitig die Hoffnung beseelte, aus neuen Parteikämp-
fen, die Lepidus anzetteln wollte, Vorteil zu ziehen. Doch
trotz glänzender Versprechungen hielt er sich von jeder
Verbindung mit Lepidus fern; denn er hatte zu dessen
Fähigkeiten nicht das nötige Vertrauen; auch sah Cäsar die
allgemeine Lage so, wie er sie antraf, für weniger günstig
an als er erwartet hatte.
4. Nach Beilegung dieser inneren Unruhen klagte Cäsar
Cornelius Dolabella, einen Mann, der das Konsulat beklei-

---

[1] Landschaft im nordwestlichen Kleinasien mit der Hauptstadt Niko-
media. – [2] Stadt auf der kleinasiatischen Insel Lesbos. – [3] Ein Kranz
aus Eichenlaub, der als Belohnung für Errettung des Lebens eines
römischen Bürgers verliehen wurde, entspricht einer Ordensauszeich-
nung. – [4] Landschaft im Südosten Kleinasiens, an Syrien grenzend.

det und einen Triumph gefeiert hatte, wegen Erpressung
an. Dolabella wurde aber freigesprochen. Daher beschloß
Cäsar, sich für einige Zeit nach Rhodos zurückzuziehen;
er wollte nämlich der gehässigen Stimmung, die gegen ihn
herrschte, aus dem Wege gehen und dort in voller Muße
ungestört bei dem damals berühmtesten Lehrer der Beredsamkeit, Apollonius Molo[1], studieren.
Auf der Fahrt dorthin, die er in bereits vorgerückter Winterzeit angetreten hatte, wurde er bei der Insel Pharmakussa[2]
von Seeräubern gefangen und mußte zu seinem größten
Ärger fast vierzig Tage mit nur einem Arzt und zwei Kam-
merdienern bei ihnen in Gewahrsam bleiben. Denn seine
Begleiter und seine übrige Dienerschaft hatte er gleich anfangs, um das geforderte Lösegeld herbeizuschaffen, fort-
geschickt. Nach Zahlung von fünfzig Talenten[3] wurde er
dann an der Küste abgesetzt. Sofort sammelte er einige
Schiffe, nahm mit ihnen, ohne Zeit zu verlieren, die Verfolgung der absegelnden Piraten auf, brachte sie in seine
Gewalt und ließ sie, wie er ihnen oft im Scherz angedroht
hatte, hinrichten. Dann begab sich Cäsar nach Rhodos.
Aber als Mithridates[4] später die angrenzenden Landschaf-
ten zu verwüsten begann, setzte Cäsar von hier nach Asien
über; denn es sollte nicht heißen, er sähe untätig zu,
wenn römische Bundesgenossen in Gefahr schwebten. Er
brachte ein Heer aus Hilfstruppen auf, vertrieb den Statthalter des Königs aus der Provinz und hielt so die bereits
wankelmütig gewordenen Städte in Gehorsam.
5. Als Kriegstribun – es war das erste Amt, das Cäsar bei
seiner Rückkehr nach Rom durch Volksabstimmung erhalten hatte – lieh er den Bemühungen der Männer, welche
die von Sulla stark eingeschränkte tribunizische Gewalt

---

[1] Berühmter Redner und Redelehrer, den auch Cicero gehört hatte.
Im Jahre 81 v. Chr. Gesandter in Rom. – [2] In der Nähe von Milet. –
[3] Etwa 1,2 Millionen DM. Die kleinasiatischen Städte brachten das
Geld auf. – [4] Mithri(a)dates VI. Eupator (132–63 v. Chr.) seit 111 König von Pontus am Schwarzen Meer, gefährlichster Feind der Römer
im Osten in drei großen Kriegen. Cäsars Eingreifen fand im Jahre
74 v. Chr. statt.

wiederherstellen wollten, seine eifrigste Unterstützung. Ferner erwirkte er seinem Schwager Lucius Cinna und dessen Anhängern, die sich während der inneren Unruhen der Partei des Lepidus angeschlossen hatten und nach dessen Tode zu Sertorius geflüchtet waren, durch den Antrag des Plotius die Erlaubnis zur Rückkehr nach Rom. Er selbst befürwortete diese Maßnahme in einer Rede vor dem Volk.

6. Während seiner Quästur hielt er nach altem Brauch von der Rednerbühne des Forums auf die Schwester seines Vaters, Julia, wie auf seine Gemahlin Cornelia die Leichenreden. In der Leichenrede auf seine Tante führte er über ihren und seines Vaters Stammbaum folgendes aus: „Meine Tante Julia stammt mütterlicherseits von Königen, von Vatersseite ist sie mit den unsterblichen Göttern selbst verwandt. Denn die Marcii Reges, deren Namen ihre Mutter führte, leiten ihr Geschlecht von Ancus Marcius her, aber von Venus die Julier. Zu ihnen gehört unsere Familie. In unserm Geschlecht ist also die erhabene Majestät der Könige, die unter den Menschen die größte Macht besitzen, geeint mit der Heiligkeit der Götter, denen selbst die Könige untertan sind[1]."

An Stelle Cornelias heiratete er Pompeja, die Tochter von Quintus Pompejus und die Enkelin von Lucius Sulla; von ihr ließ er sich später wieder scheiden, da er sie im Verdacht hatte, mit Publius Clodius Ehebruch getrieben zu haben. Das Gerücht, Clodius habe sich während eines öffentlichen heiligen Festes in Frauenkleidern bei ihr eingeschlichen, wollte tatsächlich nicht verstummen, so daß der Senat eine Untersuchung wegen Entweihung des Gottesdienstes anordnete[2].

---

[1] Das Geschlecht der Julier leitet sich her von Julus, dem Sohn des Äneas, dessen Mutter die Göttin Venus war. – [2] Publius Clodius Pulcher („Der Schöne") ein verbrecherischer, zu allem fähiger Mensch, der in den Stand der Plebejer übertrat (Kap. 20), um als Volkstribun die Massen zu beherrschen, hatte 62 am Fest der Bona Dea („Gute Göttin"), zu dem Männern der Zutritt versagt war, den geschilderten Skandal hervorgerufen (s. Kap. 74). 52 von seinem Gegner Titus Annius Milo (s. Kap. 29, Anm.) im Straßenkampf erschlagen.

7. Als Quästor fiel Cäsar durch Los als Provinz das südliche Spanien[1] zu. Während er hier im Auftrage des Prätors die Kreistage bereiste, um Recht zu sprechen, bemerkte er bei seiner Ankunft in Gades[2] vor dem Tempel des Herkules eine Statue Alexanders des Großen. Bei ihrem Anblick seufzte er laut auf. Voll Verdruß über seine eigene Taten-losigkeit, da er in einem Alter, in dem Alexander die Welt bereits erobert habe, noch nichts von Bedeutung voll-bracht hätte, forderte er sofort seine Entlassung, um in Rom sobald wie möglich eine günstige Gelegenheit zu größeren Unternehmungen erhaschen zu können. In der folgenden Nacht brachte ihn ein Traum ganz aus der Fassung. Denn ihm träumte, er habe seiner Mutter beige-wohnt. Die Traumdeuter riefen in ihm darauf die größten Hoffnungen wach; sie legten nämlich das Traumgesicht dahin aus, daß ihm hierdurch die Herrschaft über die ganze Welt prophezeit würde: denn die Mutter, die er von sich überwältigt gesehen, sei keine andere als die Erde, die ja als Mutter aller Menschen gelte.

8. So verließ denn Cäsar vor der Zeit seine Provinz und suchte die Kolonien latinischen Rechts auf[3], die damals alle Hebel in Bewegung setzten, um das römische Voll-bürgerrecht zu erhalten. Er hätte sie vielleicht zu einem kühnen Handstreich verleitet, hätten nicht die Konsuln die für Zilizien ausgehobenen Legionen, um dieser Gefahr vor-zubeugen, noch einige Zeit zurückgehalten.

9. Nichtsdestoweniger ließ er sich in Rom in ein gewagtes Unternehmen ein. Wenige Tage nämlich vor seinem Amts-antritt als Ädil geriet er in den Verdacht, sich mit dem ehe-maligen Konsul Marcus Crassus[4] wie mit Publius Sulla und

---

[1] Hispania Ulterior. – [2] Heute Cadix an der Mündung des Guadalqui-vir. – [3] Die in der Landschaft Gallia Transpadana (Gallien jenseits d. h. nördlich des Po. Gegensatz Cispadana: diesseits, südlich des Po) gele-genen Städte. Diese Gemeinden besaßen zwar das bevorzugte Recht der verbündeten latinischen Gemeinden, strebten jedoch nach dem römischen Vollbürgerrecht, wie es die italischen Städte nach dem Bundesgenossenkrieg (88 v. Chr.) erhalten hatten. – [4] Geb. 115 v. Chr., 70 und 55 (mit Pompejus) Konsul, schloß mit Pompejus und

Lucius Autronius, die nach ihrer Wahl zum Konsul wegen
Amtserschleichung verurteilt worden waren, in eine Verschwörung eingelassen zu haben. Der Plan war folgender gewesen: Man wollte am Neujahrstag den Senat überfallen und
gewisse, vorher bestimmte Mitglieder niederhauen. Dann
sollte Crassus die Diktatur an sich reißen, Cäsar selbst
sollte von ihm zu seinem Stellvertreter ernannt werden.
Sobald die Verfassung in ihrem Sinne umgestaltet sein würde,
sollten auch Sulla und Autronius wieder in ihr Konsulat
eingesetzt werden. Diese Verschwörung erwähnen Tanusius Geminus[1] in seiner Geschichte, Marcus Bibulus in
seinen Edikten, Gajus Curio, der Vater, in seinen Reden.
Auf sie anzuspielen scheint auch Cicero in einem Brief an
Axius, wenn er sagt, Cäsar habe als Konsul das Königtum
errichtet, an das er bereits als Ädil gedacht hätte. Tanusius
bemerkt hierzu, Crassus habe sich an dem für den Mord
festgelegten Tage nicht eingefunden; deswegen hätte denn
auch Cäsar das Zeichen, das er verabredetermaßen hätte
geben sollen, nicht gegeben. Man war nämlich, sagt Curio,
dahin übereingekommen, Cäsar sollte seine Toga von der
Schulter herabfallen lassen. Derselbe Curio, aber auch
Marcus Actorius Naso berichten, daß Cäsar ferner mit dem
jungen Gnäus Piso eine Verschwörung angezettelt habe:
gerade wegen des Verdachts, in Rom ein Komplott im
Schilde geführt zu haben, hätte man Piso aus freien Stücken
außer der Reihe Spanien als Provinz übertragen. Sie hätten
miteinander das Abkommen getroffen, beide zu gleicher
Zeit, und zwar Piso draußen, Cäsar in Rom, mit Hilfe der

Cäsar 60 v. Chr. das erste Triumvirat, 53 bei Karrhä von den Parthern
besiegt und getötet. Berühmt durch seinen unermeßlichen Reichtum. –
[1] Verfasser eines nicht erhaltenen, wahrscheinlich nach Cäsars Tod
verfaßten Geschichtswerks. – Bibulus, der einflußlose Kollege Cäsars
als Ädil 65, Prätor 62 und Konsul 59 v. Chr. (s. Kap. 10, 19, 20, 49). –
Gajus Scribonius Curio Anhänger der Partei Sullas, auf seiten Ciceros
gegen Catilina und Clodius, scharfer Gegner Cäsars. Er verfaßte einen
Dialog, in dem gegen die Statthalterschaft Cäsars in Gallien Anklage
erhoben wurde (s. Kap. 49, 52). – Der später erwähnte Marcus Actorius Naso ein Memoirenschreiber zur Zeit Cäsars.

Ambronen(?)[1] und Transpadaner die Revolte zu beginnen.
Der beiderseitige Plan sei nur durch Pisos Tod vereitelt
worden[2].

10. Als Ädil schmückte Cäsar das Komitium, das Forum
und die Basiliken, außerdem aber das Kapitol mit provi-
sorisch errichteten Säulenhallen aus. Darin sollte, da der
sonstige Platz bei der Überfülle der Gegenstände nicht ausreichte, ein Teil der Prachtgeräte[3] zur Schau gestellt werden.
Tierhetzen und Spiele aber gab er teils zusammen mit seinem Amtsgenossen, teils für sich allein. Die Folge hiervon
war, daß Cäsar auch den Dank für die gemeinsamen Aufwendungen allein erntete. Sein Kollege Marcus Bibulus
bekannte daher ganz offen: „Es geht mir gerade so, wie
Pollux; denn wie der auf dem Forum den Zwillingsbrüdern
errichtete Tempel immer nur Castortempel genannt wird,
so heißt auch meine und Cäsars Freigebigkeit einfach nur
einzig und allein die Cäsars." Als besondere Zugabe veranstaltete Cäsar noch ein Gladiatorenspiel. Es traten aber
darin bedeutend weniger Fechterpaare auf, als er ursprünglich dafür vorgesehen hatte. Denn die gewaltige Zahl der
von ihm überall her aufgekauften Sklaven hatte seinen
politischen Gegnern großen Schrecken eingejagt. So wurde
denn durch ein Gesetz die Höchstzahl der Gladiatoren festgesetzt. Darüber hinaus durfte sich niemand Fechter halten.

11. So hatte Cäsar die Gunst des Volkes gewonnen. Jetzt
trachtete er mit Hilfe eines Teils der Tribunen danach,
durch einen Volksbeschluß Ägypten als Provinz zu erhalten. Als Anlaß zu diesem außerordentlichen Kommando
diente ihm der Umstand, daß die Einwohner von Alexandria ihren König, dem vom Senat der Titel „Bundesgenosse
und Freund" verliehen war, vertrieben hatten, was allge-

---

[1] In den Handschriften Ambranos; die Ambronen hatten sich den
Zimbern und Teutonen angeschlossen. Mommsen verbessert in
Arverner, welche die heutige Auvergne bewohnten. – [2] Piso fiel
durch Meuchelmord als Opfer seines Hochmuts und seiner Rück-
sichtslosigkeit von der Hand spanischer Reiter seines Heeres. –
[3] Wahrscheinlich die für die Spiele bestimmten Ausrüstungsgegen-
stände, deren Besorgung dem Ädil oblag.

meine Mißbilligung erfuhr. Allein Cäsar drang mit seiner
Absicht gegen den Widerstand der Adelspartei nicht durch.
Um nun seinerseits als Vergeltung hierfür ihr Ansehen mit
allen ihm zur Verfügung stehenden Mitteln zu schmälern,
stellte er die Siegesdenkmäler des Gajus Marius über Jugurtha und über die Zimbern und Teutonen, die Sulla vor
einiger Zeit hatte zerstören lassen, wieder auf. Ferner
rechnete er als Mitglied des Gerichtshofes in Mordprozes-
sen trotz der zu ihren Gunsten erlassenen Cornelischen
Ausnahmegesetze auch die Leute zu den Meuchelmördern,
die zur Zeit der Proskriptionen Sullas für die Einlieferung
von Köpfen römischer Bürger Bezahlung aus der Staatskasse erhalten hatten[1].

12. Ebenso stiftete Cäsar einen Mann an, Gajus Rabirius
wegen Hochverrats anzuklagen; denn vor einer Reihe von
Jahren hatte der Senat hauptsächlich mit dessen energischer
Unterstützung den Aufruhr des Tribunen Lucius Saturninus niederzuzwingen vermocht. Als Cäsar selbst durch das
Los zum Richter des Angeklagten bestimmt wurde, betrieb
er so leidenschaftlich seine Verurteilung, daß Rabirius bei
seiner Berufung an das Volk nichts so sehr von Nutzen
war als die Erbitterung seines Richters[2].

13. Da Cäsar die Hoffnung auf die Provinz Ägypten aufgegeben hatte, bewarb er sich mit ungeheurem Aufwand
von Bestechungsgeldern um das Amt des Pontifex Maximus. Als er am Morgen sich zum Wahlgange anschickte,
soll er im Hinblick auf seine große Schuldenlast zu seiner
Mutter beim Abschiedskuß gesagt haben: „Ich komme nur

---

[1] Lucius Cornelius Sulla hatte von dem von ihm erlassenen Gesetz
gegen die mit dem Tode zu bestrafenden Meuchelmörder und Gift-
mischer die Leute ausgenommen, die einen von ihm Geächteten umgebracht hatten. – [2] Der Vokstribun Lucius Appulejus Saturninus hatte
Ende 100 v. Chr. bei einem Revolutionsversuch seinen Tod gefunden.
Jetzt nach 36 Jahren wurde Rabirius als sein Mörder angeklagt und von
Cicero in einer allerdings nicht mehr vollständig erhaltenen Rede verteidigt. Cäsar hat auch diesen Prozeß aus rein politischen Gründen
angestrengt, weniger um die Person des Rabirius, als um den Senat
damit zu treffen.

als Pontifex Maximus heim, sonst überhaupt nicht mehr." Und so trug er wirklich über seine beiden einflußreichen Mitbewerber, die ihn an Alter und Rang weit übertrafen, einen derart glänzenden Sieg davon, daß er selbst mehr Stimmen in ihren eigenen Wahlbezirken erhielt als beide in allen zusammen[1].

14. Nach seiner Wahl zum Prätor wurde die Catilinarische Verschwörung[2] aufgedeckt. Während der ganze Senat gegen die Mitschuldigen die Todesstrafe beantragte, stimmte Cäsar allein dafür, sie zu verhaften und als Gefangene über die Munizipalstädte zu verteilen. Außerdem sollte ihr Vermögen konfisziert werden. Ja, er schüchterte die Senatoren, die zu schärferen Maßnahmen angeraten hatten, durch den wiederholten Hinweis auf den großen Haß, den sie sich für die Dauer beim römischen Volk zuziehen würden, derart ein, daß der zum Konsul ernannte Decimus Silanus sich nicht schämte, sein bereits abgegebenes Urteil, das zurückzunehmen als Schande gegolten hätte, durch eine abschwächende Auslegung wenigstens zu mildern: man hätte es härter aufgefaßt, als es von ihm gemeint gewesen sei. Cäsar hatte bereits eine Anzahl Senatoren, unter ihnen den Bruder des Konsuls Cicero[3], auf seine Seite gebracht; er wäre daher sicherlich mit seinem Antrag durchgedrungen, hätte nicht Marcus Cato[4] mit seiner Rede dem bereits wankend gewordenen Senat das Rückgrat gestärkt. Doch selbst jetzt stand er nicht ab, Einspruch zu erheben, bis endlich eine Schar römischer Ritter, die in Waffen als Schutzwache die Versammlung umstand, ihn, der leidenschaftlich auf seinem Widerspruch beharrte, mit dem Tode bedrohte. Mit gezückten Schwertern drangen

---

[1] Seine Gegenkandidaten waren Quintus Lutatius Catulus und Publius Servilius Isauricus (s. Kap. 3 u. 15, Anm.). – [2] 63 v. Chr. – [3] Quintus Tullius Cicero, der jüngere Bruder des Redners, später Legat Cäsars in Gallien. – [4] Die in dieser Senatssitzung von Cäsar und Marcus Porcius Cato gehaltenen Reden s. Sallust, Catilinarische Verschwörung, 51 ff. – Cato der als Verfechter altmodischer Sitte bekannte spätere Führer der Optimatenpartei, der sich nach Cäsars Sieg 46 zu Utika den Tod gab.

sie so dicht auf ihn ein, daß die ihm zunächst Sitzenden
von ihm abrückten. Nur einige wenige deckten ihn mit
ihrem Körper und schützten ihn durch Vorhalten der Toga.
Völlig eingeschüchtert, gab er damals nicht nur nach, sondern nahm auch für den Rest des Jahres nicht mehr an den
Senatssitzungen teil.

15. Gleich am ersten Tage seiner Prätur lud Cäsar Quintus
Catulus zur Rechenschaft über den von ihm geleiteten
Wiederaufbau des Kapitols vor das Volk. Gleichzeitig
hatte er den Antrag gestellt, seine Funktion einem anderen
zu übertragen[1]. Der vereinigten Optimatenpartei fühlte er
sich aber nicht gewachsen. Sobald er sah, daß diese daraufhin sofort das Ehrengeleit, das sie den neuen Konsuln gab,
abbrach und in großer Zahl, zu hartnäckigem Widerstand
entschlossen, herbeieilte, zog er seinen Antrag zurück.

16. Im übrigen aber unterstützte und förderte Cäsar den
Volkstribun Cäcilius Metellus ganz energisch, als dieser
gegen den Einspruch seiner Kollegen stark revolutionäre
Gesetzesanträge[2] eingebracht hatte, bis schließlich beide
durch Senatsbeschluß ihrer Amtstätigkeit enthoben wurden. Trotz alledem besaß Cäsar den Mut, in seinem Amt
zu bleiben und weiter Recht zu sprechen. Auf die Nachricht aber, daß man entschlossen sei, ihn durch Waffengewalt daran zu hindern, entließ er seine Lictoren, warf
sein Amtskleid ab und flüchtete heimlich in seine Wohnung, um sich unter den vorherrschenden Umständen
ruhig zu verhalten. Er beschwichtigte sogar die erregte
Volksmenge, die sich zwei Tage später ganz spontan vor

---

[1] Quintus Lutatius Catulus, damals Führer der Optimatenpartei, ein
durchaus ehrenwerter Charakter. Er war Cäsar bei der Wahl zum Pontifex Maximus unterlegen. Ihm war die Wiederherstellung des im Jahre
83 v. Chr. abgebrannten kapitolinischen Tempels übertragen worden.
Cäsar forderte von ihm Rechenschaftsablage vor dem Volke wegen
Verwendung der Baugelder und stellte den Antrag, die Aufsicht über
den Bau Pompejus zu übertragen. Cäsar hatte für seinen Angriff auf
Catulus den 1. Januar gewählt, wo dessen Parteifreunde nach her-
gebrachter Sitte den neuen Konsuln bei ihrem Zug auf das Kapitol
das Ehrengeleit gaben. – [2] Zugunsten des Pompejus.

seinem Hause zusammengerottet und ihm ihren Beistand
zur Behauptung seines Amtes stürmisch angeboten hatte.
Das war von niemand erwartet worden. Der Senat selbst
trat wegen dieses Auflaufs eiligst zusammen und bedankte
sich durch seine angesehensten Mitglieder bei Cäsar, ließ
ihn in die Kurie holen und setzte ihn nach Aufhebung des
früheren Beschlusses mit dem Ausdruck wärmster Anerkennung wieder in sein Amt ein.

17. Bald darauf geriet Cäsar in eine neue gefährliche Lage.
Er wurde nämlich bei dem Untersuchungsrichter Novius
Niger von dem Angeber Lucius Vettius und im Senat von
Quintus Curius als Helfershelfer Catilinas hingestellt. Curius, der zuerst die Anschläge der Verschworenen entdeckt
hatte und dafür eine Belohnung aus Staatsmitteln erhalten
sollte, behauptete, es von Catilina selbst gehört zu haben.
Vettius stellte sogar in Aussicht, ein eigenhändiges Schreiben Cäsars an Catilina vorzulegen. Dies war ihm denn doch
zu stark. Er bat um Ciceros Zeugnis und bewies dadurch,
daß er diesem freiwillig gewisse Angaben über die Verschwörung gemacht hatte. So bewirkte er schließlich, daß Curius
die Belohnung nicht ausgezahlt wurde. Den Vettius, der
durch die vorgenommene Pfändung und Verschleuderung
seines Mobiliars arg mitgenommen[1] war und in der Volksversammlung vor der Rednerbühne fast zerrissen wurde, ließ
er ins Gefängnis werfen. Das gleiche widerfuhr auch dem
Quästor Novius, weil er eine Klage gegen einen höherstehen-
den Beamten vor seinen Richterstuhl hatte bringen lassen.

18. Nach Ablauf seiner Prätur fiel Cäsar durchs Los das
südliche Spanien als Provinz zu. Seine Gläubiger, die ihn
nicht abreisen lassen wollten, hielt er sich durch Stellung
von Bürgen vom Halse[2]. Dann brach er ganz gegen Sitte
und Recht auf, noch bevor er vom Senat seine Verwaltungs-
vorschriften für die Provinz erhalten hatte; es ist unsicher, ob aus Furcht vor einer gerichtlichen Klage oder

---

[1] Da Vettius auf die Vorladung, seine Anklage zu beweisen, nicht
erschienen war, erfolgte die Pfändung, bei der sein ganzes Mobiliar
zu einem Spottpreise verschleudert wurde. – [2] Crassus hatte den größten Teil von Cäsars Schulden übernommen.

um möglichst schnell dem Rufe der ihn um Hilfe bittenden
Bundesgenossen Folge zu leisten. Nachdem er Ruhe und
Ordnung in der Provinz wieder hergestellt hatte, verließ er
sie mit gleicher Eile – ohne seinen Nachfolger erst abzuwarten –, um seinen Triumph zu feiern und sich um das
Konsulat zu bewerben. Der Wahltag war jedoch bereits
angesetzt, so daß er nur berücksichtigt werden konnte,
wenn er als Privatmann die Stadt betrat. Da seine Bemühungen, für sich eine Ausnahme von den gesetzlichen
Bestimmungen zu erwirken, auf vielfachen Widerspruch
stießen, sah Cäsar sich gezwungen, den Triumph fahren
zu lassen[1], um nicht von der Bewerbung um das Konsulat
ausgeschlossen zu werden.

19. Von seinen beiden Mitbewerbern um das Konsulat,
Lucius Luccejus und Marcus Bibulus, schloß er sich an
Luccejus an. Dieser besaß zwar wenig Einfluß, war aber
sehr reich; daher verabredeten sie, daß Luccejus in ihrer
beider Namen in den einzelnen Centurien Geldverspre-
chungen machen sollte. Als die Optimaten dies erfahren
hatten, veranlaßten sie Bibulus, die gleichen Summen zu
bieten. Sie fürchteten nämlich, Cäsar könne bei der Bekleidung des höchsten Amtes an der Seite eines mit ihm in
allem einigen und gleichgesinnten Kollegen das Äußerste
wagen. Ja, sehr viele steuerten Geldbeträge dazu. Selbst
ein Cato stellte nicht in Abrede, daß diese Art von Bestechung im Interesse des Staates geschehe.

So wurde denn Cäsar mit Bibulus zum Konsul gewählt.
Aus dem bereits früher angeführten Grunde gaben sich die
Optimaten alle Mühe, daß den neuen Konsuln nur solche
Amtsgeschäfte zugeteilt würden, die nur wenig Arbeit
verursachten[2], d. h. die Sorge um die Wälder und Pfade
(Italiens)[3]. Hauptsächlich diese Kränkung veranlaßte Cä-

---

[1] Vor dem Triumph durfte der siegreiche Feldherr die Stadt nicht
betreten. Da persönliche Anwesenheit in Rom für die Bewerbung
ums Konsulat Vorschrift war und Cäsar keine Befreiung hiervon
erteilt wurde, verzichtete er auf den Triumph. – [2] daher auch keinen
Einfluß und Macht verschafften. – [3] Dies war von altersher eine
Kompetenz der Konsuln.

sar, sich mit allen möglichen Gefälligkeiten an Gnäus Pompejus anzuschließen; der fühlte sich nämlich gleichfalls
vom Senat zurückgesetzt, weil dieser Bedenken trug, die
Anordnungen, die er nach Besiegung des Königs Mithridates getroffen hatte, zu bestätigen. Auch söhnte Cäsar
Pompejus mit Marcus Crassus aus; denn beide waren seit
ihrem Konsulat, das sie zusammen in großer Uneinigkeit
verwaltet hatten, miteinander verfeindet. Mit beiden schloß
er einen Bund, zu dem Zweck, daß nichts im Staate geschehen solle, was einem von ihnen dreien mißfiele[1].

20. Nach Antritt seines Amtes als Konsul[2] war die erste
von Cäsar erlassene Verordnung, von allen im Senat und
vor dem Volke geführten Verhandlungen sollten schriftliche Tagesberichte[3] ausgefertigt und veröffentlicht werden.
Ferner führte er den alten Brauch wieder ein, wonach in
dem Monat, in dem er nicht amtierte, nur ein Amtsdiener
vor ihm herschreiten und die Lictoren hinterdrein folgen
sollten. Bei Gelegenheit der Bekanntgabe seines Gesetzes-
entwurfs über Ackerverteilung verjagte er seinen Kollegen,
der dagegen Einspruch erhoben hatte[4], mit Waffengewalt
vom Forum. Am folgenden Tage beschwerte sich Bibulus
hierüber im Senat, fand jedoch niemand, der sich getraut
hätte, zu dieser so unglaublichen Gewalttat einen Antrag
zu stellen, oder auch nur seine Meinung darüber zu sagen,
obwohl bei weit weniger schweren Beunruhigungen häufig
Beschlüsse gefaßt worden waren. Bibulus wurde hierdurch
derart eingeschüchtert, daß er sich bis zur Niederlegung
seines Amts beständig zu Hause hielt und nur noch schriftlich durch Edikte sich Einspruch zu erheben erlaubte.

Seitdem erledigte Cäsar sämtliche Staatsangelegenheiten
allein und nach eigenem Ermessen. Dies veranlaßte einige
Witzbolde, so oft sie bei scherzhaften Anlässen ein Proto-

---

[1] Das erste Triumvirat 60 v. Chr. – [2] 59 v. Chr. – [3] Die älteste Tageszeitung „Acta diurna" wörtlich „Tägliche Geschehnisse" (näheres
siehe „Wörterbuch der Antike", K. T. A. 96, unter „Zeitung"). Die
erstmalige Veröffentlichung der Verhandlungsberichte war eine stark
demokratische Einrichtung. – [4] weil er ungünstige Vorzeichen beobachtet hatte.

koll als Zeugen unterzeichneten, statt unter dem Konsulate des „Cäsar und Bibulus", zu schreiben: „So geschehen
unter dem Konsulate des *Julius* und *Cäsar*. Sie setzten also
Cäsar zweimal, und zwar mit Namen und mit Beinamen
in das Schriftstück ein. Daher gingen im Volksmunde bald
folgende Verse um:

> Nicht unter Bibulus wars, jüngst geschah unter Cäsar die Sache:
> Denn unter Bibulus nichts, was ich wüßte, geschah.

Die Stellatische Flur[1], die unsere Vorfahren feierlich als
Staatseigentum erklärt hatten, und das Kampanische Acker-
land, das man vom Staate aus verpachtet hatte, verteilte
Cäsar ohne Verlosung an zwanzigtausend Bürger, die drei
oder mehr Kinder hatten. Den Zollpächtern, die um
Nachlaß einkamen, erließ er ein Drittel der Pachtsumme;
jedoch warnte er sie öffentlich davor, bei einer neuen
Verpachtung von Staatseinkünften zu hohe Gebote abzugeben. Auch sonstige Wünsche, mit denen man an ihn
herantrat, erfüllte er großzügig, ohne daß jemand ihm
widersprach. Hatte aber dennoch einer den Mut, der wurde
bald davon abgeschreckt. So ließ er z. B. Marcus Cato, der
Einspruch erhoben hatte, durch einen Lictor aus der Kurie
schleppen und ins Gefängnis abführen. Lucius Lucullus,
der gar zu freimütig ihm Widerspruch geleistet hatte, versetzte Cäsar durch Androhung einer Anklage[2] derart in
Schrecken, daß jener ihn aus freien Stücken fußfällig um
Verzeihung bat. Als Cicero einmal in einer Gerichtsrede
über die schlechten Zeiten klagte, versetzte er dessen Todfeind Publius Clodius am gleichen Tage noch um die neunte
Stunde seinem Wunsche gemäß aus dem Patrizier- in den
Plebejerstand[3], wonach Clodius schon lange ohne Erfolg
getrachtet hatte[4]. Endlich suchte Cäsar die gesamte Partei
seiner Gegner dadurch bloßzustellen, daß er den Angeber

---

[1] Ein sehr fruchtbarer Bezirk in Kampanien. – [2] Mit Bezug auf die
Tätigkeit des Lucullus als Feldherr im Mithridatischen Krieg. – [3] Um
15 Uhr, ein Beweis, wie schnell Cäsar handelte. – [4] S. Kap. 6, Anm. Um
Volkstribun zu werden, mußte Clodius Plebejer werden; das geschah,
indem ein Plebejer ihn adoptierte. Clodius setzte denn auch wirklich
die Verbannung seines Todfeindes Cicero durch.

Vettius durch Bestechungen zu dem Geständnis veranlaßte, einige Optimaten hätten ihn zur Ermordung des
Pompejus aufgewiegelt. Vettius wurde darauf vor die Rednerbühne geführt und zählte auch wirklich die vorher verabredeten Namen der angeblichen Anstifter auf. Aber da
der eine und der andere ohne den erwarteten Erfolg genannt wurde, und der Verdacht aufkam, daß es sich um
eine böswillige Erfindung handelte, verzweifelte Cäsar an
dem Gelingen des übereilten Planes und ließ, wie man
glaubt, den Angeber durch Gift beiseite schaffen.

21. Um diese Zeit vermählte sich Cäsar mit Calpurnia, der
Tochter des Lucius Piso, der sein Nachfolger im Konsulat
werden sollte, und verheiratete seine eigene Tochter Julia
mit Gnäus Pompejus. Die Verlobung mit ihrem früheren
Bräutigam Servilius Cäpio, dessen tatkräftiger Unterstützung er sich noch kurz zuvor bei der Bekämpfung des
Bibulus erfreut hatte, ließ er zurückgehen. Seit dieser neuen
verwandtschaftlichen Beziehung fing Cäsar an, jetzt stets
zuerst Pompejus im Senat um seine Meinung zu befragen,
obwohl er sonst bei Crassus begonnen hatte. Es war aber
üblich, daß der Konsul beim Aufruf die Reihenfolge, die
er am ersten Januar beobachtet hatte, während seines
ganzen Amtsjahres beibehielt.

22. Mit Unterstützung seines Schwiegervaters und Schwiegersohnes wählte sich Cäsar aus der Gesamtzahl der Provinzen vornehmlich Gallien aus, ein Land, das ihm finanziell
großen Vorteil zu bieten schien, und dessen günstige Beschaf-
fenheit berechtigte Aussicht auf Triumphe verheißen mochte.
Und zwar erhielt er zuerst durch den Gesetzesantrag des Va-
tinius Gallia Cisalpina einschließlich Illyricum, ein wenig
später durch Senatsbeschluß auch Gallia Comata[1]. Die

---

[1] Man unterschied die Provinzen Gallia Cisalpina (Oberitalien = diesseits der Alpen), nach der Tracht seiner zum Bürgerrecht gelangten
Bewohner auch Togata genannt, und Gallia Transalpina (jenseits =
nördlich der Alpen), wegen der Haartracht seiner Bewohner auch
Comata genannt; innerhalb der Togata: Gallia Transpadana (jenseits
des Po) und Cispadana (südlich des Po), s. Kap. 8, Anm. Cäsar trat
sein Kommando 58 v. Chr. an.

Senatoren fürchteten nämlich, daß bei einer abschlägigen Haltung ihrerseits das Volk ihm auch diese Provinz zuerkennen möchte. Seine Freude über diesen Erfolg war so groß, daß er sich nicht enthalten konnte, wenige Tage später vor zahlreich besuchtem Senat in die prahlerischen Worte auszubrechen: „Trotz Widerstandes und Gestöhn meiner Gegner habe ich erreicht, was ich wollte; von nun an will ich euch allen auf den Köpfen herumtanzen." Und als hierauf jemand, um ihn zu kränken, erklärte: das werde für ein Weib gar nicht so leicht sein[1], antwortete er, auf den Witz eingehend: „Auch in Syrien hat eine Semiramis geherrscht, und einen großen Teil Asiens hatten einst die Amazonen unter ihre Herrschaft gebracht."

23. Nach Ablauf seines Konsulates stellten die Prätoren Gajus Memmius und Lucius Domitius den Antrag auf Untersuchung der Amtshandlungen im vergangenen Jahre. Cäsar gab dies dem Senat anheim; da der es aber ablehnte und drei Tage mit fruchtlosen Streitereien vergeudet waren, reiste Cäsar in seine Provinz ab. Sogleich nach seinem Aufbruch wurde jedoch sein Quästor, als Vorspiel zu dem, was ihm selbst bevorstehen sollte, auf Grund einiger Beschuldigungen in Anklagezustand versetzt. Kurz darauf wurde er selbst von dem Volkstribunen Lucius Antistius vor Gericht gezogen; erst dadurch, daß er bei dem gesamten Kollegium der Tribunen Berufung einlegte, erwirkte er, daß er wegen Abwesenheit in Staatsangelegenheiten nicht angeklagt werden durfte. Um aber für die Zukunft sich gegen ähnliche Vorkommnisse zu sichern, machte er es sich zur Hauptaufgabe, die Beamten jedes Jahres sich stets zu verpflichten und von den Bewerbern nur die zu unterstützen oder zu einem Amte gelangen zu lassen, die sich anheischig gemacht hatten, in seiner Abwesenheit seine Sache zu verfechten. Zur Bekräftigung dieses Paktes forderte er sogar in einigen Fällen unbedenklich einen Eid und eine schriftliche Verpflichtung ab.

---

[1] Anspielung auf Cäsars unsittlichen Verkehr mit König Nikomedes (Kap. 2, 49).

24. Aber Lucius Domitius, der sich um das Konsulat beworben hatte, drohte, er werde als Konsul das durchsetzen, was ihm als Prätor nicht gelungen sei, und Cäsar
seine Legionen wegnehmen. Infolgedessen lud dieser Crassus und Pompejus zu sich nach Luca[1], einer Stadt seiner
Provinz, ein. Er veranlaßte sie, um Domitius zu verdrän-
gen, sich um ihr zweites Konsulat zu bewerben; ihm selbst
sollte sein Kommando auf fünf Jahre verlängert werden.
Und beides gelang. Im Vertrauen hierauf verstärkte er die
vom Staat ihm zugeteilten Legionen noch durch neue, die
er aus eigenen Mitteln angeworben hatte. Eine davon re-
krutierte er sogar aus transalpinischen Galliern und gab
ihr einen gallischen Namen: Alauda[2]. Sie wurde vollständig nach römischem Muster ausgebildet und bewaffnet;
später beschenkte Cäsar sie Mann für Mann mit dem römischen Bürgerrecht.
Seitdem ließ er keine Gelegenheit zum Krieg vorübergehen, selbst wenn er ungerecht und gefährlich war. Ohne
Grund griff er ebenso verbündete wie feindliche und wilde
Stämme an. Ja, er trieb es so weit, daß in einem bestimmten Fall der Senat den Beschluß faßte, eine Untersuchungs-
kommission nach Gallien zu schicken. Einige Senatsmitglieder beantragten sogar seine Auslieferung an die Feinde.
Da aber alle seine Unternehmungen vom Glück begünstigt
waren, erkannte man ihm häufigere, und was die Zahl der
Tage anbetrifft, längere Dankfeste[3] als sonst einem Feldherrn vor ihm zu.
25. Während seines neunjährigen Kommandos vollbrachte
Cäsar etwa folgende Taten: Er machte ganz Gallien innerhalb der Pyrenäen-, Alpen-, Cevennen-, Rhein- und Rhone-
Grenzen, ein Gebiet von einem Umfang von ungefähr drei

---

[1] Das heutige Lucca. 56 v. Chr. – [2] Ein keltisches Wort, das soviel wie
Haubenlerche bedeutet. Der Legion wurde dieser Name nach ihrem
Helmschmuck verliehen. – [3] Die anläßlich eines Sieges gefeierten
religiösen Dankfeste dauerten ursprünglich einen Tag. Am Ende
der Republik wurden sie bis zu 50 Tagen ausgedehnt. Im Jahre 55
bewilligte der Senat Cäsar ein solches von 20 Tagen.

Millionen zweihunderttausend Schritt[1], abgesehen von den verbündeten und um Rom verdienten Stämmen zur römischen Provinz. Ferner belegte er die Einwohner mit einer jährlichen Abgabe von insgesamt vierzig Millionen Sesterzen[2]. Er war der erste Römer, der eine Brücke über den Rhein schlug, die rechtsrheinischen Germanen angriff und ihnen schwere Niederlagen zufügte. Ferner griff Cäsar die Britanner an, von denen man bisher so gut wie gar nichts wußte, besiegte sie und forderte von ihnen Geld und Geiseln. Bei so zahlreichen Erfolgen widerfuhr ihm nur dreimal und nicht öfter ein Mißgeschick: in Britannien, wo beinahe seine ganze Flotte durch einen schweren Sturm unterging, dann in Gallien, wo eine Legion bei Gergovia[3] zersprengt wurde, endlich drittens wurden auf germanischem Boden seine Legaten Titurius und Aurunculejus in einen Hinterhalt gelockt und niedergehauen.

26. Um diese Zeit verlor Cäsar erst seine Mutter, dann seine Tochter und kurz nachher noch ein Enkelkind. Inzwischen waren infolge der Ermordung des Publius Clodius[4] Unruhen in Rom ausgebrochen. Der Senat hatte deshalb beschlossen, es solle nur *ein* Konsul, und zwar Gnäus Pompejus, gewählt werden. Cäsar traf daher mit den Volkstribunen, die ihn zum Kollegen des Pompejus bestimmt hatten, das Abkommen, sie möchten lieber beim Volk beantragen – da ja die Zeit seines Oberbefehls sich ohnehin ihrem Ende zuneigte –, ihm zu gestatten, sich abwesend von Rom um sein zweites Konsulat zu bewerben, damit er nicht vorzeitig, und zwar vor vollständiger Beendigung des Krieges, seine Provinz verlassen müßte. Als er dies erreicht hatte, wandte er sich voller Hoffnung höheren Zielen zu und ließ es hierbei amtlich und privatim an nichts fehlen, sich mög-

---

[1] Etwa 640 deutsche Meilen (1000 Schritt = 1 römische Meile = ca. 1¹/₂ Kilometer. 5 römische Meilen = 1 deutsche Meile).– [2] 40 Millionen DM. – [3] Hauptort der Arverner, unweit vom Allier bei Clermont-Ferrand, auf dem noch heute so genannten Mont Gergovie. Durch Cäsars erfolglose Belagerung und die heldenmütige Verteidigung des Vercingetorix (52 v. Chr.) bekannt. Ausgrabungen durch Napoleon III. – [4] 52 v. Chr. Vgl. Kap. 6, Anm.

lichst viel Personen durch allerlei Geschenke und Gefälligkeiten zu verpflichten.

Er begann aus seinem Beuteanteil den Bau eines Forums,
dessen Grund und Boden allein ihm über hundert Millionen
Sesterzen[1] kosten sollte. Dem Volk versprach er zur Ge-
dächtnisfeier für seine Tochter ein Gladiatorenspiel und
einen Schmaus, was vor ihm niemand getan hatte. Um die
Erwartung aufs höchste zu spannen, ließ er die Speisen
hierfür, deren Lieferung er eigentlich an Garköche ver-
dungen hatte, auch von seiner eigenen Dienerschaft zube-
reiten. Berühmte Gladiatoren, bei deren Auftreten die Zuschauer den Kampf auf Tod und Leben verlangten, ließ er
gewaltsam schnell aus der Arena abführen und für sein
Fechterspiel aufsparen. Anfänger ließ er nicht auf dem
Fechtboden oder von Fechtlehrern, sondern in Privathäusern von römischen Rittern, ja auch von Senatoren, die
mit den Waffen umzugehen verstanden, ausbilden. Er bat
sie, wie aus seinen Briefen hervorgeht, dringend, jedem
einzeln den Unterricht zu erteilen und persönlich bei den
Übungen die nötigen Anweisungen zu geben. Die Löhnung seiner Legionen verdoppelte er für alle Zeit. Getreide
verteilte er unter sie, so oft genügend Vorrat da war, ohne
Rücksicht auf ein bestimmtes Maß. Bisweilen beschenkte
er Mann für Mann mit einem Sklaven aus der Beute.

27. Um die verwandtschaftlichen und freundschaftlichen
Beziehungen mit Pompejus aufrecht zu erhalten, bot ihm
Cäsar seiner Schwester Enkelin, Octavia, die mit Gajus
Marcellus verheiratet war, als Gattin an. Er selbst bewarb
sich um die Tochter des Pompejus, die Faustus Sulla versprochen war. Ferner verpflichtete er sich die ganze Umgebung des Pompejus und sogar einen großen Teil des
Senats durch Gewährung zinsloser oder nur mit sehr
niedrigen Zinsen ausgeliehener Darlehen. Leute aus allen
Ständen, die auf seine Einladung oder aus freien Stücken
zu ihm kamen, beschenkte er sehr freigebig, selbst Freigelassene und Sklaven je nach dem Grade der Beliebtheit,

---

[1] 100 Millionen DM.

der sie sich bei ihren Herren und Patronen erfreuten. Damals war Cäsar für Angeklagte, Überschuldete und für verschwenderische junge Leute die einzige und schnellste Rettung, nur durften ihre Vergehen, ihre Not oder Verschwendungssucht nicht ärger sein, als daß er ihnen aus eigenen Mitteln hätte helfen können. Solchen Leuten pflegte er ganz offen ins Gesicht zu sagen: „Nur eine Revolution kann Euch noch retten."

28. Mit gleichem Eifer war Cäsar bemüht, die Könige und Provinzen auf der ganzen Welt an sich zu ketten. Den einen bot er daher Tausende von Kriegsgefangenen zum Geschenk, anderen sandte er ohne Ermächtigung des Senats Hilfstruppen, wohin und so oft sie nur wollten. Außerdem schmückte er die bedeutendsten Städte Italiens, Galliens, Spaniens, wie auch Asiens und Griechenlands mit prächtigen Bauwerken aus. Als alle Welt in höchster Bestürzung darüber sich fragte, welche Ziele Cäsar damit verfolgte, kündigte endlich der Konsul Marcus Claudius Marcellus in einem Edikt an, er würde über die große Gefahr, in der sich Rom befände, einen Bericht erstatten. Darauf stellte Marcellus im Senat folgende Anträge: Erstens, Cäsar vor Ablauf seines Kommandos durch einen Nachfolger ablösen zu lassen – denn der Krieg sei jetzt zu Ende, es herrsche Friede und deshalb müßte auch das siegreiche Heer entlassen werden –; zweitens sollte auf den abwesenden Cäsar bei der Konsulwahl keine Rücksicht genommen werden; denn Pompejus hätte nicht auf legalem Wege, d. h. durch Volksbeschluß, das hierfür in Frage kommende Gesetz später abgeändert. Als Pompejus nämlich seinen Gesetzesantrag über das Recht der Beamten stellte, hatte er zufällig aus Vergeßlichkeit in dem Abschnitt, in dem er Abwesende von der Bewerbung um die Ämter ausschloß, auch Cäsar davon nicht ausgenommen. Er verbesserte erst später seinen Irrtum, als das Gesetz bereits in Erztafeln eingeprägt und im Archiv niedergelegt war. Aber Marcellus begnügte sich nicht damit, Cäsar seiner Provinz und jenes Vorrechtes verlustig gehen zu lassen. Vielmehr stellte er noch den Antrag, den Kolonisten, die Cäsar auf Grund

des Vatinischen Gesetzes[1] in Novum Comum angesiedelt
hatte, das römische Bürgerrecht wieder zu nehmen, weil es
in eigennütziger Absicht und über die ursprüngliche Bestimmung des Gesetzes hinaus verliehen worden sei.
29. Über diese Vorgänge war Cäsar aufs höchste aufgebracht. Durchdrungen von der Überzeugung, die er oft
ausgesprochen haben soll, es sei schwerer, ihn, den ersten
Mann im Staate, von der ersten Stelle in die zweite, als
von der zweiten in die letzte hinabzustoßen, setzte er teils
durch Einspruch der Tribunen, teils mit Hilfe des zweiten
Konsuls, Servius Sulpicius, diesen Maßnahmen heftigsten
Widerstand entgegen. Als im folgenden Jahre auch Gajus
Marcellus, der Nachfolger seines Vetters Marcus im Konsulat, die gleichen Pläne wie dieser wieder aufnahm, gewann Cäsar durch ungeheure Geldopfer dessen Kollegen-
Ämilius Paulus und den draufgängerischen Volkstribunen
Gajus Curio zu seiner Verteidigung. Als er jedoch erkannte,
daß man in allem mit größter Hartnäckigkeit gegen ihn
arbeitete und daß auch die Konsuln für das nächste Jahr
aus der Gegenpartei gewählt würden, da wandte er sich
brieflich mit der Bitte an den Senat, ihm sein ihm vom
Volke gewährtes Privileg nicht zu entziehen oder wenigstens auch die anderen Feldherren von ihren Heeren abzuberufen. Er verließ sich nämlich, wie man glaubt, darauf,
daß er nötigenfalls seine Veteranen leichter einberufen
könne als Pompejus seine neuen Mannschaften. Mit seinen
Gegnern knüpfte er aber Unterhandlungen an. Er erbot
sich, acht Legionen und das Transalpinische Gallien abzutreten. Dagegen sollte man ihm bis zum Antritt seines Konsulats zwei Legionen und die Cisalpinische Provinz oder
auch nur eine Legion mit Illyricum belassen. 30. Jedoch
der Senat ging auf seine Vorschläge nicht ein, und seine
Gegner lehnten jede Vereinbarung in politischen Fragen
mit ihm ab. Infolgedessen begab sich Cäsar in das dies-

---

[1] durch das Cäsar im Jahre 59 die Ermächtigung erhalten hatte,
5000 Kolonisten mit Bürgerrecht in Comum (heute Como am Comer-
see) anzusiedeln.

seitige Gallien, hielt Gerichtstage ab und blieb in Ravenna. Er war entschlossen, mit den Waffen die Entscheidung herbeizuführen, wenn der Senat gegen die für ihn eintretenden Tribunen schärfere Maßnahmen ergriff.

Das Verhalten seiner Gegner diente ihm zwar als Anlaß zum Bürgerkrieg, aber seine eigentlichen Beweggründe waren nach allgemeiner Ansicht ganz anderer Natur. Gnäus Pompejus wenigstens pflegte oft sich dahin zu äußern: Cäsars Entschluß, alles durcheinander zu bringen, sei darauf zurückzuführen, daß er weder die einmal von ihm begonnenen Bauwerke hätte zu Ende führen, noch die Erwartungen des Volkes, die er an seine Rückkehr zu knüpfen verstanden hatte, aus seinen Privatmitteln hätte befriedigen können. Andere wieder sagen, er habe gefürchtet, Rechenschaft ablegen zu müssen über alle von ihm in seinem ersten Konsulat gegen die Auspizien, die Gesetze und gegen den Einspruch der Tribunen durchgeführten Amtshandlungen; denn Marcus Cato hätte wiederholt unter Eid erklärt, er werde Cäsar anklagen, sobald er nur erst sein Heer entlassen hätte. Ferner sprach man in der Öffentlichkeit ganz allgemein davon, wenn Cäsar als Privatmann zurückkäme, würde er sich, wie seiner Zeit Milo[1], vor einem von Soldaten umstellten Gericht verantworten müssen. Dies gewinnt noch an Wahrscheinlichkeit durch einen Bericht bei Asinius Pollio[2], wonach Cäsar nach der Schlacht bei Pharsalus beim Anblick der am Boden liegenden getöteten Gegner wörtlich gesagt haben soll: „Sie haben es so gewollt! Nach allen meinen großen Taten wäre ich, Gajus Cäsar,

---

[1] Titus Annius Milo, Volkstribun 57, Gegenspieler des Clodius, hatte sich seinerseits stets mit einer Bande Bewaffneter umgeben und beherrschte so die Stadt. Er wurde wegen des Mordes an Clodius (s. Kap. 6, Anm.) angeklagt und trotz der Verteidigung Ciceros verurteilt. –
[2] Anhänger Cäsars, bedeutender Staatsmann und Offizier (76 v. Chr. bis 5 n. Chr.), auch Redner, Tragödiendichter und Geschichtsschreiber der Bürgerkriege bis 43. Seine Werke sind verloren, aber besonders das letzte ist von späteren Historikern stark benutzt worden. In der Augusteischen Zeit berühmt als Kunstkritiker und Förderer begabter Talente (z. B. Vergils).

verurteilt worden, wenn ich nicht beim Heere Hilfe gesucht hätte." Manche Leute glauben, die langjährige Gewohnheit der Befehlsgewalt hätte Cäsar nach genauer Ab-
wägung seiner und der Gegner Kräfte veranlaßt, die Gelegenheit zu ergreifen, um die Alleinherrschaft an sich zu
reißen, die schon seit seiner frühesten Jugend der Gegenstand seiner Wünsche gewesen sei. Dies scheint auch Ciceros Ansicht gewesen zu sein, wenn er im dritten Buch
seiner „Pflichten" schreibt, Cäsar habe stets die Verse aus
den Phönizierinnen des Euripides im Munde geführt, die
Cicero übersetzt hat:

> Soll Recht gebrochen werden, sei's ein Königsthron,
> Um den man's bricht! Im übrigen sei's heilig dir![1]

31. Auf die Nachricht, daß der Einspruch der Volkstribunen zu seinen Gunsten erfolglos gewesen und sie selbst
aus Rom geflüchtet wären, ließ Cäsar sofort, um jeden
Verdacht zu vermeiden, seine Kohorten in aller Heimlichkeit vorausmarschieren. Er selbst ging noch zum Schein
in ein öffentliches Schauspiel, prüfte mit großer Sorgfalt
einen Bauplan zu einer Gladiatorenschule und besuchte wie
gewöhnlich eine Tischgesellschaft, an der zahlreiche Gäste
teilnahmen. Dann ließ er nach Sonnenuntergang Maultiere
aus der nächsten Mühle an einen Wagen schirren und trat
ganz heimlich mit wenigen Begleitern seinen Marsch an. Da
die Fackeln erloschen, kam er vom Wege ab und ging
lange in die Irre. Endlich bei Tagesanbruch fand er einen
Führer, der ihn auf schmalen Saumpfaden zu Fuß wieder
auf den richtigen Weg brachte. Seine Kohorten holte er
am Rubicoflüßchen[2] ein, der die Grenze seiner Provinz

---

[1] Cicero, Pflichten III, 82. Euripides, Phoen. 524 f. Den in diesen Versen
enthaltenen Gedanken legt Euripides dem Thronräuber Eteokles in den
Mund. Vgl. damit Schiller im „Fiesco" (III, 2): „Gewiß, wenn auch
des Betrügers Witz den Betrug nicht adelt, so adelt doch der Preis den
Betrüger. Es ist schimpflich, eine volle Börse zu leeren – es ist frech,
eine Million zu veruntreuen – aber es ist namenlos groß, eine Krone
zu stehlen! Die Schande nimmt ab mit der wachsenden Sünde." (Nach
Stahr.) – [2] Kleiner Appeninfluß, wahrscheinlich der heutige Fiumicino, dem Mussolini offiziell den Namen Rubicone wiedergegeben

bildete. Hier machte er einen kurzen Halt. Beim Nachdenken über die Größe seines Vorhabens wandte er sich an
seine nächste Umgebung mit den Worten: „Jetzt können
wir noch umkehren. Haben wir aber diese kleine Brücke
überschritten, dann müssen die Waffen alles entscheiden."
32. Während Cäsar noch zauderte, geschah ein Wunder: Es
zeigte sich plötzlich die Gestalt eines ungewöhnlich großen
und außerordentlich schönen Mannes, der sich ganz in seiner
Nähe niederließ und auf einer Schalmei zu blasen begann.
Außer Hirten waren auch viele Soldaten von ihren Posten als
Zuhörer herbeigeeilt, unter ihnen auch Spielleute; einem
von ihnen entriß die Gestalt die Trompete, lief zum Fluß,
blies mit gewaltiger Stärke das Angriffssignal und eilte zum
anderen Ufer hinüber. Da sagte Cäsar: „So wollen wir gehen,
wohin der Götter Zeichen und der Feinde Ungerechtig-
keit uns ruft! Der Würfel ist gefallen!¹"
33. Darauf führte Cäsar das Heer über den Rubico, versammelte seine Soldaten, ließ die aus Rom verjagten Volkstribunen, die zu ihm gestoßen waren, vortreten, zerriß
unter Tränen sein Gewand auf der Brust und flehte seine
Soldaten um Beistand an. Einige glauben, er habe jedem
das Vermögen eines Ritters versprochen, doch beruht dies
auf einem Mißverständnis. Denn im Eifer seiner Rede und
seiner Ermahnungen erhob er öfter den Ringfinger der
linken Hand und versicherte, er würde, um alle zu befriedigen, die ihm bei der Behauptung seiner Würde behilflich
sein wollten, auch seinen Ritterring freudigen Herzens abziehen. Daher meinten, die ganz hinten standen, die den
Redner zwar sehen, aber kaum noch verstehen konnten,
Cäsar habe wirklich gesagt, was sie aus seinen Gesten zu
schließen glaubten; und so verbreitete sich das Gerücht,
er habe jedem den goldenen Ritterring mit vierhunderttausend Sesterzen versprochen².

---

hat. Er mündet in das Adriatische Meer und war zur Zeit Cäsars der
Grenzfluß zwischen Italien und der Provinz Gallia Cisalpina. Mit
seinem Überschreiten begann Cäsar den Bürgerkrieg (49 v.Chr.).—
¹ *Iacta alea est.* Vgl. Plutarch, Pompejus 60 (K. T. A. 67, S. 277) und
„Wörterbuch der Antike" (K. T. A. 96) unter „Alea". – ² Die Ritter, die

34. Cäsars nächste und wichtigste Unternehmungen waren
nun folgende: Er besetzte zuerst Picenum, Umbrien und
Etrurien und zwang Lucius Domitius, der bei dem Durcheinander in Eile zu seinem Nachfolger[1] ernannt war und
Corfinium besetzt hielt, sich zu ergeben. Er ließ ihn aber
wieder frei. Dann eilte er am Adriatischen Meer entlang
nach Brundisium[2]. Dorthin waren die Konsuln und Pompejus mit der Absicht geflüchtet, sobald wie möglich übers
Meer nach Griechenland zu fahren. Nachdem Cäsar vergeblich versucht hatte, sie durch alle erdenklichen Mittel
an der Abfahrt zu hindern, zog er nach Rom, unterbreitete
den Senatoren in einer Rede seine Vorschläge für das Wohl
des Staates[3] und griff dann die Kerntruppen des Pompejus an, die unter drei Legaten, Marcus Petrejus, Lucius
Afranius und Marcus Varro, in Spanien standen. Vorher
hatte er noch zu seiner Umgebung geäußert: „Ich ziehe
jetzt gegen das Heer ohne Führer, dann werde ich mich
gegen den Führer ohne Heer wenden." Zwar hemmte die
Belagerung von Massilia[4], das ihm auf dem Marsche seine
Tore verschlossen hatte, und großer Mangel an Lebensmitteln seinen Siegeszug. Doch trotzdem unterwarf Cäsar
in kurzer Zeit alle Feinde.

35. Von hier kehrte er nach Rom zurück, setzte nach Mazedonien über und schlug Pompejus, den er vorher fast vier
Monate durch ungeheure Schanzwerke eingeschlossen
hatte, schließlich in der Schlacht bei Pharsalus[5] vernich-
tend. Er verfolgte die Fliehenden bis Alexandria. Als er
Pompejus dort nur noch als Leiche vorfand, begann er gegen
den König Ptolemäus, der, wie Cäsar merkte, auch ihm nach
dem Leben trachtete, einen äußerst gefährlichen Krieg; denn

---

ein Vermögen von 400000 Sesterzen = 400000 DM besitzen mußten,
hatten wie die Senatoren das Vorrecht, einen goldenen Siegelring zu
tragen. – [1] als Statthalter von Gallien. – [2] Heute Brindisi. Wichtiger
Hafenplatz am Adriatischen Meer für die Überfahrt nach Griechenland, dem an der Illyrischen Küste Dyrrachium (heute Durazzo) entsprach. – [3] Die Rede ist erhalten durch Cäsar selbst in seinen Denkwürdigkeiten über den Bürgerkrieg I, 32. – [4] Heute Marseille. –
[5] 48 v. Chr., in Thessalien gelegen.

weder Örtlichkeit noch Jahreszeit waren für ihn günstig;
es war nämlich Winter, und Cäsar befand sich in der Stadt
eines gut ausgerüsteten und äußerst tatkräftigen Feindes
eingeschlossen, während er selbst Mangel an allem litt, da
er für diesen Feldzug gänzlich unvorbereitet war. Nach
dem Siege überließ er das Königreich Ägypten Kleopatra
und ihrem jüngeren Bruder. Er scheute sich, das Land zur
Provinz zu machen, damit es nicht später einmal einem unter-
nehmungslustigen Statthalter Anlaß zu Unruhen böte.
Von Alexandria zog er nach Syrien und von hier nach
Pontus. Nachrichten über Pharnazes zwangen ihn zur Eile.
Er war ein Sohn Mithridates des Großen und hatte die
günstige Gelegenheit zum Losschlagen benutzt; durch viele
Erfolge war er in seiner Überheblichkeit bestärkt worden.
Cäsar vernichtete ihn am fünften Tage nach seiner Ankunft
in einer einzigen Schlacht[1], während der vier Stunden, in
denen er seiner ansichtig wurde. Öfter kam er bei dieser
Gelegenheit auf das Glück des Pompejus zu sprechen, der
zum großen Teil seine kriegerischen Lorbeeren Feinden
von so wenig kriegerischer Art zu verdanken gehabt hätte.
Hierauf besiegte er Scipio und Juba, die in Afrika die
letzten Überbleibsel ihrer Partei zu neuem Widerstand an-
zufachen suchten[2], und dann die Söhne des Pompejus in
Spanien[3].
36. In allen Bürgerkriegen erlitt Cäsar selbst keine Niederlage, nur seine Legaten. Von ihnen fiel Gajus Curio in
Afrika, Gajus Antonius geriet in Illyricum in feindliche
Gefangenschaft, Publius Dolabella verlor ebenfalls in Illyricum eine Flotte und Gnäus Domitius Calvinus in Pontus
ein Heer. Cäsar selbst hatte in seinen Schlachten stets das
Kriegsglück auf seiner Seite, allerdings mit zwei Ausnahmen: erstens bei Dyrrachium, wo er von Pompejus zwar

---

[1] Bei Zela (im Jahre 47). Nur mit den drei Worten: veni, vidi, vici
(kam, sah, siegte) meldete Cäsar in lakonischer Kürze (nach Plutarch,
Leben Cäsars 50), einem Freunde seinen Sieg nach Rom. S. Kap. 37
Schluß. – [2] 46 v. Chr., bei Thapsus, südöstlich von Karthago gelegen. –
[3] 45 v. Chr. bei Munda, einem Dorf in der Provinz Granada. Gnäus
Pompejus fiel auf der Flucht, sein Bruder Sextus konnte sich retten.

geschlagen aber nicht verfolgt wurde – Cäsar erklärte deshalb, Pompejus verstehe nicht zu siegen –, zweitens in Spanien in der letzten Schlacht; hier stand seine Sache so verzweifelt, daß er sogar an Selbstmord gedacht hatte.

37. Nach Beendigung der Kriege feierte Cäsar fünf Triumphe, vier davon nach Besiegung des Scipio, und zwar alle in einem Monat, aber in Zwischenräumen von einigen Tagen, dann wieder einen nach Überwindung der Söhne des Pompejus. Seinen ersten und glänzendsten Triumph hielt er über Gallien, dann folgten der Alexandrinische, darauf der Pontische, diesem der Afrikanische und zuletzt der Spanische. Jeder unterschied sich von dem anderen durch Prunk und Aufmachung. Am Tage des Gallischen Triumphes erlitt Cäsar bei der Vorbeifahrt am Velabrum[1] einen Achsenbruch und wurde dadurch beinahe aus seinem Wagen geschleudert. Bei Fackelschein stieg er aufs Kapitol; vierzig Elefanten trugen zur Rechten und Linken die Leuchter. Beim Pontischen Triumph ließ er unter den im Festzug zur Schau getragenen Gegenständen eine Inschrift von drei Worten VENI · VIDI · VICI[2] vor sich hertragen. Sie bezog sich nicht wie die übrigen auf seine Kriegstaten, vielmehr auf die schnelle Beendigung des ganzen Krieges.

38. Seinen Veteranenlegionen schenkte Cäsar als Beuteanteil: Jedem Infanteristen außer zweitausend[3] bereits bei Beginn des Bürgerkrieges ausbezahlten Sesterzen noch vierundzwanzigtausend. Gleichzeitig wies er ihnen Ländereien an, die aber nicht zusammenhingen, um keinen der bisherigen Besitzer von seiner Scholle vertreiben zu müssen. Unter das Volk verteilte er Mann für Mann außer zehn Scheffeln Getreide und ebensoviel Pfunden Öl[4] auch noch dreihundert Sesterzen, die er ihnen früher versprochen

---

[1] Der verkehrsreiche Marktplatz zwischen dem Kapitolinischen und dem Palatinischen Hügel, unter anderem Verkaufsplatz der Lebensmittelhändler und Standort der Köche. – [2] S. Kap. 35, Anm. – [3] Die im folgenden erwähnten Geldbeträge sind nach unserer Währung: 2000 Sest. = 2000 DM, 24000 Sest. = 24000 DM, 300 Sest. = 300 DM, 100 Sest. = 100 DM, 500 Sest. = 500 DM. – [4] Der römische Scheffel = 8¾ Liter, das römische Pfund = etwa 327 Gramm.

hatte, und darüber hinaus noch je hundert als Verzugs-
zinsen. Außerdem bezahlte er eine Jahresmiete, und zwar
in Rom bis zu zweitausend Sesterzen, in Italien aber nicht
über fünfhundert. Ferner veranstaltete er noch einen Fest-
schmaus, nahm eine Fleischverteilung vor und gab nach dem
spanischen Siege zwei Mittagessen[1]. Da nämlich das erste zu
sparsam ausgefallen war und zu seiner Freigebigkeit in
keinem rechten Verhältnis gestanden hatte, gab er nach
fünf Tagen ein anderes, das ganz besonders üppig war.

39. Cäsar veranstaltete Schauspiele verschiedener Art: ein
Gladiatorenspiel, Theateraufführungen in jedem Stadtvier-
tel, und zwar durch Schauspieler aller Sprachen, desgleichen Zirkusvorstellungen, Athletenkämpfe und ein
Seegefecht. In dem Gladiatorenspiel auf dem Forum fochten Furius Leptinus, der aus einer Familie prätorischen
Ranges stammte, und der ehemalige Senator und Rechtsanwalt Quintus Calpenus. Einen Waffentanz[2] führten
Fürstensöhne aus Asien und Bithynien auf. Bei den Theateraufführungen trat der römische Ritter Decimus Laberius
selbst in seinem Mimus auf. Er erhielt fünfhunderttausend
Sesterzen[3], erneut den goldenen Ritterring und schritt von
der Bühne durch die Orchestra zu seinem Platz auf den
vierzehn Ritterbänken. Bei den Zirkusspielen – man hatte

---

[1] *Prandium*, ursprünglich das Frühmahl, das im Laufe der späten
Vormittagsstunden oder um Mittag eingenommen wurde (Lunch,
Déjeuner). Die Hauptmahlzeit *Cena* fand am Nachmittag statt. –
[2] Waffenspiel mit Angriff und Verteidigung. – [3] 500000 DM. – Decimus
Laberius (geb. 106), Mimendichter aus dem Ritterstand. Cäsar zwang
ihn 46, trotzdem es der Würde eines Ritters nicht entsprach, öffentlich
aufzutreten und sich mit dem Freigelassenen Publilius Syrus in einer Improvisation zu messen. Dem Schmerz über diese Entwürdigung hat Laberius in einem noch erhaltenen Prolog Ausdruck verliehen. Die Ritterwürde mußte ihm von neuem zuerkannt werden, da er durch sein Auftreten ihrer verlustig gegangen war. – Die ersten 14 Bänke hinter der
Orchestra waren für die Ritter reserviert. – Der Mimus war eine ausgelassene Posse mit Gesangs- und Tanzeinlagen, eine Kopie des niedrigen
Lebens. Schlagfertiger Witz und ungezügelte Derbheit herrschten vor.
Der Reiz lag in der Improvisation. Eine Anzahl Sinnsprüche daraus sind
noch erhalten.

den Zirkus nach beiden Seiten erweitert und ringsum mit
einem breiten Wassergraben umgeben – zeigten vornehme
Jünglinge ihre Kunst im Lenken des Vier- und Zwei-
gespanns und im Springen von Pferd zu Pferd. Das Troja-
Spiel[1] wurde von zwei Schwadronen aufgeführt, die eine
bestand aus jüngeren, die andere aus älteren Knaben. Die
Tierhetzen dauerten fünf Tage; den Schluß bildete ein Ge-
fecht, in dem zwei Abteilungen von je fünfhundert Mann
zu Fuß, zwanzig Elefanten und dreihundert Reiter gegeneinander kämpften. Um mehr Raum für den Kampf zu
gewinnen, hatte man die Spitzsäulen[2] weggeräumt und an
ihrer Stelle zwei Lager einander gegenüber errichtet. Die
Athleten kämpften volle drei Tage auf dem Marsfelde in
einem nur für diesen Zweck errichteten Stadium. In dem
Seegefecht, zu dem man auf dem kleineren Codetafelde[3]
einen See gegraben hatte, führten Zwei-, Drei- und Vier-
decker (vom Typ) der tyrischen und ägyptischen Flotte mit
starker Bemannung ein Treffen auf. Zu all diesen Schauspielen
strömte von überall her eine ungeheure Menschenmenge
zusammen, so daß ein großer Teil der Auswärtigen oft auf
den Gassen und Landstraßen in Zelten übernachten mußte.
Ferner wurden im Gedränge häufig sehr viel Leute erdrückt
und erstickten dabei, darunter sogar zwei Senatoren.
40. Hierauf wandte sich Cäsar der Neuordnung der Verhältnisse im Inneren des Staates zu. Er verbesserte zuerst
den Kalender, der lange schon durch Schuld der Priester,
die willkürlich Tage einzuschalten pflegten, so in Unord-

---

[1] Das Trojaspiel wird beschrieben bei Vergil, Äneis V, 555 ff. Von
Äneas gestiftet, erneuerte es Cäsar als sein Nachkomme. Eine Art
Quadrille zu Pferde, ein von jungen vornehmen Römern ausge-
führtes Scheingefecht, das besondere Geschicklichkeit erforderte. –
[2] Lateinisch meta, eine pyramidenförmige Figur. Die Rennbahn war
in der Mitte durch eine den Längsseiten parallele Schranke (spina,
eigentlich „Rückgrat") in zwei Laufbahnen für die Hin- und Rück-
fahrt geschieden. Die gefährlichen Stellen waren die durch je eine
Spitzsäule bezeichneten Enden der Schranke, die es galt, auf kürzestem
Weg zu umfahren. – [3] Wahrscheinlich der nördliche oder nord-
westliche Teil des Marsfeldes.

nung geraten war, daß weder das Erntefest in den Sommer noch das Winzerfest in den Herbst fiel[1]. Er paßte das Jahr dem Laufe der Sonne an, so daß es aus dreihundertfünf-undsechzig Tagen bestand; der Schaltmonat fiel weg und alle vier Jahre sollte ein Tag eingeschaltet werden. Damit aber künftighin vom neuen ersten Januar an die Zeitrech-nung stimme, schob er zwischen November und Dezember noch zwei andere Monate ein. So bestand das Jahr, in dem diese Anordnung getroffen wurde, mit Einschluß des Schaltmonats, der nach bisheriger Gewohnheit in dies Jahr gefallen war, aus fünfzehn Monaten.

41. Ferner ergänzte Cäsar den Senat, nahm neue Patrizier auf, erhöhte die Zahl der Prätoren, Ädilen, Quästoren, ja selbst der unteren Beamtenstellen. Personen, welche die Zensoren ihrer Ämter für verlustig erklärt oder die Richter wegen Amtserschleichung verurteilt hatten, setzte er wieder in ihre Würden ein. Das Wahlrecht teilte er mit dem Volke in der Weise, daß – mit Ausnahme der Bewerber um das Konsulat – die eine Hälfte der Kandidaten das Volk, die andere Cäsar selbst wählte. Der kurz gefaßte, nur wenige Worte enthaltende Erlaß, den er bei den Wahlkörper-schaften herumgehen ließ, lautete: „Der Diktator Cäsar an die und die Tribus: Ich empfehle Euch die und die, damit sie durch Eure Wahl ihr Amt erhalten." Zu Ehrenämtern ließ Cäsar auch Söhne von geächteten Personen zu. Die Gerichte beschränkte er wieder auf zwei Klassen von Richtern, Ritter und Senatoren, die dritte Klasse, die Ärar-tribunen[2], hob er auf.

Die Volkszählung ließ er nicht in der üblichen Weise und am üblichen Ort[3], sondern straßenweise durch die Haus-besitzer vornehmen. Er strich dabei von den dreihundert-zwanzigtausend Leuten, die aus öffentlichen Mitteln Brot-korn erhielten, alle bis auf einhundertfünfzigtausend aus den Listen. Damit aber diese Ausmusterung keinerlei Ver-

---

[1] 46 v. Chr. Cäsars Berater bei der Kalenderreform war der alexandri-nische Astronom Sosigenes. – [2] Sie waren Plebejer und ursprünglich Finanzbeamte (aerarium = Schatzkammer). – [3] auf dem Forum.

anlassung zu neuen Unruhen geben könnte, verordnete Cäsar, an Stelle der durch Tod ausgeschiedenen Getreide- empfänger sollte jährlich aus bedürftigen, noch nicht in den Listen aufgenommenen Bürgern eine entsprechende Zahl vom Prätor hinzugelost werden. 42. Ferner hatte Cäsar achtzigtausend Bürger auf überseeische Kolonien verteilen lassen. Um nach Verlust von soviel Einwohnern die Bevölkerungsziffer Roms in ausreichender Höhe zu halten, erließ er folgende Verordnung: „Kein Bürger über zwanzig und unter vierzig Jahren, der nicht im Heer dient, darf sich länger als drei Jahre hintereinander außerhalb Italiens aufhalten; auch darf kein Sohn eines Senators außer im Gefolge eines Feldherrn oder Beamten ins Aus- land reisen. Die Viehzüchter sollen mindestens ein Drittel erwachsener freigeborener Leute unter ihren Hirten hal- ten[1]." Alle Ärzte, die in Rom praktizierten, und die Lehrer der freien Künste[2] beschenkte er mit dem Bürgerrecht, um sie an die Stadt zu fesseln und andere zu veranlassen, ihren Aufenthalt in Rom zu nehmen.

Was die Schuldenregelung anbetrifft, machte Cäsar alle Hoffnung auf völligen Schuldenerlaß, der von vielen Seiten angeregt wurde, zunichte. Schließlich verordnete er, die Schuldner sollten den Gläubigern an Zahlungsstatt ihre Grundstücke überlassen, und zwar zu den Taxwerten, den diese vor dem Bürgerkrieg gehabt hatten[3]. Von der Schuld- summe sollte in Abzug gebracht werden, was an Zinsen wirklich bar bezahlt oder durch Schuldschein zum Kapital geschlagen worden war. Bei dieser Regelung verringerte sich die Schuldsumme etwa um den vierten Teil.

Alle Vereine, mit Ausnahme derjenigen, die in alter Zeit

---

[1] Diese Maßnahme scheint den Zweck gehabt zu haben, weitere Schichten der freien Bürger seßhaft zu machen und sie vor Arbeits- losigkeit zu schützen, so daß sie auch an die Gründung einer Familie denken konnten. – [2] Grammatiker, Rhetoren, Philosophen. – [3] Durch die Bürgerkriege war eine allgemeine Entwertung der Grundstücke eingetreten. – Die Gläubiger verloren so etwa 25 % oder vielleicht noch mehr ihres Kapitals, von dem die in bar oder durch Schuld- erhöhung bereits gezahlten Zinsen abgezogen wurden.

gegründet waren, löste er auf[1]. Die Strafen für schwere Verbrechen verschärfte Cäsar. Da bisher die reichen Leute sich unbedenklicher eines Verbrechens schuldig gemacht hatten, weil sie ohne Schaden an ihrem Vermögen in die Verbannung gehen durften, so bestrafte er, wie Cicero berichtet, Mörder mit Einziehung des ganzen, sonstige Übeltäter mit Verlust des halben Vermögens.

43. Die Rechtspflege übte Cäsar mit größter Gewissenhaftigkeit und Strenge aus: Angeklagte, die der Erpressung überführt waren, stieß er sogar aus dem Senat; die Ehe eines Mannes von prätorischem Range, der eine erst vor zwei Tagen von ihrem Gatten geschiedene Frau sofort geheiratet hatte, erklärte er für ungültig, ohne daß auch nur der Verdacht eines Ehebruches vorgelegen hätte. Auf die Einfuhr ausländischer Waren legte er Zölle. Die Benutzung von Sänften sowie das Tragen von Purpurgewändern und Perlenschmuck gestattete er nur bestimmten Personen und Altersklassen und auch dann nur an bestimmten Tagen. Besonders streng handhabe er das Gesetz gegen Tafelluxus. Auf dem Lebensmittelmarkt stellte er besondere Aufseher an, die alle verbotswidrig eingekauften Speisen mit Beschlag belegen und zu ihm bringen mußten. Manchmal schickte er auch noch Polizeibeamte und Soldaten in die Wohnungen; sie mußten selbst die schon aufgetischten Speisen, die den Aufsehern entgangen waren, aus den Speisezimmern forttragen.

44. Für die Verschönerung und Versorgung Roms, ebenso für den Schutz und die Erweiterung des Reiches trug sich Cäsar mit Entwürfen, die von Tag zu Tag an Zahl und Größe zunahmen. An erster Stelle stand der Bau eines Marstempels, der von nie dagewesener Größe werden sollte. Hierzu sollte als Baugrund der See, auf dem er die Seeschlacht hatte aufführen lassen, zugeschüttet und einge-

---

[1] Vor allem die vielen getarnten politischen Klubs, die sich bei Wahlhandlungen und Gerichtsverhandlungen durch Gewalttätigkeiten übel bemerkbar machten. Ausgenommen waren u. a. die Kollegien der Priester und die Innungen der Handwerker, die jederzeit vom Staat kontrolliert werden konnten.

ebnet werden[1]. Ebenso plante er ein ungeheures Theater am Fuß des tarpejischen Felsens. Ferner beabsichtigte er eine vereinfachte Redaktion des bürgerlichen Rechts, die aus der übergroßen und verwirrenden Fülle von Gesetzen nur das Beste und Notwendigste in wenigen Büchern zusammentragen sollte; dann die Gründung möglichst vollständiger öffentlicher Bibliotheken griechischer und lateinischer Schriftwerke. Anschaffungen und Ordnung der Bestände sollten Marcus Varro[2] übertragen werden. Er plante außerdem, den Fuciner See[3] abzulassen, eine Straße vom Adriatischen Meer über den Kamm des Appenins bis zum Tiber anzulegen, den Isthmus von Korinth zu durchstechen und die Dazier[4], die mit ihren Scharen in Pontus und Thrazien eingefallen waren, zurückzuschlagen. Endlich wollte Cäsar von Kleinarmenien aus die Parther angreifen, aber erst dann eine Entscheidungsschlacht wagen, wenn er in kleineren Gefechten sich mit ihrer Kampfesweise vertraut gemacht hätte.

Mitten in diesen Unternehmungen und Plänen überraschte ihn der Tod. Doch bevor ich hierauf zu sprechen komme, wird es nicht unangebracht sein, über seine äußere Erscheinung, seine Kleidung, seine Gewohnheiten und seinen Charakter, sowie über seine Fähigkeiten als Staatsmann und Feldherr das Hauptsächlichste mitzuteilen.

45. Nach der Überlieferung war Cäsar hochgewachsen, seine Hautfarbe war weiß, er hatte kräftige Glieder, ein etwas zu volles Gesicht und schwarze, lebhafte Augen; seine Gesundheit war gut, nur hatte er in der letzten Zeit seines Lebens an plötzlichen Ohnmachten zu leiden und pflegte von unruhigen Träumen heimgesucht zu werden. Zweimal erlitt er bei öffentlichen Versammlungen auch An-

---

[1] S. Kap. 39. – [2] Der größte Gelehrte und fruchtbarste Schriftsteller seiner Zeit (116–27 v. Chr.). – [3] Größerer Appeninensee Mittelitaliens, dessen starkes Steigen und Fallen für die Anwohner sehr lästig war. Die Regulierung wurde von Claudius (s. dort, Kap. 20, 21, 32) in Angriff genommen. – [4] Im heutigen Rumänien. Ihre endgültige Unterwerfung erfolgte erst unter Kaiser Trajan 106 n. Chr. (S. Domitian, Kap. 6).

fälle von Epilepsie[1]. In der Körperpflege war er fast zu
eigen; er ließ sich nämlich nicht nur regelmäßig seine
Haare schneiden und rasieren, sondern, wie man ihm zum
Vorwurf machte, sogar die einzelnen Haare am übrigen
Körper ausrupfen. Er litt dagegen sehr unter einer ihn ent-
stellenden Glatze, die oft die Zielscheibe der Witze seiner
Gegner war. Daher hatte er die Gewohnheit, seine spärlichen Haare vom Hinterkopf über den Scheitel nach vorn
zu kämmen. Und von allen Ehrungen, die Senat und Volk
ihm zuerkannt hatten, nahm er keine lieber an und machte
von keiner häufiger Gebrauch als von dem Recht, immer
einen Lorbeerkranz tragen zu dürfen. Auch durch seine
Kleidung soll er Aufsehen erregt haben; denn er trug
seine mit dem breiten Purpurstreifen (der Senatoren) ver-
sehene Tunika mit Fransen besetzt, die bis zu den Händen reichten, und nie anders als mit einem Gürtel darüber, den er nur ganz lose umzulegen pflegte. Darauf bezieht sich ein Ausspruch Sullas, der die Adelspartei oft
ermahnte, sich vor dem schlecht gegürteten Knaben in
acht zu nehmen.

46. Anfangs wohnte Cäsar in einem bescheidenen Hause in
der Suburastraße[2]. Aber nach seiner Wahl zum Pontifex
Maximus bezog er seine Amtswohnung auf der Heiligen
Straße. Wie man ihm vielfach nachsagt, soll er Luxus und
prächtige Ausstattung sehr geliebt haben. Eine Villa in der
Gegend des heiligen Hains der Diana zu Aricia[3], die er von
Grund auf neu erbaut und mit großen Kosten fertiggestellt
hatte, ließ er, weil sie seinem Geschmack nicht ganz entsprochen hatte, wieder einreißen. Er war dabei damals noch
ganz unbedeutend und überdies stark verschuldet. Auf

---

[1] Lateinisch morbus comitialis (Komitialkrankheit) so genannt, weil die
Wahlhandlungen und sonstigen Geschäfte abgebrochen wurden, wenn
jemand in einer solchen Versammlung von der Epilepsie befallen wurde. –
[2] Eine lebhafte, nicht gerade vornehme, auch sonst übelberüchtigte
Straße, zwischen den Abhängen der drei Hügel Esquilin, Viminal
und Quirinal. Geschäfts- und Wohnviertel der kleinen Leute. – [3] Sehr
alte Stadt Latiums am Fuße des Albanerbergs mit berühmtem Tempel
der Diana beim Nemisee (Vgl. Caligula, Kap. 35, Anm.).

seinen Feldzügen soll er kostbare Mosaikfußböden und Marmorfliesen mit sich geführt haben.

47. Nach Britannien soll Cäsar gegangen sein, weil er hoffte, dort Perlen zu finden. Wenn er deren Größe verglich, wog er sie manchmal mit eigener Hand ab. Edelsteine, getriebene Kunstwerke, Statuen und alte Gemälde kaufte er, wie man berichtet, stets leidenschaftlich gern. Für schlanke, feingebildete Sklaven zahlte er ungeheure Preise; er schämte sich schließlich selbst darüber und verbot die Eintragung dieser Beträge in seine Rechnungsbücher.

48. In den Provinzen speisten seine Gäste an zwei Tafeln; an der einen die höheren Militärs und die gebildeten Griechen seines Gefolges, an der zweiten vornehme römische Zivilpersonen mit den Spitzen des Provinzadels. Bei seiner Dienerschaft hielt er in Kleinigkeiten wie in großen Dingen auf strengste Zucht und Ordnung; so ließ er z. B. einen Bäcker, der seinen Gästen anderes Brot als ihm selbst vorgelegt hatte, in Fesseln legen und einen ihm sehr nahestehenden Freigelassenen wegen Ehebruchs mit der Frau eines römischen Ritters hinrichten, obgleich kein Kläger aufgetreten war.

49. Den Ruf seiner Keuschheit schädigte nichts als sein Umgang mit Nikomedes[1]. Aber daraus machte man ihm dauernd einen schweren Vorwurf, so daß er von allen Seiten Schmähungen ausgesetzt war. Ich übergehe die allgemein bekannten Verse des Calvus Licinius:

> Was nur Bithynien
> Und Cäsars Buhler je besessen hat.

Auch die Senatsreden Dolabellas[2] und des älteren Curio lasse ich unerwähnt. Dolabella nannte ihn „Königskebs", „Matratze des königlichen Bettes", Curio gar „Stall des

---

[1] S. Kap. 2, und 22, Anm. – [2] Ciceros Schwiegersohn und im Bürgerkrieg Cäsars Parteigänger (vgl. Kap. 36). Nach Cäsars Tod schloß er sich erst dessen Mördern an, ging dann aber zur Partei des Antonius über. Vom Senat geächtet, machte er freiwillig seinem Leben ein Ende. Bekannt auch wegen seiner hohen Schulden.

Nikomedes" und das „bithynische Bordell". Ebenso will
ich schweigen von den Erlassen des Bibulus, in denen er
seinen Kollegen Cäsar öffentlich als „Königin von Bithynien" bezeichnete und worin er sagt, damals habe jenem
ein König am Herzen gelegen, jetzt eine Königskrone.
Um diese Zeit begrüßte, wie Marcus Brutus erzählt, ein
Octavius, der nicht recht bei Sinnen war und infolgedessen
allzufrech zu schwatzen pflegte, in großer Gesellschaft zuerst Pompejus als „König", darauf Cäsar als „Königin".
Gaius Memmius beschuldigte Cäsar sogar, bei einem zahlreich besuchten Gastmahl, an dem auch mehrere Kaufleute
aus Rom, deren Namen er nennt, teilnahmen, mit anderen
Lustknaben dem König Nikomedes den Mundschenken
gemacht zu haben. Cicero aber begnügte sich nicht damit, in einigen seiner Briefe zu schreiben, Cäsar sei von
Trabanten in das königliche Schlafgemach geführt worden,
habe sich im Purpurgewande auf ein goldenes Bett gelegt
und so sei in Bithynien die Jugendblüte des Abkömmlings
der Venus befleckt worden, sondern ging vielmehr soweit, als Cäsar einmal im Senat bei der Verteidigung der
Sache Nysas, der Tochter des Nikomedes, die ihm vom
König erwiesenen Dienste geltend machte, daß er zu ihm
sagte: „Bitte, laß das! Es ist ja bekannt, was jener dir und
was du jenem erwiesen hast." Bei dem gallischen Triumph
endlich gaben seine Soldaten unter anderen lustigen Lie-
dern, wie sie von ihnen hinter dem Triumphwagen gesungen wurden, auch jene ganz gemeinen Verse zum besten:

> Gallien unterlag dem Cäsar, dem Nikomedes einst Cäsar:
> Seht! Der Cäsar triumphiert jetzt, dem ganz Gallien unterlag.
> Nikomedes aber triumphiert nicht, dem doch Cäsar unterlag.

50. Allgemein herrscht die Ansicht, daß Cäsar sehr sinnlich
veranlagt war und für seine Leidenschaft viel Geld ver-
schwendet hat. Er soll auch zahlreiche vornehme Frauen
verführt haben, darunter Postumia, die Gattin des Servius
Sulpicius, Lollia des Aulus Gabinius, Tertulla des Marcus
Crassus, sogar Mucia, die Frau des Gnäus Pompejus.
Wenigstens mußte dieser von den beiden Curio, Vater und
Sohn, und vielen anderen den Vorwurf hören, er habe

später aus Begierde nach Macht die Tochter des Mannes[1]
geheiratet, um dessentwillen er seine Frau verstoßen, von
der er drei Kinder gehabt hatte, und den er seufzend oft
seinen Ägisth genannt habe. Aber vor allen anderen liebte
er die Mutter des Marcus Brutus, Servilia. Für sie kaufte
er während seines ersten Konsulates einen Perlenschmuck
im Werte von sechs Millionen Sesterzen[2], im Bürgerkrieg
jedoch schlug er ihr außer anderen Schenkungen aus den
öffentlichen Versteigerungen sehr bedeutende Güter für
einen Spottpreis zu. Als sich nun viele über den niedrigen
Preis wunderten, äußerte sich Cicero sehr witzig darüber:
„Wißt, der Kauf ist noch viel besser, – denn die Tertia ist
abgezogen!" Man glaubte nämlich, Servilia habe auch ihre
Tochter Tertia an Cäsar verkuppeln wollen[3].

51. Nicht einmal in den Provinzen waren die Ehefrauen
sicher vor ihm. Ein Beweis hierfür ist z. B. das folgende
Verspaar, das von den Soldaten gleichfalls beim gallischen
Triumph gesungen wurde:

Städter, hütet eure Weiber! Den kahlen Buhler führen wir her.
Gold verhurtest du in Gallien, das du hier gepumpt dir hast.

52. Auch mit Königinnen hatte Cäsar Liebesverhältnisse;
z. B. mit Eunoë, der Gattin des Maurenkönigs Bogud.
Ihr und ihrem Gatten machte er, wie Naso[4] erzählt, viele
äußerst kostbare Geschenke. Am meisten aber war er in
Kleopatra verliebt. In ihrer Gesellschaft tafelte er oft bis
zum frühen Morgen; auf ihrem Prachtschiff, der sogenannten Thalamegos[5], wäre er durch Ägypten fast bis nach

---

[1] Julia (Kap. 21). – Ägisth, der Buhle Klytämestras, mit dessen Hilfe
sie Agamemnon nach seiner Rückkehr von Troja tötete. – [2] 6 Millionen DM. – [3] Ein doppeltes, sehr boshaftes Wortspiel. Lateinisch tertia
deducta, 1. tertia a) = ein Drittel, b) = Name der Tochter der Servilia. 2. deducere a) = abziehen, b) = zuführen (verkuppeln). Wörtlich: „Trotz der niedrigen Kaufsumme ist noch ein Drittel als Rabatt
abgezogen worden." Der Römer verstand den Doppelsinn: „Die
Tertia ist ihm (Cäsar) zugeführt worden." – [4] Marcus Actorius Naso
s. Kap. 9. – [5] Thalamegos, ein großes Prachtschiff der ägyptischen Könige, eine schwimmende Villa, auf dem auch größere Seereisen unternommen werden konnten. Genaue Beschreibung bei Athenaios V, 38 ff

Äthiopien gefahren, wenn sich nicht sein Heer geweigert hätte, ihm zu folgen. Er lud Kleopatra sogar nach Rom ein, überschüttete sie bei ihrem Abschied mit den allergrößten Ehrungen und reichen Geschenken und willigte auch ein, einem Sohn, den sie geboren hatte, seinen Namen zu geben. Einige griechische Schriftsteller überliefern allerdings, daß der Junge an Gestalt und Gang ganz das Ebenbild Cäsars gewesen sei. Marcus Antonius versicherte dem Senat, Cäsar habe das Kind sogar anerkannt, was auch Gaius Matius, Gaius Oppius und andere Freunde Cäsars wüßten. Doch hat Gaius Oppius[1] eine Schrift veröffentlicht, in der er den Beweis zu erbringen sucht, es sei nicht Cäsars Sohn, den Kleopatra dafür ausgegeben hat, als ob die ganze Sache eine Ablehnung oder Verteidigung überhaupt nötig gehabt hätte. Der Volkstribun Helvius Cinna äußerte vielen gegenüber, er habe den fertig niedergeschriebenen Entwurf folgenden Gesetzes bereit liegen gehabt, das er auf Cäsars Befehl in dessen Abwesenheit habe beantragen sollen: Um Kinder zu zeugen, sollte es Cäsar gestattet sein, alle Frauen zu heiraten, welche er begehrte, ganz gleich, wieviel dies auch wären[2]. Damit kein Zweifel darüber besteht, daß Cäsar durch die Schande gebrandmarkt war, widernatürliche Unzucht und zahlreiche Ehebrüche getrieben zu haben, erwähne ich noch, daß der ältere Curio ihn in einer Rede „den Mann aller Frauen und die Frau aller Männer" genannt hat[3].

---

[1] Vertrauter Cäsars und sein Geschäftsträger in privaten und politischen Unterhandlungen, sein Geheimsekretär. Die Aufzeichnungen von Oppius über Cäsars Leben, die Sueton reichlich zu benutzen scheint (s. Kap. 53), sind nicht erhalten. – [2] Cäsar scheint hier mit Bezug auf seine Nachkommenschaft ein Sonderprivileg für sich in Anspruch genommen zu haben. – [3] Man beachte den Widerspruch mit Kap. 49 Anfang, wo Sueton sagt, daß Cäsar außer dem Verkehr mit Nikomedes sonst keiner widernatürlichen Unzucht beschuldigt wurde. Für die Arbeitsweise Suetons, der seinen Lesern oft nur Exzerpte in fast unveränderter Gestalt und unverbunden vorlegt, ist charakteristisch, daß hier der ältere Curio, der Todfeind Cäsars, als Kronzeuge angeführt wird.

53. Im Weintrinken war Cäsar sehr mäßig. Dies geben
selbst seine Feinde zu. So sagt Marcus Cato, Cäsar sei der
einzige von allen gewesen, der nüchtern an den Umsturz
der Republik gegangen sei. Aus dem Essen machte er sich,
wie Gajus Oppius erzählt, so wenig, daß, als einmal von
einem Gastgeber statt frischem Öl altes bei der Tafel gereicht wurde, und alle Anwesenden dies ausschlugen, er
allein reichlicher als üblich davon genommen hat. Es sollte
nämlich nicht so aussehen, als ob er dem Wirt Nachlässigkeit oder Mangel an Lebensart zum Vorwurf machte.
54. Uneigennützig zeigte sich Cäsar weder als Feldherr noch
als Zivilbeamter. Denn wie einige Leute in ihren Memoiren
bezeugt haben, nahm er als Prokonsul in Spanien von den
Bundesgenossen Geld an, das zur Bezahlung seiner Schulden zusammengebettelt worden war. Er plünderte sogar
in Lusitanien wie feindliche Plätze einige Städte, die sich
keines Ungehorsams schuldig gemacht, vielmehr ihm bei
seiner Ankunft sofort die Tore geöffnet hatten. In Gallien
raubte er die mit Weihgeschenken gefüllten Heiligtümer
und Tempel der Götter aus. Er zerstörte die Städte öfter
wegen der Beute als um eines Vergehens willen. Daher
hatte er Gold in solchem Überfluß, daß er in ganz Italien
und in den Provinzen das Pfund zu dreitausend Sesterzen
feilbieten ließ[1]. In seinem ersten Konsulat stahl er dreitausend Pfund Gold aus dem Kapitol und ersetzte es durch
ebensoviel Pfund vergoldetes Kupfer. Er verkaufte Bündnisse und Königreiche; so nahm er z. B. Ptolemäus[2] allein

---

[1] Der Wert des römischen Pfundes Gold war damals etwa 4000 Sest.
= 4000 DM. Hiernach wäre eine Herabsetzung des Goldwertes auf
dreiviertel des Ursprünglichen erfolgt. Aber die Verhältnisse waren
hier schwankend. Andere nehmen hier eine Reduzierung auf ⅔ an. –
Cäsar hat übrigens das Goldstück als Reichsmünze eingeführt. Man
fand z. B. 7 Jahre nach seinem Tod einen vergrabenen Schatz mit
80000 dieser Goldstücke. 100 Silbersesterzen = 1 Goldstück etwa 100
DM. – [2] Der von seinen Untertanen vertriebene Ptolemäus Auletes
(der „Flötenspieler"), der sich seine Anerkennung durch die Römer
mit der oben genannten Riesensumme im Werte von etwa 135 Millionen DM erkauft hatte.

fast sechstausend Talente in seinem und des Pompejus
Namen ab. Später bestritt er die drückenden Kosten der
Bürgerkriege und den Aufwand für die Triumphe und
öffentlichen Feste durch offenkundige Erpressungen und
durch Tempelraub.

55. Als Redner und als Feldherr hat Cäsar den Ruhm der
Allergrößten erreicht oder sogar noch überflügelt. Seit
seiner Anklage Dolabellas[1] zählte man ihn im Publikum
unbedenklich zu den vorzüglichsten Anwälten. Jedenfalls
äußert Cicero in seiner an Brutus gerichteten Schrift bei
Aufzählung der Redner[2], er sähe keinen, dem Cäsar
weichen müsse; er fügt noch hinzu: ,,Cäsar besitzt eine
gewählte, glänzende, ja selbst erhabene und gewissermaßen
adlige Art im Ausdruck und Vortrag", und in einem Brief
an Cornelius Nepos[3] drückt er sich über ihn mit den Worten aus: ,,Wie? Welchen Redner von allen, die nichts als
Redner gewesen sind, willst du diesem vorziehen? Wer ist
ihm überlegen an Schärfe oder Reichtum der Gedanken?
Wer an Schmuck oder Eleganz des Ausdrucks?" Als
Muster in der Beredsamkeit scheint er wenigstens in seiner
Jugend Cäsar Strabo erwählt zu haben, aus dessen Rede
,,Für die Sardinier" er manche Stellen wörtlich in seine
Divinationsrede hinübergenommen hat[4]. Beim Vortrag
war, wie es heißt, seine Stimme hell, seine Körper- und
Handbewegungen lebhaft, wobei er jedoch nie unschön
wirkte. Er hat einige Reden hinterlassen, unter denen sich
aber mehrere unechte befinden. Die Rede ,,Für Quintus
Metellus" hält Augustus mit Fug und Recht mehr für eine

---

[1] Wegen Erpressung, 77 v. Chr., s. Kap. 4. – [2] ,,Von den berühmten
Rednern" 261. – [3] Der bekannte Verfasser einer umfangreichen, von
Späteren viel benutzten Sammlung von Lebensbeschreibungen berühmter Männer, von denen noch ein kleiner Teil erhalten ist (etwa
100–25 v. Chr.). – [4] In einer Rede, in der er mit anderen Sachwaltern
in Wettbewerb um das Recht auftrat, einen bestimmten Prozeß zu führen. Der Tragödiendichter und Redner Gajus Julius Cäsar mit dem
Beinamen Strabo ,,Der Schielende" hielt 103 v. Chr. eine Rede ,,Für
die Sardinier", in der er den Statthalter jener Provinz wegen Erpressung
anklagte.

Aufzeichnung durch Geschwindschreiber, die dem Redner nur schwer folgen konnten, als für eine von Cäsar selbst besorgte Ausgabe. Denn auf einigen Exemplaren finde ich nicht einmal den richtigen Titel: „Für Metellus", sondern den falschen, „Rede, die Cäsar für Metellus verfaßt hat". Dabei ist doch Cäsar in ihr die sprechende Person, der Metellus und sich dazu gegen die Anschuldigungen ihrer gemeinsamen Widersacher verteidigt. Auch eine Rede „Vor den Soldaten in Spanien" hält Augustus ebensowenig für ein Werk Cäsars; doch gibt es zwei unter diesem Titel: eine, die Cäsar vor der ersten Schlacht, die andere, die er vor Beginn der zweiten gehalten haben soll. Von der letzten Schlacht sagt Asinius Pollio, die Feinde hätten so plötzlich angegriffen, daß Cäsar nicht einmal Zeit gehabt hätte, auch nur eine Ansprache an seine Soldaten zu halten.

56. Ferner hinterließ Cäsar „Denkwürdigkeiten seiner Taten im Gallischen Kriege" und im „Bürgerkrieg", den er gegen Pompejus geführt hatte. Aber wer der Verfasser des „Alexandrinischen", „Afrikanischen" und „Spanischen Krieges" ist, weiß man nicht genau. Manche halten Oppius dafür, andere Hirtius, der auch das letzte unvollendete Buch des „Gallischen Krieges" ergänzt haben soll[1].

Über Cäsars „Denkwürdigkeiten" sagt Cicero in dem zuvor erwähnten „Brutus": „Er hat Denkwürdigkeiten geschrieben, die das höchste Lob verdienen, sie sind schlicht, korrekt und anmutig; aller Redeschmuck ist wie ein hüllendes Kleid abgestreift. Und doch hat er, während er anderen bloß Material zu einer wirklichen Geschichtsdarstellung liefern wollte, vielleicht nur Hohlköpfen einen Gefallen erwiesen, die es sich etwa einfallen lassen werden, seine schlichte Darstellung mit ihren Friseurkünsten aufzu-

---

[1] Die Verfasserschaft der sog. pseudocäsarischen Kriegswerke ist noch heute umstritten. – Über Oppius vgl. Kap. 52, Anm.; Aulus Hirtius, Freund Ciceros und Cäsars, dessen Legat er gewesen ist und der ihn zu vertraulichen Missionen benutzte. Er fiel 43 v. Chr. als Konsul mit seinem Kollegen Pansa in der zweiten Schlacht bei Mutina gegen Antonius (vgl. Augustus Kap. 10, 11). Das 8. Buch der Denkwürdigkeiten über den gallischen Krieg ist von ihm verfaßt.

putzen; jeden Menschen von gesundem Geschmack dagegen hat er vom Schreiben abgeschreckt."[1] Von denselben
Denkwürdigkeiten rühmt Hirtius[2]: „Die Anerkennung ist
so allgemein, daß es den Eindruck erweckt, als sei durch
sie den Schriftstellern die Möglichkeit, denselben Gegenstand zu behandeln, eher genommen als gegeben. Und doch
ist unsere Bewunderung noch größer als die des übrigen
Publikums. Denn dieses weiß nur, wie vortrefflich und korrekt, wir aber auch, wie leicht und wie schnell er sie niedergeschrieben hat." Pollio Asinius[3] tadelt ihren Mangel an
Genauigkeit und historischer Treue; denn Cäsar habe einer-
seits vieles, was andere unter seinem Kommando getan,
ohne Prüfung für wahr gehalten, und manche eigene Taten,
sei es absichtlich oder aus Gedächtnisschwäche falsch dargestellt. Er glaubt deshalb, daß Cäsar beabsichtigt hatte,
sie umzuarbeiten und zu verbessern[4].
Ferner gibt es von Cäsar ein Werk „Die Analogie" in zwei
Büchern, desgleichen zwei Bücher unter dem Titel „Anticato" und außerdem ein Gedicht „Die Reise"[5]. Das erste
dieser Werke verfaßte er beim Übergang über die Alpen,
als er aus dem Diesseitigen Gallien – er hatte dort Gerichtstage abgehalten – zu seinem Heere zurückkehrte, das
zweite um die Zeit der Schlacht bei Munda, das letzte auf
einem Eilmarsch, den er in vierundzwanzig Tagen von
Rom nach Südspanien zurückgelegt hatte.
Auch Briefe von ihm an den Senat sind noch vorhanden.
Er scheint der erste gewesen zu sein, der solchen Briefen

[1] Brutus 262. – [2] Gallischer Krieg VIII, 5–6. In dem Brief an Balbus, den Hirtius seiner Darstellung vorausschickt. – [3] S. Kap. 29,
Anm. – [4] Für die Wertschätzung von Cäsars „Denkwürdigkeiten"
bei seinen Zeitgenossen sind die drei angeführten Urteile von Cicero,
Hirtius und Asinius Pollio von größter Bedeutung. – [5] De analogia,
ein grammatisches, sprachwissenschaftliches Werk. – Der „Anticato" wandte sich gegen eine Lobschrift Ciceros für den jüngeren
Cato, Cäsars politischen Gegner (s. Kap. 14, Anm.), um 45 v. Chr.
verfaßt. – In seinem Gedicht „Iter", die „Reise", schildert Cäsar
seinen Eilmarsch von Rom nach Spanien gegen die Pompejaner. Alle
diese Schriften sind verloren.

die Form eines blattweise zusammengelegten Tagebuchs gab, während früher Konsuln und Heerführer die Berichte, die sie zur Absendung brachten, als Briefe quer über einzelne Foliobogen zu schreiben pflegten[1]. Ferner existieren noch Briefe von ihm an Cicero, ebenso an seine Vertrauten über häusliche Angelegenheiten. Darin hat er das, was geheim bleiben sollte, für den Fall, daß unterwegs der Brief von unbefugter Hand geöffnet würde, in einer Geheimschrift geschrieben, das heißt, die Buchstaben wurden so umgestellt, daß aus ihnen kein Wort gebildet werden konnte. Will jemand sie entziffern und hintereinander lesen, so muß er immer den vierten Buchstaben des Alphabets, also D für A und so fort an die Stelle des wirklich geschriebenen setzen. Auch gibt es einige Werke, die er als Knabe oder ganz junger Mann verfaßt haben soll, z. B. „Das Lob des Herkules“, eine Tragödie „Ödipus“, ferner „Gesammelte Aussprüche“. Augustus verbot jedoch in einem kurzen und bündigen Schreiben an den von ihm mit der Oberaufsicht über die öffentlichen Bibliotheken betrauten Pompejus Macer die Veröffentlichung aller dieser Schriften[2].

57. Mit den Waffen verstand Cäsar sehr geschickt umzugehen. Ebenso war er ein ausgezeichneter Reiter und konnte Unglaubliches von Anstrengungen ertragen. Auf dem Marsch ritt er zuweilen, noch öfter aber schritt er zu Fuß voraus, und zwar trug er bei brennender Hitze wie auch bei strömendem Regen nie eine Kopfbedeckung. Die weitesten Wege legte er in unglaublicher Geschwindigkeit zurück, ohne viel Gepäck, auf einem gemieteten Reisewagen, und zwar täglich hunderttausend Schritt[3]. Wenn ihn Flüsse aufzuhalten pflegten, durchschwamm er sie oder setzte auf aufgeblasenen Schläuchen über, so daß er oft seinen eigenen von ihm vorausgesandten Eilboten zuvorkam.

---

[1] D. h. Cäsar verfaßte seine Briefberichte in Buchform, nicht wie seine Vorgänger auf losen Bogen. Die Blätter waren einseitig beschrieben, paginiert und in Form eines Buches blattweise zusammengelegt: eine Art Notizbuch. – [2] Trotz des Verbotes von Augustus scheinen diese kleinen Schriften noch in Suetons Zeiten existiert zu haben. – [3] 150 Kilometer.

58. Schwer zu sagen ist, was man auf seinen Feldzügen
mehr bewundern mußte: seine Vorsicht oder seine Kühn-
heit. Sein Heer führte er nie ohne vorherige gründliche
Aufklärung des Geländes durch Gegenden, die durch einen
Angriff aus dem Hinterhalt gefährlich werden konnten.
Auch ließ er es erst dann nach Britannien übersetzen, nachdem er in eigener Person Häfen, Schiffahrt und Anfahrt
erforscht hatte[1]. Derselbe Mann aber schlug sich auf die
Nachricht, sein Lager in Germanien sei von Feinden eingeschlossen, in gallischer Kleidung mitten durch die feindlichen Posten zu den Seinen durch[2]. Von Brundisium
setzte er nach Dyrrachium[3] mitten durch die feindlichen
Flotten in stürmischer Winterzeit über. Und als seine Truppen, denen er Befehl gegeben hatte, ihm sofort nachzukommen, längere Zeit auf sich warten ließen, und er vergeblich
Boten über Boten zur Beschleunigung ihrer Ankunft abgesandt hatte, bestieg er endlich heimlich bei Nacht ohne alle
Begleitung verhüllten Haupts ein kleines Fahrzeug. Er gab
sich dem Steuermann erst dann zu erkennen[4] und erlaubte
ihm erst dann vor dem Unwetter zu weichen, bis die Wellen
ihn beinah verschlungen hatten.
59. Selbst durch religiöse Bedenken ließ sich Cäsar von
einem Unternehmen nicht abschrecken oder auch nur in
der Durchführung aufhalten. Obwohl ihm beim Opfer das
Opfertier vom Altar entfloh, verschob er den Zug gegen
Scipio und Juba trotzdem nicht; und als er beim Aussteigen

---

[1] Die Stelle wird vielfach von den Erklärern für verdorben gehalten, da Cäsar, Gall. Krieg IV, 21 berichtet, daß Gajus Volusenus,
also nicht er selbst, die Aufklärungen vorgenommen hatte. – [2] Es
handelt sich hier um den Überfall der Eburonen (54 v. Chr.), dem die
römischen Legaten Titurius und Aurunculejus (vgl. Kap. 25 Schluß)
nach ihrer Einschließung in Atuatica mit ihren Truppen zum Opfer
fielen. Obgleich dieser keltische Stamm, dessen Wohnsitze zwischen
Aachen und Lüttich lagen, zu Gallien gehörte, wird sein Gebiet von
Sueton an beiden Stellen als Grenzland zu Germanien gerechnet. –
[3] Vgl. Kap. 34, Anm. – [4] Nach Plutarch, Cäsar 38 mit den Worten:
„Mut, mein Lieber, fürchte nichts. Du fährst Cäsar und mit ihm sein
Glück in deinem Boot!"

aus dem Schiff stolperte und zu Boden stürzte, wandte er
sofort das Vorzeichen zum Guten und rief aus: „So halt'
ich dich, Afrika!" Um aber den Weissagungen, nach denen
der Name Scipio in dieser Provinz durch Schicksalsspruch
für glückverheißend und unüberwindlich galt, ihre Kraft
zu nehmen, führte er in seinem Lager ein ganz verächtliches
Individuum aus dem Cornelierstamm mit sich, das wegen
seines liederlichen Lebens den Spitznamen *Salvito*[1] bekommen hatte.

60. Seine Schlachten schlug er nicht ausschließlich nach
einem vorgefaßten Plan, sondern er ergriff jede sich ihm
bietende günstige Gelegenheit. Oft schritt er unmittelbar
vom Marsch aus zum Angriff, zuweilen beim scheußlichsten
Wetter, wenn man am allerwenigsten dies vermutet hatte.
Erst gegen Ende seiner Laufbahn entschloß er sich mit
größerer Vorsicht zu einer Schlacht; er war nämlich der
Ansicht, je öfter er gesiegt habe, um so weniger dürfte er
das Glück in Versuchung führen, und, kein Sieg würde
ihm so viel geben, wie ihm eine Niederlage rauben könne.
Nie schlug er den Feind, ohne ihm auch sein Lager weg-
zunehmen, so wenig gab er den Erschreckten Zeit, sich
zu sammeln. War der Ausgang einer Schlacht zweifelhaft
pflegte er die Reitpferde zurückzuschicken, und zwar zuerst sein eigenes, damit jede Möglichkeit zur Flucht genommen und der Zwang, standzuhalten, um so größer
wurde.

61. Sein Leibroß war eine Merkwürdigkeit, denn es hatte
Füße fast wie ein Mensch, und die Hufe waren zehenartig
gespalten.[2] Das Roß war in seinem Marstalle geboren. Da die
Wahrsager in ihm eine Vorbedeutung der Weltherrschaft
gesehen hatten, zog er es mit großer Sorgfalt auf. Er war
der erste, der es bestieg, da es sonst keinen Reiter dulden
wollte. Später setzte er diesem Tier ein Denkmal vor dem
Tempel der Venus Genetrix.

---

[1] Die Bedeutung dieses Spottnamens ist unsicher. – [2] Die sogenannten „Kastanien" (Hornwarzen) oberhalb des Hufes waren bei ihm
wohl zu förmlichen Nebenhufen vergrößert, ein gelegentlich vor-
kommender Rückschlag auf eine ausgestorbene dreihufige Ahnenstute.

62. Eine in der Schlacht erschütterte Front brachte Cäsar
oft ganz allein wieder zum Stehen. Er trat den Fliehenden
entgegen, hielt einzelne fest, packte sie bei der Kehle und
wandte sie so wieder gegen den Feind. Oft waren sie schon
so außer Fassung, daß zum Beispiel ein Adlerträger, den
er auf der Flucht aufhalten wollte, ihn mit der Eisenspitze
der Fahnenstange bedrohte, ein anderer im gleichen Falle
den Adler in seinen Händen ließ.

63. Nicht geringere, vielmehr noch größere Beweise seiner
Unerschrockenheit dürften folgende Tatsachen sein: Nach
der Schlacht bei Pharsalus hatte Cäsar seine Truppen bereits nach Asien vorausgesandt. Er selbst fuhr in einem
kleinen Boot über die Meerenge des Hellespont. Da kam
ihm Lucius Cassius von der Gegenpartei mit zehn Kriegs-
schiffen entgegen. Cäsar aber wandte sich nicht zur Flucht,
er segelte vielmehr ganz nahe an ihn heran und forderte
ihn zuerst zur Übergabe auf. Und wirklich ergab sich Cassius auf Gnade und Ungnade und verfügte sich auf Cäsars
Schiff.

64. In Alexandria wurde er bei einem Sturm auf die Brücke
durch einen plötzlichen Ausfall der Feinde in einen Kahn
gedrängt, in dem sich auch viele seiner Leute mit hinein-
gestürzt hatten. Er sprang daher ins Meer und rettete sich
durch Schwimmen auf das nächste zweihundert Schritt[1]
entfernte Schiff. Dabei hielt er die Linke hoch über Wasser,
um Papiere, die er bei sich hatte, nicht naß werden zu
lassen. Seinen Feldherrnmantel schleppte er mit den Zähnen
nach, damit er nicht als Siegeszeichen in die Hände der
Feinde fiele.

65. Beim Soldaten legte Cäsar weder auf Sitten noch auf
äußere Glücksgüter Wert, sondern einzig und allein auf
Körperkraft. Er behandelte ihn ebenso streng wie nachsichtig. Denn nicht überall und zu jeder Zeit übte er
Strenge, aber stets, wenn der Feind nahe war; dann aber
forderte er auch strengste Manneszucht, und zwar derart,
daß er dem Heere weder Zeit noch Stunde zur Schlacht

---

[1] 300 Meter.

bekanntgab; vielmehr verlangte er, daß es in jedem Augenblick marschfertig und seiner Befehle gewärtig plötzlich
ausrücken könnte. Oft befahl er einen Probealarm, besonders bei Regenwetter und an Feiertagen, häufig auch ermahnte er seine Soldaten, sie sollten ihn genau beobachten,
und machte sich dann plötzlich am Tage oder in der Nacht
davon, verlängerte wohl auch den Marsch, um die Mannschaften, die ihm zu spät nachgefolgt waren, zu ermüden.
66. Hatte aber seine Soldaten ein Gerücht von der Stärke
der feindlichen Streitkräfte erschreckt, so pflegte er ihnen
nicht dadurch Mut zuzusprechen, daß er diese in Abrede
stellte oder verringerte, sondern vielmehr dadurch, daß er
sie noch übertrieb und dazulog. So ließ er z. B., als der
erwartete Anmarsch Jubas[1] Schrecken erregte, die Soldaten antreten und hielt folgende Ansprache: „Laßt Euch
sagen, in den allernächsten Tagen wird der König mit zehn
Legionen, dreißigtausend Reitern, hunderttausend Leicht-
bewaffneten und dreihundert Elefanten hier sein. Darum
mögen gewisse Leute aufhören, sich mit Nachforschen und
Vermutungen darüber weiter den Kopf zu zerbrechen, vielmehr mir, der ich die Sache genau weiß, Glauben schenken,
oder ich werde sie sonst auf das älteste Schiff bringen und
dahin fahren lassen, wohin sie Wind und Wellen treiben!"
67. Cäsar verfolgte weder alle Vergehen, noch bestrafte er
sie im Verhältnis zu ihrer Schwere. Nur Desertion und
Meuterei untersuchte und bestrafte er mit äußerster Strenge;
in allem übrigen drückte er gewöhnlich ein Auge zu.
Ja, nach einer großen siegreichen Schlacht erließ er den
Soldaten den gewöhnlichen Dienst und gestattete ihnen,
sich schrankenlosen Ausschweifungen hinzugeben. Hierbei
pflegte er mit Stolz zu äußern: „Meine Soldaten können
auch gesalbt gut fechten!" Bei öffentlichen Ansprachen
redete er sie nicht mit „Soldaten", sondern mit der ihren
Ohren mehr schmeichelnden Bezeichnung „Kameraden" an.
Im Äußeren hielt er viel auf kriegerischen Schmuck. Er be-

---

[1] König von Numidien, im Bürgerkrieg auf seiten des Pompejus, 46
bei Thapsus entscheidend geschlagen, tötete sich selbst.

schenkte daher seine Soldaten mit silber- und goldverzier-
ten Waffen, teils wegen des äußeren Eindrucks, teils damit sie
aus Furcht vor ihrem Verlust desto hartnäckiger kämpften.
Ja, er liebte sie mit solcher Hingabe, daß er auf die Nachricht von der Niederlage des Titurius Bart und Haupthaar
wachsen und nicht eher schneiden ließ, als bis er Rache
dafür genommen hatte[1].

68. Durch dies alles schuf sich Cäsar ein ihm aufs äußerste
ergebenes und sehr tapferes Heer. Als er den Bürgerkrieg
begann, erboten sich die Centurionen aller Legionen, ihm
jeder aus seinen Mitteln einen Reiter zu stellen, und sämtliche Soldaten, ihm umsonst unter Verzicht auf Getreide-
rationen und Löhnung zu dienen, wobei die Wohlhaben-
den den Unterhalt der Minderbemittelten auf sich nahmen.
Auch wurde während der ganzen langen Zeit kein Soldat
seinen Fahnen untreu, ja viele, die in Gefangenschaft geraten waren, schlugen die Rettung ihres Lebens aus, die
ihnen unter der Bedingung eingeräumt wurde, wenn sie
gegen Cäsar fechten wollten. Hunger und sonstige Drang-
sale ertrugen sie als Belagerte und auch als Belagerer mit
großer Geduld. Als z. B. Pompejus in Cäsars Verschan-
zungen bei Dyrrachium eine Art Brot aus Kräutern erblickte, womit die Soldaten ihr Leben fristeten, brach er
in die Worte aus: ,,Ich habe es mit wilden Tieren zu tun.‚‚
Und damit durch solche Ausdauer und Standhaftigkeit des
Feindes nicht der Mut der Seinen gebrochen würde, befahl
er, es schnell beiseite zu schaffen und keinem weiter zu
zeigen[2].

Ein Beweis für die große Tapferkeit von Cäsars Soldaten
ist die Tatsache, daß sie bei Dyrrachium, wo sie ein einziges
Mal geschlagen wurden, ihn aus freien Stücken zu ihrer
Bestrafung aufforderten, so daß der Imperator sie mehr zu
trösten als zu bestrafen für gut befand. In den übrigen

---

[1] S. Kap. 25 Schluß, und Cäsar, Gallischer Krieg V, 27 ff. - [2] Cäsar
selbst (Bürgerkrieg III, 48) sagt, es sei eine Wurzel (radix) gewesen,
mit Namen Chara. Die Botaniker sind sich über sie nicht einig. Einige
halten sie für die Blumenbinse, andere für Mattenkümmel, noch andere
für Hederich (Bremi).

Schlachten besiegten sie unzählige Male mit Leichtigkeit die stärksten feindlichen Streitkräfte, obgleich sie selbst an Zahl bedeutend schwächer waren. Ja, eine einzige Kohorte der sechsten Legion hielt als Besatzung einer Schanze mehrere Stunden lang den Angriff von vier Legionen des Pompejus aus und wurde fast bis auf den letzten Mann von den feindlichen Pfeilen niedergestreckt; man fand hundertdreißigtausend von diesen innerhalb der Verschanzung. Das ist kein Wunder, wenn man die Heldentaten einzelner Leute betrachtet, z. B. des Centurio Cassius Scäva oder des Soldaten Gajus Acilius, von anderen ganz zu schweigen. Scäva behauptete seinen Posten am Tor des ihm anvertrauten Forts auch dann noch, als ihm bereits ein Auge ausgeschossen, Hüfte und Schulter durchbohrt und sein Schild von hundertundzwanzig Pfeilschüssen durchlöchert war. Acilius packte in einer Seeschlacht bei Massilia das Heck eines feindlichen Schiffes mit der Rechten. Als man sie ihm abgehauen hatte, sprang er wie der von den Griechen gefeierte Kynegirus[1] auf das Schiff hinüber und trieb mit der Stachelspitze seines Schildbuckels die Feinde vor sich her.

69. Gemeutert haben Cäsars Soldaten während der zehn Jahre des gallischen Krieges nicht ein einziges Mal, im Bürgerkrieg nur ein paarmal; doch kehrten sie jedesmal schnell zu ihrer Pflicht zurück, und zwar war weniger die Nachgiebigkeit ihres Feldherrn als sein Ansehen die Veranlassung hierzu. Denn nie gab er den Aufrührern nach, er trat ihnen sogar stets offen entgegen. So gab er der ganzen neunten Legion bei Placentia, trotzdem Pompejus noch unter Waffen stand, mit Schimpf und Schande den Abschied. Erst nach vielem Widerstreben, auf flehent-

---

[1] Ein Athener, Bruder des Äschylus, sprang nach der Schlacht bei Marathon ins Meer, packte ein persisches Schiff, um es am Fortsegeln zu hindern, erst mit der rechten, dann als diese ihm abgehauen, mit der linken Hand. Nach Verlust auch dieser suchte er das Schiff mit den Zähnen zurückzuhalten (Herodot VI, 114; Justin II, 9). Die Tat des Kynegirus war Lieblingsgegenstand der Rhetoren und wurde bis ins Fabelhafte gesteigert.

liches Bitten und erst nach vorheriger Bestrafung der
Rädelsführer nahm er sie wieder zu Gnaden an.

70. Während der Krieg in Afrika entbrannt war, forderten
die Soldaten der zehnten Legion in Rom unter furchtbaren
Drohungen, ja unter Gefährdung der Stadt selbst ihren
Abschied und ihre Belohnungen. Ungeachtet der dringenden Warnungen seiner Freunde trat Cäsar, ohne zu zögern,
unter sie und gab ihnen den Abschied. Aber durch
das eine Wort „Bürger", das er in seiner Anrede statt
„Soldaten" gebrauchte, stimmte er sie leicht um und machte
sie so gefügig, daß sie ihm sofort erwiderten: „Wir sind
Soldaten", und ihm trotz seines Widerstandes freiwillig
nach Afrika folgten[1]. Aber trotzdem bestrafte er die Haupt-
rädelsführer durch Verlust ihres Anteils an der Beute und
durch Abzug eines Drittels von dem für sie bestimmten
Landbesitz.

71. Hingabe und Zuverlässigkeit seinen Klienten gegenüber bewies Cäsar schon als junger Mann. So war er bei
der Verteidigung des jungen Fürsten Masintha gegen den
König Hiempsal derart in Hitze geraten, daß er dem Sohn
des Königs, Juba, während der Prozeßverhandlung in den
Bart griff. Masintha war dann verurteilt worden, den geforderten Tribut zu zahlen. Aber Cäsar entzog ihn sogleich
dem Zugriff derer, die ihn inhaftieren wollten, und hielt
ihn lange bei sich verborgen. Als Cäsar bald darauf nach
Ablauf seiner Prätur nach Spanien aufbrach, führte er ihn
unter den Leuten, die ihm das Ehrengeleit gaben und unter
dem Schutze seiner Liktoren in seiner eigenen Sänfte mit
sich aus Rom fort.

72. Gegen seine Freunde war Cäsar stets sehr gefällig und
nachsichtig. So überließ er z. B. dem Gajus Oppius, der
ihn auf einer Reise durch eine waldreiche Gegend begleitet
hatte und unterwegs plötzlich erkrankt war, das einzige
vorhandene Quartier in einer Hütte und nahm selbst sein

---

[1] Die Anrede „Bürger" (quirites) war für die Soldaten besonders
kränkend und peinlich; denn sie zeigte, daß Cäsar sie beim Wort genommen und ihnen den nur als Druckmittel geforderten Abschied
tatsächlich bewilligt hatte.

Nachtlager auf der Erde unter freiem Himmel. Auf dem
Gipfel seiner Macht beförderte er einige Personen trotz
ihrer niedrigen Herkunft zu den höchsten Ehrenämtern.
Als man ihm darüber Vorwürfe machte, bekannte er ganz
freimütig: „Hätte ich die Hilfe von Landstreichern und
Mördern zur Verteidigung meiner Stellung in Anspruch
genommen, so würde ich mich selbst gegen solche in
gleicher Weise dankbar zeigen.“

73. Feindschaften dagegen ließ er bei sich nie so tief wurzeln, daß er sie nicht gern bei passender Gelegenheit bei-
gelegt hätte. Gajus Memmius, der ihn in seinen Reden
äußerst heftig angegriffen und dem er schriftlich ebenso
scharf erwidert hatte, leistete er bald darauf bei der Bewerbung um das Konsulat gute Dienste. Dem Gajus Calvus, der nach Veröffentlichung seiner boshaften Epigramme durch Vermittlung von Freunden sich wieder mit Cäsar
auszusöhnen suchte, schrieb er selbst aus freien Stücken,
und zwar zuerst. Den Valerius Catullus, durch dessen Verse
auf Mamurra er seine eigene Person als dauernd gebrandmarkt betrachtete, lud er am gleichen Tage, an dem jener
ihn um Verzeihung bat, zu Tische und unterhielt auch nach
wie vor mit seinem Vater die Gastfreundschaft aufrecht[1].

74. Aber auch, wenn Cäsar strafte, verleugnete er nicht
seine ihm von Natur angeborene Milde[2]. Die Piraten allerdings, die ihn gefangengenommen hatten, ließ er ans Kreuz

---

[1] Gajus Memmius, dem Lukrez sein philosophisches Lehrgedicht *de
rerum natura* („Das Wesen des Weltalls“) gewidmet hatte, Dichter
und Redner, war zunächst Gegner Cäsars (vgl. Kap. 23), dann sein
Anhänger. – Gajus Licinius Calvus (82–47 v. Chr.) gehörte zum gleichen
Dichterkreis wie Catull und griff Cäsar ebenfalls in scharfen satirischen
Versen an. – Gajus Valerius Catullus (um 87–54 v. Chr.), das begab-
teste Mitglied des jungrömischen Dichterkreises, verfolgte in den Gedichten 29 und 57 den liederlichen Günstling Cäsars Mamurra auf die
bissigste und unflätigste Weise. Alle drei Dichter standen in freundschaftlichen Beziehungen zueinander. – [2] Cäsars Gerechtigkeit und
Milde waren sprichwörtlich. Seine Mitbürger weihten ihm zum Dank
den Tempel der Clementia (Göttin der Milde), in dem er Hand in
Hand mit der Göttin dargestellt wurde.

schlagen, sobald sie in seine Gewalt geraten waren[1]. Denn
er hatte ihnen den Kreuzestod zugeschworen. Vorher ließ
er sie aber erst erdrosseln. Nie konnte er es über sich gewinnen, an Cornelius Phagita Rache zu üben. Der hatte ihn
einst, als er krank in seinem Versteck lag, bei Nacht überfallen, um ihn an Sulla auszuliefern. Nur durch Zahlung
einer großen Summe war Cäsar damals entronnen[2]. Seinen
Sekretär, den Sklaven Philemon, der sich seinen Feinden
gegenüber erboten hatte, ihn zu vergiften, bestrafte er nur
durch einfache Hinrichtung. Publius Clodius hatte seine
Gemahlin Pompeja zu verführen gesucht und war deshalb
wegen Religionsfrevels angeklagt. Als Zeuge vorgeladen
erklärte Cäsar, ihm sei nicht das Geringste bekannt geworden, obwohl seine Mutter Aurelia wie seine Schwester
Julia im gleichen Zeugenverhör bereits alles wahrheits-
gemäß ausgesagt hatten. Auf die Frage, weshalb er denn
trotzdem seine Gattin verstoßen hätte, erwiderte er: „Weil
ich der Ansicht bin, daß meine Angehörigen ebenso rein
vom Verdacht wie vom Verbrechen sein müssen[3].“

75. Seine im Verlauf und nach siegreicher Beendigung des
Bürgerkriegs bewiesene Mäßigung und Milde war tatsächlich bewundernswert. Während Pompejus bekanntgab, er
werde jeden als Feind ansehen, der sich nicht auf seiten der
Republik stellte, verkündete Cäsar öffentlich, er werde
alle, die sich neutral verhielten, als Freund betrachten.
Allen denen aber, welche er früher auf Pompejus' Empfehlung zu Offizieren befördert hatte, stellte er frei, zu jenem
überzutreten. Als man bei Ilerda[4] über eine Kapitulation
in Verhandlungen getreten war und als sich infolgedessen
ein lebhafter freundschaftlicher Verkehr zwischen beiden
Lagern angebahnt hatte, ließen plötzlich Afranius und
Petrejus, die es bereuten, sich in Unterhandlungen eingelassen zu haben, alle in ihrem Lager anwesenden Cäsarianer

---

[1] Kap. 4. Cäsar bewies seine Milde dadurch, daß er sie nicht lebend
ans Kreuz schlagen ließ. – [2] Kap. 1. – [3] Kap. 6. – [4] Heute Lerida in
Spanien am Segre, wichtiger strategischer Punkt, um den im Bürgerkrieg schwere Kämpfe mit wechselndem Erfolg ausgefochten wurden,
bis Cäsar seine Gegner zur Kapitulation zwang.

aufgreifen und hinrichten. Cäsar dagegen konnte sich nicht dazu entschließen, den gegen ihn begangenen Treubruch mit gleichem zu vergelten. Bei Pharsalus erließ er den öffentlichen Armeebefehl: „Allen Bürgern ist Pardon zu geben." Später gestattete er jedem seiner Leute, nach ihrem Willen einem Anhänger der Gegenpartei das Leben zu schenken. Man wird auch keinen finden, der außer in der Schlacht selbst ums Leben gekommen ist, mit alleiniger Ausnahme von Afranius, Faustus und dem jungen Lucius Cäsar[1]. Aber selbst sie sollen nicht auf seinen Befehl getötet worden sein, und doch hatten die beiden ersten nach der ihnen bereits einmal gewährten Verzeihung aufs neue zu den Waffen gegen ihn gegriffen, und der letztere hatte nicht nur Freigelassene und Sklaven Cäsars auf die grausamste Weise hinmorden, sondern sogar die von Cäsar zu den öffentlichen Spielen angekauften wilden Tiere abschlachten lassen. Endlich gestattete er in der letzten Zeit seines Lebens allen Leuten, die er noch nicht ausdrücklich amnestiert hatte, die Rückkehr nach Italien und die Übernahme von Zivil- und Militärämtern. Sogar die vom Volk niedergerissenen Statuen des Lucius Sulla und des Pompejus ließ er wieder neu aufstellen. Auch feindselige Anschläge und Äußerungen, die in der späteren Zeit gegen ihn gerichtet waren, wollte er lieber verhindern als bestrafen. Daher verfolgte er entdeckte Verschwörungen und nächtliche Versammlungen auch nicht weiter. Er verkündete nur durch Edikte, sie seien ihm bekannt. Wenn Leute gehässig über ihn sprachen, begnügte er sich, sie in öffentlicher Versammlung zu warnen, damit fortzufahren. Mit Gleichmut ließ er die empfindliche Kränkung seiner Ehre durch das ganz üble Pamphlet des Aulus Cäcina[2] und die boshaften Gedichte des Pitholaus über sich ergehen.

---

[1] Enkel des Julius Cäsar Strabo (s. Anm. zu Kap. 55). – [2] Freund Ciceros, kämpfte als Anhänger des Pompejus gegen Cäsar, der ihn wegen einer Schmähschrift 48 v. Chr. verbannte, suchte durch ein Buch „Klagen" und durch Ciceros Vermittlung Cäsars Verzeihung zu erhalten. – Vielleicht ist Lucius Voltacilius Pitholaus (s. Sueton, de rhetoribus III. Handschriftlich überliefert Pilutus), ein Freigelassener.

76. Doch seine übrigen Handlungen und Reden belasten
ihn schwer genug, um das Urteil zu rechtfertigen, er habe
seine Herrschergewalt mißbraucht und den gewaltsamen
Tod mit Recht erlitten. Denn er begnügte sich nicht damit,
die ihm angetragenen, überaus zahlreichen Ehrungen anzunehmen, nämlich die stete Wiederwahl zum Konsul, die
Diktatur auf Lebenszeit, das oberste Sittenrichteramt, dazu
den Vornamen „Imperator"[1], den Beinamen „Vater des
Vaterlandes", die Aufstellung seines Standbildes unter den
Königen und den Thronsessel in der Orchestra[2]; sondern er
ließ es auch geschehen, daß man ihm Ehren zuerkannte,
welche jedes vernünftige Maß menschlicher Würde überschritten: den goldenen Sessel im Senat und bei Gericht,
einen Götterwagen mit einer Tragbahre darauf für seine
bei der Prozession im Zirkus mit den Götterbildern auf-
geführte Statue, Tempel, Altäre, Aufstellung seines Bild-
nisses neben den Götterbildern, einen Platz an der für die
Götter bestimmten Festtafel, einen eigenen Flamen, eine
eigne Klasse von Priestern des Pan[3] und die Benennung
eines Monats nach seinem Namen[4].

Alle Ehrenstellen nahm und vergab Cäsar ganz willkürlich.
Sein drittes und viertes Konsulat führte er nur dem Namen
nach. Er war zufrieden mit der Amtsgewalt eines Diktators, die man ihm zugleich mit den Konsulaten zuerkannt

gemeint, der Historiograph des Pompejus und dessen Lehrer in der
Rhetorik. Vgl. auch Macrobius, Saturnalien II, 2, 13. – [1] In republikanischer Zeit wurde der Imperatorname, der den siegreichen Feldherren verliehen wurde, mit dem Ende des Feldzugs abgelegt, als
dauernde erbliche Titulatur erscheint er zuerst bei Cäsar, und zwar
erhält er jetzt die Bedeutung des Alleinherrschers, in dem die gesamte
Militär- und Zivilgewalt vereint ist. Nach Mommsen (Röm. Staats-
recht II, 2[3] 767, Anm. 1 u. 3) irrt Sueton, wenn er Cäsar den „Vornamen" Imperator beilegt. Erst bei seinen Nachfolgern sei der „Titel"
Imperator „Namenbestandteil" geworden (vgl. Tib., Kap. 26). – [2] Im
Theater. – [3] Flamines sind Priester einer bestimmten Gottheit und waren
später auch für den Kult der unter die Götter aufgenommenen Kaiser
eingesetzt. Cäsar ließ sich bereits bei Lebzeiten einen Flamen geben. –
Es gab zwei Klassen der Priester des Pan, Cäsar fügte eine dritte zu,
die seinen Namen führte. – [4] Des Juli.

hatte. In beiden Jahren ernannte er für die drei letzten
Monate zwei Konsuln als seine Stellvertreter; in der
Zwischenzeit hielt er gar keine Wahltage ab, außer für die
Wahl der Tribunen und Volksädilen. An Stelle der Prätoren ernannte er Präfekten, die während seiner Abwesenheit die Verwaltungsgeschäfte in Rom übernehmen mußten. Als einmal am letzten Tage des Jahres der eine Konsul
plötzlich starb, verlieh Cäsar das erledigte Amt noch für
die wenigen übrigen Stunden einem Bewerber[1]. Mit derselben Willkür vergab er gegen alles Herkommen Staatsämter auf *mehrere* Jahre, verlieh zehn Männern, welche nur
Prätoren gewesen waren, die konsularischen Ehrenzeichen
und nahm Leute, die eben erst das Bürgerrecht erhalten
hatten, darunter sogar einige gallische Halbbarbaren, in den
Senat auf. Außerdem betraute er seine eigenen Sklaven mit
der Verwaltung des Münzwesens und der öffentlichen Staats-
einnahmen[2]. Das Kommando über drei Legionen, die er in
Alexandria stehen gelassen hatte, übertrug er dem Sohn
seines Freigelassenen, seinem Buhler Rufio.

77. Gleichgroße Beweise von seiner Überheblichkeit gab
Cäsar, wie Titus Ampius schreibt, in Äußerungen, die er
in aller Öffentlichkeit getan hatte: „Die Republik ist ein
Nichts, ein bloßer Name ohne Körper und greifbare Gestalt" – „Sulla hat das ABC der Politik nicht gekannt,
sonst hätte er die Diktatur nicht niedergelegt[3]." – „Die

---

[1] Vgl. Nero Kap. 15. Der „eintägige Konsul" hieß Gajus Caninius
Rebilus. Cicero macht über diese seltsame Ernennung eine Reihe
bissiger Bemerkungen; z. B. sagt er: „Wir haben in Caninius einen
wachsamen Konsul, der in seinem Konsulat überhaupt nicht geschla-
fen hat", oder: „Niemand hat während seines Konsulates gefrühstückt." (Briefe an seine Freunde VII, 30, Macrobius, Saturnalia II, 6). –
[2] Die Finanzverwaltung hatte bisher in den Händen des Senats gelegen. Die Steuer- und Zolleinkünfte waren an die Ritter verpachtet
und für das Münzwesen besondere Beamte eingesetzt gewesen. – [3] Ein
in der Übersetzung nicht wiederzugebendes Wortspiel des lateinischen
Textes, das in dem Doppelsinn des Wortes *dictatura* liegt, das einmal
vom Lehrer gesagt wird, der den Schülern ein Diktat gibt, dann aber
das Amt des Diktators, der ursprünglich magister populi hieß, bedeutet.
Sulla, der seine Diktatur im Jahre 79 v. Chr. freiwillig niederlegte,

Leute müssen jetzt mit mehr Überlegung mit mir sprechen und, was ich sage, als Gesetz betrachten!" Ja, er ging in seiner Anmaßung so weit, daß er einem Haruspex bei Gelegenheit eines Opfers auf die Meldung, die Eingeweide seien unglückverheißend, und es fehle das Herz, zur Antwort gab: „Sie werden schon mehr Glück verheißen, wenn Du es nur willst, auch darf man daraus überhaupt kein göttliches Vorzeichen herleiten, wenn ein Vieh herzlos ist[1]."

78. Jedoch den grimmigsten Haß, der für ihn ganz besonders unheilvoll werden sollte, zog Cäsar sich bei folgendem Anlaß zu: Er empfing nämlich die Senatoren, die ihm vollzählig eine Anzahl für ihn höchst schmeichelhafter Beschlüsse überbrachten, *sitzend* in der Vorhalle des Tempels der Venus Genetrix. Einige meinen, er habe aufstehen wollen, Cornelius Balbus aber habe ihn zurückgehalten, andere dagegen, er hätte nicht einmal den Versuch gemacht, sondern hätte vielmehr Gajus Trebatius, der ihm einen Wink gab, sich zu erheben, einen unfreundlichen Blick zugeworfen. Dies sein Verhalten erschien durch folgendes Vorkommnis um so unerträglicher: Als nämlich bei seinem Triumphzug der Volkstribun Pontius Aquila in dem Augenblick, wo der Triumphwagen an den Sitzen der Tribunen vorbeifuhr, als einziger nicht aufgestanden war, soll Cäsar selbst voll Empörung hierüber ausgerufen haben: „So fordere denn, Aquila, du der Tribun, die Republik von mir zurück!" Mehrere Tage hintereinander hat er denn auch alle Gnadengesuche nur mit der Bedingung bewilligt: „Daß jedoch Pontius Aquila keinen Einspruch dagegen erhebt!"

79. Zu dieser Beschimpfung des Senats durch eine so verächtliche Behandlung fügte Cäsar einen Akt von noch größerer Anmaßung. Als nämlich am Latinischen Opfer-

---

wird also hier als ein ganz ungebildeter Schulmeister bezeichnet, der nicht einmal die Buchstaben des Alphabets kennt. – [1] Haruspex, ein Opferschauer, der aus den Eingeweiden der Opfertiere (Herz, Leber, Lunge usw.) Bescheid gab. – Das Wort *cor* bedeutet nicht nur „Herz", sondern auch „Verstand", wodurch die Äußerung Cäsars einen Doppelsinn erhält.

fest bei seiner Rückkehr in die Stadt ein Mann aus der
Menge unter stürmischem, unerhörtem Zujauchzen des
Volkes seiner Statue einen Lorbeerkranz mit herumgewun-
dener weißer Binde[1] aufgesetzt hatte, rissen die Volkstribunen
Epidius Marullus und Cäsetius Flavus die Binde von dem
Kranz ab und ließen den Menschen verhaften. Aber
Cäsar fuhr die Tribunen heftig an und entsetzte sie ihres
Amtes, aus Verdruß über die unglücklich abgelaufene Anregung seiner Erhebung zum König, oder wie er selbst
geltend machte, weil ihm durch sie der Ruhm entgangen
sei, persönlich die Königskrone ausgeschlagen zu haben.
Und doch blieb trotz allem der Vorwurf, daß er König
werden wolle, auf ihm sitzen. Er gab zwar dem Volk, das
ihn mit dem Königsnamen begrüßte, zur Antwort: ,,Ich
bin Cäsar, nicht König!" Er wies ferner am Luperkalienfest[2] auf dem Forum das vom Konsul Antonius mehrmals
seinem Haupt genäherte Diadem zurück, ließ es auf das
Kapitol bringen und Jupiter Optimus Maximus weihen.
Ja, es ging stark das Gerücht, er werde nach Alexandria
oder nach Ilium übersiedeln, den Schwerpunkt des Reichs
aus dem durch Aushebungen erschöpften Italien dorthin
verlegen und die Staatsgeschäfte in Rom seinen Freunden
überlassen. Schon in der nächsten Senatssitzung werde
Lucius Cotta, ein Mitglied des Fünfzehner-Kollegiums zur
Aufsicht über die Sibyllinischen Bücher, den Antrag stellen,
Cäsar zum König zu ernennen; denn in den Schicksals-
büchern stände bekanntlich, die Parther könnte nur ein
König besiegen[3].

---

[1] Die weiße Binde, das sog. Diadem, war Zeichen der Königswürde.
Zu der Frage, ob Cäsar den in Rom so verhaßten Königstitel anzunehmen beabsichtigte, vgl. Mommsen, Röm. Gesch. III, 485 f. – [2] Ein
altes, am 15. Februar gefeiertes Fest des Fruchtbarkeitsgottes Faunus. –
[3] Die Sibyllinischen Bücher, eine Sammlung von Orakelsprüchen,
wurden in wichtigen Staatsangelegenheiten um Rat befragt. Das von
Sueton mitgeteilte Orakel stand nach Cicero (de divinatione, II, 54,
119) nicht in den Sibyll. Büchern. – Die Parther, ein iranisches
Reitervolk, deren Reich vom Euphrat und Tigris bis ans Kaspische
Meer und nach Turkistan reichte, waren wegen ihrer Kampfesweise

80. Deshalb beeilten sich die Verschworenen, das von ihnen geplante Vorhaben zu verwirklichen, um nicht in die Zwangslage zu kommen, jenem Antrage ihre Zustimmung zu geben. Die Beratungen, welche bisher zerstreut und oft nur zwischen zwei bis drei Verschworenen stattgefunden hatten, wurden jetzt in einer allgemeinen Versammlung abgehalten; denn auch das Volk selbst war nicht mehr mit dem gegenwärtigen Stand der Dinge zufrieden, sondern gab im geheimen und öffentlich sein Mißvergnügen über die Form der absoluten Herrschaft zu erkennen und verlangte nach Befreiern. So wurde z. B. nach Aufnahme der Ausländer[1] in den Senat ein Plakat mit der Bekanntmachung angeschlagen: „Von Amts wegen![2] Keiner lasse sich einfallen, einem neuen Senator den Weg nach dem Senatshause zu zeigen!" Ferner konnte man überall die Verse singen hören:

> Im Triumph führt Cäsar Gallier, auch ins Rathaus führt er sie.
> Gallier legten ab die Hosen, taten an den Purpurstreif[3].

Als Quintus Maximus, dem Cäsar auf drei Monate an seiner Statt das Konsulat übertragen hatte, ins Theater trat, und der Lictor, wie es Brauch war, dem Volke sein „Habt acht" zurief, erscholl von allen Seiten der Ruf: „Der ist ja gar nicht Konsul!" Als Cäsar die Volkstribunen Cäsetius und Marullus abgesetzt hatte, fand man bei den nächsten

---

die gefürchtetsten Feinde Roms, mit dem sie in ständigen Grenzstreitigkeiten lagen. Im Jahre 53 war Crassus bei Karrhä von ihnen besiegt und bei den nachfolgenden Verhandlungen erschlagen worden. Damals waren auch die Legionsfeldzeichen den Feinden in die Hände gefallen, die sie erst unter Augustus' Regierung (Sueton, Aug. 21) den Römern zurückgaben. Cäsar hatte mit äußerster Vorsicht (s. Kap. 44) einen Rachefeldzug vorbereitet. – [1] Vgl. Kap. 76 gegen Ende. – [2] Das lateinische Bonum factum (ergänze sit), „das Geschehene (das Befohlene) möge gut (zum Segen) sein", ursprünglich religiösen Charakters, war zu einer rein äußerlichen Eingangsformel der Edikte geworden. – [3] Die Hosen waren Nationaltracht der Gallier (es gab für Hose daher auch nur das keltische Wort braca, vgl. „Wörterbuch der Antike" unter „Hosen"). Der breite Purpurstreifen an der Toga war das Amtsabzeichen der Senatoren.

Wahlversammlungen zahlreiche Stimmzettel, welche sich
für ihre Wahl zu Konsuln aussprachen. An der Statue des
Lucius Brutus las man die Inschrift: „Oh, lebtest du doch!"
und an der Cäsars[1] die Verse:

> Brutus, der vertrieb die Könige, unser erster Konsul ward;
> Dieser, der vertrieb die Konsuln, unser König ward zuletzt!

Die Verschwörung gegen ihn zählte mehr als sechzig Teil-
nehmer, ihre Häupter waren Gajus Cassius, Marcus und
Decimus Brutus. Anfangs waren sie unschlüssig, ob sie ihn
auf dem Marsfelde während der Wahlversammlungen,
wenn er die Tribus zur Stimmabgabe aufriefe, mit verteilten
Rollen von der Brücke[2] stürzen, ihn unten auffangen und
ermorden oder ob sie ihn auf der Heiligen Straße oder am
Eingange zum Theater überfallen sollten. Als aber eine
Senatssitzung auf den fünfzehnten März in die Kurie des
Pompejus angesetzt wurde, gab man sogleich dieser Zeit
und diesem Ort den Vorzug.

81. Cäsar wurde unterdessen sein naher gewaltsamer Tod
durch deutliche Vorzeichen angekündigt. Als wenige Monate zuvor die Kolonisten in der Kolonie Capua, die auf
Grund des Julischen Gesetzes dorthin übergesiedelt waren,
zum Bau ihrer Landhäuser uralte Gräber umgruben –' sie
taten dies um so eifriger, weil sie dabei eine große Menge
kunstvoller Gefäße alter Arbeit fanden –, entdeckte man
in einem Monument, das für das Grabmal des Gründers
von Capua, des Capys, galt, eine eherne Tafel mit einer
griechischen Inschrift folgenden Inhalts: „Wenn einst die
Gebeine des Capys ans Licht kommen, wird ein Sproß von
Ilium von der Hand seiner Blutsverwandten ermordet, sein

---

[1] Ein Standbild Cäsars war auf dem Kapitol errichtet worden, wo
es in der Reihe der Statuen der sieben alten Könige, dicht neben
dem dazugehörigen Standbilde des Brutus, der den letzten König
vertrieben, seinen Platz hatte. Cassius Dio (XLIII, Kap. 45), ein
Geschichtsschreiber zu Anfang des dritten Jahrhunderts, bemerkt
das Wunderbare dieses Zufalls und fügt hinzu: „Gewiß war dieser
Umstand nicht ohne Einfluß auf das Gemüt des Marcus Brutus und
seine Handlungsweise gegen Cäsar" (Stahr). – [2] Eine Holzbrücke,
welche die Wähler zur Stimmabgabe passieren mußten.

Tod aber bald durch schreckliche Heimsuchungen Italiens gerächt werden[1]." Niemand darf diese Tatsache für eine Fabel oder für erdichtet halten; denn sie wird bezeugt durch Cäsars vertrautesten Freund Cornelius Balbus[2].

Wenige Tage vor seinem Ende berichtete man Cäsar, daß die Herden der Rosse, welche er beim Übergang über den Rubico den Göttern geweiht und ohne Hüter frei hatte laufen lassen, durchaus nicht mehr fressen wollten und viel Tränen vergössen[3]. Während eines Opfers warnte ihn der Opferschauer Spurinna, er sollte sich vor einer Gefahr hüten, die nicht länger als bis zu den Iden des März auf sich warten lassen werde. Am Tage aber vor den Iden des März sah man eine Vogelschar aus einem nahen Haine einen Zaunkönig, der mit einem Lorbeerzweiglein in die Pompejanische Kurie flog, verfolgen und daselbst zerreißen. In der dem Tage seiner Ermordung vorhergehenden Nacht sah Cäsar selbst im Traume sich mehrmals über den Wolken schweben, und dann wieder einmal, wie er dem Jupiter seine Rechte reichte. Seine Gattin Calpurnia erblickte im Traum, wie der Giebel ihres Hauses einstürzte und wie man ihren Gemahl in ihren Armen erdolchte; gleichzeitig sprangen plötzlich von selbst die Türen des Schlafzimmers weit auf. Wegen dieser ungünstigen Vorzeichen, und auch weil er sich nicht ganz wohl fühlte, war Cäsar längere Zeit unentschlossen, ob er nicht lieber zu Hause bleiben und vertagen sollte, was er dem Senat hatte vortragen wollen. Endlich aber machte er sich etwa um die fünfte[4] Stunde auf den

---

[1] Nach der Sage galt Capua als eine Gründung des mit Äneas nach Italien gekommenen Trojaners Capys. Vergil Äneis X, 145: „Capys, von dem sich herschreibt Capuas Name". – [2] Aus Gades. Cäsars Vertrauensmann, besonders in Finanzangelegenheiten. Mommsen nennt ihn „den klugen und geschmeidigen phönikischen Kaufmann". Balbus hinterließ eine Biographie Cäsars und veranlaßte Hirtius zur Fortsetzung der Denkwürdigkeiten Cäsars. – [3] Vgl. Homer, Ilias XVII, 436ff., wo die edlen Rosse des Achilleus in gleicher Weise ihre Trauer um den Tod des Patroklos bekunden. – [4] Zwischen 10 und 11 Uhr vormittags. Die Stundenzählung begann im alten Rom ungefähr um 6 Uhr früh und richtete sich nach dem Sonnenaufgang.

Weg, weil ihm Decimus Brutus vorstellte, er solle doch den zahlreich versammelten und bereits längere Zeit auf ihn wartenden Senat nicht vergeblich sitzen lassen. Eine Schrift, die ihm unterwegs ein Unbekannter überreichte, und die eine Anzeige des Verschwörungsplans enthielt, steckte er unter die übrigen Akten, die er in der Linken trug, um sie später zu lesen. Darauf brachte er das Opfer dar. Aber die Opfertiere verhießen keinen glücklichen Ausgang, obgleich man mehrere geschlachtet hatte. Trotzdem ging er ohne Rücksicht auf diese religiösen Bedenklichkeiten in die Kurie. Dort sah er Spurinna und sagte zu ihm mit ironischem Lächeln, um ihn als falschen Propheten hinzustellen: „Die Iden des März sind ja ohne Schaden für mich gekommen!", worauf jener warnend erwiderte: „Gekommen sind sie, aber noch nicht vorüber!"

82. Als Cäsar Platz nahm, stellten sich die Verschworenen, scheinbar um ihre Ehrerbietung zu erweisen, im Kreise um ihn herum. Sogleich trat Cimber Tillius, der die erste Rolle übernommen hatte, näher an ihn heran, als wenn er ihn um etwas bitten wollte. Da Cäsar ihn durch einen Wink abschlägig bescheidet und durch eine abwehrende Bewegung auf eine andere Zeit verweist, faßt Cimber ihn auf beiden Schultern an der Toga. Da ruft Cäsar: „Das ist ja Gewalt!" Gleichzeitig verwundet ihn der eine Casca von hinten dicht unterhalb der Kehle, Cäsar ergreift Cascas Arm und durchsticht ihn mit dem Schreibgriffel. Als er nun aufspringen will, wird er durch eine zweite Verwundung daran gehindert. Wie er nun sieht, daß von allen Seiten Dolche gegen ihn gezückt werden, verhüllt er sein Haupt mit der Toga und zieht zugleich mit der linken Hand den Faltenbausch bis zu den Knöcheln nieder, damit der untere Teil seines Körpers bedeckt würde und er mit Anstand fiele. In dieser Haltung wird er von dreiundzwanzig Stichen durchbohrt. Nur bei dem ersten Stoße ließ er einen Seufzer, aber kein Wort, vernehmen. Allerdings berichten einige Leute, er habe dem auf ihn eindringenden Marcus Brutus auf griechisch zugerufen: „Auch du, mein Kind?"

Da alles geflüchtet war, blieb er eine Zeitlang, von allen

verlassen, tot liegen, bis endlich drei armselige Sklaven
seine Leiche in einer Sänfte, aus welcher der eine Arm
heraushing, in sein Haus zurücktrugen. Von soviel Wunden
wurde nach Ansicht seines Leibarztes Antistius nur eine
für tödlich befunden, nämlich die zweite, die er in der
Brust erhalten hatte.

Ursprünglich hatten die Verschworenen die Absicht gehabt, die Leiche des Ermordeten in den Tiber zu schleifen,
sein Vermögen einzuziehen und seine Anordnungen für ungültig zu erklären. Aber aus Furcht vor dem Konsul Marcus Antonius und vor dem Magister Equitum[1] Lepidus
standen sie davon ab.

83. So wurde denn auf Antrag seines Schwiegervaters
Lucius Piso das Testament, das Cäsar am dreizehnten September des vorigen Jahres auf seinem Landgute bei Lavi-
cum[2] errichtet und bei der ältesten Vestalin niedergelegt
hatte, eröffnet und im Hause des Antonius verlesen. Quintus Tubero berichtet: Cäsar habe in der Zeit von seinem
ersten Konsulat an bis zum Ausbruch des Bürgerkrieges
in seinen mehrmals erneuerten Testamenten immer Gnäus
Pompejus als Erben eingesetzt und dies seinen Soldaten
öffentlich mitgeteilt. Aber in seinem letzten Testament
setzte er die drei Enkel seiner Schwestern als Erben ein,
und zwar vermachte er Gajus Octavius dreiviertel, Lucius
Pinarius und Quintus Pedius das übrige Viertel der Hinterlassenschaft. Am Schluß des Testaments nahm er Gajus
Octavius durch Adoption in seine Familie auf[3] und verlieh
ihm damit seinen Namen. Viele seiner Mörder ernannte
er zu Vormündern seines Sohnes, für den Fall, daß ihm
einer geboren würde. Sogar Decimus Brutus fand sich unter
den Erben zweiten Grades[4] genannt. Dem Volk hinterließ

---

[1] Der Diktator (magister populi) ernannte als seinen Amtsgehilfen
den magister equitum, den Oberbefehlshaber der Reiterei. – Marcus
Ämilius Lepidus, seit Beginn der Bürgerkriege Anhänger Cäsars, nach
seinem Tode Pontifex Maximus und Triumvir, gestorben 12 v. Chr.
(vgl. Augustus, Kap. 12, 13 u. 17). – [2] Lav(b)icum, kleine Stadt Latiums
südöstlich von Rom. – [3] Den späteren Kaiser Augustus. – [4] D. h. er
war dann erbberechtigt, wenn die an erster Stelle genannten Erben

er seine Gärten am Tiber zur öffentlichen Benutzung und jedem einzelnen Bürger vermachte er noch dazu dreihundert Sesterzen[1].

84. Als das Leichenbegängnis angesagt war, wurde der Scheiterhaufen auf dem Marsfelde nahe beim Grabmal der Julia[2] errichtet und vor der Rednerbühne ein vergoldetes Modell des Tempels der Venus Genetrix aufgestellt. Darin stand ein elfenbeinernes Paradebett, das mit goldverbrämten Purpurdecken belegt war, und zu Häupten dieses ein Pfeiler mit dem Gewande, das Cäsar bei seiner Ermordung getragen hatte. Wer Leichengeschenke zu bringen beabsichtigte, erhielt die Anweisung, sich damit auf jedem beliebigen Weg ohne Rücksicht auf eine bestimmte Ordnung auf dem Marsfelde einzufinden, weil für einen geordneten Leichenzug der Tag nicht auszureichen schien[3].

Um Mitleid mit dem Ermordeten zu erwecken und Haß gegen seine Mörder zu entfachen, wurden zwischen den Leichenspielen Stücke aus Pacuvius' „Waffengericht", wie die Stelle:

> So hab ich denn gerettet meine Mörder mir?

und andere ähnlichen Inhalts aus der „Elektra" des Acilius vorgetragen[4]. An Stelle der Leichenrede ließ der Konsul Antonius durch einen Herold den Beschluß des Senates verlesen, durch den dieser Cäsar alle göttlichen wie menschlichen Ehren zuerkannt hatte, desgleichen den Eid, durch den alle Senatsmitglieder sich zum Schutze dieses einen Mannes verpflichtet hatten. Er selbst fügte nur wenige

---

gestorben waren oder die Erbschaft ausgeschlagen hatten. – [1] 300 DM. – [2] Seiner im Jahre 54 v. Chr. verstorbenen Tochter. – [3] Die Leichengaben pflegten in feierlicher Prozession dargebracht und dem Toten zu Ehren auf dem Scheiterhaufen mit verbrannt zu werden. Bei der großen Beteiligung des Volkes an Cäsars Leichenbegängnis sah man von dieser Prozession ab und ließ jeden einzeln gehen. – [4] Marcus Pacuvius, bekannter römischer Tragiker (220 bis etwa 131 v. Chr.). Das „Waffengericht" behandelte den Streit des Ajax und Odysseus um die Waffen des Achill. – Acilius lebte im 2. Jahrhundert v. Chr. und war Verfasser einer nach Ciceros Urteil schlechten Übersetzung der Elektra des Sophokles.

Worte hinzu. Das vor der Rednerbühne aufgestellte Leichen-
bett trugen teils amtierende, teils ehemalige Magistratspersonen zum Forum hinab. Während nun einige Leute
vorschlugen, die Leiche in der Kapelle des Kapitolinischen
Jupiter zu verbrennen, andere dazu die Kurie des Pompejus
in Vorschlag brachten, traten plötzlich zwei Unbekannte
mit Schwertern an der Seite und zwei Wurfspießen in
den Händen auf und zündeten das Gerüst mit Wachs-
fackeln an. Sogleich schleppte die herumstehende Menge
dürres Reisig, Gerichtsbänke und Richterstühle und, was
an Leichengaben zur Hand war, zusammen. Die Musikan-
ten und Schauspieler legten die Gewänder ab, die sie aus
den bei den Triumphen einst getragenen Garderobe-
stücken entnommen und zu der gegenwärtigen Feier angelegt hatten, zerrissen sie und warfen sie in die Flammen;
ebenso die Veteranen ihre Waffen, in deren Schmuck sie
den Leichenzug begleiteten, viele Matronen die Schmuck-
gegenstände, welche sie an sich trugen, sowie die goldenen
Kapseln und Prätexten ihrer Kinder[1]. Während dieser
großen Staatstrauer ließen auch die zahlreichen Ausländer,
die in Rom wohnten, in ihren Landsmannschaften die bei
ihnen üblichen Trauergesänge erschallen, vor allem die
Juden, die sogar viele Nächte hintereinander die Grab-
stätte besuchten[2].

85. Das Volk stürmte unmittelbar vom Leichenbegängnis
mit Fackeln zum Haus des Brutus und Cassius; nur mit
Mühe konnte es dort zurückgetrieben werden. Unterwegs
ermordete es den ihm begegnenden *Helvius* Cinna[3] und

---

[1] Die goldene Kapsel wurde von den Knaben vornehmer Familien
als Amulett um den Hals getragen, so lange sie im Knabenkleid,
in der toga praetexta, gingen. Zur Zeit der Mündigkeit wurde
beides den Schutzgöttern des Hauses, den Laren, geweiht. – [2] Cäsar
gewährte den Juden besondere Vergünstigungen und Vorrechte und
gestattete ihnen in Rom unbeschränkte Ausübung ihres Kultus. –
[3] Anhänger Cäsars, Volkstribun 44 v. Chr. (vgl. Kap. 52), Dichter
und Freund Catulls. Shakespeare, Julius Cäsar, 3. Aufzug, 3. Szene,
verwertet den hier und bei Plutarch, Cäsar Kap. 68 geschilderten
Vorgang.

trug seinen Kopf auf einer Lanze durch die Stadt. Durch
eine Namensverwechslung hielt man ihn nämlich für *Cornelius* Cinna, den sie gerade suchten, weil er tags zuvor in
öffentlicher Versammlung eine heftige Schmährede gegen
Cäsar gehalten hatte. Später errichtete man eine fast zwanzig Fuß[1] hohe Säule aus numidischem Marmor[2] mit der Inschrift: „Dem Vater des Vaterlandes!" Lange Zeit noch
pflegte man bei ihr zu opfern, Gelübde zu tun und bestimmte Streitsachen durch einen Eid bei Cäsars Namen
zu schlichten.

86. Bei manchem der Seinen hinterließ Cäsar den Eindruck,
er habe nicht länger leben wollen und keine Vorsorge für
sein Leben getroffen, weil seine Gesundheit zuletzt nicht
mehr die beste war; deswegen habe er auch die Mahnungen
der Vorzeichen wie die Warnungen seiner Freunde nicht
beachtet. Manche Leute meinen, im Vertrauen auf den oben
erwähnten Senatsbeschluß und Eid habe er auch die spanischen Garden, die ihm sonst mit blankem Schwert überall
hin das Geleit gaben, entfernt, andere dagegen, er hätte
es vorgezogen, den ihm von allen Seiten drohenden Nachstellungen ein für allemal sich preiszugeben, als in beständiger Angst davor zu leben. Wieder andere erzählen, er
habe oft gesagt, es sei weniger in seinem als im Interesse
des Staates, daß er am Leben bliebe. Er habe bereits Macht
und Ruhm im Übermaße erlangt; der Staat dagegen werde,
wenn ihm ein Unglück zustoßen sollte, statt Ruhe zu bekommen, von viel schlimmeren Bürgerkriegen heimgesucht werden. 87. Darin jedoch stimmen alle vollkommen
miteinander überein, daß ein solcher Tod ihm fast er-
wünscht gekommen ist. Denn als er einmal im Xenophon[3]
gelesen, daß Cyrus in seiner letzten Krankheit einige Anordnungen für seine Bestattung getroffen habe, hatte er
seine Abneigung gegen ein so langsames Dahinsterben zu
erkennen gegeben und sich einen plötzlichen, schnellen Tod
gewünscht. Und als am Tage vor seiner Ermordung an
der Tafel des Marcus Lepidus bei der Unterhaltung die

---

[1] Etwa 6 m. – [2] Gelblicher Marmor (Giallo antico). – [3] Cyropädie VIII, 7.

Rede darauf kam, welches der leichteste Tod wäre, hatte
er dem plötzlichen und unerwarteten Lebensende den Vorzug gegeben.

88. Cäsar starb im sechsundfünfzigsten Lebensjahr. Er
wurde unter die Zahl der Götter aufgenommen, aber nicht
nur durch Verkündung eines formellen Beschlusses, sondern
vielmehr aus innerer Überzeugung des Volkes. Während
der Festspiele, welche gleich nach seiner Aufnahme unter
die Götter sein Erbe Augustus ihm zu Ehren aufführen
ließ, erglänzte sieben Tage lang ein Komet am Himmel,
der um die elfte Stunde[1] aufging. Allgemein glaubte man,
das sei die Seele des in den Himmel eingegangenen Cäsar.
Deswegen findet man stets auf seinem Bildnis einen Stern
über dem Scheitel. Die Kurie, in der er ermordet worden
ist, wurde nach einem Beschlusse vermauert, die Iden des
März sollten den Namen „Vatermordstag" führen. Niemals sollte an diesem Tage eine Senatssitzung abgehalten
werden.

89. Von seinen Mördern aber überlebte ihn fast keiner
länger als drei Jahre, und keiner starb eines natürlichen
Todes. Nachdem sie alle insgesamt verurteilt waren, fand
der eine auf diese, der andere auf jene Weise ein gewaltsames Ende, ein Teil durch Schiffbruch, ein anderer in der
Schlacht. Einige nahmen sich mit demselben Dolch, mit
dem sie Cäsar verletzt hatten, das Leben[2].

---

[1] Zwischen 16 und 17 Uhr. – [2] Es seien hier nur die hauptsächlichsten
Namen genannt: bei Philippi (42 v. Chr.) fielen Cassius, Marcus Junius Brutus und Casca. Decimus Brutus fand nach der Schlacht bei
Mutina (im Jahre 43) seinen Tod. Eine Reihe weiterer starben durch
die Ächtungen der Triumvirn Antonius, Octavian, Lepidus.

AUGUSTUS

1. Das Geschlecht der Octavier – dafür spricht sehr viel – war wohl schon von alters her eines der angesehensten in Velitträ[1]. Denn bereits seit unvordenklicher Zeit hieß dort eine Straße in dem belebtesten Stadtteil die Octavische. Ferner zeigte man daselbst einen Altar, den ein Octavius geweiht hatte. Während er nämlich als Führer im Kriege gegen die Nachbarn dem Mars gerade ein Opfer darbrachte, riß er auf die plötzliche Kunde von einem Einfall der Feinde die noch halb rohen Eingeweide vom Opferfeuer weg, zerschnitt sie zum Opfermahle und eilte so zur Schlacht, aus der er als Sieger heimkehrte. Hierauf gründete sich ein Gemeindebeschluß, der anordnete, daß auch künftig die Eingeweide dem Mars in gleicher Weise gespendet, das übrige Fleisch des Opfertiers aber den Octaviern abgeliefert werden sollte.

2. Dies Geschlecht, das König Tarquinius Priscus unter die Geschlechter minderer Klasse in den Senat aufgenommen, bald darauf Servius Tullius in die patrizischen eingereiht hatte, ging im Laufe der Zeit zum Plebejerstande über und kehrte erst nach langer Zeit durch den zum Gott erhobenen Julius Cäsar wieder zum Patriziate zurück. Der erste dieses Geschlechts, der durch Volkswahl eine höhere Magistratur erhielt, war Gajus Rufus. Er zeugte im Range eines Quä-

---

Gajus Octavius (Thurinus, vgl. Kap. 7) später Gajus Julius Cäsar Octavianus, seit 27 v. Chr. Imperator Cäsar Augustus (Imperator ist Vorname) geb. 23. Sept. 63 v. Chr., gest. 19. August 14 n. Chr. Seine Alleinherrschaft rechnet man gewöhnlich von seinem Sieg bei Aktium an (2. Sept. 31 v. Chr.).

[1] Heute Velletri, von den Volskern gegründete italische Mittelstadt in der Nähe der früheren pontinischen Sümpfe.

stors zwei Söhne, Gnäus und Gajus; von ihnen stammten die beiden Linien der Octavierfamilie ab, deren Schicksal sehr verschieden war. Gnäus nämlich und seine sämtlichen Nachkommen haben alle die höchsten Staatsämter bekleidet; Gajus dagegen und seine Nachkommen verblieben, durch Zufall oder eigene Wahl, bis auf den Vater des Augustus im Ritterstande. Der Urgroßvater des Augustus focht im zweiten Punischen Krieg als Kriegstribun in Sizilien unter dem Kommando von Ämilius Papus. Der Großvater begnügte sich mit Munizipalämtern; er erreichte bei großem Reichtum in behaglichster Ruhe ein hohes Alter. Doch dies kann man bei anderen lesen. Augustus selbst sagt nichts weiter, als daß er von einer alten, reichbegüterten Ritterfamilie stamme, in welcher sein Vater der erste Senator gewesen sei. Marcus Antonius wirft ihm vor, sein Urgroßvater sei Freigelassener aus dem Gau von Thurii[1] und seines Handwerks ein Seiler, sein Großvater ein Geldwechsler gewesen. Weiteres habe ich über Augustus' Vorfahren väterlicherseits nicht gefunden.

3. Sein Vater, Gajus Octavius, besaß seit seiner Geburt großes Vermögen und Ansehen, und ich muß mich daher wundern, daß auch von ihm einige Schriftsteller berichtet haben, er sei ein Geldwechsler, ja sogar einer von denen gewesen, deren Vermittelung man sich beim Stimmenhandel auf dem Marsfelde bediente. Denn von frühester Kindheit an im ererbten Besitz eines sehr bedeutenden Vermögens, gelangte er selbst nicht nur leicht zu hohen Staatsämtern, sondern verwaltete sie auch vortrefflich. Nach seiner Prätur fiel ihm durchs Los Mazedonien als Provinz zu; unterwegs dorthin vernichtete er im außerordentlichen Auftrage des Senats die allerletzten Reste der flüchtigen Scharen der Aufrührer Spartakus[2] und Catilina, welche das Gebiet von Thurii besetzt gehalten hatten. Seine Provinz ver-

---

[1] Marcus Antonius, s. Cäsar, Kap. 52, Anm. – Thurii durch Perikles 444–43 abseits der Küste anstelle des zerstörten Sybaris gegründete Stadt. Ruinen nicht weit vom heutigen Rossano in Kalabrien. – [2] Ein Thrazier, begann 73 v. Chr. an der Spitze eines Sklavenheeres einen gefährlichen Aufstand gegen die Römer. Er wurde im Jahre 71 von

AUGUSTUS

waltete er ebenso gerecht wie tapfer. Er besiegte die Besser[1] und Thrazier in einer großen Schlacht. Seine Behandlung der verbündeten Völker dagegen war so einwandfrei, daß Marcus Tullius Cicero in noch vorhandenen Briefen[2] seinen Bruder Quintus, der zur gleichen Zeit als Statthalter der asiatischen Provinz sich keines sehr günstigen Rufes erfreute[3], dringend ermahnt, sich seinen Nachbar Octavius in der Sorge um das Wohl der Bundesgenossen zum Muster zu nehmen.

4. Beim Verlassen seiner Provinz Mazedonien überraschte ihn der Tod, noch ehe er sich als Bewerber um das Konsulat melden konnte. Er hinterließ drei Kinder, die Ältere Octavia von seiner Gattin Ancharia, von seiner zweiten Frau Atia die Jüngere Octavia und Augustus. Atia war eine Tochter von Marcus Atius Balbus und von Julia, der Schwester Gajus Cäsars.

Balbus stammte von väterlicher Seite aus einem Geschlecht von Aricia[4] und hatte eine reiche Zahl Ahnen senatorischen Ranges. Von mütterlicher Seite war er ganz nahe mit Pompejus Magnus verwandt. Er bekleidete die Prätur und war dann einer von den Zwanzigmännern, die kraft des Julischen Gesetzes[5] das kampanische Landgebiet unter das Volk aufteilten. Derselbe Antonius jedoch, der auch auf die mütterliche Abkunft des Augustus verächtlich herabsieht, wirft ihm vor, sein Urgroßvater stamme von Afrikanern ab und habe bald einen Salbenhandel, bald das Müllergewerbe in Aricia betrieben. Cassius von Parma[6] nun gar behandelt Augustus in einem Briefe nicht nur als Enkel eines Müllers, sondern sogar eines armseligen Pfennigwechslers. Er schreibt nämlich folgendes: „Das Mehl für Deine Mutter stammt aus der erbärmlichsten Mühle von Aricia; dies hat ein Winkelbankier aus Nerulum[7] mit

---

Marcus Licinius Crassus entscheidend geschlagen und fand dabei seinen Tod. - [1] Thrazischer Volksstamm im Rhodopegebirge. - [2] An seinen Bruder Quintus I, 1, 21. - [3] 61–58 v. Chr. - Octavius starb schon 59 (vgl. Kap. 8) „beim Verlassen seiner Provinz" (Kap. 4). - [4] S. Cäsar, Kap. 46, Anm. - [5] Vgl. Cäsar, Kap. 20. - [6] Cäsarmörder, begabter Dichter und Pamphletist, nach der Schlacht von Aktium in Athen getötet. - [7] Stadt in Lucanien an der Straße von Capua nach R(h)egium.

seinen von Pfennigschmutz entstellten Händen geformt."
5. Geboren wurde Augustus unter dem Konsulat des Marcus Tullius Cicero und des Marcus Antonius[1], am 23. September, kurz vor Sonnenaufgang, im Palatinischen Stadtbezirk „Bei den Stierköpfen". Hier steht jetzt ein ihm
geweihtes Heiligtum, das einige Zeit nach seinem Tode
errichtet wurde[2]. In den Senatsprotokollen ist nämlich folgendes zu lesen: Ein junger Patrizier, Gajus Lätorius,
führte, des Ehebruchs angeklagt, unter den Milderungs-
gründen der harten Strafe, außer seiner Jugend und Abkunft, bei dem Senate auch den Umstand an, daß er der
Besitzer und sozusagen der Tempelhüter der heiligen
Stelle sei, die der vergötterte Augustus zuerst bei seiner
Geburt berührt hat[3]; man möge ihn also aus Rücksicht auf
diese ihm erb- und eigentümliche Gottheit begnadigen.
Daraufhin wurde der Beschluß gefaßt, diesen Teil des
Hauses in ein Heiligtum umzuwandeln.
6. Des Augustus Kinderstube wird noch jetzt auf dem
Gute seiner Großeltern bei Veliträ gezeigt. Sie ist von ganz
bescheidenem Umfange, einer Speisekammer ähnlich. In
der Nachbarschaft herrscht der Glaube, daß er dort auch
geboren sei. Diesen Raum ohne Not und ohne vorherige
Reinigung zu betreten, gilt für einen Frevel. Es ging ein
altes Gerücht um, daß denen, die dort leichtsinnig hinein-
gehen, Schauriges und Furchtbares zustößt. Dies bestätigte
sich auch später. Als nämlich ein neuer Besitzer der Villa,
sei es zufällig oder aus Lust an dem Wagestück, dort sein
Nachtlager genommen hatte, geschah es, daß er nach
wenigen Stunden der Nacht plötzlich durch unsichtbare
Gewalt hinausgeworfen und halb tot samt seinem Bett vor
der Türe gefunden wurde.
7. Das Kind erhielt den Beinamen Thurinus, zur Erinnerung an die Herkunft seiner Ahnen oder, weil kurz nach
seiner Geburt sein Vater Octavius in der Gegend von

---

[1] 63 v. Chr. - [2] Bis 1902 dort Kirche und Kloster San Bonaventura
(„Gute Geburt"). - [3] Man legte neugeborene Kinder zu Füßen des
Vaters auf den Boden, damit dieser sie aufhob und dadurch anerkannte.

Thurii gegen die flüchtigen Sklavenscharen[1] glücklich ge-
fochten hatte. Dafür, daß er wirklich den Beinamen Thurinus geführt, vermag ich einen sicheren Beweis beizubrin-
gen; ich habe nämlich eine antike Bronzestatuette, die ihn
als Knaben darstellt, erworben, auf der mit eisernen, kaum
noch leserlichen Buchstaben dieser Name angebracht ist.
Ich habe sie unserem Kaiser[2] geschenkt, der sie jetzt unter
den Laren seines Schlafkabinetts verehrt. Auch in den
Briefen von Marcus Antonius wird er zum Spott oft Thurinus genannt, worauf er selbst immer nur mit der Bemerkung erwidert: „Ich wundere mich, daß man mir meinen
früheren Namen zum Vorwurf macht."
Später nahm er die Beinamen Gajus Cäsar und dann
Augustus an, ersteren zufolge testamentarischer Verfügung
seines Großoheims, letzteren nach dem Antrage des Senators Munatius Plancus[3]. Denn gegen den Vorschlag Eini
ger, daß er gleichsam als zweiter Gründer Roms den Namen
Romulus führen müsse, drang die Ansicht durch, ihn vielmehr Augustus[4] zu nennen; sei doch dieser Name sowohl
völlig neu, wie auch ungleich erhabener, weil ja auch die
heiligen Orte, an denen von den Auguren eine Weihe-
zeremonie vorgenommen wird, „geweihte" (augusta)
heißen, von dem Worte „Glücksfülle" (auctus) oder von
dem Gebaren oder Fressen der Vögel (avium gestus
gustusve), wie auch Ennius[5] lehrt in den Worten:

Augusto augurio postquam incluta condita Roma est.
(Als das berühmte Rom mit geweihtem Augurium erbaut war.)

---

[1] Vgl. Kap. 3. – [2] Kaiser Hadrian, regierte von 117-138. – [3] Einer der
bedeutendsten jüngeren Helfer Cäsars, verwaltete 44-43 v. Chr. das
von diesem eroberte Gallien, gründete dort die römischen Kolonien
Raurika, aus der später Basel entstand, sowie Lugdunum, das heutige
Lyon, und feierte 43 einen Triumph über die Gallier. Unter Antonius
verwaltete er Syrien, schloß sich aber schon 32 an Octavian an. Als
Redner angesehen, vgl. Horaz, Oden, I, 7. – [4] Der „Erhabene", „Ver-
ehrungswürdige" (oder göttlich) „Geweihte". – [5] Annalen, 502 (Vahlen[2]). Quintus Ennius (239-169 v. Chr.), seine Annales („Jahrbücher"),
das vielgefeierte Nationalepos der Römer, behandelten in Hexametern die römische Geschichte vom Äneas bis auf seine Zeit. Nur
in Fragmenten erhalten.

8. Mit vier Jahren verlor er seinen Vater; mit zwölf hielt er auf seine verstorbene Großmutter Julia die öffentliche Leichenrede[1]. Vier Jahre später – er hatte bereits die Männertoga angelegt – wurde er bei Cäsars afrikanischem Triumph[2] mit militärischen Ehrengeschenken bedacht, obschon er wegen seiner Jugend an dem Krieg nicht hatte teilnehmen können. Als bald darauf sein Großoheim nach Spanien gegen die Söhne des Pompejus zog[3], gewann er dessen ganz besondere Zufriedenheit. Denn von einer schweren Krankheit kaum genesen, folgte er ihm auf dem Fuße, nur mit ganz geringer Begleitung, und zwar auf Wegen, die von feindlichen Streifen bedroht wurden – er hatte obendrein noch einen Schiffbruch erleiden müssen. Auch außer der auf diesem Marsche bewiesenen Energie bewährte sich schnell seine Charakteranlage.

Als Cäsar nach der Unterwerfung Spaniens den Feldzugsplan gegen die Dazier und weiterhin gegen die Parther vorbereitete, wurde Augustus nach Apollonia[4] vorausgeschickt. Hier lebte er einstweilen in Muße den Wissenschaften. Auf die Kunde, daß Cäsar ermordet und er von ihm zum Erben eingesetzt sei, schwankte er eine Zeitlang, ob er nicht den Beistand der nächsten Legionen in Anspruch nehmen sollte, verwarf aber diesen Entschluß als übereilt und verfrüht. Zuletzt ging er nach Rom zurück, um dort trotz der Bedenken seiner Mutter und trotz der dringenden Abmahnung seines Stiefvaters, des Konsularen Marcius Philippus, die Erbschaft anzutreten. Seit dieser Zeit stand Augustus an der Spitze großer Heere, zuerst mit Marcus Antonius und Marcus Lepidus[5], dann nur noch mit Antonius zwölf Jahre lang. Zuletzt war er vierundvierzig Jahre allein Beherrscher des Staates.

---

[1] Solche konventionellen, in Wirklichkeit wohl meist vom Hofmeister verfaßten Lobreden ganz junger römischer Adliger erwähnt Sueton noch mehrfach (vgl. z. B. Tiberius, Kap. 6, Caligula, Kap. 10). Noch heute kann man derartige Kinderdeklamationen in römischen Kirchen hören. – [2] Vgl. Cäsar, Kap. 37. – [3] 45 v. Chr. S. Cäsar, Kap. 35 u. 36. – [4] Von Korinth und Korkyra (heute Korfu) gegründete griechische Kolonie beim heutigen Valona in Albanien. Die Ruinen werden jetzt von den Italienern ausgegraben. – [5] S. Cäsar, Kap. 82, Anm.

9. Nachdem ich so einen allgemeinen Überblick über sein Leben gegeben habe, will ich jetzt die Abschnitte einzeln, und zwar nicht chronologisch, sondern nach innerlich zusammengehörigen Rubriken ausführlich behandeln, damit sich die Dinge übersichtlicher darstellen und auffassen lassen.

Octavian hat fünf Bürgerkriege geführt, den um die Stadt Mutina, den von Philippi, von Perusia, den Sizilischen und den von Aktium[1]; den ersten und letzten gegen Marcus Antonius, den zweiten gegen Brutus und Cassius, den dritten gegen Lucius Antonius, den Bruder des Triumvirn, den vierten gegen Sextus Pompejus, des Gnäus Sohn.

10. Aller dieser Kriege Anfang und Ursache beruhte für ihn auf der Überzeugung, daß es seine oberste Pflicht sei, den Tod seines Großoheims zu rächen und dessen Amtshandlungen aufrecht zu erhalten. So beschloß er denn zuerst, gleich bei seiner Rückkehr aus Apollonia nach Rom, gegen Brutus und Cassius, ehe sie es vermuteten, mit Gewalt, dann, da sie sich der von ihnen geahnten Gefahr durch die Flucht entzogen hatten, auf dem Wege über die Gesetze vorzugehen und sie in ihrer Abwesenheit des Mordes anzuklagen. Zunächst gab er selbst die Spiele zur Feier von Cäsars Siegen, da diejenigen, welche amtlich dazu verpflichtet waren, es nicht zu tun wagten. Und um auch alles übrige noch energischer durchsetzen zu können, trat er als Bewerber um die Stelle eines zufällig verstorbenen Volkstribunen[2] auf, obwohl er Patrizier und noch nicht Senator war. Da jedoch der Konsul Marcus Antonius, von dem er gerade ganz besonders starken Beistand erwartet hatte, seinem Vorhaben ablehnend gegenüberstand und ihm sogar die gewöhnlichste gesetzliche Unterstützung in jedem ein-

---

[1] Krieg um Mutina 44–43, unmittelbar danach der von Philippi bis 42, um Perusia 41. Der Sizilische Krieg hatte schon 44 begonnen und wurde mit Unterbrechung bis 36 geführt, der von Aktium endete 30. – [2] Des Helvius Cinna (s. Cäsar, Kap. 82 mit Anm.). – Um Volkstribun werden zu können, mußte man Plebejer sein (vgl. Cäsar, Kap. 6 und 20 und die Anmerkungen dazu), auch war es üblich, vorher wenigstens das Amt eines Quästors zu bekleiden, durch das man zugleich in den Senat eintrat.

zelnen Falle nur gegen große Geldsummen angedeihen
ließ, so ging er zur Partei der Optimaten[1] über; denn bei
ihnen war, wie er merkte, Antonius übel angesehen, besonders, weil er Decimus Brutus in Mutina[2] belagert hielt
und ihn mit Waffengewalt aus der Provinz, welche Cäsar
ihm verliehen, und in deren Kommando ihn der Senat
bestätigt hatte, zu vertreiben trachtete. Er stiftete also, auf
Zureden von Parteigenossen, Leute an, die Antonius beiseite schaffen sollten, und als der Anschlag entdeckt wurde,
brachte er aus Furcht vor den Folgen zu seinem und des
Staates Schutze mit den größten Geldopfern Cäsars Veteranen
auf seine Seite. Er erhielt hierauf den Befehl über dieses
Heer als Proprätor und den Auftrag, mit Hirtius[3] und Pansa,
welche ihr Konsulat angetreten hatten, Decimus Brutus zu
Hilfe zu eilen. Er beendete den ihm übertragenen Krieg
binnen drei Monaten in zwei Schlachten. In der ersten ergriff
er, wie Antonius berichtet, die Flucht und kam erst nach zwei
Tagen ohne Feldherrnmantel und Pferd wieder zum Vorschein. Dagegen steht es fest, daß er in der folgenden als
Feldherr, wie auch als Soldat seine Pflicht getan, und daß
er sogar mitten im Kampfe dem schwer verwundeten
Adlerträger seiner Legion den Adler abnahm und ihn lange
auf seinen Schultern trug.

11. Da in diesem Krieg Hirtius während der Schlacht,
Pansa kurz darauf an seiner Verwundung starb, so ging
das Gerücht, daß beide auf sein Anstiften getötet seien,
damit er allein, wenn Antonius geschlagen und der Staat
seiner beiden Konsuln beraubt sei, die siegreichen Heere
in seiner Hand vereinigte. Pansas Tod erregte in der Tat
so starken Verdacht, daß sein Arzt Glyko gefangen gesetzt
wurde, weil man ihn beschuldigte, Gift in Pansas Wunde
geträufelt zu haben. Aquilius Niger berichtet außerdem
noch, der andere Konsul Hirtius sei von Octavian selbst
im Getümmel der Schlacht getötet worden.

---

[1] Die Partei, die Ansprüche des Senats vertrat, aus der eben erst die
Cäsarmörder hervorgegangen waren. Octavians Verbindung mit ihr
konnte daher nicht von Dauer sein. - [2] Das heutige Modena in
Oberitalien. - [3] Siehe Cäsar, Kap. 56, Anm.

12. Sobald aber Octavian erfahren hatte, daß Antonius nach seiner Flucht im Lager des Lepidus Aufnahme gefunden habe und daß die übrigen Feldherren und Heere auf seine Seite getreten seien, verließ er ohne langes Zaudern die Partei der Optimaten. Zum Vorwand für seine Sinnesänderung nahm er arglistig Taten und Worte gewisser Leute, z. B. die einen hätten ihn einen (grünen) Jungen genannt, die andern höhnisch geäußert: er sei ein Mensch, den man mit Ehrenbezeugungen ködern und dann weiterbefördern müsse[1]. Ferner sei weder ihm noch seinen Veteranen die gehörige Dankesbelohnung zuerkannt worden. Um zu beweisen, wie sehr es ihn gereue, sich der früheren Partei angeschlossen zu haben, legte er den Einwohnern der Stadt Nursia[2] eine ungeheure Geldstrafe auf und vertrieb sie, als sie diese zu zahlen außerstande waren, aus ihrer Stadt. Denn sie hatten den bei Mutina gefallenen Bürgern auf Stadtkosten ein Grabdenkmal mit der Aufschrift errichtet: „*Sie fielen für die Freiheit.*"

13. Nachdem Octavian mit Antonius und Lepidus ein Bündnis abgeschlossen hatte, beendigte er trotz Krankheit und Schwäche auch den Philippischen Krieg durch eine Doppelschlacht. In der ersten gelang es ihm nur schwer, unter Verlust seines Lagers durch Flucht zu dem Flügel des Antonius zu entkommen. Seinen Sieg[3] verfolgte er nichts weniger als gemäßigt. Das Haupt des Marcus Brutus schickte er nach Rom, um es zu Füßen der Bildsäule Cäsars hinwerfen zu lassen. Gerade gegen die vornehmsten

---

[1] Nämlich ins Jenseits. Das lateinische Wort *tollere* für „befördern" bedeutet auch „aus dem Wege räumen". Der Ausspruch stammt von Cicero, der sich durch seine Neigung zu boshaft witzigen Wortspielen (vgl. Cäsar, Kap. 50) schon oft Unannehmlichkeiten zugezogen hatte und sich jetzt buchstäblich um den Hals redete. – [2] Heute Norcia in Umbrien, Gebirgsstadt auf dem Wege von Mutina nach Rom, Geburtsort des hl. Benedikt, des Stifters des Benediktinerordens. – [3] Bei Philippi am Pangaiongebirge in der Nähe des heutigen Kavalla in Mazedonien, daher der Name „Philippischer Krieg". An die Christengemeinde der dort zur Feier des Sieges von Augustus angelegten römischen Kolonie ist der Paulinische Philipperbrief gerichtet.

Gefangenen wütete er auch in Worten auf die beleidigendste Weise. Ja es heißt, er habe einem, der ihn fußfällig um ein anständiges Begräbnis bat, die Antwort gegeben: „Dafür werden schon die Vögel sorgen!" Anderen, Vater und Sohn, die um ihr Leben flehten, habe er geheißen, es durchs Los oder durch Morraspiel[1] auszumachen, wem das Leben geschenkt sein sollte. Er sah beide vor seinen Augen sterben, da auch der Sohn sich den Tod freiwillig gab, als der Vater aus freien Stücken sich dem Henker überliefert hatte. Daher überhäuften ihn auch die übrigen, unter ihnen der bekannte Nacheiferer Catos, Marcus Favonius[2], als sie gefesselt vorgeführt wurden, in aller Öffentlichkeit mit den wildesten Verwünschungen, während sie Antonius achtungsvoll grüßten.

Bei der nach dem Siege vorgenommenen Verteilung der Amtsgeschäfte übernahm Antonius die Verwaltung des Ostens. Er selbst hatte die Aufgabe, die Veteranen nach Italien zurückzuführen und ihnen in den Munizipien die ihnen versprochenen Ländereien anzuweisen. Hierbei machte er es jedoch weder den Veteranen noch den Grundbesitzern zu Dank; diese klagten, daß man sie von Haus und Hof jage[3], jene, daß man sie nicht nach Verdienst und Würden behandle.

14. Um diese Zeit nötigte er Lucius Antonius, der im Vertrauen auf das von ihm bekleidete Konsulat und auf die Macht seines Bruders Unruhen anzettelte, sich nach Perusia[4] zu flüchten; er zwang ihn durch Hunger zur Übergabe. Er selbst geriet jedoch vor und während des Krieges in

---

[1] Ein Spiel, bei dem man erraten muß, wieviel Finger der Mitspieler auszustrecken im Begriff ist, auch heute noch in Italien sehr beliebt. – [2] Von Mommsen (Röm. Gesch. Bd. III, Seite 327 ff.) wiederholt „Der Sancho (Pansa)" des „Don Quichotte" Cato genannt, brachte es trotz der Gegnerschaft zu Pompejus und Cäsar bis zur Prätur. – [3] Vgl. Vergil, Hirtengedichte I und IX. – [4] Feste Etruskerstadt auf den Bergen des Umbrischen Appenin, jetzt Perugia. Die damaligen Mauern und Stadttore stehen zum Teil noch heute. Auch werden Geschosse (Schleuderbleie) aus dem hier beschriebenen Krieg immer wieder in der Umgebung der Stadt ausgegraben.

große Gefahr. Denn er ließ bei einem Schauspiel einen gemeinen Soldaten, der auf den vierzehn Ritterbänken[1] Platz genommen hatte, durch einen Polizeidiener wegweisen. Seine Gegner verbreiteten damals das Gerücht, Octavian habe den Mann unmittelbar darauf unter Martern hinrichten lassen. Es hing daher an einem Haar, daß er bei dem Auflauf der erbitterten Soldateska seinen Tod gefunden hätte. Sein Glück war, daß der Vermißte plötzlich heil und gesund zum Vorschein kam. Unter den Mauern von Perusia aber wäre er beinahe beim Vollzug eines Opfers von einer Gladiatorenschar, die gerade einen Ausfall aus der Stadt gemacht hatte, gefangen worden.

15. Nach der Einnahme der Stadt verhängte er zahlreiche Todesstrafen. Wer ihn aber um Verzeihung zu bitten oder Entschuldigungen vorzubringen wagte, den unterbrach er immer nur mit dem einen Wort: „Man muß sterben." Einige berichten, er habe aus der Zahl derer, die sich ergeben hatten, dreihundert aus dem Ritter- und Senatorenstande auslesen und sie an einem dem als Gott verehrten Julius (Cäsar) errichteten Altar am fünfzehnten März wie Opfertiere abschlachten lassen. Es hat sogar Leute gegeben, welche erzählten, dieser ganze Feldzug sei ein abgekartetes Spiel gewesen, damit sich seine heimlichen Gegner und alle, die mehr aus Furcht als aus guter Gesinnung sich ruhig verhielten, im Vertrauen auf einen Führer wie Lucius Antonius bloßstellten, und Octavian in die Lage käme, mit den konfiszierten Gütern der Besiegten seinen Veteranen die versprochenen Belohnungen abzubezahlen.

16. Einer der ersten Kriege, die Octavian begann[2], war der Sizilische. Doch schleppte sich dieser lange hin und erlitt mehrfach Unterbrechungen. Bald war es nötig, neue Flotten zu bauen – Octavian hatte nämlich mitten im Sommer zwei

---

[1] Vgl. die Anm. über Laberius zu Cäsar, Kap. 39. – [2] Sextus Pompejus hatte sich von Spanien aus, wo ihn Cäsar geschlagen hatte (vgl. Kap. 8 u. Cäsar, Kap. 35 u. 36), 44 auf Sizilien festgesetzt, eine große Flotte gesammelt und mit dieser den Senat und die Cäsarmörder im Krieg um Mutina unterstützt. Durch Octavians Parteiwechsel wurde er schon 43 dessen Gegner.

durch Sturm und Schiffbruch verloren; bald mußte er auf
das heftige Verlangen des Volkes Waffenstillstand schließen,
da die Lebensmittelzufuhr abgeschnitten war und die
Hungersnot drückender wurde. Nach Neubau seiner Flotte
und deren Bemannung mit 20000 zu Ruderdiensten freigelassenen Sklaven gelang es ihm endlich, den Julischen
Hafen bei Bajä[1] mittels einer Verbindung des Lukriner
und Averner Sees mit dem Meer fertigzustellen. Hier übte
er seine Flotte den ganzen Winter über und schlug dann
Pompejus zwischen Mylä und Naulochus[2]. Um die Stunde
der Schlacht überfiel ihn plötzlich ein tiefer Schlaf, so daß
ihn seine Freunde aufwecken mußten, damit er das Zeichen
zum Kampfe gäbe.

Dies hat, wie ich glauben möchte, Antonius zu dem Vorwurf Veranlassung gegeben, Octavian habe nicht einmal
die in Schlachtordnung aufgestellten Heere geraden Blickes
anzuschauen vermocht, sondern auf dem Rücken mit dem
Blick gen Himmel stumpfsinnig dagelegen; er sei nicht
eher aufgestanden und seinen Soldaten vor die Augen getreten als bis Marcus Agrippa[3] die feindliche Flotte völlig
in die Flucht geschlagen hätte. Andere beschuldigten ihn
der Irreligiosität in Tat und Wort. So soll er nach dem
Untergang seiner Flotten im Sturm ausgerufen haben:
„Trotz Neptun werde ich dennoch siegen!" und am näch-

---

[1] Dem besuchtesten Seebad Italiens im Altertum, heute Baja, westlich
von Neapel, zwischen Puzzuoli und Kap Miseno (lat. Misenum). Für
die Anlagen des Julischen Hafens wurde damals der durch seine
Austern berühmte Lukriner See durch einen breiten, bald wieder ver-
sandeten Kanal mit dem Meer und mit dem etwa 1 km weiter land-
einwärts gelegenen Averner See verbunden. – [2] Orte an der Nordküste Siziliens beim heutigen Messina; Mylae heute Milazzo. – [3] Marcus Vipsanius Agrippa (62–12 v. Chr.), der bekannte Freund und
Schwiegersohn des Augustus, Führer seiner Heere und Flotten, Verwalter verschiedener Provinzen, Erbauer einer Thermenanlage, des
Pantheons, verschiedener anderer Denkmäler in Rom und großartiger
Bauten und Straßen in den Provinzen (vgl. Kap. 29), langjähriger
Leiter der Reichsvermessung (Weltkarte), seit 18 v. Chr. Mitinhaber
der tribunizischen Gewalt.

sten Tage, an dem gerade Zirkusspiele stattfanden, soll er befohlen haben, bei der feierlichen Prozession das Bild des Gottes nicht mit aufzuführen.

Auch ist es kein Zufall, daß er in diesem Kriege mehr und größere Gefahren als in einem anderen zu bestehen hatte. Als er z. B. beim Übersetzen seines Heeres nach Sizilien den noch zurückgebliebenen Teil vom Festlande abholen wollte, wurde er unversehens von den Unterfeldherrn des Pompejus, Demochares und Apollophanes, mit überlegener Macht angegriffen. Er entrann ihnen mit knapper Not auf einem einzigen Schiffe. Als er ein anderes Mal an Lokri vorbei zu Fuß nach Regium[1] wanderte und bei dem Anblick einiger Zweidecker von der Flotte des Pompejus, die dicht an der Küste vorbeisegelten und die er für die seinigen hielt, zum Ufer hinabgestiegen war, geriet er auf ein Haar in Gefangenschaft. Bei seiner damaligen Flucht auf unwegsamen Fußpfaden machte ein Sklave seines Begleiters Aemilius Paulus, der es nicht vergessen konnte, daß von Octavian der Vater des Paulus einst in die Acht erklärt worden war, den Versuch, diese günstige Gelegenheit zur Rache zu benutzen und ihn zu ermorden.

Nach der Flucht des Pompejus nahm er dem einen seiner beiden Kollegen, Marcus Lepidus, den er aus Afrika zu Hilfe gerufen hatte und der nun in übermütigem Trotz im Vertrauen auf seine zwanzig Legionen mit heftigen Drohungen die erste Rolle zu spielen verlangte, das Heer ab, schenkte ihm aber auf sein fußfälliges Bitten das Leben und verbannte ihn für immer nach Circeji[2].

17. Die Verbindung mit Marcus Antonius, die stets schwankend und unsicher gewesen und auch durch verschiedentliche Versöhnungsversuche nur mühsam wieder zusammengekittet worden war, brach Octavian endlich vollständig ab. Und um zu beweisen, wie sehr jener sich römischen Wesens entfremdet, ließ er sein in Rom niedergelegtes

---

[1] Griechische Kolonien an der Ostküste des heutigen Kalabrien. Regium heute Reggio. – [2] Kleines Städtchen beim gleichnamigen Vorgebirge an der Grenze zwischen Latium und Kampanien.

Testament eröffnen und vor versammeltem Volk verlesen. Dabei ergab es sich, daß Antonius sogar die Kinder der Kleopatra zu Erben eingesetzt hatte. Dennoch gestattete er allen dessen Freunden und Verwandten, sich zu dem jetzt zum Staatsfeind Erklärten zu begeben, so unter anderen auch Gajus Sosius und Gnäus Domitius[1], die damals noch Konsuln waren. Den Einwohnern von Bononia[2] erließ er sogar öffentlich den Eid, mit welchem ganz Italien auf seine Sache schwören mußte, weil sie von alters her in der Klientel der Antonier standen. Nicht viel später siegte er in der Seeschlacht bei Aktium. Der Entscheidungskampf dauerte bis in die Nacht, so daß der Sieger auf dem Schiffe übernachten mußte. Kaum hatte er sich von Aktium nach Samos in die Winterquartiere begeben, da beunruhigte ihn die Botschaft, daß seine Soldaten, die er nach dem Sieg aus allen seinen Legionen nach Brundisium vorausgeschickt hatte, meuterten, ihre Belohnungen und ihren Abschied forderten. Unverzüglich eilte Octavian darauf nach Italien zurück. Bei der Überfahrt hatte er zweimal mit schwerem Unwetter zu kämpfen: zuerst zwischen den Vorgebirgen der Peloponnes und Ätoliens und dann wieder bei dem Keraunischen Gebirge[3]. An beiden Stellen versank ein Teil seiner Liburner-Schiffe[4]; auf demjenigen aber, an dessen Bord er sich selbst befand, war die Takelage in große Unordnung geraten und das Steuerruder zerbrochen.

In Brundisium blieb er nur siebenundzwanzig Tage, bis er die Wünsche seiner Soldaten befriedigt hatte; dann begab er sich auf dem Umwege über Kleinasien und Syrien nach Ägypten und eroberte nach kurzer Belagerung Alexandria, wohin Antonius mit Kleopatra geflüchtet war. Jenen, der

---

[1] Sosius war schon 66 Quästor, 49 Prätor und 38–37 Statthalter von Syrien gewesen, hatte für König Herodes Jerusalem erobert und 34 triumphiert. – Domitius, der Urgroßvater des Kaisers Nero. Vgl. Nero, Kap. 3. In den Handschriften sein Vorname irrig Titus. – [2] Das heutige Bologna, Mittelpunkt des norditalischen Straßennetzes. – [3] Heute Kap Glossa bei Valona in Albanien. – [4] Leichte, schnelle und flache Boote, wie sie die Liburner im Nordwesten Dalmatiens für ihre klippenreichen Gewässer brauchten.

zu spät Friedensverhandlungen angeknüpft hatte, zwang er, Selbstmord zu begehen, und sah sich seine Leiche an. Zur Rettung der Kleopatra, die er gar zu gern für seinen Triumph am Leben hatte erhalten wollen, zog er Psyller[1] herbei, die das Gift aus ihrer Wunde aussaugen sollten; denn man glaubte, daß sie an dem Bisse einer Natter gestorben sei. Beide ließ Augustus gemeinsam begraben und den Bau ihres Mausoleums, mit dem sie selbst bereits begonnen hatten, zu Ende führen.

Den jungen Antonius, den älteren von Fulvias beiden Söhnen, ließ er von der Statue des als Gott verehrten Cäsar, zu der er sich nach vielen vergeblichen Bitten geflüchtet hatte, hinwegreißen und töten. Ebenso ließ er den auf der Flucht eingeholten Cäsarion hinrichten, den Kleopatra, wie sie prahlend sich gebrüstet hatte, von Cäsar als Vater empfangen haben wollte[2]. Die übrigen Kinder von Antonius und Kleopatra ließ er am Leben und sorgte sogar für den standesgemäßen Unterhalt und Schutz eines jeden, als wären es seine eigenen Verwandten.

18. Um die gleiche Zeit nahm er Sarg und Leiche Alexanders des Großen, die er aus ihrer Gruft hatte heben lassen, in Augenschein und bezeigte seine Verehrung durch Niederlegen einer goldenen Krone und durch Streuen von Blumen. Auf die Frage, ob er vielleicht auch die Fürstengruft der Ptolemäer zu besichtigen wünsche, gab er zur Antwort: „Einen König, nicht Leichen, wollte ich sehen."
Um das in eine römische Provinz umgewandelte Ägypten[3]

---

[1] Psyller, nach Plinius, Naturgesch. VII, 14, Volk in Afrika, das gegen Schlangengift immun war und Giftwunden durch seinen Speichel heilte oder das Gift aus ihnen heraussaugte. Schon ihr bloßer Geruch sollte Schlangen einschläfern können. Sie scheinen den Römern durch diese Fähigkeiten öfters wertvolle Dienste geleistet zu haben. – [2] Vgl. Cäsar, Kap. 52. – [3] Unter den Provinzen nahm es insofern eine Sonderstellung ein, als es rechtlich wie eine große Privatdomäne des Kaisers behandelt wurde, deren Betreten z. B. allen Angehörigen des Senatorenstandes verboten war. Ägypten stand unter der Verwaltung eines kaiserlichen Beamten, des Präfectus Aegypti. Wie bedenklich es war, Ägypten ohne weiteres zur Provinz zu machen, erhellt aus Cäsar, Kap. 35.

wieder auf seine alte Fruchtbarkeit zu bringen und für die
Verpflegung der Hauptstadt mit Getreide ergiebiger zu
machen, ließ er sämtliche, seit langer Zeit verschlammten
Kanäle, in welche der Nil bei seiner Überschwemmung
einströmt, durch seine Soldaten reinigen. Und um seinen
Sieg bei Aktium noch für die späte Nachwelt zu verherr-
lichen, gründete er daselbst die Stadt Nikopolis[1] und stiftete
dort Festspiele, welche alle vier Jahre stattfinden sollten.
Außerdem erweiterte er den alten Apollotempel; auch
schmückte er seinen ehemaligen Lagerplatz mit Schiffs-
trophäen aus und weihte ihn Neptun und Mars als Heiligtum.

19. Hierauf unterdrückte Augustus zu verschiedenen Zeiten
Unruhen im Innern – einige Revolten sogar schon im Keime –
und zahlreiche Verschwörungen, von denen er durch Verrat Kunde erhalten hatte, noch ehe sie um sich greifen
konnten. Die Rädelsführer waren: der junge Lepidus,
dann Varro Murena und Fannius Cäpio, bald darauf Marcus Egnatius, später Plautius Rufus und der Mann seiner
Enkelin, Lucius Paulus[2]. Hierzu kam die Verschwörung
des Lucius Audasius, eines altersschwachen, halbverrück-
ten Menschen, der außerdem wegen Testamentsfälschung
angeklagt war; desgleichen die des Asinius Epicadus, eines
Halbausländers, dessen Familie aus dem Lande der Par-
thiner[3] stammte, endlich das Unternehmen des Telephus,
eines Sklaven, der bei einer vornehmen Dame die Stelle
eines Nomenklators[4] versah; denn auch von Verschwö-

---

[1] „Siegesstadt", Trümmer nördlich vom heutigen Preveza, auf dem
Aktium gegenüberliegenden Ende des Golfes von Ambrakia an der
Südspitze von Epirus. – [2] Die bisher genannten Verschwörer gehörten,
mit Ausnahme des Egnatius (s. Kap. 30, Anm.), der durch Augustus
bedeutungslos gewordenen Senatsaristokratie an. – [3] Illyrischer Stamm
im Hinterland des heutigen Durazzo. – [4] „Namennenner", auf Per-
sonengedächtnis abgerichtete Sklaven, die ihrem Herrn oder ihrer Herrin
nötigenfalls bei Gängen durch die Stadt, bei Bewerbungen um Ehrenämter und bei Gesellschaften usw. mit ihrer Kenntnis von „Nam' und
Art" der ihnen Begegnenden aushelfen mußten. Dementsprechend
hatten sie auch Gästen des Hauses den Platz anzuweisen. Durch ihre per-

rungen und Gefahren, die von Menschen niedrigsten Standes ausgingen, sollte er in seinem Leben nicht verschont
bleiben. Audasius und Epicadus hatten sich vorgenommen,
seine Tochter Julia und seinen Enkel Agrippa von den
Inseln, auf denen sie verbannt in Gewahrsam gehalten wurden[1], unter Anwendung von Gewalt zu den Heeren zu entführen. Telephus, in dem Glauben, daß er durch das Schicksal zur Herrschaft berufen sei, hatte einen Angriff auf ihn
selbst und den Senat geplant. Ja, einmal wurde sogar dicht
bei seinem Schlafzimmer ein Marketender vom illyrischen
Heer, der die Türwächter zu täuschen gewußt hatte, bei
Nacht mit einem Jagdmesser an der Seite aufgegriffen. Ob
der Mensch irrsinnig gewesen oder sich nur so gestellt hat,
bleibt ungewiß; selbst die Folter konnte nichts aus ihm
herauspressen.

20. Auswärtige Kriege hat Augustus persönlich überhaupt
nur zwei geführt, als junger Mann einen in Dalmatien, und
nach Besiegung des Antonius einen gegen die Kantabrer[2].
In dem dalmatischen Feldzug wurde er sogar verwundet; in
der einen Schlacht wurde er von einem Schleuderstein am
rechten Knie getroffen, in einer zweiten erlitt er beim Einsturz einer Brücke Verletzungen an einem Schenkel und
beiden Armen. Alle übrigen Kriege ließ er durch seine
Unterfeldherren führen. Doch war er bei einigen, z. B. dem
Pannonischen und Germanischen, entweder selbst beim
Heere oder wenigstens in der Nähe des Kriegsschauplatzes;
er rückte nämlich von Rom bis nach Ravenna oder Mailand oder Aquileja vor.

21. Unterworfen hat Augustus teils unter seiner eigenen
Führung, teils durch seine Feldherren, Kantabrien und Aqui-

---

sönlichen Beziehungen zu allen Kreisen der Bevölkerung waren sie imstande, insgeheim großen Einfluß zu gewinnen. – [1] S. Kap. 65 m. Anm. –
[2] Das letzte freie Volk im heutigen Nordwestspanien vom Oberlauf des Ebro an zwischen Duero und Meer. Krieg des Augustus:
29–25, die dauernde Unterwerfung erfolgte erst durch Agrippa 22–19. –
Der Feldzug in Dalmatien, das im Altertum das kroatische Küsten-
land, Bosnien und die Herzegowina, sowie den Westen Altserbiens
mit umfaßte, dauerte von 35–33.

tanien, Pannonien, Dalmatien, und überhaupt das ganze
Illyricum, ebenso Rätien und zwei Alpenvölker, die Vindelizier und Salasser[1]. Ferner wehrte er die Einfälle der Dazier
ab, deren Mannschaften haufenweise niedergemacht wurden.
Selbst drei Führer waren gefallen. Die Germanen drängte er
über die Elbe zurück. Von ihren Stämmen verpflanzte er die
Ubier und Sugambrer, die sich unterworfen hatten, nach
Gallien und wies ihnen dort Wohnsitze ganz in der Nähe
des Rheines an[2]. Ebenso zwang er andere unruhige Völker
zum Gehorsam.

Aber kein Volk bekriegte er ohne gerechten Grund und
ohne Not. Überhaupt lag ihm der Wunsch nach jeglicher
Erweiterung des Reichsgebietes wie nach Vermehrung
seines Kriegsruhms so vollständig fern, daß er vielmehr
einige Barbarenfürsten im Tempel des Mars Ultor schwören
ließ, Frieden und Freundschaft, worum sie baten, auch
ihrerseits zu halten. Einigen versuchte er die Frauen als
eine neue Art von Geiseln abzufordern, weil er die Erfahrung gemacht hatte, daß ihnen ihre männlichen Geiseln
gleichgültig waren. Und trotz alledem gestattete er ihnen,
so oft sie es verlangten, die Geiseln wieder auszulösen.
Selbst über Völker, die sich wiederholt empört hatten, oder
unter Umständen, die einen besonderen Grad von Treu-
losigkeit verrieten, verhängte er nie eine härtere Strafe, als
daß er die Kriegsgefangenen in die Sklaverei verkaufte, und

---

[1] Durch die Besetzung Rätiens und Illyricums wurde die Donau auf
ihrem ganzen Lauf Reichsgrenze. Illyricum umfaßte außer Pannonien
(zwischen dem Ostfuß der Alpen, der Donau und der Save) und
Dalmatien auch Mösien (zwischen Balkan und Unterdonau). Die
Vindelizier wohnten in Rätien im schwäbisch-bayerischen Alpen-
vorland, die Salasser um das heutige Aosta herum. – [2] Verpflan-
zung der Ubier 19 v. Chr., der Sugambrer 8 v. Chr., Feldzüge des
Drusus (vgl. Claudius, Kap. 1): 12–9 v. Chr., des Tiberius (s. dort,
Kap. 9): 8–7 v. Chr., des Domitius Ahenobarbus (des Großvaters
Kaiser Neros, s. Nero, Kap. 4): bis spätestens 1 n. Chr. Endgültige
Unterwerfung Nordwestdeutschlands durch Tiberius 4–6 n. Chr.
Verlust des ganzen Gebietes durch die Schlacht im Teutoburger
Walde: 9 n. Chr.

ʒwar mit der Bestimmung, daß sie nicht in der Nähe ihres
Vaterlandes dienen und innerhalb dreißig Jahren nicht freigelassen werden durften.

Der Ruf seiner Tapferkeit und seines Maßhaltens bewog selbst
die Inder und Skythen, Völker, die man bis dahin nur vom
Hörensagen kannte, freiwillig durch Gesandte um seine
und des römischen Volkes Freundschaft nachzusuchen.
Auch die Parther verzichteten freiwillig auf ihren Anspruch auf Armenien, sie gaben ihm ferner die Feldzeichen
wieder heraus, die sie Marcus Crassus und Marcus Antonius abgenommen, und die Augustus von ihnen zurück-
gefordert hatte[1]. Obendrein boten sie ihm Geiseln an; ja
sie gingen soweit, daß sie unter einer Anzahl von Bewerbern um den parthischen Thron nur dem von ihm Erko-
renen huldigten.

22. Den Tempel des Janus Quirinus, der seit Gründung
der Stadt vor seiner Zeit nur zweimal geschlossen war,
schloß Augustus während einer viel kürzeren Spanne dreimal, nachdem er zu Land und Wasser den Frieden gefestigt hatte[2]. Im kleinen Triumph zog er zweimal in die
Stadt ein, und zwar das erste Mal nach dem Krieg von
Philippi, dann wieder nach dem Sizilischen. Regelrechte
Triumphe hat er drei gehalten, für seine Siege in Dalmatien,
bei Aktium und Alexandria; jeder dauerte ohne Unterbrechung drei Tage.

23. Schwere, schimpfliche Niederlagen hat Augustus überhaupt nur zwei, und nur in Germanien erlitten: die des
Lollius[3] und die des Varus. Bei der des Lollius war die

---

[1] Von Crassus nach der Niederlage bei Karrhä 53 v. Chr., von den
Legaten des Antonius in dem unglücklichen Feldzug, zur Wiedergut-
machung der Katastrophe von Karrhä, 36 in Armenien und Medien
verloren. Vgl. Cäsar, Kap. 79, Anm. - [2] Janus, der doppelköpfige
Gott des Anfangs, des Endes und des Durchgangs. Sein Tempel, ein
einfacher, vorn und hinten mit einer Tür versehener Torbogen, hatte
offen zu stehen, so lange irgendwo römische Truppen Krieg führten. -
[3] 16 v. Chr. Vernichtung des Konsulars Marcus Lollius und der 5. Legion, deren Adler verloren ging, in Nordgallien durch die Sugambrer, Usipeter und Tenkterer.

Schande größer als der Verlust, die des Varus bedeutete durch die Niedermetzelung dreier Legionen samt Führer, Unterfeldherren und sämtlichen Hilfstruppen fast den Untergang des Reiches. Auf die Nachricht hiervon ließ Augustus alle Stadtteile militärisch besetzen, um keine Unruhen aufkommen zu lassen, und verlängerte sämtlichen Provinzialstatthaltern ihr Kommando, um die Bundesgenossen durch erfahrene und ihnen bekannte Männer in Gehorsam zu halten. Zugleich gelobte er dem Jupiter Optimus Maximus große Spiele, wenn die Lage des Staates eine Wendung zum Besseren erfahren hätte, wie das seinerzeit im Kriege gegen die Zimbern und im Bundesgenossenkrieg[1] geschehen war. Ja, es heißt, seine Verzweiflung sei so groß gewesen, daß er monatelang Haar und Bart sich wachsen ließ und oft seinen Kopf mit dem Ausruf gegen die Tür stieß: „Quintilius Varus, gib die Legionen wieder!" Den Jahrestag der Niederlage soll er stets als Klage- und Trauertag begangen haben.

24. Im Heerwesen traf Augustus viele Änderungen und neue Einrichtungen. Dabei griff er auch auf manchen alten Brauch zurück. Die Disziplin handhabe er ganz besonders streng. Selbst Legaten gab er nur ungern und nur in den Wintermonaten Urlaub zum Besuch ihrer Frauen. Einen römischen Ritter, der seinen beiden Söhnen, um sie der Dienstpflicht zu entziehen, die Daumen verstümmelt hatte, bot er als Sklaven aus und ließ sein Vermögen versteigern. Da Augustus jedoch sah, daß die Steuerpächter[2] den Mann zu kaufen beabsichtigten, schlug er ihn einem seiner Freigelassenen zu, und zwar mit der Bestimmung, er solle ihn aufs Land verschicken und ihn dort wie einen Freien leben lassen. Die unzuverlässige zehnte Legion[3] entließ er vollzählig mit Schimpf und Schande aus dem Dienst, und andere Legionen, die in ungebührlicher Form ihre Ent-

---

[1] 91–88: Aufstand der italischen Bundesgenossen gegen Rom, der durch Verleihung des Bürgerrechts an die Italiker abgebrochen wurde (vgl. Cäsar, Kap. 8 Anm.). – [2] Standesgenossen des Betroffenen, die ihn voraussichtlich freigelassen hätten. – [3] Vgl. Cäsar, Kap. 70.

lassung gefordert hatten, verabschiedete er ohne die üblichen Belohnungen für ausgediente Soldaten. Kohorten, die etwa vor dem Feinde gewichen waren, dezimierte er und ließ ihnen Gerste als Brotkorn liefern. Centurionen, die ihren Posten verlassen hatten, bestrafte er, ganz wie gemeine Soldaten, mit dem Tode. Für sonstige Arten von Vergehen verhängte er über sie die verschiedensten Ehrenstrafen, z. B. ließ er sie einen ganzen Tag über vor dem Feldherrnzelt am Pranger stehen, bisweilen nur im Hemde ohne Gürtel, manchmal mit einer zehn Fuß langen Meßstange oder wohl auch mit einem Rasenstück in der Hand. 25. Nach den Bürgerkriegen nannte er bei Ansprachen oder in Erlassen niemals mehr einen Truppenteil „Kameraden", sondern schlechthin „Soldaten"; auch duldete er von seinen Söhnen und Stiefsöhnen, wenn sie ein Kommando besaßen, keine andere Anrede; denn Augustus war der Ansicht, daß in dem Wort „Kameraden" eine gar zu große Schmeichelei enthalten sei, die nicht zur Dienstordnung, zu den ruhigen Zeiten und zur Würde seines Hauses passe. Außer für den Feuerwehrdienst in Rom und zur Abwehr von Lebensmittelunruhen, die man dort befürchtete, machte Augustus Freigelassene nur zweimal zu Soldaten: einmal zur Besatzung der an Illyricum grenzenden Kolonien und das zweite Mal zur Sicherung des Rheinufers. Und zwar ließ er diese Leute, die auf seinen Befehl noch als Sklaven von reichen Männern oder Frauen gestellt wurden, um dann in aller Eile freigelassen zu werden, stets in die vorderste Reihe treten; sie bildeten Abteilungen, die von den Freigeborenen gesondert waren und sich von ihnen durch ihre Bewaffnung und Ausrüstung unterschieden.

Als Kriegsauszeichnungen verlieh Augustus viel freigebiger Brustschmuck und Halsketten, deren Wert in Gold und Silber bestand, als Wall- oder Mauerkronen[1], die zu besitzen ungleich ehrenvoller war. Diese teilte er nur ganz

---

[1] Ehrenzeichen für hervorragende Tapferkeit beim Erstürmen eines feindlichen Lagers oder einer feindlichen Stadt.

selten, stets nur nach Verdienst, und deshalb auch gemeinen Soldaten zu. Marcus Agrippa beschenkte er zu Ehren
seines Seesieges bei Sizilien mit einer meerblauen Standarte.
Nur den Feldherren, die bereits selbst Triumphe gefeiert
hatten, glaubte er, trotz ihrer Teilnahme an seinen Feldzügen und ihrem Anteil an seinen Siegen, keine Ehren-
geschenke anbieten zu dürfen, und zwar aus Rücksicht
darauf, daß sie selber einst das Recht besessen hatten, solche
nach Belieben zu verteilen.

Nach seiner Ansicht vertrug sich mit dem Wesen des vollkommenen Feldherrn nichts weniger als Überstürzung und
Unbesonnenheit. Daher zitierte er mit Vorliebe auf griechisch: „Eile mit Weile"[1], oder (den Vers aus Euripides[2]):

> Vorsicht ziemt dem Heeresleiter mehr als toller Wagemut

sowie auf lateinisch: „Schnell genug geschieht, was ordent-
lich geschieht." Überhaupt meinte er, auf eine Schlacht
oder einen Krieg dürfe man sich nur dann einlassen, wenn
offensichtlich die Hoffnung auf Erfolg größer sei als die
Furcht vor Verlust. „Denn", pflegte er zu sagen, „die,
welche einem kleinen Gewinn mit Gefahr eines großen Ver-
lustes nachjagen, gleichen Leuten, welche mit einem goldenen Angelhaken angeln; reißt dieser ab, so ist sein Verlust ja durch keinen Fang zu ersetzen."

26. Ämter und Ehrenstellen hatte Augustus zum Teil vor
dem gesetzlichen Alter inne. Einige trugen einen ganz
neuen Charakter und waren auf Lebenszeit. Das Konsulat
riß er schon mit zwanzig Jahren an sich; er ließ nämlich
seine Legionen wie gegen einen Feind bis an die Hauptstadt vorrücken und entsandte Abgeordnete, die im Namen
des Heeres für ihn das Konsulat fordern mußten. Als der
Senat noch zauderte, schlug der Führer der Abordnung,
der Centurio Cornelius, seinen Kriegsmantel zurück, deutete auf den Griff seines Schwertes und hatte die Stirn, vor

---

[1] speúde bradéōs lateinisch festina lente. Vgl. Goethe, Hermann und
Dorothea (Polyhymnia 82): „Eile mit Weile! Das war selbst Kaiser
Augustus Devise." - [2] Phönizierinnen Vers 599, übersetzt von Hans
von Arnim.

versammeltem Senat auszurufen: „Der da wirds tun, wenn ihrs nicht tut!"

Sein zweites Konsulat bekleidete Augustus neun Jahre später, das dritte ein Jahr darauf und dann die folgenden hintereinander bis zum elften[1]. Obwohl ihm später noch eine Anzahl weiterer Konsulate angetragen wurde, schlug er sie aus. Erst nach der langen Zeit von siebzehn Jahren bewarb er sich aus freien Stücken zum zwölften Male und nach zwei Jahren noch einmal um das dreizehnte Konsulat, um als oberster Beamter seine Söhne Gajus und Lucius bei ihrem ersten Auftreten als Volljährige aufs Forum führen zu können. Seine fünf mittleren Konsulate, das sechste bis zehnte, verwaltete er das ganze Jahr über, die übrigen teils neun, teils auch nur sechs, vier und drei Monate, das zweite sogar nur einige Stunden. Denn kaum hatte er am ersten Januar vor dem Tempel des Kapitolinischen Jupiter eine Zeitlang auf seinem Amtsstuhl den Vorsitz geführt, so legte er nach Ernennung eines Stellvertreters seine Würde ab. Er trat auch nicht alle Konsulate in Rom an, das vierte z. B. in Asien, das fünfte auf der Insel Samos, das achte und neunte zu Tarraco[2].

27. Das Triumvirat zur Neugestaltung der Staatsverfassung verwaltete Augustus zehn Jahre lang[3]. In dieser Stellung bekämpfte er zwar geraume Zeit die Maßnahme der Proskriptionen[4], die seine Kollegen gefordert hatten. Als man aber einmal damit begonnen hatte, verfuhr er rücksichtsloser als die beiden anderen. Denn während diese bei vielen Persönlichkeiten sich häufig auf Fürbitten der Begnadigung zugänglich gezeigt hatten, drang er allein darauf, daß keiner geschont werde. Ja, er ächtete selbst

---

[1] Konsulate: 1:43; 2:33; 3–11:31–23; 12:5; 13:2 v. Chr. – [2] Beim Antritt des 4. Konsulats (30 v. Chr.) befand sich Octavian auf dem Marsch nach Ägypten, bei dem des 5. (29) im Winterquartier nach Beendigung des Krieges gegen Kleopatra. Die Antritte des 8. und 9. (26 und 25 v. Chr.) fallen in den spanischen Feldzug. – [3] 43–33. S. Kap. 13. – [4] Ächtung und damit Vernichtung der politischen Gegner und sonstiger mißliebiger Personen, die hierdurch für vogelfrei erklärt werden.

seinen (früheren) Vormund Gajus Toranius, ihn, der als Ädil
der Kollege seines Vaters Octavius gewesen war. Julius
Saturninus erzählt außerdem noch: „Während Marcus Lepidus, als die Ächtungen ihr Ende erreicht hatten, im Senat
das Vergangene entschuldigt und für die Zukunft Hoffnung auf Milde gemacht hatte, mit der Begründung, daß
nun genug Bestrafungen vorgenommen seien, hat Octavian
im Gegensatz hierzu öffentlich die Erklärung abgegeben,
er habe nur insoweit eingewilligt, daß die Ächtungen eingeschränkt würden, als er sich selbst dabei in allem freie
Hand für die Zukunft ließe." Doch zum Beweis, wie sehr
er Reue über seinen Starrsinn empfand, mag dienen, daß
er später (dem Freigelassenen) Titus Vinius Philopömen die
Ritterwürde verlieh, der, wie man berichtet, seinen in die
Acht erklärten Patron damals verborgen gehalten hatte.
Gerade in seiner Machtstellung als Triumvir zog er sich
den Haß vieler Kreise zu. So ließ er bei Gelegenheit einer
Ansprache an seine Soldaten, bei der auch zahlreiche Zi-
vilisten zugegen waren, den römischen Ritter Pinarius, der,
wie er bemerkte, sich heimlich etwas notiert hatte, als
Spion und Spitzel niederstechen. Den bereits zum Konsul
gewählten Tedius Afer versetzte Octavian wegen einer hämischen Bemerkung, die er sich über eine seiner Handlungen erlaubt hatte, in so heftigen Schrecken, daß Tedius
durch einen Sturz kopfüber[1] seinem Leben ein Ende bereitete. Den Prätor Quintus Gallius, der bei einem offiziellen
Besuch unter dem Gewande eine aus zwei Blättern bestehende Schreibtafel verdeckt hielt, verdächtigte er, als
ob er ein Schwert verborgen hätte, hatte aber nicht
den Mut, ihn etwa sofort durchsuchen zu lassen, denn
er fürchtete, man könnte doch etwas anderes finden. Dagegen ließ er ihn bald darauf von Centurionen und Soldaten
von seinem Richterstuhl wegreißen, wie einen Sklaven auf
die Folter spannen und ohne ein Geständnis seinerseits
hinrichten. Vorher hatte er ihm noch eigenhändig die

---

[1] Lateinisch ut is se praecipitaverit. Von wo und wohin wird nicht
gesagt.

Augen ausgestochen. Octavian selbst stellte jedoch die
Sache folgendermaßen dar: Gallius habe ihn bei Gelegenheit einer ihm gewährten Unterredung tätlich angegriffen,
sei dafür von ihm ins Gefängnis geworfen, später aus Rom
verbannt worden und sei schließlich durch Schiffbruch oder
durch Straßenräuber umgekommen.

Die tribunizische Amtsgewalt übernahm Augustus auf
Lebenszeit; aber zweimal, und zwar jedesmal auf mehrere
Perioden von fünf Jahren, wählte er sich einen Amtsgenossen[1]. Gleichfalls auf Lebenszeit übernahm er die Aufsicht über Sitten und Gesetze, und kraft des hiermit verbundenen Rechtes hielt er, allerdings ohne den Ehrentitel
eines Censors, dreimal den Census des Volkes ab, das erste
und dritte Mal mit einem Kollegen, das zweite Mal allein[2].

28. An (Abdankung und damit) Wiederherstellung der alten
Republik hat Augustus zweimal gedacht. Das erste Mal sogleich nach Überwältigung des Antonius, in Erinnerung an
dessen häufige Vorwürfe, als wäre er das einzige Hindernis,
daß die republikanische Staatsform nicht wieder ins Leben
gerufen würde. Das zweite Mal aus Unmut über eine lange
Krankheit. Damals ließ er sogar die höchsten Beamten und
den Senat in sein Haus kommen und übergab ihnen das
Staatshaushaltsbuch[3]. Jedoch die Überlegung, daß er als
Privatmann stets in Gefahr schweben, der Staat aber dann
der Willkürherrschaft Vieler blindlings überantwortet
würde, brachte ihn wieder zu dem Entschluß, das Ruder
in der Hand zu behalten.

Es ist schwer zu entscheiden, ob der Erfolg besser war
oder seine Absicht. Seine gute Absicht äußerte er zu
wiederholten Malen und bezeugte sie auch in einem Manifest mit den Worten: „Möge es mir vergönnt sein, den

---

[1] Das erste Mal Agrippa 18 bis zu dessen Tode 12 v. Chr. (vgl.
Kap. 16, Anm.), das zweite Mal Tiberius von 4 n. Chr. an. - [2] Bestands-
aufnahme des Staatsvermögens und der Einwohnerschaft verbunden
mit Sittenprüfung (vgl. Kap. 39, 40). Ein zutreffendes Bild von einer
solchen „Schatzung" im Weihnachtsevangelium. - [3] Das Verzeichnis
der jeweiligen Vermögenswerte und Verpflichtungen des Reiches (vgl.
Kap. 101).

Staat auf eine gesunde und sichere Grundlage zu stellen und dafür den Lohn zu empfangen, den ich anstrebe: der Schöpfer der besten Verfassung zu heißen und bei meinem Tode die Hoffnung mit mir ins Grab zu nehmen, daß die von mir geschaffenen Grundlagen des Staates unerschüttert bleiben werden." Und er erfüllte sich selbst diesen Wunsch; denn er suchte auf jede erdenkliche Weise dahin zu wirken, daß niemandem Grund zur Unzufriedenheit mit den neuen Verhältnissen gegeben würde.

Die Hauptstadt, deren äußerer Eindruck damals noch nicht der Majestät ihrer Weltherrschaft entsprach und die vielfach von Überschwemmungen und Bränden heimgesucht wurde, verschönerte Augustus in ganz hervorragendem Maße. So durfte er sich schließlich mit Recht rühmen: „Ich hinterlasse eine Stadt aus Marmor, während ich eine Stadt von Backsteinen vorgefunden habe." Für Roms Sicherheit aber traf er selbst für die ferne Zukunft alle nach menschlicher Voraussicht nur mögliche Sorge.

29. Öffentliche Bauwerke errichtete Augustus in großer Anzahl. Davon sind folgende wohl die bedeutendsten: das (nach ihm benannte) Forum mit dem Tempel des Mars Ultor[1], der Apollotempel auf dem Palatin und der Tempel des Jupiter Tonans[2] auf dem Kapitol. Zur Erbauung des Forums bewog ihn die Beobachtung, daß bei der Menge der Menschen und der großen Anzahl von Gerichtsverhandlungen die zwei vorhandenen nicht ausreichten, so daß ein drittes unbedingt notwendig erschien. Es wurde daher etwas eilig noch vor Fertigstellung des Marstempels dem öffentlichen Gebrauch übergeben, und zwar mit der Bestimmung, daß hier gesondert die Strafprozesse und die Auslosungen der Richter stattfinden sollten. Den Tempel

---

[1] Das Forum Augusti war das dritte nach dem ursprünglichen einzigen Forum Romanum und dem unmittelbar daran anstoßenden von Cäsar errichteten Forum Iulium, von dem es nur durch eine schmale Gasse getrennt ist. Durch die von Augustus und einigen seiner Nachfolger errichteten „Kaiserfora" läuft an den Trümmern des Tempels des Mars Ultor (des „Rächers") vorbei die von Mussolini angelegte Prachtstraße Via del Impero. - [2] Der „Donnerer".

des Mars hatte er im Krieg von Philippi gelobt, den er, um seinen Vater zu rächen, begonnen hatte. Daher verordnete er, daß hier der Senat über Krieg und Triumphe beratschlagen, daß die Provinzialstatthalter von hier aus bei ihrer Abreise in die Provinzen das Ehrengeleit empfangen und die aus siegreichen Kriegen heimkehrenden Feldherren hier die Auszeichnungen ihrer Triumphe niederlegen sollten. Den Tempel des Apollo ließ er an jener Seite seines Hauses auf dem Palatin erbauen, die nach der Deutung der Haruspices der Gott selbst durch Einschlag eines Blitzes gekennzeichnet hatte. Er errichtete dazu Säulenhallen nebst einer Bibliothek lateinischer und griechischer Schriftsteller. Hier hielt er in seinem Alter Senatsitzungen ab und musterte die Geschworenen aus. Dem Jupiter Tonans weihte er einen Tempel zum Dank für seine Rettung aus Todesgefahr; denn im Feldzug gegen die Kantabrer war bei einem Marsche während der Nacht ein Blitz dicht bei seiner Sänfte niedergefahren und hatte einen Sklaven, der mit der Fackel voranleuchtete, getötet.

Einige Bauwerke führte Augustus auch im Namen anderer auf, nämlich im Namen seiner Enkel, seiner Gemahlin und seiner Schwester; z. B. die Säulenhalle und die Basilika des Gajus und Lucius, ebenso die beiden Säulenhallen der Livia und Octavia und das Theater des Marcellus. Aber nicht genug damit, auch die übrigen Männer von Rang forderte er wiederholt auf, nach ihrem Vermögen die Stadt mit öffentlichen Denkmälern ausschmücken zu helfen, sei es mit neuen oder durch Ausbesserung und Verschönerung bereits vorhandener. Und tatsächlich folgten Viele diesem Aufruf. So wurden von Marcius Philippus der Tempel des Herkules mit den Musen, von Lucius Cornificius der Tempel der Diana, von Asinius Pollio das Atrium (im Tempel) der Freiheitsgöttin, von Munatius Plancus der Tempel des Saturn, von Cornelius Balbus ein Theater, von Statilius Taurus ein Amphitheater und endlich von Marcus Agrippa[1] eine ganze Reihe herrlichster Bauten errichtet.

---

[1] Vgl. Kap. 16, Anm.

30. Die ganze Stadt teilte Augustus in Bezirke und Straßenviertel[1]. Zugleich traf er die Einrichtung, daß über jene
alljährlich durchs Los bestimmte Behörden, über diese die
von den Bewohnern jedes Viertels gewählten Quartier-
meister die Aufsicht führen sollten. Gegen Feuersgefahr
führte er für die Nacht Wachtstationen und Wächter ein[2].
Um den Überschwemmungen Einhalt zu tun, ließ er das
Tiberbett, das schon seit langem mit Schutt angefüllt und
durch Vorbauten der Häuser verengt war, erweitern und
reinigen. Um die Verbindung mit Rom nach allen Richtungen hin zu erleichtern, übernahm er selbst den Neubau der Flaminischen Heerstraße bis nach Ariminum[3] und
übertrug die Pflasterung der übrigen Straßen den durch
Triumphe geehrten Feldherren, welche die ihnen zuge-
fallenen Beutegelder zur Bestreitung der Kosten verwenden
sollten. Heilige Gebäude, die vor Alter zusammengestürzt
oder durch Feuer vernichtet worden waren, stellte er wieder
her und stattete sie wie die übrigen Tempel mit sehr reichen
Geschenken aus, wie er denn allein in den Tempelschatz
des Kapitolinischen Jupiter in einer einzigen Schenkung
16000 Pfund Gold und kostbare Steine und Perlen im
Wert von fünfzig Millionen Sesterzen[4] niederlegte.
31. Sobald aber Augustus das Amt des Pontifex Maximus
nach dem Tod des Lepidus[5] – er hatte es ihm bei Lebzeiten
nicht entziehen wollen – schließlich übernommen hatte,
ließ er alles, was an griechischen und lateinischen Orakel-
büchern von entweder völlig unbekannten oder unglaub-
würdigen Verfassern in Umlauf war, über zweitausend

---

[1] Die Bezirke und Straßenviertel der Augusteischen Einteilung sind,
teilweise noch mit den alten Grenzen und Namen, auch heute die
Grundlage der Stadtverwaltung. Die Beamten waren sehr zahlreich
und ihre Wahl (s. oben) gab den bedeutungslos gewordenen Volksversammlungen noch einmal einen Schein von Wichtigkeit. – [2] Die erste
Feuerwehr bildete der Ädil Egnatius Rufus (s. Kap. 19); er fiel aber
dadurch beim Kaiser in Ungnade, der die „Wächter" (vigiles) auf
den Staat übernahm und ihnen eine militärische Organisation gab. –
[3] Heute Rimini, Endpunkt der Straße. – [4] 50 Millionen DM. – [5] 12 v.
Chr., s. Kap. 16, letzter Absatz.

Bände, zusammentragen und verbrennen. Nur die Sibyllinischen Bücher, und auch diese nur in Auswahl, behielt er
zurück und bewahrte sie in zwei vergoldeten Kapseln
unter dem Fußgestell des Palatinischen Apollo auf.

Den von dem göttlich verehrten Julius (Cäsar) neu geordneten, später aber durch Nachlässigkeit wieder in Unordnung und Verwirrung geratenen Kalender brachte er von
neuem in die frühere Ordnung. Er verlieh dabei an Stelle
des September, in dem er geboren war, dem Monat Sextilis,
seinen Beinamen[1], in Erinnerung daran, daß er in diesem
Monat zum erstenmal das Konsulat bekleidet und entscheidende Siege errungen hatte. Ferner erhöhte er die
Zahl und die Würde, aber auch die Einkünfte der Priester,
zumal der Vestalinnen. Als einmal an Stelle einer Verstorbenen eine andere gewählt werden mußte, und viele Väter
es zu vermeiden suchten, ihre Töchter darum mit losen
zu lassen, beteuerte er mit einem Schwure: wenn eine seiner
eigenen Enkeltöchter das erforderliche Alter hätte, würde
er sie freiwillig preisgegeben haben. Auch manche alte
Bräuche, die mit der Zeit allmählich abgekommen waren,
führte Augustus wieder ein, z. B. das Augurium für das
Wohl des Staates, das Amt des Flamen Dialis, das Luperkalienfest, die Hundertjahrspiele und das Fest der Kompi-
talien[2]. Am Luperkalienfest verbot er jungen Männern, die
noch keinen Bart hatten, die Teilnahme am Festlauf. Ebenso
verordnete er, daß an den Hundertjahrspielen jüngere Leute
beiderlei Geschlechts die Darbietungen bei Nacht nur in Be-

---

[1] August(us). - [2] Augurium für das Wohl des Staates (lateinisch Sa-
lutis, die personifizierte Göttin der öffentlichen Wohlfahrt): durfte
nur im Frieden stattfinden (29 v. Chr., dann erst wieder 47 n. Chr.). -
Flamen (vgl. Cäsar Kap. 76, Anm.) Dialis: Der Jupiterpriester. -
Das Luperkalienfest (vgl. Cäsar, Kap. 79) und die dazugehörigen
Priester des Pan (vgl. Cäsar, Kap. 76) hatte schon Cäsar reorgani-
siert. - Zu den Hundertjahrspielen (ludi saeculares), 17 v. Chr., dichtete Horaz das Festlied. - Compitalia („Kreuzwegfeste"): Gemeinsame Feiern der in einem Straßenviertel oder in einem Ort Zusam-
menwohnenden an den Kreuzwegen, wo die Kapellen der Laren
standen.

gleitung eines älteren Verwandten besuchen durften. Ferner bestimmte er, daß die Laren an den Straßenkreuzungen zweimal jährlich mit Frühlings- und Sommerblumen bekränzt würden.

Nächst den Göttern erwies Augustus die höchste Ehre dem Andenken der großen Heerführer, welche die Herrschaft Roms aus kleinsten Anfängen zur größten Macht entfaltet hatten. Darum stellte er die von solchen Helden errichteten Bauwerke unter Beibehaltung der alten Inschriften wieder her und weihte ihnen Statuen, die sie als Triumphatoren darstellten, in den beiden Säulengängen seines Forums. In einem Edikt gab er bekannt: „Meine Absicht hierbei ist gewesen: Nach dem Vorbild jener großen Männer soll ich selbst, so lange ich lebe, von den Bürgern beurteilt werden und ebenso die Herrscher kommender Geschlechter." Auch die Statue des Pompejus ließ er aus der Kurie, in welcher Cäsar ermordet war, fortbringen und unter einem marmornen Janusbogen gegenüber der Halle des Pompejustheater aufstellen.

32. Sehr viel arge Mißstände hatten sich zum Schaden des Gemeinwesens infolge der langdauernden Gesetzlosigkeit während der Bürgerkriege eingewurzelt oder sich während des Friedens selbst eingenistet. Landstreicher in großer Zahl traten in der Öffentlichkeit ungeniert mit dem Schwert an der Seite auf, das sie angeblich nur zu ihrer eigenen Sicherheit trugen. Reisende wurden auf dem Lande vielfach, ganz gleich, ob sie Freie oder Sklaven waren, ohne Unterschied geraubt und verschwanden in den Sklavenkerkern[1] der großen Grundbesitzer. Überall bildeten sich Klubs unter dem Namen irgendeiner neuen Innung zur gemeinsamen Verübung aller erdenklichen Schandtaten. Augustus bereitete der räuberischen Landstreicherei durch Militärposten ein Ende, die er überall an geeigneten Plätzen aufstellen ließ. Die Sklavenhäuser unterwarf er einer stren-

---

[1] Besondere Strafräume für Sklaven, die dort sogar beim Schlaf angekettet wurden und dann auch bei der Arbeit Ketten tragen mußten.

gen Musterung; die Innungen löste er mit Ausnahme der alten und gesetzlich berechtigten auf[1].

Die Verzeichnisse der Leute, die von altersher Schuldner der Staatskasse und infolgedessen hauptsächlich Gegenstand von Schikanen waren, ließ er verbrennen. Grundstücke in der Stadt, die für Gemeingut galten, bei denen es aber strittig war, ob sie nicht doch Privatleuten gehörten, erkannte er den bisherigen Besitzern zu. Alle Namen von Angeklagten, deren Prozeß sich lange verschleppt hatte und aus deren demütigendem Anklagezustand[2] nur ihren Feinden Befriedigung erwuchs, strich er von der Liste. Er verordnete, daß derjenige, der einen auf diese Weise niedergeschlagenen Prozeß von neuem anstrengte, bei Abweisung seiner Klage die gleiche Strafe erleiden sollte, die den Verklagten bei seiner Verurteilung getroffen hätte.

Damit aber kein Verbrechen ohne Strafe durch die Maschen des Gesetzes schlüpfte und kein Rechtsstreit sich allzusehr in die Länge zöge, bestimmte er für Gerichtsverhandlungen mehr als dreißig Tage, die sonst wegen der von den Beamten bei ihrem Amtsantritt dem Volke gegebenen Spiele für Prozesse auszufallen pflegten. Die drei bisherigen Richterdekurien vermehrte er um eine vierte, die sich aus Bürgern mit kleinerem Vermögen zusammensetzte; sie hieß deshalb die Dekurie der Zweihunderter und hatte über weniger hohe Streitobjekte zu entscheiden[3]. Zu Richtern wählte er schon Personen von dreißig Jahren, also um fünf Jahre jüngere Männer als sonst üblich. Und erst als Viele die Übernahme des Richteramts ablehnten, ließ er sich nur widerstrebend zu der Konzession herbei, daß jede einzelne Dekurie abwechselnd ein Jahr lang Ferien haben

---

[1] Schon Cäsar hatte das Vereinsrecht beschränkt (vgl. dort Kap. 42), Augustus verschärfte seine Bestimmungen. - [2] Die Angeklagten mußten Trauerkleidung tragen. - [3] Vgl. Cäsar, Kap. 41. Die vierte Dekurie brauchte nur ein halbes Rittervermögen (200 mal 1000 Sesterzen = 200000 DM, daher „Zweihunderter") zu besitzen. Welche Richter im Einzelfall zu amtieren hatten, wurde durch das Los entschieden (vgl. Kap. 29).

und daß im November und Dezember allgemeine Gerichtsferien sein sollten.

33. Augustus selbst sprach fleißig Recht, zuweilen bis in
die Nacht hinein; wenn er nicht ganz wohl war, in seiner
Sänfte auf dem Tribunal, ja auch zu Hause von seinem
Lager aus. Seine Rechtsentscheide zeichneten sich durch
reifliche Überlegung sowie durch ihre große Milde aus. Man
erzählt, daß er z. B. einem auf frischer Tat ergriffenen
Vatermörder zur Errettung von der Todesstrafe im Sack[1],
die nur nach Ablegung eines Geständnisses verhängt werden
konnte, die Frage so formuliert hatte: „Nicht wahr, Du hast
deinen Vater nicht umgebracht?" In einem Fall von Testamentsfälschung, bei dem alle Zeugen sich gegen das Corne-
lische Gesetz[2] vergangen hatten, gab er den Geschworenen
außer den beiden Stimmtäfelchen für Freispruch und Verurteilung noch ein drittes für Begnadigung derjenigen, die sich
erwiesenermaßen durch arglistige Täuschung oder durch
Mangel an Überlegung zur Unterschrift hätten verleiten
lassen. Die Berufungen übertrug er, wenn die prozessierenden
Parteien in Rom wohnten, jährlich dem Stadtprätor[3], die der
Provinzialen dagegen früheren Konsuln; je einen teilte er
jeder Provinz zur Erledigung dieser Rechtsfälle zu.

34. Die Gesetze unterzog Augustus einer allgemeinen Revision und führte einige neu ein: z. B. das Luxusgesetz,
das Gesetz über Ehebruch und Verletzung der Keuschheit, über Amtserschleichung, über die Förderung der
Ehen in den einzelnen Ständen[3]. Da er aber dies letztere

---

[1] Es herrschte der uralte Brauch, in dem Sack einen Affen, einen
Hund, einen Hasen und eine Schlange mit einzunähen. Der Sack
wurde in fließendes Wasser geworfen. - [2] Ein Gesetz des Diktators
Lucius Cornelius Sulla gegen verschiedene Arten von Verfälschungen
öffentlich wichtiger Zeugnisse (de falsis). - [3] Alle diese Gesetze waren
im Laufe der Zeit erneuert worden, z. B. das Luxusgesetz durch
Cäsar, der ja auch Verstöße gegen die bestehenden Ehegesetze streng
bestrafte (vgl. Cäsar, Kap. 43). Was die Sittengesetzgebung des
Augustus charakterisiert und sie trotz Anlehnung an alte Muster zu
etwas völlig Neuem macht, ist der Ernst und die Strenge, mit der er
seine Ziele verfolgte, die weit über das hinausgehen, was durch bloße
Gesetzgebung erreicht werden kann.

durch strengere Bestimmungen als bei den übrigen ver-
schärft hatte, so konnte er es gegen den allgemeinen
Lärm der Proteste nur so durchbringen, daß er einen Teil
der Strafen aufhob oder doch wenigstens milderte, daß er
die Frist zur Wiederverheiratung auf drei Jahre verlängerte
und endlich, daß er die Belohnungen erhöhte[1]. Als trotzdem
bei einem öffentlichen Schauspiel die Ritterschaft mit an-
haltender Heftigkeit die Abschaffung des Gesetzes forderte,
da ließ er die Kinder des Germanicus holen, nahm einige
von ihnen an sich, während ihr Vater die anderen auf seinen
Schoß setzte, und zeigte sie in dieser Stellung öffentlich dem
Volke. Durch Handgebärde und Miene gab er dabei zu
verstehen, man sollte es doch als keine Last empfinden,
dem Beispiel eines so jungen Vaters zu folgen[2]. Und da
er die Erfahrung gemacht hatte, daß man durch Verlobung
mit noch nicht heiratsfähigen Mädchen[3] und durch häufigen
Wechsel der Ehebündnisse die Absicht seines Gesetzes
umging, verkürzte er die Zeit des Brautstandes und setzte
den Ehescheidungen eine Schranke.

35. Den Senat, der durch die übergroße Zahl seiner Mitglieder zu einem Haufen ohne Anstand und Ordnung
herabgesunken war – es gab nämlich über tausend Senatoren und zwar darunter ganz unwürdige Leute, ferner
solche, die erst nach Cäsars Tod durch Protektion oder
Bestechung aufgenommen waren und die man im Publikum
„Orcusmitglieder"[4] nannte –, führte er auf seine früher

---

[1] Namentlich die Väter und Mütter von drei Kindern bekamen weitgehende Vorrechte. – [2] Germanicus, der Enkel des Augustus (s.
Stammtafel), hatte schon mit 20 Jahren seine Base Agrippina (die
„Ältere") geheiratet und besaß 9 Kinder, von denen die drei jüngsten allerdings erst nach dem Tode des Augustus geboren waren. –
[3] Um eine möglichst lange Frist bis zur Heirat verstreichen lassen
zu können. – [4] Orcini (wörtlich etwa „Höllengeister") nannte man
eigentlich die von Verstorbenen durch Testament gleichsam aus dem
Orcus (der Unterwelt) heraus freigelassenen Sklaven. Dementsprechend
waren die „Orcusmitglieder" des Senats solche Leute, die Antonius
auf Grund angeblicher testamentarischer Verfügung Cäsars zu Senatoren ernannt hatte.

begrenzte Mitgliederzahl zurück und gab ihm seinen alten
Glanz wieder, und zwar durch Vornahme zweier Revisionen.
Bei der ersten entschied der Senat selbst nach eigenem Gutdünken seiner Mitglieder und jeder wählte seinen Mann;
bei der zweiten trafen er und Agrippa die Auswahl. Bei
diesem Akt soll er mit einem Panzer unter seinen Kleidern
und einem Schwert an der Seite den Vorsitz geführt haben,
während zehn besonders kräftige Freunde aus dem Senatorenstande seinen Sessel umstanden. Cordus Cremutius[1]
schreibt, daß damals die Senatoren nur einzeln und nach
vorheriger Leibesvisitation bei ihm zur Audienz vorgelassen worden seien. Einige Senatoren brachte er dahin,
bescheiden auf ihre Mitgliedschaft Verzicht zu leisten. In
diesem Fall ließ er ihnen das Recht auf das Senatorenkleid,
auf ihren Ehrenplatz im Theater sowie das Privileg, an
den öffentlichen Mahlzeiten ihrer Standesgenossen teilzunehmen.

Um jedoch in dem so gereinigten Senat die Ausübung der
Amtsgeschäfte feierlicher, aber dabei weniger beschwer-
lich zu gestalten, ordnete er an, jeder Senator sollte, bevor
er seinen Platz einnahm, erst am Altare des Gottes, in
dessen Tempel die Sitzung gerade stattfand, ein Opfer
von Weihrauch und ungemischtem Wein darbringen, ferner sollten allmonatlich nur zweimal, am ersten und am
dreizehnten bzw. fünfzehnten, regelmäßig Sitzungen stattfinden. Endlich entschied er, daß im September und Oktober nur eine bestimmte, durchs Los gewählte Anzahl Mitglieder, die zur Beschlußfähigkeit ausreichte, anwesend zu
sein brauchte. Zu seiner Bequemlichkeit ließ er durchs Los
für jedes Halbjahr Ausschüsse wählen, um mit ihnen
über die dem Plenum des Senates vorzulegenden Gegenstände vorher zu beraten. Bei allen wichtigeren Gegenständen befragte er die Senatsmitglieder nicht nach der

---

[1] Aulus Cremutius Cordus, Geschichtsschreiber der Bürgerkriege, der
die Cäsarmörder verherrlichte und, um dem Henker zu entgehen,
unter Tiberius Selbstmord beging (s. dort, Kap. 61). Das Verbot
seiner Schriften wurde durch Caligula aufgehoben (vgl. dort Kap. 16).
Bruchstücke noch erhalten.

Reihenfolge, wie es sonst üblich war, sondern wie es ihm eben gerade beliebte, damit so die Aufmerksamkeit eines jeden an der Sache wachgehalten würde; es schien ihm dabei mehr auf die Abgabe eines eigenen selbständigen Urteiles als auf die bloße Zustimmung zu dem Urteil des Vordermannes anzukommen.

36. Zu den vielen anderen Anordnungen, die er traf, gehörten auch folgende: Er verbot, daß die Protokolle der Senatsversammlungen veröffentlicht wurden[1], und ferner, daß die Magistratspersonen nach Niederlegung ihres Amtes sofort in die Provinzen abreisten[2]. Den Prokonsuln setzte er zur Anschaffung von Maultieren und Zelten, die ihnen früher auf Staatskosten geliefert wurden, eine bestimmte Geldsumme aus. Die Aufsicht über die Staatskasse nahm er den städtischen Quästoren ab und übertrug sie den ehemaligen oder amtierenden Prätoren, und die Lanze zur Einberufung des Centumviralgerichts[3], die sonst den abgedankten Quästoren anvertraut gewesen war, übergab er den Decemvirn.

37. Um aber möglichst viel Personen an der Staatsverwaltung teilnehmen zu lassen, schuf Augustus neue Ämter, z. B. die Aufsicht über öffentliche Arbeiten, über Wegebau und Wasserleitungen, über die Reinhaltung des Tiberbettes, über die Getreideverteilung an das Volk, ferner die Stadtpräfektur[4], ein Dreimännerkollegium für die Senatorenwahl, ein anderes für die Musterung der Ritterschwadronen, so oft diese Funktionen in Erscheinung treten mußten. Die Censoren, deren Stellen lange unbesetzt geblieben waren, wählte er aufs neue und vermehrte die Zahl der Prätoren. Er forderte ferner, daß ihm jedesmal, so oft

---

[1] Wie dies Cäsar angeordnet hatte (vgl. Cäsar, Kap. 20 mit Anm.). –
[2] Das war seit Sulla Vorschrift gewesen. – [3] Ein uraltes Gericht von 105 Mitgliedern für Prozesse über alles, was Römer nach „Quiritenrecht" als Eigentum ansprechen konnten. Zur Eröffnung der Sitzung rammte der Einberufer eine Lanze (hasta), das Sinnbild des Eigentums, in den Boden. – Decemvirn, eine gleichfalls sehr alte Gerichtsbehörde. – [4] Entsprach im wesentlichen dem Polizeipräsidium in unsern Großstädten.

man ihm das Konsulat übertrüge, statt eines, zwei Kollegen zur Seite gesetzt würden; doch erreichte er dies nicht, da man allgemein dagegen einwandte, es sei ja schon eine Minderung seiner Majestät, daß er dieses Amt nicht allein, sondern in Gemeinschaft mit einem Zweiten verwaltete.

38. Ebenso freigebig zeigte er sich in der Belohnung von Verdiensten im Kriege. Über dreißig Generalen ließ er richtige Triumphe, Triumphal-Ehrenzeichen aber einer noch weit größeren Zahl zuerkennen.

Damit die Söhne der Senatoren sich frühzeitig der Staats-laufbahn zuwandten, gestattete er ihnen, sofort nach Ab-legung des Knabenkleides das Senatorengewand anzulegen und den Sitzungen des Senates beizuwohnen; und wenn sie sich dem Heeresdienst widmen wollten, ernannte er sie zu Legionstribunen oder übertrug ihnen auch ein Kommando über eine Reiterschwadron. Ja, um möglichst Allen die mili-tärische Laufbahn zu eröffnen, stellte er auch manchmal zwei dieser Senatorensöhne an die Spitze je *einer* Reiter-schwadron.

Die Abteilungen der Ritter musterte er häufig und führte nach langer Unterbrechung den Brauch des festlichen Paradeaufzuges wieder ein. Jedoch erlaubte er nicht, daß bei diesem Aufzug ein Ritter, wie das bisher üblich gewesen war, von seinem Ankläger vom Pferde gezogen oder aus der Reihe herausgeholt werden durfte, dagegen gestattete er denjenigen Mitgliedern des Ritterstandes, die das Alter oder ein körperliches Gebrechen bei der Parade mitzureiten hinderte, ihr Pferd in der Reihe sich vorausführen zu lassen und sich beim Namensaufruf zu Fuße zu stellen. Später erlaubte er allen, die über fünfunddreißig Jahre alt waren, das Ritterpferd abzugeben, wenn sie es nicht behalten wollten.

39. Mit zehn ihm vom Senat bewilligten Gehilfen hielt Augustus eine allgemeine Musterung über die Ritter ab. Hierbei mußte jeder über seinen Lebenswandel Rechen-schaft ablegen. Demzufolge diktierte er den nicht für wür-dig Befundenen teils Geld-, teils Ehrenstrafen zu; noch häufiger aber erteilte er Verwarnungen auf verschiedenste

Weise. Die mildeste Art einer solchen war die öffentliche Überreichung einer Schreibtafel, die jeder stillschweigend sofort lesen mußte. Einige Ritter erhielten auch deswegen in aller Öffentlichkeit einen Verweis, weil sie Geld zu einem niedrigen Zinsfuß aufgenommen und zu einem höheren weiter verliehen hatten.

40. Wenn in der Volksversammlung zur Wahl der Tribunen keine Senatoren als Kandidaten auftraten[1], ernannte sie Augustus aus dem Ritterstande. Dabei stellte er ihnen anheim, nach beendeter Amtsführung in dem einen oder dem anderen Stande, ganz wie es ihnen beliebte, zu verbleiben. Da ferner sehr viel Mitglieder des Ritterstandes, deren Vermögen im Laufe der Bürgerkriege arg zusammengeschmolzen war, im Theater ihre Plätze auf den vierzehn Ritterbänken nicht einzunehmen wagten, da dies eine Übertretung des Theatergesetzes war, erließ er die Bekanntmachung, jene Bestimmung solle auf diejenigen keine Anwendung finden, die selbst oder deren Väter einmal das für den Ritterrang erforderliche Vermögen besessen hätten. Die Volkszählung nahm er straßenweise vor. Damit das Volk zu den Getreidespenden nicht allzuoft von seiner Arbeit abberufen würde, bestimmte er, daß nur dreimal jährlich Getreideanweisungen auf je vier Monate ausgegeben würden. Da aber die Empfänger nur ungern von der alten Gewohnheit abgingen, gab er später wieder nach, so daß jeder seine Anweisung monatlich erhielt. Auch das alte Recht der Wahlversammlungen führte er wieder ein und suchte dem Stimmenkauf durch sehr hohe Strafen Einhalt zu tun. Damit seine Tribusgenossen, die Mitglieder der Fabischen und Scaptischen Tribus[2], von keinem Kandidaten Geld zu fordern nötig hatten, verteilte er am Tage der Wahlen an jeden einzelnen aus seiner eigenen Tasche tausend Sesterzen.

Den allergrößten Wert legte er darauf, das Volk von jeder

---

[1] Eigentlich sollten nur diese Tribunen werden, vgl. Kap. 10 mit Anm. – [2] In der Scaptischen Tribus war Augustus geboren, in die Fabische durch Adoption gelangt. – 1000 Sest. = 1000 DM.

Blutsvermischung mit Angehörigen fremder Rasse oder
Leuten, die von Sklaven abstammten, rein und unverdor-
ben zu erhalten; daher verlieh er das Bürgerrecht nur sehr
sparsam und setzte auch der Freilassung Maß und Schranken. Dem Tiberius, der sich für einen griechischen Klienten
verwandt hatte, schrieb er zurück: „Ich werde ihm das
Bürgerrecht nur dann verleihen, wenn er mich mündlich
von der Berechtigung seines Gesuchs überzeugen wird."
Seiner Gattin Livia, die das Bürgerrecht für einen steuer-
pflichtigen Gallier nachgesucht hatte, schlug er es rundweg
ab. Er bot vielmehr an, jenem die Abgabenfreiheit zu verleihen, „denn", sagte er, „ich will lieber zugeben, daß der
Staatsschatz einen Verlust erleidet, als daß die Ehre des
römischen Bürgerrechts jedem Beliebigen zuteil wird." Den
Sklaven durch zahlreiche Hindernisse den Weg zur Freilassung und durch viel mehr noch zum Vollbürgerrecht
erschwert zu haben, war ihm nicht genug – er hatte nämlich hinsichtlich der Zahl, der Bedingungen und der Verschiedenheit der Behandlung der Freizulassenden ganz genaue Vorkehrungen getroffen –, vielmehr fügte er noch die
Einschränkung hinzu, daß kein Sklave, der jemals Ketten-
strafe oder Folterung erlitten, durch irgendeine Form der
Freilassung das Bürgerrecht erhalten dürfe.
Selbst die altrömische Tracht und Kleidung suchte Augustus wieder einzuführen. Als er einmal bei einer Versammlung eine große Zahl Anwesender in dunklen Mänteln
erblickte, rief er entrüstet aus: „Siehe da:

    Romas Volk, die Gebieter der Welt, die Togaumwallten"[1]

und gab sofort den Ädilen den Auftrag, künftig nur Solche
auf dem Forum und in dessen Nähe zu dulden, die den
Mantel abgelegt hätten und in der Toga erschienen wären.
41. Freigebigkeit bewies Augustus oft und bei passenden

---

[1] Der Römer alten Schlages erschien in der Öffentlichkeit nur in der
weißen wollenen Toga. Dies drohte außer Gebrauch zu kommen.
Wenn die hemdähnliche Tunika nicht ausreichte, nahm man lieber
einen Mantel, der bisweilen auch über der Toga getragen wurde. -
Der von Augustus zitierte Vers Vergil, Aeneis I, 282.

Gelegenheiten allen Ständen gegenüber. Als er beim Alexandrinischen Triumph den königlichen Schatz nach Rom gebracht hatte, kam dadurch soviel Geld in Umlauf, daß der Zinsfuß sank und die Grundstücke beträchtlich im Preise stiegen. So oft später aus dem Erlös konfiszierter Güter reichlich Geld in der Kasse war, lieh er es zinsfrei auf bestimmte Zeit an solche Leute aus, die doppelte Sicherheit bieten konnten. Das Minimum des senatorischen Vermögens setzte er herauf, und zwar von 800000 auf 1 200000 Sesterzen[1]. Den Senatoren, die nicht soviel besaßen, schoß er den fehlenden Betrag vor. Geldspenden verteilte er häufig an das Volk, doch fast immer ungleiche Beträge, bald vier-, bald dreihundert, einigemal auch nur zweihundertfünfzig Sesterzen[2] auf den Kopf. Dabei überging er selbst nicht die jüngeren Knaben, von denen sonst keiner vor dem elften Jahre etwas zu bekommen pflegte. Auch Getreide ließ er in teuren Zeiten zu ganz niedrigem Preise, oft auch ganz umsonst, Mann für Mann zumessen und verdoppelte bisweilen sogar die Anweisungen auf Geldspenden.

42. Zum Beweis, daß ihm mehr am Wohl des Volkes als an dessen Gunst gelegen war, kann die strenge Abfertigung dienen, die er einmal dem sich über Mangel und teuren Preis des Weins beschwerenden Volke mit den Worten gab: „Mein Schwiegersohn Agrippa hat durch mehrere Wasserleitungen ausreichend dafür gesorgt, daß niemand Durst zu leiden braucht." Ein andermal, als das Volk eine ihm allerdings versprochene Geldspende als sein Recht forderte, gab er zur Antwort: „Ich halte mein Wort." Als es aber bei einer anderen Gelegenheit eine nicht versprochene Spende ungestüm verlangte, bezeichnete er solches Betragen in einem öffentlichen Erlaß als Gemeinheit und Unverschämtheit und kündigte an, er werde das Geschenk nicht geben, obwohl er eigentlich die Absicht gehabt hätte.

Einmal hatte er in Erfahrung gebracht, daß anläßlich einer

---

[1] Von 800000 auf 1,2 Millionen DM. – [2] 400, 300 und 250 DM.

bevorstehenden Geldspende viele Sklaven freigelassen und in die Bürgerlisten eingeschmuggelt worden waren[1]. Daraufhin erklärte er mit demselben Ernst und mit gleicher Energie: „Nur diejenigen werden etwas von der Spende erhalten, denen sie wirklich versprochen worden ist." Er gab daher den übrigen weniger als er versprochen hatte, damit die vorgesehene Summe ausreichte.

Während einer großen Mißernte, wo Abhilfe schwierig war, ließ er einmal alle noch zum Verkaufe stehenden Sklaven und Rotten der Fechtmeister sowie alle Ausländer, mit Ausnahme der Ärzte und Lehrer, ebenso einen Teil des Sklavengesindes aus der Stadt ausweisen, und endlich ließ die Teuerung nach. Zu alledem schreibt er selbst: „Ich habe einen Anlauf dazu genommen, die öffentlichen Getreidespenden für immer abzuschaffen, weil die sichere Hoffnung auf diese der Landwirtschaft eine Menge Kräfte entzieht; aber ich habe die Maßnahme nicht zur Durchführung gebracht, weil ich überzeugt bin, daß nach meinem Tod das Buhlen um die Gunst der Menge über kurz oder lang die Veranlassung zur Wiedereinführung dieses Mißbrauchs sein wird." So begnügte er sich denn damit, diesen Übelstand dadurch zu mildern, daß er auf die Landwirte und auf die Getreidehändler gleiche Rücksicht wie auf das Volk nahm.

43. Die Schauspiele, die Augustus dem Volke gab, übertrafen an Zahl, Mannigfaltigkeit und Pracht die aller seiner Vorgänger. Er berichtet selbst darüber, er habe in seinem eigenen Namen viermal, für andere Magistratspersonen, die entweder von Rom abwesend oder unvermögend waren, dreiundzwanzigmal öffentliche Spiele veranstaltet. Und zwar geschah dies nicht selten in den verschiedenen Stadtquartieren und auf mehreren Bühnen durch Schauspieler aller Sprachen[2]. ⟨Gladiatorenspiele⟩[3] gab er auf dem Forum und im Amphitheater, auch im Zirkus und in den Säpten[4]. Bisweilen ließ er es auch nur bei einer Tierhetze

---

[1] Für ärmere Bürger war es offenbar bequemer, die Unterhaltung ihrer Sklaven auf diese Weise auf die öffentliche Wohltätigkeit abzuwälzen. – [2] Vgl. Cäsar, Kap. 39. – [3] Dies Wort fehlt in den Handschriften. – [4] „Schranken", das von Agrippa auf dem Marsfeld errichtete Bauwerk

bewenden. Wettkämpfe der Athleten, denen das Volk von hölzernen Tribünen zuschaute, gab er auf dem Marsfeld, desgleichen veranstaltete er ein Seegefecht; hierzu ließ er nahe beim Tiber, wo jetzt der Park der Cäsaren ist, einen See graben[1]. Da an den Tagen, an denen solche Spiele stattfanden, nur wenige Leute zu Haus blieben, verteilte er Wachtposten über alle Teile der Stadt zum Schutze vor herumlungerndem Gesindel. Im Zirkus ließ er Rennfahrer, Schnelläufer und Tierkämpfer auftreten, und zuweilen beteiligten sich junge Leute aus den ersten Adelsfamilien. Auch das Trojaspiel[2] ließ er häufig von größeren und kleineren Jungen aufführen; denn er hielt es für ein altes schönes Herkommen, daß die Jugend aus den altadligen Geschlechtern ihre Künste zeigte. Als bei diesem Spiel Gajus Nonius Asprenas durch einen Sturz eine Verletzung erlitt, schenkte er ihm eine goldene Halskette (*torques*) und erlaubte ihm und seinen Nachkommen, deswegen den Beinamen Torquatus zu führen. Doch nachdem der Redner Asinius Pollio[3] über einen ähnlichen Unglücksfall seines Enkels Äserninus, der sich dabei ein Bein gebrochen hatte, im Senat heftige und bittere Beschwerden erhob, stellte Augustus die Veranstaltung derartiger Spiele ganz ein.

Bei den Theateraufführungen und Gladiatorenspielen ließ er zuweilen sogar römische Ritter auftreten; doch geschah dies nur solange, bis es durch einen Senatsbeschluß verboten wurde. Später ließ er nur noch einmal einen ganz jungen Menschen aus guter Familie, mit Namen Lycius, sich vor der Öffentlichkeit zeigen, und zwar führte er ihn dem Volke nur deshalb vor, weil jener nicht einmal volle

---

für die Volksabstimmungen; die mit ihm zusammenhängende Halle für die Auszählung der Stimmen, das Diribitorium, war die größte Halle der damaligen Welt. - [1] Die Anlage hieß die Naumachie und blieb auch später bestehen (s. Tiberius, Kap. 72, Nero, Kap. 27, Titus, Kap. 7). - Der auf dem linken Tiberufer gelegene Park der Cäsaren hieß nach den später adoptierten Enkeln des Augustus Gajus und Lucius Cäsar („Prinzenpark"). S. Kap. 64. - [2] Vgl. Cäsar, Kap. 39 mit Anm. - [3] Vgl. Cäsar, Kap. 30 mit Anm.

zwei Fuß groß war und nur siebzehn römische Pfund wog, dabei aber eine ungeheuer starke Stimme besaß[1]. An einem solchen Schauspieltage ließ er die damals zum erstenmal von den Parthern gesandten Geiseln[2] zur Schau mitten durch die Arena führen und ihnen über seiner eigenen Loge ihre Plätze auf der zweiten Sitzreihe anweisen. So oft irgend etwas bisher nie Gesehenes oder sonst Merkwürdiges nach Rom kam, pflegte er es auch an den Tagen, an denen keine Schauspiele angesagt waren, an einem beliebigen Ort öffentlich auszustellen, so z. B. ein Rhinozeros in den Säpten, einen Tiger auf dem Theater, eine Schlange von fünfzig Ellen auf dem Comitium[3].

Bei der Feier eines von ihm gelobten Zirkusspiels traf es sich, daß er infolge eines plötzlichen Unwohlseins die Prozession der Götterwagen in einer Sänfte liegend anführte, ein andermal geschah es bei der Eröffnung der Spiele zur Einweihung des Theaters des Marcellus, daß sein Thronsessel unter ihm auseinanderbrach und er rücklings hintenüber fiel. Als bei einem Gladiatorenspiel, das seine Enkel gaben, aus der Furcht vor einem Einsturz der Tribünen eine Panik entstand und das Volk auf keine Art zurückzuhalten und zu beruhigen war, verließ Augustus seinen Platz und setzte sich an der Stelle nieder, von der man fürchtete, sie sei am meisten gefährdet.

44. Die bei den Schauspielen eingerissene übermäßige Unordnung und Zügellosigkeit stellte er durch genaue Verordnungen ab. Veranlassung dazu gab ihm die beleidigende Behandlung, die ein Senator erfahren hatte, dem bei einer sehr besuchten Vorstellung in Puteoli[4] bei vollbesetztem Theater niemand neben sich Platz gemacht hatte. Daher

---

[1] Der in den Handschriften stehende Name vielleicht verdorben. Der Zwerg war etwa 60 cm groß und wog nur wenig über 5½ kg. – [2] Vgl. Kap. 21. – [3] Früherer Platz für die Volksversammlungen unweit vom Forum. Die Schlange war über 22 m lang. – Der Tiger wird der erste seiner Art in Rom gewesen sein; er gelangte 20 v. Chr. dorthin, später sah man ihn häufiger. Nashörner aber blieben bei den Römern und bis in neuere Zeiten hinein ein sehr seltener Anblick. – [4] Heute Puzzuoli bei Neapel. Verkehrsreichster Seehafen Italiens.

veranlaßte Augustus einen Senatsbeschluß, daß überall bei
öffentlichen Schauspielen stets die erste Sitzreihe für die
Senatoren freizuhalten sei, und für Rom erließ er den Befehl, daß die Gesandten der freien und verbündeten Nationen nicht mehr Plätze in der Orchestra[1] einnehmen durften;
denn er hatte festgestellt, daß unter den Abgesandten auch
Freigelassene sich befanden. Das Militär trennte er im
Theater vom Volk. Den verheirateten Männern aus dem
niederen Volke wies er besondere Sitzreihen an, den Knaben, die noch die Prätexta trugen[2], eine eigene Abteilung
und eine andere, dicht daneben, ihren Erziehern. Ferner
bestimmte er, daß Leute aus dem Volke, die kein Festkleid
trugen, nur noch auf den obersten Plätzen des Theaters
sitzen durften. Den Frauen, die sich bisher die Gladiatorenspiele mitten unter den Männern ansehen durften[3], erlaubte
er nicht einmal mehr, ihnen anders als von den obersten Sitzreihen zuzuschauen. Nur den Vestalinnen wies er im Theater besondere Plätze gegenüber der Loge des Prätors[4] an.
Von Athletenvorstellungen aber schloß er das ganze weib-
liche Geschlecht vollständig aus[5], so daß er bei den Spielen,
die er als Pontifex Maximus gab, den vom Publikum ge-
wünschten Wettkampf eines Faustkämpferpaares auf die
Morgenstunden des folgenden Tages verschob und durch
einen Erlaß bekanntmachte: „Ich verbiete den Frauen, vor
der fünften Stunde[6] ins Theater zu kommen."
45. Augustus selbst pflegte den Zirkusspielen aus den oberen Zimmern der Häuser seiner Freunde oder Freigelassenen zuzuschauen, bisweilen von der kaiserlichen Loge aus,

---

[1] Halbrunder Platz unmittelbar vor der Bühne, von den Römern in
den Zuschauerraum einbezogen, Sitz der Senatoren und auswärtiger
Gesandter (jetzt aber nur noch derer von unabhängigen Staaten).
Vgl. auch Cäsar, Kap. 39, Laberius. – [2] Vgl. Cäsar, Kap. 84 mit Anm. –
[3] Dadurch waren die Schauspiele zu Anknüpfungspunkten für mehr
oder weniger unerlaubte Liebesverhältnisse geworden, vgl. Ovid,
Ars Amatoria I, 89 ff. – [4] Seitdem Augustus den Ädilen die Ausrichtung
der Spiele genommen hatte, leitete sie ein Prätor von einer (Proszeniums)loge über dem Eingang aus. – [5] Die Athleten kämpften nämlich nackt. – [6] Zwischen 10 und 11 Uhr vormittags.

in der er mit Frau und Kindern Platz nahm. Dem Schauspiel blieb er oft viele Stunden, zuweilen ganze Tage fern, doch nie, ohne sein Fehlen zu entschuldigen und die Personen vorzuschlagen, die an seiner Stelle den Vorsitz dabei übernehmen sollten. So oft er aber anwesend war, beschäftigte er sich nie mit anderen Dingen, entweder um dem Tadel zu entgehen, der seinen Vater Cäsar vielfach getroffen hatte, weil dieser während des Schauspiels Briefe und Eingaben zu lesen oder zu beantworten pflegte, oder aus lauter Lust und Vergnügen am Zuschauen. Niemals machte er hieraus ein Hehl und gab dies oft freimütig zu.

Er stiftete denn auch selbst bei Aufführungen, die andere gaben, aus seiner eigenen Tasche Ehrenkränzchen und oft sonstige sehr ansehnliche Preise. Nie wohnte er einem griechischen Wettkampfe[1] bei, ohne jedem der dabei Auftretenden nach seinem Verdienst einen Ehrenpreis zu verleihen. Das größte Interesse bekundete er für Faustkämpfer, in der Hauptsache für latinische, und zwar nicht nur für geschulte Kräfte von Profession, die er öfter mit griechischen kämpfen ließ, sondern auch für Leute aus der Stadt, die in den engen Straßen truppweise, wie es sich traf, und ohne die Regeln der Kunst, miteinander balgten. Kurz und gut, allen Personen, die irgendeine Fertigkeit bei öffentlichen Vorstellungen zeigen konnten, widmete er seine ganz besondere Fürsorge.

Den Athleten bestätigte und erweiterte er ihre Privilegien. Gladiatoren auf Leben und Tod ohne Pardon kämpfen zu lassen, verbot er. Gegen Schauspieler durften die Beamten nicht mehr wie bisher kraft eines alten Gesetzes an jedem Ort und zu jeder Zeit mit Strafen eingreifen, sondern nur noch zur Zeit der Spiele und auf dem Theater. Nichtsdestoweniger übte er strenge Aufsicht über das Training der Athleten, das sie zur Winterszeit in gedeckten Gängen veranstalteten, und ebenso über die Kämpfe der Gladia-

---

[1] Gymnastische Spiele griechischer Art um Ehrenpreise, überall wo Gruppen von Griechen wohnten, also auch in der Stadt Rom, Mittelpunkte des griechisches Volkslebens.

toren. Anmaßende Frechheiten von Schauspielern bestrafte
er hart, z. B. ließ er den Toga-Schauspieler[1] Stephanio
durch drei Theater mit Ruten peitschen und dann aus der
Stadt ausweisen, weil er erfahren hatte, daß er sich von
einer als Knabe verkleideten und kurzgeschorenen römischen Matrone bei Tisch hatte bedienen lassen. Dem Pantomimen Hylas ließ er auf die Beschwerde eines Prätors im
Atrium seines eigenen Hauses vor aller Welt die Peitsche
geben und Pylades aus Rom, ja sogar aus Italien verbannen;
denn er hatte auf einen Zuschauer, von dem er ausgepfiffen
war, mit dem Finger gezeigt und ihn dadurch zum Gegenstand der öffentlichen Aufmerksamkeit gemacht.
46. Auf diese Weise schuf Augustus in der Hauptstadt und
in den Verhältnissen Roms Ordnung. Dann ging er daran,
die Bevölkerung Italiens durch die Gründung von acht-
undzwanzig Kolonien aufzufüllen, die er auf vielfache Art
mit öffentlichen Bauwerken versah und denen er Zolleinkünfte bewilligte, ja selbst an Rechten und Ansehen wenigstens zum Teil der Hauptstadt gleichstellte; denn er hatte
sich folgendes Abstimmungsverfahren zu den Wahlen ausgedacht: Der Senat jeder Kolonie sollte die Stimmen für
die Wahl der Staatsbeamten an Ort und Stelle abgeben und
zum Wahltage versiegelt nach Rom senden[2]. Und damit in
diesen Kolonien Adel und bürgerlicher Nachwuchs nicht
fehlten, beförderte er auf die bloße Empfehlung ihrer Vaterstadt hin alle die jungen Leute in den Ritterstand, die um
eine Offizierstelle einkamen. Jedem Mann aus dem Volke
dagegen, der ihm bei seinen Besichtigungsreisen gesunde
und tüchtige Söhne oder Töchter vorstellen konnte, schenkte
er für jedes Kind tausend Sesterzen[3].
47. Von den Provinzen übernahm Augustus die wichtigeren

---

[1] Schauspieler für „Togastücke", d. h. nationalrömische Lustspiele
(vgl. Nero, Kap. 11). – [2] Bisher mußte jeder außerhalb Roms wohnende
Bürger die oft mehrere Tage, in Einzelfällen sogar Wochen dauernde
Reise nach der Hauptstadt machen, wenn er sein Stimmrecht ausüben wollte. Es wäre interessant zu wissen, weshalb dieser Versuch einer Einführung des heute üblichen Wahlverfahrens keine weiteren Folgen hatte. – [3] 1000 DM.

und diejenigen in eigene Verwaltung, die bei jährlichem
Wechsel der Befehlsgewalt nur mit Schwierigkeit und Gefahr für ihre Sicherheit regiert werden konnten[1]. Die übrigen
verteilte er durch das Los unter die Prokonsuln. Aber auch
in dieser Regelung ließ er hin und wieder einen Wechsel
eintreten. Häufig besuchte er in eigener Person die meisten
Provinzen beiderlei Verwaltung.

Einigen Städten, die im Bundesverhältnis standen, entzog
er die Freiheit[2], da sie durch ihre Gesetzlosigkeit sich in ihr
Verderben zu stürzen drohten, anderen Städten, die schwer
an der Last ihrer Schulden zu tragen hatten, schaffte er Erleichterung. Die durch Erdbeben zerstörten Städte baute er
wieder neu auf, und diejenigen, die sich auf ihre Verdienste
um das römische Volk berufen konnten, beschenkte er mit
dem latinischen Recht oder sogar mit dem Bürgerrecht[3].
Meines Wissens gibt es, mit Ausnahme von Afrika und
Sardinien, keine Provinz, die er nicht in Person besucht hatte.
Als er sich nach Besiegung des Pompejus von Sizilien aus zur
Überfahrt nach beiden angeschickt hatte, hinderten ihn damals andauernde und ganz besonders heftige Stürme.
Später fand sich keine Gelegenheit oder Veranlassung
mehr zur Überfahrt.

48. Die Königreiche, in deren Besitz Augustus auf Grund
des Kriegsrechts gelangt war, gab er mit wenigen Ausnahmen
ihren früheren Beherrschern, denen er sie genommen, zurück
oder teilte sie Herrschern anderer fremder Nationen zu.
Verbündete Könige suchte er durch gegenseitige Verschwä-
gerungen aneinander zu ketten. Er zeigte sich dabei als stets
bereitwilliger Mittler und Förderer jedes Verwandtschafts-

---

[1] Keine grundsätzliche Neuerung; auch Pompejus hatte schon Provinzen verwaltet, ohne sich von Rom zu entfernen, vgl. Plutarch,
Pompejus, Kap. 53 (K. T. A. 67, S. 268). Doch Augustus und seine
Nachfolger erweiterten ständig dies Gebiet, das schon sehr früh alle
Provinzen mitumfaßte, in denen Heere standen. Dies war eine der
wichtigsten Machtgrundlagen des Kaisertums und trug viel dazu bei,
den Senat, das nominelle Staatsoberhaupt, zu einer allmählich macht-
und einflußlosen Körperschaft herabzudrücken. – [2] d. i. das Recht
der Selbstverwaltung. – [3] Vgl. Cäsar, Kap. 8, Anm.

und Freundschaftsverhältnisses. Ja, er sorgte für sie alle, als wären sie Glieder und Teile seines Reiches. Ferner pflegte er den minderjährigen und geistesschwachen Kronprinzen bis zu ihrer Großjährigkeit oder Genesung einen Vormund zu stellen und ließ die Kinder sehr vieler Fürsten mit seinen eigenen zusammen erziehen und unterrichten.

49. Was das Heer betraf, so verteilte Augustus die Legionen und Hilfstruppen nach den Provinzen. Von der Flotte stationierte er die eine Abteilung in Misenum und die andere in Ravenna[1], zum Schutz des Adriatischen und des Tyrrhenischen Meeres. Sonstige Truppen verwandte er teils zum Schutz der Hauptstadt, teils als persönliche Garde[2]; dagegen entließ er das Korps der Calagurritaner[3], das er bis zur Besiegung des Antonius, und ebenso das Korps der Germanen, das er bis zur Niederlage des Varus unter seinen Leibwachen[4] um sich gehabt hatte. Doch beließ er nie mehr als drei Kohorten in der Hauptstadt[5], und zwar, ohne sie in einem besonderen Lager zu kasernieren. Die übrigen Soldaten dieser Truppe pflegte er in die ringsum liegenden Städte in ihre Sommer- und Winterlager zu entlassen. Alle Soldaten im ganzen Reich band er an eine feste Norm der Dienstzeit und der Belohnungen. Er bestimmte genau nach dem Range eines jeden die Dienstjahre sowie nach erfolgtem Abschied die Vergünstigungen, damit weder übertriebene Länge der Dienstzeit noch Mangel nach der Verabschiedung die Soldaten zur Meuterei aufreizen könnten[6]. Um ferner für immer ohne Schwierig-

[1] Misenum, Hafenbucht westlich von Neapel und den schon erwähnten Städten Puteoli und Bajä am gleichnamigen Kap (heute Capo Miseno); Ravenna, heute infolge des dauernden Wachsens des Podeltas 10 km von der Küste entfernt, früher Lagunenstadt im Meer. - [2] Die Prätorianer, eine Neuerung in ihrer Stärke von neun Kohorten und darin, daß sie in Italien und zwar sogar in und um Rom einquartiert waren. - [3] Es gab zwei Orte namens Calagurris, beide im heutigen Ebrotal, das eine jetzt Calahorra am Oberlauf des Flusses. - [4] Diese Leibwachen gehörten nicht zum Heer, sondern zum kaiserlichen Hausgesinde. - [5] Unter dem Namen „Stadtkohorten" (cohortes urbanae) zu je 1000 Mann als besondere Polizeitruppe unter dem Kommando des praefectus urbi gehalten. - [6] Die Dienstzeit der Prätorianer dauerte

keit die Mittel zu ihrem Unterhalt während der Dienstzeit und zur Zahlung der Belohnungen nach derselben in Bereitschaft zu haben, gründete er eine mit eigenen neuen Einkünften ausgestattete Kriegskasse. Und um schneller und sofort Meldung und Bericht über alle Vorgänge in der Provinz zu erhalten, stationierte er auf allen Heerstraßen in mäßigen Abständen anfangs junge Leute als Stafetten, später Wagen für Kuriere. Letzteres erwies sich als praktischer, weil er so die Boten, die ihm von Ort und Stelle die Depeschen überbrachten, falls nötig, noch persönlich ausfragen konnte[1].

50. Als Siegel von Geleiturkunden, Schriftstücken und Briefen benutzte Augustus anfangs eine Sphinx, später das Bild Alexanders des Großen, zuletzt sein eigenes, das Dioskurides[2] eigenhändig geschnitten hatte. Damit pflegten auch seine Nachfolger ständig zu siegeln. In allen seinen Briefen setzte er zu der Datumbezeichnung noch die Tageswie die Nachtstunde, in der er sie schrieb.

51. Von seiner Milde und Leutseligkeit besitzen wir zahlreiche schlagende Beweise – ich will nicht seine vielen politischen Gegner mit Namen aufzählen, denen er außer völliger Begnadigung sogar noch Beförderung zu den höchsten Staatsämtern angedeihen ließ. So begnügte er sich z. B. damit, zwei Plebejer, und zwar Junius Novatus mit Geld und Cassius Patavinus mit einer milden Verbannung zu bestrafen, obwohl jener im Namen des jungen Agrippa[3] einen

---

16, die der Legionare 20 Jahre. Als infolge der Heeresvermehrung wegen der Katastrophe des Varus der Ersatz erschwert war und die Entlassung der Veteranen daher verschoben werden mußte, entstanden beim Rhein- und Donauheer die hier befürchteten Schwierigkeiten. – [1] Dies war der Anfang einer regelmäßigen Post im römischen Reich, vgl. „Wörterbuch der Antike", Artikel „Post". Privatleute konnten diese nur ausnahmsweise benutzen und erhielten für jeden einzelnen Fall eine besondere Geleiturkunde. – [2] Der berühmteste Steinschneider der Zeit, von Augustus aus Kleinasien nach Rom gerufen, einzelne Werke noch erhalten. Vgl. Springer, Kunstgeschichte I[12], Seite 500. – [3] Der unerziehbare Enkel des Augustus, zur Strafe für sein störrisches Wesen verbannt, vgl. Kap. 19 und 65.

höchst beleidigenden Brief über ihn veröffentlicht hatte,
dieser bei einem sehr besuchten Gastmahl laut bekannt
hatte, er hätte große Lust und auch den Mut, Augustus zu
ermorden. Als bei einer strafrechtlichen Untersuchung
gegen Ämilius Älianus aus Corduba[1] außer anderen Beschuldigungen als Hauptvorwurf üble Gesinnung und
Nachrede gegen den Kaiser vorgebracht wurden, wandte
sich Augustus mit allen Anzeichen größter Erregung zu
dem Ankläger mit den Worten: „Wenn du mir doch dies
beweisen könntest! Älianus sollte dann erfahren, daß auch
ich eine Zunge habe; denn ich werde ihm noch mehr nach-
sagen." Und damit schlug er für immer das ganze Verfahren nieder. Seinem Stiefsohn Tiberius, der sich ebenfalls über diese Sache in einem Brief an ihn noch energischer
beschwert hatte, antwortete er wörtlich: „Laß dich, mein
lieber Tiberius, von deinem jugendlichen Ungestüm in
dieser Sache nicht fortreißen und nimm es nicht allzu-
schwer, daß es Leute gibt, die schlecht von mir reden!
Denn wir können zufrieden sein, wenn wir die Sicherheit
haben, daß uns niemand Schlechtes tun kann."
52. Tempel ließ sich Augustus in den Provinzen nur dann
erbauen, wenn sie außer ihm auch noch der Göttin Roma
geweiht waren, obwohl er wußte, daß diese Ehre auch den
Prokonsuln erwiesen wurde. In Rom dagegen wies er
solche Ehrung ganz entschieden zurück; er ließ selbst die
silbernen Statuen, die man ihm früher gesetzt hatte, einschmelzen und weihte aus ihrem Erlös dem Palatinischen
Apollo goldene Dreifüße.
Die Diktatur, welche ihm das Volk mit aller Gewalt auf-
drängen wollte, lehnte er unter Bitten, ihn davon zu verschonen, ab, und zwar fiel er dabei auf die Knie, riß seine
Toga von den Schultern und entblößte seine Brust. 53. Den
Titel und die Anrede „Herr[2]" verabscheute er stets als Beschimpfung und Beleidigung. Als einmal bei seiner An-

---

[1] Heute Cordova in Spanien. – [2] *Dominus*. Durch diese Anrede erklärt
man sich, streng genommen, zum Sklaven. Daher lehnte noch Tiberius (vgl. dort, Kap. 27) sie ab.

wesenheit im Theater bei Aufführung eines Mimus die
Worte auf der Bühne gesprochen wurden:

> „O, welch ein gerechter und gütiger *Herr!*"

bezogen sämtliche Anwesende unter tosendem Beifall diese
Worte auf ihn. Aber Augustus wies sofort an Ort und
Stelle durch Gebärden und Mienen dies als Ausdruck un-
würdiger Schmeichelei zurück. Er rügte es außerdem am
folgenden Tage in einem ganz besonders scharfen Erlaß.
Und später duldete er auch nicht einmal von seinen Kindern
und Enkeln im Ernst oder im Scherz die Anrede Herr, ja
er verbot ihnen auch im Verkehr miteinander den Gebrauch
derartiger Schmeichelworte.

Wenn irgend möglich, richtete er es bei seinen Reisen
immer so ein, daß Abfahrt und Ankunft aus und nach der
Hauptstadt oder einer Provinzstadt stets in die späten
Abend- oder Nachtstunden fielen, um keinerlei Unruhe
durch offizielle Empfangs- oder Abschiedsfeierlichkeiten
zu verursachen. Als Konsul ging er meist zu Fuß, sonst
ließ er sich oft in einer Sänfte[1] durch die Straßen tragen.
Zu den Audienzen hatten auch Leute aus dem einfachen
Volke Zutritt. Bei der Entgegennahme ihrer Anliegen war
er ganz besonders leutselig, so daß er einmal einen Bittsteller mit den scherzhaften Worten ausschalt, er über-
reiche ihm ja seine Bittschrift so zaghaft wie einem Elefanten ein Geldstück. An den Sitzungstagen des Senats begrüßte er die Senatoren immer nur in der Kurie[2], und zwar
jeden einzelnen auf seinem Platz, ohne Hilfe eines Nomenklators. Beim Verlassen der Versammlung pflegte er sich
ebenso zu verabschieden, wobei jeder auf seinem Platze
sitzenbleiben konnte. Geselligen Verkehr unterhielt er mit
vielen Familien. Und den Besuch von Familienfesten gab

---

[1] Die Handschriften haben hier: *adoperta* sella = geschlossene Sänfte.
Dies würde bedeuten, daß Augustus sich dem Publikum entziehen
wollte. Daher wurde vielfach geändert in: *adaperta* sella = ganz offene
Sänfte, d. h. damit der Zutritt nicht behindert war. – [2] Er ließ sie also
nicht zur Aufwartung in seine Wohnung kommen. – Nomenklator
s. Kap. 19, Anm.

er erst dann auf, als er älter und einmal bei einer Ver-
lobungsfeier im Gedränge hin und her gestoßen wurde.
Der Senator Gallus Cerrinius, der nicht gerade zu seinen
näheren Freunden gehörte, war plötzlich erblindet und
hatte deshalb den Entschluß gefaßt, den Hungertod zu
sterben. Augustus besuchte ihn, redete ihm gut zu und erhielt ihn so am Leben.

54. Bei einer von Augustus im Senat gehaltenen Rede kam
es vor, daß ihm ein Senator zurief: „Ich habe nicht verstanden", und daß ein anderer die Bemerkung machte:
„Ich würde dir widersprechen, wenn ich Gelegenheit dazu
hätte." Wenn er manchmal verdrießlich über die heftigen
Zänkereien der debattierenden Parteien der Kurie den
Rücken wandte, riefen ihm einige nach: „Es wird den
Senatoren doch wohl noch erlaubt sein, über Staatsangelegenheiten zu reden." Bei der Senatorenwahl, wo jeder Senator
seinen Mann zu wählen hatte[1], wählte Antistius Labeo[2] den
alten Gegner Octavians Marcus Lepidus, der damals noch
in der Verbannung lebte. Auf die Frage von Augustus,
ob es nicht vielleicht noch Würdigere gäbe, antwortete
Labeo bloß: „Jeder hat sein eigenes Urteil." Und doch
trugen ein derartiger Freimut oder solche Überheblichkeit
keinem irgendwelche Nachteile ein.

55. Die über ihn im Senat hin und wieder kursierenden
Schmähschriften regten ihn zwar nicht sonderlich auf,
doch gab er sich große Mühe mit ihrer Widerlegung. Er
stellte aber nicht einmal Nachforschungen nach ihren Ur-
hebern an, sondern begnügte sich damit, zu verordnen, in
Zukunft sollte gegen diejenigen eingeschritten werden, die
Schmähschriften oder Spottgedichte, gegen wen sie auch
immer gerichtet seien, unter fremdem Namen veröffent-
lichten. 56. Selbst auf gehässige oder boshafte Scherze, mit
welchen ihn gewisse Personen angegriffen hatten, antwortete
er nur in einem Manifest. Und doch verhinderte er einen

---

[1] Vgl. Kap. 35. – [2] Marcus Antistius Labeo, geb. 50 v. Chr., gest.
zwischen 10 und 22 n. Chr., berühmter Jurist und Begründer einer
eigenen Rechtsschule, von strengster republikanischer Gesinnung.

Senatsbeschluß, der auf die Einschränkung der freien und
ungehemmten Meinungsäußerung in den Testamenten
hinzielte[1].

So oft er den Wahlen der Magistrate beiwohnte, ging er
mit den von ihm vorgeschlagenen Bewerbern in den Wahlbezirken umher und bat nach alter Sitte um ihre Stimmen.
Ebenso gab er bei der Wahlhandlung wie ein gewöhnlicher
Bürger in den Tribus, denen er angehörte, seine Stimme
persönlich ab. Als Zeuge vor Gericht ließ er sich ohne die
geringste Äußerung von Unwillen Verhör und Widerlegung gefallen. Sein Forum legte er nicht so umfangreich
an, wie er ursprünglich geplant hatte. Er konnte es nicht
übers Herz bringen, die Besitzer der umliegenden Häuser
zu enteignen. Nie empfahl er seine Söhne dem Volk ohne
den Zusatz: „Wenn sie es verdienen werden." Als sie einmal – sie waren noch Kinder – im Theater erschienen und
sich das ganze Publikum von seinen Sitzen erhob und ihnen
stehend Beifall klatschte, bekundete Augustus hierüber
seinen heftigen Unwillen.

Seine Freunde allerdings wünschte er im Staat in einflußreichen Stellungen zu sehen; doch sollte hierdurch die allgemeine bürgerliche Gleichheit vor dem Gesetz und den
Gerichten keinerlei Beeinträchtigung erfahren. Als z. B. der
ihm sehr nahestehende Asprenas Nonius auf eine Anklage
von Cassius Severus[2] sich wegen Giftmordes vor Gericht
zu verantworten hatte, fragte Augustus den Senat um Rat,
wie er sich in diesem Falle verhalten solle: „Denn", sagte
er, „ich bin mir nicht darüber klar; ich fürchte, daß ich den
Angeklagten, wenn ich als sein Verteidiger auftrete, der
gesetzlichen Strafe entziehe, andernfalls wenn ich es nicht
tue, in den Ruf komme, daß ich einen Freund im Stich
lasse und ihn im voraus verurteile." Auf Grund des einstimmig abgegebenen Gutachtens saß er dann einige Stunden auf der Anklagebank neben den Verteidigern, schwieg
aber die ganze Zeit über, ohne auch nur ein Leumunds-

---

[1] Es war üblich, sich in Testamenten rückhaltlos über Personen und
Verhältnisse auszusprechen. Vgl. Kap. 66. – [2] S. Caligula 16, Anm.

zeugnis für den Angeklagten abzugeben. Auch Klienten
leistete er vor Gericht Beistand, z. B. einem Veteranen
Scutarius, der einst als Freiwilliger[1] unter ihm gedient hatte
und jetzt wegen Beleidigung vor Gericht stand. Nur einen
einzigen Angeklagten entzog er der gesetzlichen Verurteilung und diesen auch nur durch eine Fürbitte, durch
die er in Gegenwart des Gerichts den Ankläger versöhnte.
Es handelte sich hierbei um Castricius, der ihm seinerzeit
die Verschwörung Murenas[2] verraten hatte.

57. Man kann leicht begreifen, wie außerordentlich beliebt
sich Augustus durch so große Wohltaten gemacht hatte.
Ich übergehe die Senatsbeschlüsse, weil es scheinen kann,
als seien Zwang oder besondere Rücksichtnahme hierbei
im Spiele gewesen. Die römischen Ritter aber feierten jährlich, so lange er lebte, zwei Tage lang seinen Geburtstag.
Alle Stande warfen jährlich, zur Erfüllung eines Gelübdes,
das sie für sein Leben getan hatten, ein Geldstück in den
Lacus Curtius[3]. Ferner brachten sie ihm am 1. Januar selbst
bei seiner Abwesenheit von Rom auf dem Kapitol Neujahrs-
gaben dar. Ihren Gesamterlös verwandte Augustus zum
Kauf der kostbarsten Götterbilder. Diese ließ er in den
verschiedenen Stadtquartieren aufstellen, wie Apollo Sandaliarius, Jupiter Tragödus[4] und andere mehr. Zum Wiederaufbau seines durch einen Brand vernichteten Hauses auf

---

[1] Als evocatus ([aus dem Ruhestand] Herausgerufener), d. h. als einer
jener Veteranen, die sich nach Ablauf ihrer Dienstzeit bestimmen
ließen, noch einmal ins Heer einzutreten und dafür besondere Vorrechte genossen. – [2] Vgl. Kap. 19. – [3] Ein jetzt verschwundener,
mit Wasser gefüllter, offenbar vulkanischer Hohlraum auf dem Gelände des Forum Romanum, in den der Sage nach der junge Ritter
Marcus Curtius auf Grund eines Orakels zu Pferde in voller Rüstung
hineingesprungen war, um einen dort entstandenen Erdspalt zu
schließen. Vgl. Livius VII, 6. – Kleine Geldstücke warfen die Römer
gern als Dankopfer in Höhlen, Quellen, Teiche usw., ein Brauch,
der sich an der Fontana Trevi in Rom bis heute erhalten hat. Vgl.
„Wörterbuch der Antike" im Artikel „Münzen". – [4] Man hat in Rom
die Beinamen der Götterbilder mit den Namen von Örtlichkeiten in
Verbindung gebracht. Tatsächlich gab es dort einen Vicus Sandaliarius
(Sandalenmachergasse).

dem Palatin brachten die Veteranen, die Dekurien[1], die Tribus und auch einzelne Angehörige der übrigen Volksklassen Geldbeträge auf und zwar freiwillig und jeder nach seinem Vermögen. Hiervon aber nahm er nur eine Kleinigkeit für sich, nämlich von keinem Geldhaufen mehr als einen Denar[2]. Bei seiner Rückkehr aus der Provinz pflegte man ihn mit Gebeten, wie auch mit feierlichen Gesängen zu empfangen. Ferner hielt man sorgsam darauf, daß, so oft er die Stadt betrat, niemals ein Todesurteil an einem Verbrecher vollzogen wurde[3].

58. Den Beinamen „Vater des Vaterlandes" erkannte ihm das gesamte Volk spontan in vollster Einmütigkeit zu. Zuerst die Plebejer, und zwar zunächst durch eine nach Antium[4] entsandte Abordnung; sodann, weil er die Ehrung abgelehnt hatte, bei seinem Erscheinen im Theater durch die zahlreich anwesende, festlich mit Lorbeerkränzen geschmückte Menge. Hierauf bot ihm der Senat in der Kurie diesen Titel an und zwar weder durch einen Beschluß noch durch Zuruf, sondern durch Valerius Messala[5], der im Auftrag aller Senatoren folgende Ansprache an ihn richtete: „Glück und Heil, Cäsar Augustus, Dir und Deinem Hause! – denn daß wir mit diesen Worten zugleich Glück auch dem Staate und Freude dieser Stadt wünschen, das ist unsere Überzeugung –: der Senat im Einvernehmen mit dem römischen Volk grüßt Dich als Vater des Vaterlandes." Unter Tränen antwortete ihm Augustus (ich führe nämlich wie vorhin bei Messala auch jetzt des Augustus eigene Worte an): „Um

---

[1] Berufsorganisationen des Personals der Magistrate (Schreiber usw.). – [2] 4 DM, abgekürzt ₰, siehe den Artikel „d, ₰" im „Wörterbuch der Antike". – [3] Man begrüßte ihn also wie einen Gott, obwohl er sich den Bau von Tempeln verbeten hatte, vgl. Kap. 52. – [4] Heute Anzio, beliebtes Seebad in der Nähe Roms. – [5] Marcus Valerius Messala Corvinus, 64 v. bis 13 n. Chr., hatte nach der Schlacht bei Philippi als Führer der Geschlagenen den Frieden mit den Triumvirn vereinbart. Siegreich in Dalmatien und gegen die Aquitanier, Führer bei Aktium, sowie nachher gegen Ägypten. Als Redner bedeutend, Schriftsteller (Verfasser von Denkwürdigkeiten, auch Dichter). Ähnlich wie Mäcenas Gönner zeitgenössischer Dichter, z. B. Tibulls.

was kann ich, versammelte Väter, am Ziel aller meiner Wünsche die unsterblichen Götter noch bitten, als daß ich das Glück habe, mir diese Eure gemeinsame Liebe bis an mein Lebensende zu erhalten?"

59. Seinem Arzt Antonius Musa[1], mit dessen Hilfe Augustus von einer gefährlichen Krankheit genesen war, errichtete man aus freiwilligen Spenden eine Statue neben der Bildsäule des Äskulap. Manche Familienväter trafen die letztwillige Verfügung, ihre Erben sollten Opfertiere aufs Kapitol führen und in ihrem Namen mit diesem Dankopfer ein Gelübde erfüllen, das sie für den Fall getan hatten, daß Augustus sie überlebe. Eine Tafel, welche diese Bestimmung enthielt, sollte vorangetragen werden. In einer Reihe von Städten Italiens machten die Stadtgemeinden den Tag, an dem Augustus zum erstenmal ihre Stadt besucht hatte, zum Jahresanfang. Die meisten Provinzen stifteten ihm zu Ehren außer Tempeln und Altären fast in allen ihren Städten Festspiele, die alle vier Jahre gefeiert wurden.

60. Die befreundeten und verbündeten Könige erbauten Augustus, und zwar jeder in seinem Reich eine Stadt, der sie den Namen Cäsarea gaben[2]. Alle beschlossen einmütig, den vor alters zu Athen begonnenen Bau des Tempels des Olympischen Jupiter auf gemeinsame Kosten zu vollenden[3] und ihn dem Genius[4] des Augustus zu weihen. Auch verließen sie oft ihre Staaten, um ihm in Rom wie auch auf seinen Reisen in den Provinzen in der Tracht eines römischen Bürgers ohne ihre königlichen Insignien täglich ihre Aufwartung zu machen, wie es sonst nur bei Klienten üblich ist.

61. Bisher habe ich Augustus als Feldherrn und Staatsmann wie als Beherrscher eines Weltreiches im Krieg wie im Frieden geschildert. Jetzt will ich von seinem Privat- und

---

[1] Heilte Augustus 23 v. Chr. von einem Leberleiden durch eine Kaltwasserkur (vgl. Kap. 81). An einer solchen starb bald darauf der zum Nachfolger ausersehene Schwiegersohn des Kaisers, Marcellus. – [2] Z. B. Cäsarea am Meere und Cäsarea Philippi in Palästina, Cäsarea in Kappadozien (heute Kaisarije) usw. – [3] Ganz fertig wurde der Tempel erst unter Hadrian, zur Zeit, als Sueton dies schrieb. – [4] Schutzgeist s. Caligula 27.

Familienleben berichten und erzählen, nach welchen Grundsätzen und unter welchen Verhältnissen er von seiner Jugend bis zum Tage seines Todes zu Hause mit seiner Familie
sein Leben geführt hat.
Seine Mutter verlor er in seinem ersten Konsulat, seine
Schwester Octavia, als er 53 Jahre alt war[1]. Wie er beide
im Leben mit größter Achtung behandelt hatte, so erwies
er ihnen auch nach ihrem Tode die höchste Ehre.
62. Als junger Mensch war Octavian mit der Tochter von
Publius Servilius Isauricus verlobt gewesen[2]. Allein nach
seiner ersten Aussöhnung mit Antonius vermählte er sich
auf Verlangen beider Heere, die das Bündnis auch durch
Verwandtschaft gefestigt zu sehen wünschten, mit dessen
Stieftochter Claudia, der Tochter Fulvias von Publius
Clodius, obgleich sie kaum im heiratsfähigen Alter war.
Infolge des gespannten Verhältnisses zu ihrer Mutter
Fulvia[3] ließ er sich von Claudia wieder scheiden, ohne ihre
Jungfräulichkeit verletzt zu haben.
Wenig später nahm er Scribonia zur Frau, die früher zwei-
mal mit Männern konsularischen Ranges verheiratet ge-
wesen war und von dem einen auch Kinder hatte[4]. Die Ehe

---

[1] Die Mutter, Atia, eine Nichte Cäsars, starb 43 v. Chr. – Octavia
61-11 v. Chr. siehe Stammtafel. Ihr zweiter Gatte Antonius ließ sich
32 von ihr scheiden, was den Bruch mit Octavian unheilbar machte. –
[2] Publius Servilius Vatia Isauricus 48 Mitkonsul und Vertreter Cäsars,
dann Prokonsul der Provinz Asia. Nach Cäsars Ermordung Anhänger des Senats gegen Marcus Antonius und Octavians gegen
Lucius Antonius, 41 noch einmal Konsul, s. Tiberius, Kap. 5, Anm.
Die Verlobung hatte noch zu Cäsars Lebzeiten stattgefunden. – [3] Eine
viel angefeindete Frau mit hohen politischen Interessen, die ihr als
Herrschsucht ausgelegt wurden. In ihren drei Ehen heiratete sie
jedesmal den jeweils begabtesten der jüngeren radikalen Politiker:
Ciceros Todfeind Clodius (s. Cäsar, Kap. 6, Anm.), Cäsars allzufrüh
gefallenen Helfer Curio (s. Cäsar, Kap. 29 und 36) und Antonius. Das
gespannte Verhältnis zu Octavian entstand aus ihrer Gegnerschaft
im perusinischen Krieg (s. Kap. 14 und 15). Die Verlobung mit Claudia
erfolgte 42. – [4] Schwester des Schwiegervaters von Sextus Pompejus,
mit dem Octavian damals Verbindung suchte. Viel älter als er. Ihre Ehe
fällt in die Jahre 40 und 39.

LIVIA

mit ihr löste er ebenfalls, weil ihn, wie er selbst schreibt, „ihr sittenloser Lebenswandel anekelte". Unmittelbar darauf entführte er des Tiberius Nero Frau Livia Drusilla[1], obgleich sie ein Kind erwartete. Ihr bewies Augustus bis an sein Lebensende die größte Hochachtung und Treue.

63. Von Scribonia hatte er eine Tochter Julia, von Livia zu seinem großen Leidwesen keine Kinder, trotzdem er sich solche doch so sehnlichst gewünscht hatte. Ein Kind, das sie empfangen hatte, kam vorzeitig zur Welt. Julia verheiratete er zuerst mit dem Sohn seiner Schwester Octavia, Marcellus[2], der kaum aus dem Knabenalter heraus war, und nach dessen Tod an Marcus Agrippa. Agrippa hatte nämlich damals eine der beiden Schwestern Marcella zur Frau und auch Kinder von ihr. Aber auf Bitten des Augustus trat ihn diese dem Kaiser als Schwiegersohn ab. Als auch Agrippa gestorben war, erwählte Augustus – er hatte sich lange und sogar im Ritterstande nach einer für seine Tochter passenden Partie umgesehen – seinen Stiefsohn Tiberius[3] zu Julias Gatten. Ihn zwang er, seiner eigenen hochschwangeren Frau, der Mutter seines Sohnes, den Scheidebrief zu geben. Marcus Antonius schreibt: Zuerst hätte Augustus Julia mit seinem Sohn verlobt, darauf mit dem Getenkönige Cotiso und zu gleicher Zeit hätte er auch für sich selbst um eine Tochter des Königs angehalten[4].

64. Enkel aus der Ehe seiner Tochter Julia mit Agrippa

---

[1] S. Tiberius, Kap. 3 und 4. Schöne Tochter (s. Abbildung) des Marcus Livius Drusus Claudianus, 58 v. Chr. – 29 n. Chr., Gattin des Tiberius Claudius Nero. Dieser spielte 38 bei ihrer Hochzeit mit Octavian den Brautvater. Drei Monate später wurde ihr zweiter (nach dem 42 v. Chr. geb. Tiberius) Sohn Drusus geboren (s. Claudius, Kap. 1). Sie gewann großen Einfluß auf Augustus, der sie bei seinem Tod als Julia Augusta zur Mitregentin des Tiberius machte (s. Kap. 101). – [2] Sohn der Octavia aus erster Ehe, s. Kap. 61, geb. 43 v. Chr., als künftiger Nachfolger des Augustus gefeiert (Horaz, Oden I, 12, 45 f.; Vergil, Aen. VI, 867 ff.) starb 23 v. Chr., s. Kap. 59, Anm. Seine zwei Schwestern hießen beide Marcella. – [3] Den späteren Kaiser. – [4] Dies war wohl die Antwort des Antonius auf die Kritik an seiner Verbindung mit Kleopatra.

hatte er drei: Gajus, Lucius und Agrippa[1], Enkelinnen
zwei: Julia und Agrippina. Erstere verheiratete er mit
Lucius Paulus, dem Sohne des Censors, Agrippina mit dem
Enkel seiner Schwester, Germanicus[2]. Gajus und Lucius
adoptierte er, nachdem er sie vorher zu Hause ihrem Vater
nach herkömmlicher Formalität abgekauft hatte[3]; er ließ
sie früh noch als zarte Kinder in den Staatsdienst treten, sowie als gewählte Konsuln die Provinzen bereisen und die
verschiedenen Heere besuchen.

Seine Tochter und seine Enkelinnen erzog er so streng, daß
er sie sogar zum Wollspinnen anhielt, und daß sie nichts
reden und tun durften, was nicht die Öffentlichkeit vertrug
und in das Hofjournal aufgenommen werden konnte. Von
dem Verkehr mit der Außenwelt schloß er sie streng ab, so
daß er einmal einem vornehmen und gesitteten jungen
Mann, Lucius Vinicius, brieflich als einen Mangel an Takt
vorwarf, daß er nach Bajä gekommen sei, um dort seiner
Tochter seine Aufwartung zu machen.

Seine Enkel unterrichtete er meistens selbst im Lesen, Schreiben und den übrigen Elementarfächern. Ganz besonderen
Wert legte er darauf, daß sie seine eigne Handschrift nachahmen lernten. Wenn er mit ihnen aß, so mußten sie rechts von
ihm auf dem Seitenpolster des Speisedivans sitzen[4]. Auf Reisen fuhren sie ihm stets voraus oder ritten neben ihm her.

65. Aber mitten in seiner Freude und seinem Vertrauen,
das er auf seine Nachkommenschaft und die Zucht seines
Hauses setzte, verließ Augustus das Glück. Beide Julien,
Tochter und Enkelin, mußte er in die Verbannung schicken[5],

---

[1] Gajus und Lucius später adoptiert („Söhne") vgl. Kap. 26, Agrippa,
vgl. Kap. 51, Anm. – [2] Vgl. Kap. 34, Anm. – [3] Die alte Form der
Adoption Minderjähriger war die eines Scheinkaufs. Der Familienvater hatte das Recht, seine Kinder sogar zu verkaufen, verlor aber
jede Gewalt über sie, wenn der Verkauf in bestimmter Form vollzogen
wurde. – [4] Männer lagen, ehrbare Frauen und unerwachsene Kinder
saßen bei Tisch. – [5] Vgl. Kap. 19 und weiter unten auch Tiberius,
Kap. 11. Die ältere Julia kam nach der Insel Pandataria, heute Pan-
dotina, im Golf von Gaëta, die jüngere nach der Insel Trimetus,
heute Tremiti an der Küste Apuliens.

da sie ihren Ruf durch ihr lasterhaftes Leben befleckten. Gajus und Lucius verlor er beide innerhalb einer Zeit von achtzehn Monaten; Gajus starb in Lyzien, Lucius in Massilia[1]. Seinen dritten Enkel Agrippa und mit ihm zugleich seinen Stiefsohn Tiberius adoptierte er auf dem Forum vor den Kuriatkomitien. Agrippa verstieß er nach kurzer Zeit wegen seines gemeinen und ungezügelten Charakters und verbannte ihn nach Surrentum[2].

Der Tod der Seinen ging ihm weniger zu Herzen als ihre Schande. So nahm ihn der Tod des Gajus und Lucius nicht allzusehr mit. Aber über seine Tochter ließ er in seiner Abwesenheit durch einen Stellvertreter, einen Quästor, der ein Schreiben von ihm vorlas, dem Senat Bericht erstatten. Aus Schamgefühl hielt er sich überhaupt lange von jedem Verkehr mit Menschen fern. Ja, er dachte sogar daran, sie töten zu lassen. Wenigstens äußerte er, als damals eine Vertraute Julias, eine Freigelassene, namens Phöbe, ihrem Leben durch Erhängen ein Ende machte: „Ich wäre lieber Phöbes Vater gewesen." Der verbannten Tochter entzog er den Genuß des Weines und alle Annehmlichkeiten des Lebens. Kein Mann, weder Freier noch Sklave, hatte, ohne seine Erlaubnis vorher eingeholt zu haben, Zutritt zu ihr, und zwar ließ er sich dabei zuvor über Alter, Statur, Gesichtsfarbe, Brandmale und Narben am Körper genau Bericht erstatten[3]. Erst nach fünf Jahren ließ er Julia unter ein wenig angenehmeren Lebensbedingungen von der Insel auf das Festland Italiens[4] übersiedeln. Sie aber ganz zurückzurufen, dazu ließ er sich durch kein noch so inständiges Flehen bewegen. Als das römische Volk nach wiederholten Bitten ihn einmal heftiger als sonst bestürmte, erwiderte er darauf in offener Versammlung: „Ich wünsche Euch solche Töchter und solche Frauen!" Ein Kind, das seine Enkelin nach ihrer Verurteilung geboren hatte, verbot er anzuerkennen und aufzuziehen[5].

---

[1] Der zum künftigen Thronfolger auserwählte Gajus (20 v. Chr. bis 4 n. Chr.) war als eine Art „Vizekaiser" im Osten, Lucius (17 v. Chr. bis 2 n. Chr.) war gesund nach Spanien abgereist. – Massilia, heute Marseille, s. Cäsar, Kap. 34 m. Anm. – [2] Heute Sorrento am Golf von Neapel. – [3] Zur Kontrolle. – [4] Nach Regium. – [5] 8 n. Chr.

Agrippa, mit dem kein Auskommen mehr war, der sich
vielmehr von Tag zu Tag verrückter gebärdete, ließ er
auf eine Insel[1] bringen und noch dazu durch ein Kommando
Soldaten dort streng bewachen. Ferner trug Augustus
durch einen Senatsbeschluß dafür Sorge, daß Agrippa
lebenslänglich gefangen bleiben sollte. So oft seiner oder
einer der beiden Julien Erwähnung geschah, pflegte er tief
aufzuseufzen und den griechischen Vers zu zitieren:

Wär' ich doch ehlos geblieben und kinderlos einsam gestorben![2]

Er pflegte sie auch nicht anders als seine drei Eiterbeulen
oder seine drei Krebsgeschwülste zu nennen.

66. Freundschaften schloß Augustus zwar nicht leicht, hielt
sie dann aber um so treuer. Er wußte eines jeden gute Eigenschaften und Verdienste würdig zu belohnen wie auch seine
Fehler und Vergehen, wenigstens in gewissen Grenzen, zu
ertragen. Denn man wird von allen seinen Freunden kaum
einen finden, der in Ungnade gefallen war, ausgenommen
Salvidienus Rufus, den er bis zum Konsul, und Cornelius
Gallus, den er zum Präfekt von Ägypten, beide aus kleinsten
Verhältnissen, befördert hatte. Jenen, der Verrat gegen
ihn übte[3], übergab er dem Senat zur Bestrafung, Gallus, der
sich undankbar und mißgünstig ihm gegenüber gezeigt
hatte, untersagte er den Zutritt zum kaiserlichen Hofe und
den Aufenthalt in den kaiserlichen Provinzen. Doch als
Gallus durch die Aussagen seiner Ankläger und durch die
Beschlüsse des Senats[4] sich veranlaßt sah, Selbstmord zu
begehen, belobte Augustus zwar die von den Verfolgern

---

[1] Nach Planasia zwischen Elba und Korsika, heute Pianosa. - [2] Nach
Homer Ilias III, 40. Dort ruft Hektor dem Paris die Worte zu: „Wärst
du doch . . ." - [3] Angeblich im Perusinischen Krieg. - [4] Nachdem Augustus ihm wegen persönlicher Kränkungen sein Haus verboten hatte,
zu dem auch die kaiserlichen Provinzen (vgl. Kap. 47 mit Anm.)
und namentlich Ägypten gerechnet wurden, erhob man im Senat
gegen ihn Anklage wegen Anmaßung kaiserlicher Rechte, die durch
mißverständliche öffentliche Äußerungen (z. B. auf einer noch erhaltenen dreisprachigen Inschrift, die sich Gallus selbst als erster Präfekt von Ägypten gesetzt hatte) gerechtfertigt erschien. Gallus gehörte der jungrömischen Dichterschule an (69 bis 26 v. Chr.).

ihm gegenüber bewiesene große Treue und ihre von ihnen
bekundete Entrüstung, vergoß aber nichtsdestoweniger
hierüber Tränen und beklagte sein eigenes Schicksal, weil
ihm allein nicht vergönnt sei, seinen Freunden nur, so weit
er wolle, zu zürnen.

Seine anderen Freunde genossen als die ersten ihres Standes
bis an ihr Lebensende Einfluß und Reichtum, selbst wenn
zuweilen Zerwürfnisse dazwischen kamen. So hatte Augustus öfters Grund – ich will von Anderen nicht reden – sich
über Marcus Agrippas große Empfindlichkeit und über
Mäcenas'[1] Mangel an Verschwiegenheit zu beklagen.
Agrippa nämlich hatte einmal nur auf den leisen Verdacht,
er würde zu kühl behandelt, und in der Einbildung, ihm
würde Marcellus bevorzugt, alle Geschäfte im Stich gelassen und sich nach Mytilene zurückgezogen, Mäcenas dagegen hatte seiner Frau Terentia das Geheimnis von der
Entdeckung der Verschwörung Murenas[2] ausgeplaudert.

Zum Dank dafür verlangte auch er von seinen Freunden
die gleichen Beweise ihres Wohlwollens gegen ihn und zwar
sowohl nach ihrem Tode, wie bei ihren Lebzeiten. Denn
obwohl er ganz und gar nicht auf Erbschaften aus war – so
wie er es denn niemals über sich gebracht hatte, von dem
Vermächtnis eines ihm Unbekannten irgend etwas anzunehmen –, so wog er doch die Urteile seiner Freunde, die
sie in ihren Testamenten über ihn gefällt hatten, auf das
peinlichste ab. Er verhehlte weder seinen Schmerz, wenn
jemand allzukurz und mit wenig ehrenden Worten, noch
seine Freude, wenn einer mit Dankbarkeit und Pietät seiner
gedacht hatte.

Legate oder Erbschaftsanteile[3], die ihm von Eltern, ganz
gleich von welchen, vermacht worden sind, pflegte er entweder sofort an ihre Kinder abzutreten oder am Tage ihrer
Mündigkeitserklärung, wenn es Söhne, oder am Tage ihrer

---

[1] Rechte Hand des Augustus, blieb als Leiter der kaiserlichen Innen-
politik dem Senat fern. – [2] Bruder von Mäcenas' Gattin Terentia. Die
ins Jahr 23 fallende Verschwörung büßte Murena mit dem Tode. –
[3] Vgl. Kap. 56. Die Sitte, dem Kaiser Legate zu vermachen, kam also
schon unter Augustus auf.

Verheiratung, wenn es Mädchen waren, mit Zinsen zurück-
zugeben.

67. Als Patron seinen Klienten und als Herr seinen Sklaven
gegenüber konnte Augustus ebenso streng wie freundlich
und gütig sein. Viele Freigelassene, z. B. Licinus[1], Celadus
und andere mehr, erfreuten sich seiner Achtung und seines
täglichen Umganges. Seinen Sklaven Cosmus, der sich sehr
häßlich über ihn geäußert hatte, ließ er statt einer härteren
Strafe bloß in den Block legen. Als sein Hausverwalter
Diomedes ihn einmal bei einem gemeinsamen Spaziergang
einem plötzlich anrennenden wilden Eber gegenüber aus
Angst im Stich gelassen hatte, wollte er darin lieber ein
Zeichen von Furchtsamkeit als von Böswilligkeit erblicken
und zog den Vorgang, der doch einen sehr gefährlichen
Ausgang für ihn hätte nehmen können, ins Lächerliche,
weil doch keine böse Absicht bei jenem im Spiel gewesen
war. Dagegen zwang der sonst so milde Mann Polus, einen
seiner liebsten Freigelassenen, zum Selbstmord, weil er
beim Ehebruch mit vornehmen Damen ertappt war.
Seinem Sekretär Thallus ließ er die Beine zerschlagen, weil
er für ein Bestechungsgeld von fünfhundert Denaren[2] einen
Brief von ihm ausgeliefert hatte. Den Hofmeister und die
Diener seines Sohnes Gajus, die dessen Krankheit und Tod
dazu benutzt hatten, in der Provinz sich Grausamkeiten
und Erpressungen zu erlauben, ließ er mit schweren Ge-
wichten am Hals kurzerhand in den Fluß werfen.

68. Als ganz jungem Menschen sagte man Octavian manche
Schandtat nach. Sextus Pompejus schalt ihn einen weich-
lichen Weibskerl. Marcus Antonius warf ihm vor, er habe
sich die Adoption seines Oheims durch Hingabe seiner
Unschuld verdient; Lucius, des Marcus Bruder: Octavian
hätte sich die Preisgabe seiner doch schon Cäsar geopferten
Unschuld nochmals auch von Aulus Hirtius in Spanien
mit dreihunderttausend Sesterzen[3] bezahlen lassen und das

---

[1] Hatte als Prokurator ungeheure Summen aus den gallischen Provinzen erpreßt, die ihm Augustus zum Teil wieder abnahm. – [2] 2000 DM.
– [3] 300000 DM. – Vgl. hierzu Cicero, Philipp. Reden III, § 15: „Den
Stoff für die Beschuldigungen, die er (Antonius) gegen Cäsar (Octavian)

Haar an seinen Schenkeln häufig mit glühenden Nußschalen abgesengt, damit es weicher wüchse. Ja, am Tage einer Theatervorstellung bezogen auch alle dieser beiwohnenden Leute einen Vers, in dem es von einem die Pauke schlagenden Priester der Göttermutter hieß:

Sieh, wie der Weichling hier mit dem Finger den Kreis regiert![1]

als schimpfliche Anspielung unter allgemeinen Beifall auf ihn.

69. Seine Liebschaften mit verheirateten Frauen stellen selbst seine Freunde nicht in Abrede; allerdings fügen sie zur Entschuldigung hinzu, hier sei nicht Wollust, sondern kluge Politik als Motiv im Spiele gewesen, um so leichter die Anschläge seiner Gegner durch ihre Frauen auszukundschaften. Marcus Antonius wirft ihm außer der überhasteten Verheiratung mit Livia auch noch die Geschichte mit der Frau eines ehemaligen Konsuls vor; diese habe er in Gegenwart ihres Gatten aus dem Speisesaal ins Schlafzimmer geführt und darauf mit geröteten Ohrläppchen und in Unordnung gebrachter Frisur wieder zur Tafel zurückgebracht. Scribonia aber sei deshalb verstoßen worden, weil sie ihren Unwillen über den maßlosen Einfluß der „Mätresse"[2] zu heftig geäußert hätte. Seine Freunde hätte er, so wird ihm weiter vorgeworfen, als Kuppler benutzt. Sie mußten in seinem Auftrage verheiratete Frauen und erwachsene Jungfrauen zu diesem Zwecke nackt in Augenschein nehmen, gleich als kauften sie diese beim Sklavenhändler Toranius. Auch schreibt ihm Antonius einmal in einem vertraulichen Brief, als er ihm noch nicht völlig entfremdet oder gar sein erklärter Feind war: „Was hat zu deiner Sinnesänderung geführt? Etwa, weil ich bei der Königin schlafe? Sie ist meine Frau. Habe ich denn erst jetzt damit angefangen, vielmehr nicht schon

hervorgesucht hat, bot ihm die Erinnerung an seine eigene unkeusche und oft geschändete Jugend." – Hirtius war damals gar nicht in Spanien. – [1] Doppelsinn: Das Wort orbis für *Kreis* bedeutet auch *Erdkreis*. – Die Priester der Göttermutter (Kybele, s. Tiberius, Kap. 2, Anm., Otho, Kap. 8, Anm.) waren Eunuchen. – [2] Wahrscheinlich seiner späteren Gemahlin Livia.

vor neun Jahren? Und du selbst, schläfst du nur bei der
Drusilla? Ich wette auf dein Leben, daß du, wenn du diesen
Brief liest, bereits Tertulla oder Terentilla oder Rufilla
oder Salvia Titisenia oder alle zusammen gehabt hast.
Kommt es denn überhaupt darauf an, wo und bei wel-
cher man seine Lust befriedigt?"

70. Auch eine geheime Tischgesellschaft, die man allgemein
nur die Zwölf-Götter-Tafel nannte, war lebhafter Gegenstand des Stadtgespräches[1]. Die Gäste sollten in der Tracht
der Götter und Göttinnen bei Tische gelegen und Octavian
selbst die Rolle des Apollo übernommen haben; so lautet
der Vorwurf nicht nur in den Briefen des Antonius, wo die
Namen der einzelnen mit den bittersten Bemerkungen auf-
gezählt sind, sondern auch in den allbekanten Versen eines
anonymen Autors:

> Als den Choragen der Tisch der sauberen Brüder gedungen
> Und sechs Götter und sechs Göttinnen Mallia sah[2];
> Als dort Cäsar sich frech vermißt den Apollo zu spielen,
> Feiernd beim nächtlichen Schmaus göttlicher Liebschaften Bild, –
> Alle Himmlischen wendeten da den Blick von der Erde,
> Jupiter selber, er floh fort von dem goldenen Thron.

Besonderen Eindruck machte der Skandal von dieser Tafel-
runde durch eine damals in der Stadt herrschende sehr
große Hungersnot, und am folgenden Tag rief man bei
seinem Erscheinen auf der Straße laut: „Alles Brotkorn
haben die Götter aufgegessen!" und: „Cäsar ist der richtige
Apoll, aber Apollo Tortor[3]!" Unter diesem Beinamen
wurde nämlich der Gott in einem Stadtteil verehrt. – Man
tadelte auch an Octavian seine übergroße Gier nach kost-
barem Hausrat und korinthischen Gefäßen[4] wie seinen

---

[1] „Es war die höchst frivole Kopie eines Kultaktes der Staatsreligion,
des sog. lectisternium, und noch dazu jener selten gefeierten, heiligsten
Form, wo die Götterbewirtung einer Mehrzahl von Göttern gilt."
Immisch, Zum antiken Herrscherkult (Erbe der Alten II, 20, Seite 28). –
[2] Mallia, sonst unbekannt, übte offenbar das Amt des Choragen aus,
d. h. desjenigen, der die Ausstattung eines Theaterstückes besorgt. –
Die Übersetzung der Verse nach Stahr. – [3] Tortor („Folterer") als
Schinder des überheblichen Marsyas. – [4] Aus einer nicht mehr be-

Hang zum Würfelspiel. Denn zur Zeit der Ächtungen fand man an seiner Statue die Aufschrift: „Mein Vater war ein Argentarius, ich bin ein Corinthiarius." Es war nämlich die Ansicht verbreitet, daß er manche Leute bloß wegen ihrer korinthischen Vasen auf die Proskriptionslisten habe setzen lassen. Später, im Sizilischen Krieg, war folgendes Epigramm über ihn im Umlauf:

Nachdem er zweimal zur See besiegt die Schiffe verlor,
Treibt er, um endlich *einmal* zu siegen, das Würfelspiel[1].

71. Von diesen, soll man sagen, Anschuldigungen oder boshaften Verleumdungen hat er den schimpflichen Vorwurf der widernatürlichen Unzucht durch die Reinheit seines damaligen und späteren Lebens am leichtesten widerlegt, desgleichen den gehässigen Vorwurf der Prunkliebe; denn er behielt sich z. B. nach der Einnahme von Alexandria mit Ausnahme eines einzigen murrinischen Kelches[2] von dem gesamten königlichen Hausrat nicht das Geringste zurück. Bald darauf ließ er dort auch das zum täglichen Gebrauch bestimmte goldene Tafelgeschirr samt und sonders einschmelzen.

In den Netzen der Frauenliebe dagegen blieb er sein Leben lang verstrickt; er war – auch noch in späteren Jahren, wie die Rede geht – auf junge Mädchen ganz versessen, die er von überall her, sogar durch Vermittlung seiner eigenen Frau, sich zu verschaffen wußte.

Aus dem Gerede über seine Leidenschaft zum Würfelspiel machte er sich gar nichts; vielmehr spielte er, selbst noch als alter Mann, ohne Hehl und Heimlichkeit zu seinem Vergnügen weiter, und nicht bloß im Monat Dezember[3], sondern

---

kannten Metallegierung. Das Wortspiel bedeutet also: „Mein Vater sammelte Silber (Geld, als Bankier „Wucherer", vgl. Kap. 3), ich sammle korinthisches Metall (kostbare Vasen)". – [1] Übersetzung von Stahr. – [2] Murrinische Gefäße wurden aus einem nicht mehr bekannten riesigen achatähnlichen Halbedelstein geschnitten und hoch bezahlt. Es gab auch Nachahmungen aus buntem Glas (in der Art des Tiffanyglases), namentlich seitdem gerade zur Zeit des Augustus das Blasen des Glases erfunden worden war, vgl. „Wörterbuch der Antike", Art. „Glas". – [3] In den die Saturnalien fielen,

auch an anderen Fest- und Werktagen. Hierüber besteht kein
Zweifel. In einem eigenhändig geschriebenen Brief an Tiberius sagt er: „Meine Tischgesellschaft, lieber Tiberius, war
die gleiche, zu der noch Vinicius und der Vater Silius als Gäste
kamen. Bei der Tafel haben wir nach alter Herrenart ganz
gemütlich gestern wie heute unser Spielchen gemacht[1].
Wir würfelten nämlich nach der Regel, daß, wer den Hund
oder den Sechser warf, für jeden Würfel einen Denar in die
Kasse legen mußte, und wer die Venus warf, das Ganze
gewann." – Wieder in einem anderen Brief heißt es: „Wir
haben, lieber Tiberius, die Quinquatren[2] recht angenehm
verlebt. Denn wir haben alle Tage gespielt und das Würfel-
brett nicht kalt werden lassen. Dein Bruder hat dabei
großes Geschrei vollführt; alles in allem hat er indessen
nicht viel dabei verloren, sondern sich gegen alles Erwarten von seinen großen Verlusten allmählich wieder erholt. Ich für meine Person habe zwanzigtausend Sesterzen
verloren, doch nur, weil ich, wie es meine Art ist, äußerst
entgegenkommend beim Spiel war. Denn wenn ich alle
Einsätze, die ich den Mitspielern bei unglücklichen Würfen
erlassen habe, eingefordert oder das behalten hätte, was ich
den einzelnen Mitspielern geschenkt habe, so hätte ich
wohl an die fünfzigtausend gewinnen können[3]. Aber es ist
mir so lieber. Denn der Ruhm meiner Freigebigkeit wird
bis in den Himmel erhoben werden." An seine Tochter
schrieb er: „Ich schicke Dir hier zweihundertfünfzig Denare[4], das ist die Summe, die ich jedem meiner Gäste zum
Würfeln oder Paar- und Unpaarspiel bei Tisch gegeben
habe."

72. Sonst bewies Augustus in seinem Lebenswandel größte
Enthaltsamkeit, ohne daß auch nur der Verdacht eines
Lasters auf ihn fiel. Seine Wohnung war zuerst am Forum

---

eine Verbindung von Weihnachten und Fasching, vgl. Kap. 75. –
[1] Man würfelte mit vier „Knöcheln" (viereckige Stöckchen), deren
Langseiten die Zahlen 1, 3, 4, 6 trugen, 1 war der Hundewurf, Venus
hieß der Wurf, bei dem die 4 Würfel 4 verschiedene Zahlen zeigten.
Ein Einsatz von 1 Denar (4 DM) war sehr hoch. – [2] Minervafest,
10.–25. März. – [3] 20000 und 50000 DM. – [4] 1000 DM.

Romanum oberhalb der Treppe der Ringschmiede, in dem
Hause, das ursprünglich dem Redner Calvus gehört hatte;
später auf dem Palatin, aber auch dort nur in dem bescheidenen Hause des Hortensius[1], das weder durch seine Ge-
räumigkeit noch durch seine Pracht in die Augen fiel, vielmehr nur kurze Säulenhallen aus albanischem Peperin hatte
und in den Zimmern keinen Marmorschmuck noch prächtige Mosaikböden besaß. Und über vierzig Jahre bewohnte
Augustus im Sommer wie auch im Winter hier ein und
dasselbe Schlafzimmer! Obgleich er an seinem eigenen
Leibe erfahren hatte, daß die Stadt im Winter seiner Gesundheit keineswegs zuträglich war, pflegte er diesen dort
ständig zuzubringen. Wollte er einmal etwas für sich und ungestört arbeiten, so hatte er dazu eine eigene hochgelegene
Wohnung, die er sein „Syrakus"[2] und sein „kleines Kunstwerk" zu nennen beliebte. Dorthin siedelte er dann uber
oder auch in eine bei der Stadt gelegene Villa eines seiner
Freigelassenen. In Krankheitsfällen pflegte er sich in dem
Hause des Mäcenas[3] aufzuhalten. Die Sommerfrische verlebte er meistens an der See, auf den Inseln Kampaniens
oder in kleinen Landstädten, die in der Nähe der Hauptstadt lagen, wie Lanuvium, Präneste oder Tibur[4]. Hier saß
er auch in den Hallen des Herkules-Tempels sehr oft zu
Gericht.
Große, prächtige Paläste konnte er nicht leiden. Das von
seiner Enkelin Julia mit verschwenderischer Pracht erbaute
Landhaus ließ er bis auf den Grund niederreißen, seine
eigenen, so einfach sie auch waren, schmückte er nicht mit
Statuen und Gemälden, sondern mit Laubengängen und

---

[1] Wie Calvus Redner und Zeitgenosse Ciceros, galt bei Lebzeiten als
prachtliebend. – Peperin (Pfefferstein) ein vulkanischer, schwarz-
grauer, gefleckter Stein, auch jetzt viel verwendet. – [2] Vielleicht eine
Anspielung auf das Studierzimmer des Archimedes in Syrakus, in dem
dieser nicht einmal etwas von der Erstürmung der Stadt merkte. –
[3] Es lag in einem großen Park auf dem Esquilin, Mäcenas hatte es
testamentarisch dem Kaiser vermacht. – [4] Heute Cività Lavinia
(zwischen den Albanerbergen und Anzio), Palästrina und Tivoli (diese
beiden immer noch beliebte Sommerfrischen und Ausflugsorte).

Parks, sowie mit Altertümern und Raritäten aus. So befand
sich z. B. in seinem Landhaus auf der Insel Capri eine
Sammlung gewaltig großer Knochen von riesigen Land-
und See-Ungetümen, sogenannte Gigantenknochen, und
eine solche von Heroen-Waffen.

73. Wie sparsam Augustus in Mobiliar und Hausgerät war,
erkennt man an den noch heute erhaltenen Ruhebetten und
Tischen. Das meiste davon ist kaum für einen gewöhnlichen
Privatmann elegant genug. Selbst das Bett, in dem er schlief,
soll niedrig und sehr bescheiden gepolstert gewesen sein. Er
trug fast nur einfache Kleider fürs Haus, die von seiner
Schwester, Gattin, Tochter oder seinen Enkelinnen ange-
fertigt waren. Seine Toga war weder zu eng noch zu weit;
der Purpurstreifen daran war nicht zu breit und nicht zu
schmal, dagegen trug er etwas hohes Schuhwerk, um größer,
als in Wirklichkeit, zu erscheinen. Seine Staatskleider und
seine Schuhe mußten für plötzliche, unerwartete Fälle stets
in seinem Zimmer bereitstehen.

74. Tischgesellschaften gab Augustus regelmäßig. Er be-
wirtete seine Gäste nie anders als mit einer vollständigen
Mahlzeit[1], doch nahm er bei den Einladungen peinlich
Rücksicht auf Rang und Person. Valerius Messala erzählt,
daß er nie einen Mann aus dem Freigelassenenstande zur
Tafel gezogen habe, mit Ausnahme von Menas[2], der jedoch
nach dem Verrat an der Flotte des Sextus Pompejus die
Rechte eines Freigeborenen erhalten hatte. Immerhin schreibt
Augustus selbst, er habe einmal eine frühere Ordonnanz, in
dessen Landhaus er Quartier zu nehmen beabsichtigte, zur
Tafel gezogen. Zu Gesellschaften kam er öfter zu spät und
verließ sie auch wohl vor dem Ende, doch durften die
Gäste mit dem Essen beginnen, ehe er Platz genommen,

---

[1] Wenn die Anzahl der Gänge auch nicht groß war (3–6, s. u.), so gab
es doch alles, was zu einem richtigen Gastmahl gehörte (also mindestens Vorspeise, Hauptgang und Nachtisch), und dies wurde aufgetragen, im Gegensatz zu einem einfachen Essen für Zufallsbesuche oder
einem Imbiß, mit dem man weniger angesehene Gäste abspeiste, die
sich dann alles selbst holen mußten. – [2] Flottenführer des Sextus
Pompejus im Sizilischen Kriege, vgl. Kap. 16.

und auch noch bleiben, wenn er sich zurückgezogen hatte. Die Mahlzeit bestand meist nur aus drei, wenn es besonders hoch herging, aus sechs Gängen, aber wenn der Aufwand auch nur bescheiden war, so war seine Liebenswürdigkeit als Wirt um so größer; denn er zog gern die Schweigsamen unter seinen Gästen oder auch diejenigen, die nur leise miteinander plauderten, in das allgemeine Gespräch hinein. Ferner ließ er bei der Mahlzeit Musiker, Schauspieler, selbst gewöhnliche Possenreißer vom Zirkus und noch häufiger Geschichtenerzähler zur Unterhaltung seiner Gäste auftreten.

75. Feste und Feiertage beging Augustus mit großer Freigebigkeit, bisweilen jedoch bloß mit irgendwelchen Scherzen. So pflegte er am Saturnalienfest, und wenn es ihm sonst einfiel, als Geschenke bald Kleider, Gold- und Silberschmuck, bald Münzen jeder Prägung, darunter sogar alte „königliche" und ausländische zu verteilen, manchmal aber auch gar nichts außer Ziegenhaardecken, Schwämmen, Kohlenschaufeln, Zangen und dergleichen mehr, mit dunklen und zweideutigen Aufschriften[1]. Er pflegte bei Tisch Lose für Gewinne von ungleichartigstem Wert und auch wohl Gemälde, von denen nur die Rückseite sichtbar war, zu versteigern, wobei dann die Ungewißheit des Ausfalls die Erwartung der Käufer bald enttäuschte bald auch erfüllte. Die Gäste boten dabei tischweise, so daß Gewinn und Verlust gemeinsam waren.

76. Was Augustus an Speise zu sich nahm – denn auch das möchte ich nicht unerwähnt lassen –, war überaus wenig und bestand meist nur aus Hausmannskost. Schwarzbrot, Sardinen, handgepreßter Kuhkäse und frische Feigen von der Sorte, welche zweimal im Jahr Früchte tragen, waren seine Lieblingsgerichte. Dabei pflegte er auch vor der Hauptmahlzeit zu jeder Zeit und überall, sobald er Appetit verspürte, zu essen. Er sagt darüber einmal in seinen Briefen

---

[1] Saturnalien, s. Kap. 71, Anm. Neben den Inschriften selbst und den Beziehungen, die sie zwischen Gabe und Empfänger herstellen mochten, erhöhte die Komik bei den hier genannten julklappähnlichen Scherzgeschenken der Umstand, daß sie gewisse obszöne Nebenbedeutungen besaßen.

wörtlich: „Wir haben im Wagen etwas Brot und Datteln
genossen . . ." und an einer anderen Stelle: „Auf der Rückkehr nach Hause von der Regia habe ich in meiner Sänfte
eine Unze[1] Brot mit einigen hartschaligen Weinbeeren ge-
gessen . . ." und an einer dritten: „Kein Jude, mein lieber
Tiberius, hält sein Fasten am Sabbat strenger, als ich es
heute gehalten habe; denn erst im Bade eine Stunde nach
Sonnenuntergang[2] habe ich, bevor ich mich salben ließ,
ein paar Bissen gekaut." Infolge seiner unregelmäßigen
Lebensweise speiste er dann und wann auch wohl vor
Beginn oder nach Aufhebung der Tafel allein zur Nacht,
während er bei Tisch selbst nichts anrühren konnte.

77. Auch im Weintrinken war er von Natur sehr mäßig. Im
Lager vor Mutina trank er während der Hauptmahlzeit,
wie Cornelius Nepos erzählt, gewöhnlich nur dreimal,
später ging er, selbst wenn er sich recht gütlich tun wollte,
nicht über sechs Zehntellitergläser; oder wenn er je einmal sein Quantum überschritten hatte, so mußte er sich
übergeben. Am liebsten genoß er Räterwein[3]. Untertags
trank er selten. Statt zu trinken, nahm er in solchen Fällen
ein Stück in kaltes Wasser getauchtes Brot, ein Stück Gurke,
einen Lattichstengel oder frisches Obst oder Dörrobst mit
etwas Weingeschmack zu sich.

78. Nach dem Mittagimbiß pflegte Augustus in Kleidern
und Schuhen, die Füße unbedeckt, ein wenig zu ruhen,
wobei er die Hand vor seine Augen hielt. Nach der Hauptmahlzeit zog er sich in sein Studierzimmer auf sein Arbeits-
sofa zurück. Hier blieb er bis tief in die Nacht, bis er den
Rest der Tagesgeschäfte entweder ganz oder doch zum
großen Teil aufgearbeitet hatte. Dann ging er zu Bett,
schlief aber meist kaum länger als sieben Stunden, und
selbst diese nicht ohne Unterbrechung; vielmehr wachte
er während dieser Zeit drei- bis viermal auf. Konnte er den

---

[1] 27 g. – [2] Das Bad nahm man gewöhnlich sonst am Nachmittag. –
[3] Rätien besaß u. a. die heute noch geschätzten Etschländer und Grau-
bündener Weine. Vergils Worte (Georg. II, 96): „. . . wie soll ich
würdig dich preisen, Rätiens Wein?" (Stahr) nehmen wohl Rücksicht
auf die hier erwähnte Vorliebe des Kaisers.

durch Unterbrechung gestörten Schlaf, wie es öfters vorkam, nicht wiedergewinnen, so ließ er einen Vorleser oder
Geschichtenerzähler an sein Bett kommen und sich so
wieder zum Einschlafen bringen; er schlief dann oft bis
nach Sonnenaufgang. Er wachte in der Nacht nie, ohne
daß jemand an seinem Bette saß. Vom Frühaufstehen war
er kein Freund; wenn er sich wegen einer Verpflichtung
oder eines Opfers früher wecken lassen mußte, so übernachtete er gewöhnlich aus Bequemlichkeit in der Wohnung des ersten besten Bekannten in der Nähe des betreffenden Ortes, an den er sich zu begeben hatte. Aber auch
dann schlief er oft aus Bedürfnis an Schlaf, während man
ihn in seiner Sänfte durch die Straßen trug oder wenn sie
niedergesetzt wurde, mittlerweile wieder ein.

79. Sein Äußeres zeichnete sich durch hervorragende
Schönheit und in jedem Alter durch große Anmut aus,
obwohl er alle Toilettenkünste verschmähte. Die Pflege
seines Haars war ihm so gleichgültig, daß er sich dies in Eile
von mehreren Friseuren zugleich schneiden und den Bart
bald mit der Schere, bald mit dem Messer abnehmen ließ.
Hierbei pflegte er stets etwas zu lesen oder zu schreiben.
Sein Gesichtsausdruck wies, er mochte reden oder schweigen,
große Ruhe und Heiterkeit auf. Daher gestand einmal ein
gallischer Häuptling seinen Landsleuten, der sanfte Ausdruck habe ihn umgestimmt und abgehalten, Augustus, wie
er es vorgehabt hatte, beim Alpenübergang, als er unter dem
Vorwand einer Mitteilung Zutritt zu ihm erlangt hatte, in den
Abgrund zu stoßen. Seine Augen waren hell und glänzend;
er mochte gern, daß man in ihnen etwas von göttlicher
Kraft fand, und freute sich, wenn jemand, den er scharf
anblickte, den Blick niederschlug. Im Alter aber sah er mit
dem linken weniger scharf. Seine Zähne standen weit auseinander, sie waren klein und schadhaft; sein Haar sanft
gelockt und dunkelblond, die Augenbrauen zusammen-
gewachsen, die Ohren mittelgroß; seine Nase oben etwas
vorspringend, unten leicht gebogen[1]; seine Hautfarbe be-

---

[1] Also im Unterschied zu manchen falsch ergänzten Plastiken eine
(römische) Adlernase.

wegte sich zwischen dunkel und hell; seine Statur war
kurz – doch gibt sein Freigelassener und Hofhistoriograph
Julius Marathus seine Größe immerhin auf fünf dreiviertel
Fuß[1] an –, aber Proportion und Ebenmaß seiner Glieder ver-
deckten diesen Übelstand, der sich nur dann bemerkbar
machte, wenn man einen neben ihm stehenden schlankeren
Menschen mit ihm zu vergleichen in der Lage war.

80. Sein Körper war, wie man erzählt, voller Flecken und
Muttermale, die so über Brust und Bauch zerstreut waren,
daß sie in der Form, Ordnung und Zahl den Sternen des
großen Bären glichen. Er besaß auch viele flechtenartige
Schwielen, die er sich durch ständigen und übermäßigen
Gebrauch des Badestriegels für sein Hautjucken zugezogen
hatte. Hüftgelenk, Ober- und Unterschenkel der linken
Seite waren weniger kräftig als die der rechten, so daß er
oft hinken mußte. Jedoch stellte er sich durch die Anwendung von warmen Sandbädern und Schilfumschlägen
immer wieder her. Auch fühlte er bisweilen in dem Zeige-
finger der rechten Hand eine solche Schwäche, daß er das
erstarrte und von Kälte abgestorbene Glied nur mühsam
mit Hilfe eines Hornringes zum Schreiben brauchen konnte.
Er litt ferner an Blasenbeschwerden, von deren Schmerzen
er gewöhnlich erst erleichtert wurde, wenn die Steine mit
dem Urin abgingen.

81. Mehrere schwere und gefährliche Krankheiten hat
Augustus in seinem Leben durchmachen müssen, die
schlimmste nach Beendigung des Kantabrischen Feldzuges.
Damals geriet er durch Absonderungen aus seiner erkrank-
ten Leber in einen hoffnungslosen Zustand; infolgedessen
unterwarf er sich einer, der gewöhnlichen zuwiderlaufen-
den, gefährlichen Kur. Da nämlich warme Umschläge ohne
Erfolg waren, ließ er sich notgedrungen auf den Rat seines
Arztes Antonius Musa[2] mit einer Kaltwasserkur behandeln.
Gewisse Krankheiten pflegten ihn alljährlich zur bestimmten Zeit heimzusuchen. So litt er um seinen Geburtstag[3]

---

[1] 1,70 m. – [2] Vgl. Kap. 59, Anm. Nach Plinius, Naturgeschichte XIX
128 hat er auch Rohkost (Salat) verordnet. – [3] 23. September.

herum fast regelmäßig an Nervenabspannung und, während
ihn bei Frühlingsanfang Blähungen des Unterleibes quäl-
ten, litt er beim Scirocco an mit Migräne verbundenem
Stockschnupfen. Daher vermochte sein angegriffener Körper ohne Beschwerden weder große Kälte noch starke Hitze
vertragen. 82. Im Winter schützte sich Augustus durch vier
übereinander getragene Tuniken und eine dicke Toga, dazu
durch ein Unterhemd, ein wollenes Leibchen und durch
Binden um Schenkel und Waden. Im Sommer schlief er bei
offenen Türen, oft auch im Peristyl[1] neben einem Spring-
brunnen, wobei ihm ein Diener Kühlung fächeln mußte.
Sonne konnte er nicht einmal im Winter vertragen und ging
deshalb selbst zu Hause nie ohne Sonnenhut im Freien spazieren. Reisen machte er in der Sänfte, meist bei Nacht,
und zwar langsam und in kurzen Stationen, so daß er nach
Präneste oder Tibur zwei Tage brauchte[2]. Wenn er zur See
an seinen Bestimmungsort gelangen konnte, machte er die
Reise lieber zu Schiff.
Die große Schwächlichkeit seines Körpers suchte er durch
Anwendung größter Vorsicht vor äußeren Einflüssen zu
schützen, besonders dadurch, daß er selten badete. Salben
ließ er sich öfter oder er schwitzte am Feuer und ließ sich
darauf mit lauem oder von starker Sonnenhitze erwärmten
Wasser übergießen. So oft er aber seiner Nerven wegen
warme Seebäder oder albulische Schwefelbäder[3] nehmen
mußte, begnügte er sich damit, daß er, während er in seiner
hölzernen Badewanne saß – er pflegte sie mit einem spanischen Worte „Dureta" zu nennen –, Hände und Füße abwechselnd bewegte.
83. Die Reit- und Fechtübungen auf dem Marsfelde gab er
gleich nach den Bürgerkriegen auf und ging dafür zunächst
zu Spielen mit kleinen und großen Bällen[4] über. Später

---

[1] Griechisches Wort („säulenumgeben"), Garten, gewöhnlich innerhalb
des Hauses mit Säulengängen an der Seite und oft prächtigem Schmuck
durch Brunnen, Plastiken usw. – [2] Die beiden Orte sind 30–35 km von
Rom entfernt. – [3] Das Bad in der Albulaquelle, etwas mehr als halbwegs zwischen Rom und Tibur, wird auch heute besucht. – [4] Meistens war der kleine Ball hart gestopft, der große aufgeblasen.

machte er sich nur noch Bewegung durch Spazierenreiten
oder Spazierengehen, wobei er in einem Überwurf von
Pelz oder Tuch das letzte Ende jedesmal in kleinen Sprün-
gen lief.

Zur geistigen Entspannung pflegte er mit der Angel zu
fischen, mit Würfeln oder mit Schnellkügelchen und Nüssen
zu spielen, und zwar in Gesellschaft kleiner Sklavenknaben,
an deren artigem Äußeren und geschwätzigem Wesen er
seine Freude hatte, und die er deshalb von allen Welt-
gegenden her, besonders aus Syrien und Mauretanien, zu sich
kommen ließ. Denn vor Zwergen und Verwachsenen, und
was es sonst an Mißgeburten gab, hatte er Abscheu, weil
sie ihm als Spottgeburten der Natur und von übler Vorbedeutung erschienen.

84. Die Beredsamkeit und die übrigen freien Künste[1] trieb
Augustus von früher Jugend an mit größtem Eifer und
höchstem Fleiß. Im Krieg um Mutina soll er trotz allem,
was auf ihm lastete, dennoch täglich gelesen, geschrieben
und sich im Reden geübt haben. In der Folgezeit sprach er
im Senat, zum Volk oder zum Heer nur in wohldurch-
dachter und ausgearbeiteter Rede, obwohl ihm die Gabe,
bei unvorhergesehenen Fällen aus dem Stegreif zu reden,
keineswegs gefehlt hatte. Damit er nicht in Gefahr kam,
daß ihn sein Gedächtnis verließ, oder damit er keine Zeit
auf Auswendiglernen zu verschwenden brauchte, gewöhnte
er sich daran, alles abzulesen. Selbst Besprechungen mit
einzelnen Personen, sogar die wichtigeren mit seiner Gemahlin Livia, führte er nur nach schriftlichen Aufzeichnungen in seinem Notizbuch, um nicht aus dem Stegreif
zu viel oder zu wenig zu sagen. Der Klang seiner Stimme
war einnehmend und von einem eigentümlichen Wohllaut
des Organes. Auch übte er fleißig bei einem Lehrer der
Stimmbildung. Bisweilen jedoch, wenn er an Halsbeschwer-
den litt, ließ er seine Reden an das Volk durch einen Herold
vortragen.

---

[1] D. h. die eines freigeborenen Mannes für würdig erachteten, z. B.
Grammatik, Dialektik, Musik, Philosophie.

85. Augustus verfaßte viele Schriften verschiedensten Inhalts in Prosa. Manche las er im engeren Kreis seiner Freunde, der ihm als Auditorium diente, vor, z. B. seine „Gegenschrift gegen Brutus über Cato"[1]. Als er sie schon zum großen Teil vorgelesen hatte, ermüdete er plötzlich – er war bereits in höheren Jahren –, so daß er Tiberius für sich weiterlesen lassen mußte. Ferner schrieb er „Ermunterungen zur Philosophie" und „Lebenserinnerungen" in dreizehn Büchern, die er aber nicht weiter als bis zum Kantabrischen Kriege geführt hat.

In der Poesie machte er nur oberflächliche Versuche. Es gibt von ihm ein einziges Gedichtbuch in Hexametern, dessen Inhalt und Titel „Sizilien" ist; desgleichen ein zweites, ebenso unbedeutendes, „Epigramme", die er meist im Bade zu entwerfen pflegte. Eine Tragödie Ajax, die er mit großem Eifer begonnen hatte, vernichtete er, da ihm die Darstellung nicht gelingen wollte. Seinen Freunden, die sich erkundigten, was denn der „Ajax" mache, gab er zur Antwort: „Mein Ajax hat sich in den Schwamm gestürzt[2]."

86. Im sprachlichen Ausdruck strebte er nach geschmackvoller Wahl der Worte und Einfachheit des Stils. Er vermied alle geschmacklosen und gekünstelten Pointen und, wie er sich einmal ausdrückte, „den Modergeruch veralteter Wortformen". Überhaupt gab er sich die größte Mühe, seine Gedanken möglichst klar auszudrücken. Um dies leichter zu erreichen und um den Leser und Hörer nirgends zu verwirren und aufzuhalten, fügte er ohne Bedenken die Präpositionen zu den Städtenamen hinzu und wiederholte oft auch die Bindewörter, deren Auslassung

---

[1] Brutus hatte im Jahre 46 v. Chr. eine Lobschrift auf Cato veröffentlicht. Auch Cäsar hatte einen „Anticato" geschrieben (s. dort Kap. 56). –
[2] In den Schwamm, mit dem das Geschriebene wieder abgewischt wurde, wie der Ajax der Sage ins Schwert. – Von den hier genannten Schriften ist uns nichts erhalten, dagegen besitzen wir von Augustus einen inhaltlich unschätzbaren, aber auch schriftstellerisch nicht unbedeutenden Rechenschaftsbericht über sein ganzes Leben, das nach dem Fundort der Hauptwiedergabe Ancyra (heute Ankara, Hauptstadt der Türkei) genannte *Monumentum Ancyranum*.

zwar den Stil gefälliger macht, aber hier und da Unklar-
heiten hervorruft[1].

Gegen die ungeschickten Vertreter eines modernen Stils
hatte er gleiche Abneigung wie gegen die gesuchten Altertümler, da sie in die entgegengesetzten Fehler verfielen;
er verfolgt sie daher häufig mit beißendem Sarkasmus, besonders seinen lieben Mäcen, über dessen „parfümiertes
Stilgekräusel", wie er sich ausdrückt, er sich in einem fort
lustig macht und das er durch parodierende Nachahmung
verspottet[2]. Aber auch Tiberius verschont er nicht, der zuweilen nach ungewöhnlichen und veralteten Ausdrücken
hascht. Marcus Antonius schimpft er gar einen Verrückten,
weil dessen Stil mehr auf die Verwunderung als auf das
Verständnis der Leser Rücksicht nähme. Dann fügt er in
seinem Spott über des Antonius schlechte und launenhafte
Manier in der Wahl des stilistischen Ausdrucks hinzu:
„Und du, bist du noch im Zweifel, ob du Cimber Annius
oder Veranius Flaccus[3] nachahmen und Worte brauchen
sollst, die Sallustius Crispus aus Catos *Origines* sich exzerpiert hat, oder ob du lieber den gedankenleeren Wort-
schwall der Redner der Asiatischen Schule[4] in unsere

---

[1] Er schrieb also nach Suetons Ansicht z. B. stets *in* Athenis, *in* Athenas,
statt Athenis, Athenas oder adire *ad* senatum, inscribere *in* tabula,
statt adire senatum, inscribere tabula. Vgl. auch Kap. 87, Anm. –
[2] Eine Parodie des Augustus auf den Stil des Mäcenas ist uns erhalten
(Macrobius, Saturnalia II, 4): „Herzlichen Gruß Dir, Edelhonig von
Medullia, Elfenbein aus Etrurien, Wohlgeruch von Arretium, Erz
des Oberlandes, Perle des Tiber, Smaragd der Cilnier usw." (Stahr). –
[3] Annius Cimber, Prätor 43 v. Chr., Cäsarmörder (Cäsar 82 als Cimber
Tillius erwähnt), des Giftmords am eigenen Bruder verdächtigt, wegen
Altertümelei von Cicero und Anderen verspottet. – Veranius Flaccus,
offenbar auch ein Altertümler – Sallustius Crispus (86–35 v. Chr.), der
als Parteigänger Cäsars bekannte Verfasser der Geschichte der catilinarischen Verschwörung, des Krieges gegen Jugurtha und des Partei-
kampfes der Jahre 79–67, sowie politischer Denkschriften. – *Origines* (Ur-
geschichte) bekanntestes Werk des älteren Cato (etwa 239–149 v. Chr.),
ältestes Geschichtswerk in lateinischer Sprache, nur in Bruchstücken erhalten. Vgl. Till, Die Sprache Catos, Leipzig 1935. – [4] Dieselben wie
die obengenannten „ungeschickten Vertreter eines modernen Stils".

Sprache einbürgern sollst?" In einem anderen Brief, in
dem er die guten Anlagen seiner Enkelin Agrippina lobt,
sagt er: „Doch hast du darauf zu achten, daß du dich
beim Schreiben oder beim Reden nicht schwerfällig aus-
drückst."

87. In der Sprache des täglichen Verkehrs gebrauchte
Augustus, wie seine eigenhändigen Briefe bezeugen, bestimmte Ausdrücke sehr oft und andere auf eigentümliche
Art und Weise. Dazu gehört, daß er sehr häufig, um auszudrücken, daß einer nie zahlen werde, die Phrase brauchte:
„Er wird *ad kalendas Graecas* zahlen[1]." Die Mahnung, die
Dinge in der Gegenwart zu nehmen, wie sie sind, kleidet
er in die Worte: „Seien wir zufrieden mit den Catonen, die
wir haben!" Um die Schnelligkeit einer eilig betriebenen
Sache auszudrücken, braucht er die Phrase: „Schneller als
man Spargel kocht."

Für dumm (stultus) sagt er regelmäßig *stockdumm* (baceo-
lus), für schwarz (pullus) *schwarzfarbig* (pulleiaceus), für
verrückt (cerritus) *tollhausreif* (vacerrosus); ferner *den
Katzenjammer haben* (vapide se habere) für Übelkeit (male
se habere) und *sich wie ein Kohlkopf fühlen* (betizare), für Ab-
gespanntsein (languere), wofür der Ausdruck in der Sprache
des Volkes lachanizare[2] ist. Ebenso sagt er, wir *seind* (simus)
statt wir sind (sumus) und *domos* als Genetivus singularis für
domuos[3], und zwar finden sich diese beiden letzten Worte
nie anders, was ich bemerke, damit man nicht statt der Gewohnheit vielmehr einen Schreibfehler vermutet. Ferner
habe ich in seiner Handschrift unter anderem noch folgende
Eigentümlichkeit wahrgenommen: Er teilt nämlich die
Wörter nicht ab und trägt auch nicht die am Ende einer
Zeile überzähligen Buchstaben auf die nächste hinüber,
sondern setzt sie gleich an Ort und Stelle unter das Wort,

---

[1] An den „griechischen Kalenden", die es nicht gab, also am St. Nim-
merleinstag. Die Kalenden (Monatsersten) waren in Rom Zahltag. –
[2] Schwer übersetzbar, wahrscheinlich mit obszönem Nebensinn. –
[3] Ältere Form des Genetivs für domūs. – Die hier beschriebenen Stil-
eigentümlichkeiten entstammen der Volkssprache, von der sich also
schon damals die Literatursprache immer mehr zu entfernen begann.

zu dem sie gehören, und verbindet sie mit diesem durch
einen Haken[1].

88. Mit der Orthographie, und zwar mit der von den Grammatikern eingeführten vorschriftsmäßigen Rechtschrei-
bung, hat es Augustus nicht sehr genau genommen. Vielmehr scheint er sich der Ansicht der Leute angeschlossen
zu haben, welche der Meinung sind, man muß schreiben,
wie man spricht. Daß er übrigens häufig nicht nur Buchstaben, sondern auch Silben verwechselt oder ausläßt, das
sind Schreibfehler, die bei jedem vorkommen können. Ich
würde hierüber auch gar keine Worte verlieren, wenn ich
nicht zu meiner Verwunderung bei einigen Schriftstellen
die Nachricht fände, Augustus habe einmal einen Legaten
konsularischen Ranges von seinem Amte ablösen lassen,
den er deswegen für einen unwissenden und ungebildeten
Menschen gehalten hätte, weil er in dessen handschrift-
lichem Bericht *ixi* statt ipsi (*selpst* statt selbst) geschrieben
gefunden habe. So oft er in Chiffren schreibt, setzt er B für A,
C für B usw. durch die folgenden Buchstaben des Alphabets, für X aber setzt er ein doppeltes A[2].

89. Den gleichen Fleiß verwandte Augustus auf die griechische Sprache und Literatur; auch hier erzielte er bedeutende Erfolge. Sein Lehrer in der griechischen Beredsamkeit war Apollodor von Pergamon[3]. Ihn, den damals schon
Hochbetagten, hatte Octavian als junger Mann auch von
Rom nach Apollonia mitgenommen. Ferner erwarb er sich
einen reichen Schatz vielseitigen Wissens durch den näheren Umgang mit dem Philosophen Areus und dessen Söhnen Dionysius und Nikanor[4]. Trotz alledem lernte er aber

---

[1] Die Anordnung wie in: Die Biographie des Au
gustus.
[2] Vgl. Cäsar, Kap. 56. y und z kamen im lateinischen Alphabet kaum
vor. – [3] In Rom lebender griechischer Rhetor (etwa 100 bis 20 v. Chr.)
Vertreter des „attischen" Stils, der dem oben erwähnten „asiatischen"
entgegengesetzt war. – Aufenthalt in Apollonia, s. Kap. 8 mit Anm.
und Kap. 94. – [4] Areus (Areios Didymos), gefeierter stoischer
Philosoph aus Alexandria, Verfasser einer Trostschrift an Livia.

das Griechische nicht so beherrschen, um es fließend zu sprechen, oder um es fertig zu bringen, etwas Zusammenhängendes in dieser Sprache selbständig abzufassen. War ein solcher Aufsatz nötig, so verfertigte er ihn lateinisch und ließ ihn von einem anderen übersetzen. Er selbst war in der griechischen Poesie sehr bewandert und liebte ganz besonders die Alte Komödie[1], deren Stücke er oft an öffentlichen Schauspieltagen aufführen ließ.

Bei der Lektüre der Schriftsteller beider Sprachen richtete er sein Augenmerk vorzugsweise auf heilsame Beispiele und Lehren für das öffentliche wie das Privatleben; diese zog er sich wörtlich aus den Schriftstellern aus und sandte sie häufig den Angehörigen seines Haushalts oder auch an die Befehlshaber der Heere und Statthalter der Provinzen oder an die Beamten der Hauptstadt, je nachdem jeder einer Mahnung zu bedürfen schien. Sogar ganze Abhandlungen las er teils im Senat vor, teils wies er das Volk durch Edikte darauf hin, z. B. auf die Rede des Quintus Metellus „Über die Maßnahmen zur Hebung der Geburtenziffer" und auf die des Rutilius „Über das bei Hausbauten einzuhaltende Maß", um es dem Volke desto überzeugender zu beweisen, daß diese beiden Gegenstände nicht von ihm zuerst ins Auge gefaßt seien, sondern bereits den Vorfahren Anlaß zu ernster Sorge gegeben hätten[2].

Die Talente seiner Zeit hat er auf jede Weise gefördert. Wenn vorgelesen wurde, so war Augustus ein wohlwollender und geduldiger Zuhörer, sowohl wenn es sich um Gedichte und Geschichtswerke, wie auch, wenn es sich um Reden und Dialoge dabei handelte. Doch konnte er es nicht leiden, daß über ihn selbst etwas geschrieben wurde, wenn

---

[1] Die sonst schwerlich viel aufgeführten Werke des Aristophanes und seiner Vorgänger. – [2] Quintus Cäcilius Metellus Macedonicus hielt 131 v. Chr. als Censor am Ende eines reich bewegten Lebens die obenerwähnte berühmt gewordene Rede gegen die schon damals eingerissene Ehescheu. – Publius Rutilius Rufus, philosophisch gebildeter Konsul 105, als gewissenhafter Verwalter der Provinz Asia von den die Provinzialen bewuchernden Rittern verklagt und verurteilt, in der Verbannung gestorben. Tüchtiger Jurist, gefeierter Redner.

es nicht in würdiger Weise geschah und die Verfasser Namen ersten Ranges waren. Daher gab er den Prätoren die Weisung, zu verbieten, daß sein Name für poetische und rhetorische Wettkämpfe freigegeben würde.

90. Über sein Verhältnis zu Glauben und Aberglauben ist uns folgendes berichtet worden: Vor Donner und Blitz hatte er, seit er einmal, wie wir früher erzählt haben[1], bei einer nächtlichen Reise durch einen dicht bei ihm einschlagenden Blitz erschreckt worden war, eine übertriebene Angst. Deshalb führte er immer als Schutzmittel das Fell einer Robbe[2] bei sich und verbarg sich bei jedem auch nur ganz geringen Anzeichen eines etwas stärkeren Gewitters sofort in einem tiefen festgemauerten Keller.

91. Träumen maß Augustus große Bedeutung zu, und zwar sowohl seinen eigenen, wie auch dem, was andere Leute von ihm träumten. So verließ er, weil er durch den Traum eines Freundes gewarnt worden war, bei Philippi sein Zelt, obgleich er wegen eines Unwohlseins ursprünglich nicht die Absicht gehabt hatte; und dies war zu seinem Glück, da das Lager vom Feinde genommen und seine Sänfte – man glaubte nämlich, daß er darin krank zurückgeblieben sei – von den stürmenden Feinden durchstoßen und zerrissen wurde. Er selbst litt den ganzen Frühling hindurch häufig an furchtbaren Träumen, die sich als leer und bedeutungslos erweisen sollten, im übrigen Jahr hatte er seltener Träume, die aber dafür öfter in Erfüllung zu gehen pflegten. So träumte ihm einmal in der Zeit, als er den von ihm auf dem Kapitol geweihten Tempel des Jupiter Tonans häufiger besuchte, der Kapitolinische Jupiter beklage sich, daß ihm seine Verehrer entzogen würden, worauf er die Antwort gegeben habe, der Tonans sei ihm ja nur als Türhüter beigegeben. Aus diesem Grunde ließ Augustus den Tempel des Jupiter Tonans am Giebel mit Glöckchen versehen, wie dergleichen gewöhnlich an den Haustüren hingen. Infolge eines nächtlichen Traumgesichts pflegte er auch alljährlich an einem bestimmten Tage das Volk um Almosen anzu-

---

[1] Kap. 29. – [2] Weil diese angeblich nicht vom Blitz getroffen wurde.

betteln und streckte jedem ihm Begegnenden die hohle Hand hin, damit ihm ein As hineingetan würde[1].

92. An bestimmte Vorbedeutungen und Wahrzeichen glaubte Augustus fest. Wenn man ihm morgens die Schuhe verkehrt, den linken statt des rechten, anzog, sah er darin eine sehr böse Vorbedeutung. Wenn an dem Morgen des Tages, an dem er zu Land oder zur See eine weite Reise antreten wollte, starker Tau gefallen war, erkannte er darin ein glückliches Zeichen für eine schnelle und gesunde Heimkehr. Aber auch ungewöhnliche Naturerscheinungen machten einen sehr großen Eindruck auf ihn. Eine vor seinem Hause aus den Fugen der Pflastersteine hervorgesproßte junge Palme verpflanzte er sofort in das Compluvium[2], wo die Hausgötter stehen, und trug alle erdenkliche Sorge für ihr Fortkommen. Als er erfahren hatte, daß auf der Insel Capri die schon welk zur Erde niederhängenden Zweige einer uralten Steineiche bei seiner Ankunft wieder neue Triebkraft gewonnen hätten, freute er sich darüber dermaßen, daß er der neapolitanischen Stadtgemeinde im Tausch für diese Insel die Insel Änaria[3] überließ. Auch auf bestimmte Tage achtete er sorgfältig; so trat er niemals am Tage nach den Nundinen eine Reise an und begann nichts Wichtiges am Tage der Nonen, und zwar aus keinem anderen Grunde als dem, wie er an Tiberius schreibt, daß ihn der unheilvolle Klang des Namens abschreckte[4].

93. Von ausländischen Religionsgebräuchen hielt er die

---

[1] 1 As etwa 25 Pfg. Die Gewohnheit läßt sich allenfalls als ein Opfer zur Abwendung von Schicksalsschlägen (Ring des Polykrates) erklären, aber nur schwer mit Kap. 57 vereinbaren, wird daher auch von anderen bezweifelt. Vielleicht liegt eine Verwechslung mit Caligula vor, vgl. dort Kap. 42. – [2] („Regenloch"), die Stelle, an der sich im römischen Atrium (dem Empfangsraum der Wohnung, dessen Decke offen war) das Regenwasser sammelte. – [3] Heute Ischia. – [4] Nundinae (von nonus dies), jeder 8. (nach römischer Rechnung 9.) Tag, Wochenmarkt; Nonae (ursprünglich der 9.) im Julianischen Kalender gewöhnlich der 5., im März, Mai, Juli, Oktober 7. Tag des Monats. Augustus leitete offenbar die Worte nicht von non... (neun), sondern von non (nein.) ab.

alten und vor langer Zeit eingeführten in dem Grade heilig,
wie er alle übrigen verachtete. In Athen hatte er sich z. B.
in die eleusinischen Mysterien einweihen lassen. Als er
später einmal in Rom in öffentlicher Gerichtssitzung über ein
Privileg der Priester der Attischen Ceres[1] zu erkennen hatte
und einige Geheimpunkte der Mysterien zur Sprache gebracht werden mußten, ließ er das Richterkollegium wie
die versammelten Zuhörer sich entfernen und verhörte
allein die streitenden Parteien. Dagegen hielt er es auf seiner
Reise durch Ägypten nicht der Mühe wert, einen kleinen
Umweg zu machen, um den Apisstier zu besuchen. Ausdrücklich belobte er auch seinen Enkel Gajus, weil er, als
er an Judäa vorüberfuhr, in Jerusalem nicht seine Andacht
verrichtet hätte.

94. Da ich einmal auf diese Dinge zu sprechen gekommen
bin, wird es nicht unpassend sein, gleich hier die Vorzeichen anzubringen, die vor und bei seiner Geburt sowie
später auf seine künftige Größe und sein ununterbrochenes
Glück deutlich hingewiesen haben.

In seiner Vaterstadt Velträ war schon vor alters an den
Einschlag eines Blitzes in einen Teil der Mauer die Weissagung geknüpft worden, ein Bürger dieser Stadt werde
einst die höchste Stelle im Staate einnehmen. Im Vertrauen
auf diese Deutung hatten die Bürger von Veliträ nicht nur
sofort, sondern auch später sehr häufig bis zur Gefährdung
ihrer Existenz mit den Römern Krieg geführt. Erst spät
erwiesen die Tatsachen, daß jenes Vorzeichen auf die Macht
des Augustus hingedeutet hätte.

Julius Marathus[2] überliefert, wenige Monate vor Octavians
Geburt sei an einem öffentlichen Ort zu Rom ein Wunderzeichen geschehen, durch welches verkündet wurde, die
Natur sei im Begriff, dem römischen Volke einen König
zu gebären; darauf hätte der hierdurch aufs höchste er-
schrockene Senat den Beschluß gefaßt, kein in diesem Jahr
geborenes Kind sollte lebend aufgezogen werden. Aber die

---

[1] Demeter, die Hauptgottheit dieser Mysterien. - [2] Der Kap. 79
erwähnte Freigelassene des Augustus.

Männer, deren Frauen schwanger waren, hätten dafür zu
sorgen gewußt, daß jener Senatsbeschluß keine Gesetzes-
kraft erhalten hätte; denn jeder habe die Erfüllung der
Weissagung auf seinen eigenen Sohn bezogen.

In den „Theologischen Abhandlungen" des Asklepiades
von Mendes[1] lese ich: Atia habe sich um Mitternacht zu
einem feierlichen Gottesdienst in den Tempel des Apollo
begeben und sei dort in ihrer Sänfte ein wenig eingeschla-
fen, während auch die anderen Frauen schliefen. Da sei
eine Schlange zu ihr in die Sänfte geschlüpft und hätte sich
bald darauf wieder entfernt. Aber sie selbst habe beim Er-
wachen das Gefühl gehabt, als ob ihr Mann den Beischlaf
mit ihr vollzogen, und sich gereinigt. Sofort habe sich an
ihrem Leib ein Flecken gezeigt, der wie eine große Schlange
aussah und nicht wegzubringen gewesen war, so daß Atia
künftighin in keinem öffentlichen Bad mehr zu baden
pflegte. Im zehnten Monat nach diesem Vorfall habe sie
Augustus geboren, der deswegen für einen Sohn Apollos
gegolten habe. Ebenso träumte Atia kurz vor ihrer Niederkunft, daß ihre Eingeweide zu den Gestirnen flögen, um
sich über den ganzen Himmel und die ganze Erde auszubreiten. Auch der Vater von Augustus, Octavius, träumte,
daß aus Atias Schoß der Strahlenglanz der Sonne aufgehe.

Am Tage der Geburt Octavians, als gerade über die Verschwörung Catilinas in der Kurie verhandelt wurde, kam
Octavius wegen der Niederkunft seiner Frau etwas zu spät
in die Sitzung. Als Publius Nigidius[2] – die Sache ist ja
allgemein bekannt – den Grund der Verzögerung und zugleich die Stunde der Geburt vernommen hatte, erklärte
er, in dieser Stunde sei der Herr der Welt geboren. Die
gleiche Versicherung erhielt Octavius später auch von den
Priestern, als er auf einem Heereszug durch abgelegene

---

[1] Asklepiades schrieb nach Suidas u. a. eine „Harmonie aller Re-
ligionen". Der wüste Aberglaube der Bewohner von Mendes im Nil-
delta wird auch sonst erwähnt. – [2] Publius Nigidius Figulus, Senator,
45 von Cäsar verbannt, „pythagoreischer" Mystiker, versuchte die
röm. Religion zu reformieren und mit dem, was er für Wissenschaft
hielt, in Einklang zu bringen.

Teile Thraziens in einem Hain des Liber pater[1] den bar-
barischen Kult über seinen Sohn befragte. Als nämlich der
Wein über den Altar floß, schlug eine gewaltig hohe Flamme
auf, die über das Tempeldach hinaus bis zum Himmel
emporstieg, ein Wunderzeichen, das, wie die Priester sag-
ten, in ähnlicher Weise nur noch Alexander dem Großen
bei seinem Opfer an den gleichen Altären zuteil geworden
sei[2]. Und gleich in der folgenden Nacht sah denn auch
Octavius seinen Sohn in übermenschlicher Größe, mit Blitz
und Szepter sowie mit den Prachtgewändern des Jupiter
Optimus Maximus und einer Strahlenkrone angetan, hoch
thronend auf einem lorbeerbekränzten Wagen, den zweimal
sechs glänzend weiße Rosse zogen.

Als ganz kleines Kind hatte ihn seine Amme, wie man bei
Gajus Drusus[3] lesen kann, eines Abends zu ebener Erde
in die Wiege gelegt, am anderen Morgen war er aber
plötzlich verschwunden. Nach langem Suchen fand man
den kleinen Octavian endlich auf einem hohen Turme, mit
dem Gesicht der aufgehenden Sonne zugewandt, liegen.

Als er zu sprechen begann, gebot er auf dem großelterlichen
Landgut in der Nähe Roms den gerade lärmenden Fröschen,
sie sollten schweigen, und seitdem sollen, wie man behauptet, die Frösche dort auch jetzt nicht mehr quaken. –Während
er beim vierten Meilensteine der Kampanischen Landstraße[4]
in einem Gehölz einmal sein Frühstück einnahm, riß ihm
unversehens ein Adler das Brot aus der Hand, schwang
sich damit hoch in die Lüfte und gab es ihm dann, sanft
niederschwebend, ebenso unerwartet wieder zurück.

Quintus Catulus hatte nach der Weihe vom Kapitol[5] in
den beiden nächsten Nächten folgende Träume: In der
ersten, Jupiter Optimus Maximus hätte von mehreren

---

[1] Der in Thrazien verehrte Bacchus. – [2] Auch die Erzählungen des
Asklepiades von Mendes (s. oben) legt einen Vergleich mit Alexander
d. Gr. nahe, dessen Mutter von Zeus Ammon in Gestalt einer Schlange
besucht worden sein sollte. Augustus selbst hat nie einen solchen
Glauben beansprucht, vgl. Kap. 52. – [3] Sonst unbekannt. Die Drusus
des Kaiserhauses führten nicht den Vornamen Gajus. – [4] Die Via
Appia. – [5] Vgl. Cäsar, Kap. 15.

Jungen, die in der Nähe seines Altars gespielt hätten, einen beiseite genommen und ihm das Bild der Göttin Roma, das er auf der Hand trug, in den Schoß gelegt. In der zweiten Nacht dagegen sah Catulus im Traum denselben Jungen auf dem Schoß des Kapitolinischen Jupiter sitzen. Als er die Tempeldiener ihn herunterziehen hieß, wehrte ihnen der Gott mit dem Bedeuten, der Knabe werde zum Schutze des Staates aufwachsen. Am folgenden Tag begegnete ihm Augustus, den er übrigens nie gesehen hatte, auf der Straße; mit großem Erstaunen äußerte Catulus bei seinem Anblick, er sei das leibhafte Abbild des Knaben, von dem er geträumt hätte.

Manche allerdings erzählen den ersten der beiden Träume des Catulus anders, nämlich so, als habe Jupiter mehreren Knaben, die ihn um einen Vormund gebeten hätten, einen aus ihrer Mitte mit dem Finger bezeichnet, dem sie alle ihre Wünsche mitteilen sollten; zugleich hätte er sein Gesicht mit der Hand gestreichelt und einen Kuß darauf gedrückt.

Als Marcus Cicero einmal Gajus Cäsar auf das Kapitol begleitet hatte, erzählte er gelegentlich seinen Freunden, er habe in der vergangenen Nacht geträumt, ein Knabe von lieblicher Gestalt werde an einer goldenen Kette vom Himmel herabgelassen und vor das Portal des Kapitolinischen Jupitertempels hingestellt. Jupiter habe ihm dann eine Geißel gereicht. Mitten in dieser Erzählung erblickte Cicero Augustus, der ihm wie den meisten Anwesenden noch unbekannt war und den sein Oheim Cäsar zu der Opferfeier hinzugezogen hatte. Cicero versicherte darauf, das sei der Knabe, dessen Bild ihm im Schlaf erschienen sei.

Als Augustus zum erstenmal die Männertoga angelegt hatte, fiel die breitverbrämte Tunika, deren Nähte auf beiden Seiten aufgegangen waren, zu seinen Füßen nieder. Dies deuteten manche Leute als Zeichen dafür, daß der Stand, dessen Auszeichnung in dem genannten Kleidungsstück bestand, einmal unter seine Herrschaft kommen werde[1].

---

[1] Der breite Purpurstreifen an Toga und Tunika war das Vorrecht des Senatorenstandes.

Bei Munda ließ der unter die Götter versetzte Julius (Cäsar) einen Wald niederhauen, um das Lager aufzuschlagen, befahl jedoch, einen darin gefundenen Palmbaum als gute Vorbedeutung für den Sieg stehen zu lassen. Ein Schößling, der sofort aus dieser Palme hervortrieb, wuchs in wenigen Tagen zu solcher Höhe empor, daß er nicht nur dem Mutterstamme gleich kam, sondern ihn sogar überwucherte. Eine Menge Tauben[1] bauten außerdem ihre Nester darauf, während doch sonst dieser Vogel Bäume mit harten und rauhen Blättern in der Regel zu meiden pflegt. Hauptsächlich durch dieses Vorzeichen soll Cäsar bestimmt worden sein, keinen andern als den Enkel seiner Schwester zu seinem Nachfolger zu wählen.

Während seiner Zurückgezogenheit in Apollonia war Augustus einmal in Begleitung Agrippas auf die Sternwarte des Astrologen Theogenes gestiegen. Als nun hier Agrippa, der den Astrologen zuerst befragt hatte, große, fast unglaubliche Dinge geweissagt bekam, verschwieg Octavian selbst hartnäckig seine Geburtsstunde und wollte sich nicht zu ihrer Angabe verstehen, und zwar aus Furcht und Scham, sie möchte sich als minder bedeutungsvoll herausstellen. Kaum aber hatte er sie auf vieles Zureden ungern und zögernd angegeben, als Theogenes aufsprang und ihm voller Verehrung zu Füßen fiel. Seitdem hatte Augustus so großes Vertrauen auf seinen Stern, daß er das Zeichen, in welchem er geboren war, öffentlich bekanntmachte und eine silberne Münze mit dem Bilde des Steinbockes schlagen ließ.

95. Als er nach Cäsars Ermordung von Apollonia zurückgekehrt war, zeigte sich plötzlich bei seinem Einzug in Rom am unbewölkten, heiteren Himmel ein Kreis um die Sonnenscheibe, der einem Regenbogen glich. Unmittelbar darauf wurde das Grabmal von Cäsars Tochter Julia durch einen Blitz getroffen. – In seinem ersten Konsulat zeigten sich ihm beim Beobachten des Vogelfluges zwölf Geier wie einst Romulus. Beim Opfer erschienen die Lebern aller

---

[1] Der Vogel der Venus, der Stammutter der Julier.

Opfertiere von unten her „doppelt"; dies konnte kein Kundiger anders deuten, als ein Vorzeichen für große und glückliche Erfolge.

96. Sogar über den Ausgang aller Kriege hatte Augustus Vorahnungen. Als die Triumvirn ihre Truppen bei Bononia[1] vereinigt hatten, setzte sich ein Adler auf sein Zelt und richtete zwei Raben, die ihn von beiden Seiten angriffen, so übel zu, daß sie zu Boden fielen. Diesen Vorgang deutete das ganze Heer auf den zwischen ihm und seinen Kollegen später wirklich eingetretenen Zwist und es ahnte den Ausgang. – Bei Philippi verkündete ihm ein Thessalier im Auftrage des göttlichen Cäsar, der ihm bei einer Wanderung durch eine öde Gegend erschienen sei, den bevorstehenden Sieg. – Bei Perusia versprach sein Opfer keinen günstigen Ausgang zu nehmen. Eben hatte er Befehl gegeben, noch weitere Opfertiere herbeizubringen, da nahmen bei einem plötzlichen Ausfall die Feinde alle Opfergeräte und Opfertiere weg. Sofort erklärten alle Zeichendeuter einmütig, die Gefahren und Unglücksfälle, welche Octavian beim Opfern verkündet worden seien, würden samt und sonders auf diejenigen zurückfallen, die jetzt die Eingeweide im Besitz hätten. Und genau so geschah es. – Am Tage vor der Seeschlacht bei Sizilien schnellte sich auf einem Spaziergang, den Octavian am Ufer unternommen hatte, ein Fisch aus der See und blieb vor seinen Füßen liegen. – Als er bei Aktium sich an Bord seiner zur Schlacht aufgestellten Flotte begab, begegnete ihm ein Eseltreiber mit seinem Esel; der Mann hieß Eutychus (d. h. Glückskind), das Tier Nikon (d. h. Sieger). Nach dem Siege errichtete er beiden ein ehernes Standbild in dem Tempel, den er auf der Stelle seines Lagers erbaut hatte.

97. Auch sein Tod, von dem ich weiterhin reden werde, und seine Erhebung zum Gott nach dem Tode sind ihm durch deutlichste Vorzeichen verkündet worden. Als er auf dem Marsfelde vor zahlreich versammeltem Volke das

---

[1] Das heutige Bologna.

Reinigungsopfer[1] verrichtete, flog ein Adler mehrmals um ihn herum und schwang sich dann auf den in der Nähe liegenden Tempel; dort setzte er sich über dem dort angebrachten Namen des Agrippa und zwar über dem ersten Buchstaben nieder[2]. Sobald Augustus diesen Vorgang bemerkt hatte, beauftragte er seinen Kollegen Tiberius, die üblichen Gelübde für die nächstfolgende Periode zu verkünden; denn trotzdem sie fertig aufgeschrieben vorlagen, wollte er, wie er sagte, kein Gelübde aussprechen, das er nicht mehr zu erfüllen in der Lage wäre. Zur gleichen Zeit wurde durch einen Blitzstrahl aus der Inschrift seiner Statue der erste Buchstabe seines Namens weggeschmolzen. Die befragten Zeichendeuter gaben zur Antwort, er werde nur noch hundert Tage leben, denn diese Zahl bedeutet der Buchstabe C, und er werde unter die Götter aufgenommen werden; *Äsar* nämlich, der Rest des Namens Cäsar, heiße auf etruskisch so viel wie Gott.

Da Augustus jetzt Tiberius zur Übernahme der Verwaltung nach Illyricum entsenden und bis Benevent[3] begleiten wollte, aber zahlreiche Leute ihn mit immer neuen Prozessen, die er entscheiden mußte, auf dem Richterstuhle festhielten, rief er aus: „Ich will jetzt nicht mehr länger in Rom bleiben, auch wenn alles sich verschworen hätte, mich hier festzuhalten." Auch dies sah man später als eine Vorahnung seines Todes an. – Nachdem er einmal die Reise angetreten hatte, kam er bis nach Astura[4]. Von hier fuhr er, um den günstigen Wind auszunutzen, ganz gegen seine Gewohnheit tief in der Nacht zu Schiff weiter, zog sich dabei einen Durchfall zu und legte so den Keim zu seiner Erkrankung. 98. Dann besuchte Augustus die Kampanische

---

[1] Das nach Beendigung eines Census stattzufinden hatte, hier das für den letzten Reichscensus des Augustus 13–14 n. Chr. (s. Kap. 27 Schluß). – [2] Einem M, der Abkürzung für den Namen Marcus und für das Wort Mors (Tod). – [3] Eine Stadt in Samnium, heute Benevento, bekannt durch den entscheidenden Sieg der Römer gegen den König Pyrrhus von Epirus (275 v. Chr.). – [4] Malariaverseuchtes Küstenstädtchen in Latium, in dem 1268 der letzte Hohenstaufe Konradin gefangen genommen wurde.

Küste und die nächsten Inseln, um darauf zu seiner Erholung vier Tage in aller Seelenruhe und heitersten Gemütes
auf seiner Lieblingsinsel Capri zu verleben.

Während er gerade an dem Golf von Puteoli vorbeifuhr,
riefen Passagiere und Matrosen eines eben erst eingelaufenen Schiffes aus Alexandria in Festkleidern, bekränzt und
unter Opfern von Weihrauch ihm ihre Glückwünsche laut
zu und brachen immer wieder aufs neue in überschwäng-
liche Lobpreisungen aus: „Unter Deinem Schutz leben
wir; unter Deinem Schutz treiben wir unsere Schiffahrt;
unter Deinem Schutz genießen wir Freiheit und Wohlstand!" Diese Kundgebung erfreute ihn dermaßen, daß er
jedem seiner Reisebegleiter vierzig Goldstücke[1] schenkte,
aber sich dabei von jedem einzelnen versprechen und
schwören ließ, die empfangene Summe ausschließlich auf
den Ankauf alexandrinischer Waren zu verwenden. Auch
an allen folgenden Tagen teilte er kleinere Geschenke verschiedener Art aus und dazu römische Togen und griechische Mäntel, und zwar unter der Bedingung, die Römer
sollten griechisch, die Griechen römisch sprechen und gekleidet gehen[2].

Ferner war Augustus ein eifriger Zuschauer der Turn- und
Sportspiele der griechischen Ephebenvereine, die von
alters her auf Capri zahlreich bestanden haben[3]. Augustus
gab ihnen sogar einen Schmaus, bei dem er selbst zugegen
war; hierbei ließ er nicht nur zu, sondern er forderte sie
sogar auf, sich alle auch noch so freien Scherze zu gestatten,
Obst, andere Eßwaren und die von ihm ausgestreuten Geschenke zu plündern. Mit einem Wort, er gab sich ganz
der Ausgelassenheit hin.

Die in der Nähe (des Golfes von Puteoli, s. o.) liegende Insel
Capri nannte er Apragopolis nach dem müßigen Leben, das

---

[1] Lat. aureus, offizieller Name des goldenen 25-Denarstückes im
Werte von 100 DM. – [2] Ein großer Teil der Bevölkerung war dort
noch griechisch. – [3] Amtliche Organisation der Jungmänner (Epheben) zur körperlichen Ertüchtigung, militärischen Ausbildung und
Vermittlung des Kameradschaftserlebnisses, unter dem Namen iuventus auch bei den Römern eingeführt.

einige Leute aus seinem Gefolge dort zu führen pflegten[1]. Er
hatte früher die Gewohnheit gehabt, einen seiner Lieblinge
mit Namen Masgaba mit dem griechischen Namen Ktistes[2]
zu benennen, als wäre er der Gründer der Insel gewesen.
Dieser Masgaba war ein Jahr zuvor gestorben. Als Augustus
nun von seinem Speisezimmer aus sah, daß dessen Grab
von einer größeren Menge Menschen mit vielen Fackeln
aufgesucht wurde, deklamierte er laut folgenden griechischen Vers aus dem Stegreif:

> Des Gründers Grabmal seh' ich hell im Feuerglanz.

Er wandte sich dann zu dem ihm gegenüberliegenden
Thrasyllus, einem Griechen aus dem Gefolge des Tiberius[3],
der von der ganzen Sache nichts wußte, und fragte ihn,
aus welchem Dichter seiner Ansicht nach der Vers wohl
sei. Da er es nicht anzugeben wußte, fügte Augustus sofort
einen zweiten hinzu:

> Du siehst mit Fackeln Masgaba verehrt

und fragte ihn nach dem Verfasser auch dieses Verses. Als
der so Gefragte nichts weiter erwiderte als, die Verse seien
vortrefflich, ganz gleich, wer der Dichter sei, lachte
Augustus hell auf und erging sich in zahlreichen Scherzen.
Später setzte er trotz seines Darmleidens und seines wech-
selnden Gesundheitszustandes nach Neapel über und wohnte
außerdem noch den ihm zu Ehren gestifteten, alle vier
Jahre gefeierten sportlichen Wettspielen bis zu Ende bei.
Darauf reisten er und Tiberius bis zu ihrem Bestimmungsort[4]. Aber auf der Rückreise verschlechterte sich sein Zustand derart, daß er sich schließlich in Nola[5] niederlegen
mußte. Dorthin ließ er Tiberius von seiner Reise zurück-
rufen und hatte eine lange geheime Unterredung mit ihm.
Nachher hat er sich mit keinem wichtigeren Geschäft mehr
befaßt.
99. An dem letzten Tag seines Lebens erkundigte er sich

---

[1] Griech. („Stadt der Nichtstuer"), deutsch etwa Schlaraffenland. –
[2] Städtegründer. – [3] S. Tiberius, Kap. 14, Anm. – [4] Benevent. – [5] Kampanische Stadt zwischen Benevent und Neapel.

wiederholt danach, ob das Volk auf der Straße über seinen Zustand schon beunruhigt sei, ließ sich einen Spiegel reichen, sein Haar kämmen und die herabsinkenden Kinnladen heraufziehen. An die Freunde, die er vorgelassen hatte, richtete er die Frage, ob sie nicht dächten, daß er seine Rolle in der Komödie des Lebens ganz artig gespielt hätte, und fügte dann die auf der Bühne übliche Schlußformel auf griechisch hinzu:

Hat das Ganze Euch gefallen, nun so klatschet unserm Spiel,
Und entlaßt uns freudig alle insgesamt mit Beifallruf![1]

Darauf verabschiedete er alle Anwesenden. Während er sich bei den eben aus Rom Eingetroffenen nach dem Befinden der kranken Tochter des Drusus erkundigte, verschied er plötzlich in den Armen seiner Gattin Livia mit den Worten: „Livia, gedenke unserer glücklichen Ehe und lebe wohl!" leicht und schmerzlos, wie er es sich immer gewünscht hatte. Denn fast stets, wenn er früher vernommen hatte, daß jemand schnell und ohne Qualen gestorben sei, bat er die Götter für sich und die Seinen um die gleiche „Euthanasie"[2] – denn dies griechische Wort pflegte er zu gebrauchen. Nur ein einziges Zeichen von Geistesabwesenheit machte sich bemerkbar, ehe er seinen Geist aufgab; denn er fuhr plötzlich erschreckt auf und klagte, er werde von vierzig Jünglingen fortgeschleppt. Auch das war indessen mehr eine Vorahnung als Irrereden; denn ebensoviel Soldaten seiner Leibgarde waren es, die seine Leiche hinaustrugen.

100. Augustus starb im gleichen Zimmer wie sein Vater Octavius, unter dem Konsulat der beiden Sextus, des Pompejus und des Appulejus, am 19. August in der neunten

---

[1] Aus einem nicht weiter bekannten attischen Lustspiel. – Über das, was Augustus damit sagen will, gehen die Meinungen auseinander. Hauptdeutungen: „Ich habe meine Aufgabe gut erfüllt", „Mein ganzes Tun war nur Komödienspiel", „Nehmt meinen Tod nicht zu wichtig". Nach einem in der damaligen Philosophie oft geäußerten Gedanken hatte der Mensch eine ihm nach göttlicher Bestimmung zugeteilte Rolle zu spielen. – [2] D. i. ein leichter, schmerzloser Tod.

Tagesstunde, fünfunddreißig Tage vor seinem sechsund-
siebzigsten Geburtstag[1].

Seine Leiche trugen die Senatoren der Munizipien und
Kolonien[2] von Nola bis nach Bovillä[3], und zwar der heißen
Jahreszeit wegen bei Nacht; tagsüber wurde sie in der
Basilika[4] oder in dem Haupttempel einer jeden Stadt niedergesetzt. Von Bovillä an übernahmen Angehörige des Ritterstandes die Leiche und trugen sie in die Stadt; hier wurde
sie im Vestibül seines Palastes aufgebahrt.

Der Senat ging in seinen Bemühungen um die prächtige
Ausstattung des Leichenbegängnisses und um die Verherr-
lichung von Augustus' Andenken so weit, daß unter vielem
anderen einige Senatoren den Antrag stellten, der Leichenzug sollte durch das Triumphtor[5] ziehen, das Bild der
Victoria, das in der Kurie steht, ihm vorangetragen werden und Kinder aus den vornehmsten Familien, Knaben
und Mädchen, sollten das Trauerlied singen. Andere beantragten, am Tage der Beisetzung die goldenen Ringe abzulegen und dafür eiserne zu tragen; noch andere, seine Gebeine durch die Priester der obersten Kollegien aufsammeln
zu lassen. Einer schlug sogar vor, den Namen des Monats
August auf den September zu übertragen, weil Augustus
in diesem geboren, in jenem gestorben sei; ein weiterer
endlich, den ganzen Zeitabschnitt vom Tage seiner Geburt
bis zu seinem Tode Augusteisches Zeitalter zu nennen und
unter diesem Namen im Kalender einzutragen. Doch beobachtete man schließlich Maß in den Ehrungen. Es wurden

---

[1] 14 n. Chr. zwischen 14 und 15 Uhr – [2] *Munizipien:* Ursprünglich
selbständige Städte der Bundesgenossen mit Selbstverwaltung und
seit dem Bundesgenossenkrieg römischem Vollbürgerrecht. Plan-
mäßige Neuordnung durch Cäsar. *Kolonien,* hervorgegangen aus An-
siedlungen römischer Bürger in unterworfenen Gebieten, meist zu
militärischen Zwecken. Der Unterschied zwischen beiden schwindet
allmählich. – [3] Vorort Roms, an der Via Appia, etwa 15 km entfernt, im
Gottesdienst Nachfolger von Alba Longa und Sitz der Familienheilig-
tümer der Julier. – [4] Griech. („Königsbau"), Stadthallen für Markt-
und Gerichtszwecke. Vgl. „Wörterbuch der Antike", Art. „Basilica". –
[5] Das Tor, durch das die triumphierenden Feldherren einzogen.

zwei Leichenreden auf ihn gehalten, die eine von Tiberius
vor dem Tempel des vergötterten Julius (Cäsar), die andere
von dem Sohn des Tiberius, Drusus, auf der alten Rednerbühne des Forums[1]. Senatoren trugen die Leiche auf ihren
Schultern zum Marsfeld, wo die Verbrennung vor sich
ging. Es fand sich auch ein Mann – er stand im Range eines
Prätors –, der eidlich bezeugte, er habe die Gestalt des
Verbrannten zum Himmel emporsteigen sehen. Seine sterb-
lichen Reste sammelten die vornehmsten Mitglieder des
Ritterstandes, in der bloßen Tunika, ohne Gürtel und mit
nackten Füßen, und setzten sie im Mausoleum[2] bei. Diesen
Bau hatte Augustus zwischen der Flaminischen Straße und
dem Tiberufer in seinem sechsten Konsulat (28 v. Chr.) errichtet und die darum angelegten Parks und Promenaden-
wege schon damals zur Benutzung dem Volke freigegeben.

101. Sein Testament hatte Augustus ein Jahr und vier
Monate vor seinem Tode, am dritten April unter dem
Konsulat des Lucius Plancus und Gajus Silius errichtet und
in zwei Ausfertigungen teils eigenhändig niedergeschrieben,
teils von seinen Freigelassenen Polybius und Hilarion
schreiben lassen. Die Vestalinnen, bei denen es niedergelegt
war, händigten es jetzt mit noch drei anderen in gleicher
Weise versiegelten Schriftrollen aus. Diese Schriftstücke
wurden sämtlich im Senat eröffnet und vorgelesen. Als
erste Erben setzte Augustus den Tiberius mit der Hälfte
und einem Sechstel[3] und Livia mit einem Drittel[4] ein; beide
sollten auch seinen Namen führen[5]. Als Erben zweiten

---

[1] Der Cäsartempel stand an der südöstlichen Schmalseite des Forum Romanum, die alte Rednerbühne war von der nordöstlichen
Langseite nach der nordwestlichen Schmalseite verlegt worden. –
[2] Der nach dem als Weltwunder betrachteten Grabmal König Mauso-
lus' von Karien benannte Rundbau (vgl. Art. ,,Mausoleum" im
Wörterbuch der Antike) wurde von allen Kaisern bis auf Trajan als
Erbbegräbnis benutzt. Heute ist ein großer Konzertsaal in ihn einge-
baut (das ,,Augusteo" am Corso). – [3] $= {}^{7}/_{12}$. – [4] $= {}^{4}/_{12}$. – [5] Der Kaiser
legte dadurch dem Senat nahe, sie auch als Nachfolger in seiner poli-
tischen Machtstellung anzuerkennen, zumal der Staat dauernd auf
Zuschüsse aus dem Vermögen des Augustus angewiesen war.

Ranges den Sohn des Tiberius, Drusus, mit einem Drittel[1], mit den übrigen Teilen Germanicus und seine drei lebenden Söhne; an dritter Stelle seine Verwandten und zahlreichen Freunde. Dem römischen Volk als Ganzem vermachte er vierzig Millionen Sesterzen, den städtischen Tribus dreiundeinehalbe Million, jedem Prätorianer tausend, jedem Soldaten der städtischen Kohorten fünfhundert und jedem Legionssoldaten dreihundert Sesterzen[2]. Die ganze Summe sollte sofort in bar ausbezahlt werden; denn er hatte sie zu diesem Zweck in seiner Kasse stets besonders aufbewahrt. Die übrigen Legate waren in verschiedener Höhe, einige erreichten zwanzigtausend Sesterzen[3]. Zu ihrer Ausbezahlung bestimmte er ein Jahr Frist, was er mit der Kleinheit seines Vermögens entschuldigte. Ferner bekannte er ganz offen, daß auf seine Erben nur hundertfünfzig Millionen kommen würden, obwohl er im Laufe der letzten zwanzig Jahre vierzehnhundert Millionen[4] durch die Vermächtnisse seiner Freunde empfangen hätte; doch hätte er diese Summe fast ganz wie seine beiden väterlichen und auch noch einige weitere Erbschaften zum Wohle des Staates verwandt. – Die beiden Julien, seine Tochter und seine Enkelin, verbot er nach ihrem Tode in seinem Grabmal beizusetzen.

Von den drei anderen Schriftstücken enthielt eins alle Anordnungen über seine Bestattung, das zweite ein Verzeichnis seiner Taten, welches in Tafeln von Erz graviert und vor seinem Mausoleum aufgestellt werden sollte[5], das dritte eine statistische Übersicht über das ganze Reich, die Stärke der Truppenteile in den verschiedenen Provinzen, die Summe des im Staatsschatz, in den kaiserlichen Kassen und an Zoll- und Steuereinkünften vorhandenen Geldes. Ferner hatte er auch die Namen der Freigelassenen und Sklaven beigefügt, von denen man über die Einzelheiten Auskunft einholen könnte[6].

---

[1] Des noch übrigen Zwölftels. – [2] In DM: 40 Millionen, 3,5 Millionen, 1000, 500, 300. – Städtische Kohorten s. Kap. 4, Anm. – [3] 20000 DM. – [4] Etwa 150 Millionen und 1,4 Milliarden DM. – [5] Das Monumentum Ancyranum, s. Kap. 85, Anm. – [6] Diese Listen gehörten wohl zum Staatshaushaltbuch, vgl. Kap. 28, Anm.

TIBERIUS

1. Das patrizische Geschlecht der Claudier – es gab nämlich auch noch ein plebejisches, das jenem an Macht und Ansehen nicht nachstand – stammt aus dem Sabinerstädtchen Regilli. Von dort wanderte es mit einer großen Schar Klienten unter Führung des Titus Tatius, des Mitregenten des Romulus, nach dem neugegründeten Rom aus, oder richtiger erst unter dem Stammoberhaupt Atta Claudius etwa sechs Jahre nach Vertreibung der Könige[1]. Es wurde vom Senat unter die patrizischen Geschlechter aufgenommen und erhielt außerdem von Staats wegen für seine Klienten ein Stück Land jenseits des Anio sowie für sich selbst einen Begräbnisplatz am Fuße des Kapitols.

Im Laufe der Zeit bekleideten die Angehörigen dieses Geschlechts achtundzwanzigmal das Konsulat, fünfmal die Diktatur, siebenmal das Censoramt und feierten sechs große und zwei kleine Triumphe. Von den verschiedenen Vor- und Zunamen, nach welchen sich die einzelnen Zweige unterscheiden, schloß es einstimmig den Vornamen Lucius aus, seitdem zwei Angehörige, die diesen Namen geführt hatten, der eine des Straßenraubes, der andere des Mordes überführt worden waren. Dagegen nahm es unter die Beinamen den Zunamen Nero auf, der auf sabinisch soviel wie „tapfer und entschlossen" bedeutet.

Tiberius Claudius Nero, durch Adoption (4 n. Chr.) Tiberius Julius Cäsar, als Kaiser Tiberius Cäsar Augustus, geb. 16. 11. 42 v. Chr., gest. 16. 3. 37 n. Chr., seit der Adoption durch Augustus Mitinhaber der tribunizischen Gewalt (s. Augustus, Kap. 27, Anm.). Seit 13 n. Chr. in gewissem Grade Mitregent (auch Kollege im Censoramt, s. Augustus, Kap. 97), 14 n. Chr. Kaiser.
[1] Ins Jahr 510 v. Chr. gelegt.

2. Viele Claudier haben sich außerordentliche Verdienste um den Staat erworben, viele dagegen ihm auch Schaden zugefügt. Um nur das Bedeutendste anzuführen, so war es Appius (Claudius) Cäcus, der von einem Bündnis mit König Pyrrhus als für den Staat unheilvoll abriet[1]. Claudius Caudex war der erste, der mit einer Flotte über die Meerenge setzte und die Punier aus Sizilien vertrieb. Claudius Nero schlug und vernichtete den von Spanien mit großer Heeresmacht heranrückenden Hasdrubal, ehe er sich mit seinem Bruder Hannibal vereinigen konnte[2]. Dagegen veranlaßte Claudius Regillianus, einer der Decemvirn, welche mit der Aufzeichnung der Gesetze betraut waren[3], eine abermalige Trennung der Plebejer von den Patriziern, weil er eine freigeborene Jungfrau zur Befriedigung seiner Lüste mit Gewalt zu seiner Sklavin machen wollte. Claudius Drusus ließ sich bei Forum Appii eine Statue mit königlichem Diadem errichten und versuchte, sich mit Hilfe seiner Klienten zum Herrn von Italien zu machen[4]. Claudius Pulcher ließ bei Sizilien die Hühner, die bei den Auspizien kein Futter nehmen wollten, unter Verhöhnung der Religion ins Meer werfen, damit sie saufen möchten, wenn sie nicht fressen wollten, und begann so die Seeschlacht. Er wurde in ihr geschlagen.

---

[1] Appius Claudius Cäcus (der „Blinde" – „die Götter blendeten ihn wegen seiner unzeitigen Weisheit", Mommsen, Röm. Gesch. I, S. 455), der erste und noch lange der einzige persönlich voll erkennbare Römer (etwa 350 bis nach 280 v. Chr.). Berühmt seine Censur 312 durch zahlreiche Reformen auf allen Gebieten des Staatslebens (Via Appia). Er begann seine Rede gegen den Frieden mit Pyrrhus: er habe bisher nur seine Blindheit bedauert, aber jetzt wünschte er auch taub zu sein. – [2] Caudex, sonst kaum bekannt, Überfahrt nach Sizilien und Sieg über die Karthager 264 v. Chr. als Konsul. – Gajus Claudius Nero im zweiten Punischen Krieg 207 Mitsieger am Metaurus gegen Hasdrubal. – [3] Der „Zwölftafelgesetze", einem der ältesten römischen Sprachdenkmäler. – [4] Der Beiname Drusus wohl verderbte Lesart; er kommt bei Claudiern sonst erst seit dem Bruder des Kaisers Tiberius vor. Der Name wird daher von den Gelehrten meist geändert. – Forum Appii („Appiusmarkt") von Appius Claudius Cäcus (s. o.) an der Via Appia in den damals schon bestehenden Pontinischen Sümpfen angelegt, heute Forappi, nicht weit von Littoria.

TIBERIUS

Als infolgedessen der Senat ihn aufforderte, einen Diktator zu ernennen, trieb er zum zweiten Male mit der Gefahr des Staates gleichsam seinen Spott; denn er ernannte seinen Amtsdiener Glycias dazu[1].

Die Frauen dieses Geschlechts waren gleichfalls verschiedener Art, da die beiden bekannten Claudien doch aus dem gleichen Geschlecht stammen. So war es die eine Claudia, die das mit den heiligen Geräten der Idäischen Göttermutter[2] in dem Tiber auf einer Untiefe festgefahrene Schiff aus dieser wegzog, nachdem sie laut gebetet: So gewiß sie eine Jungfrau sei, möge das Schiff wieder flott werden! Es war die zweite Claudia, die wegen Beleidigung der Majestät des Volkes – dies war bei einer Frau unerhört – vor Gericht gezogen wurde; denn als ihr Wagen einmal bei einem großen Gedränge sich nur langsam fortbewegen konnte, hatte sie laut den Wunsch geäußert: „Wenn doch mein Bruder Pulcher wieder lebendig werden und aufs neue eine Flotte verlieren könnte, damit des Gesindels in Rom weniger würde!"

Außerdem ist allgemein bekannt, daß sämtliche Claudier mit der einzigen Ausnahme des Publius Clodius, der um Ciceros Verbannung durchzusetzen, sich von einem Plebejer, der obendrein noch jünger als er war, hatte adoptieren lassen[3], allezeit überzeugte Aristokraten und fanatische Verteidiger des Machteinflusses der Patrizier gewesen sind. Sie traten dem Volke gegenüber stets so gewalttätig und starrköpfig auf, daß keiner von ihnen als Angeklagter, wenn es auch um sein Leben ging, es über sich gewinnen konnte, vor dem Volk in Trauerkleidern zu erscheinen und es um Gnade zu bitten. Ja, manche vergriffen sich im Verlaufe eines Wortwechsels sogar tätlich an den Volkstribunen.

---

[1] Publius Claudius Pulcher (der „Schöne"), Konsul 249 v. Chr., für sein oben gerügtes Verhalten wegen Hochverrats angeklagt, starb in der Verbannung. Die Seeschlacht war ein Überfall auf die im Hafen von Drepana (heute Trapani auf Sizilien) liegende karthagische Flotte. – [2] Die in Kleinasien auf Bergen (z. B. dem Götterberge Ida) in zügellosester Weise angebetete Kybele wurde im Hannibalischen Kriege 204 in Rom eingeführt, die Teilnahme am Gottesdienst jedoch bald darauf den römischen Bürgern wieder verboten. – [3] Vgl. Cäsar, Kap. 20.

Eine Claudia, die Vestalin war, stieg sogar zu ihrem Bruder, der ohne Erlaubnis des Volkes einen Triumphzug
hielt, auf den Wagen und begleitete ihn bis zum Kapitol,
damit kein Tribun sich das Recht nehmen konnte, den Zug
durch sein Veto oder sein Einschreiten aufzuhalten.

3. Von einem solchen Geschlecht leitet Tiberius Cäsar seine
Abkunft her, und zwar von väterlicher wie von mütterlicher
Seite. Das Geschlecht seines Vaters geht zurück auf Tiberius
Nero, das seiner Mutter auf Appius Pulcher; beide waren Söhne des Appius Cäcus. Er gehörte auch zu der Familie der Livier,
weil sein Großvater mütterlicherseits durch Adoption in diese
aufgenommen worden war. Die Familie war zwar plebejisch,
stand aber dennoch in hohem Ansehen; denn sie hatte acht
Konsuln, zwei Censoren, drei Triumphatoren, desgleichen
einen Diktator und einen Magister Equitum unter ihren Ahnen aufzuweisen. Berühmt war sie ferner durch hervorragende
Männer, vor allem durch Salinator und die Drususse.

Salinator[1] brandmarkte als Censor sämtliche Tribus mit
dem Tadel der Leichtfertigkeit, weil sie ihn, den sie nach
seinem ersten Konsulat im Staatsgericht verurteilt und mit
einer Geldstrafe belegt, trotzdem zum zweitenmal zum
Konsul und zum Censor gewählt hätten. Drusus erhielt
diesen Beinamen für sich und seine Nachkommen, weil er
im Zweikampf den feindlichen Führer Drausus niedergeschlagen hatte[2]. Auch soll er als Proprätor aus der Provinz Gallien das Gold zurückgebracht haben, das einst den
Senonen bei der Belagerung des Kapitols ausgezahlt und
ihnen nicht, wie die Sage geht, von Camillus wieder abgenommen worden war. Sein Urenkel erhielt wegen der
wichtigen Dienste, die er gegen die Gracchen geleistet
hatte, den Namen „Schirmherr des Senates"; er hinterließ
einen Sohn. Obwohl dieser in einer Zeit ähnlicher innerer

---

[1] Marcus Livius Salinator, Konsul 219 und 207 v. Chr., das zweite
Mal zusammen mit Gajus Claudius Nero (s. Kap. 2, Anm.). Mitsieger am Metaurus, führte 204 v. Chr. als Censor eine Salzsteuer ein,
daher sein Beiname („Salzer"). – [2] Der Name soll keltisch sein; der
erste Livius Drusus lebte nach 250 v. Chr. – Zerstörung Roms durch
die Gallier und Sieg des Camillus 390 v. Chr. (?).

Spaltung seine Politik möglichst den Umständen und Verhältnissen anzupassen gesucht hatte, wurde er dennoch von
der Gegenpartei durch Meuchelmord beseitigt[1].

4. Tiberius' Vater, Nero, war Quästor unter Gajus (Julius)
Cäsar gewesen und hatte als Befehlshaber der Flotte im
Alexandrinischen Kriege viel zum Siege beigetragen. Da-
her wurde er auch an Stelle des Publius Scipio als Pontifex eingesetzt und mit der Anlage von Kolonien in Gallien,
unter Anderen in Narbo und Arelate[2], beauftragt. Trotzdem beantragte er nach Cäsars Ermordung, als alle im
Senat aus Furcht vor Unruhen auf Erlaß einer Amnestie
drangen, sogar noch eine Belohnung der Tyrannenmörder.
Als darauf am Ende des Jahres seiner Prätur zwischen den
Triumvirn Streitigkeiten ausbrachen, behielt er seine amtliche
Würde widerrechtlich über die gesetzliche Zeit hinaus. Er
folgte dem Konsul Lucius Antonius, dem Bruder des Triumvirn, bis nach Perusia[3]. Als bereits alle übrigen sich ergeben
hatten, blieb er allein der Partei treu. Er floh zuerst nach Präneste, dann nach Neapel. Als er hier ohne Erfolg die Sklaven
durch das Versprechen der Freiheit aufzuwiegeln versucht
hatte, flüchtete er weiter nach Sizilien. Aber aus Ärger darüber, daß ihn Sextus Pompejus nicht sogleich vor sich ließ
und ihm das Führen der Fasces untersagte, segelte er zu
Marcus Antonius nach Achaja hinüber. Mit ihm kehrte er
ein wenig später nach allgemeinem Friedensschluß nach
Rom zurück. Hier mußte er seine Frau Livia Drusilla, die
damals schwanger war und ihm früher bereits einen Sohn
geboren hatte, an Augustus auf dessen Wunsch abtreten[4].

---

[1] Marcus Livius Drusus d. Ä., 122 v. Chr. Volkstribun, dessen weitgehende volksfreundliche Anträge der Senat gegen die Reformen
des Gajus Gracchus ausspielte, Konsul 112. Sein gleichnamiger
Sohn, Volkstribun 91 v. Chr.; sein Reformplan sollte u. a. den
Bundesgenossen das Bürgerrecht verschaffen, seine Ermordung (trotz
der Unantastbarkeit der Tribunen) war der Anlaß zum Bundesgenossenkrieg (s. Cäsar, Kap. 8, Anm.). – [2] Alexandrinischer Krieg
(48–47 v. Chr.). S. Cäsar, Kap. 35. Narbo und Arelate heute Narbonne
und Arles in Südfrankreich. Nero siedelte hier die Veteranen zweier
Legionen Cäsars an. – [3] S. Augustus, Kap. 14. Die Prätur war 31. Dez.
42 abgelaufen. – [4] 39–38 v. Chr. S. Augustus, Kap. 62, Anm.

Kurze Zeit darauf starb er und hinterließ zwei Söhne,
Tiberius und Drusus, beide Nero genannt (Tiberius Claudius Nero und Nero Claudius Drusus)[1].

5. Einige geben Fundi[2] als Geburtsort des Tiberius an. Als
allerdings sehr wenig stichhaltigen Grund hierfür führen
sie als Tatsache auf, daß seine Großmutter mütterlicherseits aus dem Ort stammte und daß später auf Senatsbeschluß eine Statue der Glückseligkeitsgöttin dort öffentlich aufgestellt worden sei. Aber wie die meisten und bei
weitem zuverlässigsten Schriftsteller überliefern, ist Tiberius in Rom auf dem Palatin am 16. November im Konsulate des Marcus Ämilius Lepidus, der dies Amt zum
zweitenmal bekleidete, und des Lucius Munatius Plancus
nach Beendigung des Krieges von Philippi geboren. So
steht es auch in den Jahrbüchern und in den Tagesberich-
ten. Doch gibt es Schriftsteller, die ihn teils ein Jahr früher
unter den Konsuln Hirtius und Pansa, teils ein Jahr später
im Konsulat des Servilius Isauricus und Lucius Antonius
geboren werden lassen[3].

6. Seine erste Kindheit und Knabenzeit war überreich an
Mühsal und Beschwerden; denn er mußte seine Eltern
überallhin auf ihrer Flucht begleiten. Zweimal hätte er sie
durch sein Weinen beinahe den Verfolgern verraten, als

---

[1] Der schon während der zweiten Ehe der Mutter 38 v. Chr. im Hause
des Augustus geborene jüngere Sohn erhielt also nicht den Beinamen
der väterlichen, sondern den der mütterlichen Familie. Von Augustus
den anderen Kindern vorgezogen, seit 15 v. Chr. als Feldherr erst in
Rätien, dann im rechtsrheinischen Germanien siegreich (s. Augustus,
Kap. 21, Anm.), infolge Unfalls 9 v. Chr. gestorben und im Mausoleum
des Augustus (s. Augustus, Kap. 100, Anm.) beigesetzt. Angeblicher
Triumphbogen in Rom und Grabdenkmal in Mainz (Eigelstein), noch
in Trümmern erhalten, vgl. Claudius, Kap. 1 und „Wörterbuch der Antike" unter „Drusus". – [2] Kleinstadt an der Via Appia, heute Fondi bei
Terracina. – [3] Lepidus (89–12 v. Chr.), der im Leben des Augustus
mehrfach erwähnte Triumvir und Pontifex Maximus (s. a. Cäsar, Kap. 82,
Anm.). – Munatius Plancus s. Augustus, Kap. 7, Anm. – Aulus Hirtius
und Gajus Vibius Pansa s. Cäsar, Kap. 56, Anm. und Augustus, Kap. 10. –
Servilius Isauricus s. Augustus, Kap. 62, Anm. – Lucius Antonius s.
Augustus, Kap. 14 und 15. – Es handelt sich um die Jahre 43, 42, 41.

sie bei Neapel bei einem Überfall der Feinde sich heimlich auf ihr Schiff retten wollten; einmal, als er von der Brust seiner Amme und dann, als er aus den Armen seiner Mutter mit Hast fortgerissen wurde, da man in diesem kritischen Augenblick der Gefahr den schwachen Frauen ihre Last abnehmen wollte. Auch durch Sizilien und Achaja wurde er mitgeschleppt und den Lazedämoniern, deren Schutzherren die Claudier waren, von Staats wegen empfohlen. Als man sich dort bei Nacht auf den Weg machte, geriet er in Lebensgefahr; in einem Wald brach nämlich plötzlich von allen Seiten eine Feuersbrunst aus, welche die ganze Gesellschaft so dicht einschloß, daß ein Teil der Kleider Livias und ihr Haar versengt wurden. Die Geschenke, welche Tiberius von der Schwester des Sextus Pompejus, Pompeja, in Sizilien erhalten hatte, ein Kleidchen mit einer Spange, ebenso goldene Amulettkapseln[1], sind noch erhalten und werden noch heute in Bajä gezeigt. Als er mit seinen Eltern nach Rom zurückgekehrt war, wurde er von dem Senator Marcus Gallius durch Testament adoptiert; er trat zwar die Erbschaft an, legte aber den Namen bald wieder ab, weil Gallius auf seiten der Gegner des Augustus gestanden hatte.

Als Kind von neun Jahren hielt er auf seinen verstorbenen Vater auf dem Forum die Leichenrede[2]. Bei seinem Eintritt ins Jünglingsalter begleitete er dann beim Aktischen Triumph den Wagen des Augustus auf dem äußeren linken Pferde, während Marcellus, der Sohn Octavias, auf dem äußeren rechten ritt[3]. Er hatte ferner den Vorsitz bei den in der Hauptstadt zu Ehren des Bacchus gefeierten Spielen und führte bei dem Trojaspiel[4] im Zirkus die Reiterschar der älteren Knaben.

---

[1] Solche Kapseln trugen alle Kinder guter Herkunft, s. Cäsar, Kap. 84, Anm. - [2] 33 v. Chr. - [3] 29 v. Chr., nach der Rückkehr des Kaisers aus Ägypten (s. Augustus, Kap. 22). - Der Triumphwagen war nebeneinander mir vier Pferden bespannt; der schlechtere Platz des Tiberius „ein prototypisches Bild für seine Karriere unter Augustus" (Kornemann, Kaiser Tiberius, S. 81 in „Erbe der Alten" II, 24). - Marcellus s. Augustus, Kap. 63. - [4] Vgl. Cäsar, Kap. 39, Anm., Augustus, Kap. 43.

7. Nachdem er die Männertoga angelegt hatte, verlebte er seine Jugend und die Zeit darauf bis zu seinem Regierungsantritt etwa folgendermaßen: Zunächst gab er zum Andenken seines Vaters ein Gladiatorenspiel, ein zweites für seinen Großvater Drusus, und zwar zu verschiedenen Zeiten und an verschiedenen Orten, das erste auf dem Forum, das zweite im Amphitheater. Hierbei ließ er auch Fechter, welche bereits ehrenvoll verabschiedet waren, Mann für Mann für einen Sold von hunterttausend Sesterzen[1] wieder auftreten. Auch sonstige Spiele gab er, aber in seiner Abwesenheit. Hier ging alles auf Kosten seiner Mutter und seines Stiefvaters sehr prächtig zu.

Tiberius heiratete Agrippina, eine Tochter des Marcus Agrippa und Enkelin des römischen Ritters Cäcilius Atticus, an den Ciceros bekannte Briefe gerichtet sind[2]. Sie hatte ihm einen Sohn Drusus geboren. Obgleich er glücklich mit ihr lebte und sie aufs neue von ihm guter Hoffnung war, sah er sich gezwungen, sie zu verstoßen und unmittelbar darauf des Augustus Tochter Julia zu heiraten. Dies bereitete ihm großen Kummer, da er an Agrippina sehr hing, während er sich von Julias Lebenswandel abgestoßen fühlte[3]. Er wußte nämlich – es war auch eine allgemein bekannte Tatsache –, daß sie schon zu Lebzeiten ihres früheren Mannes ein Auge auf ihn geworfen hatte. Auch nach der Scheidung empfand er über Agrippinas Verstoßung heftigen Schmerz. Das einzige Mal, wo er sie bei einer zufälligen Begegnung erblickte, schaute er ihr tränenden Auges unverwandt nach. Seitdem wachte man ängstlich darüber, daß sie ihm nie wieder zu Gesicht kam.

---

[1] 100 000 DM. – [2] Die erste Gattin des Tiberius wird gewöhnlich zum Unterschied von zwei anderen Agrippinen der julisch-claudischen Familie (s. Stammtafel) mit ihrem Geschlechtsnamen Vipsania genannt. – Marcus Agrippa s. Augustus, Kap. 16, Anm. – Titus Pomponius Atticus, der bekannte Freund, Verleger und Bankier Ciceros, durfte sich als Adoptivsohn seines Oheims Quintus Cäcilius auch Cäcilius nennen. – [3] S. Augustus, Kap. 63–65. Tod Agrippas, des Gatten Julias, und Scheidung des Tiberius 12 v. Chr., Hochzeit des Tiberius mit Julia 11 v. Chr.

Mit Julia lebte er anfangs in Eintracht und ihre Neigung beruhte auf Gegenseitigkeit. Bald aber zerfiel er mit ihr, und zwar so heftig, daß er sich für immer von ihrem Lager schied, als das Pfand ihrer gegenseitigen Liebe, ein in Aquileja geborener Sohn, im Kindesalter starb. – Seinen Bruder Drusus verlor er in Germanien, die Leiche überführte er nach Rom, wobei er auf dem ganzen Wege ihr zu Fuß voranging[1].

8. Seine ersten Versuche öffentlicher Betätigung waren folgende: Er verteidigte den König Archelaus, die Bewohner von Tralles und die Thessalier in verschiedenen Prozessen vor dem Richterstuhl des Augustus. Für die Bewohner von Laodizea, Thyatira und Chios, die durch ein Erdbeben gelitten hatten und den Staat um Hilfe angingen, verwendete er sich beim Senat[2]. Fannius Cäpio, der sich mit Varro Murena in eine Verschwörung gegen Augustus eingelassen hatte[3], klagte er vor Gericht auf Hochverrat an und bewirkte seine Verurteilung. Daneben besorgte er noch die Zufuhr des Brotkorns, als sie einmal spärlich geworden war, und unterwarf die Arbeitshäuser der Sklaven in ganz Italien einer scharfen Untersuchung. Ihre Besitzer nämlich waren in den häßlichen Verdacht geraten, daß sie insgeheim Menschenraub trieben, und zwar nicht allein an Reisenden, sondern auch an solchen Leuten, welche die Furcht vor dem Eintritt in das Heer in derartige Schlupfwinkel getrieben hatte[4].

9. Seine ersten Kriegsdienste leistete Tiberius als Kriegstribun im Kantabrischen Feldzug. Dann führte er ein Heer in den Orient, setzte Tigranes wieder in sein Königreich Armenien ein und krönte ihn vor seinem Feldherrntribunal mit dem Diadem. Er empfing ferner die Feldzeichen zurück, welche die Parther Crassus abgenommen hatten. Darauf stand er beinahe ein Jahr lang an der Spitze der Provinz Gallia Comata, die durch Einfälle von Barbaren

---

[1] Drusus s. Kap. 4, Anm., Claudius, Kap. 1. – [2] König Archelaus von Kappadozien. – Tralles, Laodizea, Thyatira (lydische) Städte der Provinz Asia; Chios, Insel im Ägäischen Meer. – [3] S. Augustus, Kap. 19. – [4] S. Augustus, Kap. 32.

und innere Unruhen heimgesucht wurde. Später führte er
Krieg gegen Rätien und Vindelizien, hierauf gegen Pannonien und endlich gegen Germanien[1]. Im Kriege gegen
Rätien und Vindelizien unterwarf er die Alpenvölker, im
Pannonischen die Breuker und Dalmater, im Kriege mit
den Germanen führte er vierzigtausend Unterworfene über
den Rhein nach Gallien und wies ihnen am linken Rheinufer Wohnsitze an. Wegen dieser Taten hielt er in Rom
den kleinen Triumphzug zu Wagen. Vorher waren ihm
nach Ansicht einiger Schriftsteller die Auszeichnungen des
großen Triumphes verliehen worden, eine neue Ehrung,
die bisher noch niemandem erwiesen worden war[2].
Die Staatsämter bekleidete er vor dem gesetzlichen Alter
und durchlief Quästur, Prätur und Konsulat fast hintereinander. Nach Verlauf einiger Zeit wurde er zum zweitenmal Konsul und erhielt dann die tribunizische Amtsgewalt
auf fünf Jahre[3].

10. Während das Glück ihn in hohem Maße begünstigte,
faßte er plötzlich in der Blüte seiner Jahre und in der Voll-
kraft seiner Gesundheit den Entschluß, sich von der Öffentlichkeit zurückzuziehen und für sich einen möglichst fernen
Aufenthaltsort zu wählen. Man weiß nicht, ob aus Wider-
willen gegen seine Frau, die er weder anzuklagen noch zu
verstoßen wagte, mit der ein weiteres Zusammenleben ihm
aber unerträglich erschien. Vielleicht wollte er auch vermeiden, daß man bei seiner dauernden Anwesenheit seiner

---

[1] Tiberius in Kantabrien: 26–24 v. Chr.; in Armenien: 20 v. Chr.
(der Vorgänger des Tigranes war ermordet worden; Rückgabe der
Feldzeichen des Crassus, s. Augustus, Kap. 21 mit Anm., dort auch
Rätien, Vindelizien, Pannonien); in Gallia Comata: 16 v. Chr. Mit der
Vertreibung der dort eingefallenen Alpenvölker begann der Krieg,
der zur Unterwerfung Rätiens führte (s. o., Kap. 4, Anm., Claudius,
Kap. 19; in Pannonien: 12–10. – [2] Die 40000 in Gallien angesiedelten
rechtsrheinischen Germanen waren die 8 v. Chr. überführten Su-
gambrer, s. Augustus, Kap. 21, Anm.; dort auch über die Germanen-
kriege des Tiberius. Triumph 7 v. Chr. – [3] Quästur: 23 v. Chr., erstes
Konsulat 13 v. Chr. (also wohl kaum „fast hintereinander"), zweites
Konsulat 7 v. Chr., tribunizische Amtsgewalt: 6 v. Cl.r.

überdrüssig würde, infolgedessen durch seine zeitweilige
Entfernung den Wert seiner Person besser behaupten oder
gar erhöhen, für den Fall, daß der Staat einmal seine Dienste
nötig haben sollte. Viele sind der Ansicht, er habe den
bereits herangewachsenen Kindern des Kaisers Augustus
die bis dahin von ihm eingenommene Stellung und den
Rang als zweitmächtigster Mann im Staat, den er besessen,
freiwillig geräumt. Er sei hierbei dem Beispiel des Marcus
Agrippa gefolgt, der sich nach Mytilene zurückgezogen
hatte, als Marcus Marcellus zu den Staatsgeschäften hinzugezogen worden war, um auch nur den Schein zu vermeiden, als stehe er diesem hindernd und als Widersacher im
Wege. Diesen Grund hat Tiberius auch selbst, allerdings
erst später, geltend gemacht[1]. Damals jedoch schützte er
bei seiner Bitte um Urlaub Überdruß an den Staatsgeschäften und Bedürfnis nach Ruhe vor. Weder den
flehentlichen Bitten seiner Mutter noch den Vorstellungen
seines Stiefvaters, der selbst im Senat darüber klagte, daß
man ihn verlasse, schenkte er Gehör. Ja, als man seinem
Vorhaben energischeren Widerstand entgegensetzte, nahm
er sogar vier Tage lang keine Nahrung zu sich. So bekam
er endlich die Erlaubnis zur Abreise, ließ Frau und Sohn
in Rom zurück und begab sich sofort nach Ostia[2], ohne
sich auch nur mit einem Wort in eine Unterhaltung mit
den Freunden, die ihm das Abschiedsgeleit gaben, einzu-
lassen. Nur sehr wenigen gab er einen Abschiedskuß.

11. Während Tiberius von Ostia an der Küste Kampaniens
entlangfuhr, unterbrach er auf die Nachricht von einer Erkrankung des Augustus seine Reise durch einen kurzen
Aufenthalt. Da sich aber das Gerücht verbreitete, die Aussicht auf einen für ihn günstigen Ausgang der Krankheit
hätte ihn hierzu veranlaßt, fuhr er trotz ungünstiger Wind-
verhältnisse sofort nach Rhodos. Die Schönheit und das
gesunde Klima der Insel hatten es ihm schon früher wäh-

---

[1] S. Kap. 11, Schluß. Die Kinder des Augustus waren in Wirklichkeit
dessen Enkel Gajus und Lucius, s. Augustus, Kap. 64–65; Fahrt des
Agrippa nach Mytilene, s. Augustus, Kap. 66. – [2] Ostia, Hafen Roms,
jetzt 2,5 km vom Meer entfernt. Die Abreise erfolgte noch 6 v. Chr.

rend eines vorübergehenden Besuches auf seiner Rückreise aus Armenien angetan[1]. Hier begnügte er sich mit einer bescheidenen Stadtwohnung und einem nicht viel größeren Landsitz. Er führte ein ganz bürgerlich einfaches Leben, ging ohne Lictor oder Amtsdiener im Gymnasium spazieren und unterhielt mit den so tief unter ihm stehenden Griechen geselligen Verkehr fast wie mit seinesgleichen.

Einmal hatte er morgens bei seiner Tageseinteilung die Absicht geäußert, er wünsche sämtliche Kranke in der Stadt zu besuchen. Dies wurde von seiner Umgebung mißverstanden, denn man ließ sofort alle Kranken in eine öffentliche Halle bringen und sie nach ihren verschiedenen Krankheiten trennen. Über diesen unerwarteten Anblick geriet Tiberius ganz außer Fassung. Erst nach längerem Schwanken trat er endlich an jeden einzelnen heran und entschuldigte sich wegen des Geschehenen selbst bei den Ärmsten und bei ihm ganz unbekannten Leuten.

Nur folgendes findet sich als einziger Fall vermerkt, bei dem er von seiner Tribunengewalt Gebrauch gemacht hat. Er pflegte nämlich die Vorträge und Hörsäle der Professoren fleißig zu besuchen. Hier geschah es, daß bei einem Streit zwischen den disputierenden Parteien der Sophisten, als er vermitteln wollte und dabei die eine Partei zu begünstigen schien, jemand ihm ein Schimpfwort entgegenschleuderte. Tiberius ging darauf ruhig nach Hause, erschien plötzlich mit seinen Gerichtsdienern wieder, ließ durch Heroldsruf den Beleidiger vor seinen Richterstuhl laden und ihn ins Gefängnis werfen.

Kurz nachher erhielt er die Nachricht, daß seine Gattin Julia wegen ihres unsittlichen und ehebrecherischen Lebenswandels verurteilt und ihr in seinem Namen von Augustus der Scheidebrief geschickt sei. Trotz der Freude, die er bei dieser Kunde empfand, hielt er es doch für seine Pflicht, in zahlreichen Briefen bei dem Vater für die Tochter Fürbitte einzulegen, ferner ihr alle Geschenke, die sie von ihm

---

[1] Die Insel ist seit der Besetzung durch Italien auch heute ein beliebtes Reiseziel. S. „Wörterbuch der Antike", Artikel „Rhodos".

bekommen hatte, als Eigentum zu belassen, als ob sie dessen
würdig gewesen wäre.

Als die Zeit seiner tribunizischen Amtsgewalt um war, bekannte er endlich, er habe nur deswegen Rom verlassen,
um dem Verdacht aus dem Wege zu gehen, als sei er der
Nebenbuhler von Gajus und Lucius. Da in dieser Hinsicht nichts mehr zu fürchten und jenen die Behauptung
des zweiten Platzes im Staate durch ihre eigene Kraft ge-
sichert und leicht sei, bat er um die Erlaubnis, seine Verwandten, nach denen er Sehnsucht hätte, wiedersehen zu
dürfen. Es wurde ihm rundweg abgeschlagen, er mußte
sich vielmehr obendrein noch die tadelnde Bemerkung gefallen lassen, er möge sich um die Seinen, die er garnicht
schnell genug hätte verlassen können, keine weitere Sorge
machen. 12. So blieb Tiberius gegen seinen Willen in Rhodos; nur mit Mühe erreichte er durch seine Mutter, daß
die Schande durch einen ihm von Augustus verliehenen Ge-
sandtentitel bemäntelt wurde[1].

Tatsächlich spielte er von nun an nicht nur den Privatmann, sondern sogar den Unterwürfigen und Ängstlichen,
zog sich in das Innere der Insel zurück und ging der Aufwartung der Vorbeifahrenden, die ihn sonst beständig zu
besuchen pflegten, aus dem Wege; kein kaiserlicher und
kein senatorischer Provinzialstatthalter zog nämlich in seine
Provinz, ohne einen Abstecher nach Rhodos zu machen.
Ferner ereigneten sich bald Dinge, die zu größerer Besorgnis Anlaß boten. Denn bei einem Besuch[2], den er seinem
mit der Verwaltung des Orients betrauten Stiefsohn Gajus
in Samos abstattete, merkte er, daß sich dieser infolge der
böswilligen Verdächtigungen seines Begleiters und Hof-
meisters Marcus Lollius ihm gegenüber äußerst kühl und
zurückhaltend verhielt. Er geriet auch noch in den Verdacht, durch einige Centurionen, die ihm ihre Beförderung

---

[1] Tiberius bekam Rang und Titel eines Gesandten ohne die sonstigen
Rechte eines solchen. Dies war eine sog. *legatio libera*, wie sie früher
der Senat oft verliehen hatte, um Senatoren auf Reisen einen öffentlichen Charakter zu verschaffen. – [2] 1 n. Chr. Lollius war der 16 v. Chr.
in Gallien von den Sugambrern geschlagene Legat, s. Augustus, Kap. 23.

zu verdanken hatten, und die nach Ablauf ihres Urlaubs wieder zu ihrem Truppenteil zurückgekehrt waren, mehreren Personen zweideutige Aufträge übermittelt zu haben. Es hatte den Anschein, als ob er hierdurch die Gesinnung jedes einzelnen bei einem etwaigen Regierungswechsel ausforschen wollte. Als er durch Augustus Kenntnis von dem Verdacht, der gegen ihn bestand, erhalten hatte, bat er den Kaiser wiederholt inständig, ihm irgendeinen Mann, ganz gleich welchem Stande er angehörte, an die Seite zu stellen, um seine Taten und Worte zu beobachten.

13. Auch die gewohnten Reit- und Fechtübungen gab Tiberius von da an auf. Er legte sogar die römische Nationaltracht ab und sank so tief, daß er im griechischen Pallium und in Sandalen einherging. In solchem Zustand verharrte er fast zwei Jahre. Dadurch verlor er von Tag zu Tag immer mehr die Achtung und Teilnahme des Volkes, und zwar so sehr, daß z. B. die Bürger von Nemausus[1] seine Büsten und Statuen umstürzten. Ferner brachte es sogar einmal bei einer Tafelgesellschaft im engen Freundeskreis, als auf ihn die Rede kam, einer der Gäste fertig, an Gajus mit dem Anerbieten heranzutreten, er sei bereit, auf dessen Befehl sofort nach Rhodos zu fahren und ihm den Kopf des „Verbannten" – so nannte man Tiberius allgemein – zu bringen.

Die jetzt nicht mehr nur in der Einbildung bestehende, sondern wirkliche Gefahr zwang Tiberius, selbst und durch seine Mutter inständig um die Erlaubnis seiner Rückkehr zu bitten. Sie wurde ihm denn auch gestattet, wobei ihm ein Zufall zu Hilfe kam. Augustus hatte sich nämlich vorgenommen, in dieser Angelegenheit nichts ohne die Zustimmung seines älteren Sohnes zu beschließen; dieser aber hatte sich damals gerade mit Marcus Lollius überworfen. Deshalb war er gegen seinen Stiefvater milde und versöhnlich gestimmt. Da also Gajus seine Erlaubnis gab, wurde Tiberius die Rückkehr gestattet, aber nur unter der Be-

---

[1] Nemausus, heute Nîmes, in Gallia Comata, wo Tiberius Statthalter gewesen war, s. Kap. 9.

dingung, daß er sich jeder Beteiligung an der Staatsregie-
rung enthielte und auf jede politische Tätigkeit verzichte.
14. Nach achtjährigem Fernsein kehrte Tiberius zurück[1].
Er sah mit großer und fester Zuversicht auf die künftige
Entwicklung der Dinge, worin er durch Wunderzeichen
und Prophezeiungen vom Beginn seines Lebens an bestärkt worden war. Denn als Livia mit ihm schwanger
ging, wünschte sie aus mancherlei Anzeichen zu erfahren,
ob sie einen Knaben zur Welt bringen würde. Unter anderem hatte sie auch einmal ein Ei aus dem Nest einer
Bruthenne genommen und es abwechselnd mit ihren
Dienerinnen so lange in der Hand erwärmt, bis ein Hähn-
chen mit ganz besonders schönem Kamm aus der Schale
brach. Schon als Kind hatte dem Tiberius der Astrolog
Scribonius eine herrliche Zukunft verheißen; er werde
einst sogar König sein, doch ohne Diadem, obwohl damals die künftige Herrschaft der Cäsaren noch ganz im
Dunkeln lag.
Während er dann später auf seinem ersten selbständigen
Feldzug das Heer durch Mazedonien nach Syrien führte,
trat der Fall ein, daß auf den bei Philippi vor Jahren errichteten Altären der siegreichen Legionen plötzlich von
selbst Flammen aufloderten. Als Tiberius später auf seinem
Marsch nach Illyricum bei Patavium[2] das Orakel des Geryon
besuchte, zog er ein Los, das bestimmte, er solle goldene
Würfel in die Aponusquelle werfen. Siehe da! Seine Würfel
zeigten die höchste Zahl. Noch heute sind diese Würfel
unter dem Wasser zu sehen. Doch wenige Tage, bevor ihn
die Erlaubnis zu seiner Rückkehr erreichte, ließ sich ein
noch niemals auf Rhodos gesehener Adler auf dem First
seines Hauses nieder. Und am Tage, bevor er die Nach-

---

[1] 2 n. Chr. – [2] Das heutige Padua, Heimat des Livius. – Orakelerteilung
durch Lose findet man häufig. Meist werden beschriebene Eichen-
stäbe durch die Hand eines Knaben gemischt und gezogen (s. Kap. 63,
Anm.). – Geryon wahrscheinlich ein dreiköpfiger Lokalgott, der mit
dem von Herkules besiegten Rinderhirten identifiziert wurde. – Die
heiße schwefelhaltige Aponusquelle (an ihr heute das Bad Abano bei
Padua) war berühmt.

richt von seiner Rückberufung erhielt, schien ihm beim Kleiderwechsel seine Tunika zu brennen. Damals auch erprobte er die Kunst des Astrologen Thrasyllus[1], den er als Lehrer der Weisheit in sein Gefolge aufgenommen hatte. Er versicherte nämlich Tiberius, das in der Ferne gesichtete Schiff bringe ihm frohe Botschaft. Gerade in diesem Augenblick hatte sich Tiberius vorgenommen, Thrasyllus als falschen Propheten und gefährlichen Mitwisser seiner Geheimnisse auf einem gemeinsamen Spaziergang ins Meer zu stürzen; denn die Lage war immer ungünstiger geworden, und es war stets das Gegenteil von dem eingetroffen, was jener prophezeit hatte.

15. Nach seiner Ankunft in Rom stellte Tiberius seinen Sohn Drusus auf dem Forum dem Volke als volljährig vor und verließ sofort seine Wohnung, das Haus des Pompejus in den Carinen, um in die Gärten des Mäcenas auf dem Esquilin überzusiedeln[2]. Hier lebte er ganz ruhig und besorgte nur seine Privatgeschäfte, ohne eine amtliche Tätigkeit auszuüben.

Als Gajus und Lucius innerhalb drei Jahren (nach Tiberius' Rückkehr) gestorben waren, wurde er von Augustus zugleich mit dem Bruder der Verstorbenen, Agrippa, adoptiert. Vorher hatte er aber selbst seines Bruders Sohn Germanicus[3] adoptieren müssen. Seitdem übte er keine der Tätigkeiten mehr aus, die einem Familienoberhaupt obliegen, und nahm überhaupt von den Rechten, die er durch die Adoption verloren hatte, auch nicht das geringste in Anspruch. So machte er keine Schenkung, ließ keine Sklaven frei, ja, er trat selbst Erbschaften und Legate nur in der Form an, daß er sie zu dem ihm vom „Vater" zur Verwaltung überlassenen Besitz hinzurechnete[4].

---

[1] Später von Tiberius nach Rom gezogen, auch als Platonforscher bekannt, gest. 36 n. Chr. – [2] S. Augustus, Kap. 72. Sie gehörten jetzt dem Kaiser. Das Haus in den Carinen („bei den Schiffskielen", heute nächst St. Pietro in Vincoli) verblieb wohl dem erwachsenen Sohn. – [3] 4 n. Chr., s. Caligula, Kap. 1. – [4] Dieser Besitz (lat. peculium) war streng genommen nicht Eigentum des Haussohns, sondern des Hausvaters. Tiberius wird nach den Erfahrungen der Verbannungszeit ge-

Seit dieser Zeit wurde nichts verabsäumt, um seine Stellung zu erhöhen. Als auch Agrippa seiner Ansprüche verlustig erklärt und verbannt worden war, stand es fest, daß die Hoffnung auf die Nachfolge in der Regierung auf Tiberius allein ruhe. 16. Er erhielt von neuem die tribunizische Amtsgewalt auf fünf Jahre und den Auftrag, die Ruhe in Germanien wiederherzustellen[1]. Gesandte der Parther wurden angewiesen, sich auch zu ihm in die Provinz zu begeben, nachdem sie in Rom ihre Botschaft an Augustus ausgerichtet hatten. Auf die Nachricht von dem Abfall von Illyricum übernahm Tiberius die Befehlsgewalt in dem neuen Krieg. Es war seit den Punischen Kriegen der schwerste auswärtige Krieg[2].

Er führte ihn mit fünfzehn Legionen und einer gleichen Zahl Bundestruppen drei Jahre lang, und zwar unter den denkbar allerschwierigsten Verhältnissen wie unter größter Lebensmittelknappheit. Obgleich er mehrmals zurückgerufen wurde, setzte er trotzdem den Krieg mit Energie fort; denn er fürchtete, ein den Reichsgrenzen so naher mächtiger Feind könnte gegen die Römer, wenn sie sich freiwillig zurückzögen, die Offensive ergreifen. Seine Ausdauer zeitigte denn auch die herrlichsten Erfolge. Er bezwang und unterwarf ganz Illyricum in seiner gesamten Ausdehnung zwischen Italien, Noricum, Thrazien, Mazedonien, der Donau und dem Adriatischen Meer.

17. Der Ruhm dieses Erfolges war in Anbetracht der allgemeinen Lage, die damals herrschte, noch höher zu bewerten. Denn fast zu gleicher Zeit fand Quintilius Varus mit drei Legionen in Germanien seinen Untergang, und kein Mensch zweifelte daran, daß sich die siegreichen Germanen mit den Pannoniern vereinigt hätten, wenn nicht

---

wußt haben, warum er diese demütige Haltung annahm. – [1] Verbannung Agrippas 7 n. Chr., tribunizische Gewalt 9 n. Chr. (dies war in Wirklichkeit nur eine Verlängerung der ihm zugleich mit der Adoption auf 5 Jahre verliehenen Tribunengewalt). – [2] Der „Pannonische Aufstand", 6–9 n. Chr., der einen Aufschub der endgültigen Unterwerfung Germaniens herbeiführte, fällt *vor* die vorher erwähnten Ereignisse.

Illyricum vorher unterworfen worden wäre. Wegen dieser Taten wurde Tiberius der Triumph zuerkannt, außerdem erhielt er noch andere zahlreiche große Ehrungen. Einige stellten sogar den Antrag, er solle den Beinamen „Pannonicus", andere „Invictus", manche „Pius" führen[1]. Hiergegen aber erhob Augustus Einspruch, wobei er die Versicherung gab, Tiberius werde mit dem Beinamen zufrieden sein, den er nach seines Vaters Tod erhalten werde. Den Triumph vertagte Tiberius selbst in Anbetracht der Staatstrauer über die Niederlage des Varus. Nichtsdestoweniger hielt er mit der golddurchwirkten Purpurprätexta bekleidet und mit dem Lorbeerkranze gekrönt seinen Einzug in die Stadt, schritt in Anwesenheit des Senates zu dem in den Säpten[2] errichteten Tribunal hinauf und nahm mit Augustus seinen Platz in der Mitte zwischen den beiden Konsuln ein. Nach Begrüßung des Volkes wurde er in feierlichem Zuge zu den verschiedenen Tempeln geleitet.

18. Im folgenden Jahr ging Tiberius wieder nach Germanien. Da er die Überzeugung gewonnen hatte, daß die Niederlage des Varus eine Folge der Unbedachtsamkeit und Nachlässigkeit des Feldherrn gewesen sei, unternahm er nichts, ohne einen Kriegsrat hinzugezogen zu haben. Er, der sonst stets nach eigenem Gutdünken gehandelt und sich immer auf sich selbst verlassen hatte, beriet damals ganz gegen seine Gewohnheit mit mehreren Ratgebern den Feldzugsplan. Ferner verschärfte er in allen Stücken die Aufsicht und traf überall größere Vorsorge. Beim Rheinübergang ließ er den auf ein bestimmtes Maß zurückgeführten Wagentroß nicht eher über die Brücke gehen, als bis er selbst vom Ufer aus die Ladungen der Wagen genau untersucht hatte, damit nur Erlaubtes und Notwendiges mitgenommen würde. Nach dem Übergang auf das rechte Rheinufer war seine Lebensweise folgende: er nahm seine Mahlzeiten auf dem bloßen Rasen sitzend, übernachtete oft ohne Zelt und gab alle Tagesbefehle und wenn etwas

---

[1] Pannonicus: der Pannonierbesieger, Invictus: der Unbesiegbar·, Pius: der Pflichtgetreue (die gewöhnliche Übersetzung „der Fromme" ist zu eng). – [2] S. Augustus, Kap. 43, Anm.

plötzlich anzuordnen war nur schriftlich. Er fügte die Mahnung hinzu, wer über etwas im Zweifel sei, sollte sich an
ihn und keinen anderen wenden, und zwar zu jeder beliebigen Stunde, selbst in der Nacht.

19. Die Kriegszucht handhabte Tiberius ganz besonders
scharf. Er führte alte Züchtigungsarten und Ehrenstrafen
wieder ein. So verhängte er z. B. sogar über einen Legions-
legaten, der einige Soldaten mit einem Freigelassenen zur
Jagd auf das andere Ufer geschickt hatte, eine schimpfliche
Strafe. Wenn sich Tiberius auch sonst wenig auf Glück
und Zufall verließ, entschloß er sich doch zuversichtlicher
zum Beginn einer Schlacht, falls während der nächtlichen
Arbeit plötzlich und ohne äußeren Anstoß das Licht herab-
fiel und erlosch. Denn wie er selbst sagte, hatte er Vertrauen zu diesem Vorzeichen, das sich an ihm selbst wie an
seinen Vorfahren bei jedem Kommando bewährt hatte.
Doch wäre er einmal nach einer glücklichen Schlacht beinahe von einem Brukterer[1] ermordet worden, der sich in
seine nächste Umgebung eingeschlichen, sich aber durch
sein scheues Benehmen verraten hatte. Auf der Folter gestand er sein verbrecherisches Vorhaben ein.

20. Aus Germanien kehrte Tiberius nach zwei Jahren in
die Hauptstadt zurück und hielt den früher aufgeschobe-
nen Triumph ab, in Begleitung seiner Legaten, für die er
die Triumphalauszeichnungen erwirkt hatte. Bevor er zum
Kapitol hinlenkte, stieg er vom Wagen herab und beugte
die Knie vor seinem Vater, der bei der Feier den Vorsitz
führte. Den Pannonierhäuptling Bato beschenkte er reich
und wies ihm Ravenna[2] als Wohnsitz an, aus Dankbarkeit
dafür, daß dieser ihn einmal in einem schwierigen Gelände,

---

[1] Ein Angehöriger eines der drei an der Erhebung des Arminius
führend beteiligten Stämme (Cherusker, Marser, Brukterer), der zwischen Lippe und Ems sowie über diese hinaus im heutigen Westfalen
und weiter nördlich wohnte, und in dessen Gebiet nach Kornemann
(Die erste Befreiungstat des deutschen Volkes, S. 135 in „Erbe der
Alten" II, 24) die Varusschlacht stattgefunden haben wird. – [2] S. Augustus, Kap. 49. Ravenna wurde später von Tiberius auch Marbod,
Segest und Thusnelda als Aufenthaltsort angewiesen.

in dem er mit seinem Heere eingeschlossen war, hatte entkommen lassen. Darauf gab er dem Volk ein Mittagessen an tausend Tischen und jedem Bürger noch ein Geldgeschenk von dreihundert Sesterzen[1]. Zugleich weihte er aus dem Ertrag der Kriegsbeute in seinem und seines Bruders Namen den Tempel der Concordia sowie des Pollux und Castor[2].

21. Nicht viel später war durch Vermittlung der Konsuln das Gesetz erlassen worden, Tiberius sollte mit Augustus gemeinsam die Verwaltung der Provinzen übernehmen und zugleich den Census abhalten. Nach Vornahme des Sühnopfers brach Tiberius daher in die Provinz Illyricum auf. Doch unterwegs schon wurde er zurückgerufen; er traf zwar Augustus noch am Leben, aber bereits in dem Zustand größter Schwäche, und verbrachte bei ihm den ganzen Tag ohne Gegenwart von Zeugen[3].

Ich weiß, daß man allgemein glaubt, die Kammerdiener hätten, als Tiberius das Zimmer verlassen hatte, die Worte des Augustus aufgefangen: „Wehe dem armen römischen Volk, das unter so langsam zermalmende Zähne geraten wird!" Auch das ist mir nicht unbekannt, was andere berichten, Augustus habe ganz offen und rückhaltlos sein Mißfallen über des Tiberius menschenfeindlichen Charakter auch sogar auf die Weise zu erkennen gegeben, daß er zuweilen ein ungezwungenes und heiteres Gespräch bei Tiberius' Eintritt plötzlich abbrach. Allein er habe sich durch die Bitten seiner Gemahlin bestimmen lassen, die Adoption nicht zu verweigern, vielleicht auch die eigennützige Absicht verfolgt, daß man sich bei einem Nachfolger wie Tiberius dereinst um so mehr nach seiner eigenen Regierung zurücksehnen möchte. Ich bin aber davon nicht überzeugt, daß ein so überaus umsichtiger und kluger Fürst, besonders bei einer Sache von derart großer Wichtigkeit, sollte leichtsinnig gehandelt haben. Vielmehr glaube

---

[1] 300 DM. – [2] Sie gehörten zu den im Auftrage des Augustus (s. dort, Kap. 29) wiederhergestellten Tempeln. – [3] S. Augustus, Kap. 97 u. 98. Die Beteiligung des Tiberius an der Verwaltung der Provinzen und der Beginn des Census fällt noch in das Jahr 13.

ich, daß er die schlechten und guten Eigenschaften von
Tiberius gewissenhaft gegeneinander abgewogen und die
guten für überwiegend gehalten hat. Augustus hatte vor
versammeltem Volk auch eine dahin lautende eidliche Versicherung abgelegt, er adoptiere Tiberius einzig aus Rücksicht auf das Wohl des Staates. Ferner rühmt er ihn in mehreren Briefen als den „erfahrensten Feldherrn und als die
einzige Stütze des römischen Volkes". Zum Beweis lasse ich
hier einige solche Stellen aus verschiedenen Briefen folgen:

„Lebe wohl, herzliebster Tiberius, das Glück sei mit Dir
als Feldherr für mich und die . . .[1]! Inniggeliebter und, so
wahr ich glücklich zu sein wünsche, tapferster Mann und
Feldherr von größten Meriten[2], lebe wohl!"

„Den Plan Deines Sommerfeldzuges, lieber Tiberius, lobe
ich in der Tat, und ich bin der Ansicht, daß unter so unzähligen Schwierigkeiten aller Art und bei der großen Mut-
losigkeit der Truppen kein Mensch sich klüger aus der
Affäre ziehen konnte, als Du es getan hast. Auch geben
alle Leute, welche bei Dir gewesen sind, zu, daß jener bekannte Vers auf Dich angewendet werden kann:

Ein Mann hat uns den Staat durch wachsame Sorge gerettet[3]!"

„Sooft etwas passiert, das mein ganzes Nachdenken beansprucht, oder sooft ich mich über etwas sehr ärgern muß,
sehne ich mich, so wahr mir Gott helfe, nach meinem teueren
Tiberius, und es fällt mir dann der Vers aus Homer ein:

Wenn mich dieser geleitet, sogar aus flammendem Feuer
Kehrten wir beide zurück: So weise versteht er zu raten[4]."

„Wenn ich höre und lese, daß Du durch die fortgesetzten
Strapazen ganz herunter bist, schaudert's mich, Gott straf'
mich, am ganzen Körper. Schone Dich doch bitte, damit

---

[1] Von „als . . ." an griech., das letzte Wort in den Handschriften un-
leserlich. – [2] Im Original griech. Die Briefe des Augustus wimmeln
von Fremdworten, vgl. besonders Claudius, Kap. 4. – [3] Ennius,
Annalen, Vers 370 (Vahlen[2]). Augustus schreibt in seinem Zitat,
das sich ursprünglich auf Hannibals Gegner Fabius Cunctator (der
Zauderer) bezieht, „wachsame Sorge" (*vigilando*) statt „Zögern"
(*cunctando*). – [4] Ilias X, 246/47.

nicht die Nachricht, daß Du krank liegst, mir und Deiner Mutter den Tod bringt, und das römische Volk für die Existenz seines Reiches zittern muß."

„Es liegt gar nichts daran, ob ich gesund bin oder nicht, wenn Du nicht wohl bist."

„Ich flehe zu den Göttern, sie mögen Dich uns erhalten und Dich immerdar gesund bleiben lassen, wenn sie nicht dem römischen Volke gram sind."

22. Den Tod des Augustus gab Tiberius erst bekannt, als der junge Agrippa aus dem Wege geräumt worden war. Ihn erschlug ein ihm als Aufseher beigegebener Kriegstribun, nachdem er die Kabinettsorder gelesen hatte, die ihm hierzu den Befehl erteilte. Was diesen Befehl anbetrifft, so ist man sich im unklaren darüber, ob Augustus ihn auf dem Totenbette erlassen, um jede Veranlassung zu Unruhen nach seinem Tode zu beseitigen, oder ob Livia ihn in Augustus' Namen, und wiederum, ob mit oder ohne Tiberius' Wissen, diktiert habe. Tiberius seinerseits gab dem Tribunen auf dessen Meldung, sein Befehl sei vollstreckt, zur Antwort: Er habe nichts befohlen, und jener werde sich vor dem Senat rechtfertigen müssen. Seine Absicht dabei war, für den Augenblick das Odium von sich abzulenken; denn später ließ er die Sache stillschweigend in Vergessenheit geraten.

23. Kraft seiner tribunizischen Amtsgewalt berief Tiberius darauf den Senat ein. Kaum hatte er seine Ansprache begonnen, da seufzte er plötzlich wie vom Schmerz überwältigt laut auf, sprach den Wunsch aus, es möchte ihm wie die Stimme auch das Leben verlöschen und gab das Konzept seiner Rede seinem Sohn Drusus, der sie zu Ende lesen mußte. Dann legte er das Testament des Augustus vor und ließ es durch einen Freigelassenen vorlesen. Von den Zeugen aber, die es mit unterzeichnet hatten, waren nur die senatorischen Ranges zugelassen, während die anderen außerhalb der Kurie ihre Unterschriften und Siegel anerkennen mußten.

Der Anfang des Testamentes lautete: „Da mir ein grausames Geschick meine Söhne Gajus und Lucius entrissen hat, soll Tiberius Cäsar zur Hälfte und einem Sechstel mein Erbe sein[1]." Auch durch diese Formulierung wurden die Leute in ihrem Verdacht bestärkt, die der Meinung waren, Augustus habe Tiberius mehr aus Not als aus freier Wahl zu seinem Nachfolger ernannt; denn sonst hätte er nicht einleitende Worte dieser Art seinem Testament vorangeschickt.

24. Obgleich Tiberius ohne Bedenken sofort das oberste Herrscheramt in Besitz zu nehmen und auszuüben begann – er hatte sich eine Leibwache, das heißt die Macht und das Ansehen des Alleinherrschers zugelegt –, so lehnte er es doch lange Zeit ab. Er spielte auf die unverschämteste Weise Komödie. Bald schalt er die ihm zuredenden Freunde, sie wüßten nicht, welch ein wildes Tier die Herrschaft sei, bald hielt er den ihn fußfällig bittenden Senat durch zweideutige Antworten und durch raffiniertes Hinausschieben im unklaren. Endlich riß einigen die Geduld und einer rief in dem allgemeinen Wirrwarr ganz laut: Entweder möge er weiterregieren oder ganz aufhören! Ein anderer schleuderte ihm den Vorwurf ins Gesicht: Alle anderen Menschen pflegten, was sie versprechen, zögernd zu leisten; er aber zögere zu versprechen, was er bereits leiste. Endlich übernahm er, als ob man ihn dazu zwinge, die Regierung mit der Klage, man bürde ihm eine elende und drückende Sklaverei auf, nicht ohne die Hoffnung dabei durchblicken zu lassen, die Herrschaft dereinst wieder niederzulegen. Seine eigenen Worte lauten: „. . . bis meine Zeit kommt, wo es Euch billig erscheinen dürfte, meinem Alter einige Ruhe zu gönnen[2]."

25. Der Grund, warum er zögerte, war die Furcht vor den

---

[1] S. Augustus, Kap. 101. – [2] Das Verhalten des Tiberius begründet Tacitus (Annalen I, 7) mit den Worten: „Er wollte nicht durch Intrigen eines Weibes und Adoption seitens eines altersschwachen Mannes, sondern durch Stimme und freie Wahl vom Senat und Volk zur Herrschaft gelangt sein." Ähnlich weisen neuere Historiker darauf hin, da die Herrschaft des Augustus nicht auf eigenem Recht, sondern auf Übertragung durch Senat und Volk beruhte, sei Tiberius gezwungen gewesen, eine unzweideutige Willenskundgebung dieser beiden Stellen herbeizuführen, daß die Monarchie fortdauern sollte.

von allen Seiten her ihm drohenden Gefahren. So äußerte er
denn öfters: „Ich halte einen Wolf bei den Ohren[1]." – Ein
Sklave Agrippas mit Namen Clemens hatte bereits, um
seinen ermordeten Herrn zu rächen, eine nicht zu verach-
tende Bande zusammengebracht. Zu gleicher Zeit bereitete
Lucius Scribonius Libo, ein Mann aus adliger Familie[2], insgeheim eine Verschwörung vor, und gleich zwei Meute-
reien waren unter den Soldaten ausgebrochen, sowohl in
Illyricum wie in Germanien[3]. Beide Heere stellten zahlreiche, ungewöhnlich hohe Forderungen, vor allem Gleich-
stellung im Solde mit den Prätorianern. Die Soldaten des
germanischen Heeres weigerten sich sogar, einen nicht von
ihnen gewählten Fürsten anzuerkennen. Mit allergrößtem
Nachdruck drangen sie in Germanicus, der sie damals kom-
mandierte, er solle sich an die Spitze des Staates stellen;
er beharrte aber fest auf seinem Widerstand. Die Furcht
vor der Möglichkeit, daß Germanicus nachgeben könnte,
war es hauptsächlich, die Tiberius an den Senat die Bitte
richten ließ, er möge ihm von den Regierungsgeschäften
nur einen beliebigen *Teil* übertragen, da einer allein der
ganzen Last ohne einen oder gar mehrere Gehilfen nicht gewachsen sei. Er stellte sich sogar krank, damit Germanicus
desto gelassener seine baldige Nachfolgerschaft oder wenigstens seine sofortige Mitregentschaft erwarten möchte.
Nach Beilegung der Soldatenrevolten brachte er auch Clemens durch List in seine Gewalt. Aber Libo klagte er erst
nach zwei Jahren vor dem Senat an, um nicht gleich bei
Beginn seiner Regierung mit harten Maßnahmen vorzugehen. In der Zwischenzeit begnügte er sich mit dessen
genauer Beobachtung. So ließ er ihn z. B. bei einem Opfer,
das er mit den anderen Priestern vollzog, statt des Opfer-
stahls ein Messer von Blei in die Hände spielen, und als

---

[1] Griech. Sprichwort, von Tiberius zitiert nach Terenz, Phormio 506.
Die Ohren des Wolfes sind sehr klein. – [2] Neffe der Scribonia (s.
Augustus, Kap. 62, 63), gelangte 16 n. Chr. zur Prätur, wurde erst
in diesem Jahre wegen Hochverrats angeklagt und beging Selbstmord. –
[3] Hauptsächlich, weil sie zu lange bei der Fahne gehalten wurden,
s. Augustus, Kap. 49, Anm., Caligula, Kap. 1.

Libo einmal um eine Privataudienz nachgesucht hatte, gewährte er ihm diese nur im Beisein seines Sohnes Drusus.
Außerdem hielt er beim Aufundabgehen mit ihm seine
rechte Hand, als wollte er sich darauf stützen, bis zum
Schluß der Unterredung fest.

26. Sobald Tiberius aber von der Furcht befreit war, benahm er sich im Anfang seiner Regierung äußerst bescheiden und führte fast das Leben eines Privatmannes. Von all
den vielen großen Ehrungen nahm er nur einige, und zwar
die geringsten an. Zur Feier seines Geburtstages, der auf
die Plebejischen Zirkusspiele fiel, gestattete er kaum, daß
ein einziges Zweigespann mehr zu dem Rennen hinzu-
gelassen wurde. Er verbot, ihm Tempel, Flamines[1] und
Priester zu stiften; selbst Statuen und Büsten durften ihm
nur mit seiner Erlaubnis errichtet werden, und zwar nur
unter der Bedingung, daß diese nicht unter den Kultbil-
dern der Götter aufgestellt würden, sondern nur zur Ausschmückung der Tempel dienen sollten. Ebenso legte er
sein Veto gegen die Senatsbeschlüsse ein, welche bestimmten, man sollte sich eidlich auf die kaiserlichen Verordnungen
verpflichten[2] und den Monat September „Tiberius" und den
Oktober „Livius" umbenennen. Auch den Vornamen
„Imperator", den Zunamen „Vater des Vaterlandes" und
das Aufhängen einer Bürgerkrone in der Vorhalle seines
Hauses schlug er aus. Selbst den Namen „Augustus",
der ihm doch rechtmäßig vererbt war, fügte er nur in
seinen Briefen an Könige und Fürsten bei[3]. Er übernahm

---

[1] S. Cäsar, Kap. 76, Anm. – [2] Dies hatte man unter Augustus an jedem
1. Januar getan. – [3] Der Titel Imperator, den der Kaiser als oberster
Kriegsherr führte, war von Augustus und nach Suetons Ansicht auch
schon von Cäsar (s. dort, Kap. 76, Anm.) als Vorname gebraucht
worden. – Eine Bürgerkrone hatte Cäsar (s. dort, Kap. 2 mit Anm.)
besessen. Dem Augustus (s. Abbildung) wurde die Bürgerkrone gleichsam als dem Erretter aller Bürger zuerkannt. – Der Name Augustus
war vom „Reichsschöpfer bei seinen Lebzeiten als nur seiner eigenen
Person zukommend so ängstlich gehütet und nun nach dem Tode
durch die Hingabe an eine Frau (Livia) entwertet worden . . ." (Kornemann in „Erbe der Alten" II, 24, S. 85).

auch nicht öfter als dreimal das Konsulat, das eine Mal auf
wenige Tage, das zweite auf drei Monate, das dritte in
seiner Abwesenheit bis zum fünfzehnten Mai[1].

27. Schmeicheleien waren Tiberius so zuwider, daß er
keinen Senator, ganz gleich, ob er ihm seine Aufwartung
machen wollte oder ein geschäftliches Anliegen an ihn
hatte, an seine Sänfte herantreten ließ. Als ein Konsular,
um ihn um Verzeihung zu bitten, ihm zu Füßen fallen
wollte, sprang er so hastig zurück, daß er hintenüberfiel.
Auch, wenn jemand in der Unterhaltung oder in zu-
sammenhängender Rede einen etwas schmeichelhaften Ausdruck gebrauchte, pflegte Tiberius ihm ins Wort zu fallen,
seinen Tadel auszusprechen und sofort den fraglichen Ausdruck zu ändern. Als ihn einmal jemand mit „Herr"[2]
anredete, verbat er sich für die Zukunft diese für ihn
beleidigende Bezeichnung. Als ein anderer von „seinen
heiligen Geschäften" redete und wieder ein anderer sagte,
er habe sich auf sein *Geheiß* an den Senat gewandt, veranlaßte er beide, ihre Ausdrücke zu ändern und statt Geheiß
„Empfehlung", statt heilige „mühsame" zu sagen.

28. Aber auch gegen Schmähungen, böses Geschwätz und
Spottgedichte über ihn und die Seinen war er nicht emp-
findlich und ließ sie sich gefallen. Öfters pflegte er zu
äußern: „In einem freien Staate müssen Rede und Meinung
frei sein." Und als einmal der Senat die Einleitung eines
Gerichtsverfahrens gegen solche Verbrechen und Verbrecher forderte, sagte er: „Wir haben nicht soviel Zeit
übrig, um uns in noch mehr Geschäfte verwickeln zu
dürfen. Wenn Ihr einmal dies Fenster aufmacht, so werdet
Ihr bald nichts anderes zu tun haben. Alle privaten Feindschaften werden unter diesem Vorwande vor Euch gebracht werden." Noch eine andere, sehr leutselige Äußerung, die er im Senat getan, hat sich erhalten: „Wenn er[3]
eine andere Meinung geäußert hat, so werde ich dafür
sorgen, daß ich meine Reden und Handlungen verantwor-

---

[1] Konsulate des Tiberius als Kaiser 18, 21, 31. – [2] S. Augustus, Kap. 53,
Anm. – [3] Nämlich ein bestimmter Senator.

ten kann; sollte er trotzdem bei seiner Gehässigkeit be-
harren, so würde das dann auf Gegenseitigkeit beruhen."
29. Dies Betragen fiel um so mehr auf, weil er selbst in
seinen Umgangsformen und seiner Ehrerbietung gegen
einzelne wie auch gegen die Gesamtheit im Senat fast das
Maß der Höflichkeit überschritt. Als er einmal im Senat
anderer Meinung als Quintus Haterius war, gebrauchte er
die Wendung: „Sei so gut und verzeih mir, wenn ich als
Senator mich etwas zu frei Dir gegenüber geäußert habe."
Hierauf wandte sich Tiberius an alle Anwesenden: „Ich
habe es jetzt und auch sonst oft, versammelte Väter, ausgesprochen, ein guter und auf das Gemeinwohl bedachter
Führer, dem ihr so große und so unbegrenzte Machtvoll-
kommenheit verliehen habt, hat die Pflicht, dem Senat ein
treuer Diener zu sein, in vielen Fällen auch der gesamten
Bürgerschaft und häufig sogar einzelnen Personen. Und
diese Äußerung bereue ich keineswegs. Ich habe an Euch
bisher immer gute, gerechte und wohlwollende Herren gehabt und habe sie noch[1]."
30. Tiberius führte sogar, wenigstens dem äußeren Anscheine
nach, eine gewisse Freiheit ein. Senat und Staatsbeamte
behielten ihr altes Ansehen und ihre Amtsgewalt. Über
jede Angelegenheit, mochte sie noch so unbedeutend oder
noch so bedeutend sein, mochte sie den Staat oder einzelne
Leute betreffen, wurde Vortrag im Senat gehalten: über
Zölle und Monopole, über Inangriffnahme oder Wiederherstellung öffentlicher Bauten, sogar über Aushebung
oder Entlassung der Soldaten, über die Verlegung der
Legionen und Hilfstruppen, endlich über Verlängerung
der militärischen Kommandos, über ihre Besetzung in
außerordentlichen Kriegsfällen, über Inhalt und Form der
Antwortschreiben auf die Briefe fremder Könige. Einen
Reiterobersten, der wegen Gewalttätigkeiten und Räubereien angeklagt war, nötigte er, sich im Senat zu verteidigen. Die Kurie betrat er nie anders als allein. Als er

---

[1] Vgl. den Grundsatz Friedrichs d. Gr.: „Der Fürst ist der erste
Diener seines Staates."

einmal in einem Krankheitsfall sich in einer Sänfte hinein-
tragen ließ, schickte er augenblicklich seine Begleiter fort.
31. Kein Wort der Beschwerde kam über seine Lippen,
wenn Beschlüsse gefaßt wurden, die seiner Ansicht zuwider
liefen. So erklärte er z. B., ein Beamter dürfe in der Zeit
zwischen seiner Wahl und dem Amtsantritt nicht abwesend sein, sondern müsse in Rom bleiben und sich auf sein
Amt vorbereiten. Trotzdem erhielt einmal ein Prätor während dieser Zeit eine „außerordentliche Gesandtschaft"[1]
zur Erledigung seiner Privatangelegenheiten. Ein andermal stimmte er dafür, den Bürgern von Trebiä[2] zu gestatten, eine ihnen zum Bau eines neuen Theaters vermachte
Summe zum Bau einer Heerstraße zu verwenden. Er konnte
es aber nicht durchsetzen, daß die Bestimmung des Erblassers umgestoßen wurde. Als einmal über einen Senatsbeschluß in der Weise abgestimmt wurde, daß man in zwei
Parteien auseinandertrat und Tiberius sich auf die Seite der
Minderheit begab, folgte ihm niemand nach.
Auch alle übrigen Angelegenheiten wurden nur durch die
ordentlichen Behörden und nach dem gewöhnlichen Recht
erledigt. Gesandte aus Afrika durften sich bei den Konsuln
beschweren, sie würden vom Cäsar, an den sie abgesandt
seien, hingehalten. So groß war deren Ansehen. Dies war
allerdings nicht weiter verwunderlich, denn es war eine
bekannte Tatsache, daß Tiberius selbst beim Nahen der
Konsuln aufstand und ihnen auf der Straße achtungsvoll
zur Seite auswich.
32. Konsularen, welche Heere befehligten, erteilte Tiberius Verweise, weil sie über ihre Erfolge dem Senat keine
schriftliche Meldung zugehen ließen und weil sie über die
Verleihung gewisser militärischer Auszeichnungen erst an
ihn berichteten, als besäßen sie selbst nicht die Vollmacht
zu allen derartigen Verleihungen. Einen Prätor lobte er,
weil er beim Antritt seines Amtes den alten Brauch wieder

---

[1] Vgl. Kap. 12, Anm. - [2] Kleines, aber wohlhabendes umbrisches
Städtchen oberhalb der Via Flaminia, heute Trevi zwischen Foligno
und Spoleto.

erneuert hätte, in einer Rede vor dem versammelten Volk
seiner Vorfahren rühmend zu gedenken. Den Leichenzug
mehrerer vornehmer Männer begleitete er bis zum Scheiterhaufen.

Die gleiche Mäßigung in seinem Benehmen bewies er auch
bei Personen und Sachen von geringerer Bedeutung. Den
Magistrat der Rhodier, der in einem öffentlichen Send-
schreiben an ihn die übliche Schlußformel weggelassen
hatte, berief er nach Rom, tadelte ihn aber deswegen mit
keinem Wort, sondern ließ ihn einfach die vergessene Formel zufügen und entließ ihn dann wieder in seine Heimat.
Der Grammatiker Diogenes, der zu Rhodos an den Sabbat-
tagen[1] öffentliche Vorträge zu halten pflegte, hatte einmal
Tiberius, der zu ihm gekommen war, um ihn außer dieser
bestimmten Zeit zu hören, nicht vorgelassen und durch
einen Sklaven auf den siebenten Tag wieder bestellt. Als
Diogenes sich später in Rom einfand, um ihm seine Aufwartung zu machen, und schon vor der Pforte seines
Palastes stand, wies er ihn nur dadurch zurecht, daß er
ihm sagen ließ, er möchte nach sieben Jahren wiederkom-
men. Den Statthaltern, die ihm eine Erhöhung der Steuern
in den Provinzen vorgeschlagen hatten, schrieb er zurück:
„Ein guter Hirte darf seine Schafe wohl scheren, aber ihnen
nicht die Haut abziehen."

33. Nach und nach kehrte er den Fürsten heraus und handelte auch danach. Allein, wenn auch sein ungleichartiges
Benehmen noch lange seine eigentliche Absicht nicht erkennen ließ, so überwog doch oft die Seite der Milde und
die Rücksicht auf das allgemeine Wohl. Zunächst legte
sich Tiberius nur da ins Mittel, wo es galt, Mißgriffe und
Ungerechtigkeiten zu verhindern. Daher erklärte er mehrere
Verordnungen des Senates für ungültig, bot sich den

---

[1] Das von Sueton an dieser Stelle gebrauchte Wort *Sabbatis* bezeichnet
nur den jeweils 7. Tag, nicht den jüdischen Sabbat. Es kam mit dem
Bekanntwerden jüdischer Eigentümlichkeiten auf, da die Griechen
und Römer unsere Wocheneinteilung und die damit zusammen-
hängenden Bezeichnungen nicht kannten. S. Sonntag, Woche, Wo-
chentagsnamen im „Wörterbuch der Antike".

Gerichtsbehörden häufig als Ratgeber an und nahm seinen
Platz entweder neben ihnen oder ihnen gegenüber auf
der vordersten Bank ein. Sooft ruchbar wurde, man be-
günstige einen Angeklagten und wolle ihn durchschlüpfen
lassen, erschien er überraschend im Gerichtshof und hielt
den Richtern entweder von den Schranken aus oder vom
erhöhten Tribunal des Vorsitzenden herab die Gesetze,
ihren Eid und das Verbrechen vor, über das sie zu entscheiden hätten. Ferner suchte er überall bessernd ein-
zuschreiten, wo der öffentlichen Sittlichkeit durch Nachlässigkeit der Behörden oder üble Gewohnheit Gefahr
drohte.

34. Den Aufwand für die Schauspiele und für die Gladiatorenkämpfe schränkte er ein, indem er die Gagen der
Schauspieler beschnitt und eine Höchstzahl der auftretenden Fechterpaare festsetzte. Er erhob Beschwerde, daß die
Preise für korinthische Gefäße maßlos gestiegen und daß
einmal drei Seebarben auf dem Markt mit dreißigtausend
Sesterzen verkauft worden seien[1]. Ferner verordnete er,
den Luxus im Hausrat gesetzlich zu beschränken und den
Marktpreis für Lebensmittel alljährlich durch Senatsver-
ordnung zu regeln. Zugleich erhielten die Ädilen den Auftrag, alle Garküchen und Schankwirtschaften in ihrem Betrieb soweit einzuschränken, daß nicht einmal feines Ge-
bäck öffentlich zum Verkauf (über die Straße) ausgestellt
werden durfte[2]. Und um auch durch sein eigenes Beispiel
die Sparsamkeit unter dem Volk zu fördern, ließ er auf
seiner eigenen Tafel selbst bei Festmahlzeiten häufig vom
vorigen Tage übriggebliebene Speisen und angebrochene
Schüsseln auftragen, ja sogar einmal nur ein halbes Wild-
schwein, wobei er versicherte, es hätte ganz genau die
gleichen Eigenschaften wie ein ganzes.

Das Küssen, das bei der täglichen Begrüßung üblich war,
verbot Tiberius durch ein Edikt, ebenso bestimmte er, daß
der übliche Austausch der Neujahrsgeschenke sich nicht

---

[1] Korinthische Gefäße s. Augustus, Kap. 70 m. Anm.; 30000 Sest. =
30000 DM. – [2] Vgl. Cäsar, Kap. 43, und Augustus, Kap. 34, Anm.
Solche Verordnungen wirkten immer nur vorübergehend.

über den ersten Januar erstrecken sollte[1]. Er selbst war
früher gewohnt gewesen, die ihm verehrten Neujahrsgeschenke mit dem vierfachen Wert, und zwar persönlich
zu erwidern. Später war es ihm aber lästig, daß die, welche
am Neujahrstag selbst nicht hatten zu ihm gelangen können, ihn den ganzen Monat hindurch überliefen, und so
gab er überhaupt keine Gegengeschenke mehr.

35. Gegen Ehefrauen, die einen unsittlichen Lebenswandel
führten und gegen die kein öffentlicher Ankläger auftrat,
erließ er die Verordnung, die Verwandten sollten nach alter
guter Vätersitte hier durch einen Familienrat einschreiten.
Einen römischen Ritter, der seiner Frau bei der Verheiratung geschworen hatte, er werde sie nie verstoßen,
entband er von seinem Eid, damit er sich von der Frau,
die er beim Ehebruch mit seinem Schwiegersohn ertappt
hatte, scheiden lassen konnte. Lasterhafte Frauen von Rang
waren, um den gesetzlichen Strafen zu entgehen, darauf
verfallen, sich als Dirnen bei der Behörde zu melden und
dadurch allen Rechten und aller Würde einer Matrone zu
entsagen. Sittlich verkommene junge Leute aus dem Sena-
toren- und Ritterstande nahmen freiwillig die Schande
einer entehrenden Verurteilung auf sich, da sie dann nicht
mehr durch Senatsbeschluß am Auftreten als Schauspieler
oder Gladiatoren gehindert waren[2]. Allein jene sowohl wie
diese bestrafte Tiberius mit Landesverweisung, damit
solche List keinem mehr nützte. Einem Senator nahm er
die Senatorenwürde, als er erfahren hatte, er sei schon kurz
vor dem ersten Juli auf seinen Landsitz gegangen, um
nach dem eigentlichen Termin um so billiger eine Stadtwohnung mieten zu können[3]. Einen Quästor setzte er ab,

---

[1] Das Verbot des Küssens war offenbar eine hygienische Maßnahme gegen
eine entstellende und schwer heilbare, vom Orient her verbreitete
flechtenartige Krankheit, s. Plinius, Naturgeschichte XXVI, 1. –
Der Neujahrstag ist auch heute noch in Frankreich Geschenktag. –
[2] S. Augustus, Kap. 43. – [3] Die Senatsferien fielen seit Augustus in den
September und Oktober. S. Augustus, Kap. 35. Der hier erwähnte
Senator wollte schon Anfang September wieder in Rom sein, um während der Ferien den abwesenden Kollegen die billigste Wohnung weg-

weil er seine Frau, die er am Tage vor der Verlosung der
Amtsbereiche geheiratet, am Tage nach derselben wieder
verstoßen hatte[1].

36. Der Einführung fremder Religionsgebräuche, namentlich der ägyptischen und jüdischen Kulte, gebot er Einhalt.
Er zwang die Leute, die sich zu solchem Aberglauben bekannt hatten, die zu ihrem Gottesdienst gehörigen Kleider
samt allem Kultgerät zu verbrennen. Die jungen Juden
ließ er als Soldaten zum Kriegsdienst ausheben und unter
diesem Vorwand über die Provinzen mit ungesundem
Klima verteilen. Die übrigen Angehörigen dieses Volkes
und die Anhänger judaisierender Sekten wies er aus Rom
aus[2]. Jeder, der etwa diesem Befehl nicht nachkam, hatte
die Strafe lebenslänglicher Sklaverei zu gewärtigen. Auch
die Sterndeuter trieb er aus Rom; doch erlaubte er Denen zu
bleiben, die sich mit einem Bittgesuch an ihn gewandt hatten
und die Ausübung ihrer Kunst aufzugeben versprachen.

37. Hauptsächlich richtete Tiberius sein Augenmerk auf
den Schutz der öffentlichen Sicherheit gegen Landstreicher,
Straßenräuber und gegen ordnungstörende Krawalle. Er
vermehrte die Zahl der über ganz Italien verteilten Militärposten. In Rom baute er eine Kaserne, um darin die Prätorianerkohorten, die vorher zerstreut in Quartieren innerhalb und außerhalb der Stadt gelegen hatten, besser zu-
sammenzuhalten[3].

schnappen und in Ruhe umziehen zu können. Da er aber dabei auch
nicht auf seine Erholung verzichten wollte, versäumte er die Sitzungen
im ganzen Juli und August. – [1] Nach dem Ehegesetz des Augustus mußte
wohl jeder Beamte beim Amtsantritt, der mit der Auslosung zusammen-
fiel, verheiratet sein. Der Quästor hatte diese Bestimmung also um-
gangen. – [2] Die früher übliche Deutung dieser Stelle auf die Christen ist
nicht sehr wahrscheinlich, da Christus ja erst in den letzten Jahren des
Tiberius auftrat. Noch bei den inneren Kämpfen der Juden unter Claudius (s. dort, Kap. 25) wird eine solche Auslegung bestritten. Es gab
auch unter den Heiden eine ganze Anzahl von Richtungen, die jüdischen
Anschauungen oder Gebräuchen folgten, sowie die Proselyten, die
von den Juden selbst als mehr oder weniger strenge Beachter des Gesetzes anerkannt wurden. – [3] Das am Rande der Stadt errichtete Lager
ist auch heute Militärgelände. Seine Mauern sind noch erhalten.

Gegen Ausschreitungen des Volkes ging er mit allem Nachdruck vor, suchte aber auf der anderen Seite ihrem Ausbruch möglichst mit allen Mitteln vorzubeugen. Als im Theater die Parteien einmal miteinander in Streit geraten und ein Totschlag vorgekommen war, schickte er die Parteihäupter und die Schauspieler, um welche man sich gestritten hatte, in die Verbannung und ließ sich auch in der Zukunft durch keinerlei Bitten des Volkes zu ihrer Rückberufung bewegen. Als der Pöbel in Pollentia[1] den Leichenzug eines Primipilars nicht eher vom Marktplatze weggelassen hatte, bis den Erben mit Gewalt eine Geldsumme zu einem Fechterspiel abgepreßt worden war, ließ Tiberius eine Kohorte von Rom und eine zweite aus dem Reiche des Königs Cottius unter einem erdichteten Vorwande aufbrechen, plötzlich mit blankem Schwert unter Trompetenschall zu allen Toren der Stadt einrücken und den größten Teil des Volkes sowie der städtischen Behörden auf Lebenszeit gefangen setzen. Ferner schaffte er überall den seit alter Zeit bestehenden Brauch des Asylrechts ab[2]. Der Gemeinde von Kyzikos, deren Einwohner sich Gewalttätigkeiten gegen römische Bürger erlaubt hatten, entzog er die Freiheit, die sie sich im Mithridatischen Kriege erworben hatte[3].

Erhebungen der Feinde ließ Tiberius, da er persönlich später nicht mehr ins Feld zog, durch seine Legaten niederschlagen, und auch dazu entschloß er sich nur nach langem Zögern und notgedrungen. Feindlich gesinnte und

---

[1] Heute Pollenza in Piemont, umfangreiche römische Reste. In den benachbarten Alpentälern (Cottische Alpen) hatte Augustus einen Stammeshäuptling Cottius als Alleinherrscher („König") eingesetzt. Sein Reich wurde von Nero eingezogen (s. dort, Kap. 18). – [2] Die Tempel und heiligen Bezirke waren Zufluchtsorte für alle Bedrängten, auch für strafrechtlich und politisch Verfolgte, genau so wie im Mittelalter die Kirchen und Klöster. – [3] Stadt auf der Insel Arktonnesos gegenüber der Südküste der Propontis (Marmara-Meer). Als „Freie Bundesgenossengemeinde" war sie in ihrer inneren Verwaltung der Aufsicht der Römer entzogen gewesen, nach Verlust der „Freiheit" gehörte sie zur Provinz Asia.

verdächtige Könige hielt er mehr durch Drohungen und
Beschwerden als durch Anwendung von Gewalt im Zaum.
Einige lockte er durch Schmeicheleien und Versprechungen zu sich nach Rom, ließ sie aber nicht mehr in ihre
Heimat zurückkehren, z. B. den Germanen Marbod, den
Thrazier Rhascuporis und Archelaus von Kappadozien,
dessen Reich er zugleich zur römischen Provinz machte[1].
38. Zwei volle Jahre nach dem Antritt seiner Regierung
setzte der Kaiser keinen Fuß vor das Tor der Stadt. In der
folgenden Zeit kam er nur in die Städte der allernächsten
Umgebung, und zwar höchstens bis nach Antium, auch
dies sehr selten und immer nur auf wenige Tage. Allerdings hatte er sehr häufig auch den Besuch der Provinzen
und Heere in Aussicht gestellt. Fast alle Jahre traf er Vorbereitungen zur Reise, ließ Wagen zusammenbringen und
Vorräte aller Art in den Munizipalstädten und Kolonien
bereitstellen, zuletzt sogar Gelübde für den glücklichen
Verlauf seiner Reise und für eine glückliche Heimkehr tun.
Daher nannte man ihn im Publikum spottend bereits „Kal-
lippides", der, wie es in dem bekannten griechischen
Sprichwort heißt, „immer läuft und dabei doch keine Elle
weiter kommt[2]".
39. Nach dem Tod seiner beiden Söhne – Germanicus war
in Syrien, Drusus in Rom gestorben[3] – zog er sich nach
Kampanien in die Einsamkeit zurück. Man glaubte fast
allgemein, und sprach es auch aus, er werde nie mehr nach
Rom zurückkehren und auch wohl bald sterben. Beides
wäre auch beinahe eingetroffen. Denn tatsächlich kam er nie
mehr nach Rom zurück und wenige Tage nach seiner Abreise
stürzten während seines Nachtmahls, das er bei Tarracina[4]

---

[1] Marbod, s. Kap. 20, Anm. – Rhascuporis, der Name unsicher überliefert. Er kam in der Familie der thrazischen „Könige" oft vor. –
Archelaus, s. Kap. 8 mit Anm. – [2] Vielleicht nach einem Schauspieler
dieses Namens in Athen, der offenbar in einer Rolle längere Zeit auf
der Stelle zu laufen hatte, oder der Name eines Schnelläufers, der nie
zum Ziel kam. Das gleiche Sprichwort auch bei Cicero in den
Briefen an Atticus 13, 12, 3. – [3] Germanicus 19, Drusus 23. – [4] Heute
Terracina an der Grenze von Latium und Kampanien.

in einem den Namen „Die Grotte" führenden Landhause verzehrte, mehrere gewaltige Blöcke zufällig von den überhängenden Felsen nieder und erschlugen viele Gäste und Diener. Er selbst kam wider Erwarten ohne jede Verletzung davon.

40. Nachdem Tiberius Kampanien durchreist, in Capua das Kapitol, zu Nola den Tempel des Augustus geweiht – diese Vorgänge gebrauchte er als Vorwand für seine Reise –, begab er sich nach der Insel Capri. Sie gefiel ihm deshalb so besonders gut, weil man zu ihr nur Zugang von einem einzigen, noch dazu sehr schmalen Landungsplatz hat. Sonst ist sie ringsum von steil abfallenden, himmelhohen Felswänden und tiefem Meer umgeben. Sehr bald aber ging er wieder aufs Festland hinüber, denn das Volk beschwor ihn wegen eines schweren Unglücksfalles flehentlich um seine Rückkehr. Denn bei Fidenä[1] war bei einem Gladiatorenspiel das Amphitheater eingestürzt und mehr als zwanzigtausend Menschen waren hierbei umgekommen. Er gestattete jetzt allen, die sich ihm nahten, um so lieber freien Zutritt, als er bei seiner Abreise von Rom sich ausdrücklich jede Belästigung verbeten hatte. Auf der ganzen Reise hatte er denn auch keinen Menschen vor sich gelassen.

41. Nach abermaliger Rückkehr auf die Insel kümmerte sich Tiberius überhaupt nicht mehr um die Staatsgeschäfte. Er ergänzte kein einziges Mal mehr die Dekurien der Ritter[2]; in den Offizierstellen bei dem Fußvolk und der Reiterei oder bei der Besetzung der Statthalterposten in den Provinzen nahm er keine Veränderungen mehr vor. Spanien und Syrien ließ er mehrere Jahre lang ohne konsularische Legaten und kümmerte sich nicht darum, daß Armenien von den Parthern, Mösien von den Daziern und Sarmaten, Gallien von den Germanen zur großen Schande und nicht geringen Gefahr für das römische Reich durch Einfälle heimgesucht wurden[3].

---

[1] Vorort von Rom, nordöstlich an der Via Salaria gelegen. Das Unglück hatte 27 stattgefunden. – [2] Die von Rittern gestellten Richterdekurien. – [3] Armenien: 34 und 35 Parthereinfall, durch Lucius

42. In der Abgeschiedenheit war Tiberius jetzt jedes Zwanges ledig und gleichsam den Augen des Publikums entrückt. So konnte er denn allen seinen Lastern, die er lange nur mühsam verhehlt hatte, auf einmal völlig freien Lauf lassen. Von ihnen will ich jetzt einzeln von Anfang an erzählen.

Schon bei seinem Eintritt in das Heer pflegte man ihn im Lager wegen seiner übergroßen Gier nach Wein statt Tiberius *Biberius*, statt Claudius *Caldius*, statt Nero *Mero* zu nennen[1]. Später als Regent brachte er einmal – er arbeitete gerade an der Hebung der öffentlichen Sittlichkeit – zwei ganze Tage und eine Nacht in Gesellschaft von Pomponius Flaccus und von Lucius Piso mit Schmausen und Saufen zu. Dem einen übertrug er alsbald die Provinz Syrien, dem andern das Amt eines Präfekten der Hauptstadt[2]. Er bezeichnete sie auch in dem Ernennungsschreiben als „seine lieben Genossen in allen guten Stunden". Bei Cestius Gallus, einem alten Lüstling und Verschwender, den Augustus schon mit einer Ehrenstrafe belegt und dem er selbst wenige Tage zuvor im Senat einen Verweis erteilt hatte, sagte er sich mit dem Befehl zur Tafel an, daß jener nichts an seiner bisherigen Gewohnheit ändere oder kürze und daß auch nackte Mädchen bei Tisch bedienen sollten. Einen ganz unbekannten Kandidaten, der sich um das Quästoramt bewarb, zog er den adligsten Mitbewerbern vor, weil er beim

---

Vitellius (s. Vitellius, Kap. 2) zurückgeschlagen. – Mösien (s. Augustus, Kap. 21): rasch bezwungene Lokalaufstände der Jahre 21 und 25 (also *vor* der Rückkehr nach Capri). Streifzüge der Dazier und Sarmaten über die Donau nicht bekannt. – Gallien: Steuerdruck verursachte 21 und 22 einen gefährlichen Gallieraufstand und 28 den Abfall der Friesen jenseits der Rheinmündung, den die Römer tatsächlich nicht bezwangen. – [1] Biberius: der Trinker; caldius: heiß (vom Trunk erhitzt), mero: ungemischter Wein. „Prinz Glühweinschwelg" (Gardthausen, Augustus und seine Zeit, Bd. I, S. 682). – [2] Lucius Pomponius Flaccus, Statthalter von Syrien erst während des Partheinfalls in Armenien, dort gestorben.- Lucius Calpurnius Piso, Sohn des als Mörder des Germanicus Verurteilten (s. Kap. 52), Konsul 27; Stadtpräfekt vielleicht 36 und 37, erst 39 Statthalter von Afrika.

Mahle auf sein Zutrinken eine ganze Amphora Wein aus-
getrunken hatte. Asellius Sabinus schenkte er zweihunderttausend Sesterzen[1] für einen Dialog, in dem jener einen
Pilz (Champignon), eine Schnepfe, eine Auster und einen
Krammetsvogel sich um den Vorrang streiten ließ. Endlich
errichtete er ein neues Hofamt, den Vergnügungswart
(*a voluptatibus*), und übertrug es dem römischen Ritter Titus
Cäsonius Priscus.

43. In seiner Abgeschiedenheit auf Capri erdachte er ein
Sofazimmer als Ort für geheime Ausschweifungen. Darin
mußten Scharen von überallher zusammengeholter Mädchen und Lustknaben sowie Erfinder von allerart wider-
natürlicher Unzucht, die er „Spintrier" zu nennen pflegte,
zu dreien verbunden miteinander Verkehr treiben, während
er zuschaute, um durch den Anblick seine abgestumpften
Begierden wieder aufzustacheln. Seine verschiedenen Schlafzimmer schmückte er mit malerischen und plastischen Darstellungen lasziver Szenen und Figuren aus und versah sie
mit den Schriften der Elephantis[2], damit niemandem beim
Ausüben des Liebesakts ein Muster der vorgeschriebenen
Weise fehlte. Auch in Wäldern und Parks legte er an vielen
Stellen sogenannte Venusplätze an, wo in Grotten und
Felshöhlen junge Leute beiderlei Geschlechts als Panisken
und Nymphen verkleidet zur Wollust einluden. Daher
pflegte man ihn denn auch bereits ganz öffentlich und allgemein unter Umdeutung des Namens Capri „Caprineus"[3]
zu nennen.

44. Aber noch Ärgeres und Schändlicheres sagte man ihm
nach. Man kann es kaum erzählen oder anhören, geschweige
denn glauben. Er soll nämlich Knaben im zartesten Alter,

---

[1] Amphora über 26 l! – 200000 Sest. = 200000 DM. – [2] Unter
dem Namen der Elephantis (griechischer Hetärenname) liefen eine
Anzahl stark erotischer, nicht mehr erhaltener Schriften, deren
Entstehungszeit im Zeitalter des späten Hellenismus (2.–1. Jhrh.
v. Chr.) zu suchen sein mag. Zur Charakterisierung dieser Art Literatur mag dienen Martial XII, 43, 4 ff.: *molles Elephantidos libri. Sunt
illic Veneris uovae figurae.* – [3] Der Mann von Capri (Ziegeninsel) oder
auch: der alte Bock (s. Kap. 45).

die er seine „Fischchen" nannte, angeleitet haben, ihm
beim Baden zwischen den Beinen durchzuschwimmen, um
ihn herumzuspielen, ihn dabei zu lecken und zu beißen.
Ja, er hätte sich von kräftigen, aber der Mutterbrust noch
nicht entwöhnten Kindern an seinem Glied oder an den
Brustwarzen saugen lassen – lauter Arten der Wollust,
für die er von Natur und durch sein Alter eine starke
Veranlagung besitzen mochte. Das bekannte Bild des
Malers Parrhasios[1], das Atalante darstellt, wie sie Mele-
ager mit dem Munde Wollustgefühl erregt, war ihm einmal
unter der Bedingung vermacht worden, er solle, falls er an
dem Gegenstand Anstoß nähme, eine Million Sesterzen
dafür erhalten[2]. Seiner ganzen Veranlagung nach zog er
daher das Bild nicht nur dieser Summe vor, sondern stellte
es sogar in seinem Schlafzimmer auf. Auch erzählt man
sich, ihn hätte einmal während eines Opfers die Schönheit
eines Knaben, der das Rauchfaß trug, derart erregt, daß er
sich nicht habe enthalten können, ihn wie seinen Bruder,
einen Flötenspieler, gleich nach Beendigung der gottes-
dienstlichen Handlung vom Platze weg abseits zu führen
und zu mißbrauchen. Später habe er beiden Brüdern die
Beine zerschlagen lassen, weil sie sich gegenseitig ihre
Schande vorgeworfen hatten.

45. Ferner hatte Tiberius die Gewohnheit, auch verheiratete Frauen, und zwar aus den vornehmsten Familien, frech
zu mißbrauchen. Am klarsten bewies dies das traurige
Schicksal einer Frau namens Mallonia. Sie war ihm zugeführt worden, hatte sich aber energisch seinen Zudringlichkeiten widersetzt. Darauf gab sie Tiberius den öffentlichen Anklägern preis und ließ selbst vor Gericht nicht
ab, sie zu fragen, ob sie sich jetzt eines anderen besonnen
habe. Da stürzte die Frau aus dem Gerichtssaal, eilte nach
Haus und stieß sich den Dolch ins Herz, nachdem sie vor-

---

[1] Attischer Maler aus der Zeit um 400 v. Chr. Die Naturtreue seiner
Zeichnung und die Kraft seines seelischen Ausdrucks waren berühmt. –
[2] Atalante in der griech. Sage kühne Jägerin, Geliebte des Me-
leager, der den kalydonischen Eber erlegte. – 1 Million Sesterzen =
1 Million DM.

her noch ihm, „dem alten, stinkenden Bock", mit lauter Stimme seine Perversitäten vorgeworfen hatte. Daher wurden bei den nächsten Theatervorstellungen in dem Schlußstück eines Atellanenspiels[1] die Worte: „Der alte Bock beleckt den Ziegen die Natur" mit großem Beifall als Anspielung auf ihn aufgenommen und verbreitet.

46. Mit Geld ging Tiberius sparsam um, er war sogar geizig. So gab er auf Reisen und Feldzügen seinem Gefolge keine Unterhaltsgelder, sondern immer nur Naturalverpflegung. Nur einmal zeigte er sich freigebig, und bei dieser Gelegenheit auch nur, weil sein Stiefvater die Kosten trug. Hierbei teilte er seine Begleiter, je nach ihrem Range, in drei Klassen und spendete den Angehörigen der ersten sechshunderttausend, der zweiten vierhunderttausend Sesterzen, der dritten, die er nicht seine „Freunde", sondern seine „Griechen" nannte, zweihunderttausend[2].

47. Während seiner ganzen Regierung führte Tiberius überhaupt keine Prachtbauten auf; denn die einzigen von ihm begonnenen, den Augustustempel und die Wiederherstellung des Pompejustheaters, hinterließ er nach so vielen Jahren unvollendet[3]. Ferner veranstaltete er überhaupt keine Schauspiele. Auch den von anderen gegebenen wohnte er nur selten bei, damit er nicht mit irgendwelchen Bitten angegangen würde, zumal seit man ihm die Freilassung des Komikers Actius abgenötigt hatte.

Nachdem er einigen wenigen in Not geratenen Senatoren

---

[1] Uritalische Stegreifposse mit festen Masken (Hanswurst). – Im Zitat (s. Kap. 43, Schluß) kann das Wort für „den Ziegen" auch „auf Capri" heißen. – [2] 600000, 400000, 200000 DM. – Was mit „Griechen" gemeint ist, ist unklar, vielleicht eine Anspielung auf den rhodischen Aufenthalt des Tiberius oder darauf, daß vornehme Römer griechische Gelehrte, Künstler oder Spaßmacher in ihrem Gefolge hatten. Vgl. Kap. 56. Manche Gelehrte lesen statt *Graeci* (Griechen), *grati*, was neben den „Freunden", die unter dieser Benennung eine besondere in sich geschlossene Hofrangklasse bildeten, die sonstigen „guten Bekannten" bezeichnen würde. – [3] Der Augustustempel lag hinter dem Forum Romanum an einem der Aufgänge zum Palatin, das Theater des Pompejus auf dem Marsfeld.

Unterstützung hatte angedeihen lassen, erklärte er, um
diese Hilfeleistung nicht auf viele andere noch ausdehnen
zu müssen, er werde solche keinem mehr gewähren, der
nicht seine Notlage als unverschuldet vor dem Senat nachgewiesen habe. Infolge dieser Erklärung schreckte er die
meisten durch den Appell an ihre Bescheidenheit und ihr
Ehrgefühl ab, darunter auch den Enkel des Redners Quintus Hortensius, Hortalus, der trotz seines sehr bescheidenen Vermögens auf Zureden von Augustus geheiratet und
vier Kinder gezeugt hatte[1].

48. Nur zweimal im ganzen übte Tiberius einen Akt öffentlicher Freigebigkeit aus. Das eine Mal streckte er hundert
Millionen Sesterzen[2] als Darlehen ohne Zinsen auf drei
Jahre vor, das zweite Mal ersetzte er einigen Hausbesitzern,
deren Miethäuser auf dem Cäliushügel abgebrannt waren,
den Wert ihrer Grundstücke. Zu dem ersteren Schritt
zwangen ihn in einer Zeit großer Geldknappheit die inständigen Bitten des Volkes um Hilfe. Er hatte nämlich
durch Senatsbeschluß verfügt, daß die Geldleute zwei
Drittel ihres Vermögens in Grund und Boden anlegen und
die Schuldner ebensoviel von ihrer Schuld sofort in bar
abbezahlen sollten. Beides zu gleicher Zeit war nicht möglich. Das andere tat er, um die furchtbare Not der Zeit zu
lindern. Auf die zuletzt erwähnte Wohltat legte er so
großen Wert, daß er den Cäliushügel in Augustushügel
umbenennen ließ[3].

Nachdem er den Soldaten die von Augustus vermachten
Legate in doppelter Höhe hatte auszahlen lassen, erfreute

---

[1] Nach Tacitus, Annalen II, 38 weigerte sich Tiberius, herabgekom-
mene Sprossen alter Geschlechter standesgemäß zu erhalten. Augustus
hatte allerdings gelegentlich der Erhöhung des senatorischen Mindest-
vermögens ärmeren Senatoren das vorgestreckt, was ihnen daran
fehlte, s. Augustus, Kap. 41. Dem Hortensius hatte er sein Haus abgekauft (s. Augustus, Kap. 72 m. Anm.) und Hortalus, damit er heiraten
könne, 1 Million Sest. (1 Million DM) geschenkt (Tacitus, Annalen
II, 37). – [2] 100 Millionen DM. – [3] Nach Kap. 26 bezeichnete aber
Tiberius sich selbst nur im Verkehr mit Klientelfürsten und fremden
Königen als Augustus.

er sie weiterhin niemals mehr durch ein Geschenk. Nur jedem Prätorianer gab er tausend Denare, weil sie sich Sejan nicht angeschlossen hatten, und den syrischen Legionen einige Belohnungen in Geld, weil sie die einzigen waren, die nicht Sejans Bildnis unter ihren Feldzeichen zur Verehrung aufgestellt hatten[1]. Selbst den Veteranen bewilligte er nur selten den Abschied, da er wegen ihres Alters auf ihren Tod und auf die ihm dadurch zufließende Ersparnis spekulierte. Nicht einmal den Provinzen gewährte er irgendwelche Unterstützungen. Nur Asia machte eine Ausnahme, als dessen Städte durch ein Erdbeben zerstört worden waren[2].

49. Im Laufe der Zeit ging Tiberius sogar förmlich auf Raub aus. Es ist Tatsache, daß er den Gnäus Lentulus

---

[1] 4000 DM. Lucius Älius Sejanus (etwa 20 v. Chr. bis 31 n. Chr.), der allmächtige Präfekt der Prätorianer, war der einzige Römer, dem das sonst nur Mitgliedern der kaiserlichen Familie vorbehaltene Recht gewährt worden war, daß seine Büste in allen Lagerheiligtümern unter den dort aufbewahrten Feldzeichen aufgestellt werden durfte. Danach hat man eine an solcher Stelle gefundene Büste aus der Zeit des Tiberius (heute im Museum zu Speyer), die keinerlei Ähnlichkeit mit Mitgliedern des Kaiserhauses besitzt, als Sejan gedeutet. –
[2] 17 n. Chr. Zum Dank für die fürstliche Freigebigkeit des Tiberius wollte jede der bedachten Städte ihm einen Tempel errichten. Der Kaiser gestattete aber nur einen einzigen in Smyrna. Sein dortiges Kultbild stifteten die Kaufleute Kleinasiens noch einmal nach Puteoli (Basis jetzt in Neapel). Aus der Rede, die Tiberius bei dieser Gelegenheit zur Abwehr ähnlicher Anerbietungen anderer Provinzen hielt: „Ich bin ein sterblicher Mensch, menschliche Pflichten habe ich zu erfüllen, und mir ist es genug, wenn ich den Platz eines Prinzeps ausfüllen kann. Dies werden meine Tempel in Euren Herzen sein, dies meine schönsten und unvergänglichsten Bildnisse. Denn die Denkmäler aus Stein werden, wenn das Urteil der Nachwelt in Haß sich verwandelt, Grabmälern gleich geachtet werden. Daher beschwöre ich die Bürger und die Götter selbst, diese, sie mögen mir bis an mein Lebensende einen ruhigen und des göttlichen und menschlichen Rechts kundigen Sinn verleihen, jene dagegen, daß sie, wenn ich entschlafen bin, Lob und ehrende Erinnerung meinen Taten und dem Rufe meines Namens folgen lassen mögen" (Tacitus, Ann. IV, 38. Übers. v. Kornemann, „Erbe der Alten" II, 24, S. 90/91).

Augur wegen seines sehr großen Vermögens durch Furcht
und Angst so weit trieb, daß er seines Lebens überdrüssig
wurde, und ihn veranlaßte, ihn selbst zum alleinigen Erben
einzusetzen. Ebenso hatte er eine Frau aus sehr vornehmer
Familie, mit Namen Lepida, zugunsten ihres Mannes Qui-
rinius, eines sehr reichen und kinderlosen Konsularen, verurteilen lassen, als dieser, nachdem er bereits zwanzig Jahre
von ihr geschieden war, sie eines früheren Giftmord-
versuches angeklagt hatte. Ferner ließ er in Gallien, Spanien, Syrien und Griechenland das Vermögen angesehener
Personen unter den nichtswürdigsten und schamlosesten
Vorwänden einziehen. Dabei konnte manchen kein anderer Vorwurf gemacht werden, als daß sie einen Teil ihres
Vermögens in barem Gelde liegen hatten[1]. Sehr vielen
Stadtgemeinden und Privatleuten nahm er ihre alten
Rechte und die Bergwerks- wie die Zollgerechtigkeiten. Aber
den Partherkönig Vonones, der, von seinem Volke vertrieben, sich in den Schutz des römischen Volkes und mit
ungeheuren Schätzen nach Antiochia begeben hatte, ließ
er treuloserweise berauben und töten[2].

50. Der Haß gegen seine Verwandten kam zuerst seinem
Bruder Drusus gegenüber zum Ausbruch. Er verriet nämlich an Augustus einen Brief des Drusus, in dem dieser mit
ihm über Mittel und Wege verhandelt hatte, wie man
Augustus zwingen könnte, die alte republikanische Verfassung wiederherzustellen[3]. Später ließ er seinen Haß
auch gegen die übrigen Mitglieder seiner Familie aus.
Weit entfernt, seiner Gattin Julia in der Verbannung
irgendeine Gefälligkeit oder auch nur ein Zeichen von
Teilnahme zukommen zu lassen, was doch das Geringste
ist, verbot er ihr, die nach des Vaters Bestimmung nur auf
den Aufenthalt in einer kleinen Stadt beschränkt war, so-

---

[1] Es gab Gesetze, die vorschrieben, wieviel Geld man bar bei sich
behalten und dadurch dem Verkehr entziehen durfte (vgl. Kap. 48). –
[2] Er hatte sich nach seiner Vertreibung 11 n. Chr. Armeniens bemächtigen wollen, wurde deshalb in Kleinasien interniert und bei
einem Fluchtversuch im Jahre 19 getötet. – [3] Drusus, s. Kap. 4,
Anm., Claudius, Kap. 1.

gar das Verlassen ihres Hauses und jeden geselligen Verkehr. Er entzog ihr auch noch das ihr vom Vater belassene
eigene Vermögen und die bisher gezahlte Jahresrente, wobei er den Rechtsvorwand geltend machte, Augustus habe
in seinem Testament darüber keine Bestimmungen getroffen[1].

Seine Mutter Livia war ihm lästig, weil er glaubte, daß sie
seine Macht mit ihm teilen wolle. Deshalb vermied er
häufigere Zusammenkünfte und alle längeren, geheimen
Unterredungen mit ihr. Es sollte nicht der Anschein erweckt werden, als bestimme ihr Rat, den er doch bisweilen
nötig hatte und wirklich benutzte, sein Handeln. Ferner
nahm er es sehr übel auf, daß man im Senat den Antrag
stellte, zu seinem Titel neben der Bezeichnung „Sohn des
Augustus" auch „Sohn der Livia" hinzuzusetzen. Tiberius
litt es daher auch nicht, daß man sie „Landesmutter"
nannte oder ihr sonst eine bedeutendere öffentliche Ehrung
zuerkannte. Er warnte sie sogar wiederholt, sich in wich-
tigere und für Frauen nicht passende Staatsgeschäfte ein-
zumischen, besonders seitdem er gesehen hatte, daß sie bei
einem in der Nähe des Vestatempels ausgebrochenen
Brande persönlich an Ort und Stelle erschienen war und
Volk und Soldaten zu energischer Hilfeleistung angefeuert
hatte, wie sie es bei Lebzeiten ihres Gemahls gewohnt
gewesen war[2]. 51. Von da an brach zwischen beiden offene
Feindschaft aus, und zwar war, wie es heißt, folgender
Vorfall die Veranlassung: Als Livia einmal von Tiberius
dringend die Aufnahme eines mit dem römischen Bürgerrecht beschenkten Mannes in die Richterabteilungen gefordert hatte, gab er ihr den Bescheid, er werde die Aufnahme vollziehen, aber nur unter der Bedingung, daß sie
ihm den Zusatz im Protokoll gestattete, die Bewilligung

---

[1] Vgl. jedoch Kap. 11, 4. Abschnitt. — [2] Auch bei größter Rücksicht
des Tiberius gegen seine Mutter mußte es zu Konflikten kommen, da
Livia bestrebt war, ihren Willen als von Augustus bestimmte Mitregentin auch gegen den Sohn durchzusetzen. „Schwer lastete sie
auf dem Staate als Mutter, schwer als Stiefmutter auf dem Kaiserhause" (Tacitus, Ann. I, 10).

sei ihm von seiner Mutter abgepreßt worden. Darüber geriet Livia in heftige Aufregung; sie holte aus ihrem Geheimarchiv alte Briefe von Augustus an sie hervor, worin sich dieser über Tiberius' schroffen und unverträglichen Charakter beschwert hatte, und las sie ihm vor. Daß sie diese Schriftstücke so lange aufbewahrt hatte und ihm so gehässig vorhielt, ärgerte ihn dermaßen, daß dies nach Ansicht einiger Leute neben den anderen Gründen der hauptsächlichste für ihn gewesen sein soll, sich aus Rom zu entfernen. Jedenfalls hat er seine Mutter in den ganzen drei Jahren, die sie nach seiner Entfernung noch lebte, nur einmal auf einen einzigen Tag und auch da nur ein paar Stunden gesehen. Selbst während ihrer Krankheit, von der sie kurz nachher befallen war, hielt er es nicht der Mühe für wert, sie zu besuchen. Als sie gestorben war, machte er mehrere Tage zwar Hoffnung, an ihrem Begräbnis teilzunehmen, kam aber nicht und verbot schließlich nach Bestattung der bereits in Verwesung und Fäulnis übergegangenen Leiche die Aufnahme Livias unter die Götter. Er gab vor, sie selbst hätte es so verfügt. Ihr Testament erklärte er für ungültig. Alle ihre Freunde und Vertrauten, selbst die, denen sie sterbend die Sorge um ihr Begräbnis übertragen hatte, ließ er binnen kurzer Frist seine schwere Ungnade empfinden, einen derselben, einen Mann aus dem Ritterstande, verurteilte er sogar zur Zwangsarbeit in der Wassertretmühle.

52. Weder seinen leiblichen Sohn Drusus noch den adoptierten Germanicus liebte Tiberius mit der Zärtlichkeit eines Vaters. Drusus[1] haßte er wegen seiner Fehler; denn er war leichtsinnig und führte ein lockeres Leben. Daher nahm er sich auch seinen Tod nicht übermäßig zu Herzen, sondern ging fast unmittelbar vom Begräbnis wieder an

---

[1] *Drusus* Cäsar (15/13 v. Chr. bis 23 n. Chr.), erstes Hervortreten beim Tode des Augustus (s. dort, Kap. 100, Tiberius, Kap. 23), 14 und 16—20 in Illyricum, empfängt 19 den geflüchteten Marbod (s. Kap. 37 und 20, Anm.), 15 und 21 Konsul, 22 mit der tribunizischen Gewalt bekleidet, 23 auf Anstiften Sejans von seiner Gattin Livilla vergiftet (s. Kap. 62).

seine gewohnte Arbeit und verbot einen längeren Ausfall
der Gerichtsverhandlungen. Den Abgeordneten von Ilium,
die ihm etwas spät ihr Beileid aussprachen, gab er sogar,
als habe die Zeit ihm bereits seinen Schmerz vergessen
lassen, die spöttische Antwort, auch er spreche ihnen sein
Beileid darüber aus, daß sie einen so ausgezeichneten Mitbürger, wie Hektor, verloren hätten.
Auf Germanicus war er ganz besonders eifersüchtig. Er
stellte seine herrlichen Taten als überflüssig hin und schalt
seine glorreichen Siege als für den Staat schädlich. Vollends gar, als Germanicus bei einer furchtbaren, plötzlich
ausbrechenden Hungersnot, ohne ihn um seine Erlaubnis
gefragt zu haben, sich persönlich nach Alexandria begeben
hatte, erhob Tiberius Beschwerde darüber im Senat[1]. Es
besteht auch der Verdacht, daß er an dem Tode des Germanicus mit schuld gewesen sei und sich hierbei der Vermittlung des Legaten von Syrien, Gnäus Piso[2], bedient
hätte. Manche sind der Ansicht, Piso, der nicht lange darauf dieses Verbrechens angeklagt wurde, würde die erhaltenen Befehle zum Vorschein gebracht haben, wenn nicht
Tiberius sie heimlich dem Piso, der damit prahlte, hätte
entwenden und ihn selbst beiseite schaffen lassen[3]. Daher
fand man an vielen Orten angeschrieben und hörte in der
Nacht sehr oft die Rufe: „Gib uns Germanicus wieder!"
Jenen Verdacht bestärkte Tiberius später selbst dadurch,

---

[1] Nero Claudius *Germanicus*, 15 v. Chr. bis 19 n. Chr. (s. Stammtafel), über ihn ausführlich Caligula, Kap. 1 ff., Sohn des älteren
Drusus (s. Kap. 4, Anm.) und der jüngeren Antonia, seit der Adoption durch Tiberius 4 v. Chr.: Germanicus Julius Cäsar (s. Augustus, Kap. 34, Anm., Tiberius, Kap. 15). Erste Erfolge in den Jahren
8 und 9 im Pannonischen Aufstand, seit 13 am Rhein, bringt 14 die
Soldaten zum Gehorsam (s. Kap. 25), seine berühmten Germanen-
feldzüge 14–16 (Gefangennahme der Familie des Arminius, Besuch
des Varus-Schlachtfeldes, Kämpfe im Wesergebiet), triumphiert 17;
18 und 19 im Orient, stirbt in Antiochia. – [2] Gnäus Calpurnius Piso
(um 40 v. Chr. bis 20 n. Chr.), Konsul 7 v. Chr., hatte sich schon in
Spanien und Afrika bewährt, als er 18 nach Syrien kam. – [3] Text
hier lückenhaft. Ergänzung von Roth in Anlehnung an Tacitus,
Ann. III, 16.

daß er auch die Gattin und die Kinder des Germanicus auf
grausame Weise mit seinem Haß verfolgte.

53. Seine Schwiegertochter Agrippina[1], die nach ihres Mannes Tod heftige Klagen gegen ihn vorbrachte, ergriff er
einmal bei der Hand und rief ihr einen griechischen Vers
zu: „Glaubst du, weil du nicht herrschest, Töchterchen,
daß dir Unrecht geschieht?" Bald würdigte er sie überhaupt keines Gespräches mehr. Als sie aber einmal bei
Tisch von dem Obst, das er ihr reichte, nicht zu essen wagte,
lud er sie auch nicht mehr zur Tafel ein, indem er vorgab,
sie beschuldige ihn des Giftmordversuchs. Und doch war
beides eine abgekartete Sache. Tiberius seinerseits wollte
sie dadurch, daß er ihr jenes Obst anbot, auf die Probe
stellen, während Agrippina gewarnt war, davon zu essen,
als sei es ihr sicheres Verderben. Zuletzt beschuldigte er
sie, daß sie bald zu der Statue des Augustus, bald zum
Heere ihre Zuflucht zu nehmen beabsichtige. Infolgedessen
verbannte er sie auf die Insel Pandataria[2]. Als sie sich in
Beschimpfungen gegen ihn erging, ließ er sie durch einen
Centurio mit Schlägen mißhandeln. Hierbei wurde ihr ein
Auge ausgeschlagen. Als sie sodann freiwillig Hungers zu
sterben beschloß, befahl er, ihr gewaltsam den Mund auf-
zusperren und Speise hineinzustopfen. Aber Agrippina verharrte bei ihrem Vorsatz und starb diesen Tod. Noch über
ihr Grab hinaus verfolgte sie Tiberius mit den allerge-
hässigsten Anschuldigungen und beantragte sogar im Senat,
ihren Geburtstag unter die Unglückstage im Kalender aufzunehmen. Er bezeichnete es noch als einen besonderen
Akt seiner Gnade, daß er sie nicht mit dem Strick habe
erdrosseln und die Gemonien[3] hinabwerfen lassen. Ferner

---

[1] Agrippina die Ältere (s. Abbildung), Enkelin des Augustus und
Tochter des Agrippa; sie war die treue Begleiterin ihres Gatten auf
allen seinen Feldzügen (s. Caligula, Kap. 7 u. 8). – [2] Ursprüngliche
Verbannungsstätte der Julia (s. Augustus, Kap. 65 mit Anm.), auf
der Agrippina 33 starb. Wenn diese wirklich die Öffentlichkeit oder
das immer noch an Germanicus hängende Heer gegen den Kaiser um
Hilfe angegangen hätte, so wäre das natürlich Hochverrat gewesen. –
[3] „Seufzertreppe", steiler Stufenpfad vom Aventin zum Tiber. Zu

AGRIPPINA D. Ä.

gestattete er, daß ihm für diese Milde – noch dazu in einem
Senatsbeschluß – gedankt und dem Kapitolinischen Jupiter
ein goldenes Weihgeschenk dargebracht wurde.

54. Von Germanicus hatte Tiberius drei Enkel, Nero, Drusus und Gajus, von seinem Sohn Drusus nur einen, Tiberius.
Nach dem Tode seiner eigenen Söhne empfahl er die beiden
ältesten Söhne des Germanicus, Nero und Drusus, dem
Senat und gab zur Feier ihrer Volljährigkeit dem Volk
eine Spende. Sobald er jedoch erfuhr, daß am Jahresanfang
auch für ihr Wohl öffentliche Gelübde getan wurden, erklärte er im Senat, dergleichen Auszeichnungen dürften
nur bewährten älteren Männern erteilt werden[1]. Indem er
so seine wahre Gesinnung offenbarte, gab er seine beiden
Enkel den Anschuldigungen aller Verleumder preis. Durch
mancherlei List ließ er sie zu heftigen Äußerungen reizen,
die ihm alsbald hinterbracht wurden. Dann klagte er sie
brieflich an, überhäufte sie noch dazu mit den bittersten
Schmähungen, ließ sie als Staatsfeinde erklären und schließlich verhungern: Nero auf der Insel Pontia[2], Drusus in den
untersten Gewölben des Palatiums. Man glaubt, Nero sei
zum Selbstmord dadurch getrieben worden, daß ihm ein
Henker, angeblich im Auftrage des Senates, Stricke und
Haken zeigte; Drusus aber sei alle Nahrung entzogen worden, so daß er die Polsterung seiner Matratze zu kauen
versuchte. Beider Überreste seien derart in alle Winde ver-
streut worden, daß sie kaum jemals hätten wieder gesammelt werden können[3].

55. Neben seinen alten Freunden und Vertrauten hatte sich
Tiberius einen Staatsrat von zwanzig Männern aus den
ersten Geschlechtern Roms ausbedungen. Von allen diesen
ließ er kaum zwei bis drei unangefochten, alle übrigen traf
sein harter Arm, den einen aus diesem, den andern aus

---

ihr wurden die Leichen bestimmter, besonders ehrloser Verbrecher
vom Henker mit Haken herangeschleift, um dann über sie in den Tiber
gestürzt zu werden. – [1] Siehe hierzu Kap. 26 und 27. – [2] Heute Ponza
vor der latinischen Küste, wie die Verbannungsorte der beiden Julien
und Agrippas auch heute Strafinseln. – [3] Vgl. hierzu die Überfüh-
rung der Asche Neros nach Rom durch Caligula (dort, Kap. 15). –

jenem Grunde. Der Sturz des Älius Sejanus[1] riß die meisten
Opfer mit sich. Er hatte ihn weniger aus Wohlwollen zur
höchsten Macht erhoben, vielmehr leitete ihn hierbei die
Absicht, in seinen ränkevollen Anschlägen gegen die Kinder
des Germanicus und in seinem Bestreben, seinem Enkel von
seinem leiblichen Sohn Drusus die Thronfolge zu sichern,
an Sejan einen Helfershelfer zu haben.

56. Ebenso hart behandelte Tiberius seine griechischen Ge-
sellschafter, obwohl er im Verkehr mit ihnen noch am
meisten Gefallen zu finden pflegte. Einen Xeno, der einmal in sehr gezierter Sprache redete, fragte er, was das für
ein affektierter Dialekt sei. Auf die Antwort ,,Dorischer!"
verbannte er ihn nach Cinaria[2]. Denn er glaubte, in dieser
Antwort eine Anspielung auf sein früheres einsames Leben
als Verbannter in Rhodos zu finden, dessen Bewohner
dorisch sprechen.

Er hatte die Gewohnheit, aus seiner täglichen Lektüre bei
Tisch Fragen vorzulegen. Als er einmal erfuhr, daß der
Grammatiker Seleukus sich bei seinem Kammerdiener
immer eifrig erkundigte, welche Schriftsteller der Kaiser
gerade lese und so stets vorbereitet an der Tafel erschien,
schloß er ihn zunächst aus seiner Gesellschaft aus und zwang
ihn später, sich das Leben zu nehmen.

57. Seine grausame und zähe Natur zeigte sich bei Tiberius
schon im Knabenalter. Sein Lehrer in der Rhetorik, Theo-
dorus von Gadara[3], war der erste, der sie scharfsinnig
durchschaute und mit einem sehr treffenden Bild bezeichnete. Denn wenn er ihn zu schelten hatte, nannte er ihn
auf griechisch pēlṓn haímati pĕphyramĕnon, ,,einen mit
Blut gekneteten Lehmkloß". Aber bedeutend schärfer
kamen diese Charakterzüge nach seiner Thronbesteigung
zum Vorschein, selbst schon in den ersten Jahren seiner
Regierung, als er noch die Gunst der Menschen durch vor-
gespiegelte Mäßigung zu erwerben bestrebt war. Ein

---

[1] S. Kap. 48, Anm., 61, 62, 65. – [2] Heute Kinara, steiniges, wenig
fruchtbares Inselchen des Ägäischen Meeres, zwischen den Inseln
Lebinthos und Amorgos. – [3] Als Begründer einer eignen Rhetoren-
schule genannt. Gadara: Stadt im Ostjordanland.

Possenreißer hatte z. B. beim Vorüberziehen eines Leichenbegängnisses dem Toten mit lauter Stimme den Auftrag
zugerufen, er möge Augustus melden, die Legate, die er
dem Volke hinterlassen hätte[1], würden noch immer nicht
ausgezahlt. Tiberius ließ ihn vor sich schleppen, den ihm
zukommenden Anteil ausbezahlen und ihn dann zur Hinrichtung abführen, damit er nun selbst seinem Vater die Wahrheit melden könne. Nicht lange darauf bedrohte er im Senat
einmal einen römischen Ritter namens Pompejus, der ihm in
einer Angelegenheit widersprochen hatte, mit Gefängnis, und
versicherte ihm, aus dem Pompejus würde schon ein Pompejaner werden, eine bittere Ironie, mit der er wie den
Namen des Mannes so auch das alte Mißgeschick der
(Pompejanischen) Partei verhöhnte[2]. 58. Um dieselbe Zeit
gab er einem Prätor auf die Anfrage, ob er die Einberufung der Gerichte für Majestätsbeleidigungsprozesse[3] befehle, zur Antwort, Gesetze seien dazu da, daß sie gehand-
habt werden. Und er handhabte sie auf eine ganz ent-
setzliche Weise.

Einmal hatte ein Mann einer Statue des Augustus den Kopf
abnehmen lassen, um einen anderen darauf zu setzen. Die
Sache kam vor den Senat, und da der Beweis nicht ausreichte, wurde die Folter angewendet. Nach Verurteilung
des Angeklagten ging allmählich diese Art der böswilligen
Anklägerei so weit, daß es als todeswürdiges Verbrechen
angesehen wurde, wenn jemand in der Nähe eines Augu-
stusbildnisses seinen Sklaven auspeitschte oder seine Kleider wechselte, wenn jemand ein Geldstück oder einen Ring

---

[1] Die sofort fällig waren, s. Augustus, Kap. 101. – [2] Die Pompejaner,
die Cäsar und seinem Haus feindlich gewesen waren, hatten Macht,
Ansehen und Besitz, vielfach auch das Leben eingebüßt. – [3] Zur
Zeit der Republik hatte allein das römische Volk Majestät besessen. Durch die Übertragung der tribunizischen Gewalt auf die
Kaiser waren diese zu Wahrern der Majestät geworden, die sich allmählich in ihnen selbst verkörperte (Se. Majestät der Kaiser). Die Anfrage des Prätors lautete daher wohl, ob die Majestätsbeleidigung
auch dann verfolgt werden sollte, wenn streng genommen nicht das
Volk unmittelbar, sondern die Person des Kaisers angegriffen sei.

mit dem Bilde des Augustus auf den Abtritt oder in ein
Bordell mitnahm oder selbst ein Wort oder eine Handlung
von Augustus auch nur leise zu tadeln wagte. Sogar Der
mußte sterben, der sich in seiner Heimatstadt eine Ehrenbezeigung an einem Tage erteilen ließ, an dem solche
früher auch Augustus zuerkannt worden waren.

59. Dazu beging Tiberius unter der Maske sittlichen
Ernstes und dem Anschein der Hebung der öffentlichen Sittlichkeit, in Wirklichkeit aber mehr, um seinem natürlichen
Hange freien Lauf zu lassen, eine weitere Anzahl so
empörender Grausamkeiten, daß man ihm von mancher
Seite auch in Versen seine gegenwärtigen Übeltaten vorwarf und auf noch zukünftige warnend hinwies:

Fühlloser Unhold du! Soll in *ein* Wort alles ich drängen?
    Sterben will ich, wenn je lieben die Mutter dich kann!

Du bist kein Ritter! – Warum? – Nicht hunderttausend Denare
    Hast du; und fragst du: „Was denn?" – Blick' auf dein rhodisch Exil[1]!

Du hast die Zeiten Saturns, die goldnen, Cäsar, verwandelt.
    Denn so lange du lebst, werden sie eiserne sein[2].

Wein verschmäht er, weil jetzt nach Blut er dürstet, der Unmensch,
    Das er so gierig trinkt, wie er den Wein einst trank.

Romulus, sieh' auf Sulla, der „glücklich"[3] für sich, nicht für dich war,
    Sieh' auch auf Marius, doch dann, als er zurückkam nach Rom;

---

[1] Dies Epigramm scheint sich auf die Zeit unmittelbar nach der Adoption des Tiberius zu beziehen, in der er sein Verhalten nach dem Rechts-
satz einrichtete, daß er als Haussohn kein Vermögen, also auch nicht
die zum Ritterstand berechtigenden 100000 Denare (400000 DM),
sondern nur peculium besäße (s. Kap. 15 mit Anm.). Bissiger-
weise wird dieser Zustand nicht mit der Haussohnschaft, sondern
mit dem Exil begründet, durch das er sein Vermögen verwirkt
habe. Erhöht wird die Bosheit dadurch, daß Tiberius jetzt sagen
konnte, er sei mehr als ein Ritter. – [2] Anspielung auf die vier Welt-
alter. – Die ersten vier Distichen nach der Übersetzung von Stahr. –
[3] Sulla nannte sich selbst *Felix*, der Glückliche. Nach seiner Rückkehr
aus Asien, wo er Mithridates bekämpft hatte, aber selbst von den in
Rom herrschenden Anhängern des Marius zum Staatsfeind erklärt
worden war (sein Aufenthaltsort wurde dadurch zum Exil), verhängte

Ebenso auf Antonius, der Bürgerkriege entzündet,
  Auf die Hand, die in Blut stets er aufs neue getaucht;
Dann sprich: „Rom geht dahin!" Denn blutig herrschte noch jeder,
  Der zur Herrschergewalt aus der Verbannung gelangt.

Alle diese Angriffe wollte Tiberius anfangs so aufgenommen wissen, als rührten sie von Leuten her, die mit
seinen strengen Maßnahmen unzufrieden wären und weniger ihre wahre Überzeugung damit zum Ausdruck
brächten als vielmehr nur ihrem Ärger und ihrer schlechten Laune Luft machten. Er sagte daher öfter: „Sie sollen mich nur ruhig hassen, wenn sie mir nur recht geben
müssen!" Später bewies er freilich selbst durch sein Betragen, wie vollkommen wahr und richtig alle jene Angriffe waren.

60. Wenige Tage nach seiner Ankunft in Capri trat einmal
ein Fischer unerwartet vor Tiberius auf einem einsamen
Spaziergange hin und überreichte ihm als Geschenk eine
ungewöhnlich große Seebarbe. Der Kaiser ließ ihm mit
demselben Fisch das Gesicht abreiben. Denn er war heftig
erschrocken, weil der Mann vom hinteren Teil der Insel
über steile unwegsame Felsen mühsam zu ihm hinauf-
geklettert war. Als sich der Fischer, während er abge-
straft wurde, noch Glück wünschte, daß er nicht auch
einen großen Meerkrebs, den er ebenfalls gefangen hatte,
dem Kaiser geschenkt habe, befahl Tiberius, ihm auch
mit diesem das Gesicht zu zerfleischen. Einen Soldaten
seiner Leibwache bestrafte er mit dem Tode, weil er
einen Pfau aus dem Garten gestohlen hatte. Als auf
einer Reise die Sänfte, in der er saß, im Dornengebüsch
stecken blieb, ließ er seinen Vorreiter, der die Gangbar-
keit der Wege zu erforschen hatte, einen Centurio der

---

er die berüchtigten Proskriptionen. Dasselbe hatte vor ihm schon
Marius nach der Rückkehr aus der Verbannung getan. Das gleiche gilt
für Antonius, dessen Proskriptionen in die Zeit nach dem Krieg um
Mutina fallen (s. Augustus, Kap. 10-12), währenddessen er zum
Staatsfeind erklärt worden war. – Mit ihnen allen wird der aus
der rhodischen Verbannung zum Kaisertum gelangte Tiberius verglichen.

ersten Kohorten[1], auf die Erde werfen und fast zu Tode
peitschen.

61. Bald nahm seine Grausamkeit die größten Ausmaße an.
An Veranlassung hat es ihm niemals gefehlt, da er zuerst
die Freunde und die weiteren Bekannten seiner Mutter,
dann die seiner Enkel und Schwiegertochter und zuletzt
die Sejans verfolgte. Nach dessen Tode erreichte des Kaisers Wüten seinen höchsten Gipfel. Daraus geht ganz
deutlich hervor, daß Sejan für gewöhnlich weit weniger
der Anstifter zu seinen Grausamkeiten gewesen war, sondern, daß er dem Kaiser vielmehr nur die erwünschten Gelegenheiten hierzu verschafft hatte. Dennoch hat Tiberius
in seiner kurzen summarischen Selbstbiographie die Stirn
gehabt, zu schreiben, er habe ihn bestraft, weil er erfahren
hätte, daß dieser seinem Haß gegen die Kinder seines
Sohnes Germanicus freien Lauf lasse. Dabei hat er selbst
den einen Enkel als Sejan schon verdächtig, den andern
nach dessen Hinrichtung ums Leben gebracht[2].

Seine grausamen Taten einzeln zu berichten, würde zu weit
führen; es mag genügen, die verschiedenen Arten an Stelle
von Einzelbeispielen aufzuzählen. Kein Tag verging ohne
Hinrichtungen, nicht einmal Feier- und heilige Tage.
Manche Todesstrafen wurden selbst am Neujahrstag vollzogen[3]. Viele wurden mit ihren Kindern und sogar von
ihren Kindern angeklagt und verurteilt. Ein Edikt verbot
den Angehörigen, ihre zum Tode verurteilten Verwandten
zu betrauern. Den Anklägern wurden hohe Belohnungen
zuerkannt, manchmal auch den Zeugen. Keinem Angeber
wurde Glaubwürdigkeit abgesprochen. Jedes Verbrechen
wurde mit dem Tode bestraft, selbst wenn es nur in wenigen
unschuldigen Worten bestand.

Als Verbrechen wurde einem Dichter vorgeworfen, daß er
in einer Tragödie Schimpfworte gegen König Agamemnon

---

[1] Dies scheint auf eine besondere Ehrenstellung des Centurio zu deuten.
Vielleicht war es ein Prätorianercenturio. – [2] Nero hatte Selbstmord
begangen, Drusus war verhungert, vgl. Kap. 54. – [3] Der Neujahrstag war sonst einer der höchsten Festtage; nichts durfte seine Fröhlichkeit trüben, s. Kap. 34.

hatte sagen lassen; desgleichen einem Geschichtsschreiber, weil er Brutus und Cassius „die letzten Römer" genannt hatte[1]. Gegen beide Schriftsteller wurde sofort ein Strafverfahren angestrengt, und ihre Schriften fielen der Vernichtung anheim, obwohl sie bereits seit einer Reihe von Jahren allgemeinen Beifall gefunden hatten und selbst in Gegenwart des Kaisers Augustus von den Verfassern öffentlich vorgelesen worden waren. Manchen Gefangenen wurde nicht allein der Trost wissenschaftlicher Beschäftigung versagt, sondern selbst Gespräch und Besuch verboten. Viele vor Gericht Geladene verwundeten sich zu Hause tödlich, weil sie ihrer Verurteilung sicher waren und besonders, weil sie der Quälerei und Beschimpfung entgehen wollten, andere nahmen deshalb mitten in der Kurie Gift. Aber nichtsdestoweniger wurden sie mit notdürftig verbundenen Wunden halbtot, im Todeskampf zuckend, in den Hinrichtungskerker geschleppt. Keinem Bestraften blieb es erspart, mit dem Haken geschleift und die Gemonien[2] hinabgestürzt zu werden. An einem Tage wurde beides an zwanzig Personen vollzogen, darunter befanden sich Frauen und Kinder. Junge Mädchen – Jungfrauen zu erdrosseln galt ja seit alters als Frevel – wurden zuvor vom Henker geschändet und erst dann erdrosselt.

Wer freiwillig sterben wollte, wurde unter Anwendung von Gewalt gezwungen, leben zu bleiben. Denn den Tod hielt Tiberius für eine so geringe Strafe, daß er auf die Nachricht, ein Angeklagter namens Carnulus habe sich vorher umgebracht, in die Worte ausbrach: „Carnulus ist mir entwischt." Als bei einer Besichtigung der Gefängnisse ein Gefangener um beschleunigten Vollzug der Strafe bat, gab er ihm zur Antwort: „Ich habe mich noch nicht wieder mit dir ausgesöhnt." Ein Konsular führt in seinen Memoiren folgenden Vorfall an: Bei einem zahlreich besuchten Gastmahl, dem auch er selbst beigewohnt, habe ein Zwerg, der unter den Possenreißern am Tische stand, plötzlich an Tiberius ganz laut die Frage gerichtet, warum der wegen Maje-

---

[1] Cremutius Cordus, s. Augustus, Kap. 35, Anm. – [2] S. Kap. 53, Anm.

stätsbeleidigung angeklagte Paconius noch immer lebe.
Allerdings hätte ihn der Kaiser sofort wegen seiner vor-
lauten Äußerung ausgescholten, aber doch wenige Tage
später an den Senat geschrieben, er solle möglichst bald
über die Bestrafung von Paconius Beschluß fassen.

62. Seine Grausamkeit nahm noch mehr zu und steigerte
sich durch die Erbitterung, welche die Entdeckung der
wahren Todesursache seines Sohnes Drusus in ihm hervorrief. Er hatte nämlich geglaubt, Drusus sei an einer Krankheit gestorben, die er sich durch seine Unmäßigkeit zugezogen hätte. Als er aber endlich in Erfahrung brachte, daß
Drusus hinterlistigerweise durch seine Gattin Livilla und
Sejan vergiftet worden sei, da ließ er fast alle, die ihm in
den Weg kamen, schonungslos foltern und hinrichten. Die
Untersuchung dieses Verbrechens nahm ihn ganze Tage so
vollkommen in Anspruch und beschäftigte ihn derart, daß
er einen Gastfreund aus Rhodos, den er durch einen vertraulichen Brief zu sich nach Rom bestellt hatte, sobald ihm
dessen Ankunft gemeldet war, sofort auf die Folter zu
spannen befahl, als ob er einer der Hauptbeteiligten bei
der Untersuchung sei. Nach Entdeckung seines Irrtums
ließ er ihn sofort töten, damit er das erlittene Unrecht
nicht in die Öffentlichkeit brächte.
Noch heute zeigt man auf Capri die Richtstätte, von wo
er die Verurteilten nach langen ausgesuchten Martern vor
seinen Augen ins Meer hinabstürzen ließ. Unten fing sie
dann eine Matrosenschar auf und zerschlug ihre Körper
mit Stangen und Rudern, um ihnen vollends den Rest zu
geben[1]. Unter den Marterarten hatte er sich noch eine ganz
besonders raffinierte ausgedacht. Arglistigerweise ließ er
die Leute reichlich Wein trinken und ihnen dann plötzlich
das Schamglied dergestalt unterbinden, daß sowohl die
straff angezogenen Schnüre als der zurückgehaltene Urin
ihnen die furchtbarsten Schmerzen bereiteten.
Hätte ihn nicht der Tod überrascht und hätte nicht Thra-

---

[1] Noch heute gezeigt. „Timberio" galt noch vor kurzem bei den
Capresen als Bösewicht, „Cammorist" und Besitzer eines verborgenen Schatzes.

syllus[1] – mit Absicht, wie es heißt – ihn überredet, manche
Hinrichtungen in der Hoffnung auf ein längeres Leben auf-
zuschieben, so hätte er, wie man glaubt, noch weit mehr
Menschen getötet, ja selbst seine noch übrigen Enkel nicht
verschont; denn auf Gajus war bereits sein Verdacht gefallen und Tiberius verachtete er, da er in ihm einen einem
ehebrecherischen Verhältnis entsprossenen Bastard sah.
Diese Behauptung ist nicht so unwahrscheinlich, denn
häufig pflegte er sich zu äußern: „Wie glücklich ist doch
Priamus gewesen, der alle die Seinen überlebt hat!"

63. Für den ungeheuren Haß und den Abscheu, den sich
Tiberius durch seine Grausamkeiten zugezogen hatte, wie
für seine ständige Gewissensangst, in der er lebte, und die
vielfachen Schmähungen, denen er ausgesetzt war, gibt es
zahlreiche Anzeichen. Zum Beispiel verbot er, die Haruspices geheim und ohne Zeugen zu befragen. Sogar Orakel
in der Nähe Roms versuchte er zu beseitigen. Doch stand
er davon ab aus Schreck über die göttliche Majestät der
Pränestinischen Lose[2], die er versiegelt nach Rom hatte
bringen lassen, die aber nicht eher in ihrem Kasten wieder-
gefunden wurden, bis er in den Tempel zurückgeschafft
worden war.

Zwei Konsulare, die er zu Provinzialstatthaltern ernannt
hatte, wagte er nicht fortzulassen. Er hielt sie so lange
zurück, bis er ihnen, die in Rom geblieben waren, nach
einigen Jahren Nachfolger geben konnte. In der Zwischenzeit beließ er ihnen ihren Amtstitel und erteilte ihnen
auch beständig Aufträge, die sie durch ihre Legaten und
Gehilfen ausführen lassen mußten.

64. Seine Schwiegertochter und seine Enkel ließ Tiberius
nach ihrer Verurteilung nie anders als gefesselt und in einer
Sänfte mit zugenähten Vorhängen von einem Ort zum

---

[1] S. Kap. 14, Anm. – [2] Ein Losorakel der in Präneste (heute Palästrina)
verehrten Fortuna. Es waren Holzstäbe mit Schriftzeichen, die ein
Knabe aus dem Kasten zog und die dann zu Worten zusammenge-
setzt wurden, wie im germanischen Buch-Stab-Orakel (s. Kap. 14,
Anm.).

andern bringen¹. Soldaten mußten alle ihnen unterwegs begegnenden Leute oder Reisende abhalten, sich nach ihnen umzusehen oder auch nur stehenzubleiben.

65. Den Gardepräfekt Sejan, der eine Revolution gegen ihn vorbereitete und der bereits so hoch gestiegen war, daß Tiberius es mit ansehen mußte, wie dessen Geburtstag von Staats wegen gefeiert und dessen goldenen Statuen allgemein gehuldigt wurde, brachte er doch endlich, allerdings nur mit Mühe und mehr durch List und Trug als durch seine kaiserliche Majestät, zu Fall. Denn zunächst ernannte er ihn, um ihn unter dem Vorwand einer Ehrung aus seiner Nähe entfernen zu können, zum Kollegen in seinem fünften Konsulat², das er sich einzig zu diesem Zweck nach langer Zwischenzeit in seiner Abwesenheit hatte übertragen lassen. Dann wiegte er ihn in falsche Hoffnungen auf die Hand einer seiner Enkelinnen und auf die Verleihung der tribunizischen Amtsgewalt, um dann gegen ihn, der sich infolgedessen vollständig sicher fühlte, ganz unerwartet in einer niederträchtigen und in Jammerton abgefaßten Anklageschrift vorzugehen. Darin bat er unter anderem die Senatoren, sie möchten doch einen der beiden (stellvertretenden) Konsuln³ mit dem Auftrag entsenden, ihn, den schwachen und vereinsamten Greis, mit einer militärischen Bedeckung zu ihnen zu führen. Doch auch so traute er dem Frieden noch nicht. Aus Furcht, Sejan möchte einen Aufstand entfachen, hatte Tiberius im voraus den Befehl erteilt, seinen Enkel Drusus, den er noch immer in Rom in strengem Gewahrsam hielt, wenn die Sachlage es erforderte, freizulassen und ihm die Führung zu übertragen. Sogar Schiffe hatte er segelfertig machen lassen, um im Notfall zu irgendwelchen Legionen flüchten zu können. In einem fort schaute er von der höchsten Felsenspitze Capris nach den Zeichen, die er, um nicht auf seine Boten warten zu

---

¹ S. Kap. 53 u. 54. – ² 31 n. Chr. Sejan hatte offenbar vorher den Kaiser auf Capri besucht. – ³ In der Kaiserzeit amtierten alljährlich mehrere Konsulpaare nacheinander, die gleichzeitig gewählt wurden. Das erste, nach denen das Jahr genannt wurde, waren die „ordentlichen" Konsuln, die anderen galten als „stellvertretend" (consules suffecti).

müssen, von weiter Ferne her je nach dem Ausfall der Dinge ihm zu geben angeordnet hatte[1]. Doch selbst, als die Verschwörung Sejans glücklich unterdrückt war, wurde er keineswegs sicherer und zuversichtlicher. Er verließ vielmehr die nächsten neun Monate seine sogenannte Io-Villa[2] nicht wieder.

66. Zahlreiche gegen ihn von allen Seiten ausgestoßene Schmähungen bereiteten seinem verängstigten Gemüt noch größere Qualen. Denn jeder Verurteilte schleuderte ihm alle nur erdenklichen Schimpfworte offen ins Gesicht oder die Verbreitung seiner Greueltaten erfolgte durch Schmähschriften, die man in Rom heimlich auf die Sitze der Senatoren in der Orchestra legte[3]. Doch war der Eindruck, den diese Dinge auf ihn machten, ganz verschieden. Bald wünschte er aus Schamgefühl, daß alles dergleichen unbekannt und geheim bleiben möchte; bald gab er seine Verachtung dadurch zu erkennen, daß er selbst solche Schmahschriften von sich aus zum Vorschein brachte und veröffentlichte. Sogar der Partherkönig Artabanus riß Tiberius in einem Brief herunter. Er warf ihm darin Verwandten- und Freundesmord vor, ferner Faulheit und Schwelgerei, und gab ihm daher den Rat, möglichst schnell durch Selbstmord dem bitteren und nur allzu berechtigten Haß seiner Mitbürger Genugtuung zu verschaffen.

67. Zuletzt verfiel Tiberius völlig mit sich selbst und faßte das ganze Gefühl seines inneren Elends in folgenden Worten zusammen, mit denen er einen seiner Briefe begann: „Was soll ich Euch, versammelte Väter, schreiben oder wie

---

[1] Es handelt sich hier um eine Zeichengebung von einem erhöhten Punkte zum andern in der Art der Feuerpost, die Äschylus am Anfang seines Dramas „Agamemnon" schildert. In der römischen Kaiserzeit wird sie ähnlich funktioniert haben, wie der dem elektrischen vorausgehende optische Telegraph, mittels dessen man z. B. 1830 in Berlin bei gutem Wetter stets wußte, was am vorhergehenden Vormittag in Paris oder Wien geschehen war. – [2] Es ist unsicher, wie die Villa zu diesem Namen gekommen ist. Vielleicht nach einem darin befindlichen die Iosage darstellenden Gemälde. Io die von Hera aus Eifersucht verfolgte und in eine Kuh verwandelte Geliebte des Zeus. – [3] S. Augustus, Kap. 44.

soll ich Euch schreiben oder was soll ich in meiner jetzigen
Lage nicht schreiben? Wenn ich das weiß, so mögen alle
Götter und Göttinnen mir noch ein schlimmeres Ende bereiten, als ich es schon täglich zu erleiden fühle[1]."
Manche sind der Meinung, er habe diese schreckliche
Wandlung seines Charakters durch eine Gabe, die Zukunft
zu erkennen, vorausgewußt und lange vorher vorausgesehen, welch' bitterer Haß und welche Schande einst seiner
harren würden. Darum habe er denn auch gleich bei seinem
Regierungsantritt den Titel „Vater des Vaterlandes" und
den Schwur auf seine Verordnungen mit großer Hartnäckigkeit zurückgewiesen, damit die Schande nicht um
so größer sei, wenn er später solcher Ehren für unwürdig
befunden würde. Tatsächlich kann man das auch aus seiner
Rede, die er über beide Gegenstände gehalten hat, wohl
schließen, z. B. wenn er an der einen Stelle sagt: „Ich
werde mir immer gleich bleiben und meinen Charakter nie
ändern, solange ich meinen klaren Verstand behalte[2]. Allein
um des Beispiels willen muß Vorsorge getroffen werden,
daß der Senat sich nicht zur Anerkennung aller Handlungen
eines Menschen verpflichtet, der ja doch durch irgendeinen
unglücklichen Zufall sich ändern kann." Und an einer anderen Stelle wieder heißt es: „Wenn Ihr je einmal an
meinem Charakter und an meiner Ergebenheit gegen Euch
irre werden solltet – in diesem Fall zöge ich lieber einen
freiwilligen Tod Eurer veränderten Meinung über mich
vor –, so wird der Titel ‚Vater des Vaterlandes' für mich
keine Erhöhung der Ehre, für Euch dagegen ein Vorwurf
sein, daß Ihr mir diesen Beinamen entweder damals ohne
Grund erteilt, oder daß Ihr Euer Urteil später leichtsinnig
in das Gegenteil verkehrt habt[3]."

---

[1] Im Jahre 32. - Dieser auf den Geisteszustand des Tiberius in
seinen letzten Lebensjahren einiges Licht werfende merkwürdige
Brief findet sich auch bei Tacitus, Annalen VI, 6 angeführt. - [2] Ob
Tiberius in seinen letzten Lebensjahren dauernd in vollem Besitz
seiner Geisteskräfte war, wurde schon im Altertum bezweifelt und ist
heute selbst unter dem Kaiser günstigen Beurteilern noch strittig. -
[3] S. Kap. 26 und 48, Anm.

68. Sein Körper war gedrungen und kräftig, seine Figur über Mittelgröße. Schultern und Brust waren breit, auch die übrigen Glieder bis zu den Füßen hinab ebenmäßig und wohlproportioniert. Seine linke Hand war geschickter und stärker und ihre Gelenke so fest, daß er einen frischen und fehlerlosen Apfel mit dem Finger durchbohren und den Kopf eines Knaben und selbst eines jungen Mannes durch Schnipsen mit den Fingern verwunden konnte. Seine Farbe war weiß. Das Haar am Hinterkopf fiel tiefer hinab, so daß es auch den Nacken noch bedeckte, was anscheinend Familieneigentümlichkeit war. Der Ausdruck seines Gesichts war edel, doch war es von vielen, plötzlich auftretenden Pickeln entstellt. Seine Augen waren sehr groß. Mit ihnen konnte er wunderbarerweise auch bei Nacht und im Finstern sehen, allerdings nur kurze Zeit und nur, sobald sie sich vom Schlafe geöffnet hatten. Sodann pflegten sie wieder an Sehkraft zu verlieren.

Tiberius schritt einher mit steifem, zurückgebogenem Nacken und fast immer mit ernster Miene. Meistens schwieg er. Auch mit seiner nächsten Umgebung sprach er entweder gar nicht oder nur sehr selten und dann äußerst bedächtig, mit einer gewissen gezierten Bewegung der Finger – alles Dinge, die schon Augustus als unangenehm und als Ausdruck der Anmaßung an Tiberius getadelt und vor Senat und Volk zu entschuldigen gesucht hatte, indem er erklärte, es seien Natur-, aber keine Charakterfehler.

Tiberius erfreute sich sehr guter Gesundheit, die auch während seiner ganzen Regierungszeit fast unerschüttert blieb, obwohl er seit seinem dreißigsten Jahr seine Lebensweise nach eigenem Gutdünken regelte, ohne ärztlichen Rat und Hilfe in Anspruch zu nehmen[1].

69. Die Götter und ihre Verehrung waren ihm gleichgültig, da er sich stark der Astrologie ergeben hatte und überzeugt war, daß alles vom Schicksal bestimmt werde. Doch Gewitter jagten ihm großen Schreck ein. Sobald am Himmel Wolken

---

[1] Dies Zeugnis spricht eigentlich gegen die Kap. 42–45 Tiberius vorgeworfenen Ungeheuerlichkeiten im Trinken, Essen und Liebesgenuß.

aufzogen, pflegte er sich einen Lorbeerkranz aufzusetzen,
weil, wie man glaubt, dieses Laub nie vom Blitz getroffen
wird[1].

70. Die freien Künste trieb Tiberius in beiden Sprachen
mit großem Eifer. Im lateinischen Prosastil schloß er sich
Corvinus Messala an, den er in seinen jungen Jahren, obwohl dieser damals bereits ein alter Mann war, viel gehört
hatte[2]. Doch war sein Stil infolge von Geziertheit und
ängstlicher Wortklauberei dunkel. Daher sprach er aus dem
Stegreif bedeutend besser als vorbereitet. Ferner verfaßte
Tiberius ein lyrisches Gedicht, das den Titel führt „Klage
auf Lucius Cäsars Tod". Auch griechische Gedichte hat er
geschrieben, wobei Euphorion, Rhianus und Parthenius
seine Vorbilder waren. Weil er an diesen Dichtern großen
Gefallen fand, ließ er deren Schriften und Büsten in den
öffentlichen Bibliotheken unter den alten klassischen Schriftstellern aufstellen[3]. Deshalb wetteiferten zahlreiche Gelehrte darin, möglichst viel von diesen Dichtern zu kom-
mentieren und Tiberius die Kommentare zu widmen.
Aber das größte Interesse hatte er daran, sich eingehende
Kenntnis der alten Sage und Mythologie zu verschaffen.
Er ging hierbei bis ins Läppische und Lächerliche. Denn
die Grammatiker – Leute, mit denen er, wie schon gesagt, besonders gern verkehrte[4] – pflegte er durch Fragen
folgender Art, die er an sie richtete, auf die Probe zu stellen,
z. B.: „Wer war die Mutter der Hekuba?" „Wie hieß
Achill unter den Mädchen?" „Was haben die Sirenen gewöhnlich für Lieder gesungen?" Und als er am ersten Tage
nach dem Ableben des Augustus die Kurie betrat, brachte

---

[1] Auch Augustus litt unter Gewitterfurcht (s. dort, Kap. 90). –
[2] S. Augustus, Kap. 58, Anm. – [3] Sie vertraten im Gegensatz zu den
alten Klassikern eine mehr romantische und barocke Richtung.
Rhianus aus Kreta (um 230 v. Chr.) schuf das Heldenepos der Mes-
senier, Euphorion (um 250 v. Chr.) und Parthenius (um 50 v. Chr.)
waren „gelehrte" Lyriker, denen man Künstelei und Dunkelheit
vorwarf, die aber Catull und die Dichter der augusteischen Zeit
sehr stark beeinflußt haben. Von ihren Werken nur Bruchstücke erhalten. Auch Messala schrieb in ihrem Stil. – [4] S. Kap. 46, Anm., u. 56.

er, um gleichzeitig der kindlichen Liebe und der Religion
Genüge zu leisten, ein Opfer mit Weihrauch und Wein,
aber ohne Flötenbegleitung dar, gerade wie es Minos[1] in
der Vorzeit beim Tode seines Sohnes getan hatte.

71. Obwohl Tiberius sonst der griechischen Sprache vollkommen mächtig war und sich gewandt und leicht in ihr
ausdrücken konnte, bediente er sich ihrer doch keineswegs
überall, besonders mied er sie im Senat. Als er hier einmal
das Wort „Monopolium" brauchen wollte, bat er zunächst
um Entschuldigung, daß er sich eines Fremdwortes bedienen müsse. Ja, als einmal in einem Senatsbeschluß das
griechische Wort „Emblema" vorkam, beantragte er, das
Wort zu ändern und das Fremdwort durch ein solches aus
der (lateinischen) Muttersprache zu ersetzen oder, wenn
man keines dafür fände, es lieber durch mehrere Wörter
zu umschreiben. Einem Soldaten, den jemand vor Gericht
auf griechisch um seine Zeugenaussage ersuchte, verbot er,
anders als lateinisch diesem Verlangen zu entsprechen.

72. Nur zweimal während der ganzen Zeit, die er fern von
der Hauptstadt geweilt hatte, nahm er einen Anlauf, nach
Rom zurückzukehren. Das eine Mal fuhr er auf einem
Dreidecker bis an die Gärten in der Nähe der Naumachie[2].
Am Tiberufer aufgestellte Militärposten mußten dabei die
Leute, die ihm aus der Stadt entgegengeeilt waren, wieder
entfernen. Das zweite Mal kam er auf der Appischen Straße
bis zum siebenten Meilenstein[3]. Aber beide Male kehrte er

---

[1] Mythischer König von Kreta, der auch unter den Totenrichtern genannt wird. Der Kern seiner Sage, die Existenz eines kretischen mächtigen Seereiches in vorgeschichtlicher Zeit, hat sich durch die minoi-
schen Funde auf Kreta als wahr erwiesen. Das Zurückgreifen auf das
sonst nie befolgte Muster des verschollenen Fabelkönigs deutet ebenso
wie die oben genannten Prüfungsfragen und die Vorliebe für die drei
hellenistischen Dichter auf eine Neigung zu entlegener Gelehrsamkeit,
wie sie der Neffe des Tiberius, der spätere Kaiser Claudius, in noch
höherem Grade besaß. – [2] S. Augustus, Kap. 43. Die Gärten der
Cäsaren, in denen Augustus diese ständige Anlage für Schauseegefechte
hatte graben lassen, erstreckten sich wohl tiberabwärts über das Stadt-
gebiet hinaus. Vgl. auch Nero, Kap. 27, Titus, Kap. 7. – [3] Etwa 10 km
vom Beginn der Straße entfernt.

wieder um, ohne die Stadt zu betreten, nachdem er aus der
Ferne nur einen Blick auf die Mauern geworfen hatte. Das
erste Mal weiß man nicht warum, das zweite Mal warnte
ihn ein Vorzeichen. Zu seinem Zeitvertreib hielt er sich
nämlich eine große gezähmte Schlange, die ihm aus der
Hand fraß. Als er sie wie gewöhnlich füttern wollte, fand
er sie von Ameisen aufgefressen. Darin sah er eine Mahnung, sich vor der Übermacht der Menge zu hüten. Er
kehrte daher eiligst nach Kampanien zurück, erlitt aber
bereits in Astura einen Schwächeanfall[1]. Als er sich ein
wenig erholt hatte, setzte er die Reise bis nach Circeji fort.
Um ja nicht den Eindruck von Schwäche zu erwecken,
wohnte er nicht nur den Lagerspielen[2] bei, sondern schoß
sogar selbst mit Wurfspießen auf einen in die Arena gelassenen Eber von seiner Loge herab. Unmittelbar darauf
bekam er einen Krampf in der Seite. Da er erhitzt in Zug
kam, verschlimmerte sich seine Krankheit zusehends.
Trotzdem hielt er sich noch eine Zeitlang aufrecht, obwohl
er bis nach Misenum weitergefahren war und nichts an
seiner täglichen Lebensweise geändert hatte. Nicht einmal
das üppige Tafeln und sonstige Genüsse gab er auf; teils
sprach hierbei wirkliche Unmäßigkeit mit, teils absichtliche
Verstellung. So befahl er seinem Arzt Charikles, der sich
bei der Tafel für eine Urlaubsreise verabschiedete, noch zu
bleiben und wieder Platz zu nehmen. Charikles hatte nämlich seine Hand ergriffen, um sie zu küssen, und der Kaiser
glaubte, jener hätte ihm den Puls fühlen wollen. Dann
dehnte er die Tafel erst recht bis tief in die Nacht hinein
aus. Ebenso behielt er auch in seinem damaligen Zustand
die Gewohnheit bei, in der Mitte des Speisezimmers
stehend, mit einem Lictor zur Seite, die sich Verabschie-
denden einzeln bei Namen zu nennen und zu entlassen.
73. Inzwischen hatte er in den Senatsprotokollen gelesen,
daß einige Angeklagte, über die er nur kurz nichts weiter

---

[1] In Astura hatte sich auch Augustus den Keim zur Todeskrankheit
geholt, s. Augustus, Kap. 97. – [2] Wohl Sportspiele der Soldaten während der dienstfreien Zeit.

nach Rom geschrieben hatte, als daß der Angeber sie als
verdächtige Personen namhaft gemacht habe, ohne daß
auch nur ein Verhör stattgefunden habe, freigesprochen
seien. Tiberius hielt dies, wie er finster vor sich hinmur-
melte, für eine Mißachtung seiner Person und beschloß,
auf jeden Fall wieder nach Capri zurückzukehren. Er wollte
sich erst in Sicherheit sehen, ehe er eine der ihm nötig
erscheinenden Maßnahmen ergriff. Allein, er wurde durch
widriges Wetter und durch die zunehmende Verschlimme-
rung seiner Krankheit zurückgehalten. Bald darauf starb
er in dem Landhaus des Lucullus[1] im Alter von achtund-
siebzig Jahren, im dreiundzwanzigsten Jahr seiner Regierung, am 16. März, unter dem Konsulat des Gnäus Acer-
ronius Proculus und des Gajus Pontius Nigrinus[2].

Manche glauben, Gajus[3] habe ihm ein langsam wirkendes,
zehrendes Gift beigebracht; andere, man habe ihm nach
einem Fieberanfall die Nahrung, die er verlangt hatte, ver-
weigert; wieder andere, man habe ihn mit einem Kissen
erstickt, als er aus einer Ohnmacht wieder zu sich kam und
seinen Ring wiederverlangte, den man ihm bereits abgezogen hatte. Seneca[4] schreibt, Tiberius habe beim Heran-
nahen seines Endes sich selbst den Ring abgezogen und
ihn eine Zeitlang in der Hand gehalten, als wollte er ihn
jemand reichen. Dann habe er ihn wieder an den Finger
gesteckt, die linke Hand fest zusammengeballt und sei lange
regungslos dagelegen. Plötzlich habe er nach seinen Dienern gerufen. Da aber niemand antwortete, habe er sich

---

[1] Lucius Licinius Lucullus (vor 106–56 v. Chr.), der durch sein üppiges
Leben bekannte, nach glänzenden Erfolgen gegen Mithridates durch
Pompejus verdrängte Feldherr. Das Landhaus lag am Kap Misenum
am Golf von Neapel. – [2] 37 n. Chr. – [3] Der Enkel des Kaisers, sein
Caligula genannter Nachfolger. – [4] Wahrscheinlich Lucius Annäus
Seneca (um 54 v. Chr. bis 39 n. Chr.), der Vater des in den Lebensbeschreibungen der Kaiser Claudius und Nero öfters erwähnten Philosophen und Staatsmanns. Neben rhetorischen Schriften verfaßte er ein
nicht erhaltenes Geschichtswerk von den Bürgerkriegen bis auf die
Zeit Caligulas. – Der hier erwähnte Ring wird ein Siegelring gewesen
sein, gleichsam ein Symbol der Herrschaft.

vom Lager erhoben. Nicht weit davon hätten ihn die Kräfte verlassen und er sei tot zu Boden gestürzt.

74. An seinem letzten Geburtstag erschien ihm der Apoll von Temenos[1] im Traum. Das ebenso gewaltige wie meisterhafte Kunstwerk hatte er von Syrakus nach Rom bringen lassen, um es in der Bibliothek eines neuen Tempels aufzustellen. Der Gott habe ihm aber dabei versichert, er könne von ihm nicht geweiht werden. – Wenige Tage vor seinem Tode stürzte der Leuchtturm auf Capri durch ein Erdbeben zusammen. In Misenum begann plötzlich gegen Abend Asche wieder aufzuglühen, die von den Kohlen zur Heizung des Speisezimmers und den zur Anfeuerung benutzten Funken noch übriggeblieben, aber längst erloschen und erkaltet war, und leuchtete anhaltend bis tief in die Nacht hinein.

75. Sein Tod versetzte das Volk in solchen Freudentaumel, daß auf die erste Nachricht hin alles auf die Straße lief. Die einen riefen: „In den Tiber mit Tiberius!"[2] Andere beteten zur Mutter Erde und den Unterweltsgöttern, sie möchten dem Toten keine andere Stätte einräumen als nur unter den Verdammten. Wieder andere drohten seiner Leiche mit „Haken und Gemonien". Denn sie waren erbittert sowohl durch die Erinnerung an seine frühere Grausamkeit wie auch ganz besonders durch eine Scheußlichkeit ganz frischen Datums. Zufolge eines Senatsbeschlusses durfte nämlich die Todesstrafe an den Verurteilten immer erst zehn Tage nach der Urteilsfällung vollzogen werden. Der Zufall wollte es, daß der Tag, an dem die Nachricht von Tiberius' Tode eintraf, für mehrere Verurteilte der Hinrichtungstag war. Da Gajus noch nicht in Rom und infolgedessen kein Mensch vorhanden war, an den man sich hätte wenden können, erdrosselten die Wächter, um nicht gegen ihre Befehle zu verstoßen, diese Unglücklichen, welche vergeblich um Erbarmen gefleht hatten, und warfen sie in die Gemonien. So steigerte der Gedanke, als wirke die Grausamkeit des Tyrannen auch noch nach seinem

---

[1] Syrakusanischer Stadtteil. – [2] Lateinisch: *Tiberium in Tiberim.*

Tode fort, den Haß gegen ihn. Als sich der Zug mit der Leiche von Misenum nach Rom in Bewegung setzte, hörte man vielfach rufen, man solle den Toten lieber nach Atella bringen und dort auf dem Amphitheater etwas anrösten![1] Trotzdem wurde seine Leiche von den Soldaten nach Rom getragen und dort feierlich verbrannt und bestattet.

76. Sein Testament hatte Tiberius zwei Jahre zuvor in zwei gleichlautenden Ausfertigungen errichtet. Die eine hatte er eigenhändig niedergeschrieben, die andere von einem Freigelassenen schreiben lassen. Zu Zeugen hatte er Leute niedrigsten Standes genommen. In diesem Testament setzte er seine Enkel Gajus, des Germanicus Sohn, und Tiberius, des Drusus Sohn, zu gleichen Teilen als Erben ein. Jeder sollte auch der Nacherbe des andern sein. Ferner setzte Tiberius viele Legate aus, unter anderem für die Vestalinnen, aber auch für die Soldaten insgesamt und für jeden einzelnen Mann aus dem Volke, desgleichen noch ganz besonders für die Vorsteher der Straßenviertel von Rom[2].

---

[1] Atella lag zwischen Neapel und Capua, also nicht weit vom Sterbeort. Naive Menschen brauchten in dem Vorschlag nur den Ausdruck des Wunsches zu sehen, nach der langen Entbehrung unter Tiberius (s. Kap. 34) endlich einmal wenigstens zu seiner Leichenfeier ein gut ausgestattetes Zirkusstück zu erleben. Ausgelassene, ja selbst derbe Späße nahm man bei Leichenbegängnissen nicht übel, solange sie nicht verletzten (s. Vespasian, Kap. 19). Hier war aber die Grenze überschritten, denn in Wirklichkeit besagte der Wunsch, man sollte, statt die Leiche des Kaisers ordnungsgemäß zu verbrennen, mit ihr an einer Stelle, an der man sonst Verbrecher umkommen ließ, ein Mittelding zwischen Atellanenposse (s. Kap. 45, Anm.), Zirkusschaustück und Folterung aufführen. – [2] S. Augustus, Kap. 30, Anm.

CALIGULA

1. Germanicus[1], der Vater Gajus Cäsars, Sohn des (älteren) Drusus und der jüngeren Antonia, wurde später von seinem Onkel väterlicherseits, Tiberius, adoptiert. Er bekleidete fünf Jahre vor der gesetzlichen Zeit die Quästur und danach sogleich das Konsulat. Hierauf führte er den Oberbefehl über das in Germanien stehende Heer und zwang sämtliche Legionen, die bei der Nachricht von Augustus' Tod sich hartnäckig weigerten, Tiberius als Kaiser anzuerkennen, und ihm selbst die Kaiserwürde anboten, mit ebenso großer Pflichttreue wie Energie zum Gehorsam[2]. Nachdem er den Feind in einem siegreichen Feldzug niedergeworfen hatte, feierte er in Rom den Triumph. Er wurde hierauf zum zweitenmal zum Konsul gewählt, aber noch vor Antritt seines Amtes mit dem Auftrag, die Ruhe im Orient herzustellen, gegen seinen Willen aus Rom entfernt. Er besiegte den König von Armenien, machte Kappadozien zur römischen Provinz und starb nach längerer Krankheit in seinem vierunddreißigsten Lebensjahr zu Antiochia. Es bestand der Verdacht, daß er vergiftet worden sei. Denn seinen ganzen Körper bedeckten blaue Flecken, und Schaum floß ihm aus dem Mund. Außerdem fand man nach Verbrennung der Leiche auch sein Herz unter den Gebeinen ganz unversehrt. Das Herz soll nämlich die

---

Gajus Julius Cäsar, als Kaiser Imperator Gajus Cäsar Augustus Germanicus (über seinen Beinamen Caligula s. Kap. 9, Anm.) geb. 31. 8. 12, ermordet 24. 1. 41, Kaiser seit 37.
[1] S. Augustus, Kap. 34, Anm., Tiberius Kap. 52, Anm. - [2] S. Tiberius, Kap. 25. Quästor 7 n. Chr. (mit 22, statt mit 25 Jahren), Konsul 12 (schon nach 5, statt nach 10 Jahren), zweites Konsulat 18 (Amtsantritt im Osten), gest. 10. 10. 19.

CALIGULA

Eigenschaft haben, daß es nicht durch Feuer verzehrt werden kann, wenn Gift darin eingedrungen ist. 2. Germanicus fiel, man nimmt es allgemein an, als Opfer der Hinterlist des Tiberius, der dabei in Gnäus Piso einen Helfershelfer fand. Piso war um dieselbe Zeit Statthalter in Syrien und machte kein Hehl daraus – als sei dies eine Selbstverständlichkeit –, daß er entweder den Vater oder den Sohn zum Feinde haben müsse. Deshalb beleidigte er ohne jedes Maß und Ziel sogar den kranken Germanicus durch verletzende Reden und feindselige Handlungen. Hierfür wäre Piso bei seiner Rückkehr nach Rom vom Volke beinahe in Stücke gerissen worden. Vom Senat wurde er zum Tode verurteilt[1].

3. Germanicus war bekanntlich mit allen körperlichen und geistigen Vorzügen wie kein anderer Mensch ausgestattet. Schönheit und Stärke zeichneten seinen Körper aus. Sein Geist war hochgebildet in griechischer und römischer Beredsamkeit und Literatur. Er besaß eine ganz einzigartige Liebenswürdigkeit und ein bewundernswertes, zielsicheres Streben, sich die Gunst der Menschen zu erwerben und ihre Liebe zu gewinnen. Nur die etwas zu mageren Schenkel paßten nicht recht zur Proportioniertheit seines Körpers, doch wurden sie mit der Zeit durch tägliches Reiten nach dem ersten Frühstück kräftiger und voller. Oft tötete er einen Feind mit eigener Hand.

Reden vor Gericht hielt er auch dann noch, als er bereits im Besitz der triumphalischen Ehren war. Neben sonstigen Früchten seiner Studien hat er auch griechische Komödien hinterlassen. Inner- und außerhalb der Hauptstadt war sein Benehmen bürgerlich schlicht. Freie und verbündete Städte betrat er stets ohne Begleitung von Lictoren. Wo er ein Grabmal eines berühmten Mannes fand, pflegte er dessen Manen[2] Totenopfer darzubringen. Als er die verwitterten und zerstreuten Überreste der in der unglücklichen Varusschlacht Gefallenen in einem gemeinsamen Grabe zu bestatten beschloß, war er der erste, der daran

---

[1] Tiberius, Kap. 52. – [2] Die Schutzgeister jedes Grabes, vgl. „Wörterbuch der Antike", Artikel „Manen".

ging, sie mit eigener Hand aufzulesen und zusammenzu-
tragen[1]. Selbst gegen seine Widersacher – wer sie auch
waren und was für Gründe zu ihrer Feindschaft sie gehabt
haben mochten – war er sehr milde und nachsichtig. Daher
begann er, selbst Piso, der doch seine Verordnungen kas-
siert und seine Klienten lange Zeit mißhandelt hatte, nicht
eher zu zürnen, bis ihm zur Gewißheit geworden war, daß
jener ihm sogar mit Gift und Zauberkünsten nach dem
Leben trachtete. Selbst da begnügte er sich, Piso nach der
Sitte der Vorfahren die Freundschaft aufzukündigen und
seinen Angehörigen und Freunden die Rache zu übertragen, für den Fall, daß ihm selbst etwas Menschliches
begegnen sollte.

4. Für diese trefflichen Eigenschaften erntete Germanicus
als reichsten Lohn die achtungsvolle Liebe der Seinen. Sie
ging so weit, daß Augustus – um von seinen übrigen Verwandten zu schweigen – lange hin und her überlegte, ob
er nicht *ihn* zu seinem Nachfolger bestimmen sollte, und
ihn endlich durch Tiberius adoptieren ließ. Zugleich war
Germanicus beim Volke außerordentlich beliebt. So geriet
er z. B. nach vielen Berichten bei seiner Ankunft an einem
Orte oder bei seiner Abreise in dem Gedränge der zu
seiner Einholung oder zu seiner Begleitung herbeigeström-
ten Menge bisweilen in Lebensgefahr. Als er aus Germanien
nach Dämpfung des Aufruhrs heimkehrte, rückten sämtliche Kohorten der Prätorianer zu seinem Empfang aus,
trotzdem nur zwei den Befehl dazu erhalten hatten, das
ganze römische Volk aber eilte ihm, ohne Unterschied
des Geschlechts, Alters und Standes, bis zum zwanzigsten
Meilenstein entgegen.

5. Aber noch weit entschiedener und offenkundiger zu seinen Gunsten urteilte man bei und nach seinem Tode. An
seinem Sterbetage schleuderte man Steine gegen die Tempel und stürzte Altäre um. Manche Leute warfen ihre Hausgötter auf die Straße und setzten ihre an diesem Tage geborenen Kinder aus[2]. Ja, es heißt, selbst fremde Völker,

---

[1] 15, genaue Schilderung Tacitus, Annalen I, 61/62. – [2] So warfen

GERMANICUS

die unter sich oder mit uns im Kriege lagen, ließen wie
bei einheimischer und allgemeiner Trauer einmütig Waffen-
ruhe eintreten. Einige kleine Könige schoren sich als
Zeichen tiefster Trauer den Bart und ihren Frauen das
Haar. Selbst der König der Könige[1] entsagte seinen Jagden
und dem geselligen Verkehr mit seinen Großen, was bei
den Parthern so viel bedeutet wie bei uns die Unterbrechung der Gerichtsverhandlungen[2].

6. In Rom war auf die erste unbestimmte Kunde von Germanicus' Erkrankung das Volk wie vom Donner gerührt
und tieftraurig; es wartete ängstlich auf weitere Nachricht.
Aber als plötzlich spät abends, ohne daß man wußte durch
wen, sich das Gerücht von seiner Genesung verbreitete,
stürzte sofort alles mit Fackeln und Opfertieren nach dem
Kapitol. Fast wurden die Tempeltüren gewaltsam eingebrochen; denn so groß war die Hast der Leute, die keine Zeit
verlieren wollten, ihre Gelübde zu erfüllen. Tiberius fuhr
durch das Jubelgeschrei der einander Glückwünschenden aus
seinem Schlafe auf. Überall hörte man den gleichen Gesang:

Rom ist genesen, genesen das Vaterland, denn genesen ist ja
Germanicus!

Als endlich bekannt wurde, daß sein Schicksal sich erfüllt
hätte, vermochte kein Trost, kein Edikt der öffentlichen
Trauer Einhalt zu tun. Selbst während der Festtage im
Dezember hielt sie an[3].

---

früher ungebildete Leute in Italien Steine auf das Bild ihrer Schutz-
heiligen oder hingen es in den Rauchfang, wenn sie schweres Unglück traf. - Aussetzung der Kinder, weil an einem Unglückstage
geboren. - [1] Der Partherkönig Artabanus (s. Tiberius, Kap. 66).
Germanicus hatte seinen Gegner Vonones (s. Tiberius, Kap. 49,
Anm.) aus Armenien entfernt und interniert. Der von den Beherrschern Irans noch bis in die neuere Zeit getragene Titel „König
der Könige" (Schach-in-Schach) geht bis in die Zeiten der alten Ba-
bylonier zurück. - [2] Dies war ein Zeichen der Staatstrauer, s. Tiberius,
Kap. 52, Anm., ebenso wie das Scheren der Haare durch die kleinen
Könige, während die Römer zur Trauer gerade das Haar wachsen
ließen (s. Cäsar, Kap. 67, Augustus, Kap. 23). - [3] Dem Festmonat der
Saturnalien, fast ein Vierteljahr nach dem Tode des Prinzen.

Den Ruhm des Dahingeschiedenen und die Sehnsucht des
Volkes nach ihm steigerte noch die schreckliche Zeit, die
auf seinen Tod folgte. Nicht ohne Grund war die Meinung
verbreitet, durch die Achtung und Furcht vor ihm habe
Tiberius seine Grausamkeit, die bald nachher ungehindert
zum Ausbruch kam, im Zaum gehalten.

7. Verheiratet war Germanicus mit Agrippina, einer Tochter Agrippas und Julias. Von ihr hatte er neun Kinder[1].
Zwei starben bereits als kleine Kinder, einer aber im Knabenalter. Es war ein so anmutiger Junge, daß Livia sein Bild
als Cupido dem Tempel der Kapitolinischen Venus weihte,
während Augustus eine Kopie davon in seinem Schlafzimmer aufstellte. Sooft er es betrat, pflegte er das Bildnis
zu küssen. Die anderen überlebten ihren Vater; drei Töchter: Agrippina, Drusilla, Livilla, alle drei im Alter ein Jahr
auseinander, und ebensoviel Söhne: Nero, Drusus und
Gajus. Nero und Drusus erklärte der Senat auf die Anklage des Tiberius (später) für Staatsfeinde[2].

8. Gajus Cäsar wurde am 31. August unter dem Konsulat
seines Vaters und Gajus Fontejus Capitos geboren[3]. Sein
Geburtsort läßt sich nicht mit Sicherheit bestimmen; denn
hierüber liegen die verschiedensten Angaben vor. Gnäus
Lentulus Gätulicus nennt Tibur, Plinius Secundus den
Flecken Ambitarvius im Lande der Trevirer, oberhalb von
Koblenz[4]. Als Beweis führt er Altäre an, die man dort
noch zeigt, mit der Inschrift: „Aus Veranlassung von
Agrippinas Niederkunft." Ein paar Verschen, die bald
nach seiner Thronbesteigung in aller Munde waren, deuten
an, daß er beim Heere im Winterlager geboren war:

> Mitten im Lager geboren, erzogen im Zelte des Vaters,
> Ließ er den Herrscher der Welt dort schon ahnen voraus[5].

---

[1] S. Augustus, Kap. 34, Anm. – [2] S. Tiberius, Kap. 54. – [3] 12. – Capito war später Prokonsul von Asia. – [4] Gätulicus und Plinius s. unten. –
Nach den Trevirern heißt das heutige Trier. Den Flecken Ambitarvius
glaubt man in einer im Koblenzer Stadtwald ausgegrabenen Dorfanlage
gefunden zu haben. Diese bestand nach keltischer Art aus mauerum-
gebenen Einzelgehöften. Die Inschrift könnte sich auf die dort 16 geborene Drusilla (s. Kap. 25) beziehen. – [5] Nach Sarrazin.

Ich dagegen finde in der amtlichen Tageschronik, daß er in Antium zur Welt gekommen ist.

Gätulicus wird von Plinius widerlegt, der bemerkt, jener habe aus Kriecherei die Wahrheit gefälscht, um zum Lobe des jungen ehrgeizigen Fürsten noch hinzuzufügen, daß er aus einer dem Herkules heiligen Stadt stamme. Gätulicus habe sich dieser Unwahrheit um so kecker bedient, als ungefähr ein Jahr zuvor wirklich in Tibur dem Germanicus ein Sohn geboren worden war, der gleichfalls den Namen Gajus Cäsar erhalten hatte. Es war jener liebenswürdige Knabe, dessen wir oben gedacht haben[1].

Gegen Plinius' Behauptung spricht die Chronologie. Denn alle Schriftsteller, die über Augustus' Regierung berichten, stimmen darin überein, Germanicus sei erst nach Ablauf seines Konsulats nach Gallien geschickt worden, und damals war Gajus bereits geboren. Auch dürfte Plinius' Ansicht keine Stütze in der Altarinschrift finden, da Agrippina in jener Gegend zweimal von einer Tochter entbunden worden ist. Außerdem wird jede Geburt ohne Unterschied des Geschlechts „puerperium" genannt. Denn die Alten nannten auch ein Mädchen „puera" (statt puella) wie andererseits wieder auch einen Knaben „puellus" (statt puer)[2].

Ferner ist noch ein Brief des Augustus vorhanden, den er wenige Monate vor seinem Tode an seine Enkelin Agrippina geschrieben hat. In ihm finden sich über eben diesen Gajus – denn das war damals das einzige noch lebende

[1] S. Kap. 7. – Gajus Plinius Secundus der Ältere (23–79), hochverdienter Offizier und Verwaltungsbeamter, der als Flottenpräfekt in Misenum bei den Rettungsarbeiten für Pompeji den Tod fand. Neben seiner bekannten Naturgeschichte schrieb er ein nicht erhaltenes Werk über die Germanenkriege, aus dem obige Notiz stammen wird. – Gnäus Cornelius Lentulus Gätulicus seit 23 Legat des oberrheinischen Heeres, mit Sejan verschwägert, dessen Bildnis er bei den Feldzeichen aufstellen ließ (s. Tiberius, Kap. 48, Anm.), verschwor sich mit Caligulas Schwestern und Marcus Ämilius Lepidus (Kap. 24, Anm.). Ende 39 hingerichtet, sein Nachfolger Galba (s. dort, Kap. 6). Auch als (erotischer) Dichter bekannt. – [2] Plinius leitete offenbar das Wort *puerperium* (Niederkunft), das in der obenerwähnten Inschrift gestanden haben soll, von *puer*, Knabe, ab und deutete es als Knabengeburt.

Kind dieses Namens – folgende Worte: „Mit Talarius und
Asillius habe ich gestern verabredet, daß sie am achtzehnten Mai, so die Götter wollen, den kleinen Gajus mit zum
Heere nehmen. Ich gebe ihm ferner noch aus meiner
Dienerschaft einen Arzt mit, den Germanicus, wie ich ihm
geschrieben habe, wenn er will, dort behalten kann. Lebe
wohl, meine Agrippina, und trage Sorge, daß Du gesund
zu Deinem Germanicus kommst." Hieraus geht, meine ich,
vollkommen klar hervor, daß Gajus dort nicht hat geboren
werden können, wohin er erst als zweijähriges Kind von
Rom aus gebracht worden ist. Auch die Glaubwürdigkeit
jener zuvor erwähnten Verschen wird hierdurch erschüt-
tert, um so mehr, da ihr Verfasser unbekannt ist. Es bleibt
also nichts anderes übrig, als dem Zeugnis der öffentlichen
Urkunde Beweiskraft beizumessen, besonders auch noch
deswegen, weil Gajus Antium stets allen anderen Gegenden und Orten, an denen er sich aufzuhalten pflegte, vorgezogen und es wie seine Geburtsstätte geliebt hat. Man
erzählt ferner, daß er, überdrüssig des Aufenthaltes in Rom,
sogar mit dem Plan umgegangen ist, den Sitz der Regierung und des Hofes dorthin zu verlegen[1].

9. Den Beinamen Caligula[2] verdankte er einem Soldaten-
witz, weil er in der Kleidung eines gemeinen Soldaten im
Feldlager erzogen wurde. Wie hoch er überdies bei den
Soldaten infolge seines täglichen Verkehrs mit ihnen in
Gunst stand und wie groß ihre Zuneigung zu ihm war,
trat besonders zutage, als er die nach Augustus' Tode meu-
ternden und sich wie Rasende gebärdenden Legionen unzweifelhaft allein schon durch seinen Anblick besänftigte;
denn ihre Wut legte sich erst dann, als sie sahen, daß er,
um der Gefahr des Aufruhrs zu entgehen, aus dem Lager
entfernt und dem Schutz der nächsten Stadt übergeben
werden sollte. Da erst wurden sie von Reue gepackt, hielten
den Wagen an, ließen ihn nicht weiterfahren und baten flehentlich, ihnen doch einen solchen Schimpf nicht anzutun[3].

---

[1] Man beachte die ausführliche Kritik, die Sueton diesmal an seinen Quellen übt. – [2] („Stiefelchen") von *caliga*, der („Soldaten"-) Schnürstiefel. –
[3] Germanicus wollte Weib und Kind nach Trier schicken (Tacitus,

10. Gajus begleitete seinen Vater auch auf dem syrischen Feldzuge. Nach seiner Rückkehr lebte er anfangs bei seiner Mutter und nach ihrer Verbannung bei seiner Urgroßmutter Livia Augusta. Nach deren Tod hielt er ihr – er trug damals noch das Knabenkleid – auf der Rednerbühne des Forums die Leichenrede[1]. Darauf kam er zu seiner Großmutter Antonia. Im Alter von neunzehn Jahren berief ihn Tiberius zu sich nach Capri. Erst hier legte er an ein und demselben Tage die Männertoga an und schor den Bart zum erstenmal. Doch wurde der Tag ohne alle Feierlichkeiten begangen, wie sie bei der Volljährigkeit seiner Brüder stattgefunden hatten[2].
In Capri wurde er durch alle mögliche Hinterlist von Leuten auf die Probe gestellt, welche ihn auszuholen und zu Klageäußerungen zu bewegen suchten. Trotzdem gab er sich niemals eine Blöße. Die Erinnerung an das Schicksal seiner Familie schien vollständig aus seinem Gedächtnis geschwunden zu sein, als sei keinem der Seinen jemals etwas Schlimmes geschehen. Dabei ließ er alles, was er selbst auszustehen hatte, mit unglaublicher Selbstbeherrschung an sich vorübergehen. Seinem Großvater und dessen nächster Umgebung gegenüber legte er ein derart unterwürfiges Benehmen an den Tag, daß man später nicht mit Unrecht von ihm gesagt hat, es habe nie einen besseren Sklaven und nie einen schlechteren Herrn gegeben. 11. Trotzdem konnte Gajus seinen natürlichen Hang zur Grausamkeit und zum Laster schon damals nicht beherrschen. Er wohnte z. B. mit großem Interesse der Folterung und Hinrichtung der zum Tode Verurteilten bei, suchte, durch Perücke und lange Kleider unkenntlich gemacht, nachts übelberüchtigte Kneipen, sowie Stätten der Unzucht auf und hatte seine große Freude an Theatervorstellungen mit Ballett und Gesang. Tiberius sah über diese Untugenden gern hinweg, da er

Ann. I, 41). Daß dies nötig schien, brachte die Soldaten wieder zur Besinnung. – [1] 29. Gajus stand schon im 17. Lebensjahr, in dem man sonst die Männertoga anlegte. – [2] S. Tiberius, Kap. 54. Auch den Tag der ersten Bartabnahme, die begreiflicherweise sonst erst Jahre nach dem Anlegen der Männertoga eintrat, pflegte man festlich zu begehen.

hoffte, Gajus' roher Charakter könnte hierdurch etwas ge-
mildert werden. Denn der weitschauende Greis hatte ihn
so genau erkannt, daß er wiederholt äußerte: „Gajus ist
zu meinem und aller Verderben am Leben geblieben" und
„Ich erziehe dem römischen Volk eine Natter, dem Erd-
ball aber einen Phaëthon[1]."

12. Nicht allzu lange nachher[2] heiratete Gajus Junia Claudilla, eine Tochter des altadligen Marcus Silanus[3]. Dann
wurde er an Stelle seines Bruders Drusus zum Augur ernannt, aber noch ehe er die Weihen eines solchen erhielt,
sofort zum Pontifex befördert, „in ganz besonderer Anerkennung seines kindlichen Wohlverhaltens und seiner
geistigen Fähigkeiten". Denn da der Hof völlig vereinsamt
und aller sonstigen Stützen beraubt, Sejan aber bereits als
Feind verdächtigt war und kurz darauf auch gestürzt
wurde, rückte allmählich für Gajus die Hoffnung auf die
Thronfolge immer näher.

Um diese Aussicht noch zu festigen, verführte er nach dem
Tode seiner im Kindbett verstorbenen Gattin Junia die
Frau Macros, des damaligen Präfekten der Prätorianerkohorten, Ennia Nävia, zum Ehebruch[4]. Er versprach
ihr die Heirat, sobald er den Thron bestiegen hätte, und
bekräftigte dies Versprechen mit seinem Eid und durch
eine schriftliche Erklärung. Nachdem er so durch die Frau
Macro gewonnen hatte, brachte er, wie einige meinen,
Tiberius Gift bei. Dann ließ er dem noch atmenden Kaiser
den Ring vom Finger ziehen[5]. Weil es schien, als versuche
Tiberius ihn festzuhalten, hieß er ein Kissen auf ihn werfen
und drückte ihm sogar mit eigener Hand die Kehle zu.

---

[1] Phaëthon, der Sohn des Sonnengottes, der bei dem Versuch, den
Wagen des Vaters zu lenken, einen Weltbrand hervorrief und zur
Strafe von Jupiters Blitz zerschmettert wurde. – [2] D. i. nicht allzu
lange nach seiner Ankunft auf Capri. – [3] Einflußreicher Konsular unter
Tiberius, 38 von Caligula zum Selbstmord gezwungen (s. Kap. 23). –
[4] Nävius Sertorius Macro, nach dem durch seine Energie und Um-
sicht herbeigeführten Sturz Sejans (31) Präfekt der Prätorianer, 38
mit seiner ganzen Familie zum Selbstmord gezwungen (s. Kap. 26). –
[5] S. Tiberius, Kap. 73 m. Anm.

Einen Freigelassenen, der über die Scheußlichkeit dieser Tat laut aufschrie, ließ er auf der Stelle kreuzigen. Dieser Hergang ist nicht ganz unwahrscheinlich, da nach dem Zeugnis mehrerer Schriftsteller Gajus selbst eingestanden hat, wenn auch nicht den Mord ausgeführt, so doch einst den Anschlag dazu entworfen zu haben. Denn sooft er auf seine kindliche Liebe zu sprechen kam, habe er sich beständig gerühmt: Um den Mord an seiner Mutter und seinen Brüdern zu rächen, sei er mit einem Dolch in das Zimmer des schlafenden Tiberius eingedrungen, er habe aber darauf aus Mitleid mit ihm den Stahl weggeworfen und sich entfernt. Von Tiberius sei zwar der Vorfall bemerkt worden, aber der Kaiser habe nicht gewagt, eine Untersuchung in die Wege zu leiten oder eine Strafe zu verhängen.

13. Caligulas Thronbesteigung erfüllte einen heißen Wunsch des römischen Volkes, wenn nicht gar des ganzen Menschengeschlechts. Denn er erschien dem größten Teil der Provinzialen und Soldaten, von denen ihn ja die meisten schon als Kind gekannt hatten, als der ersehnteste Fürst. Ähnlich dachte auch die gesamte Bevölkerung Roms, bei der vor allem die Erinnerung an seinen Vater Germanicus und das Mitleid mit seinem fast ganz ausgerotteten Hause stets lebendig geblieben war.

Sobald er daher von Misenum aufbrach, wimmelte, obwohl er im Trauerkleid den Leichenzug des Tiberius geleitete, doch sein ganzer Weg von Altären, Opfertieren und brennenden Fackeln. Dichtgedrängte Scharen frohlockender Menschen strömten ihm entgegen, die ihm alle möglichen Glückwünsche zuriefen und ihn „Stern", „Hühnchen", „Püppchen" oder „Schoßkind" nannten. 14. Nach seinem Einzug in Rom wurde einstimmig vom Senat und der gewaltsam in den Sitzungssaal eindringenden Menge der letzte Wille des Tiberius, der seinen zweiten, noch im Knabenalter stehenden Enkel[1] testamentarisch dem Cali-

---

[1] Den Sohn des jüngeren Drusus, Tiberius, auch Tiberius Gemellus genannt, s. Tiberius, Kap. 54, 62 und 76, von Caligula erst begünstigt, dann getötet, s. Kap. 15 und 23.

gula zum Miterben gegeben hatte, umgestoßen und ihm die unbeschränkte Regierungsgewalt übertragen. So groß war die allgemeine Freude, daß in den nächsten, nicht einmal ganz vollen drei Monaten über einhundertsechzigtausend Opfertiere geschlachtet worden sein sollen. Als er dann wenige Tage später zu den (Straf-)Inseln in der Nähe Kampaniens fuhr[1], legte man für seine glückliche Rückkehr Gelübde ab. Man ließ auch nicht die geringste Gelegenheit vorübergehen, ohne teilnahmsvolle Besorgnis zu bekunden. Und als er gar zufällig krank wurde, verbrachte das Volk ganze Nächte lang wachend auf den Straßen in der Nähe des Palatiums. Es fanden sich sogar Leute, welche als Gladiatoren für die Errettung des Kranken auf Tod und Leben zu kämpfen bereit waren, und andere, die durch öffentlichen Anschlag das Gelübde ablegten, ihr Leben für den Fall seiner Genesung zum Opfer zu bringen[2].

Zu dieser grenzenlosen Liebe der Bürger gesellte sich auch eine bemerkenswerte Zuneigung der Ausländer. So bewarb sich z. B. der Partherkönig Artabanus, der für Tiberius stets nur Haß und Verachtung gehabt hatte, aus freien Stücken um Caligulas Freundschaft. Er fand sich zu einer Zusammenkunft mit des Kaisers konsularischen Legaten ein und kam über den Euphrat, um den römischen Adlern und Feldzeichen, sowie den Bildnissen der Kaiser seine Verehrung zu erweisen[3].

15. Doch auch Caligula machte sich auf jede Weise populär, um die Zuneigung der Menschen zu ihm noch zu steigern. Nachdem er Tiberius unter reichlich fließenden Tränen die öffentliche Leichenrede gehalten und ihm ein prächtiges Leichenbegängnis veranstaltet hatte, eilte er, da-

---

[1] Auf denen seine Mutter und sein Bruder ihren Tod gefunden hatten, s. Kap. 15. – [2] In dieser Weise hatte sich der Sage nach Alkestis für ihren Gatten Admet geopfert, noch zur Zeit Suetons starb so Antinous für Kaiser Hadrian. Caligula war grausam genug, die Erfüllung des Gelübdes einzufordern, s. Kap. 27. – [3] S. Tiberius, Kap. 66, Caligula, Kap. 5, Vitellius, Kap. 2. Die Huldigung wurde durch den Statthalter von Syrien, Lucius Vitellius, herbeigeführt, s. Tiberius, Kap. 41, Anm.

mit seine kindliche Liebe in desto hellerem Licht er-
schiene, sofort, trotz stürmischen Wetters, nach Pandataria
und den Pontia-Inseln, um die Asche seiner Mutter und seines
Bruders von dort nach Rom zu bringen[1]. Voll Ehrfurcht
betrat er ihre Grabstätten und barg mit eigener Hand die
Reste in den Aschenurnen. Mit gleichem theatralischen Ge-
pränge führte er sie auf seinem Zweidecker, von dessen
Heck die Kaiserfahne wehte, nach Ostia hinüber, von da
tiberaufwärts nach Rom, und ließ sie durch die vornehmsten
Angehörigen des Ritterstandes um die Mittagszeit vor einer
großen Menge von Zuschauern auf zwei Tragbahren in
das Mausoleum[2] bringen. Ferner stiftete er ihnen zu Ehren
von Staats wegen ein jährliches Totenfest, außerdem zum
Andenken an seine Mutter Zirkusspiele und einen Staatswagen, auf dem ihr Bild in feierlicher Prozession mitge-
führt werden sollte[3]. Zum Gedächtnis seines Vaters dagegen gab er dem Monat September den Namen ,,Ger-
manicus". Hierauf übertrug er alle Ehren, die jemals Livia
Augusta zuerkannt worden waren, durch einen einzigen
Senatsbeschluß auf seine Großmutter Antonia. Seinen
Onkel Claudius, der bis dahin nur römischer Ritter war,
erhob er zu seinem Kollegen im Konsulat. Seinen Vetter
Tiberius adoptierte er an dem Tage, an dem jener die
Männertoga anlegte, und ernannte ihn zum *Princeps Iuven-
tutis*[4]. Was seine Schwestern anbetrifft, so ordnete er an,
allen Eidesformeln sollten die Worte hinzugefügt werden:
,,Auch will ich mich selbst und meine Kinder nicht lieber
haben als Gajus und *seine Schwestern*", ebenso allen Vor-
trägen der Konsuln die Eingangsworte: ,,Segen und Glück
dem Gajus Cäsar und *seinen Schwestern!*"
Mit gleicher Leutseligkeit begnadigte er alle Verurteilten

---

[1] S. Tiberius, Kap. 53 und 54. - [2] S. Augustus, Kap. 100 m. Anm. -
[3] S. Cäsar, Kap. 76. - [4] D. h. Führer der *Iuventus*, der militärisch orga-
nisierten Jungmannschaft (griech. Epheben, s. Augustus, Kap. 98).
Dieses Amt hatten unter Augustus die Enkelsöhne des Kaisers, Gajus
und Lucius, bekleidet, unter Tiberius die älteren Brüder Caligulas,
Nero und Drusus, also beidemal der voraussichtliche Nachfolger
und sein Bruder.

und Verbannten und schlug die Kriminalprozesse, die etwa
noch aus früherer Zeit schwebten, samt und sonders nieder.
Sämtliche Papiere, die sich auf die Prozesse seiner Mutter
und Brüder bezogen, ließ er, damit keiner der dabei beteiligten Angeber oder Zeugen künftig mehr etwas zu fürchten hätte, auf das Forum bringen und verbrannte den ganzen Haufen. Zuvor hatte er laut die Götter zu Zeugen
angerufen, daß er davon weder etwas in die Hand genommen noch gelesen habe[1]. Die schriftliche Anzeige eines
Anschlags gegen sein Leben, welche ihm jemand überreichte, nahm er nicht an. Er versicherte vielmehr: „Ich
bin mir keiner Schuld bewußt, wodurch ich mir den Haß
eines Menschen hätte zuziehen können!" Er fügte noch
hinzu: „Für Angeber habe ich keine Ohren."

16. Die „Spintrier", Tiberius' Lustgenossen bei seinen Perversitäten, wollte Caligula anfangs im Meer ersäufen lassen,
begnügte sich aber endlich auf vielfache Fürbitten mit ihrer
Verbannung aus Rom. Die Werke der Schriftsteller Titus
Labienus, Cordus Cremutius und Cassius Severus, die
durch Senatsbeschluß der Vernichtung anheimgegeben
waren, erlaubte er wieder vorzusuchen, zu besitzen und
zu lesen, „weil es ja für ihn selbst von größter Wichtigkeit sei, daß alles, was geschehe, auf die Nachwelt komme"[2].
Die statistischen Angaben über den Staatshaushalt, die
Augustus von Zeit zu Zeit vorgelegt[3], Tiberius aber zu
veröffentlichen unterlassen hatte, gab er wieder öffentlich
bekannt. Den Beamten verlieh er volle, durch keine Berufung an ihn selbst behinderte Freiheit in der Rechtsprechung.

---

[1] Anders dargestellt Kap. 30. – [2] Titus Labienus, bekannter Redner
der Augusteischen Zeit, der pompejanisch gesinnt war und in diesem
Sinn auch Geschichte schrieb. – Cremutius Cordus s. Augustus, Kap. 35,
Anm., Tiberius, Kap. 61. – Cassius Severus, s. Augustus, Kap. 56,
ebenfalls hervorragender, wirkungsvoller Redner, republikanisch-
plebejisch eingestellt und wegen seiner boshaften Schmähungen
gegen die bestehenden Verhältnisse oft gemaßregelt und bestraft. –
[3] Gelegentlich des dreimaligen Census, s. Augustus, Kap. 27, und
vielleicht auch durch Auszüge aus dem Staatshaushaltbuch, Augustus,
Kap. 28 und 101.

Die römischen Ritter musterte er streng und sorgfältig,
doch dabei mit Mäßigung. Allen, die etwas Ehrenrühriges
oder Schimpfliches begangen hatten, nahm er öffentlich das
Ritterpferd. Dagegen überging er Andere, die sich geringerer Vergehen schuldig gemacht hatten, nur beim Namen-
aufruf. Um den Richtern die Arbeit zu erleichtern, schuf er
noch eine fünfte Dekurie zu den vier früheren. Ferner versuchte er den Brauch der Wahlversammlungen wieder einzuführen und damit dem Volk das Wahlrecht wiederzu-
geben[1].

Obgleich das Testament des Tiberius für ungültig erklärt
worden war, zahlte Caligula die darin ausgesetzten Legate
ebenso wie die Julia Augustas[2], deren Testament Tiberius
seinerzeit umgestoßen hatte, gewissenhaft und ohne Schi-
kane bar aus. Die im Betrage von einem halben Prozent
des Erlöses erhobene Versteigerungsabgabe erließ er für
Italien. Vielen Leuten ersetzte er erlittenen Brandschaden,
Allen Königen, die er wieder in ihre Herrschaft eingesetzt
hatte, erstattete er auch noch den in der Zwischenzeit erhobenen Betrag der Zölle und Einkünfte zurück, z. B.
Antiochus von Kommagene die für den Staatsschatz eingezogene Summe von hundert Millionen Sesterzen[3]. Und
um den Eindruck zu erwecken, als bezeige er jeder edlen
Tat ganz besondere Gunst, schenkte er einer Freigelassenen
achthunderttausend Sesterzen[4], weil sie trotz grausamster
Folterqualen gegen ihren eines Verbrechens angeklagten
Patron nicht ausgesagt hatte. Wegen dieser vortrefflichen
Handlungen wurde ihm daher außer den sonstigen Ehrungen (durch Senatsbeschluß) auch noch die zuerkannt, daß
ein goldener Votivschild mit seinem Porträt jährlich an
einem bestimmten Tage von den Priesterkollegien in Begleitung des Senats aufs Kapitol getragen werden sollte,
während vornehme Knaben und Mädchen in einem Chor-
lied das Lob seiner Tugenden besangen. Zugleich beschloß

---

[1] Berufungen, s. Augustus, Kap. 33; Rittermusterungen, s. Augustus,
Kap. 39; Richterdekurien, s. Augustus, Kap. 32. – [2] Livias, s. Augustus, Kap. 62, Anm., Tiberius, Kap. 51, Anm. – [3] 100 Millionen DM.
– [4] 800000 DM.

man, den Tag seines Regierungsantritts Parilia zu nennen,
zum Zeugnis dafür, daß an ihm die Stadt gleichsam zum
zweitenmal „geboren" worden sei[1].

17. Konsul ist Caligula viermal[2] gewesen, das erstemal
vom ersten Juli an zwei Monate, das zweitemal dreißig
Tage vom ersten Januar an, das drittemal bis zum dreizehnten Januar, das viertemal nur bis zum siebenten Januar. Die beiden letzten Konsulate bekleidete er in aufeinanderfolgenden Jahren. Das dritte trat er *allein* in Lugdunum[3] an, nicht, wie manche glauben, aus Hochmut und
Nichtachtung, sondern weil er in seiner Abwesenheit von
Rom nicht wissen konnte, daß sein Kollege am ersten
Januar gestorben sei. Geldspenden verteilte er zweimal
unter das Volk, jedesmal dreihundert Sesterzen[4] für den
Mann. Ebensooft gab er dem Senat und dem Ritterstande,
sowie auch beider Frauen und Kindern ein üppiges Festmahl; bei dem zweiten teilte er noch obendrein unter die
Männer Staatskleider, unter die Frauen und Kinder purpur-
und scharlachfarbene Binden[5] aus. Und um die Dauer der
öffentlichen Belustigungen auch in Zukunft auszudehnen,
verlängerte er die Festtage der Saturnalien noch um einen
Tag, den er den *Jugendtag* nannte.

18. Gladiatorenspiele gab er mehrere, teils im Amphitheater
des Taurus, teils in den Säpten[6]. Dabei ließ er zugleich
Scharen der auserlesensten afrikanischen und kampanischen
Faustkämpfer auftreten. Doch führte er bei den Spielen
nicht immer den Vorsitz, sondern übertrug ihn öfters
höheren Beamten oder seinen Freunden. Auch Bühnenspiele veranstaltete er häufig, und zwar ganz verschieden-

---

[1] Palilia oder Parilia, ursprünglich ländliches Fest zu Ehren der alt-
italischen Hirtengottheit Pales, gefeiert am 21. April, an dem Rom
gegründet sein sollte; daher Parilia (irrig von *parere*, gebären, abgeleitet) als „Geburtstag Roms" gedeutet. – [2] 37, 39, 40, 41. – [3] Heute
Lyon. Er war dort während seines germanischen „Feldzugs", schon
Augustus hatte mehrfach Konsulate außerhalb Roms und natürlich
auch ohne seinen Kollegen angetreten, s. Augustus, Kap. 26. –
[4] 300 DM. – [5] Sehr kostbar, s. „Wörterbuch der Antike", Artikel
„Purpur". – [6] S. Augustus, Kap. 43.

artige und an vielen Orten, zuweilen auch nachts, wo dann
die ganze Stadt mit Fackeln erleuchtet war. Ferner ließ er
Geschenke verschiedener Art unter das Volk auswerfen
und jedem Bürger einen Speisekorb mit Eßwaren verabreichen[1]. Bei einer solchen Speisung schickte er einmal
einem ihm gegenübersitzenden römischen Ritter, der sich
recht vergnügt und mit großem Appetit an das Essen
machte, auch noch seine eigene Portion und einem Senator
aus demselben Grunde ein Handschreiben, in dem er ihn
zum Prätor außer der Reihe ernannte. Auch gab er sehr
viele Zirkusspiele, die vom frühen Morgen bis spät abends
dauerten; dabei wurde bald eine Jagd auf afrikanische
Raubtiere, bald ein Trojaspiel[2] eingeschoben. Bei einigen
besonders prächtigen ließ er die Rennbahn mit Mennige
und Berggrün (Borax) bestreuen und nur Wagenlenker von
senatorischem Range auftreten. Einmal veranstaltete er
solche Zirkusspiele ganz unerwartet. Denn einige Personen
hatten ihn von den zunächst gelegenen Balkons darum
gebeten, während er aus dem Gelotianischen Hause dem
Leben und Treiben im Zirkus zusah.

19. Außerdem ersann er eine ganz neue und unerhörte
Art von Schauspiel. Er verband nämlich Bajä mit der
Mole von Puteoli, indem er über den dazwischenliegenden,
gegen dreitausendsechshundert Schritt[3] breiten Meeresarm
eine Brücke schlagen ließ. Zu dem Zweck wurden alle
Lastschiffe aus der ganzen Gegend zusammengebracht, in
doppelter Reihe aufgestellt, an ihren Ankern befestigt und
über die Pontons ein Erddamm nach dem Muster der Appischen Heerstraße hinweggeführt. Über diese Brücke zog
Caligula zwei Tage hintereinander hin und zurück. Am
ersten Tag auf reich geschirrtem Rosse, einen Eichenkranz
auf dem Haupt, den spanischen Lederschild am Hals, das
Schwert an der Seite und angetan mit einem goldgestickten
griechischen Reitermantel; am folgenden Tag im Kostüm
eines Wagenlenkers, auf einem Zweigespann mit berühm-

---

[1] Damit sie zum Essen nicht fortzugehen brauchten. – [2] S. Cäsar,
Kap. 39, Augustus, Kap. 43. – [3] Ungefähr 5 km.

ten Rennpferden. Vor ihm her schritt der junge Darius, eine der parthischen Geiseln; es begleitete ihn ein Zug Prätorianer und die Schar seiner Freunde auf ihren Wagen. Ich weiß, daß die meisten geglaubt haben, Gajus habe mit dieser Brücke Xerxes nachahmen wollen, dem die Menschen schon deswegen große Bewunderung gezollt haben, weil er den beträchtlich engeren Hellespont[1] überbrückt hat. Andere meinen, er habe die Germanen und Britannier, gegen die er ins Feld zu ziehen vorhatte, durch die (sogar bis zu ihnen dringende) Kunde von einem so riesigen Bauwerk in Schrecken setzen wollen. Allein ich habe oft als Kind meinen Großvater erzählen hören: als Ursache dieses Werkes sei ihm von Bedienten, die eine Vertrauensstellung am Hofe genossen, mitgeteilt worden, Caligula habe diesen Bau ausgeführt, weil der Astrologe Thrasyllus[2] einmal dem Kaiser Tiberius, der um seinen Nachfolger in Sorgen war und sich fast geneigt zeigte, seinen wirklichen Enkel dazu zu machen, versichert hatte: „Gajus wird ebensowenig Kaiser werden, wie er über den Meerbusen von Bajä reiten wird."

20. Auch auf seinen Reisen außerhalb Italiens veranstaltete Caligula Spiele, z. B. auf Sizilien in Syrakus die athenischen Dionysien[3] und in Gallien zu Lugdunum solche, bei denen ganz verschiedenartige Aufführungen und Darstellungen miteinander abwechselten. Hierbei fand auch ein Wettstreit in griechischer und römischer Beredsamkeit statt. Die darin Besiegten mußten, so heißt es, den Siegern Belohnungen zahlen und Lobreden auf sie verfassen. Die aber ihre Sache am schlechtesten gemacht hatten, mußten die Niederschrift ihrer Aufsätze mit dem Schwamm oder mit der Zunge abwischen, wenn sie es nicht vorzogen, mit Ruten geschlagen oder im nahen Flusse untergetaucht zu werden.

21. Die unter Tiberius nur halb vollendeten Bauwerke, den Tempel des Augustus und das Theater des Pompejus, führte Caligula zu Ende. Er selbst begann die Wasserleitung von

---

[1] Nicht ganz 1^1/$_2$ km. - [2] Tiberius, Kap. 14, Anm. und 62. - [3] Im Lat. *ludi astici*, Dionysosfeiern in athenischer Art (griech. *to asty*, die „Stadt", d. h. Athen).

Tibur her und das Amphitheater neben den Säpten. Jene
wurde von seinem Nachfolger Claudius vollendet[1], der
andere Bau dagegen wurde wieder aufgegeben. In Syrakus
ließ er die vor Alter eingestürzten Stadtmauern und die
baufälligen Tempel der Götter herstellen. Auch hatte er
den Plan gefaßt, in Samos die Königsburg des Polykrates
wieder aufzubauen, in Milet den Tempel des Didymeischen
Apollo[2] zu vollenden, hoch oben in den Alpen eine Stadt
zu gründen, vor allem aber den Isthmus von Achaja zu
durchstechen[3]. Zu diesem Zweck hatte er bereits einen
Primipilaren dorthin gesandt, der zur Vorbereitung die nötigen Vermessungen vornehmen sollte.

22. Soviel vom *Fürsten* Caligula, nun muß ich von dem
Scheusal erzählen.

Er hatte bereits mehrere Beinamen angenommen – er ließ
sich nämlich der „Fromme", „Lagersohn", „Soldaten-
vater", der „beste und größte Cäsar" nennen –, da hörte
er, wie mehrere Könige, die zu seiner Aufwartung nach
Rom gekommen waren, sich bei Tisch in seinem Palaste
über den Adel ihrer Abkunft stritten. Sofort zitierte er mit
lauter Stimme auf griechisch die Worte Homers[4]:

Einer sei Herrscher! *Einer* König!

Beinahe hätte er noch an Ort und Stelle das Diadem sich
aufgesetzt und die äußeren Zeichen seiner Würde als Princeps in aller Form mit denen des Königtums vertauscht[5].
Als man ihn aber darauf aufmerksam machte, daß er ja
bereits hoch über allen Fürsten und Königen stehe, fing
er an, sich göttliche Majestät beizulegen. So gab er denn
Auftrag, die Götterbilder, die ganz besondere religiöse

---

[1] Daher ihr Name Aqua Claudia, s. Claudius, Kap. 20. – [2] Man
hatte an ihm während dreier Jahrhunderte gebaut, hatte ihn aber
wegen seiner ungeheuren Größe unbedacht lassen müssen. – [3] Den
Durchstich des Isthmus von Korinth hatte schon Cäsar geplant,
s. Cäsar, Kap. 44. Nero begann den Bau, s. dort Kap. 19 und 37, der
jedoch ins Stocken kam. – [4] Ilias, II, 204. – [5] Cäsar war ermordet
worden, weil man ihm ähnliche Pläne nachsagte, s. dort, Kap. 78–80
m. Anm., Augustus und Tiberius hatten schon die Anrede „Herr"
abgelehnt, s. Augustus, Kap. 53 m. Anm., Tiberius, Kap. 27.

Verehrung genossen und sich durch ihren Kunstwert
auszeichneten, darunter auch das des Olympischen Jupiter[1], aus Griechenland nach Rom zu bringen, ihnen die
Köpfe abzunehmen und dafür seinen eigenen daraufzu-
setzen. Ferner erweiterte er einen Teil des Kaiserpalastes
bis zum Forum, machte so den Tempel des Castor und
Pollux zur Eingangshalle seines Palastes und stellte sich
oft in die Mitte zwischen die göttlichen Brüder hin, um
sich von den Besuchern anbeten zu lassen. Und wirklich
gab es auch Leute, die ihn als „Jupiter Latiaris"[2] begrüßten.
Sogar einen eigenen Tempel stiftete er seiner Gottheit
nebst Priestern und raffiniert ausgeklügelten Opferungen.
In dem Tempel stand seine Statue aus Gold, porträtähnlich
und in Lebensgröße, die täglich mit dem gleichen Gewand
bekleidet wurde, das er selbst trug.
Die reichsten Leute setzten ihren größten Ehrgeiz darein,
sich um die Vorsteherposten bei dem Priesterkollegium
zu bewerben, wobei sie sich gegenseitig zu überbieten
suchten. Die Opfertiere bestanden aus Flamingos, Pfauen,
Auerhähnen, numidischen Hühnern, Perlhühnern und Fasanen, welche täglich – heute die, morgen jene Gattung –
geopfert werden mußten.
In den Nächten, in denen der Vollmond hell leuchtete, lud
er die Mondgöttin Luna regelmäßig zu Umarmung und
Beilager ein. Bei Tag dagegen hielt er heimliche Zwie-
sprache mit dem Kapitolinischen Jupiter. Bald flüsterte er ihm
ins Ohr, bald hielt er ihm sein Ohr hin. Mitunter sprach er
laut und schimpfte sogar mit ihm. Denn einmal hörte man
ihn drohend auf griechisch die Worte ausstoßen[3]:

Hebe Du *mich* oder ich *Dich!* –

---

[1] Das berühmte goldelfenbeinerne Alterswerk des Phidias zu Olympia,
s. Kap. 57. – [2] Der Götterkönig Jupiter in seiner Eigenschaft als Schutzgeist Latiums, dem das alljährlich in feierlicher Weise auf dem Albanerberge dargebrachte Bundesopfer galt. – [3] Bei Homer, Ilias, XXIII,
724 fordert mit diesen Worten Ajax den Odysseus auf, ihren bisher
unentschiedenen Ringkampf dadurch zu beenden, daß der eine den
anderen in die Höhe hebt. Hier haben die Worte wohl übertragenen
Sinn: „Erhebe mich (zum Himmel) oder ich (werd') Dich ..."

Schließlich ließ er sich, wie er zu erzählen pflegte, von den
Bitten des Gottes erweichen und kam seinem Wunsch, mit
ihm zusammen zu wohnen, dadurch nach, daß er über den
Tempel des zum Gott erhobenen Augustus eine Brücke
schlagen ließ und so Kaiserpalast und Kapitol miteinander
verband. Um dem Gott aber noch näher zu sein, ließ er
wenig später auf der Hochfläche des Kapitols den Grund
zu einem neuen Wohnhaus legen.

23. Als Enkel Agrippas wollte Caligula weder gelten noch
so bezeichnet werden, weil er sich dessen geringer Herkunft schämte. Er geriet in heftigen Zorn, wenn einer
jenen in Prosa oder Versen in die kaiserliche Familie ein-
reihte. Statt dessen behauptete er, seine Mutter verdanke
ihr Dasein einem Inzest, den Augustus mit seiner Tochter
Julia begangen haben sollte, und das rechnete er ihr noch
sogar zum Ruhme an. Doch begnügte er sich nicht damit,
Augustus auf diese Weise beschimpft zu haben, er verbot
außerdem noch, in Zukunft die Siege von Aktium und
Sizilien[1] festlich zu begehen, da sie für das römische Volk
reich an Trauer und unheilvoll gewesen seien.

Seine Urgroßmutter Livia Augusta nannte er wiederholt
„Ulixes im Weiberrock"; er hatte sogar die Frechheit, ihr
in einem Brief an den Senat niedrige Geburt vorzuwerfen.
Ihr mütterlicher Großvater sollte nämlich nur Mitglied des
Gemeinderats in Fundi gewesen sein, während doch durch
öffentliche Urkunden bewiesen ist, daß Aufidius Lurco in
Rom Ehrenämter bekleidet hat. Seiner Großmutter Antonia
verweigerte er eine Audienz ohne Zeugen, um die sie nachgesucht hatte. Nur in Gegenwart des Gardepräfekten Macro
wollte er ihr eine Zusammenkunft gestatten. Durch eine
derart unwürdige Behandlung und sonstigen ihr zugefüg-
ten Verdruß verursachte Caligula ihren Tod, den er nach
der Ansicht einiger Leute durch Verabreichung von Gift
noch beschleunigt haben sollte. Als sie gestorben war, erwies er ihr auch nicht die geringste Ehre, sondern sah von

---

[1] Die Agrippa, Julias Gatte und mütterlicher Großvater Caligulas,
im Bürgerkriege erfochten hatte (s. Augustus, Kap. 16/17).

seinem Speisezimmer aus ganz gemütlich ihrem in der
Ferne brennenden Scheiterhaufen zu.

Seinen Vetter Tiberius ließ er ganz unvermutet durch einen
zu ihm gesandten Kriegstribunen ermorden. Ebenso veranlaßte er seinen Schwiegervater Silanus, sich mit einem
Rasiermesser die Kehle durchzuschneiden[1]. Zu seinem Vor-
gehen gegen beide dienten ihm verschiedene Tatsachen als
Vorwand. Bei Silanus, er habe ihn nicht begleiten wollen,
als er bei stürmischem Wetter auf See ging, er sei vielmehr
in der Hoffnung zurückgeblieben, sich Roms zu bemächtigen, falls ihm, dem Kaiser, im Sturm auf dem Meere ein
Unglück zustoßen sollte. Gegen Tiberius brachte er vor,
jener habe, wie der Geruch verraten, ein Gegengift eingenommen und dadurch zum Ausdruck gebracht, daß er
fürchtete, von Caligula vergiftet zu werden. Und doch hatte
Silanus nur der Seekrankheit, die er durchaus nicht vertragen konnte, und der Beschwerlichkeit der Seefahrt aus
dem Wege zu gehen gesucht und Tiberius nur gegen einen
hartnäckigen und sich verschlimmernden Husten Medizin
eingenommen! Seinen Onkel Claudius ließ er nur am Leben,
um seinen Spott mit ihm treiben zu können.

24. Mit allen seinen Schwestern trieb Caligula Unzucht und
ließ sie öffentlich an der Tafel eine um die andere neben
sich unterhalb (am Fußende) Platz nehmen, während seine
Gattin oberhalb lag[2]. Die junge Drusilla soll er noch als
Knabe geschändet haben und sogar einmal beim Beischlaf
mit ihr von seiner Großmutter Antonia, bei der sie beide
erzogen wurden, ertappt worden sein. Später vermählte er
Drusilla mit dem Konsular Lucius Cassius Longinus, entführte sie ihm aber wieder und behandelte sie vor der
Öffentlichkeit als seine rechtmäßige Ehefrau. Als er krank
wurde, setzte er sie sogar zur Erbin seines Vermögens und
seines Thrones ein[3]. Bei ihrem Tode ordnete er zum

---

[1] Tiberius, s. Kap. 15, Anm.; Silanus, s. Kap. 12, Anm. - [2] In alt-
modischen Kreisen galt es für Frauen nicht als schicklich, das Mahl
liegend einzunehmen, s. Augustus, Kap. 64, Anm. - [3] Ähnlich hatten
schon die Ptolemäer in Ägypten ihre Schwestern in aller Form geheiratet. Zugrunde lag dieser Gewohnheit neben orientalischer Sitte

Zeichen der Landestrauer allgemein Gerichtsferien an.
Während ihrer Dauer galten Lachen, Baden, Mahlzeiten in
Gesellschaft von Eltern, Frau und Kindern als todeswür-
dige Verbrechen. Von Schmerz überwältigt entwich er
selbst plötzlich bei Nacht und Nebel aus Rom, jagte durch
Kampanien und ging nach Syrakus. Von hier kehrte er
ebenso schnell wieder zurück und zog mit langem Bart und
Haar in Rom ein. Auch schwor er späterhin bei wichtigen
Fällen, ja selbst wenn er zum Volk oder zu den Soldaten
sprach, stets: „Bei der Gottheit der Drusilla!" Seine andern (zwei) Schwestern liebte er nicht mit gleicher Leidenschaft; auch zollte er ihnen nicht dieselbe Verehrung, ver-
kuppelte er sie doch mehrmals sogar an seine Buhlknaben.
Desto leichter wurde es ihm, sie im Prozeß gegen Ämilius
Lepidus wegen Ehebruchs und Mitwisserschaft um eine
Verschwörung gegen ihn zu verurteilen. Er veröffentlichte nicht nur die eigenhändigen Briefe aller daran Beteiligten, die er sich durch List und alle möglichen Verführungs-
künste zu verschaffen gewußt hatte, sondern weihte auch
(zum Dank für seine Errettung) drei zu seiner Ermordung
bestimmte Schwerter mit einer Inschrift dem Mars Ultor[2].

25. Bei näherer Betrachtung seiner Ehen ist schwer zu entscheiden, was schändlicher war, die Art, wie er sie schloß
und fortführte, oder wie er sie auflöste. Als Livia Oristilla
sich mit Gajus Piso verheiratete, befahl der den Trauungs-

die Vorstellung, daß Frauen aus anderen Familien dem Herrscher nicht
ebenbürtig seien. – Caligulas Gattin Junia Claudilla (s. Kap. 12 m. Anm.)
war bald gestorben, Drusilla in zweiter Ehe mit Ämilius Lepidus ver-
mählt. – [1] Die uns erhaltenen Urkunden beweisen, daß Drusilla als Pan-
thea (Inbegriff aller weiblichen Gottheiten) von Staats wegen als Göttin
verehrt worden ist. – [2] Ämilius Lepidus war nach der Tötung des
Tiberius Gemellus (s. Kap. 18) mit Drusilla vermählt worden (s. o.)
und machte sich seitdem Hoffnung auf die Nachfolge. Als diese sich
als gegenstandslos herausstellte, knüpfte er Beziehungen zu den
beiden lebenden Schwestern Caligulas an, um sie mit deren Hilfe
trotzdem zu erlangen (Tacitus, Ann. XIV, 2). Er wurde 39 hingerichtet, die Schwestern vorübergehend verbannt (s. Kap. 29 u. 59), Agrippina, die Mutter Kaiser Neros, wurde später Kaiserin (s. Claudius,
Kap. 26, 29).

feierlichkeiten beiwohnende Caligula, die Frau in seinen Palast zu führen. Nach einigen Tagen verstieß er sie wieder und strafte sie zwei Jahre später mit Landesverweisung, weil sie in der Zwischenzeit anscheinend den Verkehr mit ihrem früheren Ehemann wieder aufgenommen hatte. Eine andere Darstellung lautet, er habe beim Hochzeitsmahl, zu dem er eingeladen war, dem ihm gegenüberliegenden Piso die Weisung zugehen lassen: „Tritt meiner Frau nicht zu nahe!" Dann habe er sie sofort von der Tafel weggeführt und am folgenden Tag durch Edikt bekanntgegeben: „Ich habe mir auf gleiche Weise wie Romulus und Augustus eine Frau geholt[1]."

Lollia Paulina, die Frau des mit einem Armeekommando betrauten Konsularen Gajus Memmius, ließ er, als einmal darauf die Rede kam, ihre Großmutter sei einst die schönste Frau gewesen, aus der Provinz zu sich entbieten. Mit ihr, die ihm von ihrem eigenen Mann zugeführt worden war, knüpfte er ein Verhältnis an. Aber nach kurzer Zeit brach er mit ihr wieder und verbot ihr für immer jeden intimen Verkehr mit einem Manne.

Cäsonia, die weder schön noch jung war und schon von einem andern Manne drei Töchter hatte, sonst aber bodenlos verschwenderisch und liederlich war, liebte er mit größerer Leidenschaft und mit mehr Beständigkeit. Er ließ sie daher oft im Soldatenmantel, Helm und Schild an seiner Seite reiten und zeigte sie so den Soldaten, seinen Freunden aber sogar auch nackt. Nach ihrer Entbindung beehrte er sie mit dem Titel seiner Gemahlin und bekannte sich an ein und demselben Tage als ihren Gatten und als Vater ihres Kindes. Er nannte es Julia Drusilla und ließ es in den Tempeln aller Göttinnen herumtragen, setzte es dann der Minerva auf den Schoß und empfahl der Göttin Pflege und Erziehung des Kindes. Der sicherste Beweis, daß es sein Fleisch und Blut sei, war für ihn die Ungezogenheit des Mädchens. Sie war bei der Kleinen schon damals sehr

---

[1] Anspielung auf den Raub der Sabinerinnen und den der Livia durch Augustus, s. dort Kap. 62.

stark entwickelt; denn mit seinen Fingern zerkratzte das Kind
Gesicht und Augen der mit ihm spielenden anderen Kinder.
26. Unbedeutend und uninteressant dürfte es sein, hiernach
noch weiter zu erzählen, wie er seine Verwandten und
Freunde behandelt hat, z. B. Ptolemäus, König Jubas Sohn,
der sein Verwandter war – denn auch Ptolemäus war ein
Enkel des Marcus Antonius, und zwar von dessen Tochter
Selene[1] –, und vor allem selbst Macro und Ennia, die ihm doch
zum Throne verholfen hatten. Sie alle ließ er statt dessen, was
sie als Verwandte zu fordern berechtigt waren, oder als Dank
für ihre Verdienste um ihn eines grausamen Todes sterben[2].
Nicht achtungsvoller oder milder behandelte Caligula den
Senat. Senatoren, welche die höchsten Ehrenstellen bekleidet hatten, ließ er in der Toga mehrere tausend Schritt
neben seinem Wagen herlaufen[3] oder bei Tisch hinter seinem Polster oder zu seinen Füßen wie Sklaven im Leinen-
schurz aufwarten. Andere, die er heimlich hatte umbringen
lassen, ließ er, als ob sie noch am Leben wären, weiter im
Senat namentlich aufrufen. Nach einigen Tagen verbreitete
er dann die Lüge, sie hätten durch Selbstmord geendet.
Die Konsuln, die einmal versäumt hatten, seinen Geburtstag durch ein Edikt anzusagen, entsetzte er ihres Amtes,
und drei Tage lang blieb der Staat ohne seine höchsten Beamten. Seinen Quästor, dessen Name in einer Verschwörung mitgenannt worden war, befahl er auszupeitschen.
Vorher hatte er ihm die Kleider vom Leibe reißen und diese
den Soldaten unter die Füße breiten lassen, damit sie beim
Schwingen der Geißel einen gehörig festen Stand hätten.
Mit ebensolchem Übermut und der gleichen Gewalttätigkeit
behandelte er die übrigen Stände. Als einmal der Lärm der
Leute, die schon um Mitternacht die Freiplätze im Zirkus
besetzten, seine Ruhe störte, befahl er, sie sämtlich mit
Knüppeln fortzujagen. In dem Gedränge, das dadurch ent-
stand, wurden mehr als zwanzig römische Ritter und ebenso-

---

[1] Caligula war durch seine Großmutter Antonia Augusta (s. Kap. 15)
ein Urenkel des Antonius, Ptolemäus dessen nicht voll ebenbürtiger
Enkel, denn Selene stammte aus dem Verhältnis mit Kleopatra. –
[2] S. Kap. 12, Anm. – [3] S. Galba, Kap. 6, am Ende.

viel vornehme Damen nebst einer ungezählten Menge einfacher Leute totgedrückt. Auch bei Theatervorstellungen
pflegte er die Marken für die Freiplätze[1] ganz früh auszu-
teilen. Natürlich drängte sich nun die Hefe des Volkes gerade auf die Ritterplätze, was zu Streitigkeiten zwischen den
Ständen führte. Wenn der Kaiser ein Gladiatorenspiel gab,
so ließ er mitunter gerade beim heißesten Sonnenbrand die
Sonnensegel zurückziehen, während niemand das Theater
verlassen durfte. Oder er ließ auch wohl von den üblichen
Zurüstungen zu solchen Spielen Abstand nehmen und
statt dessen halbverhungerte Bestien, erbärmliche, alters-
schwache Gladiatoren sowie als besonderen Spaß[2] bekannte,
ehrenwerte Familienväter, die aber irgendein körperliches
Gebrechen hatten, auftreten. Zuweilen schloß er sogar die
Kornspeicher und erklärte dem Volke Hunger[3].

27. Die Grausamkeit seiner Natur äußerte sich vor allem
in folgenden Handlungen. Als einmal das Fleisch zur Füt-
terung der für ein Tiergefecht bestimmten Bestien zu teuer
war, bezeichnete er unter den im Gefängnis sitzenden Verbrechern diejenigen, welche den wilden Tieren zum Zerfleischen als Nahrung vorgeworfen werden sollten. Bei der
Musterung, die er deshalb in allen Gefängnissen der Reihe
nach vornahm, warf er bei keinem einzigen Gefangenen
auch nur einen Blick auf dessen Strafregister, sondern blieb
einfach mitten in der Halle stehen und befahl: alle Gefangenen „von einem Kahlkopf bis zum andern"[4] abzuführen.
Den Mann, der für seine Errettung aus schwerer Krankheit gelobt hatte, als Gladiator aufzutreten[5], zwang er, sein

---

[1] Die Bedeutung des hier gebrauchten Wortes *decimae*, das irgendeine
Vergünstigung bezeichnen muß (in gleichem Sinne Cicero, *de officiis*
II, 17), ist nicht bekannt und hier nur auf Grund der herrschenden
Annahme gesetzt. - [2] Die Stelle ist in den Handschriften verderbt,
die Bedeutung des Wortes *Paegniarius*, das hier gelesen wird, unsicher, vielleicht vom Griechischen paignion, Scherz. - [3] Zynischer
Witz. „Hunger erklären" nach „Krieg erklären" gebildet. - [4] Sprich-
wörtliche Redensart, angeblich damals entstanden, weil zufällig der
erste und letzte der Reihe ein Kahlkopf war. - [5] Zu diesem Abschnitt
s. Kap. 14, u. Anm.

Gelübde zu erfüllen. Er selbst schaute zu, wie er den
Schwertkampf bestand, und ließ ihn erst, nachdem er gesiegt, auf vielfache Fürbitte vom Schauplatz abtreten.
Einen zweiten, der aus dem gleichen Grunde zu sterben
gelobt hatte, wenn der Kaiser wieder gesund würde, und
der jetzt zögerte, sein Gelübde zu halten, übergab er seinen
Sklaven. Sie mußten ihn, mit heiligen Zweigen bekränzt
und mit der Opferbinde geschmückt, durch die Straßen
führen und ihn auffordern, sein Gelübde zu erfüllen. Endlich stürzte man ihn vom Wall herab.
Viele geachtete Männer befahl er zu brandmarken und verurteilte sie dann zur Zwangsarbeit im Bergwerk, zum
Straßenbau oder zum Kampf mit wilden Tieren. Er sperrte
sie auch selbst wie Raubtiere in Käfige, wo sie sich nur auf
allen Vieren fortbewegen konnten, oder ließ sie mitten
durchsägen. Und das alles keineswegs immer wegen schwerer Verbrechen, sondern nur, weil sie vielleicht über ein
von ihm gegebenes Gladiatorenspiel sich geringschätzig
geäußert oder kein einziges Mal bei seinem Genius geschworen hätten[1]. Die Väter zwang er, der Hinrichtung
ihrer Söhne beizuwohnen. Einem, der sich mit Krankheit
entschuldigte, schickte er eine Sänfte, einen anderen lud er
unmittelbar von der Stätte, auf der sein Sohn hingerichtet
war, zu Tisch und forderte ihn in aller Freundlichkeit auf,
doch heiter und vergnügt zu sein. Einen Aufseher der
Fechterspiele und Tierhetzen ließ er mehrere Tage hintereinander vor seinen Augen mit Ketten peitschen und nicht
eher töten, als bis ihn vor dem Geruch des in Verwesung
übergegangenen Gehirns ekelte. Den Dichter einer Atellanenposse[2] verbrannte er wegen eines einzigen Verses, der
eine zweideutige Anspielung enthielt, mitten in der Arena
des Amphitheaters. Einen römischen Ritter hatte Caligula
den wilden Tieren vorwerfen lassen. Als jener seine Unschuld laut beteuerte, ließ er ihn aus dem Amphitheater

---

[1] Genius, Schutzgott. Der Genius des Kaisers schirmt indirekt auch
das Reich, die Unterlassung des Eides bei diesem ließ sich als Hochverrat deuten und war eins der Verbrechen, für die später die Christen
verfolgt wurden. – [2] S. Tiberius, Kap. 45., Anm.

führen, ihm die Zunge ausschneiden und dann wieder
zurückbringen. 28. Einmal fragte Caligula einen Mann, der
nach vielen Jahren aus der Verbannung zurückgerufen
worden war, was er denn dort gewöhnlich getan habe. Um
dem Kaiser zu schmeicheln, antwortete dieser: ,,Ich habe
immer zu den Göttern gebetet, daß, wie es auch eingetroffen ist, Tiberius sterben und Du Kaiser werden möch-
test.'' Da glaubte er, daß auch ihm die von ihm Verbannten
den Tod herbeiwünschten, und sandte nach allen Inseln Leute
ab, welche sie samt und sonders hinmorden mußten. Einmal wollte er einen Senator in Stücke gerissen sehen. Daher
stiftete er einige Senatsmitglieder an, welche den Betreffenden beim Betreten der Kurie plötzlich mit dem Rufe
,,Staatsfeind'' angreifen, ihn mit ihren Schreibgriffeln
durchbohren und dann von den übrigen zerreißen lassen
mußten. Nicht eher gab er sich zufrieden, bis er die zer-
stückelten, durch die Straßen geschleiften Glieder und Eingeweide vor sich auf einen Haufen geworfen sah.
29. Die Unmenschlichkeit seiner Handlungen steigerte er
noch durch seine grauenhaften Witze. Häufig hörte man
ihn sagen, er lobe und preise nichts so sehr an seiner
natürlichen Veranlagung wie – um seinen eigenen (griechischen) Ausdruck zu brauchen – seine ,,Adiatrepsia'', das
heißt seine ,,Schamlosigkeit''[1]. Seiner Großmutter Antonia
gab er auf ihre Vorhaltungen, als genüge es ihm nicht, bloß
ungehorsam zu sein, zur Antwort: ,,Bedenke, daß mir alles
erlaubt ist und gegen alle!'' Als er mit der Absicht umging,
seinen Vetter beiseite schaffen zu lassen – er hatte ihn im
Verdacht, daß er sich aus Furcht vor Vergiftung durch Einnehmen von Gegengift zu schützen suchte[2] –, rief er aus:

---

[1] Im eigentlichen Wortsinn ist dies eine maßlose Überhebung, denn
Adiatrepsia bezeichnete das von den stoischen Weisen erstrebte un-
erreichbare Ideal der durch nichts zu erschütternden Gemütsruhe und
die daraus erwachsende Zielstrebigkeit der Handlungen. Durch die
Deutung dieses Wortes als *inverecundia* (deutsch Schamlosigkeit)
steigert sich das freche Selbstlob des Kaisers zu einem Preis der eigenen
Taubheit gegen die Stimme des Gewissens und Konsequenz im Bösen. –
[2] S. Kap. 23.

„Was? Gegengift gegen Cäsar!" Seinen Schwestern, die er verbannt hatte, drohte er: „Ich habe nicht bloß Inseln, sondern auch Schwerter!" Ein Mann vom Range eines Prätors hatte sich aus Gesundheitsrücksichten nach Antikyra begeben und von dort aus mehrmals um Urlaubsverlängerung nachgesucht. Caligula befahl, ihn zu töten, mit der Bemerkung: „Hier ist ein Aderlaß nötig, da ja Nieswurz nichts helfen will[1]." Sooft er alle zehn Tage die Todesurteile der Gefangenen unterschrieb, pflegte er zu sagen: „Ich bringe meine Rechnung ins Reine." Als er einmal eine Anzahl Gallier und Griechen (lat. Graeci) zu gleicher Zeit verurteilt hatte, rühmte er sich öfters: „Ich habe Gallogräzien unterworfen[2]."

30. Selten ließ Caligula die Hinrichtung eines Verurteilten anders vollziehen, als daß er ihm viele, aber schwache Streiche verabreichen ließ. Dabei lautete jedesmal seine schon bekannte Mahnung an den Henker: „Triff ihn so, daß er das Sterben fühlt!" Infolge einer Namensverwechslung war einmal ein anderer als der von ihm bestimmte hingerichtet worden. Caligula sagte darauf: „Auch der Mann hat dasselbe verdient!" Häufig prahlte er mit dem bekannten Ausspruch des tragischen Dichters[3]:

Mögen sie (mich) hassen, wenn sie (mich) nur fürchten!

Oft fuhr er den ganzen Senat ohne Unterschied heftig an; er nannte die Senatoren sämtlich Hörige Sejans und Angeber seiner Mutter und Brüder. Hierbei brachte er die

---

[1] Antikyra in Phokis am Nordufer des Golfes von Korinth wurde wegen des dort wachsenden Nieswurzes als Badeort aufgesucht. Die richtige Bosheit erhält der Witz dadurch, daß man dem Nieswurz die Kraft zuschrieb, den Verstand zu stärken. Diese hätte also diesmal versagt. – [2] Gallogräzien oder Galatien, Landschaft in Kleinasien um das heutige Ankara, bewohnt von Griechen, die unter Alexander d. Gr., und Galliern, die im darauffolgenden Jahrhundert dorthin gelangt waren. Das Land war sehr schwer zu unterwerfen; erst von Pompejus konnte es zum Vasallenstaat und erst von Augustus zur Provinz gemacht werden. – [3] Worte von Agamemnons Vater Atreus in der gleichnamigen Tragödie des römischen Dichters Accius (170 bis etwa 85 v. Chr.).

Schriftstücke zum Vorschein, die er früher angeblich ver-
brannt hatte[1]. Ferner rechtfertigte er die Grausamkeit des
Tiberius als eine Notwendigkeit; denn er habe so vielen
Anklägern Glauben schenken müssen.

Den Ritterstand kanzelte er wegen seiner großen Vorliebe
für Theater und Gladiatorenkämpfe fortwährend ab. Im
Grimm über das Publikum, das einmal beim Rennen eine
andere Partei begünstigte als er, rief er aus: „Hätte
doch das römische Volk nur *einen* Hals!" Als das Volk laut
forderte, daß der Straßenräuber Tetrinius als Gladiator auftrete, sagte er: „Auch die, welche nach ihm verlangen,
sind selbst Tetriniusse!"

Fünf Netzfechter in der Tunika, die abteilungsweise mit
ebensoviel Sekutoren fochten[2], waren jenen fast ohne allen
Kampf erlegen. Als der Befehl erteilt wurde, ihnen den
Garaus zu machen, nahm einer von den Besiegten seinen
Dreizack wieder auf und tötete sämtliche Sieger. Diesen
Vorfall beklagte Caligula nicht nur in einem Edikt als einen
höchst grausamen Mord, sondern verdammte auch alle, die
es hätten über sich gewinnen können, hierbei zuzuschauen.

31. Caligula pflegte sich sogar ganz offen über die Ungunst
seiner Zeit zu beklagen, die kein größeres öffentliches Unglück aufzuweisen hätte. Augustus' Regierung sei durch
die Niederlage des Varus, die des Tiberius durch den Einsturz des Amphitheaters bei Fidenä berühmt geworden[3];
die seine dagegen drohe durch den überall herrschenden
Wohlstand in Vergessenheit zu geraten. Und so wünschte
er denn wiederholt Niederlagen seiner Heere, Hungersnot,
Pest, Feuersbrünste oder ein Erdbeben herbei.

32. Selbst in den Stunden der Erholung, beim Spiel und
bei Tisch offenbarte sich in seinen Reden und Handlungen

---

[1] S. Kap. 15, wo der Vorgang abweichend erzählt wird. - [2] Die als
Fischer gedachten, nur mit der Tunika (Hemd) bekleideten Netzfechter
hatten die Sekutoren, ihre „Verfolger", durch Überwerfen eines
Netzes kampfunfähig zu machen und sie dann mit einem Dreizack,
wie man ihn zum Fischstechen benutzte, zu durchbohren. Die Sekutoren kämpften gegen sie mit Schild und Schwert. - [3] S. Augustus,
Kap. 23, Tiberius, Kap. 40.

sein grausamer Charakter. Während des Mittagsmahls oder
eines fröhlichen Zechgelages wurden oft vor seinen Augen
peinliche Verhöre unter Anwendung der Folter angestellt,
oder ein Soldat, der im Köpfen Meister war, mußte Gefangene enthaupten. Bei der Einweihung der Brücke zu
Puteoli, die er sich so ausgedacht hatte, wie wir erzählt
haben[1], lud er viele Zuschauer, die am Ufer standen, zu
sich ein und ließ sie dann unvermutet ins Meer stürzen.
Einige, welche sich an die Steuerruder anklammerten, ließ
er mit Stangen und Rudern ins Wasser zurückstoßen.
In Rom entwendete einmal bei einem öffentlichen Gastmahl ein Sklave eine Silberplatte von einem Sofagestell.
Sofort übergab ihn Caligula dem Henker. Der mußte ihm
die Hände abhauen, sie um seinen Hals auf die Brust
hängen und ihn so an den Tischen der essenden Gäste
umherführen, wobei eine Tafel vorangetragen wurde, auf
welcher die Ursache seiner Bestrafung geschrieben stand.
Einen Murmillo[2] aus der Fechtschule, der mit Holzrapieren
Fechtübungen mit ihm abhielt und sich absichtlich niederstoßen ließ, durchbohrte er mit einem richtigen Eisendolch
und stolzierte wie ein wirklicher Sieger mit einem Palmen-
zweig umher. Einmal, als das Opfertier bereits am Altare
stand, erschien er als Opferschlächter hoch geschürzt,
schwang die Opferaxt hoch in die Luft und schlug – den
Opferstecher tot[3]! Bei einem üppigen Gastmahl brach
Caligula plötzlich in lautes Gelächter aus. Die beiden Konsuln, die neben ihm lagen, fragten ihn sehr zuvorkommend,
weshalb er denn lache. Der Kaiser erwiderte: „Worüber
sonst, als daß es nur eines Winkes von mir bedarf, um Euch
allen beiden auf der Stelle die Kehle abschneiden zu lassen?"
33. Zu seinen verschiedenen Späßen gehörte auch, daß er
vor einer Statue des Jupiter einmal den tragischen Schauspieler Apelles fragte, wer ihm größer scheine. Als er einen
Augenblick mit der Antwort zögerte, ließ Caligula ihn aus-

---

[1] S. Kap. 19. – [2] Gladiator bestimmter Art, vielleicht anderer Name für
Sekutor. – [3] Der Opferschlächter hatte das Tier totzuschlagen, das
dann vom Opferstecher zerstückelt wurde.

peitschen und lobte dabei von Zeit zu Zeit die Stimme des um Gnade Flehenden, sie sei selbst beim Wehklagen noch sehr lieblich. Nie küßte er seine Frau oder eine Geliebte auf den Hals, ohne dabei hinzuzusetzen: „Auch dieser schöne Nacken wird fallen, sobald ich es befehle." Mitunter prahlte er sogar: „Ich will von meiner Cäsonia, und wäre es durch die Folter[1], herausbringen, warum ich sie so sehr liebe!"

34. Ebenso neidisch und boshaft wie übermütig und grausam benahm sich Caligula gegen die Menschheit fast aller Zeiten. Die Statuen berühmter Männer, welche Augustus vom Kapitolplatz aus Raummangel auf das Marsfeld versetzt hatte, ließ er umstürzen und so verstümmeln, daß man später nicht imstande gewesen ist, sie auf die zu ihnen gehörigen Inschriftsockel wieder aufzustellen. Ferner verbot er, ohne vorherige Anfrage bei ihm und ohne seine ausdrückliche Erlaubnis künftig einem Lebenden eine Statue oder eine Büste aufzustellen. Er dachte sogar daran, die Gesänge Homers zu vernichten. „Denn warum", sagte er, „soll mir nicht erlaubt sein, was sich Plato erlaubt hat, der doch Homer aus seinem Staate hinausgeworfen hat?[2]" Beinahe hätte er auch die Schriften und Büsten von Vergil und Titus Livius aus allen Bibliotheken entfernen lassen. Jenen pflegte er „einen geistlosen und ungebildeten Menschen", diesen „einen nachlässigen historischen Schwätzer" zu schelten. Auch über die Rechtsgelehrten – in der Praxis beabsichtigte er, die Rechtswissenschaft überhaupt abzuschaffen – äußerte er sich oft abfällig: „Ich werde es, beim Herkules, dahin bringen, daß sie keinen richterlichen Entscheid ohne mein Zutun mehr treffen können."

35. Den Leuten von vornehmstem Adel nahm er die alten Abzeichen ihrer Familien: Torquatus die Halskette, Cin-

---

[1] Das hier gebrauchte Wort *fidicula* bezeichnet ein Seil, mit dem der Gefolterte in die Höhe gezogen wurde. – Cäsonia, die Gattin des Kaisers, vgl. Kap. 25. – [2] Schon Plato wollte aus seinem Idealstaat (Staat, II, 17) Dichtungen wie die Gesänge Homers und Hesiods ausschließen, weil sie den Bürgern falsche und unwürdige Begriffe von göttlichen und menschlichen Dingen geben.

cinnatus die Haarlocke, Gnäus Pompejus von dem alten
Stamm des Geschlechts den Beinamen „der Große"[1]. Den
oben erwähnten Ptolemäus[2], den er aus seinem Königreich
zu sich nach Rom entboten und freundlich aufgenommen
hatte, ließ er dann unerwartet aus einem nichtigen Grunde
umbringen. Er hatte nämlich bemerkt, daß jener beim Betreten des Amphitheaters, in dem Caligula ein Gladiatorenspiel gab, die Augen aller Zuschauer durch den Glanz
seines prächtigen Purpurmantels auf sich gezogen hatte.
Sooft ihm schöne Menschen mit starkem Haar in den Weg
kamen, ließ er ihnen den Hinterkopf rasieren und verunstaltete sie auf diese Weise[3]. Ein Mann namens Äsius Proculus, Sohn eines Primipilaren, hieß wegen seiner auffal-
lenden Größe und Schönheit „Kolosseros". Ihn ließ Caligula plötzlich von seinem Sitz im Zuschauerraum weg-
schleppen und in die Arena führen. Dort stellte er ihn erst
einem thrazischen Fechter, dann einem Hoplomachos zum
Kampfe gegenüber. Als Kolosseros beide Male Sieger
blieb, ließ er ihn auf der Stelle binden und mit Lumpen
bekleidet durch die Straßen führen, in diesem Aufzug den
Weibern zeigen und dann erdrosseln[4].
Überhaupt gab es keinen Menschen noch so niedrigen
Standes oder in noch so armseligen Verhältnissen, den Caligula nicht irgendwie zu schädigen suchte. Gegen den
„Waldkönig" im Dianahain bei Aricia, der sein Priester-
tum schon jahrelang innehatte, hetzte er einen Menschen,

---

[1] Nachkommen der sagenumwobenen Helden Titus Manlius Torquatus („mit der Halskette", die er um 361 v. Chr. einem gallischen
Häuptling im Zweikampf abgenommen hatte) und Lucius Quinctius
Cincinnatus („der Lockenkopf", der im 5. Jhrh. v. Chr. vom Pfluge
zur Diktatur fortgeholt worden war) aus der Kaiserzeit sind wohl
nicht bekannt. Die Halskette nahm Caligula einem Silanus (s. auch
Augustus, Kap. 43). Ein Crassus hatte sich Gnäus Pompejus Magnus
genannt (s. Claudius, Kap. 27, Anm.). – [2] S. Kap. 26. – [3] Caligula selbst
war kahl, s. Kap. 50. – [4] Kolosseros: stark wie ein Koloß und schön
wie der Liebesgott Eros. – Thrazischer Fechter, ein Gladiator, der nach
Art der Thrazier kämpft, d. h. nur mit einem kleinen runden Schild
und einem sichelförmigen Schwert bewaffnet. – Hoplomachos (griechisch), ein Kämpfer in voller schwerer Rüstung.

der stärker war als er[1]. Eines Tages schenkte bei einem
Gladiatorenspiel ein Wagenkämpfer[2] namens Porius seinem
Sklaven aus Anlaß des glücklich bestandenen Kampfes die
Freiheit und das Volk klatschte ihm dafür lebhaft Beifall.
Da stürzte Caligula mit solcher Hast aus dem Amphitheater,
daß er auf den Zipfel seiner Toga trat und kopfüber die
Treppenstufen hinabfiel. Voll Wut schrie er dabei: „Dies
Volk, der souveräne Herr über alle Völker, erweist wegen
einer ganz unbedeutenden Sache einem Gladiator mehr
Ehre als seinen zu Göttern erhobenen Fürsten oder mir
selbst, der es mit seiner Gegenwart beehrt!"
36. Caligula legte weder Wert auf seine eigene sittliche
Reinheit, noch achtete er die Anderer. Mit Marcus Lepidus[3], mit dem Pantomimenschauspieler Mnester und mit
einigen in Rom als Geiseln lebenden Fürsten soll er in gegen-
seitiger Unzucht gelebt haben. Ein junger Mann aus konsularischer Familie, Valerius Catullus, hat es sogar in aller
Welt ausgeschrien, er sei von Caligula geschändet und
durch den Verkehr mit ihm krank geworden. Abgesehen
von der Blutschande, in der er mit seinen Schwestern[4]
lebte, und seiner weltbekannten Liebschaft mit der Pro-
stituierten Pyrallis war auch sonst kaum eine vornehme
Frau vor ihm sicher. Meistens lud er die Frauen mit ihren
Männern zu Tisch, nahm sie dann, wenn sie an seinen
Füßen vorübergingen, sorgfältig und bedächtig, wie ein
Kaufmann seine Ware, in Augenschein und hob ihnen auch
wohl mit der Hand das Gesicht in die Höhe, wenn sie es
etwa aus Scham niederschlugen. Sooft er dann Lust hatte,
ging er aus dem Eßzimmer und befahl die, welche ihm

---

[1] Der Hain um den Nemisee bei Aricia (s. Cäsar, Kap. 46, Anm.) in
den Albanerbergen war der Diana heilig. Sein, Waldkönig (rex Ne-
morensis) genannter, Vorsteher, ein Freigelassener (eigentlich ein
„entlaufener" Sklave), mußte alljährlich um seine Würde kämpfen;
wer ihn mit einem Knüppel erschlug, wurde sein Nachfolger. Der
Kampf war vielleicht in späterer Zeit nur ein Scheingefecht gewesen. –
[2] Lat. (eigentlich keltisch) essedarius, also ein Gladiator, der nach Art
der Kelten (oder auch der homerischen Helden) vom Streitwagen
herab kämpft. – [3] S. Kap. 24, Anm. – [4] S. Kap. 24.

am besten gefallen hatte, zu sich. Wenn er dann bald nachher mit noch deutlichen Spuren der Ausschweifung wieder-
kam, so lobte er sie entweder oder tadelte sie auch wohl
ganz ungeniert, wobei er die einzelnen Vorzüge oder
Mängel ihres Körpers und ihres Benehmens beim Verkehr
herzählte. Einigen Frauen schickte er im Namen ihrer Ehemänner den Scheidebrief und befahl, diese Ehescheidungen
so im Staatsanzeiger zu veröffentlichen.

37. An Üppigkeit des Aufwandes übertraf Caligula die Er-
findungsgabe aller Verschwender. Er ersann ganz neue
Arten von Bädern und die unsinnigsten Gerichte und
Mahlzeiten, badete z. B. in warmen oder kalten wohl-
riechenden Essenzen, trank die kostbarsten Perlen in Essig
aufgelöst oder setzte seinen Tischgästen Brot und Speisen
auf Gold vor, wobei seine beständige Redensart war:
„Wenn man ein Cäsar ist, kann man kein sparsamer Haus-
vater sein!" Ja, er warf sogar mehrere Tage lang eine nicht
unbeträchtliche Summe geprägten Geldes vom Dach der
Julischen Basilika[1] unter das Volk aus. Er ließ ferner
Liburnische Jachten mit zehn Reihen Ruderbänken bauen,
deren Heck mit Edelsteinen eingelegt war, deren Segel in
bunten Farben schillerten und in deren weiten Räumen
warme Bäder, Wandelgänge und Speisesäle, wie auch
Weinstöcke verschiedenster Sorten und Obstbäume sich
befanden. Auf diesen Schiffen lag er am hellen lichten Tag
bei Tisch und fuhr unter Tänzen und den Klängen der
Musik die Küsten Kampaniens entlang[2].

Beim Bau von Lustschlössern und Landhäusern war stets
sein sehnlichster Wunsch, ohne Rücksicht auf den gesun-
den Menschenverstand vor allen Dingen Das möglich zu
machen, was man bisher für ganz unmöglich hielt. So
wurden z. B. gerade an den bewegten und tiefen Stellen
des Meeres Dämme angelegt, Felsen aus härtestem Stein

---

[1] Die von Cäsar und Augustus erbaute große Halle am Forum Romanum, in der das Centumviralgericht (s. Augustus, Kap. 36, Anm.)
tagte. Über ihr Dach lief der Verbindungsweg zwischen Kaiserpalast
und Kapitol, s. Kap. 22. – [2] Liburnerschiffe, s. Augustus, Kap. 17,
Anm.

ausgehauen, Ebenen zu Bergen aufgeschüttet, Berge abge-
tragen und geebnet. Alles mußte mit größter Geschwindigkeit geschehen; denn jede schuldhafte Verzögerung wurde
mit dem Kopf gebüßt. Um mich nicht in noch weitere
Einzelheiten zu verlieren – kurz und gut, Caligula hatte,
ehe noch ein Jahr um war, außer anderen Riesensummen
die ganzen 2700 Millionen Sesterzen[1], die Tiberius Cäsar
hinterlassen hatte, durchgebracht.

38. Völlig abgebrannt und ohne jede Mittel verlegte sich
Caligula jetzt zur Befriedigung seiner Bedürfnisse auf Räubereien, und zwar in den mannigfachsten und ausgeklü-
geltsten Formen von Rechtsverdrehungen, Versteigerungen und Steuern. So sprach er Allen das römische Bürgerrecht ab, deren Vorfahren dies nur „für sich und ihre Nachkommen" erworben hatten, wenn sie nicht direkte Söhne
jener waren. Denn er vertrat die Ansicht, das Wort „Nachkommen" dürfe nicht in weiterem Sinne verstanden werden. Die von den beiden als Götter verehrten Fürsten
Julius (Cäsar) und Augustus ausgestellten Bürgerrechts-
urkunden, die ihm vorgelegt wurden, zerriß er daraufhin als
veraltet und verjährt. Wenn das Vermögen einer Person seit
der letzten Einschätzung[2] auf irgendwelche Art sich vermehrt hatte, so sah er darin ein Verbrechen betrügerischer
Vermögensangabe bei der Veranlagung. Die Testamente
aller Primipilaren, welche seit Tiberius' Thronbesteigung
weder diesen noch ihn zu Erben eingesetzt hatten, erklärte
er für nichtig, weil er darin einen Akt von Undankbarkeit
sah[3]. Ebenso setzte Caligula die Testamente aller übrigen
Personen als ungültig außer Kraft, von denen Jemand aussagte, sie hätten für den Fall ihres Todes sich vorgenommen,
den Kaiser zum Erben einzusetzen. Jetzt wurde er aus Furcht
selbst von Unbekannten neben ihren Freunden und von
Eltern neben ihren Kindern öffentlich zum Erben erklärt.

---

[1] 2,7 Milliarden DM. – [2] Unter Tiberius hatte kein Census stattgefunden. – [3] Sie verdankten ihr Vermögen meist dem vom Kaiser bezahlten
Sold, den vom Kaiser oder mit dessen Erlaubnis verteilten Triumphal-
geschenken und den Legaten in den nur durch kaiserliche Erlaubnis
gültigen formlosen Lagertestamenten.

Wenn sie nach solcher Erklärung noch längere Zeit lebten, nannte Caligula sie „Spaßvögel" und schickte Vielen von ihnen vergiftete Leckerbissen. In solchen Fällen[1] aber führte er selbst als Richter die Verhandlung, und zwar hatte er immer vorher die Gesamtsumme bestimmt[2]. Bis er sie erreicht hatte, wollte er auf dem Richterstuhl sitzenbleiben; erst wenn sie erzielt war, pflegte er sich abberufen zu lassen. In seiner Ungeduld, die keinen Verzug leiden konnte, verurteilte er einmal an die vierzig und mehr Angeklagte, die wegen ganz verschiedener Verfehlungen angeschuldigt waren, mit *einem* Spruch und rühmte sich Cäsonia gegenüber, die eben aus dem Schlaf erwacht war, wieviel er geleistet hätte, während sie ihren Mittagsschlaf hielt.

Auf einer einmal von ihm angesetzten Auktion bot er das minderwertige Zeug aus, das von aller Art Schauspielen noch übriggeblieben war. Er machte selbst die Preise und trieb sie derart in die Höhe, daß manche Leute, die gezwungen waren, solche Dinge zu einem ungeheuren Preis zu erstehen und so ihr ganzes Vermögen hingaben, sich (aus Verzweiflung) die Adern aufschnitten. Bekannt ist folgender Vorfall: Als Aponius Saturninus einmal auf der Käuferbank einnickte, erhielt der Versteigerer von Caligula die Weisung, er solle doch den vornehmen Herrn im Range eines Prätors, der ihm so häufig mit dem Kopf zunicke, nicht übergehen. Darauf wurde denn so lange weitergeboten, bis dem Manne, der ganz ahnungslos war, dreizehn Gladiatoren für neun Millionen Sesterzen[3] zugeschlagen wurden.

39. Ähnlich trieb es Caligula auch in Gallien. Nachdem er Schmuck, Hausrat, Sklaven und selbst die Freigelassenen seiner verurteilten Schwestern zu ungeheuren Preisen verkauft hatte, lockte ihn der Gewinn so, daß er alles noch vorhandene Gerät der früheren Hofhaltungen von Rom

---

[1] Bei denen er im Widerspruch zu den Zeugenaussagen nicht bedacht war. – [2] Die bei sämtlichen in derselben Sitzung verhandelten Testamentsprozessen für ihn herauskommen sollte. – [3] 9 Millionen DM.

kommen ließ[1]. Zum Transport beschlagnahmte er selbst die Mietswagen und das Zugvieh aus den Kornmühlen. Die Folge davon war, daß es in Rom oft an Brot fehlte und außerdem sehr viel Leute ihre Prozesse verloren, weil sie nicht rechtzeitig zum Termin erscheinen konnten. Um dies Gerät loszuwerden, wandte er alle erdenklichen Kniffe und Lockmittel an. Bald schalt er einzelne Käufer wegen ihres Geizes und daß sie sich nicht schämten, reicher als er zu sein, bald tat er, als empfände er Gewissensbisse, daß er fürstlichen Besitz in die Hände von Privatleuten kommen lasse.

Caligula hatte erfahren, daß ein reicher Mann der Provinz den Hoffourieren, welche die Einladungen zur kaiserlichen Tafel besorgten, zweihunderttausend Sesterzen[2] gezahlt hatte, um dafür unter den Gästen eingeschmuggelt zu werden. Der Kaiser war gar nicht böse, daß die Ehre, an seiner Tafel zu speisen, so hoch bezahlt wurde. Am folgenden Tag schickte er dem Manne, der einer Auktion beiwohnte, durch einen Bedienten eine, ich weiß nicht welche, wertlose Kleinigkeit zum Preis von zweihunderttausend Sesterzen und ließ ihm sagen, er dürfe jetzt auf des Kaisers eigene Einladung bei ihm speisen.

40. Seine neuen und unerhörten Abgaben ließ er anfangs durch die Steuerpächter, dann, weil ihr Gewinn übermäßig groß war, durch die Centurionen und Tribunen seiner Leibwache einziehen. Kein Ding und kein Mensch ging dabei ganz steuerfrei aus. Auf alle Lebensmittel, welche in der ganzen Stadt verkauft wurden, wurde ein fester und bestimmter Zoll erhoben. Für alle Gerichtssachen und Prozesse im ganzen Reich ein Vierzigstel der Streitsumme. Es stand Strafe darauf, wenn jemand nachgewiesen werden konnte, einen gütlichen Vergleich geschlossen oder seine Forderung fallengelassen zu haben. Die Lastträger mußten von ihrem täglichen Verdienst ein Achtel, jede Dirne den Betrag für einen Beischlaf abgeben. Ein Zusatzartikel zu

---

[1] Die Gallier ersteigerten zum Beweis ihrer Loyalität den wertlosesten Kram als Erinnerung an das Kaiserhaus zu märchenhaften Preisen. –
[2] 200 000 DM.

dem Gesetz besagte, daß auch frühere Dirnen und Kupp-
lerinnen steuerpflichtig waren, daß ferner auch die Ehen
gleichfalls unter das Gesetz fallen sollten[1].

41. Alle diese Steuern ließ Caligula durch Heroldsruf nur
mündlich verkünden, ohne sie schriftlich durch Anschlag
bekanntzugeben. Da niemand den eigentlichen Wortlaut
des Gesetzes kannte, demzufolge aber viele Verstöße dagegen vorkamen, ließ er es endlich, auf inständiges Bitten
des Volkes, öffentlich anschlagen, aber in so kleiner Schrift
und an einem so unzugänglichen Orte, daß, wie auch seine
Absicht war, niemand eine Abschrift davon nehmen
konnte. Und um kein Mittel, sich Geld zu verschaffen, unversucht zu lassen, legte er sogar ein Bordell in seinem
Palaste an. Zu diesem Zweck stellte er mehrere Kammern
bereit und richtete sie, entsprechend der Würde des Ortes,
prunkvoll ein. Hierin mußten vornehme verheiratete
Frauen und freigeborene Knaben sich feilhalten. Dann
schickte er seine Nomenklatoren auf den Märkten und in
den Basiliken herum, um junge und alte Männer zur Ausübung des Geschlechtsakts einzuladen. Den Besuchern, die
gerade kein Geld bei sich hatten, schoß er es gegen Zinsen
vor und ließ von eigens bestellten Aufsehern ihre Namen
öffentlich verzeichnen, als die Namen von Leuten, die für
die Vermehrung der kaiserlichen Einkünfte sorgten. Ebensowenig verschmähte er den Gewinn beim Würfeln, er
vergrößerte ihn sogar noch durch Falschspiel und Meineid.
Eines Tages übergab er seine Partie dem ihm zunächst
sitzenden Mitspieler, trat in das Atrium des Palastes hinaus
und befahl, zwei reiche römische Ritter, die gerade vorübergingen, auf der Stelle zu verhaften und ihr Vermögen
einzuziehen. Dann kehrte er frohlockend in den Speisesaal zurück und rühmte sich, nie einen besseren Wurf getan zu haben.

---

[1] Italien hatte das Vorrecht, von direkten Steuern befreit zu sein, so
daß der Kaiser, um die Einnahmen zu vermehren, zu indirekten Abgaben greifen mußte. Nach neueren Berechnungen betrugen die
Reichseinnahmen zur Zeit der ersten Kaiser kaum $1/6$ des heutigen
Etats der Stadt Berlin.

42. Als ihm nun gar eine Tochter geboren wurde, klagte er über seine Armut, da er jetzt nicht bloß die Lasten als Kaiser, sondern auch als Vater zu tragen habe, und nahm freiwillige Spenden für den Unterhalt und die Aussteuer des Mädchens an. Er machte ferner durch ein Edikt bekannt, daß er am Neujahrstag Geschenke entgegennehmen werde; und wirklich stand er am ersten Januar im Vorhof seines Palastes, um die Gaben zu sammeln, die eine Menge Leute aller Stände mit vollen Händen und in den Falten ihrer Kleider herbeitrugen und vor ihm ausschütteten. In der letzten Zeit packte ihn die Begierde, im Gelde zu wühlen, derart, daß er oft gewaltige Haufen von Goldstücken in einem großen Saale ausschütten ließ und mit nackten Füßen darauf spazierenging oder auch wohl sich mit dem ganzen Körper eine Zeitlang darin herumwälzte.

43. Kriegerischen Unternehmungen trat Caligula nur ein einziges Mal näher, aber auch dabei nicht mit einem vorher überlegten Plan, sondern die Sache spielte sich folgendermaßen ab: Um den Fluß und Hain des Clitumnus zu besuchen, war er einmal nach Mevania[1] gegangen. Als man ihn dort daran erinnerte, es sei Zeit, seine batavische Leibwache, die er bei sich hatte, neu zu rekrutieren, bekam er Lust nach einem Feldzug gegen Germanien. Sofort wurden ohne Aufenthalt Legionen und Hilfstruppen von überallher zusammengezogen, überall die strengsten Musterungen bei der Aushebung vorgenommen, ungeheure Kriegsvorräte, wie man sie noch nie gesehen, zusammengebracht und der Marsch angetreten[2]. Auf ihm ging es zuweilen so rasend schnell vorwärts, daß die Kohorten der Prätorianer gegen allen Brauch sich gezwungen sahen, die

---

[1] Heute Bevagna in Umbrien. Auf den von Vergil (Georgica, u. a. II, 146) besungenen saftigen Wiesen des Clitumnustals weideten die Opfertiere für die römischen Triumphe. – [2] Nach diesen Vorbereitungen scheint Caligula einen ernsthaften Feldzug beabsichtigt zu haben. Wenn er nicht dazu kam, so ist er möglicherweise durch die Verschwörung des Lentulus und Gätulicus daran gehindert worden, die während seines Aufenthalts in Gallien entdeckt worden sein muß (s. Kap. 39, Galba, Kap. 6).

Feldzeichen auf Saumtiere zu packen und so nachzumar-
schieren, zuweilen wieder so langsam und bequem, daß
Caligula in einer von acht Sklaven getragenen Sänfte reisen
konnte und die Bevölkerung der zunächstliegenden Städte
zwang, die Heerstraßen zu fegen und gegen den Staub mit
Wasser zu besprengen.

44. Kaum hatte Caligula das Lager erreicht, da wollte er
sich als tüchtigen und strengen Feldherrn zeigen. Er gab
daher allen Legaten, welche die Hilfstruppen aus den verschiedenen Standquartieren etwas zu spät herangeführt
hatten, den schimpflichen Abschied. Noch strenger verfuhr er bei der Musterung des Heeres. Vielen Centurionen,
die schon kurz vor der Entlassung standen, einigen sogar,
denen nur noch wenige Tage daran fehlten, nahm er ihr
Patent als Primipilar. Als Grund gab er ihr Alter oder ihre
Hinfälligkeit an. Allen übrigen erteilte er Verweise wegen
ihrer Habgier und setzte die Belohnungen für die Ausge-
dienten auf einen Betrag von sechstausend Sesterzen[1] herab.
Sein ganzer Kriegserfolg bestand bloß darin, daß Admi-
nius, der von seinem Vater, dem Britannenkönig Cynobel-
linus[2], verjagt war, mit nur wenig Mann als Überläufer sich
in seinen Schutz begab. Trotzdem sandte Caligula, als hätte
sich ihm die ganze Insel ergeben, einen übertriebenen Bericht nach Rom. Zugleich wies er die Kuriere an, direkt
aufs Forum bis zur Kurie zu fahren und den Bericht den
Konsuln nur im Tempel des Mars[3] und vor vollzählig versammeltem Senat zu überreichen.

45. Da sich keine Gelegenheit zum Kampf bot, gab er bald
darauf den Befehl, daß einige Germanen seiner Leibwache
über den Rhein setzen und sich am anderen Ufer verbergen
sollten. Nach der Mittagsmahlzeit mußte ihm dann mit
möglichst großem Lärm die Meldung hinterbracht werden,
der Feind sei da. Kaum war dies geschehen, sprengte Caligula in Begleitung seiner Freunde und eines Teiles der be-

---

[1] 6000 DM, die Hälfte von dem, was Augustus festgesetzt hatte. Um
die Summe zu sparen, hatte Tiberius den Veteranen nur ungern den
Abschied gegeben. Die Herabsetzung ließ sich auf die Dauer nicht
durchführen. – [2] Shakespeares Cymbeline. – [3] Mars Ultor, s. Augustus, Kap. 29.

rittenen Leibwache in den nahen Wald, wo er Bäume,
deren Zweige er abhauen ließ, als Trophäen aufputzte. Bei
Einbruch der Nacht kehrte er ins Lager zurück und bezich-
tigte die Zurückgebliebenen, da sie ihm nicht gefolgt
seien, der Furcht und Feigheit. Seine Begleiter dagegen,
die an dem „Siege" teilgenommen hatten, beschenkte er
mit einer ganz neuen Art Kronen, die auch einen besonderen Namen erhielten. Er ließ sie nämlich mit den Bildern
von Sonne, Mond und Sternen verzieren und nannte sie
„Kundschafterkronen".

Ein andermal ließ er einige junge Fürstensöhne, die als
Geiseln in seiner Umgebung lebten, aus der Schule, in der
sie sich gerade befanden, wegführen und heimlich voraus-
schicken. Dann setzte er plötzlich, von der Tafel auf-
springend, an der Spitze der Reiterei ihnen nach und führte
sie als Flüchtlinge gefesselt zurück. Auch in dieser Art von
Komödienspiel kannte er weder Maß noch Ziel. Er setzte
sich nachher wieder zu Tisch und lud die Offiziere, die ihm
meldeten, die Truppen seien ins Lager eingerückt, ein, so wie
sie waren, in voller Rüstung, an der Tafel Platz zu nehmen.
Er rief ihnen auch mit dem bekannten Verse Vergils zu[1]:

> Harret aus und bewahrt euch für künft'ge glückliche Zeiten!

Und während er selbst solche Possen trieb, schalt er den
Senat und das Volk von Rom in einem geharnischten
Edikt aus: „Während Euer Cäsar Schlachten schlägt und
sich größten Gefahren aussetzt, verbringt Ihr Eure Tage
mit dem Besuch endloser Schmausereien, Zirkus- und
Theatervorstellungen und Eurer behaglichen Landhäuser."

46. Zuguterletzt ließ er, als wolle er den Krieg mit einem
Schlage beendigen, das Heer in Schlachtordnung am Ufer
des Meeres aufmarschieren sowie die Wurf- und sonstigen
Kriegsmaschinen auffahren, ohne daß einer wußte oder auch
nur eine Ahnung davon hatte, was er eigentlich beginnen
wollte. Plötzlich gab er den Befehl, sie sollten Muscheln
auflesen und Helme und Kleider damit füllen. Denn das
sei, wie er sich ausdrückte, „die Beute aus dem Ozean, die

---

[1] Äneis I, 207.

ich dem Kapitol und Palatium schulde". Als Siegeszeichen ließ er dann einen ungeheuren Turm aufführen. Von ihm herab sollten, wie von dem berühmten Leuchtturm auf der Insel Pharos[1], nachts Leuchtfeuer weithin glänzen, um den Schiffen ihren Kurs zu zeigen. Darauf verkündete er dem Heere das ihm bestimmte Geschenk im Betrage von hundert Denaren[2] auf den Kopf. Als habe er damit jedes Beispiel von Freigebigkeit übertroffen, schloß er seine Rede mit den Worten: „So geht denn fröhlich, so geht denn mit vollen Taschen heim!"

47. Jetzt wandte Caligula seine Sorge auf den Triumph. Hierzu suchte er sich außer den Gefangenen und Überläufern auch aus ganz Gallien die hochgewachsensten und wie er selbst sich mit einem griechischen Worte ausdrückte, die „triumphwürdigsten" Leute, unter ihnen auch einige gallische Häuptlinge, für den Festzug aus. Sie zwang er, sich das Haar rotblond zu färben und lang wachsen zu lassen, sowie auch die germanische Sprache zu erlernen und barbarische Namen anzunehmen. Ferner gab er Befehl, die Kriegsschiffe, mit denen er eine Fahrt auf den Ozean hinaus versucht hatte, zum großen Teil auf dem Landwege nach Rom zu bringen. Dabei schrieb er an seine Finanzbeamten, sie sollten es so einrichten, daß sein Triumph der kaiserlichen Kasse so billig wie möglich zu stehen käme, aber doch so glänzend ausfiele, wie nie einer zuvor gewesen sei. Denn sie hätten ja das Vermögen aller Menschen zur Verfügung[3].

48. Bevor Caligula die Provinz verließ, faßte er noch einen ganz abscheulichen und verruchten Plan. Er wollte nämlich die Legionen, die vor vielen Jahren nach Augustus' Tod sich empört hatten, samt und sonders niedermetzeln lassen, zur Strafe dafür, daß sie seinen Vater Germanicus, ihren Feldherrn, und ihn selbst, der damals noch ein Kind war, im Lager festgehalten hätten[4]. Nur mit großer Mühe

---

[1] Bei Alexandria, eins der 7 Weltwunder. – [2] 400 DM, wie der Zusammenhang zeigt, recht wenig. – [3] Vgl. die Sammlung für das neugeborene Kaiserkind, Kap. 42. – [4] Im Jahre 14, s. Kap. 1 und 9, Schluß.

konnte man ihn von einem so wahnsinnigen Gedanken
abbringen. Trotz allen Abredens bestand er jedoch auf
seinem Willen, wenigstens jeden zehnten Mann niederhauen zu lassen. Er ließ sie also unbewaffnet, sogar ohne
ihre Schwerter antreten und dann von bewaffneter Reiterei
umzingeln. Aber als er wahrnahm, daß sich sehr Viele,
denen die Sache verdächtig vorkam, fortschlichen, um für
den Fall eines gegen sie geplanten Gewaltaktes ihre Waffen
zu holen, floh er schnellstens vom Gestellungsplatz und eilte
sofort nach Rom.

Hier ließ er seine ganze Wut an dem Senat aus, gegen den
er wiederholt öffentlich Drohungen ausstieß, um auf diese
Weise das Gerede, das über seinen schändlichen Plan im
Umlauf war, von sich abzulenken. Unter anderem beklagte
er sich, der Senat habe ihn um seinen verdienten Triumph
betrogen, obwohl er doch selbst kurz zuvor bei Todesstrafe verboten hatte, einen Antrag über ihm zu erweisende
Ehrungen zu stellen. 49. Als daher unterwegs Abgesandte
des Senats bei ihm eintrafen und ihn um Beschleunigung
seiner Reise baten, schrie er ihnen mit überlauter Stimme
zu: ,,Ich werde kommen; kommen werde ich und dies da
mit mir!" Dabei schlug er wiederholt an den Griff seines
Schwertes, das an seiner Seite hing. Durch ein Edikt verkündete er sodann: ,,Ich kehre zurück, aber nur für die,
die meine Rückkehr wünschten, für Ritterstand und Volk,
denn für den Senat werde ich in Zukunft weder Bürger
noch Führer mehr sein." Er verbot sogar, daß ein Senator
ihm zum Empfang entgegenkomme, gab seinen Triumph
auf oder verschob ihn vielmehr und zog an seinem Geburtstag nur mit einer bloßen Ovation[1] in Rom ein.

Nach nicht ganz vier Monaten[2] wurde er ermordet, nachdem er schreckliche Taten verübt und während er noch
furchtbarere plante. Hatte er doch die Absicht gehabt,
den Sitz der Regierung nach Antium und später nach
Alexandria zu verlegen, vorher aber erst alle bedeutenden

---

[1] Der Augustus, Kap. 22, erwähnte kleine Triumph. – [2] Tatsächlich
nicht ganz 5 Monate, 31. 8. 40 bis 24. 1. 41.

Männer aus dem Ritter- und Senatorenstande umbringen zu lassen. Dies Vorhaben steht dadurch über allem Zweifel, daß sich unter seinen Geheimpapieren zwei Hefte mit verschiedener Aufschrift vorfanden. Das eine war „Schwert", das andere „Dolch" betitelt. Beide enthielten die Namen und Charakteristiken der zum Tode bestimmten Personen. Es fand sich auch ein großer Kasten voll verschiedener Gifte. Als Claudius sie später ins Meer versenken ließ, soll dies derart verseucht worden sein, daß die Folge davon ein großes Sterben unter den Fischen war, welche die Flut tot an die nächste Küste spülte.

50. Caligula war hochgewachsen, seine Gesichtsfarbe sehr blaß, sein Körper unnormal dick; Hals und Schenkel dagegen waren sehr dünn, Augen und Schläfe tief eingefallen, die Stirn breit und finster, das Haar dünn mit einer Glatze auf dem Scheitel, der übrige Körper aber stark behaart. Damals galt es als Verbrechen und mit Lebensgefahr verbunden, wenn er vorüberging, von oben her auf ihn herabzusehen oder selbst aus irgendeiner Veranlassung in seiner Nähe auch nur das Wort „Ziege" auszusprechen[1]. Seinem schon von Natur abschreckend häßlichen Gesicht suchte er absichtlich noch einen wilderen Ausdruck zu geben, indem er vor dem Spiegel sich alle möglichen schrecklichen Grimassen und Fratzen einstudierte.

Gesund war er weder an Leib noch Seele. Als Knabe schon litt er an epileptischen Krämpfen. Als er erwachsen war, konnte er zwar Anstrengungen wohl aushalten, doch überfiel ihn häufig eine plötzliche Schwäche. Er konnte dann weder gehen und stehen, noch sich überhaupt soweit zusammennehmen, um sich nur notdürftig aufrecht zu halten. Den Ausbruch seiner Geisteskrankheit hatte er selbst an sich beobachtet. Wiederholt dachte er daran, sich irgendwohin zurückzuziehen und eine Kur gegen sein Gehirnleiden zu gebrauchen. Man glaubt, seine Gattin Cäsonia habe ihm einen Trank verabreicht, der zwar nur ein Liebestrank gewesen sein sollte, aber doch den Ausbruch von

---

[1] Vergleichspunkt: Behaarung und dünne Beine.

Wahnsinn zur Folge gehabt hätte[1]. Hauptsächlich seine
Schlaflosigkeit war die Veranlassung zu seiner Aufgeregt-
heit. Denn er schlief nachts nicht länger als drei Stunden,
und auch in diesen war sein Schlaf nicht sanft und ungestört, sondern von merkwürdigen Traumerscheinungen
beunruhigt. So hatte er unter anderm einmal einen Traum,
in dem ihm das Meer in schrecklicher Gestalt erschien
und mit ihm redete. Da ihm die Schlaflosigkeit und das
Wachliegen langweilig wurden, pflegte er einen großen
Teil der Nacht damit zuzubringen, daß er bald auf seinem
Lager aufrecht saß, bald in den weiten Säulengängen um-
herwandelte, immer wieder den Tag laut herbeiwünschte
und so den Morgen erwartete.

51. Wohl mit Recht möchte ich auf seine eben beschriebene Geistesschwäche zurückführen, daß ihm, demselben
Menschen, zwei so völlig entgegengesetzte Fehler inne-
wohnten, einmal höchstes Selbstvertrauen, auf der anderen
Seite übertriebene Furchtsamkeit. Er, der z. B. die Götter
so sehr verachtete, pflegte beim geringsten Donner und
Blitz zusammenzuzucken und sich das Haupt zu verhüllen,
bei stärkerem Gewitter sogar vom Lager aufzustehen und
sich unter der Bettstatt zu verkriechen[2]. Während seiner
sizilischen Reise, auf der er sich über die Wunder, die an
den verschiedenen Orten gezeigt wurden, lustig machte,
verließ er einmal nachts ganz plötzlich eiligst Messana, weil
ihm der Rauch auf dem Gipfel des Ätna und das dumpfe
Getöse im Innern des Berges heftigen Schrecken einjagte[3].
Gegen die Barbaren erging er sich in heftigen Drohungen.
Als er aber einmal auf dem rechten Rheinufer in einem
Engpaß im Wagen mitten im dichtgedrängten Zuge an

---

[1] Auch der Dichter Lukrez (um 98–55 v. Chr.) soll von einem Liebestrank wahnsinnig geworden sein. Vgl. in diesem Zusammenhang die
Äußerung Caligulas in Kap. 33, in welcher der Kaiser durch die Folter
herausbekommen möchte, warum er Cäsonia so liebe. - [2] Die Familieneigentümlichkeit des julisch-claudischen Hauses, s. Augustus, Kap. 90,
Tiberius, Kap. 69. - [3] Wenn der Rauch und das Getöse des Ätna bis
Messana (heute Messina) hin bemerkbar ist, so ist das ein kaum
trügliches Vorzeichen eines nahen Ausbruchs.

einem Marsch teilnahm und jemand die Bemerkung fallen
ließ, das werde keine kleine Verwirrung geben, wenn hier
von irgendwoher der Feind erscheinen sollte, bestieg er
sofort ein Pferd und jagte eiligst den Brücken zu. Als er
sie voll besetzt von Troßknechten und Gepäck fand, ließ er
sich, um keine Zeit zu verlieren, auf den Händen der Leute und
über ihre Köpfe hinweg aufs andere Ufer hinübertragen.
Später traf Caligula auf die Nachricht von einem Aufstand
in Germanien sogar Anstalten zur Flucht und ließ deshalb
eine Flotte segelfertig machen. Dabei war sein einziger
Trost der Gedanke, ihm würden wenigstens die überseeischen Provinzen bleiben, wenn die siegreichen Germanen,
wie einst die Zimbern, die Kämme der Alpen oder gar,
wie einst die Senonen, Rom einnehmen sollten[1]. Das war
nach meiner Meinung der Grund, weshalb später seine
Mörder auf den Gedanken verfielen, unter den über seine
Ermordung empörten Soldaten die Lüge auszustreuen, Caligula habe selbst Hand an sich gelegt, und zwar aus Schreck
über die Nachricht von einer unglücklichen Schlacht.
52. Kleidung, Schuhwerk und sonstige Tracht Caligulas
war weder die landesübliche, noch entsprach sie der seiner
Mitbürger. Er ging nicht einmal wie ein Mann und manchmal überhaupt nicht wie ein Mensch gekleidet. Oft zeigte
er sich vor allem Volk in einer buntgestickten, mit Edelsteinen besetzten Pänula, mit langen Ärmeln und Arm-
bändern, oft auch in seidenen Gewändern und Frauenkleidern. Bald ging er in Sandalen und Kothurnen, bald in
Militärstiefeln, wie sie die Leibgarde trug, bisweilen in
Frauenschuhen[2]. Sehr oft sah man ihn mit goldenem
Bart, mit dem Blitz in der rechten Hand oder dem Dreizack oder dem Schlangenstab, lauter Abzeichen der Götter.

---

[1] Zimbernkriege 113–101 v. Chr., Zerstörung Roms durch die gallischen Senonen ins Jahr 387 v. Chr. verlegt. – [2] Paenula, ein kutten-
artiger vorn geschnürter langer Mantel, dessen Benutzung im Forum-
viertel Augustus (s. dort, Kap. 40) verboten hatte. – Seidengewänder
galten für Männer nicht als schicklich. – Kothurn, ein auch auf der
Bühne getragener Jagdstiefel mit dicker Sohle. – Frauenschuhe ganz
geschlossen, aus feinerem Leder.

Sogar als Venus kostümiert erschien er in der Öffentlichkeit[1]. Den Ornat des Triumphators trug er schon *vor*
seinem Feldzug regelmäßig, bisweilen auch den Panzer
Alexanders des Großen, den er aus dessen Grab hatte
nehmen lassen.

53. Über Caligulas wissenschaftliche Bildung ist zu sagen:
er beschäftigte sich nur sehr wenig mit griechischer und
römischer Literatur und Wissenschaft, außerordentlich
eifrig dagegen mit Beredsamkeit. Hierin besaß er große
Gewandtheit und Schlagfertigkeit, besonders wenn es galt,
gegen jemand aufzutreten. Geriet er in Zorn, so standen ihm
Worte und Gedanken reichlich zu Gebote, ebenso verfügte
er über lebendigen Vortrag und eine kräftige Stimme. In
der Leidenschaftlichkeit blieb er nicht auf einem Fleck
stehen. Selbst von den Fernstehenden konnte er verstanden
werden. Wenn er im Begriff war, eine Rede zu halten,
schickte er gewöhnlich die Drohung voraus, er werde das
Schwert blank ziehen, das er in nächtlicher Arbeit[2] ge-
schliffen. Alles Weiche und Zierliche im Stil verachtete er
nämlich. Daher sagte er von Seneca[3], der damals sehr in Mode
war: „Er setzt lauter Fugen (im Mauerwerk seiner Rede)
zusammen[4]", und: „Sein Stil ist wie Sand ohne Kalk."
Ferner pflegte Caligula gegen erfolgreiche Gerichtsreden
berühmter Redner Entgegnungen zu schreiben und ebenso
Anklage- oder Verteidigungsreden gegen oder für angesehene, beim Senat angeklagte Personen zu verfassen. Wie
es ihm gerade in die Feder kam, bewirkte er dabei die Ver-

---

[1] Er betrachtete sich also nicht nur als Jupiter (s. Kap. 22), sondern
auch als Verkörperung anderer Gottheiten wie Neptun und Äskulap. –
[2] S. Kap. 50 am Ende. – [3] Hier ist der Sohn des im Leben des Tiberius, Kap. 73 m. Anm. erwähnten Schriftstellers gemeint, der bekannte Philosoph Seneca (etwa 4 v. Chr. bis 65 n. Chr.). – [4] Der Übersetzung liegt die Erklärung von Johannes Stroux (Philologus Bd. 86
[N. F. Bd. 40] S. 349 ff. „Caligulas Urteil über den Stil Senecas") zugrunde, der *beide* Aussprüche als aus dem Maurerhandwerk entlehnt
ansieht und sich gegenseitig steigern läßt, wobei das handschriftlich
überlieferte *commissiones* in *commissuras* verbessert wird. – „Das Wort-
mauerwerk hatte also nicht bloß Fugen, sondern der Mörtel darin
war auch ungebunden ohne Kalk, also zerfiel es . . ."

urteilung des Angeklagten oder setzte seine Freisprechung
durch. Zum Anhören solcher Reden wurde dann auch der
Ritterstand durch öffentliche Bekanntmachung eingeladen.

54. Aber auch Künsten ganz anderer Art, und zwar den
allerverschiedensten, widmete er sich mit größter Leidenschaft. Er war thrazischer Fechter[1] und Wagenlenker, zugleich auch Sänger und Tänzer. Er focht mit scharfen
Waffen und fuhr sein Gespann in vielen Orten auf der
Rennbahn. Gesang und Tanz begeisterten ihn so, daß er
selbst bei öffentlichen Aufführungen sich nicht enthalten
konnte, den gerade vortragenden Schauspieler mit seiner
Stimme zu begleiten und das Gebärdenspiel des Schauspielers lobend oder tadelnd in aller Öffentlichkeit nachzumachen. Auch daß er am Tage seiner Ermordung ein
Nachtfest[2] angesagt hatte, scheint einzig und allein deswegen geschehen zu sein, um bei der nachts herrschenden
Ungebundenheit zum erstenmal auf der Bühne auftreten
zu können. Als Tänzer zeigte er sich dagegen nicht selten
gerade nachts. So ließ er einmal um die zweite Nacht-
wache[3] drei Konsularen in seinen Palast rufen, und die
Männer, die in tausend Ängsten waren und das Schlimmste
fürchteten, auf einem Podium Platz nehmen. Plötzlich
sprang er unter lautem Getön der Flöten und Fußklappern[4]
in langem Mantel und bis auf die Knöchel reichender Tunika hervor, tanzte sein Ballettstück ab und ging davon.
Und der zu allen Dingen so anstellige Mann hat nie schwimmen lernen können.

55. Leute, für die er eine Vorliebe hatte, begünstigte Caligula in geradezu verrückter Weise. Den Pantomimen
Mnester pflegte er sogar im Theater zu küssen[5]. Wer bei
dessen Tanz auch nur das leiseste Zeichen von Mißfallen
äußerte, den ließ er sofort vor sich schleppen und peitschte
ihn allerhöchsteigenhändig aus. Einem römischen Ritter, der

---

[1] Kap. 35, Anm. – [2] Lat. pervigilium, Nachtfeier zu Ehren einer Gottheit, durch rauschende Feste begangen. – [3] Die Nacht war in 4 Wachen
geteilt; die zweite dauerte von 21–24 Uhr. – [4] Unter die Füße gebun-
dene Kastagnetten, wie sie noch heute von Steptänzern benutzt werden. – [5] S. auch Kap. 36.

beim Auftreten Mnesters Lärm machte, ließ er durch einen
Centurio den Befehl überbringen, sich auf der Stelle nach
Ostia zu begeben und von dort aus ein kaiserliches Schreiben an den König Ptolemäus nach Mauretanien[1] zu überbringen. Der Inhalt lautete: „Dem Mann, den ich mit diesem
Schreiben zu Dir sende, tue weder Gutes noch Böses."
Einige Fechter, die der Abteilung der „Thrazier" angehörten, machte er zu Offizieren seiner germanischen Leibwache, dagegen verschlechterte er die Bewaffnung der
Murmillonen[2]. Dem Murmillo Columbus, der zwar Sieger
geblieben, aber leicht verwundet worden war, träufelte er
ein Gift in die Wunde, das er seitdem das „Columbinische"
nannte. Wenigstens fand sich diese Aufschrift von ihm
selbst geschrieben unter den anderen Giften. Für die grüne
Partei[3] der Rennfahrer hatte er eine besondere Vorliebe.
Sie ging so weit, daß er häufig in ihrem Klubhaus speiste
und auch wohl über Nacht dort blieb. Dem Rennfahrer
Eutychus schenkte er einmal bei einem solchen Gelage bei
Verteilung der Gastgeschenke den gewaltigen Betrag von
zwei Millionen Sesterzen[4]. Seinem Pferde Incitatus[5] zuliebe
pflegte er am Tage vor dem Rennen im Zirkus, um das
Tier nicht in seiner Ruhe stören zu lassen, der ganzen
Nachbarschaft durch Soldaten zu befehlen, jeglichen Lärm
zu vermeiden. Außer einem Stall aus Marmor nebst elfen-
beinerner Krippe, purpurnen Decken und mit Edelsteinen
besetzten Halsbändern gab er ihm noch einen eigenen
Palast mit Dienerschaft und Hausrat, um die in seinem
Namen eingeladenen Gäste mit ganz besonderer Pracht
empfangen zu können. Es heißt sogar, er habe vorgehabt,
es zum Konsul zu machen.

---

[1] Die Küstenzonen des heutigen Westalgerien und Marokko. – Ptole-
mäus, s. Kap. 26. – [2] S. auch Kap. 32 m. Anm. – [3] Die Rennfahrer
bildeten wohlorganisierte Parteien von wechselnder Zahl (bis auf
Domitian 4, seitdem 6, s. Domitian, Kap. 7, zuletzt nur 2), die nach
Farben unterschieden wurden und deren Begünstigungen oft, selbst
noch in der Zeit Justinians, zu blutigen Aufständen führen. – [4] 2 Mio.
DM. – Gastgeschenke gab der Gastgeber den Gästen als Andenken.
Der Kaiser war also schon damals überall Wirt. – [5] „Heißsporn".

56. Einen so verrückten Wüterich umzubringen, gebrach es Vielen nicht am nötigen Mut. Allein erst nachdem eine und die andere Verschwörung entdeckt worden war und andere aus Mangel an Gelegenheit zögerten, ihr Vorhaben auszuführen, faßten zwei Männer gemeinsam einen Plan und führten ihn aus. Mitwisser ihrer Tat waren die einflußreichsten Freigelassenen und die Offiziere der kaiserlichen Leibwache. Diese entschlossen sich dazu, weil auch sie selbst, freilich fälschlich, bei einer entdeckten Verschwörung als Teilnehmer namhaft gemacht worden waren und merkten, daß infolgedessen Caligulas Verdacht und Ungnade auf sie fiel. Denn sie hatte er sogleich beiseite geführt, ihnen sein blankes Schwert gereicht und dabei versichert, er wolle freiwillig sterben, wenn auch sie ihn des Todes schuldig erachteten. Dadurch hatte er jene bei seinen Anhängern verhaßt gemacht. Seitdem hörte er nicht auf, den einen bei dem andern zu verdächtigen und alle gegenseitig zu verhetzen.

Als man nun überein gekommen war, ihn während der Palatinischen Spiele[1] beim Verlassen des Theaters mittags anzufallen, bat sich Cassius Chärea, der Tribun einer Prätorianerkohorte, die erste Rolle beim Angriff aus. Gajus hatte nämlich diesen schon im vorgerückten Alter stehenden Mann fortwährend durch allen möglichen Spott als weibischen Lüstling beschimpft. So wenn Chärea die Parole holte, gab er ihm als Losung Worte wie „Priapus[2]" oder „Venus", oder wenn der Tribun ihm für irgend etwas zu danken hatte, bot er ihm in unzüchtiger Form und Bewegung die Hand zum Kuß.

57. Sein künftiges gewaltsames Ende verkündeten viele Wahrzeichen. In Olympia ließ das Jupiterbild, das er auseinanderzunehmen und nach Rom bringen zu lassen beschlossen hatte[3], plötzlich ein so lautes Gelächter ertönen, daß die Arbeiter vor Schreck von den wankenden Gerüsten

---

[1] Dreitägige Bühnenspiele, die zu Ehren der Livia eingesetzt worden waren (Bremi). - [2] In Gärten verehrter Fruchtbarkeitsgott, dessen Bildnisse zu allerhand ausgelassenen und unanständigen Witzen Anlaß gaben. - [3] S. Kap. 22.

flohen. Unmittelbar darauf kam ein Mann namens Cassius und versicherte, im Traum den Befehl erhalten zu haben, Jupiter einen Stier zu opfern. In Capua schlug an den Iden des März der Blitz in das Kapitol ein; ebenso in Rom in die Wohnung des Aufsehers über den Vorhof des Kaiserpalastes. Manche Leute deuteten das eine Wahrzeichen dahin, dem Kaiser stehe Gefahr von seinen eigenen Wächtern bevor, das andere, eine erlauchte Persönlichkeit werde durch einen Mord enden, wie er schon einmal an eben diesem Tage geschehen sei[1]. Als er den Astrologen Sulla über seine Schicksalsstunde befragte, erteilte ihm dieser die Auskunft, ein gewaltsamer Tod stehe ihm ganz bestimmt unmittelbar bevor. Auch das Orakel von Antium[2] warnte ihn, er möge sich vor Cassius hüten. Deshalb hatte er bereits den Befehl gegeben, Cassius Longinus, der damals Prokonsul von Asia war, hinzurichten, ohne daran zu denken, daß auch Chärea den Namen Cassius führte.

Am Tage vor seiner Ermordung träumte ihm, er habe im Himmel neben Jupiters Thron gestanden; darauf habe ihn der Gott mit der großen Zehe seines rechten Fußes fortgestoßen und auf die Erde hinabgeschleudert. Als Vorzeichen galt später auch manches, was am Tage der Ermordung selbst, und zwar kurz vor dieser sich zufällig ereignet hatte. So bespritzte ihn z. B. beim Opfern das Blut eines Flamingos[3]. Der Pantomime Mnester tanzte die gleiche Rolle in der gleichen Tragödie, in der einst der Schauspieler Neoptolemus bei den Festspielen aufgetreten war, an denen man Philipp, den König von Mazedonien, ermordet hatte[4]. Ferner, als bei dem Mimusspiel „Laureolus", in welchem der

---

[1] Die Ermordung Cäsars. 15. 3. (Iden) 44 v. Chr. – [2] Der Fortunae Antiatinae, der beiden Schicksalsschwestern von Antium, dem vermutlichen Geburtsort Caligulas, s. Kap. 8. – [3] S. Kap. 22. – [4] In dieser Tragödie „Kinyras" wird der Titelheld mit seiner Tochter Myrrha erschlagen, mit der er, ohne sie zu erkennen, in Blutschande lebte. Philipp, der Vater Alexanders d. Gr., wurde 336 ermordet. Auch damals galt der „Kinyras" als böses Omen. (Die Sage bei Ovid, Metamorphosen X, 298–514, wo die Tochter in den Myrrhenbaum verwandelt wird.)

Hauptdarsteller auf der Flucht niederstürzt und Blut speit,
mehrere Schauspieler zweiter Rollen das Kunststück nachzumachen versuchten, schwamm zuletzt die ganze Bühne
im Blut[1]. Endlich bereitete man für die Nacht, die auf
seine Ermordung folgte, die Aufführung eines Schauspiels
vor, worin Unterweltsgeschichten durch Ägypter und
Äthiopen dargestellt werden sollten.

58. Es war am 24. Januar, etwa um die siebente Stunde[2],
als Caligula, unschlüssig, ob er sich von seinem Platz im
Theater zum Mittagessen erheben sollte, da sein Magen
noch von den Speisen des vorigen Tages überladen war,
endlich auf Zureden seiner Vertrauten das Theater verließ.
In der unterirdischen Galerie, durch die er gehen mußte,
probten gerade junge Edelknaben aus Asien, die im Theater
auftreten sollten. Er blieb bei ihnen stehen, um ihnen zuzu-
sehen und sie aufzumuntern. Er wollte bereits wieder um
kehren und das Stück wiederholen lassen, hätte nicht der
Direktor der Truppe über Schüttelfrost geklagt.

Über den weiteren Verlauf der Dinge liegen zwei Berichte
vor. Die einen erzählen: Während Caligula zu den Knaben
sprach, hätte ihm Chärea von hinten einen kräftigen Hieb
mit dem Schwert in den Nacken versetzt. Zuvor hätte er
das Wort: „Los!³" ausgerufen. Darauf hätte der Tribun
Cornelius Sabinus, der zweite Mitverschworene, dem Kaiser
von vorn die Brust durchbohrt. Nach der anderen Überlieferung hätte Sabinus durch die in den Plan eingeweihten
Centurionen die umstehende Menge vom Kaiser entfernen
lassen und dienstlich um Erteilung der Parole gebeten.
Als Gajus als Losung das Wort „Jupiter" ausgab, habe
Chärea gerufen: „So erfülle sich denn dein Schicksal!"
und ihm, als er sich nach dem Sprecher umsah, das Kinn
gespalten. Während sich Caligula vor Schmerz am Boden

---

[1] Der Mimus heißt nach einem Straßenräuber, der auf der Bühne
hingerichtet wird, vgl. auch Juvenal, Satiren VIII, 186. – [2] 12 bis
13 Uhr. – [3] Beim Opfer fragt der Opferschlächter (s. Kap. 32,
Anm.), ehe er zuschlägt, den Priester: „Agone (soll ich)?", und dieser
antwortet mit den hier von Sueton gebrauchten Worten: „hoc age
(Los)!"

wand und schrie: „Ich lebe noch!", machten ihm die übrigen
mit dreißig Wunden den Garaus. Denn die verabredete Parole
war: „Noch eins!" Einige Verschworene stießen ihm sogar
das Schwert durch die Schamteile. Beim ersten Lärm eilten
seine Sänftenträger mit ihren Tragestangen zur Hilfe herbei, kurz darauf auch seine germanischen Leibwächter.
Wirklich schlugen sie einige der Mörder sowie auch mehrere unschuldige Senatoren nieder.

59. Gelebt hat Caligula 29 Jahre und regiert drei Jahre,
zehn Monate und acht Tage. Seine Leiche wurde heimlich
in die Gärten der Familie Lamia[1] geschafft, dort auf einem
eilig zusammengeschichteten Scheiterhaufen nur halb verbrannt und dann unter dem Rasen leicht eingescharrt.
Später erst ließen ihn seine Schwestern nach ihrer Rückkehr aus dem Exil wieder ausgraben, ordnungsgemäß verbrennen und bestatten. Allgemein bekannt ist, daß, bevor
dies geschah, die Gartenwächter von Gespenstern beunruhigt wurden und daß auch in dem Hause, in dem er ums
Leben kam, keine Nacht ohne Spuk verging, bis das Haus
selbst bei einem Brande vernichtet wurde. Zugleich mit
ihm starb seine Gemahlin Cäsonia, die ein Centurio mit
seinem Schwert durchbohrte, und seine Tochter, der man
den Kopf an einer Mauer zerschmetterte.

60. Über die damalige Lage kann man sich auch aus folgendem ein Urteil bilden. Als die Nachricht von Caligulas
Ermordung sich verbreitete, fand sie anfangs durchaus
keinen Glauben; man vermutete vielmehr, Gajus selbst
habe das Gerücht erfunden und verbreiten lassen, um dadurch die Gesinnung der Menschen ihm gegenüber kennen-
zulernen. Ferner hatten die Verschworenen keine Vorsorge für die Thronfolge getroffen, und der Senat beschloß
so einmütig, die (alte) Freiheit wiederherzustellen, daß die
Konsuln zuerst die Senatssitzung nicht in die Kurie, weil sie
die Julische hieß, sondern aufs Kapitol einberiefen. Einige

---

[1] Die Familie Älius Lamia (Gespenst) gehörte damals zu den angesehensten Familien des kaiserlichen Dienstes. Sie besaß ungeheure,
in der Neuzeit wiedergefundene Güter in Afrika.

Senatoren stellten den Antrag, die Erinnerung an die Cäsaren zu tilgen und ihre Tempel zu zerstören. Vor allem aber wurde bemerkt und für auffallend befunden, daß alle Cäsaren mit dem Vornamen Gajus seit dem zur Zeit Cinnas Umgekommenen ihren Tod durch das Schwert gefunden hatten[1].

---

[1] Gajus Julius Cäsar Strabo, 87 v. Chr. von den Marianern erschlagen. Ebenso starben der Diktator und Caligula durch das Schwert und Cäsar, der Enkel des Augustus (s. dort, Kap. 65), an den Folgen einer Verwundung, nicht aber Gajus Julius Cäsar, der Vater des Diktators; dieser starb aber ganz plötzlich.

CLAUDIUS

1. Den Vater Claudius Cäsars, Drusus[1], der erst Decimus, dann Nero mit Vornamen hieß, brachte seine Mutter Livia im dritten Monat nach ihrer Hochzeit mit Augustus zur Welt. Sie ging bereits schwanger, als sie Augustus heiratete. Daher lief das Gerücht um, er sei ein richtiger, im ehebrecherischen Umgang gezeugter Sohn seines Stiefvaters. Wenigstens war gleich bei seiner Geburt der griechische Vers in aller Munde:

> Wer Glück soll haben, kriegt auch ein Dreimonatkind.

Dieser Drusus hatte in seiner Eigenschaft als Quästor und Prätor das Oberkommando im Rätischen, dann im Germanischen Kriege[2] und war zugleich der erste römische Feldherr, der die Nordsee befuhr. Am rechten Rheinufer führte er ganz neue Kanalarbeiten aus, ein gewaltiges Werk, das noch heute seinen Namen trägt[3]. Zahlreiche Niederlagen brachte er dem Feinde bei, verjagte ihn in die öde Wildnis im Innern seines Landes und gab die weitere Verfolgung

---

Tiberius Claudius Nero Germanicus, als Kaiser Tiberius Claudius Cäsar Augustus Germanicus, geb. 1. 8. 10 v. Chr., gest. 13. 10. 54 n. Chr., Kaiser seit 41.
[1] S. Tiberius, Kap. 4, Anm.; Feldzüge auch Augustus, Kap. 21, Anm. Sein ursprünglicher Name war Decimus Claudius Drusus Nero. – [2] Rätischer Krieg 15 v. Chr., gemeinsam mit Tiberius (s. dort, Kap. 9), von Horaz, Oden IV, 14 besungen. – Germanenkriege: 12 zur See bis in die Weser, Unterwerfung der Friesen (s. Tiberius, Kap. 41, Anm.), Besiegung der Brukterer (s. Tiberius, Kap. 19, Anm.) vor der Emsmündung, 11 Lippe-aufwärts bis zur Weser, 10 im heutigen Hessen, 9 bis zur Elbe und Saale. – [3] 12 v. Chr. (lat. Fossae Drusianae), eine Verbindung des Rheins mit dem Flevo- (später Zuider-) See, wohl die heute sogenannte Drususgracht zwischen Rhein und Yssel, Weg zur Nordsee, s. oben.

CLAUDIUS

erst auf, als ihm ein Barbarenweib von übermenschlicher Größe erschien und in lateinisch gesprochenen Worten dem Sieger Halt gebot. Für diese Taten erhielt Drusus das Recht der Ovation (des „kleinen" Triumphes) und die triumphalischen Ehrenzeichen.

Nach der Prätur trat er bald das Konsulat an, nahm den Feldzug wieder auf und starb in dem Sommerlager, das davon das „Verfluchte" hieß[1]. Seine Leiche trugen die angesehensten Bürger der Munizipien und Kolonien bis zum Weichbild von Rom. Hier nahmen ihn die Dekurien der Schreiber[2] in Empfang. Das Begräbnis erfolgte auf dem Marsfelde. Außerdem errichtete ihm das Heer einen Ehrengrabhügel, um welchen seitdem alljährlich an einem bestimmten Tage ein Parademarsch der Truppen stattfand und die gallischen Stämme Festopfer veranstalteten[3]. Ferner beschloß der Senat, einen marmornen, mit Trophäen geschmückten Bogen auf der Appischen Straße zu errichten und ihm selbst und seinen Nachkommen den Beinamen Germanicus zuzuerkennen[4].

Es ist aber die allgemeine Ansicht, daß Drusus ebenso auf kriegerische Lorbeeren erpicht wie dem Volke freundlich gesinnt gewesen war. Denn nicht zufrieden damit, den Feind zu besiegen, war er auch immer noch darauf bedacht, sich durch persönliche Tapferkeit im Einzelkampf auszuzeichnen und Rüstung und Waffen der eigenhändig erlegten feindlichen Heerführer als Siegespreis zu erbeuten[5]. Daher

---

[1] Prätur 12 v. Chr., Konsulat Januar, Tod September 9 v. Chr. Seine Leiche wurde von Tiberius, der ihn noch lebend angetroffen hatte, nach Rom gebracht, s. dort, Kap. 7. - [2] Dekurien der Schreiber, Berufsorganisation der Sekretäre der Beamten (s. Augustus, Kap. 57, Anm.). - [3] Begräbnis im Mausoleum des Augustus, s. dort Kap. 100 mit Anm. - Ehrengrab der Eigelstein in Mainz (?) (s. Tiberius, Kap. 4, Anm.). - [4] Daher der Name seines Sohnes Germanicus und die offiziellen Beinamen der Kaiser Caligula und Claudius.- [5] In republikanischer Zeit hatten nur ganz wenige, halb sagenhafte römische Heerführer diese „kostbarste Siegesbeute" (spolia opima) errungen, die im Tempel des Jupiter Feretrius auf dem Kapitol aufgehängt wurde.

hatte er nicht selten germanische Heerführer mit höchster Lebensgefahr im dichtesten Getümmel aufgesucht. Auf der anderen Seite soll er nie ein Hehl daraus gemacht haben, daß er, sobald es in seiner Macht stände, die alte republikanische Verfassung wiederherstellen würde. Dies ist nach meiner Meinung der Grund, weshalb einige Schriftsteller sich zu der Behauptung verstiegen haben, Drusus sei Augustus verdächtig gewesen und deshalb von ihm aus der Provinz abberufen worden; da er dem Befehl nachzukommen zögerte, habe man ihn durch Gift beiseite geräumt[1]. Ich erwähne dies nur der Vollständigkeit halber, denn ich halte es keineswegs irgendwie für wahrscheinlich. Augustus hat ja seinen Stiefsohn Drusus, solange er lebte, so sehr geliebt, daß er ihn bei allen Gelegenheiten zum Miterben seiner eigenen Kinder einsetzte, wie er das einmal im Senat ausgesprochen hat. Er hielt auch selbst nach seinem Tode die öffentliche Leichenrede auf ihn und bat darin die Götter inständig, sie möchten seine beiden Cäsaren[2] dem Verstorbenen gleichen lassen und ihm selbst dereinst ein ebenso ehrenvolles Ende bereiten, wie sie jenem bereitet hatten. Nicht genug, daß Augustus die Verse zu einer seine Taten verherrlichenden Inschrift für den Grabhügel selbst dichtete und in eine Erztafel eingravieren ließ, er verfaßte vielmehr auch noch eigens in Prosa eine Lebensbeschreibung des Verstorbenen.

Von der Jüngeren Antonia hatte Drusus mehrere Kinder, aber nur drei überlebten ihn: Germanicus, Livilla und Claudius[3].

2. Claudius wurde unter dem Konsulat von Jullus Antonius und Fabius Africanus am ersten August in Lugdunum geboren[4]. Am gleichen Tage wurde dort Augustus ein

---

[1] S. Tiberius, Kap. 50 m. Anm. – [2] Seine beiden Enkelsöhne, Gajus und Lucius Cäsar. – [3] Germanicus, s. Tiberius, Kap. 52, Anm., Caligula, Kap. 1–7 m. Anm. – Livilla, die Gattin und Mörderin des Drusus, des Sohnes von Tiberius, s. dort, Kap. 52, Anm. und 62. Im Jahre 31 nach Entdeckung des Mordes getötet. – [4] 10 v. Chr. Lugdunum (heute Lyon) war die Hauptstadt des von Cäsar eroberten Gallien, der von Drusus verwalteten Operationsbasis für die Germanenkriege.

Altar geweiht[1]. Das Kind erhielt die Namen Tiberius Claudius Drusus. Als bald darauf sein älterer Bruder in die
Julische Familie adoptiert worden war, nahm er dazu den
Namen Germanicus an[2]. Schon als zartes Kind verlor er
seinen Vater und während seines ganzen Knaben- und
Jünglingsalters hatte er mit den verschiedensten hartnäckigen Krankheiten zu kämpfen. Dadurch wurden sein Körper
und Geist zugleich dermaßen geschwächt, daß man ihm
selbst im vorgerückten Mannesalter die Befähigung für
jeden öffentlichen oder privaten Beruf absprach. Geraume
Zeit und selbst dann noch, als er längst das Alter der Mündigkeit erreicht hatte, stand er noch unter fremder Vor-
mundschaft und unter einem Hofmeister. Über ihn klagt
er selbst in einer seiner Schriften, es sei ein Barbar, ein
ehemaliger Stallmeister gewesen und ihm in der Absicht
beigegeben worden, ihn bei jeder Gelegenheit auf das
grausamste zu quälen. Sein leidender Zustand war auch
der Grund, daß er bei dem Gladiatorenspiel, das er und
sein Bruder zum Gedächtnis ihres Vaters dem Volke gaben,
und wobei er den Vorsitz führte, in einer Kapuze erschien –
eine ganz neue Mode, die bisher unbekannt war! Am Tage,
an dem er die Männertoga anlegte, ließ er sich um Mitternacht ohne jede Feierlichkeit und Begleitung auf das Kapitol tragen[3].

3. Nichtsdestoweniger beschäftigte sich Claudius von früher
Jugend an sehr eifrig mit den schönen Wissenschaften und
legte davon häufig sogar öffentliche Proben ab. Doch auch
auf diesem Wege gelang es ihm nicht, zu irgendwelchem
Ansehen zu kommen oder (der Öffentlichkeit) bessere Hoffnung auf seine Zukunft einzuflößen.

Seine eigene Mutter Antonia pflegte ihn „eine Mißgeburt von
einem Menschen" zu nennen und von ihm zu sagen „die
Natur hätte ihn nicht ‚vollendet', sondern nur ‚begonnen' ".

---

[1] An diesem Altar kamen die gallischen Häuptlinge alljährlich zum
Kaiseropfer zusammen. Nach Smilda (in seinen Erklärungen zu Suetons
Leben des Claudius, Groningen 1896) fällt seine Grundsteinlegung
ins Jahr 12. – [2] 4 v. Chr., s. Tiberius, Kap. 15. – [3] Dort fand ein
Festopfer statt.

Wenn sie jemand den Vorwurf der Dummheit machen wollte, äußerte sie: „Er ist noch einfältiger als mein Sohn Claudius." Seine Großmutter Augusta[1] behandelte ihn stets mit größter Verachtung; sie redete mit ihm nur in ganz seltenen Fällen, und wenn sie ihn zu ermahnen hatte, so geschah es immer nur in einem bitteren kurzen Brief oder mündlich durch Dritte. Als seine Schwester Livilla hörte, daß er einst die Herrschaft übernehmen würde, verwünschte sie laut und öffentlich das unglückliche und unwürdige Geschick des römischen Volkes. Wie endlich sein Großoheim Augustus[2] im Guten und Bösen über ihn urteilte, werden am besten folgende Stellen aus seinen Briefen beweisen, die ich deshalb wörtlich hier anführe[3]:

4. „Ich habe, meine liebe Livia, Deinem Wunsch entsprochen und mit Tiberius darüber Rücksprache genommen, wie es mit Deinem Enkel Tiberius bei den Festspielen des Mars[4] gehalten werden soll. Wir sind beide darin einig, ein für allemal die Grundsätze festzulegen, nach denen wir ihn behandeln sollen. Denn ist er überhaupt ‚präsentabel' und, um mich so auszudrücken, ‚ganz bei Trost', warum sollen wir Bedenken haben, ihn alle Grade und Ehrenstellen stufenweise durchmachen zu lassen, die sein Bruder durchgemacht hat? Halten wir ihn aber für ‚stupide' und ‚defekt an Leib und Seele', so dürfen wir den Leuten, die dergleichen zu persiflieren und sich darüber zu mokieren gewöhnt sind, keinen Stoff geben, sich über ihn

---

[1] Livia, die spätere Julia Augusta. – [2] Seine Schwester Octavia war die Mutter Antonias und die Großmutter des Claudius. – [3] In Anlehnung an die vielen griechischen Worte und Sätze dieser Briefe sind nach früherem Muster (s. Tiberius, Kap. 21, Anm.) in der Übersetzung Fremdworte verwendet. – [4] Wohl die am 12. Mai zur Erinnerung an die Einweihung des Marstempels auf dem Kapitol durch Augustus (vgl. Ovid, Fasten V, 597). Der Brief stammt aus dem Jahre 12 n. Chr., in dem Claudius, der hier mit seinem Vornamen Tiberius genannt wird, fast 22 Jahre alt war. Der weiter unten genannte Bruder ist Germanicus, der verschiedene Priesterstellen bèsaß, die triumphalischen Ehrenzeichen erhalten hatte und als Konsul an der Leitung des Latinerfestes (s. u.) beteiligt war.

wie über uns lustig zu machen. Denn wir werden immer
in Angst schwitzen, wenn wir in jedem einzelnen Fall über
seine Beförderung verhandeln sollen, wenn wir nicht ein
für allemal grundsätzlich festgelegt haben, ob wir ihn zur
Bekleidung von Ehrenstellen fähig halten oder nicht.
Im vorliegenden Fall, auf den sich Deine Anfrage bezieht,
haben wir nichts dagegen, daß er bei den Marsfestspielen
die Priestertafel betreut. Voraussetzung hierfür ist allerdings, daß er damit einverstanden ist, sich von dem jungen
Silvanus[1], der ohnehin sein Verwandter ist, beraten zu
lassen, damit er nichts tut, was möglicherweise auffallen
und lächerlich wirken könnte. Daß er dagegen die Zirkusspiele sich von der kaiserlichen Loge aus ansieht, halten
wir nicht für passend. Denn da wird er in der ersten Reihe
der Zuschauer zu sehr allen Blicken ausgesetzt sein. Daß
er am Latinerfest[2] den Zug auf den Albanerberg mitmacht
oder währenddessen in der Stadt bleibt, möchten wir nicht
empfehlen. Denn warum wird er nicht Stadtpräfekt, wenn
er imstande ist, seinen Bruder auf den Berg zu begleiten?
Da hast Du nun, meine Livia, die Ansichten von uns beiden.
Demnach scheint es das beste zu sein, ein für allemal in
dieser ganzen Angelegenheit nach einem festen Plan zu
handeln, um nicht immer zwischen Furcht und Hoffnung
zu schweben. Du kannst, wenn Du willst, auch unserer
Antonia[3] diesen Teil des Briefes zu lesen geben."
In einem anderen Briefe heißt es:
„Den jungen Tiberius werde ich allerdings während Deiner
Abwesenheit täglich zu Tisch laden, damit er nicht mit
seinem Sulpicius und Athenodorus allein speist[4]. Ich

---

[1] Plautius Silvanus, der Bruder der Plautia Urgulanilla, der ersten
Gattin des Claudius. – [2] Das alljährliche Bundesopfer auf dem Albaner-
berg (s. Caligula, Kap. 22), das 4 Tage dauerte und in Anwesenheit
sämtlicher Beamter abgehalten wurde. In der fast menschenleeren
Stadt ließ man den Latinerfest-Stadtpräfekt zurück. Dieser reine
Repräsentationsposten war für Senatorensöhne und namentlich für
Verwandte des Kaisers der Beginn der Ämterlaufbahn (s. Nero,
Kap. 7). – [3] Der Mutter des Claudius. – [4] Sulpicius, sein Kap. 41 ge-
nannter Helfer bei wissenschaftlichen Arbeiten.

wünschte nur, er möchte mit mehr Überlegung und weniger phantastisch einen Menschen sich zum Vorbild wählen,
dessen Bewegungen, Haltung und Gang er nachahmt. Der
arme Tropf hat darin Pech. Denn in allen ernsten Dingen,
wo sein Verstand nicht auf falscher Fährte abirrt, da zeigt
sich deutlich die angeborene Noblesse seiner Gesinnung[1]."
Ebenso heißt es in einem dritten Briefe:
„Wie es möglich war, daß mir Dein Enkel beim Vortrag
seiner Übungsrede[2] hat gefallen können, darüber, meine
Livia, bin ich – bei meinem Leben! – noch heute ganz er-
staunt! Denn ich begreife auch heute noch nicht, wie ein
Mensch, der im gewöhnlichen Leben so ‚unexakt' spricht,
beim Vortrag einer Schulrede alles was zu sagen ist, so
‚exakt' vorbringt."
Hinreichend bekannt sind die Bestimmungen, die Augustus
darauf über Claudius getroffen hat. Ebenso weiß man, daß
er ihn nicht weiter als bis zum Auguralpriester beförderte.
Auch in seinem Testament setzte er ihn nur unter den
Erben dritten Grades[3], fast unter den Fremden, mit einem
Sechstel ein. Er vermachte ihm denn auch nur ein Legat
von achthunderttausend Sesterzen[4].

5. Sein Onkel Tiberius verlieh seinem Neffen Claudius auf
seine Bewerbung um Ehrenstellen bloß die konsularischen
Abzeichen[5]. Auf sein dringenderes Ersuchen um das wirkliche Konsulamt schrieb Tiberius ihm nur in einem kurzen
Brief zurück: „Anbei schicke ich Dir vierzig Goldstücke für
das Saturnalien- und Sigillarienfest[6]." Erst jetzt ließ Clau-

---

[1] „Der arme Tropf hat darin Pech" und „Die angeborene Noblesse
seiner Gesinnung" griech., dem Rhythmus nach wohl Zitate. –
[2] Übungsrede, eine sog. *declamatio* über ein vorher bestimmtes
Thema, wie sie in den Rhetorenschulen üblich und in den letzten
Jahren des Augustus auch sonst zur Mode geworden war. - [3] S.
Cäsar, Kap. 83, Anm., Augustus, Kap. 101. – [4] 800000 DM. – [5] Die
bedeutungslosen Ehrenrechte eines Konsuls, die zum Teil auch die
von Augustus zum Rücktritt genötigten Senatoren besaßen (s. dort,
Kap. 35), nicht das Amt selbst. – [6] Die Sigillarien, eine Fortsetzung der
Saturnalien hießen nach den kleinen Statuetten (sigilla), die man sich
zu diesem Fest (21.–22. Dez.) schenkte. – 40 Goldstücke = 4000 DM.

dius alle Hoffnung auf Ehrenämter fahren und führte ein
Leben ganz in Muße, bald in seinen Gärten und auf seinem
vorstädtischen Besitz, bald in seiner Villa in Kampanien
still für sich. Dabei verkehrte er mit ganz unsauberen Sub-
jekten und kam neben dem alten, gegen ihn bereits früher
erhobenen Vorwurf der Dummheit auch noch in den
schlechten Ruf, ein Trinker und Spieler zu sein. Trotz dieser
Lebensweise versagte man ihm niemals weder im Privatleben die schuldige Aufmerksamkeit, noch ließ man es in der
Öffentlichkeit an Ehrerbietung ihm gegenüber fehlen.
6. Die Ritter wählten ihn zweimal zu ihrem Vertreter, um
ein Gesuch im Interesse ihres Standes durchzubringen[1].
Das eine Mal, als sich die Ritter von den Konsuln die Ehre
ausbaten, die Leiche des Augustus auf ihren Schultern nach
Rom tragen zu dürfen[2], und das andere Mal, als sie den
Konsuln ihren Glückwunsch zum Sturz Sejans uberbrach-
ten. Wenn Claudius das Theater betrat, pflegte man ihm
zu Ehren sogar aufzustehen und die Mäntel abzulegen.
Auch der Senat faßte, um ihn zu ehren, den Beschluß, ihn
als außerordentliches Mitglied in das durchs Los gewählte
Priesterkollegium des als Gott verehrten Augustus aufzunehmen[3]. Als später sein Haus einem Brande zum Opfer
gefallen war, beschloß der Senat den Neubau auf Staatskosten und verlieh ihm das Recht, im Senat unter den
Mitgliedern konsularischen Ranges abzustimmen. Jedoch
Tiberius hob diesen Beschluß auf unter dem Vorwand, daß
Claudius geistesschwach sei. Den Schaden, den Claudius
durch den Brand seines Hauses erlitten hatte, versprach er
aus eigenen Mitteln zu ersetzen. Bei seinem Tode setzte
Tiberius ihn zu einem Drittel unter die Erben dritten
Grades ein, bedachte ihn mit einem Legat von nahezu

[1] Da Claudius kein Senator war, gehörte er dem nächst niedrigeren
Stande, den Rittern, an. - [2] S. Augustus, Kap. 100. - [3] Nach Tacitus, Ann. I, 54 wurden in die 14 n. Chr. eingesetzte Körperschaft
für den Kult des Augustus 21 Männer aus den vornehmsten Familien durch das Los gewählt und außerdem 4 Vertreter des Kaiserhauses zu außerordentlichen Mitgliedern ernannt, außer Claudius der
Kaiser selbst und die beiden Prinzen Germanicus und Drusus.

zwei Millionen Sesterzen[1] und empfahl ihn überdies ausdrücklich unter seinen übrigen Verwandten den Heeren,
dem Senat und dem römischen Volk.

7. Erst unter der Regierung seines Neffen Gajus, der bei
Beginn seiner Herrschaft sich auf alle mögliche Weise die
Achtung des Publikums zu erwerben suchte, bekleidete
Claudius mit dem Kaiser zusammen zwei Monate lang das
Konsulat. Als er zum erstenmal von Lictoren begleitet das
Forum betrat, wurde ihm das glückliche Vorzeichen zuteil,
daß ein vorüberfliegender Adler sich auf seine rechte
Schulter setzte. Auch traf ihn das Los, ein zweites Konsu-
lat vier Jahre später zu bekleiden. Ferner führte er mehr-
mals an Gajus' Stelle den Vorsitz bei den Schauspielen,
wobei ihm das Volk bald: „Heil dir, Oheim des Kaisers!",
bald: „Heil dir, Bruder des Germanicus!" zurief.

8. Trotz alledem blieben ihm auch jetzt Kränkungen nicht
erspart. Kam er z. B. einmal etwas zu spät zu Tisch, wurde
ihm nur nach vielem Hin und Her und, nachdem er um
die ganze Tafel herumgegangen war, ein Platz angewiesen.
Sooft er nach dem Essen einnickte – was ihm gewöhnlich
passierte –, warf man mit Oliven- und Dattelkernen nach
ihm, ließ ihn auch wohl, wie im Scherz, von den Possenreißern mit ihren Peitschen und Pritschen aufwecken. Man
pflegte ihm auch, solange er schnarchte, Pantoffeln[2] über
die Hände zu ziehen, damit er sich, wenn er plötzlich auf-
wachte, sein Gesicht wund riebe.

9. Aber selbst Gefahren war Claudius ausgesetzt. Gleich
anfangs, noch während seines Konsulates, wäre er beinahe
seines Amtes entsetzt worden, weil er die Anfertigung und
Aufstellung der Statuen von Nero und Drusus, den Brüdern des Kaisers, zu nachlässig betrieben hatte[3]. Sodann
lebte er in ewiger und stets wechselnder Unruhe, weil bald
Fremde, bald seine eigenen Hausgenossen ihn beim Kaiser
schlecht machten. Als Claudius nun nach Entdeckung der

---

[1] 2 Millionen DM. – [2] Lat. soccus, ein pantoffelartiger Frauenschuh,
oft reich bestickt, auch mit Metall- (Gold- und Silber-)Fäden, Flitter,
Glas und Steinen besetzt. – [3] Gelegentlich ihrer Rehabilitation, s.
Caligula, Kap. 15.

Verschwörung des Lepidus und Gätulicus[1] mit anderen
Abgeordneten nach Germanien gesandt wurde, um dem
Kaiser Glück zu wünschen, hätte er sogar beinahe sein
Leben verwirkt. Denn Caligula geriet darüber in höchste
Wut, daß man gerade seinen Oheim zu ihm schickte, wie
einen Erzieher zu einem Knaben. Man erzählte sich, Clau-
dius sei bei seiner Ankunft, wie er ging und stand, sogar
in den Fluß geworfen worden.

Seitdem durfte er seine Stimme im Senat immer nur als
letzter der Konsulare abgeben. Um ihn zu beschimpfen, befragte man ihn stets erst nach allen anderen. Vom Prätor
wurde sogar eine Klage wegen Fälschung eines Testaments
angenommen, obwohl auch Claudius dies mit unterschrieben
hatte. Endlich zwang man ihn sogar, acht Millionen Sesterzen für seinen Eintritt in das neue Priesterkollegium[2] zu
zahlen. Dadurch geriet er in solche Notlage, daß er un-
fähig war, seinen gegen die Staatskasse eingegangenen Ver-
bindlichkeiten nachzukommen, und daß seine Güter, wenigstens pro forma, nach den geltenden Schuldbestimmungen
in einem öffentlichen Anschlag der Vorsteher der Staatskasse zum Verkauf aushingen.

10. Unter solchen Verhältnissen hatte er den größten Teil
seines Lebens verbracht, als er im Alter von fünfzig Jahren
durch einen ganz wunderbaren Zufall zur Regierung gelangte. Er war mit der übrigen Umgebung von den Verschworenen unter dem Vorwande, daß Gajus allein sein
wolle, von der Person des Kaisers entfernt worden und
hatte sich in ein Gartenhaus, das sogenannte Hermäum,
zurückgezogen. Kurz darauf schlich er sich voll Entsetzen
auf das Gerücht von der Ermordung des Kaisers auf den
nächstgelegenen Dachgarten und versteckte sich zwischen
den Vorhängen der Türe.

So verborgen fand ihn ein zufällig durch die Zimmer lau-
fender gemeiner Soldat. Er bemerkte seine Füße, wollte
wissen, wer er sei, erkannte ihn, zog ihn aus seinem Ver-

---

[1] Caligula, Kap. 8, Anm., Kap. 24, Anm. – [2] Für den Gott Caligula,
s. Caligula, Kap. 22. – 8 Millionen Sest. = 8 Millionen DM.

steck mit Gewalt hervor und begrüßte ihn, der ihm angst-
erfüllt zu Füßen fiel, als *Imperator*. Dann führte er ihn zu
seinen anderen Kameraden, die noch völlig im Ungewissen
waren, was sie tun sollten, und bloß Drohungen ausstießen.
Sie setzten ihn in eine Sänfte und trugen ihn darin, weil
seine Diener geflüchtet waren, abwechselnd auf ihren Schultern ins Lager. Er selbst zeigte ein niedergeschlagenes und
verängstigtes Wesen, und die ihm begegnenden Menschen-
haufen bedauerten ihn lebhaft, als werde er, der Unschuldige, zur Hinrichtung geführt. Im Lager angekommen,
übernachtete er zwischen den Wachtposten; zwar fühlte er
sich für sein Leben bedeutend sicherer, doch hatte er keine
allzu große Hoffnung auf den Thron. Denn Konsuln und
Senat hatten mit den Stadtkohorten[1] Forum und Kapitol
besetzt und beabsichtigten, die Republik auszurufen. Er
selbst wurde durch die Volkstribunen in die Kurie entboten und sollte seinen Rat abgeben, gab aber zur Antwort: „Ich werde gewaltsam durch die Zwangslage, in der
ich mich befinde, zurückgehalten." Jedoch als der Senat am
folgenden Tage infolge der ermüdenden dauernden Mei-
nungsverschiedenheiten und Unstimmigkeiten unter den
einzelnen Parteien zu wenig Energie bei der Durchführung
seines Planes entwickelte und die überall herumstehende
Volksmenge ihrerseits nach *einem* Herrscher verlangte, den
sie bereits mit Namen nannte, gestattete Claudius, daß die
in Waffen versammelten Soldaten ihm den Huldigungseid
leisteten. Zugleich versprach er jedem einzelnen von ihnen
fünfzehntausend Sesterzen[2]. Er war somit der erste Kaiser,
der die Treue seiner Soldaten mit Geld erkaufte.

11. Nach Befestigung seiner Herrschaft hatte er nichts
Wichtigeres zu tun, als die Erinnerung an die zwei Tage,
an denen man über die Verfassungsänderung beratschlagt
hatte, zu tilgen. So verkündete er denn eine allgemeine
Amnestie und Straffreiheit für alles, was in jener Zeit getan und gesagt worden war; und – hielt sein Wort. Nur
einige wenige Kriegstribunen und Centurionen, die an der

---

[1] Eine Polizeitruppe, s. Aug., Kap. 49, Anm. – [2] 15000 DM.

Verschwörung gegen Gajus teilgenommen hatten, ließ er umbringen[1], teils deshalb, weil sie als warnendes Beispiel dienen sollten, teils weil sie, wie ihm zu Ohren gekommen war, auch seinen Tod verlangt hatten.

Seine nächste Sorge war, seine Ahnen gebührend zu ehren. So achtete er denn keinen Schwur heiliger und keinen gebrauchte er öfter als den: „Beim Augustus!" Seine Großmutter Livia ließ er unter die Götter aufnehmen[2] und ihr einen von Elefanten gezogenen Wagen für den Aufzug im Zirkus zuerkennen, ähnlich dem des Augustus. Seinen Eltern spendete er ein öffentliches Totenfest und außerdem für seinen Vater jährlich Zirkusspiele an dessen Geburtstag und für seine Mutter einen Staatswagen, auf dem ihr Bildnis durch den Zirkus gefahren wurde[3]; sie erhielt ferner den von ihr bei ihren Lebzeiten abgelehnten Beinamen Augusta. Dem Andenken seines Bruders zu Ehren, das er bei jeder Gelegenheit feierte, ließ er bei den Neapolitanischen Wettspielen auch eine griechische Komödie aufführen, der er dann auf Grund des einstimmigen Spruchs der Richter den Siegerkranz zuerteilte[4]. Selbst Marcus Antonius erwies er seine Ehrfurcht und gedachte seiner in Dankbarkeit. Denn er gab einmal in einem Edikt bekannt, er wünsche um so dringender seines Vaters Drusus Geburtstag festlich begangen zu sehen, da er auch der Geburtstag seines Großvaters Antonius sei[5]. Einen Marmorbogen beim Theater der Pompejus, den der Senat Tiberius zu Ehren zu errichten beschlossen, aber nicht vollendet hatte, ließ er fertig bauen. Alle Verordnungen des Gajus

---

[1] Z. B. den Mörder Caligulas, Cassius Chärea (Cassius Dio XL, 3, 4). – [2] Tiberius hatte dies verboten (s. dort, Kap. 51), Caligula über Livia gewitzelt (s. dort, Kap. 23). – [3] Vgl. Caligula, Kap. 15 m. Anm. Dort auch der Senatsbeschluß über den Augustatitel und andere Ehrungen Antonias. – [4] Germanicus hatte griechische Komödien verfaßt (vgl. Caligula, Kap. 3); offenbar ließ Claudius eine davon bei den zu Ehren des Augustus eingesetzten und alle 4 Jahre gefeierten (s. dort, Kap. 98) „Italiden" der Griechenstadt Neapel aufführen, und zwar bei denen von 42. – [5] Seine Parteinahme für diesen in seinem ersten Geschichtswerk hatte seinerzeit bei Hof Anstoß erregt (s. auch Kap. 41, Anm.).

hob er zwar auf, verbot jedoch den Tag seiner Ermordung,
obwohl es der Tag seines eigenen Regierungsantritts war,
unter die Festtage aufzunehmen.

12. Dagegen, wenn es galt, seine eigene Würde zu erhöhen,
zeigte sich Claudius sehr maßvoll und anspruchslos. Er
enthielt sich des Vornamens Imperator[1], lehnte übergroße
Ehrungen ab und beging selbst die Hochzeitsfeier seiner
Tochter (Antonia) und den Geburtstag eines Enkels, den er
von ihr hatte[2], in aller Stille und nur mit einer häuslichen
Feier. Keinen Verbannten berief er ohne Genehmigung des
Senats zurück. Daß er den Kommandanten der Leibwache
und ihre Tribunen mit als Begleiter in die Kurie nehmen
durfte, ferner, daß die richterlichen Entscheidungen seiner
Prokuratoren[3] Rechtskraft haben sollten, bat er sich vom
Senat als eine besondere Vergünstigung aus. Das Recht,
auf seinen Privatgütern Markttage zu halten, erbat er ausdrücklich von den Konsuln. Den gerichtlichen Untersuchungen der Behörden wohnte er wie einer von den Anwälten häufig bei. Wenn sie öffentliche Schauspiele gaben,
stand auch er mit den übrigen Zuschauern auf und begrüßte sie achtungsvoll mit Beifallsruf und Klatschen. Als
die Volkstribunen vor ihm erschienen, während er zu Gericht saß, entschuldigte er sich bei ihnen, daß sie wegen der
engen Raumverhältnisse notgedrungen im Stehen Vortrag
halten müßten.

Darum errang er sich in kurzer Zeit so viel Liebe und
Gunst, daß bei der Nachricht, er sei auf der Reise nach
Ostia hinterrücks ermordet worden, das Volk in größte
Bestürzung geriet. Man hörte nicht eher auf, gegen das
Militär als Verräter und den Senat als Mörder die furcht-
barsten Verwünschungen auszustoßen, bis einer und der
andere und bald mehrere Personen von den Magistraten
auf die Rednerbühne geführt wurden, um die Versicherung
abzugeben, der Kaiser sei unversehrt und bereits in der
Nähe der Stadt.

---

[1] S. Tiberius, Kap. 26, Anm. – [2] Die Kaisertochter Antonia heiratete
zweimal, 41 und 47 (s. Kap. 27 m. Anm.). Das nur bei dieser Gelegenheit erwähnte Kind stammte aus der zweiten Ehe. – [3] Finanzbeamte.

13. Trotz seiner großen Beliebtheit blieb Claudius auf die Dauer nicht von Nachstellungen verschont, sondern sah sein Leben von einzelnen Personen wie auch von ganzen Parteien und endlich durch richtigen Bürgerkrieg gefährdet. Ein Mann aus dem Volke wurde mitten in der Nacht mit einem Dolch in der Nähe seines Schlafzimmers erwischt. Auch zwei Ritter lauerten ihm mit einem Dolch und einem Jagdmesser auf offener Straße auf, der eine, um ihn beim Verlassen des Theaters, der andere, um ihn bei einem Opfer am Marstempel zu überfallen. Eine Verschwörung gegen seine Regierung zettelten Gallus Asinius und Statilius Corvinus, die Enkel der Redner Pollio und Messalla, an, wobei mehrere seiner eigenen Freigelassenen und Sklaven hinzugezogen wurden[1]. Einen Bürgerkrieg entfachte der Statthalter von Dalmatien, Furius Camillus Scribonianus. Jedoch verlor er ihn bereits fünf Tage später; denn die eidbrüchigen Legionen wurden durch ein Wunderzeichen zur Reue veranlaßt. Als sie nämlich ihren Marsch zu dem neuen Kaiser antreten wollten, ließen sich, mochte es Zufall oder göttliche Fügung sein, weder die Legionsadler schmücken noch die Feldzeichen aus dem Boden ziehen und fortbringen[2].

14. Konsulate bekleidete Claudius außer den früheren noch vier, die beiden ersten in zwei aufeinander folgenden Jahren, die folgenden in Zwischenräumen von je vier Jahren[3]. Das letzte hatte er ein halbes Jahr inne, die übrigen nur zwei Monate, das dritte aber, was noch bei keinem Kaiser vorgekommen war, als nachträglich gewählter Stellvertreter für einen verstorbenen Konsul. Die Richtertätigkeit übte er leidenschaftlich gern aus sowohl während

---

[1] Pollio, s. Cäsar, Kap. 30, Anm.; Messala, s. Augustus, Kap. 58, Anm. Beide hatten die Wiederherstellung der Republik gewünscht. Die Bestrafung der Enkel fällt in das Jahr 46. – [2] 42 n. Chr. Camillus war ein Enkel des Triumvirn Pompejus und der Bruder der Livia Medullina, einer Braut des Claudius, s. Kap. 26. Er stützte sich, um Kaiser zu werden, auf einige unzufriedene Senatoren und Ritter. Bestrafung des Aufstands s. Otho, Kap. 1. – Dalmatien, s. Augustus, Kap. 20, Anm. – [3] 42, 43, 47, 51.

seiner Konsulate, wie auch dann, wenn er dies Amt nicht
bekleidete, sogar wenn er und die Seinen einen Familien-
festtag hatten, zuweilen selbst an von altersher geheiligten
Feier- und Trauertagen. Er band sich dabei nicht immer
streng an die Gesetzesvorschriften, sondern bemaß die
Strafen je nach den Umständen und aus Billigkeitsgründen
härter oder milder, wobei er sich von seinem Gefühl leiten
ließ. So erlaubte er denen, welche vor dem Zivilgericht
ihren Prozeß nur wegen überspannter Forderungen verloren
hatten, ihn von neuem anzustrengen. Andererseits ging er
bei Leuten, die eines größeren Betrugs überführt worden
waren, über das gesetzliche Strafmaß hinaus und verurteilte
sie zum Kampf mit wilden Tieren.

15. Bei der richterlichen Untersuchung und Entscheidung
war er von einer ganz eigenartigen Unberechenbarkeit,
bald umsichtig und scharfsinnig, bald unbedacht und übereilt, manchmal sogar läppisch und wie ein Narr. Als er die
Dekurien der Richter für die Geschäftsverteilung musterte
und darunter einer war, der beim Namensaufruf sich
stellte, ohne von der ihm nach dem „Drei-Kinder-Privi-
leg[1]" zustehenden Befreiung Gebrauch zu machen, strich
er ihn als einen, der allzu starke Neigung zum Richten habe,
aus der Liste. Ein anderer Richter war von seinen Gegnern
aufgefordert worden, seinen eigenen Prozeß vor den Kaiser
zu bringen; er behauptete dagegen, seine Sache gehöre
nicht vor einen außerordentlichen Richter, sondern vor
den ordentlichen Gerichtshof. Darauf nötigte ihn Claudius, seinen Prozeß auf der Stelle selbst zu entscheiden[2],
damit er in eigener Sache ein Beispiel geben könne, was
für ein gerechter Richter er in fremder Sache sein werde.
Eine Frau wollte ihren Sohn nicht anerkennen. Da die
Beweismittel auf beiden Seiten unzulänglich waren, brachte
der Kaiser sie dadurch zum Eingeständnis, daß er ihr befahl, den jungen Menschen zu heiraten.
In Abwesenheit der einen Partei entschied er sehr leicht

---

[1] Die Zusammenfassung der Vergünstigungen für Väter und Mütter
von 3 Kindern in der von Augustus (s. dort, Kap. 34, Anm.) veranlaßten lex Papia Poppaea (s. Kap. 19). – [2] Wohl als ordentlicher Richter.

zugunsten der Anwesenden ohne Unterschied, ob jemand aus eigenem Verschulden oder aus einem zwingenden Grund den Termin versäumt hatte. Als ein Mann einmal vor Gericht ausrief, dem Fälscher müsse man die Hände abhauen, befahl er sofort, den Henker mit Richtschwert und Henkertisch herbeizuholen. Anläßlich eines Prozesses gegen einen Mann, der angeklagt war, sich widerrechtlich das Bürgerrecht angemaßt zu haben, war zwischen den Anwälten ein unnützer Streit darüber entstanden, ob der Beklagte in der Toga oder im Pallium vor Gericht erscheinen sollte[1]. Um ein glänzendes Beispiel von seiner Unparteilichkeit zu geben, entschied Claudius: „Der Mann soll jeweils bei der Rede des Anklägers oder des Verteidigers die Kleidung wechseln." Bei einer Gerichtssache soll er sogar sein Urteil schriftlich dahin formuliert haben: „Ich stimme für die Partei, welche die Wahrheit gesprochen hat."
Durch solche Vorfälle schwand sein Ansehen so sehr, daß er ganz öffentlich bei jeder Gelegenheit Gegenstand des Gespötts wurde. So sagte z. B. einmal jemand, der einen aus der Provinz vom Kaiser vorgeladenen Zeugen entschuldigte, lange Zeit nur, es sei jenem ganz unmöglich, zu erscheinen. Einen näheren Grund hierfür gab er aber nicht an. Erst nach langem Fragen fügte er noch hinzu: „Er ist verstorben, ich denke, das durfte er doch wohl." Ein anderer dankte ihm für die Gnade, einen Angeklagten verteidigen zu dürfen, und schloß diese Danksagung mit den Worten: „Freilich ist das so üblich." Auch das vernahm ich häufig von älteren Leuten, daß die Anwälte starken Mißbrauch mit seiner Geduld zu treiben pflegten. Zum Beispiel, wenn er von seinem Richterstuhl herabstieg, riefen sie ihn nicht nur mit lauter Stimme zurück, sondern hielten ihn auch wohl am Zipfel seiner Toga oder zuweilen gar am Bein fest. Und hierüber wird man sich allerdings nicht wundern, wenn man hört, daß einem Griechlein bei einem Prozeß in der Hitze des Rechtsstreits die Bemerkung heraus-

---

[1] Die Toga war die Tracht der Römer (s. Augustus, Kap. 40, Anm.), das Pallium (griech. Himation) die des Fremden, namentlich der Griechen.

fuhr: „Auch du bist ein alter Tropf!¹" Ein römischer Ritter aber, der strafbarer Unzucht mit Frauen angeklagt war – allerdings fälschlich und von Feinden, die ihm anders nicht beizukommen wußten –, schleuderte, wie bezeugt ist, dem Kaiser Schreibgriffel und Schreibtafel, die er gerade in der Hand hatte, ins Gesicht, als er für Geld feile Dirnen als Zeuginnen gegen sich aufgerufen sah. Dabei hielt er dem Kaiser mit den bittersten Worten seine Einfalt und Grausamkeit vor und führte den Wurf mit solcher Heftigkeit aus, daß er ihm die Wange nicht unbedeutend verletzte.

16. Auch die Censur bekleidete Claudius, die seit den Censoren Plancus und Paulus lange ausgesetzt worden war². Aber auch hier verfuhr er ungleich und seine Grundsätze und Handlungsweise entbehrten der Konsequenz. Bei der Rittermusterung z. B. ließ er einen übelberüchtigten jungen Mann, von dem aber sein Vater aussagte, er sei mit ihm vollkommen zufrieden, ohne Rüge mit der Bemerkung durchschlüpfen: „Der hat seinen eigenen Censor." Einem andern, der als Verführer und Ehebrecher berüchtigt war, gab er bloß die Warnung auf den Weg, er sollte bei seinen Jugendstreichen etwas mäßiger oder vorsichtiger sein. „Denn", fügte er hinzu, „weshalb brauche ich zu wissen, wer deine Geliebte ist?" Und als er einmal auf Fürbitte seiner Vertrauten einem Ritter den bei dessen Namen bereits hinzugefügten Vermerk³ wieder strich, sagte er: „Jedenfalls soll man sehen, daß hier etwas ausgestrichen ist." Einen Griechen aus bester Familie, den angesehensten Mann der ganzen Provinz Griechenland, der indessen die lateinische Sprache nicht beherrschte, strich er nicht nur

---

¹ Im Original griechisch. – ² Lucius Munatius Plancus (s. Augustus, Kap. 7, Anm.) und Lucius Ämilius (Lepidus) Paulus (s. Augustus, Kap. 16) waren 22 v. Chr. Censoren gewesen, später hatte Augustus ohne den Censortitel noch zweimal den Census abgehalten (s. dort, Kap. 27 m. Anm. und 97 m. Anm.). Der Census des Claudius fand 47–48 statt, sein Mitcensor war Lucius Vitellius (s. dort, Kap. 2). – ³ In der Censusliste. Er war eine schärfere Strafe als die nur mündliche Rüge, aber nicht so scharf wie die vom Censor verfügten Bußen oder Änderungen des Personalstandes.

aus der Richterliste, sondern nahm ihm sogar noch das Bürgerrecht. Überhaupt litt er nicht, daß einer anders als mit eigenem Munde, so gut er eben konnte, und ohne Beistand Rechenschaft von seinem Wandel ablegte. Er erteilte ferner Vielen eine Rüge, ohne daß man es vermuten konnte, und aus einem ganz neuartigen Grunde, nämlich, weil sie ohne sein Wissen und ohne Urlaub Italien verlassen hätten[1]; einem sogar auch deshalb, weil er in einer römischen Provinz sich im Gefolge eines Königs befunden hätte. Claudius verwies dabei darauf, daß vormals Rabirius Postumus sich eine Anklage wegen Hochverrats dadurch zugezogen habe, daß er Ptolemäus[2], um sein dem König geborgtes Geld zu retten, nach Alexandria gefolgt sei. Viele andere, denen er gleichfalls eine Rüge erteilen wollte, fand er fast durchweg unschuldig. Die große Nachlässigkeit seiner Untersuchungsbeamten bei ihren Nachforschungen trug hierbei ihm selbst noch größere Schande ein. Leute, denen er Ehe- oder Kinderlosigkeit oder Bedürftigkeit zum Vorwurf machen wollte, erwiesen sich als Ehemänner, Väter und reich begütert. Einer, der eines Selbstmordversuches mit einem Dolch angeschuldigt wurde, entkleidete sich sogar und zeigte öffentlich seinen unverletzten Leib. Weitere merkwürdige Züge während seines Censoramtes waren noch folgende: Einen kostbar gearbeiteten silbernen Reisewagen, der auf dem Kunstgewerbemarkt zum Verkauf stand, befahl er anzukaufen und vor seinen Augen zu zertrümmern. Ferner veröffentlichte er an *einem* Tage zwanzig Edikte, u. a. erinnerte er in einem von ihnen daran: „Für die bevorstehende reiche Weinlese sind die Fässer gut zu verpichen", in einem andern: „Gegen den Biß der Viper hilft kein Mittel so gut wie der Saft des Taxusbaumes."

17. Nur einen einzigen Krieg hat Claudius geführt, der noch dazu herzlich unbedeutend war. Der Senat hatte ihm

---

[1] Bisher war dies ausnahmslos nur den Senatoren verboten. Außerdem hatte noch Cäsar verfügt, kein Bürger im Alter von 20-40 Jahren dürfe in Privatgeschäften oder zum Vergnügen mehr als 3 Jahre hintereinander von Italien abwesend sein, s. Cäsar, Kap. 42. - [2] Dem „Flötenspieler" (Auletes), s. Cäsar, Kap. 54 m. Anm.

nämlich die Triumphauszeichnungen zuerkannt. Da ihm
aber diese Auszeichnung seiner fürstlichen Majestät nicht
zu entsprechen schien und er daher nach der Ehre eines
richtigen Triumphes trachtete, wählte er, um sein Ziel zu
erreichen, hauptsächlich Britannien aus. Gegen dies Land
hatte seit dem vergötterten Julius (Cäsar) niemand mehr
Krieg geführt. Wegen Nichtauslieferung von Überläufern[1]
befand es sich damals auch gerade in Spannung gegen Rom.
Von Ostia aus segelte er ab, geriet aber zweimal auf der
Fahrt durch einen heftigen Nordweststurm in Lebensgefahr,
das eine Mal an der Ligurischen Küste, das zweite Mal in
der Nähe der Stöchadischen Inseln[2]. Deshalb legte er den
Rest des Weges von Massilia bis Gesoriacum[3] zu Lande
zurück, setzte von dort über und unterwarf ohne Schwert-
streich und Blutvergießen binnen weniger Tage einen Teil
der Insel. Im sechsten Monat nach seiner Abreise kehrte er
wieder nach Rom zurück und hielt einen Triumph in glänzender Aufmachung[4].
Zu diesem Schauspiel gestattete er nicht nur den Provinzialstatthaltern, sondern selbst einer Anzahl von Verbannten
nach Rom zu kommen. Unter den dem Feinde abgenom-
menen Beutestücken ließ er am Giebel seines Hauses auf
dem Palatinischen Hügel neben der Bürgerkrone auch eine
Schiffskrone als Symbol des von ihm befahrenen und dadurch gleichsam gebändigten Ozeans anbringen. Hinter
dem Triumphwagen fuhr seine Gemahlin Messalina in einem
Galawagen. Ferner folgten alle, denen in diesem Kriege die
Triumphalabzeichen verliehen worden, doch sämtlich zu Fuß
und nur in der Prätexta, bloß Crassus Frugi kam auf einem
reichgeschirrten Rosse und mit palmengesticktem Gewande,
weil er zum zweitenmal jene Auszeichnung erhalten hatte[5].
18. Um die Hauptstadt und ihre Versorgung mit Lebens-

---

[1] Vgl. Caligula, Kap. 44. - [2] Heute die Hyerischen Inseln bei Marseille. -
[3] In der Gegend des heutigen Calais und Boulogne-sur-Mer. - [4] Im
Jahre 44. - [5] Marcus Licinius Crassus Frugi, Konsul 27, hatte im Auftrag des Claudius das durch die Ermordung des Ptolemäus (s. Caligula, Kap. 35) erledigte Mauretanien eingezogen und dafür mit den
Kaiser die Triumphalabzeichen erhalten.

mitteln kümmerte sich Claudius während seiner ganzen Regierung mit der größten Gewissenhaftigkeit. Als der Ämilianische Stadtteil von einem sehr hartnäckigen Brande heimgesucht wurde, blieb er zwei Tage im Diribitorium[1]. Da die zum Löschen kommandierten Soldaten und seine zahlreiche Dienerschaft nicht ausreichten, ließ er aus allen Stadtteilen das Volk durch die städtischen Magistrate zur Hilfeleistung herbeirufen, sowie Körbe voll Gold vor sich hinstellen, und feuerte so die Menge zur Teilnahme an den Rettungsarbeiten an, wobei er jeden sofort nach Maßgabe seiner geleisteten Dienste reichlich belohnte.

Einmal war wegen andauernder Mißernten das Brotkorn sehr knapp geworden. Infolgedessen wurde Claudius von der Menge mitten auf dem Forum angehalten, mit Schimpfworten überhäuft und zugleich mit Stücken Brot so heftig bombardiert, daß er nur mit genauer Not durch eine Hinterpforte sich in seinen Palast zu retten vermochte. Darauf traf er alle erdenklichen Vorkehrungen, um die Kornzufuhr auch für die Zeit der Winterstürme zu sichern. So stellte er z. B. den Kornhändlern große Vorteile in sichere Aussicht und übernahm den Verlust, wenn einem in der stürmischen Jahreszeit mit seinen Schiffen ein Unglück zustieß. Er gewährte Denen, die sich auf den Bau von Handelsschiffen legten, jedem nach seinen Verhältnissen große Vergünstigungen: 19. Bürgern Befreiung von den Bestimmungen der lex Papia Poppaea, Latinern das römische Vollbürgerrecht, Frauen das Recht der Mütter von vier Kindern, lauter Verordnungen, die noch heutigen Tages gelten[2].

20. Die Bauwerke, die Claudius schuf, waren weniger zahlreich, als großartig und notwendig. Die hervorragendsten waren die von Gajus (Caligula) begonnene Wasserleitung[3];

---

[1] S. Augustus, Kap. 43, Anm. – [2] Lex Papia Poppaea (enthielt u. a. das Recht der Mütter von 4 Kindern) s. Augustus, Kap. 34, Anm., Claudius, Kap. 15, Anm. – Man sieht, daß Frauen auch große Werkstätten und Handelsbetriebe leiten konnten. – Nero mußte die Belohnungen erhöhen und auch auf Nichtbürger ausdehnen. Im Laufe der Zeit kam so der gesamte Schiffbau und alle Schiffahrt unter staatliche Kontrolle. –
[3] S. Caligula, Kap. 21, Anm.

ferner der Abzugskanal des Fuciner Sees und der Hafen von
Ostia. Allerdings wußte er von den beiden letztgenannten
Werken, daß Kaiser Augustus das erstere den Marsern
trotz ihrer wiederholten Gesuche abgeschlagen und daß
der als Gott verehrte Julius Cäsar zwar die Idee zu dem
zweiten mehrfach aufgenommen, aber wegen der Schwierigkeit immer wieder aufgegeben hatte. Für die Aqua
Claudia[1] leitete er die kalten, reichlich fließenden Quellen,
von denen eine die „Blaue", eine zweite die „Curtische"
und die dritte „Albudignische" heißt, ebenso den Bach Anio
novus in einem steinernen Becken bis nach der Stadt und
verteilte dort ihr Wasser in vielen herrlich geschmückten
Bassins.

Er unternahm die Ableitung des Fuciner Sees, weil er sich
einmal davon Gewinn, sodann aber auch Ruhm versprach.
Denn es fanden sich Unternehmer, welche sich ver-
pflichteten, die Ableitung auf ihre Kosten zu bewerk-
stelligen, wenn ihnen der Besitz des trockengelegten Landes
zugestanden würde. Auf eine Länge von dreitausend Schritt[2]
wurde ein Berg teils durchgraben, teils durchhauen. Obwohl
beständig dreißigtausend Menschen ohne Unterbrechung mit
der Arbeit daran beschäftigt waren, wurde der Kanal doch
erst nach vielen Schwierigkeiten nach elf Jahren fertig[3].

Den Hafen von Ostia erbaute er folgendermaßen: Er um-
gab ihn rechts und links mit Molen, die wie Arme in das
Meer hineinragten, und schützte ihn am Eingang, wo der
Meeresgrund schon tief war, durch einen Damm. Um
diesem ein festeres Fundament zu geben, ließ er vorher
ein Schiff, auf dem ein großer Obelisk aus Ägypten her-
gebracht worden war, versenken, mehrere Pfeiler an den

---

[1] Die genannte Wasserleitung brachte 60 km weit Flußwasser bis
auf den Palatin, der vorher nur Zisternen besaß, eins der groß-
artigsten Bauwerke der Römer, ihre Trümmer ein Wahrzeichen der
Campagna. – [2] 4,5 km. – [3] 42–53. Der See lag beim heutigen Celano
in den Abruzzen. Seine Trockenlegung hatte schon Cäsar geplant, s.
dort, Kap. 44. In neuerer Zeit hat Fürst Torlonia (1855–1875) durch
Reinigung und Wiederherstellung der Anlagen des Claudius den See
von neuem ausgetrocknet.

Seiten aufmauern und einen riesigen Turm nach dem Muster des Leuchtturms von Alexandria aufsetzen, nach dessen Feuerzeichen nachts die Schiffe ihren Kurs richten könnten[1].

21. Spenden verteilte er häufig unter das Volk. Er gab ferner viele prächtige Schauspiele, und zwar nicht nur die üblichen und an den gewöhnlichen Orten, sondern auch solche, die er ganz neu erdachte, sowie solche, die aus uralter Zeit hervorgesucht waren, und außerdem an Plätzen, wo sonst niemand vor ihm dies getan hatte. Die Spiele bei der Einweihung des nach einem Brande wiederhergestellten Pompejustheaters[2] leitete er von einem in der Orchestra errichteten Tribunal. Vorher hatte er bei den oberhalb des Theaters befindlichen Tempeln geopfert und war von dort mitten durch den Zuschauerraum hinabgestiegen, während Alle schweigend auf ihrem Platz sitzenbleiben durften. Auch Säkularspiele veranstaltete er unter dem Vorwande, Augustus habe sie zu früh gefeiert und nicht auf die richtige Zeit aufgespart[3]. Dagegen berichtet er in seinem Geschichtswerk, Augustus habe diese Spiele nach langer Unterbrechung der Feierlichkeiten auf Grund sorgfältiger chronologischer Berechnung wieder in die richtige Ordnung gebracht. Deshalb spottete man über den Ruf des Herolds, der zur Feier dieser Spiele mit der üblichen Formel einlud: „Noch kein Lebender hat sie geschaut und keiner wird sie jemals wiederschauen", denn es gab noch Leute, welche sie mit angesehen hatten, und sogar Schauspieler, die damals aufgetreten waren, traten jetzt wieder auf[4].

---

[1] Das versenkte Schiff hatte den riesigen Obelisken herbeigeschleppt, der jetzt auf dem Platz vor der Peterskirche in Rom steht. Der neue Hafen wurde gegenüber von Ostia auf dem rechten Tiberufer angelegt. Aus ihm entwickelte sich der Ort Portus (Hafen), heute Fiumicino. – [2] S. Tiberius, Kap. 47, Caligula, Kap. 21. Der Brand hatte 22 stattgefunden, unter Claudius fand die Einweihung des im wesentlichen von Caligula (s. dort, Kap. 21) vollendeten Baues statt. – [3] Augustus, Kap. 31 m. Anm. – [4] Immerhin lag zwischen den Säkularspielen des Augustus 17 v. Chr. und denen des Claudius 47 n. Chr. (800. Wiederkehr von Roms Gründungstag: 21. April) ein Zeitraum von 64 Jahren. Als ein Schauspieler, der in beiden auftrat, wird der von Augustus gemaßregelte Stephanio genannt (s. dort, Kap. 45 m. Anm.).

Zirkusspiele veranstaltete er häufig auch auf dem Vatikan, wobei er zuweilen nach jedem fünften Rennen eine Tierhetze als Zwischenspiel einschob. Den Circus Maximus schmückte er mit marmornen Schranken und vergoldeten Zielsäulen, während beide früher von Tuffstein und Holz gewesen waren. Den Senatoren, die sonst bald hier, bald da gesessen hatten, teilte er eigene Plätze zu. Neben den Wagenrennen gab er auch noch ein Trojaspiel[1] und eine Jagd auf wilde Tiere aus Afrika, welche von einer Reiterschwadron der Prätorianer unter Anführung ihrer Tribunen und des Präfekten selbst erlegt wurden. Dazu ließ er thessalische Reiter auftreten, welche wilde Stiere im Zirkus umherjagen, den ermatteten Tieren auf den Nacken springen und sie an den Hörnern auf den Boden niederreißen.

Gladiatorenspiele gab er wiederholt, und zwar ganz verschiedenartige: ein jährliches im Lager der Prätorianer ohne Tierhetze und besondere Aufmachung, ein ordentliches und vollständiges in den Säpten[2] und ebendort noch ein außerordentliches und kurzes, das nur wenige Tage dauerte. Dies nannte er später „Sportula"[3]; denn er hatte, als er es zum ersten Male gab, in der Ankündigung die Worte gebraucht: „Ich lade das Volk sozusagen nur zu einem eiligst hergerichteten und unvorbereiteten kleinen Abendessen ein." Bei keiner Art von Schauspiel benahm er sich so freundschaftlich gegen die Leute und so herablassend als bei diesem. Die den Siegern zu reichenden Goldstücke zählte er sogar, ganz wie ein Mann aus dem Volke, die linke Hand aus der Toga streckend, mit lauter Stimme an den Fingern ab, ermunterte die Leute häufig durch Zureden und Bitten, lustig zu sein und redete sie wiederholt mit „meine Herren" an. Zuweilen flocht er auch wohl frostige und weither geholte Witze ein. So gab er z. B., als man

---

[1] S. Cäsar, Kap. 39, Anm., Augustus, Kap. 43. – [2] S. Augustus, Kap. 43, Anm. – [3] Sportula ist ein Imbiß, der weniger wichtigen Gästen in Körbchen gereicht wird, also kein richtiges, am Tisch serviertes Diner (recta cena, s. Augustus, Kap. 74, Anm.). Sueton bezeichnet mit dem Wort auch die Eßwaren, die gelegentlich bei Zirkusvorstellungen unter das Volk verteilt werden (s. Caligula, Kap. 18, Domitian, Kap. 4).

nach dem Gladiator Palumbus[1] verlangte, zur Antwort:
„Ich werde ihn auftreten lassen, sobald man ihn gefangen
hat." Ganz vernünftig und passend war dagegen folgendes:
Er hatte einen Wagenlenker auf Fürbitte seiner vier
Söhne unter allgemeinem Beifall von seinen Pflichten entbunden. Unmittelbar darauf schickte er eine Bekanntmachung herum, in der er das Volk darauf hinwies, wie
gut es sei, Kinder großzuziehen, da man sähe, daß solche
selbst einem Gladiator hilfreich und nützlich sein könnten.
Ferner gab er auf dem Marsfeld das kriegerische Schauspiel der Eroberung und Plünderung einer Stadt, sowie
eine Vorstellung, welche die Unterwerfung der Könige von
Britannien zum Gegenstand hatte, und führte dabei im
Schmucke des Feldherrnmantels den Vorsitz. Ja, ehe er den
letzten Durchstich zur Ablassung des Fuciner Sees vornahm, ließ er vorher noch eine Seeschlacht aufführen[2]. Als
aber die Seefechter ihm zuriefen: „Heil Dir, Imperator, es
grüßen Dich Die, die dem Tod geweiht sind![3]" antwortete
er: „Oder auch nicht!" Da sie diese Antwort als Begnadigung auffaßten und keiner von ihnen kämpfen wollte, war
der Kaiser anfangs geraume Zeit nahe daran, sie alle niederhauen und verbrennen zu lassen. Endlich sprang er von
seinem Platz auf und lief mit seinem häßlichen Wackel-
gang[4] um den ganzen See herum und trieb sie bald mit
bösen, bald mit guten Worten zum Kampf. Bei diesem
Schauspiel fochten ein sizilisches und ein rhodisches Ge-
schwader gegeneinander, jedes zwölf Dreidecker stark. Ein
silberner Triton, der sich mitten aus dem See vermittels einer
Maschinerie erhob, blies auf einer Muschel zum Angriff.
22. In den religiösen Gebräuchen sowie im Zivil- und
Militärwesen, ebenso in den Verhältnissen aller Stände in
und außerhalb Roms nahm Claudius manche Verbesse-
rungen vor, rief Veraltetes wieder ins Leben oder führte

---

[1] Wildtäuberich. – Zur Anrede „Herr" s. Augustus, Kap. 53, Anm.,
Tiberius, Kap. 27, Anm. Martial fand 40 Jahre später nichts mehr
dabei (V, 57). – [2] 52 n. Chr. – [3] Der bekannte Fechtergruß *Ave Imperator, morituri te salutant!* Der Kaiser meint mit seiner Antwort, daß
wohl nicht *jeder* sterben muß. – [4] S. Kap. 30.

auch manches Neue ein. Bei der Ergänzung der Priesterkollegien durch die Wahl neuer Mitglieder ernannte er
keinen, ohne vorher einen Eid zu leisten, daß er ihn für
den würdigsten halte. Desgleichen sah er sorgfältig darauf,
daß der Prätor eine Volksversammlung einberufen und Gerichtsferien verkünden mußte, sooft man ein Erdbeben in
der Stadt verspürte. Sooft sich aber ein Unglücksvogel in
Rom oder auf dem Kapitol blicken ließ, wurde ein Bet-
und Bußtag abgehalten. Er selbst eröffnete die Feier kraft
seines Amtes als Pontifex Maximus von der Rednerbühne
durch eine öffentliche Mahnung an das Volk. Die große
Masse der Handarbeiter und Sklaven wurde dabei von
der Versammlung ausgeschlossen[1].

23. Die Gerichtsverhandlungen, die bis dahin in eine Win-
ter- und Sommerperiode geschieden gewesen waren, zog
er zu einer einzigen Periode zusammen[2]. Die richterliche
Entscheidung in Fideikommißsachen, die auf die Stadt beschränkt war und jährlich anderen Magistraten aufgetragen
zu werden pflegte, übertrug er für immer und selbst in den
einzelnen Provinzen bestimmten Behörden. Den von Tiberius herrührenden Zusatz zu der lex Papia Poppaea, der zur
Voraussetzung hatte, daß kein Sechzigjähriger noch Kinder
zeugen könne, hob er auf. Er bestimmte, ganz gegen die
bisherige Ordnung, daß den Unmündigen nötigenfalls von
den Konsuln Vormünder gegeben würden. Ferner sollten
alle aus einer Provinz von den Beamten ausgewiesenen
Leute auch Rom und Italien nicht mehr betreten dürfen.
Er selbst wandte gegen einige Personen eine neue Art von
Verweisung an. Er verbot ihnen nämlich, sich weiter als
bis zum dritten Meilenstein von Rom zu entfernen[3]. Wollte
er im Senat eine wichtige Angelegenheit behandeln, pflegte
er in der Kurie auf der Tribunenbank zwischen den Sesseln
der Konsuln seinen Platz zu nehmen. Die Bewilligung der

---

[1] Alles längst veraltete Bräuche. – [2] Dadurch entstand eine Ferienpause
im Winter. Das galt bis auf Galba (s. dort, Kap. 14). – [3] Verweisungen
an bestimmte Orte, von denen man sich nicht entfernen durfte (z. B.
den Strafinseln), gab es schon. Claudius machte in bestimmten Fällen
auch Rom zu einem solchen Verweisungsort.

Urlaubsgesuche, welche man bisher beim Senat anzubringen pflegte, behielt er sich selbst vor[1].

24. Die konsularischen Auszeichnungen gewährte er auch Prokuratoren, welche ein Gehalt von zweihunderttausend Sesterzen[2] bezogen. Wer die Senatorenwürde ausschlug, dem nahm er auch die eines Ritters[3]. Bei seinem Regierungsantritt hatte er allerdings versprochen, keinen zum Senator zu ernennen, der nicht der Urenkel eines römischen Bürgers sei. Trotzdem erteilte er einmal den senatorischen Purpurstreifen dem Sohn eines Freigelassenen. Jedoch war seine vorherige Adoption durch einen römischen Ritter die Bedingung. Da er aber auch so noch fürchtete, auf Tadel zu stoßen, berief er sich darauf, daß auch der Urahnherr seines Geschlechts, der Censor Appius Cäcus, Söhne von Freigelassenen (sog. *Libertinen*) in den Senat aufgenommen hätte[4]. Er bedachte aber nicht, daß zur Zeit des Appius und längere Zeit nachher Libertinen nicht diejenigen genannt wurden, welche von ihren Herren die Freilassung empfingen, sondern vielmehr ihre freigeborenen Kinder.

Dem Kollegium der Quästoren übertrug er an Stelle der Aufsicht über den Straßenbau die Veranstaltung eines Fechterspiels. Er nahm ihnen ihre Ämter in Ostia und Gallien, gab ihnen aber dafür die Aufsicht über die Schatzkammer im Saturntempel zurück, welche in der Zwischenzeit die Prätoren oder, wie jetzt noch, die ehemaligen Prätoren in Händen hatten[5].

Die triumphalischen Abzeichen gab er dem Verlobten seiner Tochter, Silanus, noch bevor er erwachsen war. Älteren Leuten teilte er sie in so großer Zahl und so leicht zu, daß damals eine „Eingabe im Namen sämtlicher Legionen an den Kaiser" umlief, die die Bitte enthielt, man möchte doch den konsularischen Statthaltern zugleich mit ihrem Kommando die Triumphabzeichen verleihen, damit

---

[1] S. Kap. 16 m. Anm. – [2] 200 000 DM. – Konsularische Auszeichnungen, s. Kap. 4, Anm. – [3] Wahl von Rittern in den Senat s. Augustus, Kap. 40. – Als Ablehnungsgrund u. a. der Wunsch denkbar, Handelsgeschäfte zu treiben (den Senatoren verboten). – [4] S. Tiberius, Kap. 2 m. Anm. Es hatte damals böses Blut erregt. – [5] S. Augustus, Kap. 36.

sie nicht auf alle mögliche Weise einen Grund zum Krieg zu suchen brauchten. Aulus Plautius[1] erkannte er sogar die Ehre der Ovation zu, ging ihm bei seinem Einzug in der Stadt entgegen und schritt während seines Zuges zum Kapitol hinauf und von dort hinab an seiner linken Seite. Gabinius Secundus, dem Sieger über den germanischen Cauchen-stamm[2], gestattete er, den Beinamen „Cauchius" zu führen.

25. Den Heeresdienst der Ritter ordnete Claudius in der Weise, daß er nach dem Kommando über eine Abteilung Hilfstruppen das über eine Schwadron Reiterei, hiernach die Stelle eines Legionstribunen erteilte. Ferner regelte er die Länge der Dienstzeit und führte auch eine Art inaktiven Dienst ein, dessen Inhaber als „Überzählige" bezeichnet wurden und abwesend nur dem Namen nach Dienst taten.

Den Soldaten untersagte er sogar durch einen Senats-beschluß, die Häuser der Senatoren zu betreten, um ihnen ihre Aufwartung zu machen. Freigelassene, welche sich als römische Ritter ausgaben, bestrafte er mit Einziehung ihres Vermögens. Undankbare Leute, über welche sich ihre Patrone beklagten, versetzte er wieder in den Sklaven-stand und verbot ihren Advokaten, Klagen gegen ihre eigenen Freigelassenen vorzunehmen. Da manche Herren ihre kranken und mit schweren Gebrechen behafteten Sklaven, um sich der Last ihrer weiteren ärztlichen Behandlung zu entziehen, auf der Insel des Äskulap[3] aussetzten, verordnete er, Alle, die so ausgesetzt würden, sollten frei sein und brauchten im Fall ihrer Genesung nicht wieder in den Dienst ihrer Herren zu treten. Wenn aber ein Herr sich

---

[1] Silanus, s. Kap. 27, Anm. u. Kap. 29. Er bekam die Abzeichen offenbar für den Triumph des Claudius, den er nach Britannien begleitet hatte. – Aulus Plautius, Konsul 29, Statthalter von Pannonien 39–42, erster Feldherr und Statthalter in Britannien 43–47, Ovation 47, eine ungewöhnliche Auszeichnung. – [2] Germanischer Küstenstamm zwischen Ems- und Elbmündung, sonst Chauken genannt („die Hohen"; ch wie in ach). – Gabinius Secundus brachte den einzigen Adler vom Heere des Varus, der noch im Besitz der Germanen war, zurück. – [3] Die kleine Tiberinsel innerhalb Roms. Im früheren Äskulap-Heiligtum, jetzt Kirche San Bartolommeo, betet man heute noch um die Heilung von Krankheiten.

einfallen ließe, seinen Sklaven lieber zu töten, statt ihn auszusetzen, sollte er des Mordes angeklagt werden.
Die Reisenden hielt er durch ein Edikt dazu an, die italischen Städte nur zu Fuß oder im Tragsessel oder in der
Sänfte zu passieren. Nach Puteoli und Ostia legte er je
eine Kohorte in Garnison, damit sie bei den zahlreich vorkommenden Bränden Hilfe leisten könnten[1].
Ausländern verbot er, römische Namen, d. h. Geschlechtsnamen, zu führen. Wer sich das römische Bürgerrecht un-
befugterweise anmaßte, wurde auf dem Esquilinischen
Felde[2] mit dem Beil enthauptet. Die Provinzen Achaja und
Mazedonien, welche Tiberius der kaiserlichen Verwaltung
unterstellt hatte, gab er dem Senat zurück. Den Lyziern,
die sich gegenseitig durch innere Zwietracht aufrieben,
nahm er die Freiheit, während er sie den Rhodiern, die ihre
alten Vergehen bereuten, wiedergab[3]. Den Einwohnern
von Ilium, als Stammvätern des römischen Volkes, erließ
er für immer alle Abgaben. Er verlas dabei einen alten
griechisch geschriebenen Brief, in welchem Senat und Volk
von Rom dem König Seleukus[4] Freundschaft und Bündnis
nur unter der Bedingung zusicherten, wenn er die Einwohner von Ilium, ihre Blutsverwandten, von jeder Steuer-
last befreite. Die Juden vertrieb er aus Rom, weil sie,
von Chrestus aufgehetzt, fortwährend Unruhe stifteten[5].

---

[1] Es handelt sich also um vigiles (Feuerwehr); die Kaserne in Ostia
neuerdings ausgegraben. – [2] Vor der Porta Esquilina, der alten Stadtmauer im Osten der Stadt. – [3] Einziehung Lyziens 43. – Die Rhodier
hatten römische Bürger gekreuzigt und Claudius ihnen dafür ihre
Selbstverwaltung (s. Tiberius, Kap. 37 Kyzikus) entzogen. Auf Fürsprache Neros (s. dort, Kap.7) erhielten sie diese zurück. – [4] Wahrscheinlich Seleukus II. Kallinikus (246–226). – [5] S. Tiberius 36, Anm.,
Apostelgeschichte 18, 2: „Dort lernte er (Paulus) einen Juden mit
Namen Aquila kennen . . .; dieser war erst kürzlich aus Italien zu-
gereist . . ., und zwar wegen des *Ediktes des Claudius, daß alle Juden
Rom zu verlassen hätten.*" Die Vertreibung der Juden aus Rom fällt
in das Jahr 49. Der Name Chrestus wird schon von den Kirchenvätern
häufig auf Christus gedeutet. Diese Annahme läßt sich nicht beweisen,
da der Name Chrestus auch sonst vorkommt. Auch fielen Verurteilung
und Tod von Christus bereits in die Regierungszeit des Tiberius.

Den Germanischen Gesandten erlaubte er, in der Orchestra zu sitzen. Hierzu veranlaßte ihn die naive Äußerung ihres Selbstgefühls. Als man ihnen nämlich ihre Plätze in den Abteilungen des Amphitheaters angewiesen hatte, die für das Volk bestimmt waren, begaben sie sich, sobald sie die Parther und Armenier auf den Senatsplätzen sitzen sahen, ohne weiteres auf eben diese Plätze[1]. Stolz erklärten sie dabei, ihre Tapferkeit und ihr Rang seien um nichts geringer. Den Druidenkult bei den Galliern mit seiner unmenschlichen Grausamkeit[2], den Augustus nur römischen Bürgern verboten hatte, schaffte er vollständig ab. Dagegen versuchte er, den eleusinischen Mysterienkult sogar von Attika nach Rom zu verpflanzen. Ferner veranlaßte er, daß in Sizilien der vor Alter eingestürzte Tempel der Venus Erycina[3] aus römischen Staatsmitteln wieder aufgebaut wurde. Bündnisse mit fremden Königen schloß er auf dem Forum ab, wobei ein Schwein geopfert und die alte Formel der Fetialen[4] angewendet wurde.

Indessen alle diese und andere ähnliche Maßnahmen wie überhaupt seine ganze Regierung waren zum großen Teil weniger sein eigenes Werk als das seiner Frauen und seiner Freigelassenen. Er selbst nahm meistens nur die Stelle ein, die ihren Interessen oder Launen entsprach.

26. Verlobt war Claudius in sehr jungen Jahren zweimal: mit Ämilia Lepida, einer Urenkelin des Augustus, und mit Livia Medullina, die auch Camilla mit Zunamen hieß und aus dem alten Geschlecht des Diktators Camillus stammte[5].

---

[1] Dies durften seit Augustus (s. dort, Kap. 44 m. Anm.) nur die Gesandten unabhängiger Völker. Hier handelt es sich offenbar um Friesen, die seit dem Aufstand 28 (s. Tiberius, Kap. 41, Anm.) nicht bezwungen waren. Tacitus (Annalen XIII, 54) verlegt den Vorgang ins Jahr 57. – [2] Er kannte noch Menschenopfer. – [3] Der Venustempel auf dem Berge Eryx bei Drepanum (heute Trapani) in Sizilien galt als von Äneas gegründet (s. Vergil, Äneis V, 759 ff.) und stand bei den Römern im höchsten Ansehen. – [4] Ein angeblich bis in die Königszeit zurückgehendes Priesterkollegium zur Pflege der auswärtigen Beziehungen. – [5] Schwester des Furius Camillus Scribonianus, s. Kap. 13 m. Anm.

Die erste verstieß er noch als Jungfrau, weil ihre Eltern Augustus beleidigt hatten[1]. Die zweite verlor er an dem für die Hochzeit festgesetzten Tag durch Krankheit. Er heiratete Plautia Urgulanilla, deren Vater die Triumphal-abzeichen erhalten, und bald darauf Älia Pätina, deren Vater Konsul gewesen war; von beiden schied er sich wieder, von Pätina wegen unbedeutender Ärgernisse, von Urgulanilla dagegen wegen ihres ausschweifenden Lebens-wandels und wegen Mordverdachts[2].

Nach ihnen vermählte er sich mit der Tochter seines Vet-ters Barbatus Messala, Valeria Messalina. Sie ließ er hin-richten. Denn er hatte erfahren, daß sie neben anderen Schandtaten sich sogar in aller Form mit Gajus Silius unter Aufnahme eines ordnungsgemäß von den Auguren voll-zogenen Ehekontrakts über Aussteuer und Heiratsgut ver-mählt hatte[3]. Zugleich erklärte er in einer Versammlung vor seinen Prätorianern: ,,Weil ich mit meinen Ehen kein Glück habe, will ich fortan unvermählt bleiben, und wenn ich es nicht bleibe, habe ich nichts dagegen, von Eurer Hand erstochen zu werden." Er war aber doch nicht im-stande, es durchzuführen, sondern trat sofort wieder in Unterhandlungen zu einer neuen Ehe, sogar mit der früher von ihm verstoßenen Pätina und mit Lollia Paulina, der früheren Gattin des Kaisers Gajus Caligula. Allein die Verführungen Agrippinas, der Tochter seines Bruders Germanicus, die ihre nahe Verwandtschaft zu ihm zu Lieb-kosungen und Zärtlichkeiten zu benutzen wußte, reizten

---

[1] Ihre Mutter war Julia, die Enkelin, die Augustus verstoßen hatte; ihr Vater, ein Sohn des Kap. 16, Anm. genannten Censors, verschwor sich darauf gegen den Kaiser (s. Augustus 19 u. 65). – [2] Plautia Urgula-nilla, die Schwester des Marcus Plautius Silvanus (s. Kap. 4, Anm.). – [3] Marcus Valerius Messala Barbatus, Sohn der Jüngeren Marcella, der Stieftante des Claudius, seine Gattin Domitia Lepida eine richtige Base des Claudius. – Über eine angebliche Zeugenschaft des Kaisers bei der Ehe mit Silius s. Kap. 29. – Gajus Silius, ,,der schönste junge Mann Roms" (Tacitus, Annalen XI, 12) war damals, Ende 48, zum Konsul bestimmt und hatte auf Befehl Messalinas seine Gattin Junia Silana verstoßen.

seine Sinnlichkeit derart, daß er einige Senatoren anstiftete, in der nächsten Senatssitzung den Antrag zu stellen, man müsse Claudius zwingen, zum Wohl des Staates Agrippina zu heiraten, und zugleich überhaupt solche Verbindungen, die bisher als Blutschande gegolten hatten, für allgemein erlaubt erklären. Kaum war ein Tag nach jener Erklärung verstrichen, so vollzog Claudius die Heirat, doch fand sich niemand, der seinem Beispiel gefolgt wäre, mit Ausnahme eines Freigelassenen und eines Primipilaren, dessen Hochzeit er selbst mit Agrippina beiwohnte[1].

27. Kinder hatte er von drei Frauen: von Urgulanilla Drusus und Claudia, von Pätina eine Tochter Antonia, von Messalina die Octavia und einen Sohn, dem er anfangs den Beinamen Germanicus, später Britannicus gab. Drusus verlor er noch als Knaben in Pompeji. Er erstickte an einer Birne, die er im Spiel in die Höhe geworfen und mit dem Munde wieder aufgefangen hatte. Wenige Tage vorher hatte er diesen Sohn mit einer Tochter Sejans verlobt. Daher wundere ich mich um so mehr über einige Schriftsteller, die berichtet haben, Sejan habe den Knaben heimlich umgebracht. Claudia, deren richtiger Vater eigentlich sein Freigelassener Boter war, wurde auf seinen Befehl ausgesetzt und der Mutter nackt vor die Türe gelegt, obschon sie vor dem fünften Monat nach der Ehescheidung geboren und anfangs als sein Kind auferzogen worden war. Antonia vermählte er erst mit Gnäus Pompejus Magnus, dann mit Faustus Sulla, zwei jungen Männern aus vornehmster Familie[2], Octavia, die vorher mit Silanus[3] verlobt ge-

---

[1] Agrippina, die Tochter des Germanicus (s. Caligula, Kap. 24 m. Anm.) u. Witwe des Gnäus Domitius Ahenobarbus (s. Nero, Kap. 5), war die richtige Nichte des Claudius. - [2] Antonia, geb. spätestens 29, mit Pompejus 41, mit Sulla (s. Kap. 12, Anm.) 47 vermählt, von Nero, dessen Hand sie ausschlug, 65 getötet (s. Nero, Kap. 35). - Gnäus Pompejus Magnus, eigentlich Marcus Licinius Crassus (s. Caligula, Kap. 35, Anm.), sehr jung getötet, 46 oder 47 (s. Kap. 29). - Faustus Cornelius Sulla Felix, Konsul 52, von Nero als Hochverräter angeklagt, verbannt und 62 getötet. - [3] Lucius Junius Silanus Torquatus (24-49), Sohn des Marcus Junius Silanus (Torquatus s. Caligula, Kap. 35.

wesen war, mit seinem Stiefsohn Nero. Britannicus, der ihm am zwanzigsten Tage nach seiner Thronbesteigung während seines zweiten Konsulates geboren worden war[1], empfahl er schon damals als ganz kleines Kind ständig den versammelten Soldaten, wobei er ihn auf seinen Armen trug, ebenso bei Aufführung von Schauspielen dem Volke. Bei dieser Gelegenheit ließ er das Kind auf seinem Schoß sitzen oder vor sich stehen und wünschte ihm unter dem Jubelruf der Menge Heil und Segen. Von seinen Schwiegersöhnen adoptierte er Nero; Pompejus und Silanus überging er nicht nur, sondern ließ sie sogar umbringen.

28. Unter seinen Freigelassenen standen bei ihm in besonderem Ansehen der Eunuch Posides, den er auch bei seinem britannischen Triumph unter den verdienten Militärs mit der „unbeschlagenen Lanze" beschenkte[2]; nicht minder Felix, dem er das Kommando erst einer Schwadron von Bundestruppen, dann von Römern übertrug und zuletzt zum Statthalter der Provinz Judäa erhob, und der sogar mit drei Königstöchtern verheiratet war[3]; ebenso Harpocras, dem er das Recht erteilte, sich in Rom einer Sänfte zu bedienen und dem Volk öffentliche Spiele zu geben. Zu diesen kam sein Hofgelehrter Polybius, der häufig die Ehre genoß, in der Mitte zwischen den beiden Konsuln spazierenzugehen.

Aber am höchsten unter allen standen in der kaiserlichen Gunst Narzissus, sein Kabinettssekretär, und Pallas, der

---

Anm.) und der Ämilia Lepida, 41 mit der kaum geborenen Octavia verlobt, 48 Prätor, 1. 1. 49 Selbstmord (s. Kap. 29). – Octavia s. Nero, Kap. 7, 35, 46, 57. – [1] Britannicus, s. Kap. 43, Nero, Kap. 7, 33, Titus, Kap. 2. – Der 20. Tag nach der Thronbesteigung ist der 13. 2. 41. Damals war Claudius wohl nicht Konsul. – [2] Es war eine rein militärische Auszeichnung, etwa einem modernen Ehrensäbel entsprechend. – [3] Marcus Antonius Felix, strenggenommen ein Freigelassener der Kaiserin-Mutter Antonia, wie Pallas (s. u.), zwischen 44 u. 52 Prokurator von Judäa (s. Apostelgeschichte 24), heiratete Drusilla, die Schwester des Königs Ptolemäus von Mauretanien (s. Caligula 26, Anm.) und Drusilla, die Tochter des Judenkönigs Herodes Agrippa. Die dritte Königstochter ist nicht bekannt.

Verwalter seiner Finanzen, die sogar durch Senatsbeschluß
nicht nur mit ungeheuren Geldbelohnungen geehrt, sondern auch zum Range von Quästoren und Prätoren erhoben wurden. Zu diesem allen erteilte Claudius bereitwillig
seine Genehmigung. Außerdem gestattete er ihnen noch,
so viel zusammenzuraffen und zu rauben, daß ihm, als er
sich einmal über den Geldmangel in der kaiserlichen Kasse
beklagte, die ganz passende Antwort gegeben wurde, er
würde Geld im Überflusse haben, wenn seine beiden Freigelassenen mit ihm Gütergemeinschaft machen wollten[1].
29. Wie gesagt: in der Hörigkeit dieser Menschen und
seiner Frauen spielte Claudius eigentlich nicht die Rolle
eines Fürsten, vielmehr die eines Dieners. Wie es dem
Interesse jeder dieser Personen oder auch ihrer Neigung
und Laune entsprach, erteilte er Ehrenstellen, militärische
Kommandos, Begnadigungen und Strafen, meistenteils
ohne recht zu wissen, was er tat.

Um nicht alle und jede geringfügige Einzelheit aufzuzählen: die widerrufenen Gnadenbezeigungen, die ungültig
erklärten richterlichen Urteile, die untergeschobenen oder
auch ganz offen geänderten Bestallungsurkunden; so ließ
er z. B. den Vater[2] des Bräutigams seiner Tochter, Appius
Silanus, und die beiden Julien[3] – die eine war die Tochter
von Drusus, die andere von Germanicus – auf ganz unbestimmte Anschuldigungen hinrichten, ohne ihnen eine
Gelegenheit zur Verteidigung gegeben zu haben. Ferner
Gnäus Pompejus, den Mann seiner älteren Tochter, und
den Bräutigam der jüngeren, Lucius Silanus. Pompejus
wurde in den Armen eines von ihm geliebten Knaben erstochen, Silanus aber mußte noch am 29. Dezember die

---

[1] Narzissus und Pallas waren tatsächlich die eigentlichen Leiter des
Staates, wobei Narzissus mehr die auswärtige und Heerespolitik, Pallas
mehr die innere und Finanzpolitik besorgte. In ägyptischen Papyris der
Zeit werden die Begüterungen des Pallas oft erwähnt. – [2] Gajus Appius
Junius Silanus, der Stiefvater des Faustus Sulla (s. Kap. 27, Anm.).
Über sein Ende (42) s. Kap. 37. – [3] Julia, die Tochter des Drusus,
Sohnes des Tiberius, und der Schwester des Claudius, Livilla (s.
Kap. 1). – Julia Livilla, die Schwester Caligulas (s. dort, Kap. 24).

Prätur niederlegen und am Neujahrstage, der zugleich der Hochzeitstag von Claudius und Agrippina war, sterben[1]. Die Todesurteile von fünfunddreißig Senatoren und mehr als dreihundert römischen Rittern vollzog der Kaiser mit größter Leichtfertigkeit. Daher stellte er sogar in Abrede, einen Befehl erteilt zu haben, als ihm ein Centurio über die Hinrichtung eines Mannes von konsularischem Range mit den Worten Meldung erstattete, sein Auftrag sei vollzogen. Nichtsdestoweniger aber hieß er das Geschehene gut, weil seine Freigelassenen ihm versicherten, die Soldaten hätten ihre Pflicht getan, da sie aus freien Stücken einen Feind ihres Kaisers bestraft hätten.

Indessen dürfte folgendes keinen Glauben verdienen: Claudius soll nämlich sogar den Ehevertrag Messalinas mit ihrem Buhlen Silius selbst mit unterzeichnet haben. Hierzu hätte man ihn durch die Vorspiegelung veranlaßt, das Ganze sei eine absichtlich vorgenommene Scheinzeremonie, um von seinem Haupt ein Unheil, das, wie man sagte, durch allerhand Vorzeichen ihm drohend verkündet wurde, abzuwenden und auf einen andern zu übertragen.

30. Imponierende Würde seiner äußeren Erscheinung fehlte Claudius keineswegs, ganz gleich, ob er stand oder saß, aber vor allem, wenn er auf dem Ruhebett lag. Denn er war hochgewachsen, ohne mager zu sein, und sein graues Haar und ein fleischiger Nacken machten sein Äußeres angenehm. Beim Gehen schadete es ihm, daß er nicht recht fest auf den Beinen war, und bei heiteren wie ernsten Vorkommnissen verunstaltete ihn verschiedenes Unangenehme, wie unanständiges Lachen, und Häßlichkeit, wenn er zornig war, da ihm dann der Schaum vor den Mund trat und seine Nase zu tropfen pflegte. Dazu stieß er mit der Zunge an und litt an einem dauernden Zittern des Kopfes, das sich bei jeder wichtigen Gelegenheit auf das heftigste steigerte.

---

[1] Pompejus u. Silanus, s. Kap. 27, Anm. Silanus war vom Censor Vitellius (s. Kap. 16, Anm., Vitellius, Kap. 2) im Jahre 48 wegen Unzucht mit der eigenen Schwester aus dem Senat gestoßen worden (Tacitus, Annalen XII, 4).

31. Seine früher schwächliche Gesundheit war seit seiner Thronbesteigung sehr gut, mit Ausnahme eines Magenleidens. Dies hätte ihm, wie er selbst sagte, so große Schmerzen bereitet, daß er bisweilen an Selbstmord gedacht hätte.

32. Claudius gab häufig große Schmausereien und veranstaltete sie fast immer an Orten, wo sehr viel Raum zur Verfügung stand, so daß sehr oft sechshundert Personen auf einmal an der Tafel teilnahmen. Einmal gab er sogar ein Gastmahl beim Abzugsgraben des Fuciner Sees. Dabei wäre er beinahe in den Wassermassen ertrunken, die mit großer Gewalt nach Durchstich des Dammes hervorbrachen und alles überschwemmten. Auch seine Kinder zog er regelmäßig zur Tafel mit anderen vornehmen Knaben und Mädchen, die nach alter Sitte zu Füßen des Tischsofas sitzend essen mußten[1]. Einen seiner Gäste, auf dem der Verdacht ruhte, tags zuvor einen goldenen Becher heimlich eingesteckt zu haben, lud er zum nächsten Tage wieder ein und setzte ihm eine irdene Trinkschale vor. Auch sagt man ihm nach, er habe ein Edikt zu erlassen beabsichtigt, durch welches er die Erlaubnis geben wollte, stille und laute Winde bei Tisch von sich zu geben. Denn er hatte erfahren, daß einer seiner Tischgenossen, der sie aus Schamgefühl zurückgehalten hätte, lebensgefährlich erkrankt war.

33. Zum Essen und Trinken hatte der Kaiser zu jeder Zeit und überall einen gewaltigen Appetit. Während er einmal auf dem Augustusforum zu Gericht saß, lockte ihn der Duft eines Gabelfrühstücks, das in dem nahegelegenen Marstempel für die Salier[2] zubereitet wurde. Sofort verließ er das Tribunal, ging zu den Priestern hinauf und ließ sich an ihrer Tafel nieder.

Er erhob sich auch selten von Tisch, ohne sich vollgegessen und -getrunken zu haben; daher wurde ihm stets, sooft er

---

[1] S. Augustus, Kap. 64, Anm. – [2] („Tänzer" oder „Springer"). Eine Priesterschaft, die dem Mars zu Ehren Kriegstänze aufführte und dazu ein uraltes Lied sang. Ihr Amtslokal war der Marstempel auf dem Augustusforum (s. Augustus, Kap. 29 m. Anm.). Sie galten als Feinschmecker, vgl. Horaz, Oden I, 37, 2–4.

schlafend mit offenem Mund auf dem Rücken lag, eine
Feder in den Schlund gesteckt, um durch eine Entleerung
seinen Magen zu erleichtern[1].

Seine Nachtruhe war überaus kurz, denn er blieb gewöhnlich vor Mitternacht wach, doch schlief er dann zuweilen
am hellen Tag bei Gericht ein. Die Advokaten, die dann
absichtlich ihre Stimme anstrengten, konnten ihn kaum
aufwecken.

Zum weiblichen Geschlecht hatte er einen übermäßigen
Hang, zum männlichen gar keinen. Brettspiele liebte er sehr
und schrieb über sie sogar ein Buch. Er pflegte selbst auf
Spazierfahrten zu spielen, wobei das Brett so im Wagen
befestigt war, daß das Spiel nicht in Verwirrung geraten
konnte.

34. Daß Kaiser Claudius von Natur eigentlich grausam
und blutdürstig war, zeigte sich in großen wie in kleinsten
Dingen. Die peinlichen Verhöre und die Hinrichtungen
der Mörder pflegte er ohne Verzug und in seiner Gegenwart
vollziehen zu lassen. Als ihn einmal in Tibur die Lust an-
wandelte, eine Hinrichtung, die nach alter Weise[2] vollzogen
werden sollte, zu sehen und der Henker für die Verbrecher,
die bereits an den Pfahl gebunden waren, fehlte, ließ er aus
der Hauptstadt einen holen und wartete auf der Richtstätte
bis zum Abend auf dessen Ankunft. Bei jedem Gladiatorenspiel, mochte er oder ein anderer der Veranstalter sein, ließ
er selbst denen, welche nur zufällig auf die Erde gefallen
waren, stets den Todesstreich versetzen – zumal wenn es
Netzfechter waren[3] –, um die Mienen der Verendenden
beobachten zu können. Als einmal ein Fechterpaar an den
gegenseitig beigebrachten Wunden gefallen war, gab er
den Befehl, unverzüglich aus den Schwertern beider kleine

---

[1] „Der Gebrauch von Brechmitteln nach der Mahlzeit war ein rein
diätetisches, von den Ärzten empfohlenes Mittel, wie bei uns früher
Aderlaß und Purgieren" („Wörterbuch der Antike" unter „Kost"). –
[2] Nach Nero, Kap. 49 wird bei ihr der Verbrecher nackt in ein Gabel-
holz geschlossen und mit Ruten zu Tode gepeitscht. S. auch Domitian,
Kap. 11. – [3] S. Caligula, Kap. 30, Anm. Sie trugen keine Kopfbedeckung.

Messer zu seinem Gebrauch zu machen[1]. An den Tier-
kämpfern und an den Fechtern, welche um die Mittags-
stunde auftraten[2], hatte er solche Freude, daß er schon
frühmorgens sich zum Schauplatz hinabverfügte, und sogar
über Mittag, wenn das Volk zum Essen das Theater verließ, auf seinem Platz sitzenblieb.

Außer den Fechtern von Beruf pflegte Claudius noch aus
geringfügigen und im Augenblick selbst vom Zaun ge-
brochenen Gründen hier und da Maschinisten, Hilfsarbeiter
und andere im Zirkus beschäftigte Leute zum Kampfe zu
verurteilen, wenn ihnen etwa ein Automat, ein Gerüst oder
sonst eine Maschinerie nicht recht geraten war. Er schickte
sogar einmal einen seiner Nomenklatoren, so wie er ging
und stand, mit der Toga in die Arena.

35. Die vorherrschenden Züge seines Charakters aber
waren Furchtsamkeit und Mißtrauen. In den ersten Tagen
seiner Regierung wagte er trotz einer – wie gesagt[3] – gern
zur Schau getragenen bürgerlichen Schlichtheit an einem
Gastmahl nur dann teilzunehmen, wenn ihn Leibwächter
mit Lanzen umstanden und Soldaten bei Tisch aufwarteten.
Auch besuchte er nie einen Kranken, ohne vorher das
Schlafzimmer genau besichtigen und sogar Polster und
Decken sorgfältig und gründlich durchsuchen zu lassen.
In der Folgezeit ließ er jeden, der ihm seine Aufwartung
machte, ohne alle Ausnahme durch besonders dazu ange-
stellte Leute auf das schärfste untersuchen. Erst nach langer
Zeit und auf viele Vorstellungen hin gab er endlich soweit
nach, daß wenigstens Frauen und Knaben, die noch die
Prätexta trugen, sowie junge Mädchen, keiner Leibesvisi-
tation unterzogen wurden, und daß man den Begleitern

---

[1] Nach Plinius (Naturgeschichte XXVIII, 34) sollte Fleisch von
Wild, das mit einem Messer erlegt war, durch das ein Mensch den
Tod erlitten hatte, wirksam gegen Epilepsie helfen. Britannicus litt
hieran (s. Nero, Kap. 33). – [2] Lateinisch meridiani, eine besondere
Gladiatorenart, die in der Mittagspause auftrat, vielleicht die vom
Morgen übriggebliebenen Tierkämpfer, die sich in der Mittagshitze
ohne alle Schutzwaffen gegenseitig umbringen mußten (nach Seneca,
Epistulae morales 7, § 3 ff.). – [3] Kap. 12.

und Schreibern der zur Audienz kommenden Personen nicht ihre Schreibrohr- und Griffelbüchsen abnahm. Bei Gelegenheit seines Aufstandes forderte ihn Camillus[1], in der sicheren Hoffnung, ihn auch ohne Krieg einschüchtern zu können, in einem Brief voll Beschimpfungen und frechen Drohungen auf, von der Regierung zurückzutreten und als Privatmann fern von Staatsgeschäften ruhig weiterzuleben. Daraufhin berief Claudius die ersten Männer des Staates zu einer Beratung, weil er im Zweifel war, ob er der Aufforderung nicht doch nachkommen sollte.

36. Mehrere unbegründete Anzeigen von Verschworungen jagten ihm einen solchen Schrecken ein, daß er damit umging, die Regierung niederzulegen. Als einmal ein Mensch, wie ich oben erzählt habe[2], mit einem Dolch während eines Opfers in seiner Nähe ergriffen worden war, ließ er schleunigst den Senat durch Herolde einberufen; vor ihm beklagte er unter Tränen und Jammern sein Los, daß er nirgends sicher sei, und erschien dann lange Zeit nicht mehr in der Öffentlichkeit.

Selbst seiner heißen Liebe zu Messalina entsagte er weniger aus Unwillen über die kränkenden Beleidigungen, die er von ihr erfahren mußte, als aus Furcht vor der Gefahr, die ihm von seiten ihres Buhlen Silius drohte[3]; denn er war der festen Meinung, daß sie Silius auf den Thron zu setzen beabsichtigte. Zu dieser Zeit flüchtete er sich schmählicherweise, zitternd und bebend, ins Lager der Prätorianer und richtete während des ganzen Weges immer nur die eine Frage an seine Begleitung, ob denn nicht wirklich sein Thron in Gefahr sei.

37. So veranlaßte denn in der Tat jeder Verdacht und jeder Angeber selbst beim allergeringsten Argwohn den Herrscher zu ängstlicher Vorsicht und zur Ausübung der Rache. Ein Mann, der einen Prozeß hatte, machte ihm seine Aufwartung und vertraute ihm insgeheim, er habe geträumt, daß jemand den Kaiser ermorde. Nach wenigen Augenblicken zeigte er, als ob er den Mörder wieder erkenne,

---

[1] S. Kap. 13, Anm. - [2] Kap. 13. - [3] S. Kap. 26, Anm. u. 29.

auf seinen Gegner, der eben im Begriff war, eine Bittschrift
zu überreichen. Sofort wurde dieser, als auf frischer Tat
ertappt, zur Hinrichtung geschleppt. Auf gleiche Art soll
Appius Silanus sein Leben verloren haben[1]. Messalina und
Narzissus hatten nämlich beschlossen, ihn zu verderben,
und die Rollen zu diesem Zweck so verteilt: Narzissus
stürzte vor Tagesanbruch ganz verstört in das Schlafzimmer
seines Herrn mit der Nachricht, er habe geträumt, Appius
habe diesen ermordet. Messalina dagegen erzählte mit ver-
stelltem Erstaunen, auch sie habe schon seit einigen Nächten
denselben Traum gehabt. Bald darauf kam, wie gleichfalls
abgekartet war, die Meldung, Appius eile herbei – es war
ihm nämlich tags zuvor bestellt worden, sich um diese
Zeit im Palast einzufinden. Da dies als sichere Bestätigung
des Traums angesehen wurde, erteilte man sofort den Befehl, ihn zu verhaften und hinzurichten. Ja, Claudius nahm
keinen Anstand, tags darauf den ganzen Hergang dem Senat
vorzutragen und seinem Freigelassenen Dank abzustatten
dafür, daß er selbst im Schlaf für seine Sicherheit wache.
38. Seiner Neigung zum Zorn und zur Strenge war er sich
wohl bewußt. Beides entschuldigte er in einem Edikt,
worin er ausdrücklich versprach: „Der eine wird kurz und
unschädlich, die andere nie ungerecht sein." Die Einwohner von Ostia, die ihm einmal bei seiner Einfahrt in den
Tiber keine Kähne entgegengeschickt hatten, schalt er in
einem Briefe erst heftig aus, mit dem gehässigen Zusatz,
sie hätten ihn böswilligerweise wie einen gemeinen Soldaten behandelt, aber dann verzieh er ihnen plötzlich in einer
Weise, die fast einer Entschuldigung gleichkam. Mehrmals stieß er Leute, die ihn ungelegen auf offener Straße
belästigten, mit eigener Hand zurück. Ebenso verfügte er
die Ausweisung eines Quästurschreibers[2] und eines Senators, der bereits die Prätur bekleidet hatte, ohne Verhör
und ohne Schuld. Der Quästurschreiber hatte gegen ihn,
als er noch Privatmann war, bei einem Prozeß allzu heftig
Partei ergriffen. Der Senator hatte als Ädil Pächter von

---

[1] S. Kap. 29, Anm. – [2] S. Kap. 1, Anm.

des Kaisers Besitzungen, die gegen das Verbot gekochte
Speisen verkauften, in Strafe genommen und den da-
zwischentretenden Verwalter auspeitschen lassen. Bei diesem Anlaß nahm er den Ädilen auch die Polizeigewalt
über die Schenken[1].

Selbst aus seiner Geistesschwäche machte Claudius keinen
Hehl und erklärte in mehreren kleinen Reden, daß er sie
unter Gajus' Regierung nur erheuchelt habe, weil keine
andere Möglichkeit für ihn bestanden hätte, mit heiler
Haut davonzukommen und zu seiner jetzigen Stellung zu
gelangen. Doch fand er keinen Glauben; denn binnen
kurzem erschien eine Schrift unter dem griechischen Titel:
„Die Genesung der Toren", die beweisen wollte, daß keiner
Torheit fingieren könne.

39. Unter anderem fiel besonders seine Vergeßlichkeit und
Unüberlegtheit auf oder, um griechische Ausdrücke zu
gebrauchen, seine „Entrücktheit" (meteōría) und seine
„Zerstreutheit" (ablepsía). So z. B. fragte er nach der
Ermordung Messalinas, bald nachdem er sich zu Tisch
niedergelassen hatte: „Warum kommt die Kaiserin nicht?"
Viele, welche er mit dem Tode bestraft hatte, ließ er gleich
am anderen Tage zur Beratung oder zum Brettspiel ein-
laden und schickte dann, wenn sie nicht kamen, Boten an
sie ab, denen er auftrug, sie in seinem Namen als Schlaf-
mützen auszuschelten.

Als er damit umging, gegen Sitte und Gesetz Agrippina zu
heiraten, hörte er darum doch nicht auf, sie in allen seinen
Reden als „sein Töchterchen", „sein Pflegekind" zu bezeichnen, „das er von ihrer Geburt an auf den Armen getragen und auferzogen habe". Während er sich mit der Absicht trug, Nero zu adoptieren, äußerte er – als wäre es noch
nicht genug an dem Tadel, daß er, der doch bereits einen
erwachsenen Sohn hatte, einen Stiefsohn adoptierte – immer
wieder, niemand sei bisher durch Adoption in die clau-
dische Familie aufgenommen worden.

---

[1] Verbot des Verkaufs von Speisen s. Tiberius, Kap. 34. – Schenken-
polizei s. Kap. 40.

40. Im Gespräch und in seinem Benehmen ließ sich Claudius oft so weit gehen, daß man glauben mußte, er wisse oder bedenke weder, wer er sei, noch zu wem oder wann und wo er rede. Als über die Schlächter und Weinwirte im Senat verhandelt wurde[1], rief er aus: „Ich bitte Euch, wer kann denn ohne sein Stück Wurst leben?" Sogleich beschrieb er die reiche Aufmachung der alten Wirtshäuser, aus denen er vorzeiten selbst seinen Wein zu holen pflegte. In Sachen eines Bewerbers um die Quästur führte er unter den Gründen, weshalb er seine Bewerbung unterstützte, auch den an, der Vater des Betreffenden habe ihm in einer Krankheit rechtzeitig einen Trunk frischen Wassers gereicht. Als eine Frau im Senat als Zeugin erscheinen sollte, führte er sie mit den Worten ein: „Sie ist eine Freigelassene und Schmuckbeschließerin meiner Mutter gewesen, hat aber *mich* immer als ihren Patron geachtet. Ich sage das deswegen, weil noch jetzt einige in meinem Hause sind, die mich nicht als Patron betrachten."

Die Einwohner von Ostia trugen ihm einmal vorm Tribunal ein Gesuch vor. Da geriet er in heftigen Zorn und rief ihnen wütend zu: „Ich habe gar keinen Grund, Euch Gutes zu tun; so gut wie jeder andere bin auch ich Herr meiner Handlungen!" Daneben waren seine gewöhnlichen Redensarten, die man geradezu alle Stunden und Minuten hörte, folgende: „Wie? Hältst Du mich etwa für Telegenius?[2]" Oder auch das griechische: „Sprich, aber rühre mich nicht an!" Und anderes dergleichen mehr, was sich selbst für eine Privatperson, geschweige denn für einen Kaiser ganz und gar nicht schickte. Dabei war doch Claudius weder unberedt noch ungebildet, sondern vielmehr ein Mensch, der sich mit größtem Eifer dem Studium aller zur Bildung eines freien Mannes gehörenden Wissenschaften gewidmet hatte.

---

[1] Offenbar bei der Kap. 38 erwähnten Regelung des Schankwesens. Die Aufwandgesetze Cäsars, des Augustus und des Tiberius (s. Cäsar, Kap. 43, Augustus, Kap. 34, Tiberius, Kap. 34) hatten in den Schenken den Verkauf von Lebensmitteln immer stärker eingeschränkt (s. Nero, Kap. 16). – [2] Augenscheinlich ein sprichwörtlich gewordener Narr.

41. Mit Geschichtschreibung hatte er sich schon als junger Mensch beschäftigt. Titus Livius ermunterte ihn hierzu und Sulpicius Flavus[1] war ihm sogar behilflich. Als er jedoch zum erstenmal vor einem zahlreichen Auditorium eine Vorlesung hielt, brachte er sie kaum zu Ende, und der verdiente Beifall wurde an vielen Stellen durch seine eigene Schuld merklich abgeschwächt. Denn es waren gleich beim Beginn der Vorlesung durch das Gewicht eines übermäßig dicken Mannes einige Bänke eingebrochen, was Anlaß zu lautem Gelächter gegeben hatte. Selbst nachdem sich der Lärm gelegt hatte, konnte sich Claudius nicht enthalten, sich von Zeit zu Zeit des Vorfalles zu erinnern und von neuem wieder in Lachen auszubrechen. – Auch als Kaiser schrieb er über sehr vieles und ließ es öffentlich vorlesen.

Sein Geschichtswerk begann er mit der Zeit nach der Ermordung des Diktators Cäsar. Er ging aber bald auf spätere Zeiten über und begann mit der Beendigung des Bürgerkriegs, weil er einsah, daß er weder offen noch die Wahrheit über die vorhergehenden Begebenheiten schreiben dürfe. Denn er wurde von seiner Mutter und Großmutter deswegen häufig getadelt[2]. Über die erstgenannte Periode hat er zwei Bücher, über die letztere einundvierzig hinterlassen. Ferner schrieb er eine Selbstbiographie in acht Büchern, die sich weniger durch Geist und Geschmack als durch zierlichen Stil auszeichnet; ebenso eine sehr gelehrte Verteidigung Ciceros gegen die Bücher des Asinius Gallus[3].

---

[1] Titus Livius, der berühmte Geschichtschreiber, der am Hofe des Augustus verkehrte (59 v. Chr. bis 17 n. Chr.). – Sulpicius Flavus, s. Kap. 4, Anm. – [2] Er konnte es seiner Großmutter und seiner Mutter Antonia, der Tochter des Triumvirn Antonius, nicht recht machen, da er allzu freimütig die Wahrheit gesagt haben mochte und sich wohl bei einer Darstellung der Bürgerkriege weder für Octavian noch Antonius restlos entschieden hätte. S. auch Kap. 11. – [3] Gajus Asinius Gallus (40 v. Chr. bis 33 n. Chr.), Sohn des Gajus Asinius Pollio (s. Kap. 13, Anm., Cäsar Kap. 30, Anm.), hatte 12 v. Chr. die von Tiberius verstoßene Vipsania geheiratet, diesem deshalb stets verhaßt, vom Senat 30 n. Chr. während eines Besuchs beim Kaiser verurteilt, im

Auch drei neue Buchstaben erfand er und fügte sie als eine
höchst wichtige Ergänzung dem alten Alphabet hinzu[1].
Schon als Privatmann hatte er darüber ein Buch erscheinen
lassen. Später, als Kaiser, setzte er es leicht durch, daß man
sich ihrer auch ziemlich allgemein bediente. Man findet
nämlich diese Zeichen noch in vielen Büchern, in der
Tageszeitung und in Inschriften der öffentlichen Gebäude[2].
42. Mit gleichem Eifer trieb er Griechisch. Bei jeder Gelegenheit äußerte er seine Vorliebe für diese Sprache und
lobte ihre Vorzüge. Zu einem Ausländer, der sich griechisch
und lateinisch geläufig auszudrücken wußte, sagte er einmal:
,,Da du unsere *beiden* Sprachen beherrschest usw." Und in der
Rede, in welcher er dem Senat die Provinz Achaja empfahl,
spricht er es aus, daß sie ihm ,,wegen ihrer gemeinsamen
wissenschaftlichen Beziehungen ganz besonders teuer sei".
Ja, er erwiderte den griechischen Gesandten im Senat
häufig mit längeren Reden in ihrer Sprache[3] und bediente
sich sogar bei Gericht oft Homerischer Verse. Sooft er
einen Feind oder Verschwörer hatte hinrichten lassen, gab
er dem Tribunen, der die Palastwache hatte, wenn er wie
üblich die Parole von ihm forderte, fast regelmäßig den
Homerischen Vers:

> Immer drauf auf den Mann, der zuerst böswillig dich angreift![4]

Endlich schrieb er auch Geschichtswerke in griechischer
Sprache: ,,Tyrrhenische Forschungen" in zwanzig und
,,Karthagische Forschungen" in acht Büchern. Ihm zu
Ehren wurde deshalb in Alexandria neben dem schon be-
stehenden Museum ein neues gegründet und nach ihm be-

Gefängnis verhungert. Bedeutender Redner, stellte in seinen Schriften seinen Vater über Cicero. - [1] Ⅎ (ein umgekehrtes Digamma) für v
zum Unterschied von dem vokalischen u, Ⱶ für ü entsprechend dem
griech. y (u, v und ü früher nur u geschrieben, ihr jetziger Unterschied
viel jünger), Ɔ (Antisigma) für bs oder ps, alle nach dem Tode des
Claudius wieder abgeschafft. - [2] In Inschriften jener Zeit ist namentlich das Ⱶ noch auf uns gekommen. - Tageszeitung (acta diurna)
s. Cäsar, Kap. 20, Anm., Augustus, Kap. 36, Caligula, Kap. 8, Anm. -
[3] S. dagegen Tiberius, Kap. 71. - [4] Homer, Ilias XXIV, 369; Odyssee XVI, 72, XXI, 133.

nannt. Zugleich wurde verordnet, daß jährlich an bestimmten Tagen in dem einen seine „Tyrrhenischen", in dem
anderen seine „Karthagischen Forschungen" wie in einem
Hörsaal vollständig von Vorlesern, die einander ablösten,
vorgetragen werden sollten[1].

43. Gegen Ende seines Lebens zeigten sich bereits manche
deutliche Äußerungen von Reue über seine Verheiratung
mit Agrippina wie über die Adoption Neros. Als z. B.
seine Freigelassenen einer Gerichtsverhandlung gedachten,
in der er tags zuvor eine des Ehebruchs angeklagte Frau
verurteilt hatte, ließ er die Äußerung fallen: „Auch mein
Verhängnis ist es, lauter unkeusche Weiber zu haben und
sie bestrafen zu müssen." Bald darauf schloß er den zu
ihm tretenden Britannicus mit großer Zärtlichkeit in die
Arme, mahnte ihn, groß zu werden, und sprach: „Wenn
du älter wirst, dann will ich dir über alles, was ich getan
habe, Rechenschaft ablegen." Beim Abschied rief er ihm
noch die bekannten griechischen Worte nach: „Der verwundet hat, wird auch heilen[2]." Als er ein andermal aussprach, dem damals noch unerwachsenen zarten Knaben,
weil er ja die nötige Größe besaß, die Männertoga zu verleihen, fügte er hinzu: „Damit endlich das römische Volk
einen richtigen Kronprinzen hat."

44. Nicht lange darauf verfaßte Claudius ein Testament,
das er durch alle Magistrate unterschreiben und unter-
siegeln ließ. Ehe er aber noch weitergehen konnte, kam
ihm Agrippina zuvor, die stark beunruhigt war, und zwar
nicht nur durch die soeben berichteten Dinge, sondern
auch durch ihr eigenes Gewissen und nicht minder durch
Angeber, welche sie vieler Verbrechen beschuldigten. Daß
Claudius durch Gift beseitigt wurde, steht allgemein fest.

---

[1] Die „Tyrrhenischen Forschungen" bezogen sich auf die Etrusker, ein
Beispiel von ihnen in einer zu Lyon inschriftlich erhaltenen Rede des
Kaisers. – Museum, die bekannte Gelehrtenstiftung der Ptolemäer zu
Alexandria. – [2] Griechisches Sprichwort, erinnert an die Heilung des
vom Speer des Achilleus verwundeten Telephus durch den Rost des-
selben Speers (ähnlich die Heilung des Amfortas in der Gralssage).
Claudius spielt auf die Adoption Neros an.

Nur über das „wo" und „von wem" weichen die Ansichten voneinander ab[1]. Einige sagen, bei einem Festmahl mit den Priestern auf der Burg[2] durch seinen Vorkoster, den Eunuchen Halotus, andere, zu Hause bei Tisch durch Agrippina selbst, die ihm sein Lieblingsgericht, Pilze, vergiftet vorgesetzt habe. Auch über den weiteren Verlauf gehen verschiedene Gerüchte um. Viele behaupten, Claudius habe gleich nach dem Genuß des Giftes die Sprache verloren, hätte die ganze Nacht in furchtbaren Schmerzen zugebracht und sei gegen Morgen gestorben. Andere wieder berichten, er sei anfangs in Schlummer gesunken und habe dann, weil der Magen mit Speise überladen war, alles wieder von sich gegeben. Darauf habe man ihm eine neue Dosis Gift beigebracht, man weiß nicht, ob durch einen Brei, gleichsam, um seinen leeren Magen durch Speise zu stärken, oder durch ein Klystier, durch welches man ihm vorgeblich Erleichterung von der Überladung seines Magens verschaffen wollte.

45. Sein Tod wurde geheimgehalten, bis hinsichtlich der Thronfolge alles in Ordnung gebracht war. So ließ man denn für ihn, als sei er nur krank, Gelübde tun und führte zum Schein Komödianten in sein Krankenzimmer, weil er den Wunsch geäußert hätte, durch solche unterhalten zu werden.

Claudius starb am dreizehnten Oktober unter dem Konsulat von Asinius Marcellus und Acilius Aviola im Alter von vierundsechzig Jahren, im vierzehnten Jahr seiner Regierung[3]. Er wurde mit allem kaiserlichen Pomp begraben und unter die Zahl der Götter aufgenommen. Seine Verehrung als Gott wurde zwar von Nero vernachlässigt und endlich abgeschafft, aber durch Vespasian wieder eingeführt.

46. Vorzeichen seines Todes waren besonders folgende: Ein Haarstern, ein sog. Komet, zeigte sich, ferner schlug

---

[1] Leopold von Ranke (Weltgeschichte III, S. 308ff.) hält die Pilzvergiftung für einen unglücklichen Zufall. – [2] Auf dem nördlichen Gipfel des Kapitols. – [3] 54 n. Chr., Regierung 41–54.

der Blitz in das Grabmal seines Vaters Drusus[1], und endlich
waren im gleichen Jahre sehr viel hohe Beamte aus allen
Rangklassen gestorben. Doch sprechen auch verschiedene
Umstände dafür, daß er selbst sein nahes Ende sehr wohl
kannte und daraus kein Geheimnis machte. Denn als er
die Konsuln ernannte, bestimmte er keinen länger als bis
zu seinem Sterbemonat. In der letzten Senatssitzung, an
der er kurz vor seinem Tode teilnahm, ermahnte er seine
Kinder dringend zur Eintracht und empfahl darauf den
Senatoren ganz besonders eindringlich die zarte Jugend
beider. Und in der letzten Gerichtsverhandlung ließ Claudius
vom Tribunal herab, obwohl alle, die es hörten, solche un-
glückbedeutenden Worte zurückwiesen, ein übers andere
Mal die Äußerung fallen: „Ich habe die Grenze des Zeitlichen bereits erreicht."

[1] Gemeint ist das vom Heere errichtete leere Denkmal; das eigentliche Grab war im Mausoleum des Augustus (s. Kap. 1, Anm.).

NERO

1. Aus dem Geschlecht der Domitier sind zwei Familien zur Berühmtheit gelangt: die Calvinus und die Ahenobarbus. Die Ahenobarbus haben zum Stammvater Lucius Domitius, von dem sie auch ihren Beinamen herleiten. Als er einmal vom Felde heimkehrte, begegneten ihm nach der Überlieferung die (göttlichen) Zwillingsbrüder[1] in übermenschlicher Größe und befahlen ihm, Senat und Volk einen Sieg zu melden, von dem nach Rom noch keine zuverlässigen Nachrichten gedrungen waren. Und um einen Beweis ihrer Göttlichkeit zu geben, verwandelten sie durch eine leise Berührung seiner Wangen sein bisher schwarzes Haupt- und Barthaar in rötliches und erzfarbenes[2]. Diese Auszeichnung blieb auch seinen Nachkommen, und die meisten von ihnen haben einen rötlichen Bart gehabt. Auch nachdem sie bereits in ihrer Familie sieben Konsuln, zwei Triumphatoren und zwei Censoren zählten sowie unter die Patrizier aufgenommen waren, behielten sie alle den

---

Lucius Domitius Ahenobarbus, durch Adoption (50 n. Chr.) Nero Claudius Drusus Germanicus Cäsar, als Kaiser Nero Claudius Cäsar Augustus Germanicus, geboren 15. Dezember 37, sein Tod 9. Juni 68, Kaiser seit 54.

[1] Die (ursprünglich griechischen) Dioskuren, Castor und Pollux, Helfer auf weißen Rossen in allen Nöten, namentlich im Kampf auf See und auch in Krankheit, ihr Gestirn die Zwillinge. - Der Sieg war der ins Jahr 499 oder 496 v. Chr. gesetzte am See Regillus bei Tusculum in Latium über die vertriebenen Tarquinier. - [2] Deswegen erhielt dieser Zweig der Domitier den Beinamen Ahenobarbus (Erzbart). Nach der Wundererscheinung wurde den „Castoren" in Rom ein Tempel gebaut (s. auch Cäsar, Kap. 10).

NERO

gleichen Beinamen bei[1]. Selbst Vornamen hatten sie keine
anderen als Gnäus und Lucius, und zwar bestand die bemerkenswerte Eigentümlichkeit, daß entweder je drei Ge-
nerationen der Familie hintereinander je einen von beiden
beibehielten oder einzeln damit abwechselten. Denn der
erste, zweite und dritte Ahenobarbus hießen, wie berichtet
wird, alle Lucius, die drei folgenden wieder Gnäus, die
übrigen im regelmäßigen Wechsel bald Lucius, bald Gnäus.
Ich halte es für zweckmäßig, den Leser mit mehreren Gliedern dieser Familie bekannt zu machen, damit man desto
leichter begreift, daß Nero, wenn man die guten Eigenschaften seiner Ahnen betrachtet, zwar ganz aus der Art
geschlagen war, dagegen aber alle ihre ihnen gleichsam
überlieferten und angeborenen Laster in seiner Person
vereinigt hat. 2. Um aber etwas weiter auszuholen: Sein
Urahn Gnäus Domitius[2] entzog voll Entrüstung über die
Pontifices, die einen anderen als ihn an seines Vaters Stelle
zu ihrem Kollegen gewählt hatten, während seines Tribu-
nats den Priesterkollegien das Recht der Selbstergänzung
und übertrug es dem Volke. Als Konsul durchzog er nach
Unterwerfung der Allobroger und Arverner die Provinz
sogar auf einem Elefanten, begleitet von einer Schar Soldaten wie bei einem feierlichen Triumphzug. Dieser Domitius war es, von dem der Redner Licinius Crassus[3] sagte:
„Es ist kein Wunder, daß er einen ehernen Bart hat, da
seine Stirn von Eisen und sein Herz von Blei ist." Sein
Sohn war es, der als Prätor Gajus Julius Cäsar zur Untersuchung vor den Senat zog, als dessen Konsulat abgelaufen
war, das er gegen Auspizien und Gesetze verwaltet hatte.

---

[1] Sonst erhielten namentlich die Triumphatoren erbliche Beinamen,
wie Scipio Africanus, Drusus Germanicus (s. Claudius, Kap. 1) usw.
Der erste Patrizier war der Kap. 4 geschilderte Großvater Neros. –
[2] Volkstribun 104 v. Chr., Konsul 96, Censor 92 mit Lucius Licinius
Crassus (s. u.). Den Zug durch die gallische Provinz veranstaltete in
Wirklichkeit sein Vater, der Eroberer von Gallia Comata (s. Cäsar,
Kap. 22, Anm.). – [3] Einer der besten Redner der Zeit, ursprünglich
Anhänger der Gracchen- und Demokratenpartei, später eifriger
Verteidiger des Senats.

Als Konsul versuchte er später den Feldherrn von seinen
gallischen Heeren abzuberufen. Von der Cäsar feindlichen
Partei wurde er zu dessen Nachfolger ernannt, aber gleich
im Anfang des Bürgerkrieges bei Corfinium gefangengenommen. Aus der Gefangenschaft entlassen, begab er sich
zu den durch die Belagerung hart bedrängten Massiliern
und machte ihnen durch seine Ankunft wieder Mut, verließ sie aber plötzlich und fiel endlich in der Schlacht bei
Pharsalus[1]. Er war ein Mann von unbeständigem, aber
trotzigem Charakter, der in seiner verzweifelten Lage vor
dem Tode, den er aus Furcht gesucht hatte, so sehr er-
schrak, daß er das von ihm genommene Gift aus Reue über
seinen Entschluß durch ein Brechmittel wieder von sich
gab und seinem Arzt die Freiheit schenkte, weil er ihm in
weiser Voraussicht eine unzureichende Dosis gemischt
hatte. Und doch war er es, der, als Gnäus Pompejus über
die Behandlung der Neutralen[2] beratschlagte, die sich für
keine von beiden Parteien erklärten, als einziger dafür
stimmte, daß man sie als Feinde ansehen müsse.
3. Er hinterließ einen Sohn[3], der ohne Zweifel vor Allen
seines Geschlechts den Vorzug verdiente. Er befand sich
unter Denen, die von dem Mordanschlag gegen Cäsars
Leben Kenntnis hatten. Obwohl er an der Tat nicht beteiligt war, wurde er in die Verurteilung durch das Pedische
Gesetz[4] mit einbegriffen. Daher begab er sich zu Brutus
und Cassius, mit denen er nahe verwandt war, behauptete
nach beider Untergang die ihm kurz vorher anvertraute
Flotte, verstärkte sie sogar, und ergab sich erst, als seine
Partei völlig vernichtet war, freiwillig dem Antonius. Dies

---

[1] Lucius Domitius Ahenobarbus (um 100 bis 48 v. Chr.), Gegner
Cäsars (s. dort, Kap. 23, 24 und 34). – [2] Urteil über die Neutralen s.
Cäsar, Kap. 75. – [3] Gnäus Domitius Ahenobarbus (vor 75 bis 31
v. Chr.), Übertritt zu Antonius 40, sein Legat gegen die Parther 36
(*vor* Ausbruch des Bürgerkriegs), Konsul 32 (s. Augustus, Kap. 17),
bei Shakespeare (Antonius und Kleopatra) Enobarbus. – [4] Das von
Quintus Pedius, dem Vetter (s. Cäsar, Kap. 83) und Mitkonsul Octavians in seinem ersten Konsulat (s. Augustus, Kap. 26) 43 v. Chr.
erlassene Gesetz, durch das die Cäsarmörder geächtet wurden.

wurde ihm hoch angerechnet. Er erhielt daher als Einziger
von allen, die auf Grund des Pedischen Gesetzes verurteilt
waren, die Erlaubnis zur Rückkehr nach Rom und durchlief der Reihe nach die höchsten Ehrenstellen. Als in der
Folgezeit der Bürgerkrieg von neuem ausbrach, war er
Legat gerade des Antonius. Da er den Oberbefehl über
die Armee, der ihm von Denen angetragen wurde, die sich
Kleopatras schämten, wegen plötzlicher Erkrankung weder
anzunehmen noch geradezu auszuschlagen wagte, ging er
zu Augustus über. Hier starb er nach wenigen Tagen. Auf
seinem Ruhm blieb jedoch ein gewisser Makel sitzen. Denn
Antonius sagte ihm offen nach, daß er aus Sehnsucht nach
seiner Geliebten, Servilia Naïs, übergelaufen sei.

4. Er ist der Vater jenes Domitius[1], der – was man später
für bedeutungsvoll hielt – im Testament des Augustus zum
Testamentsvollstrecker eingesetzt wurde[2]. Ebenso berühmt
durch seine Leistungen als Rennfahrer in seiner Jugend
wie später durch die im Germanischen Krieg[3] erworbenen
Triumphalauszeichnungen, war er dabei anmaßend, verschwenderisch und rauhen Charakters. Den Censor Lucius
Plancus zwang er, der erst Ädil war, ihm auf der Straße
auszuweichen. Als Prätor und Konsul ließ er römische
Ritter und vornehme Damen auf dem Theater in Mimen
auftreten. Tierhetzen gab er sowohl im Zirkus wie auch
in allen Stadtvierteln, ferner ein Gladiatorenspiel. Hierbei
ging es so grausam zu, daß Augustus, der ihn unter vier
Augen vergeblich ermahnt hatte, sich gezwungen sah,
durch ein Edikt Einhalt zu gebieten.

---

[1] Lucius Domitius Ahenobarbus (um 45 v. Chr. bis 25 n. Chr.). –
[2] Lat. emptor, Käufer. Der Erblasser berief nämlich nach Ausfertigung
des Testaments einen Vertrauten zu sich, dem er in Gegenwart von
5 Zeugen in bestimmter urtümlicher Form seine ganze Habe zum
Schein verkaufte. Der Erwerber (emptor) übernahm durch den
Scheinkauf die Verpflichtung, die im Testament angeordneten Auszahlungen und sonstigen Bestimmungen pünktlichst zu vollziehen. –
[3] S. Augustus, Kap. 21, Anm. Er kam als Statthalter Illyricums bis
über die Elbe hinaus und baute als Feldherr am Rhein die *pontes longi*
(„die langen Brücken") in den Sümpfen der Emsgegend.

5. Domitius hatte von der Älteren Antonia[1] einen Sohn, den späteren Vater Neros, einen in jeder Beziehung ganz abscheulichen Menschen. Er ließ z. B. als Begleiter des jungen Gajus Cäsar[2] in den Orient seinen Freigelassenen umbringen, weil er sich geweigert hatte, so viel zu trinken, wie ihm befohlen war. Er wurde dafür aus dem Gefolge des Prinzen entlassen, legte sich aber keineswegs größere Mäßigung auf. Gleich bei seiner Rückreise nach Rom überfuhr er in einem Dorf an der Appischen Straße einen Knaben in einem plötzlichen Anfall seiner Laune vorsätzlich durch zu schnelles Fahren und in Rom selbst schlug er einen römischen Ritter, der sich erlaubte, ihm in einem Meinungsstreit etwas dreist zu erwidern, mitten auf dem Forum ein Auge aus. Dabei war er so niederträchtig, daß er nicht nur die Bankiers um die Beträge der für ihn gemachten Ankäufe, sondern während seiner Prätur sogar die Rennfahrer um die von ihnen gewonnenen Siegespreise betrog. Als seine Schwester mit bitterer Ironie sein Verhalten geißelte . . .[3] und die Vorsteher der Renngesellschaften Beschwerde führten, bestimmte er feierlich: „In Zukunft sollen die Siegespreise sofort bar ausgezahlt werden[4].“ Er wurde auch wegen Majestätsbeleidigung, mehrfachen Ehebruchs und Blutschande mit seiner Schwester Lepida[5] gegen Ende der Regierung des Tiberius angeklagt, schlüpfte aber infolge des inzwischen eingetretenen Thron-

---

[1] Tochter der Schwester des Augustus, Octavia, Schwester der Mutter des Germanicus und Claudius. Die Ehe wurde 30 v. Chr. geschlossen. Gnäus Domitius Ahenobarbus, 18 n. Chr. mit seinem Vetter Germanicus im Orient (wohl nicht mit Gajus Cäsar, s. u.), heiratet 28 dessen Tochter Agrippina, Konsul 32, angeklagt 37, gestorben 40. –
[2] Der mit seinem Bruder von Augustus adoptierte und zum Nachfolger ausersehene Enkel (20 v. Chr. bis 4. n. Chr.). S. Augustus, Kap. 64, 65. –
[3] Lücke im Text. – [4] An sich selbstverständlich, der Form nach boshafte Tücke, da dadurch der Schaden nicht ersetzt wurde, und die Verfügung selbst von jedem ähnlich gesinnten Nachfolger umgestoßen werden konnte. – [5] Domitia Lepida, nacheinander Gattin der Messala Barbatus, Faustus Sulla und Appius Silanus, Mutter der Valeria Messalina und des jüngeren Faustus Sulla (s. Claudius, Kap. 26, 27, 29, 37, mit Anm.).

wechsels durch und starb zu Pyrgi[1] an der Wassersucht. Er hinterließ einen Sohn Nero von Agrippina, der Tochter des Germanicus.

6. Nero wurde in Antium im neunten Monat nach Tiberius' Tod, am fünfzehnten Dezember genau bei Sonnenaufgang geboren, so daß er sozusagen von den Strahlen der Sonne früher als von der Erde berührt wurde[2]. Die Umstände, unter denen er geboren wurde, gaben gleich anfangs Anlaß zu vielen fürchterlichen Prophezeiungen. Zu ihnen gehörte auch der Ausruf seines Vaters Domitius, der auf die Glückwünsche seiner Freunde äußerte, von ihm und Agrippina habe unmöglich etwas anderes als ein Scheusal und Verderben der Welt geboren werden können. Zugleich aber nahm man ein augenfälliges Vorzeichen seines künftigen Schicksals an seinem Lustraltage wahr[3]. Denn Gajus Cäsar (Caligula) rief auf die Bitte seiner Schwester, dem Kinde einen ihm beliebigen Namen zu geben, mit einem Blick auf seinen Oheim Claudius, der später als Kaiser Nero adoptierte, aus: „Nun gut, so mag er Claudius heißen!" Er sagte dies aber nicht etwa im Ernst, sondern bloß, um einen Scherz zu machen. Auch Agrippina verwarf den Namen, weil Claudius damals das allgemeine Gespött des Hofes war.

Im Alter von drei Jahren verlor Nero seinen Vater. Dieser hatte ihn nur für den dritten Teil seines Vermögens als Erben eingesetzt; auch ihn erhielt er nicht einmal vollständig, weil sein Miterbe Gajus sämtliche Güter an sich riß. Als später auch seine Mutter verbannt worden war[4], wurde er fast mittellos und dürftig im Hause seiner Tante (Domitia) Lepida unter der Aufsicht von zwei Hofmeistern aufgezogen, von denen der eine ein Tänzer, der andere ein Barbier war. Sobald aber Claudius zur Regierung kam, er-

---

[1] Hafen des alten Cäre in Etrurien, in der Kaiserzeit Seebad, heute Santa Severa bei Rom. – [2] Neugeborene Kinder wurden auf den Fußboden gelegt, hob ihr Vater sie auf, so waren sie anerkannt (s. Augustus, Kap. 5, Anm.). – [3] („Reinigungstag") bei Knaben der 9., bei Mädchen der 8. Tag nach der Geburt, an dem das Kind unter Opfern und Zeremonien seinen Namen erhielt. – [4] S. Caligula, Kap. 24.

hielt Nero nicht nur sein väterliches Vermögen zurück,
sondern wurde auch durch die Erbschaft seines Stiefvaters
Crispus Passienus[1] ein reicher Mann. Durch die Gunst und
den Einfluß seiner aus der Verbannung zurückberufenen
und wieder in ihre Rechte eingesetzten Mutter erklomm er
dann eine so hervorragende Stellung, daß sich im Publikum
das Gerücht verbreitete, die Gattin des Claudius, Messalina,
habe Leute abgeschickt, die ihn als Nebenbuhler des Britannicus während des Mittagsschlafs erwürgen sollten. Diesem
Stadtklatsch gesellte sich später noch die Fabel hinzu, die
Mörder seien vor Schreck über eine aus den Kissen sich
hervorringelnde große Schlange entflohen. Dieses Märchen
entstand dadurch, daß tatsächlich einmal in seinem Bett
am Kopfkissen die abgestreifte Haut einer Schlange gefunden wurde, die er auf Wunsch seiner Mutter dann lange
Zeit in einem goldenen Armbandmedaillon am rechten
Arm trug[2]. Erst spät, als ihm das Andenken seiner Mutter
zuwider geworden war, legte er dies ab und suchte es erst
in der Not seiner letzten Lebenstage, allerdings vergeblich,
wieder hervor.

7. Noch im zarten Alter und kaum ein Knabe, nahm Nero
schon in den Zirkusvorstellungen am Trojaspiel mit
höchster Ausdauer und unter großem Beifall teil. Im elften
Jahr wurde er von Claudius adoptiert[3] und Annäus Seneca,
der damals bereits Senator war[4], zur Ausbildung in den
Wissenschaften übergeben. Man erzählt, Seneca habe die

---

[1] Gajus Passienus Crispus, berühmter Redner, zuerst verheiratet mit
der Kap. 34 erwähnten Tante Neros, Domitia, von seiner späteren
Gattin Agrippina, der Mutter Neros, getötet. – [2] Die Haut sollte als
schützendes Amulett dienen. – [3] 25. 2. 50, also tatsächlich am Anfang
des 13. Lebensjahres. – [4] Lucius Annäus Seneca (um 4 v. Chr. bis
65 n. Chr.), der berühmte Philosoph, Dichter und Staatsmann, geb. zu
Corduba in Spanien (heute Cordova) als Sohn des Tiberius, Kap. 73
erwähnten Rhetors und Geschichtsschreibers, der später nach Rom
zog. Selbst zunächst Rhetor (s. Caligula, Kap. 53), 41 auf Betreiben
Messalinas als Liebhaber der Julia Livilla (s. Caligula, Kap. 24, Anm.,
Claudius, Kap. 29 m. Anm.) nach Korsika verbannt, 49 von Agrippina
zurückgerufen und Senator (s. auch Kap. 52), 65 zum Selbstmord ge-

Nacht darauf geträumt, er unterrichte Gajus Cäsar Caligula. Nero machte bald darauf diesen Traum dadurch wahr, daß er die Unmenschlichkeit seiner Natur durch alle möglichen Proben zu erkennen gab. Denn er erfrechte sich, seinen Bruder Britannicus aus Ärger darüber, daß er ihn nach erfolgter Adoption noch aus Gewohnheit mit seinem bisherigen Namen Ahenobarbus gegrüßt hatte, bei dem Vater als untergeschobenen Sohn auszugeben. Gegen seine angeklagte Tante Lepida trat er öffentlich als Belastungszeuge auf, um seiner Mutter, welche die Angeklagte mit ihrem Haß verfolgte, einen Gefallen zu tun[1].

Bei seiner Mündigkeitserklärung auf dem Forum versprach er dem Volk eine Spende und den Soldaten ein Geldgeschenk, ließ die Prätorianer ein Manöver ausführen, übernahm dabei selbst das Kommando und hielt zum Schluß im Senat seinem Adoptivvater eine Dankrede. Vor ihm als Konsul trat er in einer lateinischen Rede für die Einwohner von Bononia ein, für die von Rhodos und Ilium auf griechisch. Als Stadtpräfekt während des Latinerfestes[2] übte er das Richteramt aus. Dabei legten ihm die berühmtesten Anwälte nicht, wie gewöhnlich, geringfügige und schnell zu entscheidende, sondern hochwichtige Rechtsfälle in großer Zahl wetteifernd miteinander zur Entscheidung vor, und zwar trotz ausdrücklichen Verbots des Kaisers Claudius. Nicht lange darauf heiratete er Octavia[3] und veranstaltete aus diesem Anlaß infolge eines Ge-

---

zwungen (Kap. 35, Anm.). Bedeutendster Schriftsteller seiner Zeit. Verfasser von die grausigsten Stoffe der griechischen Sage behandelnden Tragödien, zahlreichen Abhandlungen aus den verschiedensten Gebieten der Ethik und moralphilosophierender Briefe wie naturwissenschaftlicher Untersuchungen. In seiner stoisch beeinflußten Philosophie Vertreter christlicher Grundsätze (angeblicher Briefwechsel mit Paulus), ohne selbst Christ zu sein. – [1] Sie war die Mutter Messalinas (s. Kap. 5, Anm.) und wurde 54 getötet. – [2] S. Claudius, Kap. 4, Anm. – [3] Geb. 41, schon in der Wiege mit Silanus (s. Claudius, Kap. 24, Anm., 27, Anm., und 29) verlobt, mußte, um ihren Adoptivbruder Nero heiraten zu können, in eine andere Familie adoptiert werden, 53 Hochzeit.

lübdes für des Kaisers Leben und Gesundheit Zirkusspiele und Tierhetzen.

8. Nero war siebzehn Jahre alt, als er nach der offiziellen Meldung vom Ableben des Claudius um die sechste oder siebente Stunde aus dem Palast zu der wachhabenden Kohorte hinaustrat[1] – da nämlich der ganze Tag ein Unglückstag war, schien diese Stunde noch der einzig passende Zeitpunkt der feierlichen Besitzergreifung der Herrschaft zu sein. Auf der Freitreppe des Palatiums als Imperator begrüßt, ließ er sich in einer Sänfte in das Prätorianerlager und nach einer in aller Eile an die Soldaten gehaltenen Ansprache von dort zur Kurie tragen. Erst gegen Abend kehrte er zurück. Von den unermeßlichen Ehrungen, mit denen man ihn überhäufte, lehnte er nur die eine, den Namen „Vater des Vaterlandes" seiner Jugend wegen ab.

9. Nero begann seine Regierung damit, daß er der Öffentlichkeit kindliche Pietät vorgaukelte. So richtete er für Claudius ein prächtiges Leichenbegängnis her, hielt auf ihn die Leichenrede und versetzte ihn unter die Götter. Dem Andenken seines Vaters Domitius erwies er die größte Ehre. Seiner Mutter überließ er die ganze Leitung der Staats- und Hof-Angelegenheiten. Auch gab er am ersten Tage seiner Regierung dem die Palastwache kommandierenden Tribunen als Parole „Die beste Mutter" und zeigte sich in der Folge häufig mit ihr öffentlich in der gleichen Sänfte. Nach Antium führte er eine Kolonie, zum Teil aus Veteranen der Garde, und verpflanzte zugleich die reichsten unter den Primipilaren dorthin, erbaute auch daselbst mit vielen Kosten einen prächtigen Hafen.

10. Um aber einen noch klareren Einblick in seinen Charakter zu geben, erklärte er öffentlich, daß er nach den politischen Grundsätzen des Augustus regieren wolle, und ließ keine Gelegenheit unbenutzt, seine Freigebigkeit, seine Milde, ja selbst seine Leutseligkeit ins rechte Licht zu setzen. Die drückendsten Steuern schaffte er teils ganz ab, teils er-

---

[1] 13. 10. 54, zwischen 11 und 13 Uhr. Der Tod war einige Stunden geheim gehalten worden (s. Claudius, Kap. 45).

mäßigte er sie. Die Belohnungen für die Leute, welche Übertretungen des Papischen Gesetzes anzeigten[1], setzte er auf ein Viertel der bisherigen Summe herab. Unter das Volk verteilte er auf den Kopf vierhundert Sesterzen und setzte allen altadligen Senatoren, die kein Vermögen besaßen, ein Jahresgehalt aus, das bei manchen fünfhunderttausend Sesterzen betrug[2]. Ebenso bewilligte er den Prätorianerkohorten monatlich freies Brotkorn. Und als man ihn daran mahnte, ein Todesurteil, wie herkömmlich, mit seiner Unterschrift zu versehen, rief er aus: „Wie lieb wäre es mir doch, ich könnte nicht schreiben!" Mitglieder aller Stände grüßte Nero oft, und zwar ganz aus dem Gedächtnis, also ohne Nomenklator[3], mit ihrem Namen. Den Senat, der ihm einmal seinen Dank aussprechen wollte, wies er mit den Worten ab: „Wenn ich ihn verdient habe." Zu den von ihm auf dem Marsfelde abgehaltenen Sportübungen gewährte er auch dem Volke Zutritt, hielt ferner häufig öffentliche Redeübungen und las auch Gedichte vor, nicht nur bei sich zu Hause, sondern auch im Theater, und hierüber freuten sich alle Anwesenden so sehr, daß ihm einmal wegen einer solchen Vorlesung ein Dankfest zuerkannt[4] und die vorgetragenen Verse in goldener Schrift dem Jupiter Capitolinus geweiht wurden.

11. Schauspiele verschiedenster Art gab Nero in großer Zahl: Jugendspiele (Juvenalien)[5], Zirkusspiele, Theatervorstellungen und ein Gladiatorenspiel. An den Juvenalien ließ er selbst alte Herren, die schon Konsuln gewesen waren, und alte Damen auftreten. Für die Zirkusspiele teilte er

---

[1] Lex Papia Poppäa, Teil der Ehegesetzgebung des Augustus, s. dort, Kap. 34 m. Anm., Claudius, Kap. 15, Anm., 19 und 23. – [2] 500000 DM (s. auch Tiberius, Kap. 47, Anm., und Vespasian 17). – 400 Sest. = 400 DM. – [3] S. Augustus, Kap. 19, Anm., Begrüßung dort, Kap. 53. – [4] Bisher nur für Erfolge in Kriegen gefeiert. – [5] Nach Tacitus, Annalen XIV, 15 im Jahre 59 vor geladenen Gästen veranstaltet, um Nero Gelegenheit zu geben, auf der Bühne zu glänzen. „Weder Adel noch Alter oder verwaltete Ämter befreiten irgend jemand von dem Zwange, als griechischer oder lateinischer Schauspieler aufzutreten." Selbst eine 80jährige Matrone beteiligte sich.

auch den Rittern feste abgesonderte Sitzplätze zu[1]. Er ließ
bei diesen Spielen auch Viergespanne von Kamelen am
Wettrennen teilnehmen. Bei den für die ewige Dauer des
Reiches veranstalteten Spielen, welche nach seinem Wunsch
„die Größten" genannt werden sollten[2], übernahmen sehr
viel Personen beiderlei Geschlechts aus den beiden Ständen
Rollen bei den Vorstellungen. Ein allbekannter römischer
Ritter ritt auf einem Elefanten auf einem straffgespannten
Seil von der Höhe in die Arena hinab. Man spielte auch
das echt römische Lustspiel von Afranius „Die Feuersbrunst"[3], und Nero erteilte dabei den Schauspielern die
Vergünstigung, den Hausrat des brennenden Gebäudes
plündern und behalten zu dürfen. Ebenso wurden täglich
alle möglichen Gaben unter das Volk ausgeworfen, z. B.
tausend verschiedenartige Vögel, vielerlei Eßwaren, Anweisungen auf Getreide, Kleidungsstücke, Gold und Silber,
Edelsteine, Perlen, Gemälde, Sklaven, Zugvieh, selbst auf
gezähmte wilde Tiere, schließlich auch auf Schiffe, Häuserblocks, Grundstücke. 12. Diesen Spielen sah Nero von
einem erhöhten Platz im Proszenium zu.
Bei dem Gladiatorenspiel, das er in dem im Weichbild des
Marsfeldes innerhalb eines Jahres errichteten Amphitheater
gab, ließ er keinen Gladiator umbringen[4], auch keinen von
den Verbrechern, die zu diesen Kämpfen verurteilt worden waren. Dagegen ließ er vierhundert Senatoren und
sechshundert Ritter zum Schwertkampf antreten, darunter
auch solche, die ein großes Vermögen besaßen und sich
des besten Rufes erfreuten[5]. Einige Angehörige aus den-

---

[1] Claudius hatte den Senatoren im Zirkus besondere Plätze angewiesen (s. dort, Kap. 22). – [2] *Ludi maximi* genannt, um sie anderen
Spielen ähnlicher Art gegenüber herauszuheben. – [3] Ein „Toga-
Lustspiel" (s. Augustus, Kap. 45, Anm.). – [4] Vgl. hierzu Kap. 4
und Claudius, Kap. 34. – [5] Unter Augustus hatte ein Senatsbeschluß
Senatoren und Rittern das Auftreten in der Arena verboten (s. dort,
Kap. 43), Tiberius bestrafte dies auch bei solchen, die zur Strafe
aus dem Stande gestoßen waren (s. dort, Kap. 35). Unter Nero traten
nach Tacitus, Annalen XV, 32, sogar vornehme Damen im Zirkus
auf, noch dazu als Gladiatorinnen.

selben Ständen sah man selbst als Tierkämpfer auftreten und sich in verschiedenen anderen Verrichtungen der Arena betätigen. Ferner gab er ein Seegefecht, wobei Seeungeheuer im Meerwasser schwammen, ebenso gewisse dramatische Tänze. Diese wurden von einer Anzahl junger Leute aufgeführt, denen er jedem nach vollbrachter Arbeit das Diplom als römischer Bürger zum Geschenk machte. In diesen Tänzen wurde unter anderem auch dargestellt, wie ein Stier mit der in einer hölzernen Kuh eingeschlossenen Pasiphaë, wie wenigstens viele Zuschauer geglaubt haben, richtig verkehrte[1]. Ein Ikarus stürzte gleich beim ersten Versuch zu fliegen von der Höhe neben Neros Loge nieder und bespritzte den Kaiser mit seinem Blut; Nero pflegte nämlich nur selten bei diesen Spielen den Vorsitz zu führen. Meistens lag er in seiner Loge und sah gewöhnlich anfangs nur durch kleine Löcher, später aus dem völlig geöffneten Balkon zu.

Nero führte auch zuerst in Rom einen Wettkampf ein, der nach griechischem Muster die drei Gebiete des Musischen, Gymnischen und Hippischen umfaßte[2]. Man nannte ihn *Neronia* und er sollte alle fünf Jahre stattfinden. Hierfür erbaute Nero Thermen und ein Gymnasium[3] und stellte Senatoren und Rittern beim Besuch dieser Anstalten Salböl unentgeltlich zur Verfügung. Als Kampfrichter für den

---

[1] Pasiphaë, die Gattin des Königs Minos von Kreta, war von der Göttin Aphrodite mit Liebe zu einem Stier geschlagen worden und soll ihre Lust in der hier geschilderten Weise befriedigt haben. Ihren hölzernen Stier hatte Dädalus gebaut, der dann mit seinem Sohne Ikarus auf Wachsflügeln entfloh. Ikarus kam beim Flug der Sonne zu nahe, seine Flügel schmolzen und er stürzte ins Meer. – [2] Wohl nur 60 und 65 gefeiert. Er wurde von Amateuren (Senatoren und Rittern) betrieben und war für diese nicht entehrend. Von seinen 3 Arten umfaßten die musischen Spiele Instrumentalmusik, Gesang, Dichtkunst und Beredsamkeit, die gymn(ast)ischen die sonst üblichen Arten der Leichtathletik, die hippischen außer Wagenrennen vielleicht auch das Reiten, also wohl ein großes Fahr- und Reitturnier. – [3] Die Thermen lagen in der Nähe des Pantheons, das Gymnasium (eine Gymnastikstätte), das erste ständige in Rom, hing mit ihnen zusammen.

ganzen Wettkampf ließ er ehemalige Konsuln durchs Los
ernennen und verlieh ihnen den erhöhten Sitz der Prätoren[1]. Dann begab er sich in die Orchestra hinab, wo die
Senatoren saßen, empfing dort den ihm sogar von allen
Mitkämpfern einstimmig zuerkannten Siegerkranz der lateinischen Beredsamkeit und Dichtung, um den sich mit
ihm die hervorragendsten Redner und Dichter beworben
hatten. Dagegen den Siegerkranz für Zitherspiel, der ihm
von den Preisrichtern gleichfalls übergeben wurde, nahm
er nicht an, sondern neigte sich bloß voll Verehrung vor ihm
und befahl, ihn an der Statue des Augustus niederzulegen.
Bei dem gymnischen Festspiel, das er in den Säpten gab,
legte er bei einem großen Stieropfer zum erstenmal den
Bart ab. Er ließ ihn dann in eine goldene, mit den kostbarsten Perlen besetzte Büchse tun und ihn auf dem Kapitol weihen. Zu den Athletenvorstellungen lud er auch die
Vestalinnen ein[2], weil in Olympia ebenfalls den Priesterin-
nen der Ceres das Anschauen der Spiele gestattet ist.
13. Mit gewissem Recht darf ich unter den von Nero
gegebenen Schauspielen auch den Einzug des Königs Tiridates[3] in Rom anführen. Diesen König von Armenien hatte
er durch große Versprechungen bewogen, nach Rom zu
kommen, konnte ihn aber wegen nebligen Wetters an dem
durch ein Edikt bekanntgemachten Tage dem römischen
Volke nicht zeigen. Er mußte daher das Schauspiel auf den
ersten günstigen Tag verschieben. Vor allen am Forum
liegenden Tempeln waren Kohorten in voller Rüstung aufgestellt, Nero selbst thronte auf dem kurulischen Sessel bei
der Rednerbühne im Gewande eines Triumphators, von
Feldzeichen und Standarten umgeben. Darauf schritt der
König das erhöhte Podium hinauf und ließ sich vor dem
Kaiser auf die Knie nieder. Dann hob ihn Nero mit der

---

[1] Die sonst die Spiele leiteten (s. Augustus, Kap. 44, Anm.). –
[2] Augustus hatte allen Frauen den Besuch von Athletenvorstellungen
verboten (s. dort, Kap. 44). – [3] Parthischer Prinz, der sich Armeniens
bemächtigt und nach wechselvollen Kämpfen 63 die römische Ober-
hoheit anerkannt hatte, kam 66 nach Rom, um sich von Nero offiziell
als Vasall einsetzen zu lassen.

Rechten auf, begrüßte ihn mit einem Kuß, nahm ihm nach Anhörung seiner Bitte die Tiara vom Haupt und setzte das Diadem an ihre Stelle[1]. Ein ehemaliger Prätor verdolmetschte die Worte des sich der kaiserlichen Gnade empfehlenden Königs laut der Menge. Dann führte er Tiridates in das Theater und ließ ihn, der aufs neue des Kaisers Gnade anrief, neben sich zur Rechten Platz nehmen. Dafür wurde Nero von dem versammelten Volk als Imperator begrüßt, worauf er seinen Lorbeerkranz auf dem Kapitol niederlegte und das Doppeltor des Janus schloß, gleich als ob es keinen Krieg mehr gäbe[2].

14. Das Konsulat hat Nero viermal bekleidet, das erste während zwei, das zweite und letzte während sechs, das dritte während vier Monaten. Die Jahre der beiden mittleren folgten unmittelbar aufeinander, bei den übrigen ließ er jedesmal ein Jahr verstreichen[3].

15. Wenn er Recht sprach, erteilte er den Parteien in der Regel immer erst am folgenden Tage, und zwar schriftlich Bescheid. Bei der Verhandlung schlug er folgenden Weg ein: Er schaffte die den ganzen Rechtsfall umfassenden Anklage- und Verteidigungsreden ab, verhandelte vielmehr abwechselnd mit den Parteien über jeden einzelnen Punkt. Wenn er sich dann mit den Beisitzern zur Beratung zurückzog, ließ er sich auf keine allgemeine mündliche Aussprache ein, sondern ließ sich von jedem seine Meinung schriftlich geben, las sogar die Abstimmungsergebnisse schweigend und insgeheim für sich durch und sprach dann das Urteil aus, ganz nach seinem Gutdünken, als sei es die Ansicht der Majorität.

In den Senat nahm er längere Zeit keine Söhne von Frei-

---

[1] Tiridates trug eine orientalische Mütze (Tiara), seitdem er 63 die Königsbinde (Diadem) dem römischen Feldherrn übergeben hatte. Daß er die Reise nach Rom unternahm, um sie sich von Nero zurück geben zu lassen, bekundete, daß er den Kaiser als Oberherrn anerkannte. –
[2] S. Augustus, Kap. 22. Das Niederlegen eines Lorbeerkranzes auf dem Kapitol gehörte zu den Feierlichkeiten eines Triumphs.– [3] 55, 57, 58, 60. Ein fünftes Konsulat begann Nero 68, unmittelbar vor seinem Ende (s. Kap. 43).

gelassenen auf und versagte den von früheren Kaisern aufgenommenen die Zulassung zu (weiteren) Ehrenstellen. Die
überzähligen Kandidaten zu diesen machte er zu Legions-
kommandeuren, um sie für ihre Zurückstellung und die
Wartezeit zu trösten. Das Konsulat verlieh er meist nur auf
sechs Monate. Als aber einmal der eine Konsul kurz vor dem
ersten Januar gestorben war, setzte er keinen Stellvertreter
für ihn ein. Denn er lehnte das alte Beispiel des Caninius
Rebilus ab, der nur einen Tag Konsul gewesen war[1]. Die
triumphalischen Auszeichnungen verlieh er auch Leuten
von nur quästorischem Rang und sogar einigen Rittern,
und zwar keineswegs immer nur für militärische Verdienste.
Seine an den Senat über gewisse Dinge gesandten Vorträge
pflegte er unter Übergehung des Quästors, dessen Amt es
eigentlich war, durch einen Konsul verlesen zu lassen.
16. Für die Gebäude der Hauptstadt ersann er eine ganz
neue Bauart. Insbesondere mußten vor allen Miethaus-
blöcken und einzelnen Häusern Säulengänge angelegt werden, um von deren flachen Dächern aus die Brände be-
kämpfen zu können[2]. Er erbaute sie auf seine Kosten.
Eigentlich hatte er sogar vorgehabt, die Stadtmauer bis
nach Ostia vorzurücken und von dort das Meer durch
einen Kanal bis an die alte Stadt zu leiten[3].
Viele alte strenge Strafbestimmungen und Verbote wurden
unter ihm wieder in Kraft gesetzt und ebenso auch neue
eingeführt. So legte man dem Luxus Schranken auf, beschränkte die öffentlichen Festessen, die bisher in vollständigen Mahlzeiten bestanden hatten, auf bestimmte Portionen und erließ ferner ein Verbot, in den Schenken gekochte Speisen zu verkaufen. Nur Hülsenfrüchte und Ge-
müse waren ausgenommen, während früher alle möglichen
Gerichte daselbst feilgehalten wurden[4].

---

[1] S. Cäsar, Kap. 76 m. Anm. – [2] Dies geschah nach den Erfahrungen
des großen Brandes von 64, s. Kap. 38. – [3] Es war 25 km entfernt. Nach
Kap. 31 leitete Nero tatsächlich Meerwasser in seinen Palast. – [4] Hierzu
s. Claudius, Kap. 40. Schenken aus dieser und späterer Zeit hat man
vielfach in Pompeji, Ostia usw. ausgegraben. Es sind kleine, nach

Mit Todesstrafen wurde gegen die Christen vorgegangen, eine Sekte, die sich einem neuen gemeingefährlichen Aberglauben ergeben hatte[1]. Verboten wurden die Belustigungen der Rennfahrer, die das altverbriefte Recht genossen, sich zu gewissen Zeiten in der Stadt herumzutreiben und unter der Maske des Scherzes allerlei Betrügereien und Diebesstreiche auszuführen. Die Parteianhänger der Pantomimen sowie diese selbst wurden aus der Hauptstadt ausgewiesen.

17. Gegen Urkundenfälschung erfand man damals zuerst folgendes Mittel: Man versah die Tafeln stets mit Löchern, durch die man eine dreifache Schnur zog, und erst dann wurde das Siegel daraufgesetzt[2]. Betreffs der Testamente wurde verordnet: Die beiden ersten Blätter, auf denen nur der Name des Erblassers stand, sollten denen, die das Testament durch ihr Siegel beurkundeten, nur leer vorgelegt werden[3]; ferner: Niemand, der für einen anderen ein Testament schriftlich aufsetzte, durfte für sich ein Legat darin eintragen. Ebenso wurde bestimmt, daß die Prozeßführenden ihren Anwälten für die Vertretung ihrer Sache eine feste angemessene Gebühr, für die Gerichtskosten dagegen überhaupt nichts zu entrichten hätten. Letztere sollten von der Staatskasse übernommen werden. Endlich

---

der Straße offene Läden, in denen Vorübergehende einen Imbiß bekommen konnten. - [1] Das erste unzweideutige Zeugnis über die Christen (lateinisch Christiani) bei Sueton. Er kannte sie also und hätte sich, wenn er sie Claudius, Kap. 25, gemeint hätte, wohl klarer ausgedrückt. Bei derselben Gelegenheit findet sich auch das Zeugnis des Tacitus (Annalen XV, 44), der angibt, der Name Christen stammt von einem Christus, der unter Tiberius von dem Prokurator Pontius Pilatus hingerichtet worden sei, und weiter berichtet, Nero habe die Christen als Brandstifter verfolgt. Dieser ersten Verfolgung von 64 fielen der Legende nach die Apostel Petrus und Paulus zum Opfer. - [2] So war es unmöglich, die Urkunde ohne Verletzung der Siegel zu eröffnen; damit man sehen konnte, was sie enthielt, war an die Außenseite eine Abschrift angeheftet. Im Zweifelsfall wurden die Urkunden in Gegenwart der Unterzeichner aufgebrochen und beide Fassungen miteinander verglichen. - [3] Die Zeugen sollten den Inhalt des Testaments nicht kennen.

sollten die fiskalischen Prozesse den ordentlichen Gerichten, und zwar den Rekuperatoren[1] übertragen werden und
alle Berufungen von ihrem Richterspruch an den Senat
gehen.

18. Das Reich zu vergrößern und auszubreiten, lag nicht
in Neros Absicht. Durch keine Aussicht auf Erfolg ließ
er sich hierzu bewegen. Er dachte sogar daran, das in
Britannien stehende Heer zurückzuziehen. Nur die Scheu,
dadurch dem Ruhme seines Adoptivvaters zu nahe zu
treten, ließ ihn davon abstehen. Einzig das Königreich
Pontus, das Polemo freiwillig abtrat, machte er zur römischen Provinz und außerdem das Alpenreich des Cottius
nach dessen Tod[2].

19. Reisen außerhalb Italiens begann Nero nur zwei, eine
nach Alexandria und eine nach Achaja. Die erste gab er
aber noch am Tage der Abreise auf. Gefahrdrohende Vorzeichen hatten ihn davon abgeschreckt. Bei einem Umzuge
durch die Tempel von Rom blieb er nämlich im Tempel
der Vesta, wo er sich niedergesetzt hatte, zuerst beim Aufstehen mit einem Zipfel seiner Toga hängen, dann wurde
es ihm so dunkel vor den Augen, daß er nichts mehr deutlich erkennen konnte. In Achaja nahm er den Durchstich
des Isthmus in Angriff[3]. Er ließ seine Prätorianer sich ver-
sammeln und forderte sie auf, mit dem Werk zu beginnen.
Als mit der Tuba das Zeichen gegeben worden war, tat
er selbst die ersten Spatenstiche und trug die ausgegrabene
Erde in einem Korb auf seinen Schultern weg. – Er traf auch
längere Zeit Anstalten zu einem Zuge nach den Kaspischen
Toren[4] und hob dazu unter den Italikern eine neue Legion
von lauter sechs Fuß[5] großen Rekruten aus, die er „Alexanders des Großen Phalanx" zu nennen pflegte.

---

[1] Die Rekuperatoren hatten ursprünglich Rechtshändel zwischen Bürgern und Nichtbürgern, später auch Prozesse um Mein und Dein bis zu
einer bestimmten Streitsumme zu entscheiden. – [2] Pontus: im Nordosten Kleinasiens. – Reich des Cottius s. Tiberius, Kap. 37, Anm. –
[3] Die Landenge von Korinth, s. Cäsar, Kap. 44, Caligula, Kap. 21, Anm.–
[4] Genaue Lage strittig, entweder im Kaukasus oder im nordiranischen
Gebirge. – [5] 1,78 m.

Alle diese zum Teil keinen Tadel verdienenden, zum Teil
sogar sehr lobenswerten Handlungen habe ich hier zusammengestellt, um sie von seinen Schandtaten und Verbrechen
zu sondern. Von ihnen will ich nun im folgenden reden.

20. Wie in anderen Künsten und Wissenschaften war Nero
in seiner Jugend auch in der Musik unterrichtet worden.
Daher zog er sofort nach seiner Thronbesteigung den
Kitharöden[1] Terpnus, den damals beliebtesten Virtuosen
seiner Kunst, an seinen Hof. Von ihm ließ er sich täglich
nach der Tafel bis tief in die Nacht hinein vorsingen und
begann allmählich selbst das Studium und die Übungen
seiner Kunst. Dabei verabsäumte er nicht, was derartige
Virtuosen zur Erhaltung und Kräftigung ihrer Stimme zu
tun pflegten. So trug er auf dem Rücken liegend eine Tafel
von Blei auf der Brust, reinigte sich durch Klystiere und
Brechmittel, enthielt sich des Genusses von Obst und sonstiger der Stimme schädlicher Speisen. Zufrieden mit seinen
Fortschritten, trug er trotz seiner schwachen und dumpfen
Stimme Verlangen, auf der Bühne aufzutreten. Wiederholt
zitierte er daher im Kreise seiner Vertrauten das griechische
Sprichwort: „Musik, die im Verborgenen bleibt, hat keinen
Wert."
So trat Nero denn zuerst in Neapel auf[2], und selbst ein
Erdstoß, der das Theater plötzlich erschütterte, hielt ihn
nicht ab, die einmal angefangene Tournee zu Ende zu
bringen[3]. Ebenda sang er öfters und während mehrerer
Tage. Um seine Stimme zu schonen, gönnte er sich auch
eine kurze Ruhepause, war aber zu ungeduldig, um die
Einsamkeit zu ertragen, begab sich vielmehr von den

---

[1] Ein Sänger, der sich in einem langwallenden Talar ohne Ärmel
stehend auf der Kithara begleitet. Der Name dieses Instruments wird
gewöhnlich mit Zither wiedergegeben, doch war es der Leier ähnlich (die Resonanzplatte der heutigen Zither fehlte) und wurde in der
Hand getragen. – [2] Er hoffte in der Griechenstadt leichter Beifall zu
finden als in dem in dieser Beziehung von Vorurteilen erfüllten Rom. –
[3] Nach einem seiner Konzerte war durch den Erdstoß das Theater
in sich zusammengefallen, und zwar, ohne sonst Schaden anzurichten,
was Nero als günstiges Vorzeichen deutete (Tacitus, Ann. XV, 34).

Bädern wieder in das Theater, speiste mitten in der Orchestra vor zahlreich versammeltem Volk und machte ihm
auf griechisch das Versprechen, er wolle nur erst ein
Schlückchen trinken, dann würde er mit voller Stimme
etwas herausschmettern. Geschmeichelt durch die harmonisch abgestimmten Hochrufe der Alexandriner, welche
mit dem letzten Schiffstransport in Neapel zusammen-
geströmt waren, ließ er noch mehr Leute aus Alexandria
herbeirufen. Mit gleichem Eifer wählte er junge Leute aus
dem Ritterstande und über fünftausend handfeste junge
Burschen aus dem Volke aus, teilte sie in Banden, ließ
sie die verschiedenen Arten der Beifallsbezeigungen –
das Summen nach Art der Bienen, das Klatschen mit den
hohlen und das Klatschen mit den flachen Händen[1] – sich
einstudieren, um ihm, wenn er sang, zu Diensten zu sein.
Es waren alles Burschen, die durch ihr prachtvolles Haar
und ihren prächtigen Anzug auffielen, aber den Ring[2] an
der Linken abgelegt hatten. Ihre Führer erhielten jeder ein
Honorar von vierhunderttausend Sesterzen[3].

21. Da er sehr viel Wert darauf legte, auch in Rom zu
singen, ließ er das Neronische Kampfspiel[4] vor dem Tage
feiern, auf den es bestimmungsgemäß fallen sollte. Bei dieser
Gelegenheit bat ihn alle Welt, seine „himmlische Stimme"
hören zu lassen. Er antwortete zwar zuerst: „In meinen
Gärten werde ich denen, die es wünschen, Gelegenheit
dazu geben." Als aber auch die diensttuende Wachtabtei-
lung der Soldaten die Bitten des Volkes unterstützte, sagte
er sogleich mit größter Bereitwilligkeit sein Auftreten auf
dem Theater zu.
Unverzüglich befahl er seinen Namen in das Verzeichnis
der auftretenden Kitharöden einzutragen, zog, wie alle

---

[1] Lateinische Namen: bombus = Bienensummen; imbrix = (hohler)
Dachziegel (zum Ableiten des Regens); testa = (flacher) Mauerstein. –
[2] Der Ritterring (s. Cäsar, Kap. 33) hätte ihr Klatschen behindert.
Andere Lesart: *nec sine anulo* (mit dem Ringe). Demnach sollten sie
ihn also gerade zeigen, um durch ihr Beispiel die anderen zu er-
muntern. – [3] 400000 DM. Das Ganze eins der ältesten Zeugnisse zur
Geschichte der gewerbsmäßigen Claque. – [4] S. Kap. 12.

übrigen, sein Los aus der Urne und betrat, als die Reihe an ihn kam, die Bühne, neben ihm die Präfekten seiner Leibwache, welche ihm die Zither trugen, und hinter ihm die Kriegstribunen und seine vertrautesten Freunde. Sobald er seinen Stand eingenommen und seine einleitende Rede beendet hatte, ließ er durch den früheren Konsul Cluvius Rufus verkünden, er werde die „Niobe" singen. Dies tat er auch bis zur zehnten Stunde[1]. Die Erteilung des Siegeskranzes und den übrigen Teil des Wettstreites verschob er auf das folgende Jahr, um Gelegenheit zu haben, noch öfter zu singen. Aber da ihm dies zu lange wahrte, trug er kein Bedenken, auch noch mehrmals öffentlich aufzutreten.

Er nahm sogar keinen Anstand, auch bei Schauspielen, welche Andere veranstalteten, unter den Bühnenkünstlern sich mit seinen Leistungen zu zeigen, als ein Prätor ihm dafür eine Million Sesterzen[2] anbot. Ferner spielte er in Tragödien in Kostüm und Maske mit. Hierbei mußten die Masken der Heroen und Götter sowie der Heroinen und Göttinnen seine und seiner jeweiligen Geliebten Gesichtszüge tragen. Unter anderem spielte er[3] die „Kanake in Kindesnöten[4]", den „Muttermörder Orest", den „Geblendeten Ödipus", den „Rasenden Herkules". Bei der zuletzt genannten Vorstellung soll es vorgekommen sein, daß ein noch nicht lange im Dienst befindlicher Rekrut, der beim Eingang der Bühne Wache stand, herbeistürzte, um dem Kaiser zu Hilfe zu kommen, als er sah, wie Nero dem Inhalt des Stückes gemäß angeputzt und mit Ketten gefesselt wurde.

22. Schon seit seiner frühen Jugend hatte Nero eine große Leidenschaft für Pferdesport. Seine Lieblingsunterhaltung drehte sich trotz aller Verbote um die Wettrennen im Zirkus. Einmal klagte er bei seinen Mitschülern, daß ein Renn-

---

[1] 15–16 Uhr. – [2] 1 Million DM. – [3] Lateinisch cantavit: er sang. Das antike Drama hatte viel Opernhaftes an sich. – [4] Eine der Töchter des Tuskerkönigs Äolus, wurde vom jüngsten ihrer sechs Brüder geschändet. Die Frucht verriet ihr Dasein durch Geschrei. Äolus sandte darauf Kanake einen Dolch, mit dem sie sich tötete.

fahrer von der grünen Partei[1] (nach einem Sturz von seinem Gespann) am Boden geschleift worden sei. Als der Lehrer ihn deswegen ausschalt, log er sich damit heraus, er spreche von Hektor[2]. In der ersten Zeit seiner Regierung spielte er täglich mit elfenbeinernen Viergespannen[3] auf seinem Spieltisch und kam selbst zu den unbedeutendsten Rennspielen von seinen Landhäusern nach Rom, zuerst heimlich, dann ganz öffentlich, so daß jedermann sicher war, daß er an einem solchen Tage in der Hauptstadt sein werde. Auch machte er kein Hehl daraus, daß er Lust habe, die Zahl der Siegespreise zu vermehren. Da infolgedessen auch die Zahl der Rennen beträchtlich zunahm, zog sich die Vorstellung bis zum späten Abend hin. Daher wurden die Herren der Wettrennbanden so anmaßend, daß sie ihre Angestellten nur für Rennen herzugeben geruhten, die den ganzen Tag dauerten. Bald gelüstete es Nero, selbst den Rennfahrer zu machen und sogar in der Öffentlichkeit öfter als solcher aufzutreten. Zunächst stellte er in seinen Gärten vor Sklaven und vor dem niedrigen Volk seine ersten Übungen an, dann legte er vor den Augen der gesamten Bevölkerung seine Probe im Circus Maximus ab. Hier gab irgendein Freigelassener von der Stelle aus, von der sonst die Magistrate dies zu tun pflegten, mit dem Tuche das Zeichen zum Beginn.

Doch Nero war nicht zufrieden, Beweise seiner Kunstfertigkeiten in Rom gegeben zu haben. Er suchte auch, wie ich bereits gesagt habe[4], Achaja auf. Hierzu veranlaßte ihn hauptsächlich folgendes: Auf Beschluß der Städte, in welchen musische Wettkämpfe stattzufinden pflegten, waren alle Siegeskränze der Kitharöden ihm übersandt worden. Er nahm sie so dankbar an, daß er die mit der Überbringung beauftragten Abgeordneten nicht nur vor allen übrigen zur Audienz vorließ, sondern sie auch im engeren

---

[1] S. Caligula, Kap. 55. Auch er war ein eifriger Anhänger der „Grünen" gewesen. – [2] Den Achill nach seiner Ermordung an seinem Streitwagen um Troja geschleift hatte. – [3] Irgendein Wettrennspiel, vielleicht in der Art der „Petits chevaux" der modernen internationalen Spielkasinos. – [4] S. Kap. 19.

Kreis zur Tafel zog. Bei dieser Gelegenheit baten ihn Einige, doch bei Tisch etwas zu singen. Sein Gesang wurde mit so großer Begeisterung aufgenommen, daß er ausrief: „Nur die Griechen haben ein feines Ohr für Musik, und sie allein sind würdig, sich an meiner Kunst zu freuen." Und so trat er ohne Aufschub die Reise an und begann sofort nach seiner Landung bei Kassiope[1] seinen ersten Gesangsvortrag gleich am Altar des Jupiter Cassius. Dann besuchte er der Reihe nach alle Festspiele. 23. Er befahl nämlich, daß auch die Spiele, deren periodische Wiederkehr auf ganz andere Zeiten fiel, alle auf das eine Jahr zusammengedrängt werden sollten. Dabei wurden dann einige in demselben Jahr zweimal gefeiert. Zu Olympia ließ er sogar gegen alles Herkommen einen musischen Wettstreit veranstalten.

Damit ihn bei diesen Beschäftigungen ja nichts ablenken oder stören möchte, schrieb er seinem Freigelassenen Helius, der ihn erinnerte, die Verhältnisse in Rom erforderten dringend seine Anwesenheit, wörtlich zurück: „Wenn Du auch jetzt noch so dringend rätst und wünschest, ich sollte schnell zurückkehren, so wäre es vielmehr doch Deine Pflicht, mir zuzureden und zu wünschen, daß ich eines Neros würdig zurückkehre."

Während er sang, durfte niemand, auch nicht aus zwingendsten Gründen, das Theater verlassen. So wären, wie man sich erzählt, manche Frauen während der Vorstellungen niedergekommen, und viele Männer, die es satt hatten, ihn hören und bewundern zu müssen, wären, da die Tore verschlossen waren, heimlich von der Mauer gesprungen oder sie hätten sich totgestellt, um so als Leichen aus dem Theater herausgetragen zu werden[2].

Wie furchtsam und ängstlich Nero aber bei jedem Auftreten gewesen ist, wie groß seine Eifersucht auf seine Gegner,

---

[1] Vorgebirge im Norden der Insel Korkyra (heute Korfu) mit Stadt, in der ein Zeus Kassios (Jupiter Cassius) verehrt wurde. –
[2] Nach Tacitus, Annalen XVI, 5, sind bei den Neronien von 65 während des Auftretens Neros infolge des Gedränges, der Hitze und der schlechten Luft sogar wirkliche Todesfälle vorgekommen.

seine Furcht vor den Richtern war, kann man kaum glauben. Seine Gegner behandelte er ganz wie seinesgleichen,
war höflich gegen sie und suchte ihre Gunst zu gewinnen.
Hinterrücks aber schwärzte er sie an, schimpfte wohl auch
auf sie, wenn sie sich begegneten oder suchte Die, die ihm
überlegen waren, zu bestechen. Dagegen die Kampfrichter
pflegte er, bevor er begann, auf das ehrerbietigste anzureden, er habe alles getan, was er pflichtgemäß tun müßte.
Der Erfolg liege freilich in der Hand des Zufalls. Sie als
kluge und gebildete Leute hätten die Pflicht, alles Zufällige
auszuschließen. Wenn sie ihn dann ermahnten, guten Muts
zu sein, trat er beruhigten Herzens ab. Aber selbst dann
war er nicht ohne Besorgnis, vielmehr legte er das Schweigen und die Zurückhaltung des einen oder des anderen
unter ihnen als Härte und Böswilligkeit aus und bezeichnete sie als ihm verdächtige Individuen.

24. Beim Wettkampf selbst richtete er sich gewissenhaft nach
den Vorschriften. Nie wagte er auszuspeien; er wischte sich
sogar selbst mit dem Arm den Schweiß von der Stirne ab[1].
Als er einmal bei der Aufführung eines tragischen Stückes
seinen Königsstab fallen gelassen und ihn schnell wieder
aufgehoben hatte, geriet er in größte Angst, daß man ihn
wegen dieses Fehlers von dem Wettkampfe ausschließen
möchte. Er beruhigte sich erst, als sein Partner[2] ihm schwor,
das Vorkommnis sei bei dem Beifallsjubel des Publikums
gar nicht bemerkt worden.

Wenn er den Sieg errungen hatte, so rief er sich gewöhn-
lich selbst als Sieger aus. Er beteiligte sich zu diesem
Zweck überall auch am Wettstreit der Herolde[3]. Um das
Andenken und die Spur aller anderen Sieger in den heiligen
Spielen[4] vor ihm überall zu vernichten, gab er Befehl, ihre

---

[1] Ein Kitharöde mußte sich beim Wettkampf diesen und ähnlichen
Vorschriften unterziehen. Er durfte sich z. B. auch nicht setzen (Tacitus, Ann. XVI, 4). – [2] Im Text *Hypokrita*, ein Tänzer, der für den
neben ihm singenden Tragöden die Gestikulation und das Mienenspiel
machte. – [3] Um das Recht, den Sieger auszurufen. – [4] Die Spiele waren
ursprünglich eine Form des Gottesdienstes, die Sieger wurden darin
übermäßig gefeiert, u. a. durch öffentliche Denkmäler.

Statuen und Büsten samt und sonders umzustürzen und mit Haken in die Latrinen zu schleifen.

Als Rennfahrer trat er an verschiedenen Orten auf, in Olympia sogar mit einem Zehngespann, obwohl er ebendies dem Könige Mithridates[1] in einem seiner Gedichte zum Vorwurf gemacht hatte. Indessen wurde er dabei aus dem Wagen geschleudert. Man hob ihn zwar wieder hinein, er konnte aber das Rennen trotzdem nicht durchhalten, sondern gab es vor Erreichung des Zieles auf. Nichtsdestoweniger wurde er gekrönt. Bei seiner Abreise beschenkte er die ganze Provinz Achaja mit der Freiheit[2], zugleich die Preisrichter mit dem römischen Bürgerrecht und beträchtlichen Geldsummen. Er selbst verkündete mit eigener Stimme diese Gnadenbezeigungen mitten im Stadion am Tage der isthmischen Festspiele[3].

25. Nach seiner Rückkehr aus Griechenland hielt Nero in Neapel, weil er hier zuerst seine Kunst gezeigt hatte, seinen Einzug mit weißen Rossen. Eigens zu diesem Zweck wurde eine Bresche in die Stadtmauer geschlagen, wie das beim Einzug der Sieger in den heiligen Spielen üblich ist. Auf ähnliche Weise zog er in Antium, dann in Albanum[4] und von dort in Rom ein.

Bei seinem Einzug in der Hauptstadt fuhr er außerdem noch auf dem Wagen, dessen sich einst Augustus bei seinen Triumphen bedient hatte. Er war mit einem Purpurgewand und einem mit goldenen Sternen bestickten griechischen Mantel bekleidet, trug den olympischen Siegeskranz auf dem Haupt und hielt den pythischen in der Hand[5]. Seine

---

[1] Der bekannte Gegner der Römer (s. Cäsar, Kap. 4, Anm.), ein Vollorientale, trug aus politischen Gründen so sein Griechentum zur Schau. – [2] Die Gemeinden der Provinz bekamen dadurch die Stellung der „freien und verbündeten Staaten", s. Tiberius, Kap. 37, Anm. zu Kyzikos. – [3] In ähnlicher Weise hatte 196 v. Chr. nach Vertreibung der Mazedonier an den isthmischen Festspielen zu Korinth Titus Quinctius Flamininus die Griechen für frei erklärt. – [4] Ort in den Albanerbergen, wo mancher Römer ein „Albanum" (albanisches Gut) hatte, aus diesen Villen jetzt Albano entstanden. – [5] Der olympische bestand aus Zweigen des wilden Ölbaums, der pythische

übrigen Siegeskränze wurden ihm in feierlichem Zuge
vorangetragen mit den Inschriften, die anzeigten, wo und
über wen er gesiegt hatte, und die Gesangs- oder Theater-
stücke angaben, mit welchen er als Sieger hervorgegangen
war. Seine Claqueure schritten hinter seinem Wagen her
wie hinter einem Triumphator und riefen dabei: „Wir sind
die Begleiter des Augustus und die Soldaten seines Triumphes." Dann ging der Zug durch einen niedergerissenen
Bogen in den Circus Maximus, über das Velabrum[1] und
Forum zum Palatium und zum Tempel des Palatinischen
Apollo. Unterwegs wurden überall ihm zu Ehren Opfertiere geschlachtet, die Straßen immer wieder mit Krokuswein besprengt und Singvögel, Bänder und Zuckerwerk
ihm zugeworfen[2].

Die heiligen Siegeskränze legte er in seinem Schlafzimmer
rings um sein Lager nieder, ebenso errichtete er Statuen,
welche ihn als Kitharöden darstellten. In dieser Tracht ließ
er sich auch auf Münzen prägen[3]. Nach allem diesen war
er weit davon entfernt, seine Leidenschaft in irgendeiner
Weise zu dämpfen. Vielmehr wandte er sich, um seine
Stimme zu schonen, nur noch schriftlich an seine Soldaten
oder, selbst wenn er anwesend war, durch den Mund eines
anderen. Überhaupt bei allem, was er im Ernst oder im
Scherz tat, hatte er einen Lehrer der Stimmbildung neben
sich, der ihn daran erinnern mußte, seine Lungen zu schonen und ein Schweißtuch vor den Mund zu halten. Vielen
Personen bot er seine Freundschaft an oder stellte ihnen
seine Feindschaft in Aussicht, je nachdem sie ihm mehr
oder minder Beifall gespendet hatten.

26. Proben von Übermut, Wollust, Schwelgerei, Habsucht
und Grausamkeit gab Nero anfangs zwar nur sehr verein-

---

aus Lorbeerzweigen. – [1] S. Cäsar, Kap. 37, Anm. – [2] Sonst warf man
den Siegern Blumen zu. Die hier erwähnten Spenden beziehen sich
auf den Sieg als Bühnenkünstler. – Krokuswein: zur Parfümierung der
Theater, Singvögel: Anspielung auf den Gesang, Bänder: zur Befestigung an den Siegeskränzen, Zuckerwerk (lat. bellaria, Drops):
zur Klärung der Stimme. – [3] Solche noch erhalten. – Zahl der Kränze:
1808.

zelt und in aller Heimlichkeit, wobei man den Eindruck
hatte, daß es sich hier um jugendliche Verirrung handelte,
aber schon damals konnte niemand darüber im Zweifel
sein, daß diese Laster nicht seiner Jugend entsprangen, vielmehr in seinem Charakter lagen. So pflegte er gleich nach
Eintritt der Dämmerung rasch eine Filzmütze oder eine
Kappe aufzusetzen und die Kneipen aufzusuchen oder mit
mutwilligen Späßen in den Gassen herumzutollen. Hierbei
verübte er allerhand gefährliche Streiche. Unter anderem
gehörte es zu seinem Vergnügen, die Leute, die von einer
Tischgesellschaft heimkehrten, zu verprügeln, und wenn
sie sich wehrten, zu verwunden und in die Kloaken zu
werfen, ebenso kleine Kaufläden zu erbrechen und aus-
zurauben. Hierfür hatte er in seinem Hause eine Kantine
eingerichtet, wo die Beute an den Meistbietenden verkauft
und der Erlös verteilt und vertan wurde. Oft freilich setzte
er bei solchen Raufhändeln Augen und Leben aufs Spiel.
So wurde er z. B. einmal von einem Mann aus dem Senatorenstande[1], dessen Ehefrau er unzüchtig zu betasten sich
erfrecht hatte, fast zu Tode geprügelt. Deshalb wagte er
sich späterhin um diese Zeit niemals mehr in die Öffentlichkeit, ohne daß ihm Militärtribunen heimlich von fern folgten. Bei Tage ließ er sich ganz unbemerkt in einer ver-
schlossenen Sänfte ins Theater tragen und wohnte von
seinem Platz auf dem oberen Stock des Proszeniums aus
den Prügeleien der Pantomimen tonangebend als Zuschauer
bei. Wenn es zum Handgemenge kam und der Streit mit
Steinen und den zertrümmerten Bänken ausgefochten wurde,
schleuderte er selbst viel dergleichen Gegenstände unter das
Volk und verwundete einmal sogar einen Prätor schwer
am Kopf[2].

27. Allmählich aber steigerten sich seine lasterhaften Nei-
gungen, und er begnügte sich nicht mehr damit, seine

---

[1] Tacitus nennt ihn Ann. XIII, 25 Julius Montanus, einen Mann aus
einer Senatorenfamilie, der aber noch keine Ämter bekleidet hatte,
und fügt hinzu, er sei für den Vorfall von Nero zum Selbstmord verurteilt worden. – [2] Nach Tacitus, Ann. XIII, 25 wurden darauf die
Pantomimen aus Italien ausgewiesen (s. Kap. 16).

schlimmen Streiche nur heimlich auszuführen; vielmehr verstellte er sich von jetzt ab nicht mehr und beging in aller Öffentlichkeit die größten Schandtaten. Seine Mahlzeiten dehnte er von Mittag bis Mitternacht aus, wobei er sich dazwischen mehrmals durch warme und im Sommer durch eisgekühlte Bäder zu erfrischen suchte. Zuweilen speiste er auch im Freien auf der zu diesem Zwecke mit Schranken umgebenen Naumachie[1] oder auf dem Marsfelde oder im Circus Maximus. Hierbei stellten die Freudenmädchen und Tänzerinnen von ganz Rom die Bedienung. Sooft er nach Ostia den Tiber hinabfuhr oder am Golf von Bajä vorbeisegelte, wurden an bestimmten Stellen des Ufers Schankbuden aufgestellt, die einen gut ausgestatteten Bordellbetrieb enthielten. Hier machten sogar vornehme Frauen die Wirtinnen, die ihn bald hier, bald dort zur Landung einluden. Oft sagte er sich selbst bei seinen Freunden zu Tisch an. Dem einen kam dann die Mitellita auf vierhunderttausend Sesterzen, einem anderen die Rosenessenz noch weit höher zu stehen[2].

28. Nicht genug damit, daß Nero mit freigeborenen Knaben und mit verheirateten Frauen unsittlich verkehrte, er vergewaltigte sogar eine Vestalin, namens Rubria. Es hätte nicht viel gefehlt, so hätte er die Freigelassene Akte in aller Form geheiratet. Er hatte bereits Männer konsularischen Ranges angestiftet, ihre angebliche Abstammung aus königlichem Geschlecht zu beschwören[3].

Den jungen Sporus ließ er entmannen und suchte ihn auf alle Weise zu einem Wesen weiblichen Geschlechts zu

---

[1] S. Augustus, Kap. 43, Anm., Tiberius, Kap. 72, Anm. Nach Tacitus, Anm. XV, 37, auf einem Floß. Dort auch noch andere Einzelheiten. – [2] 400000 Sest. = 400000 DM. Mitellita und Rosenessenz: Zutaten des Gastmahls. Mitellita: das Bindenwerk, das die Tafelnden in ihre Kränze gelegentlich flochten; Rosenessenz: eins der vielen Präparate, mit denen man die beim Gelage benutzten Salben parfümierte. – [3] Mit Freigelassenen durften selbst Ritter keine rechtsgültige Ehe schließen. Die Bezeugung königlicher Abkunft sollte einen Vorwand dazu schaffen, Akte, die Nero bis zuletzt treu blieb (vgl. Kap. 50), die Rechte einer Freigeborenen zu verleihen.

machen. Er befahl, ihn mit Mitgift und rotem Brautschleier nach feierlicher Vollziehung der Heiratszeremonien unter prächtig aufgezogenen Feierlichkeiten in seinen Palast zu führen[1]. Er behandelte ihn ganz wie seine Gemahlin. Es existiert darüber noch heute ein recht guter Witz: „Es wäre ein Glück für die Menschheit gewesen, wenn Neros Vater Domitius eine solche Gemahlin gehabt hätte." Diesen Sporus kleidete er in die Tracht der Kaiserinnen, ließ ihn in einer Sänfte tragen und führte ihn auf den Gerichtstagen und Märkten von Griechenland und später auch in Rom bei den Sigillarien[2] als Begleiter mit sich umher und pflegte ihn immer wieder zärtlich zu küssen.

Dies ist durchaus glaublich. Denn kein Mensch hat daran gezweifelt, daß er selbst nach dem geschlechtlichen Umgang mit seiner Mutter lüstern gewesen. Nur durch ihre Feinde, die fürchteten, daß das maßlos heftige und herrschsüchtige Weib aus solchem Verhältnis einen übermächtigen Einfluß gewinnen möchte, sei er davon abgeschreckt worden. Jedenfalls ist es Tatsache, daß er eine Dirne, die Agrippina überaus ähnlich gesehen haben soll, unter seine Beischläferinnen aufnahm. Auch behauptet man, daß in früherer Zeit, sooft er sich mit seiner Mutter in einunddersellben Sänfte tragen ließ, die Spuren seines unzüchtigen Verkehrs mit ihr sich durch die Flecken seiner Kleider verraten hätten.

29. Seinen eigenen Leib gab Nero in dem Maße preis, daß er, nachdem fast kein Teil desselben unbefleckt geblieben war, sich hierfür sogar eine Art Spiel ausdachte. Es bestand darin, daß er in das Fell eines wilden Tieres genäht aus einem Käfig herausgelassen wurde und in diesem Aufzug auf die Schamteile der an den Pfahl gebundenen Männer und Frauen losstürzte. Nach Befriedigung seiner wilden Begier ließ er sich endlich von seinem Freigelassenen Doryphorus „zur Strecke bringen". Ihn nahm er seinerseits zum Mann, wie er Sporus zur Frau genommen hatte, wobei er auch die

---

[1] Mitgift, Brautschleier, Heiratszeremonien, Brautzug waren die zum rechtsgültigen Eheschluß vorgeschriebenen Formen. – [2] S. Claudius, Kap. 5, Anm.

Töne und Aufschreie der vergewaltigten Jungfrauen nachahmte. Von manchen Leuten habe ich erfahren, daß er der
vollkommenen Überzeugung gewesen sei, kein Mensch sei
keusch und unbefleckt an einem Körperteile, die meisten
verstellten sich nur und wüßten ihre Laster schlau zu verbergen. Deshalb habe er auch denen, die ihre Unkeuschheit
offen bekannten, alle übrigen Vergehen verziehen.

30. Von Reichtum und Geld, meinte Nero, hätte man nur
dann einen Genuß, wenn man verschwenderisch damit um-
ginge. Filze und Knauser seien die Leute, die über ihre Ausgaben Buch führten, die dagegen, welche ihre Vermögen
verschwendeten und durchbrächten, seien ganz prächtige
und großartige Menschen. Er pries und bewunderte seinen
Oheim Gajus (Caligula) vor allem deshalb, weil er die ungeheuren, von Tiberius hinterlassenen Schätze in so kurzer
Zeit klein bekommen habe. So hielt er denn auch weder
im Schenken noch in seinem sonstigen Verbrauch Maß.
Für den Besuch des Tiridates verausgabte er – es klingt
fast unglaublich – täglich achthunderttausend Sesterzen.
Er schenkte ihm bei seiner Abreise über hundert Millionen[1]. Den Kitharöden Menekrates und den Fechter Spiculus beschenkte er mit dem Vermögen und den Palästen von
Männern, welche die Triumphalauszeichnungen erhalten
hatten. Den Wucherer Paneros, der den Spottnamen
„Meerkatze" trug und der durch ihn in den Besitz der
wertvollsten städtischen und ländlichen Grundstücke gelangt war, bestattete er mit fast königlicher Pracht. Kein
Kleid zog er zweimal an. Beim Würfelspiel spielte er den
Point immer zu vierhundert Sesterzen[2]. Beim Fischen bediente er sich eines vergoldeten Netzes, das aus purpur-
und scharlachfarbigen Stricken gedreht war. Nie soll er mit
weniger als tausend Wagen gereist sein. Die Hufe der Maultiere waren mit Silber beschlagen, die Treiber trugen Ge-

---

[1] 100 Millionen DM. – 800000 Sest. = 800000 DM. Nach Plinius,
Naturgeschichte XXXIII, 54, soll Nero bei dieser Gelegenheit das
Theater des Pompejus einen Tag lang mit Gold bedeckt haben, um
Tiridates zu imponieren. – [2] 400 DM. Schon ein Denar (4 DM) war
sehr viel (s. Augustus, Kap. 71, Anm.).

wänder von canusischer Wolle[1] und ein Schwarm von
Mazakern[2] und Läufern mit kostbaren Spangen und reich
geschirrten Rossen begleiteten seinen Zug.

31. Jedoch die größten Summen verschlang seine Bauwut.
Den Kaiserpalast verlängerte er vom Palatium bis zu den
Esquilien und nannte den Verbindungsbau zuerst das
„Durchgangshaus", später nach dem Wiederaufbau infolge
des Brandes das „Goldene Haus". Folgende Angaben
dürften genügen, um einen Begriff von seiner Ausdehnung
und Pracht zu geben:

Das Vestibül war so gewaltig, daß darin eine hundertzwanzig Fuß[3] hohe Kolossalstatue Neros stehen konnte, die Ausdehnung des ganzen Baues so ungeheuer, daß seine aus
drei Säulenreihen bestehende Halle eine römische Meile[4]
lang war. Es befand sich ferner ein Teich darin, der wie
ein Meer mit Gebäuden umgeben war, welche Städte vorstellen sollten; dazu Ländereien, in denen Kornfelder mit
Weinpflanzungen, Viehweiden mit Wäldern abwechselten
und in denen eine Menge der verschiedenartigsten zahmen
und wilden Tiere herumliefen. In dem Gebäude selbst war
übrigens alles mit Gold, edlen Steinen und Perlmutter ausgelegt. Die Speisezimmer hatten getäfelte Decken von
Elfenbeinplatten, die beweglich waren, um Blumen herab-
zustreuen, und Röhren enthielten, um wohlriechende Wasser von oben über die Gäste zu sprengen. Der Hauptspeise-
saal war rund; seine Decke drehte sich in einem fort Tag
und Nacht wie das Weltall herum. Die Bäder waren mit
Meerwasser oder mit Wasser aus der Albulaquelle[5] gespeist. Als er dies Prachtgebäude nach seiner Vollendung
einweihte, sagte er, um seine Zufriedenheit auszudrücken,
nur die Worte: „Jetzt fange ich doch endlich an, wie ein
Mensch zu wohnen."

---

[1] Canusium (heute Canosa), Stadt in Apulien am Aufidus (heute Ofanto)
bei Cannä, erzeugte nach Plinius, Naturgeschichte VIII, 191, die
feinste Wolle der durch Schafzucht und Wollerzeugung berühmten
Landschaft. – [2] Mauretanische Reiter. – [3] 35,5 m. – [4] 1480 m. –
[5] Das Meer war 25 km, die Albulaquelle (schwefelhaltig, s. Augustus,
Kap. 82, Anm.) 20 km entfernt.

Außerdem begann Nero auch ein bedachtes und mit Säulenhallen eingefaßtes Bassin von Misenum bis zum Averner See anzulegen[1]. Dahinein sollte alles, was in ganz Bajä an warmen Quellen vorhanden war, geleitet werden. Ebenso beabsichtigte er, einen Kanal vom Averner See bis nach Ostia zu graben. Auf ihm sollte man zu Schiff, jedoch ohne das Meer befahren zu müssen, dorthin gelangen können. Bei einer Länge von hundertsechzig römischen Meilen[2] sollte er so breit sein, daß sich begegnende Fünfdecker einander auszuweichen in der Lage wären. Um diese Arbeiten auszuführen, hatte er befohlen, sämtliche Gefangene des ganzen Reiches nach Italien zu bringen und von jetzt an selbst die überführten schweren Verbrecher nur zur Zwangsarbeit zu verurteilen.

Zu dieser wahnsinnigen Geldverschwendung ermunterte ihn, abgesehen von dem Vertrauen auf seine Kaisermacht, auch noch die unvermutet sich ihm bietende Hoffnung auf Bergung unermeßlicher Schätze. Ein römischer Ritter hatte ihm nämlich die feste Versicherung gegeben, der uralte Goldschatz, den die Königin Dido auf ihrer Flucht von Tyrus mit sich genommen, liege noch in Afrika in weiten Höhlen verborgen und könne mit ganz geringem Aufwand gehoben werden. 32. Als sich Nero aber in dieser Hoffnung betrogen sah, war er ganz hilflos, so aller Geldmittel bar und so arm, daß man selbst die Lohnzahlungen an die Soldaten und die Auszahlungen der Pensionen an die Veteranen aussetzen und verschieben mußte. Daher verlegte sich Nero jetzt auf falsche Anklagen und Räubereien. Vor allem verordnete er, daß von den hinterlassenen Vermögen verstorbener Freigelassener statt der Hälfte[3] fünf Sechstel

---

[1] Die Anlage war offenbar nicht als luxuriöses Badebassin, sondern als Erneuerung des alten Julischen Hafens (s. Augustus, Kap. 16, Anm.) geplant. Das Wasser der Quellen sollte das Versanden, vielleicht auch das Zufrieren in harten Wintern verhindern, das Dach die Schiffe vor Sturm schützen. – [2] 237 km. – [3] Jeder Patron hatte einen gesetzlichen Anspruch auf die Hälfte des Nachlasses seiner Freigelassenen, die den Namen seiner Familie führten. Nero beanspruchte darüber hinaus ⁵/₆ von Solchen, die sich *fälschlicherweise*

für ihn eingezogen werden sollten, wenn sie den Namen einer mit ihm selbst verwandten Familie ohne zureichenden Grund geführt hätten. Ferner sollte der testamentarische Nachlaß aller Personen, die sich gegen den Kaiser in ihren Testamenten „undankbar" bewiesen haben würden, an den Fiskus fallen; selbst die Rechtsgelehrten, welche derartige Testamente aufgesetzt oder diktiert hätten, sollten nicht ungestraft bleiben. Endlich sollten alle Handlungen und Reden, welche irgendein Angeber zur Anzeige zu bringen sich gemüßigt sähe, unter das Gesetz über Majestätsbeleidigung fallen[1].

Er forderte auch die Belohnungen zurück, welche er den Gemeinden erteilt hatte, die ihm irgend einmal Siegeskränze bei den Wettkämpfen zuerkannt hatten. Ferner untersagte er den Gebrauch der Amethyst- und der Purpurfarbe, stiftete dann einen Menschen dazu an, am Markttage wenige Unzen davon zu verkaufen und ließ unter diesem Vorwande die Magazine aller Kaufleute mit Beschlag belegen. Wie es heißt, soll er seinen Prokuratoren sogar eine vornehme Frau angezeigt haben, die er, als er einmal öffentlich sang, in dem verbotenen Purpurkleide unter den Zuschauern bemerkt hatte. Sie wurde dann stehenden Fußes fortgeschleppt, und nicht nur ihr Kleid, sondern ihr ganzes Vermögen wurden beschlagnahmt. Keinem übertrug er ein Amt, ohne hinzuzufügen: „Du weißt, was ich brauche!" und: „Unsere Aufgabe ist, daß keiner etwas behält." Zuletzt nahm er auch aus vielen Tempeln die Weihgeschenke weg. Sogar goldene und silberne Kultbilder schmolz er ein, darunter selbst die der römischen Penaten, die jedoch Galba später wieder ersetzte[2].

33. Von seinen Verwandten und von anderen Personen war

---

als Freigelassene von Angehörigen des Kaiserhauses ausgegeben und dementsprechend den Namen einer der dazugehörigen Familien, z. B. Domitius, geführt hatten. – [1] Da die hiernach Verurteilten außer dem Leben auch ihr Vermögen verwirkt hatten, sollten also in Zukunft schon die harmlosesten Tatbestände als Majestätsverbrechen gelten. – [2] Vgl. Vitellius, Kap. 5. – Aus Neros Münzen geht außerdem hervor, daß er das Geld um 10$^0/_0$ verschlechtert hat.

der erste, den er ermordete, Kaiser Claudius[1]. An seinem gewaltsamen Ende war er zwar nicht als Anstifter, doch als Mitwisser beteiligt. Er machte auch gar kein Hehl daraus; denn die Pilze, in denen man Claudius das Gift beigebracht hatte, soll er später unter Anwendung eines griechischen Sprichwortes gewöhnlich als Götterspeise gepriesen haben. Sicher ist, daß Nero den Verstorbenen in Wort und Tat auf alle nur erdenkliche Weise beschimpfte; bald warf er ihm Narrheit, bald Grausamkeit vor. Einer seiner Lieblingswitze in dieser Beziehung war, daß er von ihm sagte, er habe aufgehört, unter Menschen zu weilen, wobei er die erste Silbe des Wortes morari (weilen) lang aussprach[2]. Auch setzte er viele von Claudius' Beschlüssen und Verordnungen außer Kraft, als rührten sie von einem Dummkopf und einem Verrückten her. Endlich ließ er aus Nichtachtung die Stätte, wo seine Leiche verbrannt worden war, nur mit einer niedrigen schlechten Mauer umgeben.

Britannicus vergiftete er[3] ebenso aus Neid über dessen Stimme, die von Natur wohlklingender als seine eigene war, wie aus Furcht, daß jener einmal in der Gunst der Menschen mit Rücksicht auf das gute Andenken, das sein Vater hinterlassen hatte, höher als er selbst stehen möchte. Das Gift, das er von einer Frau namens Lucusta empfangen hatte, die, was Giftmischerei anbetrifft, geradezu ein Musterbeispiel war, wirkte jedoch zuerst langsam und rief bei Britannicus bloß Durchfall hervor. Daraufhin ließ er das Weib vor sich bringen und verprügelte es mit eigener Hand. Er beschuldigte sie, statt Gift eine Medizin gegeben zu haben. Auf ihre Entschuldigung, sie habe nur eine geringe Dosis verabreicht, um das Verbrechen besser vor der Öffentlichkeit zu vertuschen, rief Nero höhnisch aus: ,,Ja freilich, ich muß ja das Julische Gesetz fürchten[4]!" Dann nötigte er sie, vor seinen Augen in seinem Schlafzimmer

---

[1] S. Claudius, Kap. 44, Anm. – [2] Unübersetzbarer Wortwitz. Man soll nicht an *mŏra*, Aufenthalt, denken, sondern an das ursprünglich griechische *mōrus*, Narr. – [3] Anfang 55. – [4] Das von Sulla erlassene, von Julius Cäsar verschärfte Mordgesetz.

ihr schnellstes, augenblicklich wirkendes Gift zuzubereiten.
Dies versuchte er an einem Bock. Da der Todeskampf
fünf Stunden währte, ließ er das Gift wieder und wieder
durch Einkochen verstärken und warf es dann einem Ferkel
vor. Als das Tier unmittelbar danach starb, gebot Nero, das
Gift ins Eßzimmer zu bringen und dem mit ihm speisenden
Britannicus zu reichen. Schon nach dem ersten Schluck
brach Britannicus zusammen, aber Nero log den Tischgästen vor, dies sei einer seiner gewöhnlichen Anfälle von
Epilepsie. Tags darauf ließ er ihn in großer Eile bei strömendem Regen ohne jede Feierlichkeit bestatten. Der Lucusta erteilte er für die von ihr vollbrachte Leistung Straf-
losigkeit ihrer früheren Verbrechen und beschenkte sie mit
umfangreichem Grundbesitz, ja noch mehr, er führte ihr
sogar Schüler zu.

34. Bei seiner Mutter, über die er sich ärgerte, weil sie seine
Reden und Taten scharf beobachtete und bitter tadelte,
begnügte er sich anfangs, sie beim Volk durch in Miß-
gunst zu bringen, daß er das Gerücht aussprengen ließ,
er habe die Absicht abzudanken und von Rom fort nach
Rhodos zu gehen. Später beraubte er sie aller äußeren
Ehren und alles Einflusses, nahm ihr die römische und
germanische Ehrenwache und entzog ihr sogar die Wohnung im Palatium. Auch machte er sich kein Gewissen
daraus, sie auf jede Weise zu quälen. War sie in Rom, so
hetzte er ihr Prozesse auf den Hals; zog sie sich aufs Land
zurück, um ruhig zu leben, so ließ er sie durch Leute, die
auf dem Land- und Wasserwege an ihrem Landsitz vor-
überfuhren, durch Schimpfreden und schlechte Witze be-
leidigen.

Allein ihre Drohungen und ihr heftiges Temperament erschreckten ihn dermaßen, daß er sie zu verderben beschloß.
Nachdem er es dreimal mit Gift versucht und bemerkt
hatte, daß Agrippina sich durch Gegengifte zu schützen
wußte, ließ er die Decke ihres Schlafzimmers so einrichten,
daß sie bei Nacht mittels einer Maschinerie auf die Schla-
fende herabstürzen mußte. Die Mitwisser hatten aber das
Geheimnis des Planes nicht streng genug gewahrt, und da-

her geriet Nero auf den Gedanken, ein leicht auseinander-
fallendes Schiff erbauen zu lassen. Auf ihm sollte seine Mutter durch Schiffbruch oder Einsturz der Kajüte ums Leben
kommen.

Unter dem Vorwand, eine Aussöhnung mit ihr herbei-
führen zu wollen, lud er sie in einem sehr liebenswürdigen
Brief ein, nach Bajä zu kommen, um dort die Quinquatren[1] mit ihm zusammen zu feiern. Ihren Kapitänen aber
erteilte er den Befehl, die liburnische Jacht, auf der sie angekommen war, wie durch Zufall durch eine Havarie see-
untüchtig zu machen. Er verlängerte daher das Festmahl[2]
bis in die Nacht hinein. Als Agrippina dann nach Bauli[3]
zurückzukehren begehrte, bot er ihr statt des schadhaft
gewordenen Fahrzeuges jenes künstlich hergerichtete an,
gab ihr mit heiterster Miene das Geleit dahin und küßte
ihr beim Abschied sogar den Busen. Den Rest der Nacht
aber verbrachte er in großer Angst ohne Schlaf, um den
Ausgang seines Anschlages abzuwarten. Doch er erfuhr,
daß alles anders gekommen sei und daß sich Agrippina
durch Schwimmen gerettet habe. Da er sich nicht anders
mehr zu helfen wußte, gab er den Befehl, ihren Freigelassenen Lucius Agermus, der ihm voll Freude die Botschaft
brachte, seine Mutter sei gesund und unverletzt, als einen
gegen ihn ausgesandten Meuchelmörder festzunehmen und
zu binden. Er hatte nämlich, ohne daß Agermus es merkte,
dicht neben ihm einen Dolch hinfallen lassen. Seine Mutter
aber befahl er zu töten und dabei so vorzugehen, daß es
nach außen den Anschein erweckte, als habe sie sich durch
freiwilligen Tod der Bestrafung für ihr entdecktes Verbrechen entzogen. Namhafte Schriftsteller fügen noch
grauenvollere Einzelheiten hinzu: Nero sei herbeigeeilt, die
Leiche der Ermordeten zu beschauen, habe ihre Glieder
betastet, einige getadelt, andere gelobt und, als er Durst
bekam, in aller Gemütsruhe getrunken.

Obwohl Soldaten, Senat und Volk ihm mit ihren Glück-

---

[1] S. Augustus, Kap. 71, Anm. Es waren die von 59. – [2] Dies hatte der
spätere Kaiser Otho gegeben (s. dort, Kap. 3). – [3] Villenort bei Bajä
(über dies s. Augustus, Kap. 16, Anm.).

wünschen Mut zu machen suchten, so konnte er dennoch die Gewissensbisse, die ihm dies Verbrechen verursachte, weder jetzt noch zu einer anderen Zeit ertragen. Oft bekannte er, daß er durch die Erscheinung seiner Mutter und durch die Furien mit ihren Geißeln und brennenden Fackeln immerfort verfolgt würde. Er versuchte sogar, durch ein von Magiern[1] veranstaltetes Opfer ihren abgeschiedenen Geist zu beschwören und zu versöhnen. Auf seiner Reise durch Griechenland wagte er nicht, den Eleusinischen Mysterien beizuwohnen, von deren Feier durch den Ruf des Herolds alle Schuldbeladenen und Verbrecher ferngehalten werden.

Auf den Mord seiner Mutter ließ er die Hinrichtung seiner Tante[2] folgen. Als er ihr, die an Verstopfung litt, einen Krankenbesuch machte, ließ die bereits hochbetagte Frau, wie das alte Leute wohl zu tun pflegen, seinen Milchbart liebkosend durch die Finger gleiten und sagte dabei: „Wenn ich den erhalten habe, will ich gern sterben." Zynisch versetzte Nero darauf zu seiner Umgebung: „Da will ich ihn gleich abnehmen lassen", und gab den Ärzten Befehl, „der Kranken reichlichere Öffnung zu verschaffen". Noch war sie nicht gestorben, als er sich schon in den Besitz ihres Vermögens setzte und ihr Testament unterschlug, damit ihm nichts davon abgehen möchte.

35. Außer Octavia hat Nero später noch zweimal geheiratet: Poppäa Sabina[3], die Tochter eines Mannes vom Range eines Quästors, die früher mit einem römischen Ritter ver-

---

[1] Altiranische Priesterkaste der parthischen Reichsfeinde, der sogar Menschenopfer nachgesagt wurden, auch für Zauberer gehalten. Die griechisch und lateinisch überlieferten Proben ihrer „Magie" strotzen vom wüstesten Aberglauben. In Rom verboten. – [2] Domitia, wie Domitia Lepida (s. Kap. 5, Anm.), Vatersschwester Neros, erste Gattin des Gajus Passienus Crispus (s. Kap. 6, Anm.). – [3] Nur mütterlicherseits aus dem Geschlecht des einen Beantragers der lex Papia Poppäa (s. Augustus, Kap. 34 m. Anm; Claudius, Kap. 19, Anm.), von ihrem zweiten Gatten, dem späteren Kaiser Otho, 62 an Nero abgetreten (s. Otho, Kap. 3). Tacitus, Ann. XIII, 45: „Sie besaß alles außer Seelenadel." Nach Geburt einer Tochter (63) von Nero 65 getötet (s. u.).

mählt gewesen war, und dann Statilia Messalina[1], eine Urenkelin des Taurus, der das Konsulat zweimal bekleidet und einen Triumph gefeiert hatte. Um sie zu besitzen, ließ er ihren Mann, den Konsul Atticus Vestinus, noch während seiner Amtszeit ermorden.

Octavia hatte er bald satt. Seinen Vertrauten, die ihn deshalb tadelten, gab er zur Antwort: „Sie muß sich eben mit den ehelichen Ehrenauszeichnungen begnügen[2]." Nachdem er mehrmals versucht hatte, sie zu erdrosseln, ließ er sich von ihr scheiden, angeblich, weil sie unfruchtbar sei. Da aber das Volk seine Unzufriedenheit mit dieser Scheidung zum Ausdruck brachte, auch mit heftigem Tadel nicht zurückhielt, verbannte er Octavia sogar. Schließlich gab er den Auftrag, sie unter dem Vorwand ehelicher Untreue zu ermorden. Dieser war so schamlos und falsch, daß bei der peinlichen Untersuchung alle Befragten Octavias Unschuld bezeugten und Nero seinen früheren Erzieher Anicetus[3] dazu anstiften mußte, als Angeber aufzutreten und zu bekennen, er habe Octavia durch List entehrt[4].

Poppäa, die er zwölf Tage nach der Scheidung von Octavia geheiratet hatte, liebte er leidenschaftlich, und doch tötete er auch sie durch einen Fußtritt, als sie krank und guter Hoffnung war. Denn sie hatte ihn, als er einmal sehr spät vom Rennen heimkehrte, heftig ausgescholten. Von ihr hatte er eine Tochter, Claudia Augusta, die ihm aber noch als Kind starb.

---

[1] Nach Neros Tod von Otho umworben (s. dort, Kap. 10). – [2] Grausamer Witz Neros. Wie der Inhaber der triumphalischen Ehrenauszeichnungen vom wirklichen Triumph, so sollte diese Inhaberin der „ehelichen Ehrenauszeichnungen" von der wirklichen Ehe ausgeschlossen bleiben. – [3] Ein Freigelassener, der als Sklave die Stelle eines Pädagogen bei Nero bekleidet hatte. Jetzt war er Kommandant bei der Flotte in Misenum und hatte als solcher das Schiff besorgt, mit dem der mißlungene Anschlag auf Agrippina (s. Kap. 34) verübt worden war. – [4] 62. Man öffnete der kaum 20jährigen die Adern und erstickte sie dann, da das Blut nicht fließen wollte, im Dampfbad. Das rührende Schicksal der sittenreinen Kaiserin, die als Geist ihrem Mörder die unvermeidliche Vergeltung weissagt, ist in dem Seneca zugeschriebenen Drama „Octavia" behandelt.

Es gab tatsächlich keine noch so entfernten Verwandten, die
Nero nicht durch ein Verbrechen zu vernichten trachtete.
Des Claudius Tochter Antonia[1], die nach dem Tode Pop-
päas seine Hand ausschlug, ließ er unter dem Vorwande, daß
sie eine Verschworung anzettelte, töten. Ebenso brachte
er alle Verwandten um, mochten sie mit ihm durch Bluts-
verwandtschaft oder Verschwägerung verbunden sein. Darunter befand sich der junge Aulus Plautius, den er vor der
Hinrichtung erst noch mit Gewalt mißbrauchte und dann
mit den Worten in den Tod schickte: „Jetzt mag meine
Mutter kommen und meinen Nachfolger liebkosen." Dabei
sagte er jedem, der es hören wollte, Plautius sei der Liebhaber seiner Mutter gewesen, die ihm sogar Hoffnung auf
den Thron gemacht habe. Seinen Stiefsohn Rufrius Crispi-
nus, den Sohn der Poppäa, einen noch unreifen Jungen,
ließ er durch dessen eigene Sklaven beim Fischen im Meer
ersäufen. Es hieß nämlich, der Junge mache beim Spielen
stets die Feldherrn und Kaiser. Den Sohn seiner Amme
namens Tuscus verbannte er, weil er als Statthalter von
Ägypten sich in den Bädern gebadet hatte, die für die erwartete Ankunft des Kaisers hergerichtet waren. Seinen
Lehrer Seneca zwang er, sich selbst das Leben zu nehmen,
obwohl er ihm auf seine wiederholten Urlaubsgesuche und
sein Erbieten, sein Vermögen dem Kaiser abzutreten, hoch
und heilig geschworen hatte, seine Besorgnis sei grundlos,
er wolle selbst lieber sterben, als ihm etwas Böses antun[2].
Dem Gardepräfekten Burrus schickte er statt eines versprochenen Mittels gegen Halsweh Gift[3]. Seine reichen,
bejahrten Freigelassenen, die ihm einst zur Adoption, dann

---

[1] S. Claudius, Kap. 27, Anm. − [2] Er stand im Verdacht der Mitwisserschaft an der Pisonischen Verschwörung (s. Kap. 36, Anm.), an der
neben vielen anderen hervorragenden Männern auch sein Neffe Marcus Annäus Lucanus (39−65), der Dichter des Pompejus und Cato
verherrlichenden Epos „Pharsalia", teilgenommen hatte. − [3] Sextus
Afranius Burrus mit Seneca zusammen in den ersten Jahren Neros
der eigentliche Leiter des Reiches, das nach Tacitus nie so gut regiert
war wie damals, konnte gleichfalls die spätere Entwicklung nicht
verhindern, gestorben 62, ob an Gift, ist fraglich.

zum Thron verholfen und ihn auch dann noch treu beraten
hatten, räumte er heimlich durch Gift aus dem Wege, das
er ihnen teils in Speisen, teils in Getränken beibrachte.
36. Mit gleicher Grausamkeit wütete Nero außer gegen
seine Familie auch gegen Fremde. Ein Komet – eine solche
Erscheinung droht nach allgemeiner Ansicht auch den
mächtigsten Fürsten Verderben an – hatte sich bereits mehrere Nächte hintereinander am Himmel gezeigt. Dies Vorkommnis beunruhigte Nero sehr stark. Daher befragte er
den Astrologen Balbillus. Er erhielt von ihm den Bescheid:
Könige pflegten derartige Vorzeichen durch die Hinrichtung einer ausgezeichneten Person zu sühnen und von sich
ab- und auf die Häupter ihres Adels hinzulenken. Daraufhin beschloß er sofort, gerade die vornehmsten Römer zu
töten. Hierzu bot ihm die Entdeckung zweier Verschwörungen gleichsam einen gerechten Grund. Die der Zeit
nach frühere und gefährlichere, die Pisonische, wurde in
Rom, die spätere, die des Vinicius, in Benevent angezettelt
und entdeckt[1]. Die Verschworenen erschienen bei der
Untersuchung dreifach in Ketten geschlossen. Einige bekannten sich freiwillig zu dem Verbrechen, dessen man sie
beschuldigte, mehrere rühmten sich dessen sogar, indem
sie äußerten, man habe ihm, der durch alle möglichen
Schandtaten gebrandmarkt sei, nicht anders helfen können,
als daß man ihn ermordete. Die Kinder der Verurteilten
wurden aus der Stadt verwiesen und durch Gift oder
Hunger getötet. Es ist Tatsache, daß einige von ihnen mit
ihren Erziehern und Kapsariern[2] bei ein und demselben
Mittagessen vergiftet wurden. Andere verhinderte man an
der Beschaffung ihres täglichen Nahrungsmittelbedarfs.
37. Von da ab kannte Nero in seiner Mordlust kein Maß
und kein Ziel mehr, sondern es wurde jeder Beliebige aus

---

[1] Der Konsular Gajus Calpurnius Piso stiftete eine Verschwörung
gegen den Kaiser an, die 65 entdeckt wurde und deren Verfolgung
Hunderten gerade der Besten das Leben kostete, zum Selbstmord verurteilt. Verschwörung des Vinicius sonst nicht bekannt. – [2] Sklaven,
die den Kindern ihrer Herren die Bücher und das Schreibgerät in
einer großen Kapsel (capsa) nachtrugen.

den fadenscheinigsten Gründen ums Leben gebracht. Um nur Einige zu erwähnen, so wurde es Salvidienus Orfitus zum Verbrechen angerechnet, daß er drei zu seinem Hause gehörende Zimmer am Forum Gesandten („verbündeter") Staaten als Standquartier mietweise überlassen hatte[1]; dem erblindeten Rechtsgelehrten Cassius Longinus, er habe in der Ahnenreihe seines Geschlechts Büsten des Cäsar-mörders Gajus Cassius mit aufgestellt; Pätus Thrasea, daß er die finster-mürrische Miene eines Pädagogen zeige[2]. Den zum Selbstmord Verurteilten pflegte er nur eine Frist von Stunden zu gewähren. Damit keine Verzögerung einträte, schickte er ihnen Ärzte, die den Befehl hatten, die Zaudern-den sofort „in die Kur zu nehmen". Denn so nannte er das Öffnen der Adern, woran sich seine Opfer verbluten sollten. Man glaubt sogar, er habe große Lust gehabt, einem Ägypter, einem berüchtigten Vielfraß, der rohes Fleisch und alles, was man ihm sonst gab, zu fressen ge-wöhnt war, lebende Menschen zum Zerfleischen und zum Fraß vorzuwerfen.

Stolz und aufgeblasen, weil ihm alle seine Scheußlichkeiten gelangen, äußerte Nero: „Vor mir hat noch kein Fürst ge-wußt, was er sich alles erlauben kann." Häufig gab er auch unzweideutig zu verstehen, er werde selbst die noch übrigen Senatoren nicht verschonen, sondern den ganzen Stand bei Gelegenheit aus dem Staate ausrotten und die Verwaltung der Provinzen und die Kommandos über die Heere den römischen Rittern und seinen Freigelassenen übertragen. Tatsächlich beehrte er weder bei seiner Ankunft von einer Reise noch beim Antritt einer solchen einen Senator mit einem Kuß; er erwiderte nicht einmal die ehrerbietige Be-grüßung. Bei der feierlichen Eröffnung der Arbeit zum Durchstich des Isthmus lautete die Wunschformel, die er

---

[1] Seit der Verschärfung des Majestätsgesetzes (s. Kap. 32, Anm.) ließ sich dies als Anmaßung kaiserlicher Rechte betrachten. – [2] Gajus Cassius Longinus, Abkömmling berühmter Juristen, Haupt einer Rechts-schule, 65 verbannt. – Publius Clodius Thrasea Pätus, „die Tugend selbst" (Tacitus, Ann. XVI, 21), Senator, Verherrlicher des jüngeren Cato (von Utica, s. Cäsar, Kap. 14, Anm.), 66 zum Selbstmord verurteilt.

vor einer großen Versammlung mit lauter Stimme verkündete: „Möge mir und dem römischen Volke dies Unternehmen zum Segen ausschlagen!" Des Senates gedachte er
dabei überhaupt nicht.

38. Aber selbst das Volk und die Gebäude seiner Vaterstadt Rom verschonte Nero nicht. Als einmal jemand bei
einer allgemeinen Unterhaltung den griechischen Vers
zitierte:

> Bin ich erst tot, so mische Erd' und Feuer sich[1],

sagte er: „Nein! Noch solange ich lebe!" Und er handelte
auch ganz danach.

Denn unter dem Vorwand, daß ihm die Häßlichkeit der
alten Bauwerke und die engen und krummen Straßen zuwider seien, zündete er die Stadt an[2], und zwar so offen-
kundig, daß viele Konsulare seine Kammerdiener, welche
sie mit Pechkränzen und Fackeln in ihren Häusern ertapp-
ten, nicht anzurühren wagten. Einige Kornspeicher in der
Umgebung seines Goldenen Hauses, deren Grund und Boden
er ganz besonders gern in seinen Besitz bekommen wollte,
wurden durch Kriegsmaschinen eingerissen und dann ange-
zündet, weil sie aus Quadersteinen aufgemauert waren.

Sechs Tage und sieben Nächte lang wütete das Feuer. Das
Volk war gezwungen, in Denkmälern und Grabstätten
Zuflucht und Obdach zu suchen. Damals verbrannten außer
einer unermeßlichen Zahl von Mietshäusern die Paläste
der alten Feldherren, die noch mit den feindlichen Beutestücken geschmückt waren, ferner Göttertempel, die von
den Königen und später in den Punischen und Gallischen
Kriegen gelobt und geweiht worden waren, überhaupt
fast alles, was Sehenswertes und Denkwürdiges noch aus
älteren Zeiten erhalten geblieben war.

Dieser Feuersbrunst schaute Nero vom Mäcenasturm[3]

---

[1] Wahrscheinlich aus dem „Bellerophon", einer jetzt verlorenen
Tragödie des Euripides. Auch Tiberius soll dies Zitat, den Keim des
französischen *Après nous le déluge*, im Munde geführt haben. – [2] Im
Jahr 64. – [3] Der Turmpalast des Mäcenas auf dem Esquilin (s. Augustus, Kap. 72, Anm.) hing wohl durch das „Goldene Haus" mit
dem Palatium zusammen.

herab zu. In der Freude über „die Schönheit der Flammen-
gluten", wie er sich ausdrückte, sang er in seinem bekannten Theaterkostüm ein Lied von Iliums Eroberung.
Um aber selbst aus diesem Unglück möglichst viel Gewinn und Beute zu ziehen, kündigte er an, er übernehme
das kostenfreie Wegschaffen des Schuttes und der Leichen,
und verbot unter diesem Vorwande jedermann, die Trümmer seines Eigentums zu betreten. Durch die freiwillig
eingehenden Spenden, weit mehr aber noch durch die geforderten, erschöpfte er völlig die Provinzen und das Vermögen der Privatleute.

39. Zu diesen großen, vom Kaiser selbst verursachten
Übeln und Schandtaten gesellten sich noch mehrere zufällig
eingetretene unglückliche Ereignisse. Eine Pest bewirkte,
daß im Laufe eines Herbstes die Rechnungsbücher der
Libitina dreißigtausend Leichenbegängnisse aufwiesen[1].
Eine Niederlage in Britannien hatte zur Folge, daß zwei
sehr bedeutende Städte vollständig ausgeplündert wurden
und eine große Zahl römischer Bürger und Bundesgenossen
ihr Leben verloren[2]. Dazu kam noch die große Schande
im Orient; denn in Armenien wurden die Legionen unter
das Joch geschickt, und Syrien konnte nur mit knapper
Not behauptet werden[3].

Man muß sich eigentlich darüber wundern, und es ist ganz
merkwürdig, daß Nero nichts so geduldig ertrug wie die

---

[1] Die Tempelverwaltung der Venus Libitina besorgte in Rom die
Bestattungen und erhielt für jeden Verstorbenen eine bestimmte
Summe. – [2] Der von der englischen Dichtung oft verherrlichte
Aufstand der Königin Boadicea. Camulodunum (an der Stelle des
heutigen Colchester in der Grafschaft Essex) und Verulanium (heute
Old Verulam bei St. Albans bei London) geplündert, angeblich
80000 gefallen. – [3] In den Kämpfen mit Tiridates (s. Kap. 13, Anm.)
und den Parthern mußte 62 der Legat Cäsennius Pätus in Armenien
kapitulieren. Die Besiegten wurden vom Sieger zur Demütigung unter
das Joch geschickt, d. h. unter drei folgendermaßen aufgestellten
Lanzen ⊓. – 66 brach ein gefährlicher, auch Syrien bedrohender
Judenaufstand aus, bei dessen Bezwingung (70 Zerstörung Jerusalems) der spätere Kaiser Vespasian den Grund zu seiner Machtstellung legte (s. dort, Kap. 4–6).

Schimpfreden und Schmähungen der Leute. Sein Leben
lang hat er sich gegen niemand milder gezeigt als gegen
Personen, die ihn mit Pasquillen oder mit Spottgedichten
angriffen. Viel Derartiges wurde in griechischer und in
lateinischer Sprache öffentlich angeschlagen oder sonst verbreitet, wie z. B. folgende Verse:

> Nero, Orest, Alkmäon[1]: Muttermörder.

> Neues Exempel: Nero ist der, der die eigene Mutter tötete[2].

> Wahrlich! Ein echter Sproß von Äneas' Stamme ist Nero:
> Schafft' er die Mutter doch, jener den Vater beiseit[3].

> Spannt die Zither der Kaiser, das Horn des Bogens der Parther,
> Dann ist Apoll' bei uns Päan, der Ferntreffer dort[4].

> Rom wird ein einziges Haus, nach Veji wandert, Quiriten,
> Falls nicht auch dies Haus sich bis Veji erstreckt[5].

Indessen ließ Nero nach den Verfassern keine besonderen
Nachforschungen anstellen. Er verhinderte sogar die härtere Bestrafung Einiger, die durch Angeber beim Senat an-

---

[1] Sohn des Sehers Amphiaraos, den seine Gattin Eriphyle mit den
Sieben gegen Theben zu ziehen gezwungen hatte. Auf Befehl seines
Vaters tötete Alkmäon hierfür seine Mutter. – Die beiden ersten Verse
griechisch. – [2] Exempel: Beispiel und Rechenaufgabe, im Griechischen,
in dem dieser Satz geschrieben ist, hat jeder Buchstabe einen bestimmten
Zahlenwert. Nach Bücheler, Rheinisches Museum 61 (1906), Seite 308 f.
ist die „Quersumme" des griechisch geschriebenen Wortes *Nero* (1005)
gleich der der Worte, die mit „der die eigene Mutter tötete" übersetzt
sind. Der Satz ist unsicher überliefert und möglicherweise ein jambischer
Trimeter. Bei der hier angenommenen Deutung ließ sich der Rhythmus deutsch nicht wiedergeben. – [3] Die folgenden Distichen lateinisch.
Im ersten entsteht die Pointe der Bosheit dadurch, daß durch das
„Beiseiteschaffen" der Vater des Äneas gerettet, Neros Mutter getötet wird. Das lateinische *tollere* bedeutet Heben, Tragen, Befördern
und aus dem Weg räumen (s. Augustus, Kap. 12, Anm.), Übersetzung von Stahr. – [4] Päan und Ferntreffer sind beides Beinamen des
mit dem Kaiserhaus eng verbundenen Apollo, den ersten führt er als
Träger der Lyra und Gott des Gesangs, den andern als mit dem
Bogen tötender Gott (s. Apollo Tortor, Augustus, Kap. 70, Anm.). –
[5] Nach Stahr und Sarrazin. Anspielung auf die Ausdehnung des
„Goldenen Hauses". Veji: Stadt in Südetrurien.

gezeigt waren. Der Zyniker Isidorus hatte ihn einmal im Vorübergehen auf offener Straße ganz laut gescholten: „Die Übeltaten des Nauplius[1] verstehst du gut zu besingen, deine eigenen guten Gaben aber schlecht anzuwenden." Der Atellanenschauspieler[2] Datus hatte bei einer Gesangseinlage die griechischen Worte:

Leb' wohl, Vater! Leb' wohl, Mutter!

mit einem Gebärdenspiel begleitet, das einmal Trinken, einmal Schwimmen bedeutete, womit er auf die gewaltsamen Todesarten von Claudius und Agrippina anspielen wollte. Bei dem letzten Verse:

Orcus hat euch bei den Füßen

hatte er mit einer Gebärde auf den Senat gewiesen. Trotz alledem begnügte sich Nero nur mit der Ausweisung des Schauspielers und des Philosophen aus Rom und Italien. Es mag sein, daß er überhaupt gegen Schimpf und Schande abgestumpft war. Vielleicht wollte er auch nicht durch das Eingeständnis seines Ärgers die Gemüter zu weiterem Spott herausfordern.

40. Derart veranlagt war der Herrscher, den die Welt nahezu vierzehn Jahre ertragen hatte, bis sie endlich von ihm abfiel. Den Anfang machten die Gallier unter Führung von Julius Vindex, der damals als Proprätor an der Spitze dieser Provinz stand[3].

Sterndeuter hatten Nero einst seine künftige Absetzung prophezeit, worauf er jene bekannte Äußerung getan hat: „Uns ernährt die Kunst[4]." Diese Worte sollten eine Rechtfertigung dafür sein, daß er die Kunst eines Kitharöden mit so außerordentlichem Eifer ausübte; denn als Kaiser diente sie ihm zum Vergnügen, wenn er aber einmal als

[1] Der Vater des von Odysseus durch List aufgeopferten Palamedes rächte sich dadurch, daß er bei der Heimkehr der Griechen aus Troja Schiffe des Odysseus in ein klippenreiches Gewässer lockte, in dem sie scheiterten. – [2] S. Tiberius, Kap. 45, Anm. – [3] Gajus Julius Vindex, aquitanischer Prinz, dessen Ahn von Cäsar das Bürgerrecht erhalten hatte, Sohn eines Senators, Statthalter in Gallien, empörte sich 67 und tötete sich 68 nach einer Niederlage gegen einen der benachbarten Statthalter (s. Galba, Kap. 11). – [4] Im Original griechisch.

Privatmann leben müßte, könnte er mit ihr seinen Lebens-
unterhalt erwerben. Indessen hatten einige der erwähnten
Wahrsager ihm für den Fall seiner Absetzung die Herrschaft über den Orient verbürgt, andere namentlich das
Reich von Jerusalem, mehrere hatten ihm sogar die Wieder-
einsetzung in seinen ganzen früheren Besitz geweissagt.
Dieser letzteren Hoffnung neigte er sich natürlich am
meisten zu. Als er Britannien und Armenien verloren und
dann beide Provinzen wiedergewonnen hatte[1], glaubte er,
daß sich nunmehr jene Unglücksprophezeiung erfüllt habe.
Wie er dann aber bei der Befragung des Delphischen Apollo
die Antwort erhielt, er solle sich vor dem dreiundsiebzigsten
Jahre in acht nehmen, deutete er den Spruch dahin aus,
daß er selbst in diesem Alter sterben werde. An Galbas
Jahre[2] dachte er dabei auch nicht im entferntesten. Daher
glaubte Nero ganz zuversichtlich nicht nur an sein hohes
Alter, sondern auch an sein ungetrübtes, ganz einzigartiges
Glück. Als er einmal durch Schiffbruch große Kostbar-
keiten verloren hatte, äußerte er daher unbedenklich zu
seinen Vertrauten: „Die Fische werden sie mir schon
wiederbringen![3]"
In Neapel erhielt er die Kunde von dem Aufstande in
Gallien gerade an dem Tage, an welchem er vor Jahren
seine Mutter ermordet hatte. Er nahm die Nachricht mit
einer solchen Ruhe und Gelassenheit auf, daß man sogar
auf den Gedanken kommen mußte, er freue sich über die
günstige Gelegenheit, die sehr reiche Provinz nach Kriegs-
recht ausplündern zu können. Unmittelbar darauf begab
er sich in das Gymnasium und wohnte hier mit leidenschaftlicher Anteilnahme den Athletenkämpfen bei. Auch
um die Zeit des Abendessens wurde er durch Briefe beun-

---

[1] S. Kap. 39. - [2] Servius Sulpicius Galba, Statthalter in Spanien, der
sich an Vindex anschloß (Galba, Kap. 9) und Nero überwand, stand
nach dieser Suetonstelle damals im 73. Lebensjahr. Vgl. aber Galba,
Kap. 4, Anm. - [3] Vgl. Schiller, Ring des Polykrates:

Sieh' diesen Ring, den du getragen,
Ihn fand ich in des Fisches Magen.

Das „Glück des Polykrates" war schon im Altertum sprichwörtlich.

ruhigenden Inhalts gestört, doch erging er sich in seinem Zorn darüber nicht weiter als in der Drohung, es
solle den Abtrünnigen schlecht bekommen. Kurz, ganze
acht Tage lang konnte er sich nicht dazu aufraffen, auf
einen Brief zu antworten, Anweisungen oder Befehle zu
erteilen, sondern er begrub die ganze Sache mit Still-
schweigen.

41. Erst die vielen beleidigenden Edikte des Vindex veranlaßten ihn endlich, den Senat durch ein Handschreiben
aufzufordern, ihm und dem Staate Genugtuung zu verschaffen. Als Entschuldigung für seine Abwesenheit von
Rom gab er ein Halsleiden an. Nichts aber kränkte ihn so
tief, als daß ihn Vindex einen schlechten Kitharöden und
statt Nero ,,Ahenobarbus" genannt hatte. Er machte darauf bekannt, daß er seinen Geschlechtsnamen, den man
ihm als eine Schande vorwerfe, künftig wieder annehmen
und seinen Adoptivnamen ablegen werde. Die übrigen Vorwürfe bezeichnete er einfach als falsch und führte dafür
als Beweis die einzige Tatsache an, daß man ihm ja sogar
Stümperei in der Kunst vorwerfe, die er so eifrig betrieben
und in der er es zu so hoher Vollendung gebracht hätte.
Dabei richtete er von Zeit zu Zeit an einzelne Leute die
Frage, ob ihnen denn ein Künstler bekannt wäre, der es
besser als er machte.

Doch als eine Hiobsbotschaft über die andere auf ihn ein-
stürmte, kehrte er in großer Angst nach Rom zurück.
Unterwegs machte ihm ein ganz unbedeutendes Vorzeichen
wieder etwas Mut. Er bemerkte nämlich an einem Denkmal ein Relief, auf welchem ein gallischer Krieger von
einem römischen Ritter niedergeschlagen und an den
Haaren geschleift wird. Beim Anblick dieser Darstellung
sprang Nero vor Freuden in die Höhe und hob die Hände
im Gebet zum Himmel empor. Aber auch nach seiner Ankunft in Rom berief er weder Senat noch Volk zu einer
Ansprache, sondern ließ bloß einige angesehene Männer
in seinen Palast kommen, mit denen er nur eine kurze eilige
Beratung abhielt. Den Rest des Tages verbrachte er mit
der Besichtigung und Prüfung von Wasserorgeln neuester

Konstruktion[1]. Er zeigte sogar die einzelnen Teile vor, sprach über Verhältnis und Schwierigkeit des Mechanismus der Instrumente und gab die Zusicherung, sie nächstens sämtlich im Theater vorzuführen, „wenn Vindex es erlaubt".

42. Als er darauf erfuhr, daß auch Galba und ganz Spanien[2] abgefallen sei, fiel er in Ohnmacht und blieb betäubt, sprachlos und wie ein Toter am Boden liegen. Zur Besinnung gekommen, zerriß er seine Kleider, schlug sich vor den Kopf und rief laut: „Es ist aus mit mir!" Seiner alten Amme, die ihn trösten wollte und dabei äußerte, auch anderen Herrschern sei schon Ähnliches begegnet, gab er zur Antwort: „Mein Unglück, das ich allein erleide, ist ganz unerhört und noch nie dagewesen; denn ich verliere meinen Thron noch zu meinen Lebzeiten." Trotz alledem setzte er sein bisheriges üppiges und träges Leben unverändert fort, ja, als eine günstige Nachricht aus den Provinzen einlief, gab er nicht nur ein überaus prächtiges Gastmahl, sondern sang sogar dabei persönlich auf die Häupter der Verschwörung Spottlieder, die später in die Öffentlichkeit drangen, nach unanständigen Melodien und mit entsprechender Gebärde. Einmal ließ er sich heimlich ins Theater tragen und einem Schauspieler, der großen Beifall erntete, sagen, er mache sich die anderweitige Beschäftigung des Kaisers über Gebühr zunutze.

43. Gleich beim Beginn des Aufstandes soll Nero viele unmenschlich grausame Maßnahmen, die seinem Charakter entsprachen, im Sinne gehabt haben. Er beabsichtigte nämlich, alle Heerführer und Provinzialstatthalter abberufen und heimlich ermorden zu lassen; denn sie hätten sich alle insgeheim gegen ihn verschworen. Alle Verbannten im ganzen Reiche und sämtliche in der Hauptstadt sich aufhaltende Gallier wollte er niedermetzeln lassen, jene, damit sie sich nicht den Aufständischen anschlössen, diese, weil

---

[1] Vom Ktesibios aus Alexandria (über ihn „Wörterbuch der Antike") sinnreich erfundenes orgelartiges Musikinstrument, bei dem der Antrieb nicht durch Luft, sondern durch Wasser erfolgte. – [2] S. Kap. 40, Anm.

sie Mitwisser und Helfer ihrer Landsleute seien. Endlich
ging er damit um, ganz Gallien seinen Heeren zur Plünderung zu überlassen, den gesamten Senat bei Gastmählern
durch Gift zu töten, Rom in Brand zu stecken und zugleich
die wilden Tiere auf das Volk loszulassen, um dadurch die
Löschmaßnahmen noch mehr zu erschweren. Von diesen
Maßregeln schreckten ihn jedoch weniger Gewissensbeden-
ken als die Aussichtslosigkeit der Durchführung ab.
Da Nero jetzt einen Feldzug für notwendig erachtete, entsetzte er die Konsuln vor der Zeit ihres Amtes und trat
das Konsulat an beider Stelle allein an, angeblich, weil
einer Weissagung zufolge die gallischen Provinzen nur von
ihm als Konsul besiegt werden könnten. Als er das Amt
angetreten hatte, verkündete er, während er von der Tafel
aufstand und, auf die Schultern seiner Vertrauten gestützt,
das Speisezimmer verließ: Sobald er nur den Fuß auf gallische Erde gesetzt habe, wolle er unbewaffnet den Heeren
entgegentreten und nichts weiter tun als weinen. Wenn er
dann dadurch die Meuterer so weit gebracht hätte, daß sie
ihre Taten bereuten, werde er tags darauf fröhlichen Herzens
im Kreise fröhlicher Leute die Siegeslieder vortragen, an
deren Abfassung er schon jetzt herangehen müsse.
44. Bei den Vorbereitungen für den Feldzug bestand seine
Hauptsorge darin, Wagen auszuwählen, die seinen Bühnen-
apparat fortschaffen sollten. Seinen Mätressen, die er mit
ins Feld nehmen wollte, ließ er das Haar auf Männerart
scheren und sie wie Amazonen mit Streitäxten und Schilden
ausrüsten. Dann forderte er die städtischen Tribus auf, zur
Fahne zu schwören. Da sich keine dienstfähigen Leute meldeten, legte er den Herren auf, eine bestimmte Zahl Sklaven
zu stellen, nahm jedoch aus jedem Haus nur die besten und
gestattete selbst bei Verwaltern und Schreibern keine Ausnahme. Ebenso mußten alle Stände einen Teil ihres Vermögens hergeben, außerdem die Leute, welche in Privathäusern oder in Häuserblocks zur Miete wohnten, den Betrag einer Jahresmiete an den Fiskus zahlen. Beim Eintreiben dieser Beträge ging Nero mit einer derart peinlichen
Härte vor, daß er nur scharf geprägte Sesterzen und Mün-

zen nur von feinstem Silber und reinstem Gold annahm[1].
Daher verweigerten Viele ganz offen jede Beitragszahlung
und forderten einstimmig, er möge sich lieber von seinen
Angebern die großen Summen, welche sie als Belohnungen
empfangen hatten, wieder zurückzahlen lassen. 45. Auch
eine Lebensmittelteuerung, aus der er für sich Vorteil zog,
vermehrte noch den Haß gegen ihn. Denn es traf sich zufällig, daß sich während der allgemeinen Hungersnot die
Nachricht verbreitete, ein alexandrinisches Schiff sei mit
einer Ladung Staub (zum Einpudern) für die „Hofringer"
eingelaufen.
Diese Vorfälle stachelten die allgemeine Erbitterung gegen
ihn auf, und es gab keine Beschimpfung, die er nicht über
sich ergehen lassen mußte. Man befestigte auf dem Scheitel
einer ihm errichteten Statue einen Lockenschmuck mit einer
griechischen Inschrift folgenden Inhalts: Jetzt endlich sei
der wahre Wettkampf da und er möge endlich sich ergeben[2].
Einer anderen Statue band man sogar einen Ledersack um
den Hals und schrieb darunter: „Was kann ich dafür? Du
aber, Nero, hast das Säcken verdient![3]" Auch an die Säulen
schrieb man: „Selbst die Hähne hat er durch sein Singen
aufgeweckt[4]." Ja, es kam vor, daß Viele während der Nacht
sich stellten, als hätten sie mit Sklaven Händel und dann
in einem fort nach dem „Vindex" riefen[5].
46. Dazu erschreckten Nero ständig unzweideutige üble
Vorbedeutungen, Träume, Auspizien und Vorzeichen aus
alter wie aus neuer Zeit. Er, der nie zuvor zu träumen

---

[1] Er nahm also das von ihm selbst verschlechterte Geld nicht an (s.
Kap. 32, Anm.). – [2] Anspielung auf den Lockenschmuck der Kitharöden, den auch Nero bei seinem Auftreten trug (s. Kap. 24 und 51). –
[3] Das Säcken war die Strafe des Vater- oder Muttermörders (s. Augustus, Kap. 33, Anm.). Interpunktion des lateinischen Textes zweifelhaft. Andere Deutungen der Stelle sind: „ich habe getan, was ich
konnte, du aber, Nero," usw. – „Zu was bin ich da? Zum Trinken!
Du aber, Nero, hast den Sack zum Ertrinken verdient!" (Dies nach
Chawner, Classical Review IX [1895], Seite 109f.). – [4] Wortspiel:
Galli, die Hähne, bedeutet auch die Gallier. – [5] Vindex, der Sklaven-
büttel, gleichzeitig auch Name des aufständischen Statthalters.

pflegte, sah nach Ermordung seiner Mutter im Traum, wie
ihm beim Lenken eines Schiffes das Steuerruder aus den
Händen gerissen wurde. Dann wieder träumte ihm, daß er
von seiner Gattin Octavia in eine stockfinstre Schlucht geschleppt werde oder daß Scharen geflügelter Ameisen ihn
bedeckten oder daß die vor dem Pompejustheater aufgestellten Bildsäulen der unterworfenen Nationen ihn um-
ringten und ihn am Weiterschreiten hinderten. Dann wieder
hatte er einen Traum, sein asturisches[1] Lieblingsroß verwan-
dele sich hinten in einen Affen; nur der Kopf, mit dem es in
ein helles Gewieher ausbrach, blieb unverändert erhalten.
Am Mausoleum des Augustus sprangen die Türen von
selber auf, und eine Stimme ließ sich daraus vernehmen,
die ihn mit Namen rief. Am ersten Januar stürzten die
geschmückten Larenbilder inmitten der Zurüstungen zum
Opfer zur Erde. Als Nero selbst dann die Auspizien vornahm, gab ihm Sporus einen Ring zum Geschenk, auf
dessen Gemme der „Raub der Proserpina" geschnitten war[2].
Während zur Darbringung der öffentlichen Gelübde[3] bereits alle Stände zahlreich versammelt waren, konnte man
lange die Schlüssel zum Kapitol nicht finden. Als im Senat
aus seiner Rede gegen Vindex die Stelle vorgelesen wurde:
„Die Bösewichter werden bald ihre Strafe erhalten und
bald ihr verdientes Ende erreichen", brach die ganze Versammlung in den Zuruf aus: „Du wirst es erreichen,
Augustus!" Ebenso hatte man bemerkt, daß das letzte
Stück, in welchem er öffentlich aufgetreten war „Der verbannte Ödipus" gewesen war und daß Nero mit folgendem
Vers seine Rolle beendet hatte:

Es fordern Gattin, Mutter, Vater meinen Tod!

47. Auf die inzwischen eingetroffene Nachricht vom Abfall
auch der übrigen Heere zerriß Nero die ihm beim Mittag-

---

[1] Asturien, die von Augustus im Kantabrischen Kriege (s. dort,
Kap. 20/21) unterworfene Landschaft Nordspaniens. Die spanischen
Pferde galten im Altertum als besonders gut. – [2] Die Entführung in
den Hades deutet in diesem Zusammenhang auf Unglück. – [3] Für das
Wohl des Kaisers und des Reiches, am ersten Januar auf dem Ka-
pitol dargebracht.

essen übergebenen Depeschen in kleine Stücke, stieß den
Tisch um und schmetterte zwei ihm besonders wertvolle
Becher – er pflegte sie die Homerischen zu nennen, weil
darauf Szenen aus Homers Gedichten abgebildet waren –
auf den Fußboden. Dann begab er sich in die Serviliani-
schen Gärten[1]; zuvor hatte er sich noch von Lucusta Gift
geben lassen, das er in ein goldenes Büchschen tat. Von
hier sandte er seinen treuesten Freigelassenen nach Ostia
voraus, um die Flotte segelfertig zu machen, und versuchte
dann, die Tribunen und Centurionen seiner Leibwache zu
bereden, ihn auf seiner Flucht zu begleiten. Als sie aber
teils Ausflüchte machten, teils sich offen weigerten, und
einer sogar laut rief:

> Ist wirklich so entsetzlich denn der Tod?[2]

überlegte er sich die verschiedensten Pläne hin und her.
Er beabsichtigte, sich an die Parther[3] oder an Galba als
Schutzflehender zu wenden oder in Trauerkleidern vor das
Volk hinzutreten und von der Rednerbühne mit allen ihm
zu Gebote stehenden Mitteln die Anwesenden zu rühren
und Verzeihung für sein vergangenes Leben zu erflehen.
Falls er damit keinen Eindruck machen würde, wollte er
wenigstens um Bewilligung der Statthalterschaft von Ägypten bitten. In seinem Pult fand sich später wirklich eine
über diesen Gegenstand vollkommen ausgearbeitete Rede
vor. Allein er stand von seinem Vorhaben ab, weil er, wie
man glaubt, fürchtete, das Volk möchte ihn, ehe er noch
das Forum erreiche, in Stücke reißen.
So verschob er denn die weitere Überlegung auf den folgenden Tag, aber gegen Mitternacht wurde er aus dem
Schlaf aufgeschreckt. Auf die Nachricht, die diensthabende
Wachabteilung habe ihren Posten verlassen, sprang er aus
seinem Bett und schickte nach seinen Hofbeamten. Weil
er von keinem einzigen eine Antwort erhielt, machte er
sich selbst mit wenigen Begleitern nach den Wohnzimmern[4]

---

[1] Wahrscheinlich im Süden Roms, auf dem Wege nach Ostia. – [2] Vergil,
Äneis, XII, 646: Worte des Rutulerkönigs Turnus, der von Äneas
getötet wird. – [3] Mit ihnen stand Nero damals in freundschaftlichem
Verhältnis (s. Kap. 57, Anm.). – [4] Im Kaiserpalast selbst.

der einzelnen auf. Er fand jedoch aller Türen verschlossen und erhielt von keinem eine Antwort auf sein Rufen. Daher begab er sich wieder in sein Schlafzimmer, aus dem auch bereits die Leibwächter entflohen waren, die zuvor noch die Decken geraubt und sogar das Büchschen mit Gift mitgenommen hatten. Sofort verlangte Nero nach dem Gladiator Spiculus oder nach dem ersten besten geschickten Fechter, um von dessen Hand den Tod zu erleiden. Und da sich keiner fand, rannte er mit dem Rufe: „Habe ich denn weder Freund noch Feind?" aus dem Palast, als ob er sich in den Tiber stürzen wollte.

48. Indessen besann er sich ebenso plötzlich wieder eines andern; denn er sprach den Wunsch aus, einen möglichst versteckten Schlupfwinkel aufzusuchen, um dort seine Gedanken wieder zu sammeln. Sein Freigelassener Phaon bot sein in der Nähe der Stadt zwischen der Salarischen und Nomentanischen Straße[1] etwa am vierten Meilenstein von Rom gelegenes Landgut an. Nero warf sich, so wie er war, in bloßen Füßen und nur mit der Tunika bekleidet, einen alten verschossenen Mantel über, zog die Kapuze über den Kopf, bedeckte sein Gesicht mit einem Schweißtuch und schwang sich auf ein Pferd, mit nur vier Begleitern, unter ihnen befand sich auch Sporus.

Noch ganz erschrocken durch ein Erdbeben und einen vor ihm niederfahrenden Blitz hörte er bald darauf vom nahen Lager[2] her das Geschrei der Soldaten, die jene Vorzeichen ihm zum Unheil und Galba zum Heil auslegten. Ebenso vernahm er, wie von einer ihnen begegnenden Gruppe von Reisenden einer sagte: „Die setzen Nero nach", während ein anderer die Reiter fragte: „Was gibt es in der Stadt Neues von Nero?" Plötzlich scheute sein Pferd vor dem Gestank einer auf der Straße liegenden Leiche, und das Schweißtuch fiel von seinem Gesicht. Ein ausgedienter Prätorianer erkannte und begrüßte ihn. Als man an einem

---

[1] Im Nordosten Roms. Via Salaria, die uralte Salzstraße vom Meer ins Sabinerland nach Norden; via Nomentana, die nordöstlich von ihr abgehende Straße nach Nomentum (heute Mentana). – [2] Dem rechts von der via Nomentana gelegenen Prätorianerlager.

Seitenpfade ankam, ließ man die Pferde laufen, und Nero
gelangte durch Gebüsch, Dorngestrüpp und Röhricht auf
einem Fußpfade endlich zu der hinteren Mauerseite der
Villa. Dies geschah unter großen Beschwerlichkeiten und
war nur dadurch möglich, daß man Kleidungsstücke unter
seine nackten Füße breitete und erst so den Weg für ihn
gangbar machte. Hier bat ihn Phaon, sich einstweilen in
einer Sandgrube verborgen zu halten, worauf Nero zur
Antwort gab: „Ich will nicht lebendigen Leibes unter die
Erde gehen." Er wartete nun eine Weile, bis man inzwischen für ihn einen versteckten Zugang zu der Villa
geschaffen hatte. Um seinen Durst zu stillen, schöpfte er
Wasser mit der Hand aus einer nahen Pfütze, wobei er
sagte: „Das ist jetzt Neros Eisgetränk[1]." Dann wand er
sich mit seinem von Dornen zerrissenen Mantel durch das
Gestrüpp und gelangte so, auf allen Vieren durch ein enges,
frisch ausgegrabenes Loch hindurchgezwängt, in die nächste
Kammer. Hier warf er sich auf ein Lager, das aus einem
armseligen Polster bestand und statt einer Decke mit einem
alten Mantel versehen war. Inzwischen bekam er Hunger
und wieder Durst. Das ihm angebotene Schwarzbrot lehnte
er ab, von dem lauwarmen Wasser trank er dagegen eine
ganze Menge.

49. Als jetzt seine Begleiter wiederholt in ihn drangen, sich
der ihm drohenden schimpflichen Behandlung baldmög-
lichst zu entziehen, befahl er, vor seinen Augen eine Grube
zu graben, die seinem Körpermaß angepaßt war, und womöglich ein paar Stücke Marmor zusammenzustellen, ebenso Wasser und Kleinholz[2] herbeizuschaffen, damit man
sofort seiner Leiche die letzte Ehre erweisen könnte. Während dieser Anordnungen weinte er heftig und brach wieder
und wieder in die Worte aus: „Welch ein Virtuose stirbt
in mir![3]"

---

[1] Früher hatte er sich schneegekühltes Wasser mit allerhand Frucht-
säften und Weinbränden mischen lassen. - [2] Wasser zum Waschen,
Kleinholz zum Verbrennen der Leiche. - [3] Lat. *Qualis artifex pereo!*
„*Artifex* ist der dionysische Technit" (der Künstler, der auf der Bühne
als Sänger, Schauspieler, Tänzer usw. glänzt): „erst in der Rücküber-

Mittlerweile kam ein Eilbote Phaons mit Briefen an. Nero
riß sie ihm aus der Hand und las, er sei vom Senat zum
Staatsfeind erklärt, und man suche nach ihm, um an ihm
„nach der Vorfahren Brauch" die Strafe zu vollziehen. Auf
die Frage, was das für eine Strafe sei, erhielt er die Auskunft
der Mensch werde dabei nackt mit dem Halse in eine Gabel
geschlossen und mit Ruten zu Tode geprügelt. Da ergriff
er entsetzt zwei Dolche, die er mitgenommen hatte, prüfte
ihre beiden Spitzen und – steckte sie dann wieder ein, wobei er vorschützte, seine Schicksalsstunde sei noch nicht
gekommen. Dann forderte er mehreremal Sporus auf, die
Totenklage um ihn anzustimmen. Dann bat er wieder, es
möchte doch einer ihm im Selbstmord mit gutem Beispiel
vorangehen. Zuweilen schalt er auf sein feiges Zaudern mit
den Worten: „Mit Schimpf und Schande lebe ich! Das
schickt sich nicht für Nero, das schickt sich wirklich nicht. –
In solcher Lage gilt es, besonnen zu sein. Auf, ermanne
dich!"[1] Da sprengten schon die Reiter heran, denen befohlen
war, ihn lebend zu fangen. Als er sie bemerkte, rezitierte
er in seiner Todesangst den Homerischen Vers:

Hufschlag eilender Rosse umtönt mir von ferne die Ohren[2].

und stieß sich mit Hilfe seines Kabinettsekretärs Epaphroditus[3] den Dolch in die Kehle. Halb tot konnte er dem
hereinstürzenden Centurio, der seinen Mantel auf die Wunde
drückte, damit Nero glauben sollte, er sei ihm zu Hilfe gekommen, nur noch die Worte zurufen: „Zu spät!" und
„Das ist Treue!" Mit diesen Worten verschied Nero. Zum
Entsetzen und zum Grausen der Umstehenden traten ihm
die Augen weitgeöffnet aus den Höhlen. Vor allem und
ganz besonders dringend hatte er seine Begleiter darum
gebeten, zu verhindern, daß sein Kopf vom Rumpf ab-
getrennt würde, vielmehr seine Leiche unter allen Umständen unverstümmelt zu verbrennen. Dies bewilligte Icelus,

---

setzung kommt die Pointe heraus." U. v. Wilamowitz, Griech. Literaturgeschichte (Kultur der Gegenwart I, Abteilung VIII[2], S. 160). –
[1] Im Original nur der erste Satz lateinisch, die anderen griechisch. –
[2] Homer, Ilias X, 535, übersetzt von Thassilo v. Scheffer. – [3] Er
wurde dafür von Domitian hingerichtet (s. Domitian, Kap. 14).

Galbas Freigelassener, der selbst eben erst aus dem Gefängnis befreit worden war, in das man ihn beim Beginn des Aufruhrs geworfen hatte[1].

50. Die Kosten seiner Bestattung betrugen zweihunderttausend Sesterzen[2]. Man beerdigte ihn in den weißen, goldgestickten Decken, die er am ersten Januar getragen hatte. Seine Gebeine begruben seine Ammen Egloge und Alexandria gemeinsam mit seiner Geliebten Akte in dem Erbbegräbnis der Domitier, das man vom Marsfeld aus hoch oben auf dem Gartenhügel[3] liegen sieht. In diesem Erbbegräbnis steht ein Sarkophag von purpurrotem, weißgesprenkeltem Marmor, darüber ein Altar von carrarischem Marmor[4], das Ganze eingefaßt mit thasischem Stein[5].

51. Nero hatte eine fast mittelgroße Figur. Sein Körper war mit Flecken bedeckt und übelriechend, sein Haar hellblond, sein Gesicht mehr schön als anmutig, seine Augen blaugrau und sehr schwach, sein Nacken übermäßig fett, der Bauch stark hervortretend, die Schenkel überaus dünn, seine Gesundheit gefestigt. Denn trotz seiner unmäßigen Völlerei ist er doch während ganzer vierzehn Jahre alles in allem nur dreimal krank gewesen, und zwar ohne daß er dabei den Weingenuß oder seine gewohnte Lebensweise aufzugeben brauchte. In seiner Kleidung und in seinem sonstigen Auftreten war er so schamlos, daß er sein Haar immer in langen Lockenreihen frisiert trug. Auf seiner achäischen Reise ließ er es sogar auf die Schulter hinabwallen. Sehr häufig zeigte er sich auch öffentlich im leichten Hauskleide, mit einem Schweißtuch um den Hals gegürtet, und ohne Schuhe.[6]

---

[1] S. Galba. Kap. 14. – [2] 200000 DM. – [3] Nach den vielen auf ihm liegenden öffentlichen Gärten genannt, heute Monte Pincio. – [4] Im Original lunensisch genannt, nach dem Hafen Luna, von dem er verschifft wurde. – [5] Von der Insel Thasos im Ägäischen Meer, die gleichfalls guten Marmor lieferte. – [6] D. h. in einem langwallenden Gewande von leuchtender Seide, wie es nicht einmal anständige Frauen zu tragen pflegten, Männer höchstens bei einem ausgelassenen Festgelage oder zu den Saturnalien. Dazu zog er sich wohl Pantoffeln an.

52. In seiner Jugend hatte sich Nero mit fast allen Wissenschaften beschäftigt, nur von der Philosophie hielt ihn seine Mutter fern; denn diese sei, wie sie bemerkte, für einen künftigen Herrscher nur schädlich. Von der Lektüre der alten Redner lenkte ihn sein Lehrer Seneca ab, um ihn desto länger in der Bewunderung für sein eigenes Rednertalent zu erhalten. So wurde denn die Poesie Neros Lieblingsbeschäftigung. Er dichtete voll Eifer, ohne daß er sich dabei übermäßig anstrengen mußte. Auch irren sich die Leute, die der Meinung sind, Nero habe fremde Gedichte als seine eigenen Erzeugnisse veröffentlicht. Es sind nämlich Schreibtafeln und Hefte von ihm in meine Hände gekommen mit einigen sehr bekannten, von seiner eigenen Hand geschriebenen Versen; ihnen konnte man auf den ersten Blick ansehen, daß sie weder anderswoher entlehnt noch nach dem Diktat eines andern nachgeschrieben, sondern ganz wie von Einem, der genau überlegt und aus Eigenem schafft, aufgesetzt worden waren. Soviel war darin getilgt oder durchstrichen oder übergeschrieben. Auch Malerei und Bildhauerkunst hat er mit nicht geringem Erfolg getrieben.

53. Am meisten aber beherrschte ihn zu allen Zeiten das leidenschaftliche Streben nach Beifall beim Publikum. Er war eifersüchtig auf jeden, der die Gemüter der Menge zu packen verstand. Man glaubte allgemein, er würde sich nach seinen Siegen auf der Bühne das nächste Mal bei den Olympischen Spielen sogar so weit erniedrigen, als Athlet aufzutreten. Denn man sah ihn täglich sich im Ringen üben. Ferner hatte er den gymnischen Wettkämpfen immer nur so beigewohnt, daß er, wie die Kampfrichter, seinen Platz dicht neben den Kämpfern im Stadium auf der Erde einnahm und die kämpfenden Paare, die sich etwas zu weit aus der Bahn entfernten, eigenhändig wieder in die Mitte zurückzerrte. Ebenso hatte er sich vorgenommen, da man bereits über ihn sagte, er erreiche im Gesang Apollo, im Wagenlenken den Sonnengott, auch noch die Taten des Herkules nachzuahmen. Man erzählt, es sei schon ein Löwe abgerichtet worden, den er in der Arena des Amphithea-

ters mit einer Keule erlegen oder durch Umschlingen mit
den Armen vor den Zuschauern nackt erwürgen wollte.

54. Gegen Ende seines Lebens hatte Nero, wie feststeht,
öffentlich das Gelübde getan, wenn ihm seine Herrschaft
erhalten bliebe, wolle er bei den Spielen zur Feier seines
Sieges (über die aufständischen Provinzen und Befehlshaber) auch als Wasserorgel- und Flötenspieler, Dudelsack-
pfeifer und am letzten Tage als Ballettänzer auftreten, und
zwar werde er Vergils „Turnus"[1] tanzen. Manche berichten
sogar, er habe den Pantomimen-Schauspieler Paris[2] ermorden lassen, weil er in ihm einen lästigen Rivalen erblickte.

55. Unsterblichkeit und ewiger Ruhm waren Neros höchstes Ziel. Unvernünftig aber war, wie er darauf zusteuerte.
Er nahm z. B. vielen Gegenden und Örtlichkeiten ihre alte
Benennung und gab ihnen neue nach seinem Namen. Auch
den Monat April nannte er „Neroneus", ebenso hatte er
vor, Rom in „Neropolis" umzutaufen.

56. Nero war sein ganzes Leben lang ein Verächter aller
Religion, ausgenommen war hiervon nur der Kult der
Syrischen Göttin[3]. Später behandelte er auch sie so ver-

S. Kap. 47, Anm. Es handelte sich offenbar um eine Pantomime
nach dem letzten Teil der Äneis. – [2] Die Namen der Schauspieler ver-
erbten sich vom Meister auf den besten Schüler. Der Paris der Zeit
Neros besaß die Fähigkeit, auch ohne Musik- oder Chorbegleitung
Charaktere lebenswahr zu verkörpern. Als Genosse der Ausschweifungen des Kaisers durfte er sogar dessen Mutter verklagen (s. Kap.
34) und blieb auch dann unbehelligt, als Agrippina die Bestrafung
ihrer anderen Ankläger durchsetzte. Als er von seiner früheren Herrin
Flavia, der Schwester der Gattin Vespasians (s. dort, Kap. 3), die
10000 Sesterzen (10000 DM) zurückverlangte, die er für seine Frei-
lassung gezahlt hatte – er behauptete nämlich, er sei zu Unrecht als
Sklave behandelt worden –, gewann er auf Befehl Neros den Prozeß.
Trotzdem 67 hingerichtet. – [3] Die in Syrien unter dem Namen Astarte
in unzüchtiger Weise verehrte altbabylonische Istar, Schutzherrin der
Astrologen, als Planet Venus mit Aphrodite, ferner mit der viel-
brüstigen Diana von Ephesus, mit der Göttermutter Kybele (s. Tiberius,
Kap. 2, Anm.) usw. gleichgestellt. Auch suchten die Magier (s. Kap. 34,
Anm.) ihren verbotenen Kult im Gefolge dieser Göttin den Römern
annehmbar zu machen. Lateinischer Name stets Dea Syria, durch

ächtlich, daß er sie mit Urin besudelte. Denn ein anderer Aberglaube hatte ihn eingefangen, in dessen Banden er ausschließlich und für immer hängen blieb. Er hatte nämlich von einem unbekannten Plebejer eine winzige Mädchen-statuette als Talisman gegen Verschwörungen zum Geschenk erhalten. Als unmittelbar darauf eine Verschwörung entdeckt wurde, verehrte Nero von der Zeit an das Bildchen als die höchste Gottheit und opferte ihr regelmäßig dreimal täglich. Daher wollte er auch den Glauben verbreitet wissen, er erfahre durch Vermittlung dieses Talismans die Zukunft voraus. Wenige Monate vor seinem Ende legte er sich auch auf die Eingeweideschau, doch waren die Zeichen niemals glücklich.

57. Nero starb im zweiunddreißigsten Lebensjahr, und zwar an dem Tage, an dem er einst Octavia ermordet hatte. So groß war die allgemeine Freude über seinen Tod, daß das Volk mit Freiheitskappen[1] auf den Köpfen durch die ganze Stadt lief. Und doch gab es Leute, die lange Zeit sein Grab mit Frühlings- und Sommerblumen schmückten und auf der Rednerbühne bald Bildnisse von ihm, die ihn in der purpurverbrämten Toga darstellten, bald seine Edikte zum Vorschein brachten, als ob er noch lebe und binnen kurzem zum Verderben seiner Feinde wiederkehren werde. Selbst der Partherkönig Vologäsus[2] ließ durch seine Gesandten, die er zwecks Erneuerung der Verträge an den Senat geschickt hatte, dringend darum bitten, dem Andenken Neros die gebührende Ehre zu erweisen. Und als endlich, zwanzig Jahre später – ich war damals noch ein junger

Sklaven, Freigelassene, später auch Beamte und Kaiser aus Syrien eine der wichtigsten Gottheiten des sinkenden Heidentums, Erwähnung hier eins der ältesten Zeugnisse für ihre Verbreitung. –
[1] Filzkappen, die den freigelassenen Sklaven als Zeichen ihres neuen Standes aufgesetzt wurden. Jeder fühlte sich gleichsam als aus der Knechtschaft Neros entlassen. Viele glaubten, jetzt würde tatsächlich der alte Freistaat wiederhergestellt (s. Galba, Kap. 10, Anm.). –
[2] Der erste dieses Namens, 52–78, der Bruder des Tiridates, der nach dessen Belehnung mit Armenien (s. Kap. 13 m. Anm.) auch sonst aufrichtige Freundschaft für Nero zeigte.

Mensch – ein unbekannter Mann auftrat, der sich für Nero
ausgab, stand dieser Name bei den Parthern noch in so
hoher Gunst, daß sie jenen lange eifrig unterstützten und
sich später schließlich nur ungern herbeiließen, ihn auszuliefern[1].

---

[1] 88. Es war ein Asiate Terentius Maximus, der Nero an Aussehen und
Stimme sehr ähnelte. Schon 70 war ein falscher Nero aufgetreten. Der
Antichrist der damals geschriebenen Offenbarung Johannis wird ge-
legentlich auf eine bevorstehende Wiederkunft Neros gedeutet.

GALBA

1. Das Geschlecht der Nachkommen Cäsars starb mit Nero aus. Zahlreiche Vorzeichen hatten dies Ereignis richtig prophezeit. Unter ihnen waren zwei besonders deutlich gewesen. Als Livia einst gleich nach ihrer Verheiratung mit Augustus ihren Landsitz in Veji[1] besuchte, ließ ein vorüberfliegender Adler ein weißes Huhn, das ein Lorbeerzweiglein im Schnabel hielt, unbeschädigt, wie er es geraubt hatte, in ihren Schoß niederfallen. Livia befahl, das Huhn aufzuziehen und das Reis einzupflanzen. Das Huhn bekam nun so viele Küchlein, daß noch heutzutage jene Villa „Zu den Hennen" heißt, und aus dem kleinen Zweig wurde ein derart dichtes Lorbeergebüsch, daß die Kaiser für ihre Triumphe von hier die Lorbeerzweige abpflücken lassen konnten. Zugleich wurde es Sitte, daß die Triumphatoren sofort andere Lorbeersetzlinge an diesem Ort pflanzten. Man machte die Beobachtung, daß jedesmal, wenn der Todestag eines Kaisers nahe war, auch der von ihm gepflanzte Baum einging. Jedoch im letzten Lebensjahre Neros verdorrte nicht nur jener ganze Lorbeerhain bis auf die Wurzeln, sondern es starben auch alle Hühner aus, die sich darin befanden. Als bald darauf der Tempel

---

Servius oder Lucius (s. Kap. 4) Sulpicius Galba, durch Adoption zeitweise Lucius Livius Ocella, als Kaiser Servius Galba Imperator Cäsar Augustus, geb. 24. 12. 3 oder 5 v. Chr. (vgl. Kap. 4, Anm.), erschlagen 15. 1. 69 n. Chr., gegen Nero aufständig 6. 4. 68, Kaiser (Cäsar) seit 9. 6. 68. Eine wertvolle Lebensbeschreibung Galbas auch von Plutarch.

[1] S. Nero, Kap. 39, Anm.

der Cäsaren[1] vom Blitz getroffen wurde, fielen auf einmal die Köpfe von sämtlichen Statuen zu Boden. Derjenigen des Augustus wurde sogar das Zepter aus den Händen geschlagen[2].

2. Auf Nero folgte Galba in der Regierung, der in keinem verwandtschaftlichen Verhältnis zum Kaiserhause stand. Doch ist es sicher, daß er von hohem Adel war und einen sehr großen alten Stammbaum hatte. So nannte er sich immer in den Inschriften auf seinen Statuen „Urenkel des Quintus Catulus Capitolinus[3]". Als Kaiser ließ er im Atrium einen Stammbaum aufstellen, in welchem er seine Abkunft väterlicherseits auf Jupiter, mütterlicherseits auf die Gemahlin des Minos, Pasiphaë[4], zurückführte.

3. Die Ahnen und Ehrentitel des gesamten Geschlechts ausführlich aufzuzählen, würde zu weit führen. Ich will mich daher nur kurz mit seiner Familie befassen.

Wer von den Sulpiciern zuerst den Beinamen Galba erhalten und weshalb oder wovon er ihn empfangen, ist zweifelhaft. Einige meinen davon, daß der erste dieses Namens eine Stadt in Spanien, die er lange vergeblich belagert hatte, endlich mittels Fackeln, die mit „Galbanum[5]" bestrichen waren, in Brand gesteckt habe; andere, weil er in einer langwierigen Krankheit stets ein „Galbeum" trug, d. h. eine wollene Armbinde, in die Heilmittel eingewickelt waren; noch andere, weil er sehr fett war, was die Gallier mit „Galba" bezeichnen, wieder andere, weil er so mager gewesen ist wie die kleinen Tiere, welche auf Zwergeichen sitzen und die man „Galben[6]" nennt.

---

[1] Der Tempel des Augustus am Palatin (s. Caligula, Kap. 22, Anm.), in dem auch alle anderen vergöttlichten Mitglieder des Kaiserhauses verehrt wurden, von Vespasian prachtvoll wiederhergestellt. – [2] Augustus war als Triumphator dargestellt, mit den reichbestickten Triumphgewändern, einem Lorbeerzweig in der Rechten und einem Zepter mit einem Adler an der Spitze in der Linken. Sonst trugen die Kaiser damals noch keine Zepter. – [3] S. Cäsar, Kap. 15, Anm. Inschriften dieser Art nicht erhalten. – [4] S. Nero, Kap. 12 m. Anm. – [5] Harzhaltiger Gummi einer syrischen Pflanze, auch zum Ausräuchern von Ungeziefer und Schlangen verwandt. – [6] Vielleicht die Raupe des Eschenspinners (Bombyx aesculi L.).

GALBA

Die Familie wurde durch den Servius Galba berühmt, der das Konsulat bekleidete[1] und einer der größten Redner seiner Zeit war. Von ihm berichten die Geschichtschreiber, er hätte nach Bekleidung der Prätur Spanien zur Provinz erhalten und dort durch das treulose Niedermetzeln[2] von dreißigtausend Lusitaniern den Krieg mit Viriathus[3] entfesselt. Sein Enkel, einst Cäsars Legat in Gallien, später aber sein Gegner, weil Cäsar seine Bewerbung um das Konsulat vereitelt hatte[4], schloß sich der Verschwörung des Brutus und Cassius an und wurde deshalb nach dem Pedischen Gesetz[5] verurteilt. Von ihm stammen Großvater und Vater des Kaisers Galba ab. Der Großvater zeichnete sich mehr durch seine wissenschaftlichen Studien als durch seine Karriere als Staatsbeamter aus; denn er brachte es nicht weiter als bis zum Prätor, war aber der Verfasser eines umfassenden und mit großer Sorgfalt geschriebenen Geschichtswerks[6].

Galbas Vater bekleidete das Konsulat und betätigte sich gleichzeitig trotz seiner kleinen und verwachsenen Figur und trotz nur mäßiger Begabung in der Beredsamkeit als fleißiger Anwalt. Er war verheiratet mit Mummia Achaïca, einer Enkelin des Catulus, deren Urahn Lucius Mummius, der Zerstörer Korinths[7], war. Dann heiratete er die sehr reiche und schöne Livia Ocellina. Sie soll ihm seines hohen Adels wegen selbst ihre Hand angetragen und nur noch eifriger auf ihrem Verlangen bestanden haben, als er auf ihre wiederholten Anträge ihr unter vier Augen die Miß-

---

[1] 144 v. Chr. – [2] Er wurde dafür 149 vom 85jährigen Cato verklagt, aber freigesprochen, da er das Mitleid der Richter zu erregen und sie außerdem zu bestechen wußte. – [3] Dem Gemetzel entronnener Führer der Lusitanier (im heutigen Portugal und Südwestspanien), führte zwölf Jahre lang einen erbitterten Kleinkrieg gegen die Römer, der nach seiner hinterlistigen Ermordung 139 zusammenbrach. – [4] Servius Sulpicius Galba 58 Legat Cäsars, 54 Stadtprätor, war schon 50 von Cäsars Gegnern verhindert worden, als Kandidat aufzutreten. – [5] Gegen die Cäsarmörder, s. Nero, Kap. 3, Anm. – [6] Gajus Sulpicius Galba, sein nichterhaltenes Geschichtswerk reichte nach den spärlichen Zitaten aus ihm wohl von der Gründung Roms bis auf seine Zeit. – [7] 146 v. Chr.

bildung seines Körpers durch Entblößung von den Klei-
dungsstücken entdeckte. Er wollte nämlich den Anschein
vermeiden, daß er sie absichtlich darüber in Unkenntnis
hielte. Von Achaïca hatte er zwei Söhne, Gajus und Servius. Der Ältere, Gajus, verließ nach Verschwendung
seines Vermögens Rom und endete durch Selbstmord, da
ihm Tiberius verbot, in dem auf ihn fallenden Jahre um das
Prokonsulat mitzulosen[1].

4. Der Kaiser Servius Galba wurde unter den Konsuln
Marcus Valerius Messalla und Gnäus Lentulus am 24. Dezember in einer Villa bei Tarracina geboren[2]. Sie liegt auf
dem Hügel links an der Straße nach Fundi. Von seiner
Stiefmutter Livia adoptiert, nahm er den Namen Livius
und den Beinamen Ocella an. Dagegen legte er seinen Vornamen ab und nannte sich statt Servius bis zur Zeit seiner
Thronbesteigung Lucius. Bekannt ist, daß Augustus ihn,
der als Knabe dem Kaiser mit anderen Kindern seine Aufwartung machte, in die Backe gekniffen und auf griechisch
zu ihm gesagt hat: „Auch du, mein Söhnchen, wirst einmal
unsere Herrschaft kosten." Auch Tiberius hatte durch
Astrologen erfahren, Galba werde Kaiser werden, aber erst
im Greisenalter, und äußerte dazu: „So mag er denn immerhin am Leben bleiben, da es ja mich nichts mehr angeht."
Auch seinem Großvater wurde Ähnliches prophezeit. Er
war gerade mit einem Opfer beschäftigt, wodurch das böse
Vorzeichen eines Blitzeinschlages abgewendet werden sollte,
als ihm ein Adler die Eingeweide des Opfers aus der Hand
riß und auf einen Eichbaum voller Eicheln entführte.
Die befragten Zeichendeuter gaben den Bescheid, es bedeute, seine Familie werde zur Herrschaft kommen, aber
allerdings erst spät. Darauf erwiderte jener voll Spott:
‚Ganz gewiß! Sobald eine Mauleselin ein Fohlen geworfen

---

[1] 36 n. Chr. Als Prokonsul hätte er sich in seiner Provinz von seinem
Vermögensverfall erholen können, doch Tiberius war ein Feind eines
solchen Verfahrens. Konsul war Gajus Sulpicius Galba 22 n. Chr. gewesen. – [2] 3 v. Chr. Nach Nero, Kap. 40, müßte Galba bei seiner Erhebung im 73. Lebensjahr gestanden haben, also 5 geboren sein. –
Fundi und Tarracina, s. Tiberius, Kap. 5 u. 39, beide m. Anm.

hat!¹" Nichts stärkte später so das Vertrauen Galbas bei seinem Unternehmen gegen Nero, als der Umstand, daß damals wirklich eine Mauleselin ein Fohlen zur Welt brachte. Während man allgemein darin ein widernatürliches übles Vorzeichen sah, nahm er allein es als ein ganz besonders glückliches auf, in Erinnerung an das Opfer und die Äußerung seines Großvaters.

Als er die Männertoga angelegt hatte, träumte er, die Glücksgöttin spreche zu ihm, sie stehe bereits ganz ermüdet vor seiner Tür. Wenn er sie nicht schnell hereinlasse, so würde sie dem ersten Besten zur Beute fallen. Als er erwachte und das Atrium öffnete, fand er tatsächlich auf der Schwelle eine über eine Elle große Bronzestatuette der Göttin. Er brachte dann das Bildchen auf seinem Schoß nach Tusculum², wo er gewöhnlich den Sommer verlebte, stellte es unter seinen Hausgottern auf und veranstaltete dafür jeden Monat ein Opfer und jedes Jahr eine Nachtfeier. – Noch bevor er zum Manne gereift war, bekannte er sich mit allem Nachdruck zu der alten, bereits in Vergessenheit geratenen und nur noch in seinem Hause herrschenden Sitte, daß sich die Freigelassenen und Sklaven zweimal am Tage vor ihm versammelten und ihm ein jeder in der Frühe „Guten Morgen", abends „Gute Nacht" wünschten.

5. Neben den anderen Studienfächern beschäftigte sich Galba mit Rechtswissenschaft.

Auch unterzog er sich den Pflichten der Ehe. Allein nach dem Verlust seiner Gattin Lepida und der zwei von ihr geborenen Söhne blieb er unverheiratet. Er ließ sich durch keinen Antrag mehr davon abbringen, selbst nicht durch den der Agrippina, die durch den Tod des Domitius³ Witwe geworden war. Sie hatte Galba noch bei Lebzeiten seiner Frau, als er noch gar nicht Witwer war, auf alle erdenkliche Weise derart nachgestellt, daß sie in einer Damengesell-

---

¹ Jeder Fall, daß eine Mauleselin gefohlt hatte, wurde als Wunder in die Jahrbücher der Priester eingetragen. – ² Trümmer des Orts beim heutigen Frascati, 24 km von Rom entfernt. – ³ Des Vaters Neros s. dort, Kap. 5.

schaft von Lepidas Mutter während eines Wortwechsels
Vorwürfe und sogar eine Ohrfeige erhielt.

Galba bewies vor allem der Kaiserin Livia seine Hochachtung; daher galt er auch zu ihren Lebzeiten viel bei ihr und
wäre nach ihrem Tode durch ihr Testament beinahe ein
reicher Mann geworden. Er stand nämlich unter den Legat-
empfängern an erster Stelle mit fünfzig Millionen Sesterzen.
Da aber diese Summe nur in Ziffern notiert, nicht in Worten
ausgeschrieben war, setzte der Erbe Tiberius das Legat auf
fünfhunderttausend Sesterzen herab. Doch nicht einmal
dieser Betrag wurde Galba überwiesen[1].

6. Die Laufbahn als Staatsbeamter begann er vor der gesetzlichen Zeit. Als Prätor gab er bei den Floralienspielen ein
neues Schaustück; er ließ nämlich seiltanzende Elefanten
auftreten[2]. Dann war er fast ein Jahr lang Statthalter der
Provinz Aquitanien[3], darauf bekleidete er sechs Monate
lang das ordentliche Konsulat. Hierbei traf es sich, daß er
selbst dem (Gnäus) Domitius, Neros Vater, im Amt folgte
und ihm selbst Salvius Otho, der Vater des späteren Kaisers[4]. Dies war gewissermaßen eine Art Vorzeichen von
dem, was sich später einmal ereignete, da Galbas Regierung
in der Mitte zwischen der beider Söhne lag. Vom Kaiser
Caligula wurde er an Stelle von Gätulicus[5] zum Legaten von
Obergermanien ernannt. Gleich am Tage nach seiner Ankunft bei den Legionen verbot er den Soldaten, bei einem
festlichen Schauspiel, ihren Beifall durch Händeklatschen
zu bekunden und erließ einen Tagesbefehl, sie hätten die

---

[1] 50 Mio. Sest. (HS|D̄|) = 50 Mio. DM und 500000 Sest. (HSD̄) =
500000 DM sind, in Ziffern geschrieben, kaum voneinander zu unterscheiden. Die gleiche Verwechslungsmöglichkeit bringt es mit sich, daß
hier wie auch sonst bei großen Zahlen die Lesart äußerst unsicher ist. –
Livias Testament wurde von Tiberius für ungültig erklärt (s. dort,
Kap. 51), ihre Legate acht Jahre später von Caligula ausgezahlt (s. dort,
Kap. 16). – [2] S. Nero, Kap. 11. Floralienspiele zu Ehren der Pflanzen-
göttin Flora, im Mai gefeiert. – [3] Der Südwesten des von Cäsar eroberten
Gallien, zwischen Pyrenäen, Cevennen, Loire und Golf von Biskaya. –
[4] 33 n. Chr. Domitius war das ganze Jahr 32 Konsul gewesen (s. Otho,
Kap. 2). – [5] 39, s. Caligula, Kap. 8, Anm., Vespasian, Kap. 2, Anm.

Hände unter dem Mantel zu halten. Sofort hieß es im ganzen Lager:

Lern' Soldat, soldatisch Wesen, Galba ist's, nicht Gätulicus!

Mit gleicher Strenge verweigerte er Urlaubsgesuche. Die gedienten Leute wie die Rekruten härtete er durch ununterbrochenen Dienst ab. Sehr bald warf er die Barbaren, deren Einfälle sich bis nach Gallien hinein erstreckt hatten, zurück und gewann, als der Kaiser Gajus das Land besuchte, sowohl für seine Person als für sein Heer in dem Maße die kaiserliche Anerkennung, daß unter den unzähligen, aus allen Provinzen zusammengezogenen Truppenteilen keiner eine höhere Belobigung und Belohnung erhielt[1]. Er selbst zeichnete sich besonders dadurch aus, daß er nach einer von ihm mit dem schweren Schild in der Hand geleiteten Felddienstübung noch zwanzigtausend Schritte[2] neben dem Wagen des Kaisers herlief.

7. Als die Kunde von Caligulas Ermordung eintraf, redeten viele Leute Galba zu, die Gelegenheit auszunutzen. Er zog es jedoch vor, sich ruhig zu verhalten. Dadurch machte er sich bei Claudius sehr beliebt und wurde von ihm in den Kreis seiner nächsten Vertrauten aufgenommen. So sehr erfreute er sich seiner Wertschätzung, daß der Tag des Aufbruchs zum Feldzug gegen Britannien[3] verschoben wurde, weil ihn plötzlich ein nicht einmal sehr schweres Unwohlsein befiel.

Das Prokonsulat von Afrika verwaltete er zwei Jahre lang[4]. Er war dazu auf außerordentlichem Wege, ohne losen zu müssen, eigens ernannt worden, um die durch innere Streitigkeiten und Einfälle der Barbaren beunruhigte Provinz in Ordnung zu bringen. Er entledigte sich seiner Auf-

---

[1] S. Caligula, Kap. 44. Trotz der im Leben Caligulas vertretenen Auffassung muß diese Anerkennung also doch einigen Wert gehabt haben. – [2] 30 km, s. auch Caligula, Kap. 26. – [3] 44, vgl. Claudius, Kap. 17. – [4] 45–46. Gewöhnlich losten die Beamten um die Provinzen, in die sie gehen sollten. Es waren aber auch andere Verteilungswege möglich, z. B. persönliche Vereinbarung oder ausdrückliche Übertragung einer bestimmten Provinz an einen für ihre Spezialaufgaben besonders geeigneten Mann.

gabe mit gleich großer Strenge wie Gerechtigkeit, die er
selbst in den kleinsten Dingen bewies. Als ein Soldat auf
einem Feldzuge, wo die Lebensmittel äußerst knapp wurden,
überführt worden war, einen ihm von seinen Getreide-
portionen übriggebliebenen Scheffel zu hundert Denaren[1]
verkauft zu haben, befahl er, daß ihm keiner aushelfen
solle, sobald jener selbst an Mundvorrat Mangel leiden
würde. Und wirklich mußte der Mann Hungers sterben.
Beim Rechtsprechen handelte es sich einmal um das Eigen-
tumsrecht an einem Packpferd. Da die Gründe und Zeugenaussagen zum Beweise nicht ausreichten und der Rechts-
spruch deshalb schwierig zu finden war, ordnete Galba an,
das Tier solle mit eingewickeltem Kopf zu seiner gewohnten
Tränke geführt und ihm dort die Decke abgenommen
werden. Dem sollte es dann gehören, zu dem es von der
Tränke aus von selbst sich begeben würde.

8. Für seine damaligen Verdienste in Afrika und seine
früheren in Germanien erhielt er die Triumphalabzeichen
und eine Priesterstelle in drei Kollegien; er wurde nämlich
bei den Fünfzehnmännern, bei der Genossenschaft der
Titier und ebenso bei den Augustalen als Mitglied aufgenommen[2]. Von da ab bis ziemlich zur Mitte von Neros
Regierung lebte er meist ganz zurückgezogen. Selbst auf
seinen Erholungsreisen führte er stets in einem zweiten ihn
begleitenden Wagen eine Summe von einer Million Sesterzen[3] in Gold mit sich. Endlich wurde ihm während eines
Aufenthaltes in Fundi die Provinz Hispania Tarraconensis[4]
übertragen.

---

[1] 1 Scheffel (modius): 8,7 l, 100 Denare: = 400 DM, 1 l Mehl, also fast
50 DM. – [2] Die Fünfzehnmänner hatten die sibyllinischen Bücher (s. Cäsar, Kap. 79, Anm.) aufzubewahren und auf Antrag zu befragen, die
Genossenschaft der Titier führte die mit König Titus Tatius nach Rom
gelangten sabinischen Sonderriten weiter, die Augustalen besorgten
den Kult der vergötterten Mitglieder des Kaiserhauses (s. Claudius,
Kap. 6, Anm.). – [3] 1 Mio. DM. Er wollte vielleicht stets über die
Mittel zur Flucht verfügen können. – [4] 60. Es war der Norden und
Osten der Pyrenäenhalbinsel unter Ausschluß der heutigen Land-
schaften Granada, Andalusien, Estremadura und Portugal südlich

Als er bei seiner Ankunft in dieser Provinz in einem öffentlichen Tempel ein Opfer brachte, ereignete es sich, daß
dem ministrierenden Opferknaben, welcher das Rauchfaß
hielt, plötzlich auf dem ganzen Kopf das Haar grau wurde.
Es gab auch Leute, welche dies dahin auslegten, es bedeute
einen Regierungswechsel, und ein Greis werde auf einen
jungen Mann, d. h. er selbst auf Nero, folgen. Kurz darauf
schlug ein Blitz in einen See von Kantabrien. Man fand
daselbst zwölf Beile, ein unzweideutiges Zeichen der Regierungsgewalt[1].

9. Acht Jahre lang verwaltete Galba seine Provinz. Hierbei verfuhr er in seinen Maßnahmen ganz ungleichmäßig.
Anfangs war er energisch, streng und selbst in der Bestrafung von Vergehen übermäßig hart. So ließ er einem Geldwechsler, der nicht nach Treu und Glauben handelte, beide
Hände abhauen und auf seinen Zahltisch nageln. Einen
Vormund befahl er ans Kreuz zu schlagen, weil dieser sein
Mündel, als dessen Nacherbe er eingesetzt war, vergiftet
hatte. Als er sich auf den Schutz der Gesetze berief und
den Beweis führte, daß er römischer Bürger[2] sei, befahl
Galba, als handelte es sich darum, eine Strafmilderung
durch eine ihm zu spendende Ehrung herbeizuführen,
gleichsam zum Trost, ein anderes, und zwar ein bedeutend
höheres und überdies weiß angestrichenes Kreuz für ihn
aufzurichten. Mit der Zeit indessen wurde er träge und
lässig, um nicht bei Nero Anstoß zu erregen. Er pflegte
hierüber zu sagen: „Niemand kann wegen seines Nichts-
tuns zur Rechenschaft gezogen werden."

Er hielt gerade in Neukarthago[3] Gerichtstag, da erfuhr er
durch den Statthalter von Aquitanien, der dringend Galba
um Hilfe bat, von den in Gallien ausgebrochenen Unruhen[4].
Zugleich kamen Briefe von Vindex mit der Aufforderung,

---

vom Duero. – Kantabrien (s. u.), die von Augustus (s. dort, Kap.
20/21) bezwungene nördliche Küstenlandschaft. – [1] Zeichen der kaiserlichen Gewalt über Leben und Tod. – [2] Als solcher hatte er das Recht
der Berufung an den Kaiser, wie der Apostel Paulus (Apost.-Gesch.
XXII, 25). – [3] Heute Cartagena. – [4] Es handelte sich um den Aufstand des Julius Vindex, Mitte 67, s. Nero, Kap. 40, Anm.

zur Befreiung der Menschheit mit ihm gemeinsame Sache
zu machen und die Führung zu übernehmen. Ohne lange
zu zaudern, nahm Galba den Vorschlag teils aus Furcht,
teils aus Hoffnung an. Denn er hatte Depeschen von Nero
abgefangen, die der Kaiser mit dem Auftrage, ihn heimlich
umzubringen, an die Prokuratoren gesandt hatte. In seiner
Zuversicht wurde er zugleich noch durch sehr günstige
Wahrzeichen und Vorbedeutungen bestärkt, z. B. durch
die Weissagung einer edlen Jungfrau. Diese war deswegen
von besonderer Bedeutung, weil ein Priester des Jupiter zu
Clunia[1], durch einen Traum gemahnt, die gleichen pro-
phetischen Sprüche aus dem Heiligtum des Gottes ans Licht
gezogen und dabei gefunden hatte, daß bereits vor zweihundert Jahren eine weissagende Jungfrau Ähnliches verkündet hatte. Die Prophezeiung lautete: ,,Dermaleinst wird aus
Hispanien der Führer und Herr des Weltalls erstehen[2]."
10. So bestieg Galba das Tribunal unter dem Vorwand,
er wolle einen Freilassungsakt von Sklaven vornehmen.
Er hatte vor sich eine große Zahl Büsten der von Nero
Verurteilten und Ermordeten aufstellen lassen. An seiner
Seite stand ein vornehmer junger Mann, den er zu diesem
Zweck von der nächsten Baleareninsel, wo jener im Exil
lebte, herbeigerufen hatte. Dann erging er sich in Klagen
über die traurigen Zeiten. Als man ihn aber sofort als Kaiser
begrüßte, erklärte er, er betrachte sich nur als den Beauftragten des römischen Senats und Volks[3]. Darauf verkündete er den Kriegszustand und hob aus der Bevölkerung
der Provinz Legionen und Hilfstruppen[4] zur Verstärkung
seines alten Heeres aus, das aus einer Legion, zwei Schwadronen und drei Kohorten[5] bestand. Aus den vornehmen,

---

[1] Keltiberische Stadt im späteren Altkastilien, heute Coruña del Conde
am Duero. – [2] Später auf Karl V. und Philipp II. gedeutet. – [3] Die Erhebung Galbas war also als Wiederherstellung der Republik gedacht, daher auch ihre Einkleidung als ,,Freilassung" und die ,,Freiheitskappen"
des römischen Volkes beim Tode Neros (s. dort, Kap. 57, Anm.). –
[4] Die Legionen bestanden aus römischen Bürgern, soweit möglich aus
freigeborenen Italikern, die Hilfstruppen aus den sonstigen Dienst-
pflichtigen der Provinz. – [5] Kavallerie und Infanterie der Hilfstruppen.

sich durch Klugheit und Alter auszeichnenden Leuten bildete er eine Art von Senat, um nötigenfalls bei wichtigeren
Vorkommnissen dessen Rat einzuholen. Desgleichen wählte
er eine Anzahl junger Leute aus dem Ritterstande aus, die
ihre goldenen Ringe behielten, „Evocati[1]" heißen und
statt der Legionssoldaten vor seinem Schlafzimmer Wache
stehen sollten. Ebenso erließ er an die Provinzen des Reichs
Proklamationen und forderte darin jedermann auf, sich ihm
anzuschließen und nach Kräften die allgemeine Sache zu
unterstützen. Etwa um die gleiche Zeit wurde bei der
Arbeit an der Befestigung einer Stadt, die er sich zu seinem
Waffenplatz ausgesucht hatte, ein altertümlicher Ring gefunden, in dessen Stein eine Siegesgöttin mit einer Trophäe
eingraviert war. Gleich darauf trieb bei Dertosa[2] ein
alexandrinisches Schiff mit einer Ladung Waffen ans Land,
ohne daß sich darauf ein Steuermann, ein Matrose oder
ein Passagier befand. Es konnte daher keinem zweifelhaft
sein, daß der unternommene Krieg gerecht und den Göttern
wohlgefällig sei.
Plötzlich wurden gegen alles Erwarten diese guten Aus-
sichten beinahe wieder zerstört. Die eine der beiden Reiterschwadronen, die ihren gegen Nero begangenen Eidbruch
bereute, machte einen Versuch, von Galba, als er sich dem
Lager näherte, wieder abzufallen, und wurde nur mit
Mühe davon abgebracht. Ferner wäre es Sklaven, welche
ihm von einem Freigelassenen Neros geschenkt worden
waren, die dabei aber den Auftrag erhalten hatten, ihn aus
dem Wege zu räumen, beinahe gelungen, ihn umzubringen,
wie er sich durch eine enge Gasse in die Bäder begab; un-
vorsichtigerweise riefen sie sich gegenseitig zu, sie sollten
die „günstige Gelegenheit" nicht vorübergehen lassen und
erregten dadurch Verdacht. Auf die Frage, welche günstige

---

[1] „Herausgerufene", ursprünglich Ehrenname für freiwillig weiter-
dienende Veteranen, die besondere Vorrechte besaßen (s. Augustus,
Kap. 56, Anm.), hier gebraucht, um die Ehrenwache als etwas Besseres
zu bezeichnen als die gewöhnlichen Soldaten, da die jungen Leute
ja als Ritter zum Offiziersdienst berechtigt und verpflichtet waren. -
[2] Heute Tortosa am Ebro.

Gelegenheit sie meinten, legten sie unter den Qualen der
Folter ein Geständnis ab. 11. Zu allen diesen gefährlichen
Ereignissen kam noch der Tod des Vindex[1]. Galba war
darüber so bestürzt, daß er alles für verloren ansah und
nahe daran war, Hand an sich zu legen.

Inzwischen kamen Nachrichten von Rom, daß Nero getötet sei und Alle ihm den Huldigungseid geleistet hätten.
Er legte nun den Titel eines Statthalters ab und nahm den
eines Cäsar an[2]. Seinen Zug nach Rom legte er im Feldherrnmantel zurück. Ein Dolch hing ihm vorn auf der
Brust vom Hals herunter. Auch legte er die Toga[3] nicht
eher wieder an, als bis er alle diejenigen, welche sich gegen
ihn auflehnten – den Obersten der Prätorianer Nymphidius Sabinus in Rom sowie die Legaten Fontejus Capito
in Germanien und Clodius Macer in Afrika[4] –, überwältigt
hatte.

12. Voraus ging Galba der Ruf der Grausamkeit und zugleich der Habsucht. Man erzählte sich, er habe die Städte
der Provinzen Spanien und Gallien, welche sich ihm nicht
sofort angeschlossen hatten, mit härteren Kriegssteuern,
teils sogar mit Schleifen ihrer Mauern bestraft und die
höheren Beamten und Prokuratoren mit ihren Frauen und
Kindern hinrichten lassen. Auch sollte er eine ihm von den

---

[1] Er tötete sich nach einer Niederlage gegen das obergermanische
Heer, s. Nero, Kap. 40, Anm., Galba, Kap. 16, Anm. – [2] Dieser
Name wurde jetzt zum Titel des Inhabers der höchsten Macht und
seiner Familie – das Geschlecht der Nachkommen Cäsars war aus-
gestorben (s. Kap. 1) –; aus ihm entstand die Bezeichnung Kaiser. –
[3] Toga als Friedenskleidung. – [4] Gajus Nymphidius Sabinus, angeblicher Sohn Caligulas von einer übelbeleumundeten Freigelassenen,
65 zweiter Führer der Prätorianer, nach Neros Sturz von Galba abgewiesen (s. Kap. 16, Anm.). Beim Versuch, die Prätorianer aufzuwiegeln, von diesen erschlagen. – Fontejus Capito, in Untergermanien,
von Galba vielleicht grundlos verdächtigt, vom Führer der Rhein-
flotte getötet. – Lucius Clodius Macer, Statthalter in Afrika, erhob
sich mit Vindex und Galba für den Senat, erkannte Galba nicht an,
wollte die für die Versorgung Roms unentbehrliche Getreidezufuhr
zurückhalten (vgl. Vespasian, Kap. 7, Anm.) und wurde auf Befehl
Galbas beseitigt.

Einwohnern von Tarraco[1] überreichte, fast fünfzehn Pfund
schwere goldene Krone, die aus einem alten Jupitertempel
stammte, eingeschmolzen und drei noch am Gewicht feh-
lende Unzen nachträglich eingetrieben haben[2]. Der schlechte
Ruf, der ihm voranging, bestätigte sich und gewann noch an
Stärke, sobald er in Rom eingezogen war. Als er nämlich
die Matrosen, welche Nero aus Ruderknechten zu regelrechten Soldaten erhoben hatte, wieder mit Gewalt in ihren
früheren Stand zurückverwies, diese sich aber widersetzten
und außerdem noch hartnäckig auf Verleihung des Adlers
und der Feldabzeichen bestanden, ließ er sie nicht nur durch
Reiterei auseinandersprengen, sondern dezimierte sie sogar.
Ebenso löste er eine Germanen-Kohorte[3] auf, die früher
von den Cäsaren zu ihrem persönlichen Schutze zusammengestellt war und die sich bei vielen Gelegenheiten als höchst
zuverlässig erwiesen hatte. Er entließ sie ohne jede Belohnung in ihre Heimat, angeblich, weil sie Gnäus Dolabella[4],
neben dessen Gärten sie ihr Standquartier hatte, ergebener
war als ihm. Auch folgende Züge, mochten sie nun wahr
oder falsch sein, erzählte man sich zum Hohn auf ihn. War
einmal seine Tafel reichlicher als gewöhnlich besetzt, habe
er darüber geseufzt. Seinem festangestellten Haushofmeister
soll er, wenn er ihm eine Abrechnung über die Ausgaben
vorlegte, jedesmal eine Schüssel Hülsenfrüchte als Belohnung für seinen Eifer und seine Genauigkeit überreicht
haben. Dem Flötenspieler Canus aber, dessen Spiel ihm
außerordentlich gefiel, habe er ganze fünf Denare[5] geschenkt, die er höchst eigenhändig aus seinem Geldbeutel
hervorgeholt habe.

13. Seine Ankunft war daher kein so freudiges Ereignis,
wie er vermutet hatte. Dies zeigte sich gleich bei der
ersten Theatervorstellung. Denn als in einem Atellanen-

---

[1] Heute Tarragona in Katalonien. – [2] 15 Pfund: 5 kg, 3 Unzen: 82 g. –
[3] Die Leibwächter der Kaiser waren meist Germanen (s. Augustus,
Kap. 49, Caligula, Kap. 43 und 58). – [4] Ein Verwandter Galbas,
der von Vitellius zum Tode verurteilt wurde, weil er die Truppen aufwiegelte. Seine Gärten lagen am heutigen Monte Pincio. –
[5] 20 DM.

spiel die Schauspieler den bekannten Gassenhauer an-
stimmten:

Da kommt Onesimus vom Gut her[1],

da sangen plötzlich alle Zuschauer einstimmig den Rest
des Liedes mit und wiederholten es mit den dazugehörigen
Gesten mehrmals, wobei sie immer wieder mit dem Verse
anfingen. 14. So waren denn bei seiner Wahl zum Kaiser
seine Beliebtheit und sein Ansehen größer als während
seiner Regierungszeit, obschon er zahlreiche Beweise von
Herrschertüchtigkeit abgab. Allein was er auch in dieser
Hinsicht leistete, machte ihn nicht so beliebt, wie ihn die
gegenteiligen Handlungen verhaßt machten.
Galba stand vollständig unter dem Einfluß von drei Personen, die man im Publikum, weil sie sogar bei ihm im
Palatium wohnten und niemals von seiner Seite wichen,
seine Pädagogen zu nennen pflegte. Es waren dies Titus
Vinius, sein früherer Legat in Spanien, ein Mensch von
schrankenloser Habsucht, Cornelius Laco, früher Gerichts-
beisitzer, jetzt Prätorianerpräfekt, von unerträglicher Anmaßung und Faulheit, und der Freigelassene Icelus, der
eben erst mit dem goldenen Ritterring belehnt und mit dem
Beinamen Marcianus geehrt worden war, aber trotzdem
bereits die Anwartschaft auf die höchste Würde hatte, zu
welcher der Ritterrang berechtigt[2]. Von diesen Menschen,
von denen jeder seinen eigenen Lastern frönte, ließ er

---

[1] Onesimus (vom griech. ŏninánai, Nutzen haben) paßt ganz gut
als Namen für einen Geizhals. Der Wortlaut ist unsicher. Stahr
übersetzt: „Hui, da kommt der alte Filz von seiner Villa." – [2] Titus
Vinius trat am 1. 1. 69 mit Galba zusammen das Konsulat an
und wurde gleich nach ihm erschlagen. Er soll bei einem großen
Essen einen goldenen Becher von der Tafel des Kaisers Claudius
gestohlen haben (s. dort, Kap. 32). – Cornelius Laco während
Galbas Regierung stets unheilvoller Ratgeber, nach dem Zusammen-
bruch getötet. – Icelus (s. Nero, Kap. 50), zuletzt Servius Sulpicius
Marcianus, hatte also neben den Rechten eines freigeborenen Ritters
einen Beinamen erhalten, der auf den früheren Sklavenstand keinen
Schluß mehr zuließ; wohl zur Präfektur Ägyptens ausersehen, da die
der Prätorianer, die sonst als höchstes Ritteramt galt, schon besetzt
war. Von Otho hingerichtet.

sich dermaßen willenlos mißbrauchen, daß er sich selbst
nicht treu blieb. Bald war er strenger und knickriger, bald
nachsichtiger und unbekümmerter, als es sich für einen
durch das Volk erwählten Kaiser und zudem für einen
Mann in seinem Alter schickte.

Mehrere vornehme Männer aus dem Senatoren- und Ritterstande verurteilte er auf den geringsten Verdacht ohne
Verhör zum Tode. Das römische Bürgerrecht verlieh er
selten, das Dreikinderprivileg[1] kaum einem und dem
andern, und auch diesen nur auf eine bestimmte und beschränkte Zeit. Die Richter, welche ihn baten, er möchte
eine sechste Dekurie hinzufügen, beschied er nicht nur abschlägig, sondern entzog ihnen auch die von Claudius gewährte Vergünstigung[2], daß man sie im Winter und zu
Anfang des Jahres nicht zur Abhaltung von Gerichts-
sitzungen einberufen durfte.

15. Man glaubte sogar, er werde die den Senatoren und
Rittern zu übertragenden Ämter auf eine zweijährige
Dauer beschränken und sie nur solchen Leuten verleihen,
die sie entweder ungern nähmen oder ganz ausschlügen.
Die von Nero gemachten Schenkungen ließ er bis auf ein
Zehntel, das die Empfänger behalten durften, durch eine
Kommission von fünfzig römischen Rittern wieder zurück-
fordern und eintreiben. Wenn etwa Schauspieler oder
Fechter ihre Geschenke verkauft hatten, bestimmte er, den
Käufern sollten die fraglichen Gegenstände weggenommen
werden, falls jene Schauspieler und Fechter den Erlös
durchgebracht hätten und nicht in der Lage seien, ihn
zurückzuzahlen.

Im Gegensatz dazu aber ließ er es geschehen, daß durch
Vermittlung seiner nächsten Umgebung und seiner Freigelassenen alles für Geld verliehen oder nach Gunst gewährt wurde: Zölle, Abgabenfreiheit, Verurteilung Un-
schuldiger, Begnadigung Schuldiger. Ja, als das Volk die
Hinrichtung von Halotus und Tigillinus[3] forderte, ließ er

---

[1] S. Claudius, Kap. 15, Anm., Kap. 19, Anm. - [2] S. Claudius, Kap. 23,
Anm. 6. Dekurie, s. Caligula, Kap. 16, Anm. - [3] Halotus, ein frei-

gerade diese Beiden, die ausgekochtesten Verbrecher von allen Helfershelfern Neros, frei ausgehen; er verlieh Halotus noch obendrein eine sehr einträgliche Prokuratorstelle. Hinsichtlich Tigillinus schalt er das Volk sogar in einem Edikt wegen seiner Grausamkeit aus.

16. Durch diese Handlungsweise stieß Galba fast alle Stände vor den Kopf, aber am heftigsten entbrannte die Erbitterung gegen ihn bei den Soldaten. Ihre Offiziere hatten ihnen dafür, daß sie ihm, während er noch abwesend war, den Huldigungseid als Kaiser leisteten, ein größeres Gnadengeschenk als üblich versprochen[1]. Galba aber hielt dies Versprechen nicht nur nicht, sondern ließ sich wiederholt zu folgender Äußerung hinreißen: „Ich bin gewohnt, Soldaten auszuheben, nicht zu kaufen." Durch diese Worte erbitterte er sämtliche Truppen in allen Garnisonen. Dazu brachte er auch noch die Prätorianer durch sein Mißtrauen und seine geringschätzige Behandlung gegen sich auf; denn er verabschiedete nach und nach viele von ihnen als verdächtig und als Anhänger des Nymphidius. Vor allem aber murrte das Heer in Obergermanien, weil es sich um den Lohn für seine gegen die Gallier und gegen Vindex geleisteten Dienste betrogen sah[2]. Diese Truppen waren denn auch die ersten, die den Gehorsam aufzukündigen wagten und am ersten Januar sich weigerten, den Fahneneid einem anderen als dem Senat zu leisten. Zugleich beschlossen sie eine Gesandtschaft an die Prätorianer mit folgendem Auftrag zu senden: Der in Spanien erwählte Feldherr sei nicht nach ihrem Sinne; die Prätorianer möchten selbst einen wählen, dem das ganze Heer seine Stimme geben könne.

17. Auf die Nachricht hiervon glaubte Galba, nicht sein

gelassener Eunuch, Vorkoster des Claudius (s. dort, Kap. 44). – Tigillinus, unter Nero 63–68 Prätorianerpräfekt, ging zu Galba über, von Otho zum Selbstmord verurteilt. – [1] Auf Veranlassung des Nymphidius Sabinus (s. Kap. 11, Anm.), der nach dem Abfall des Tigillinus alleiniger Befehlshaber der Prätorianer war. Galba wies ihn zurück. Gnadengeschenke beim Thronwechsel, s. Claudius, Kap. 10. – [2] Es hatte zu Nero gehalten und Vindex geschlagen (s. Kap. 11, Anm.), von Galba konnte es dafür keinen Lohn erwarten.

hohes Alter, vielmehr seine Kinderlosigkeit sei die Veranlassung für die ihm bewiesene Mißachtung. So nahm er
denn eines Tages Piso Frugi Licinianus[1], einen trefflichen
jungen Mann von altem Adel, den er seit langem sehr
hoch schätzte und schon immer in seinem Testament zum
Erben seines Vermögens und seines Namens bestimmt
hatte, plötzlich mitten aus der Schar der ihm ihre Aufwartung machenden Personen bei der Hand. Er nannte ihn
Sohn, führte ihn ins Lager und adoptierte ihn vor versam-
melter Mannschaft. Aber auch selbst bei dieser Gelegenheit
ließ er nichts von einem Gnadengeschenk verlauten. Um
so leichteres Spiel hatte dadurch Marcus Salvius Otho,
seine Anschläge kaum sechs Tage nach dieser Adoption
auszuführen.

18. Zahlreiche bedeutungsvolle Vorzeichen hatten ihm schon
vom Anbeginn seiner Regierung den später erfolgten Ausgang verkündet. Als auf seinem Zug nach Rom überall zur
Rechten und Linken des Weges in allen Städten Opfertiere
geschlachtet wurden, riß sich einmal ein von dem Schlage
des Opferbeils in Wut geratener Stier von seinen Fesseln
los, lief auf des Kaisers Wagen zu, sprang mit den Vorder-
füßen hinauf und besudelte Galba über und über mit Blut.
Und als dieser dann vom Wagen herabstieg, hätte ihn ein
Leibdiener im Gedränge beinahe mit der Lanze verwundet.
Weiterhin bei seinem Einzug in Rom und in das Palatium
empfing ihn ein Erdbeben, das von einem dem Brüllen
eines Stiers ähnlichen Getöse begleitet war. Die Wahrzeichen, die dann folgten, waren noch viel deutlicher. Von
allen seinen Schätzen hatte er ein Halsband aus Perlen und
Edelsteinen beiseite gelegt, um damit seine Fortuna in Tusculum zu schmücken[2]. Diesen Schmuck weihte er plötzlich
der Kapitolinischen Venus[3], weil er meinen mochte, er
wäre an einem heiligeren Ort besser am Platze. Sofort er-

---

[1] Lucius Calpurnius Piso Frugi Licinianus, geb. 38, zwei seiner
Brüder von Claudius und Nero hingerichtet, er selbst infolge langer
Verbannung von der Ämterlaufbahn ausgeschlossen, fünf Tage nach
der Adoption am 15. 1. 69 mit Galba ermordet. – [2] S. Kap. 4. –
[3] S. Caligula, Kap. 7.

schien ihm in der nächsten Nacht im Traum das Bild der
Fortuna, die sich darüber beschwerte, daß ihr das für sie
bestimmte Geschenk hinterzogen sei, und die ihm drohte,
auch sie werde ihm wiedernehmen, was sie ihm gegeben
habe. Aus dem Schlafe aufgeschreckt, sandte er bei Tagesanbruch Leute voraus, um wegen dieses Traumes alle für
ein Sühnopfer erforderlichen Vorbereitungen zu treffen.
Dann fuhr er selbst eilig nach Tusculum hinaus, fand aber
dort nichts als heiße Asche auf dem Opferherd und daneben
einen Greis in schwarzer Trauerkleidung, der in einem
gläsernen Geschirr Weihrauch und in einem irdenen Becher
ungemischten Wein hielt[1]. Ferner hatte man wahrgenommen, daß ihm beim Verrichten des Neujahrsopfers der
Kranz vom Haupt fiel und daß ihm bei den Auspizien die
Hühner davonflogen, daß am Tage der Adoption (Pisos),
als er eine Ansprache an die Soldaten halten wollte, seine
Diener vergessen hatten, den Feldstuhl, wie es die Sitte
erforderte, auf das Tribunal zu setzen, und daß im Senat
der kurulische Sessel verkehrt hingestellt worden war.
19. Kurz vor seiner Ermordung warnte ihn beim Morgen-
opfer der Eingeweidebeschauer des öfteren, er solle auf
seiner Hut sein, seine Mörder seien nicht weit[2].
Gleich darauf erfährt Galba, Otho habe das Prätorianerlager in seiner Gewalt. Von vielen Seiten rät man ihm
jetzt, sich unverzüglich ebendahin zu begeben; denn es sei
doch möglich, daß er durch sein Ansehen und seine Gegenwart die Oberhand über seinen Gegner behielte. Aber
Galba begnügt sich damit, seine Stellung im Palast zu
halten und zur Verstärkung und seinem Schutz die zerstreut lagernden Abteilungen von Legionstruppen heran-
zuziehen[3]. Doch legt er einen Linnenpanzer[4] an, obschon

---

[1] Alles das Gegenteil von dem, was hätte sein sollen: das Feuer hätte
hell lodern, der Opfernde jung und weiß gekleidet sein müssen, der
Weihrauch sollte aus einer kunstvoll geschmückten Büchse kommen
und der Wein aus einer goldenen oder silbernen Schale gespendet
werden. – [2] Otho war anwesend, s. Otho, Kap. 6. – [3] Die Legionen,
die Nero gegen Vindex gesammelt hatte, waren noch da, aber nicht
mehr die Truppen, die Galba nach Rom geführt hatte. – [4] Ein Panzer

er ganz offen erklärt: „Er wird mir gegen so viele Schwerter wenig nützen."
Falsche Gerüchte, welche die Verschworenen, um ihn auf
die Straße zu locken, mit Absicht verbreitet hatten, verlei-
teten ihn schließlich, den Palast zu verlassen. Einige wenige
Personen versicherten ohne allen Grund, die Sache sei vorüber, die Unruhestifter überwältigt und alle anderen nahten
scharenweise dem Palast, um ihm ihre Glückwünsche und
die Versicherung ihres bedingungslosen Gehorsams zu
überbringen. In der Absicht, ihnen entgegenzugehen, verließ Galba den Palast in so großem Sicherheitsgefühl, daß
er einem Soldaten, der sich ihm gegenüber rühmte, er habe
Otho getötet, nur ein: „Auf wessen Befehl?" zur Antwort
gab und seinen Weg weiter bis zum Forum fortsetzte. Hier
sprengten Reiter, die den Befehl zu seiner Ermordung erhalten hatten, die zusammengeballten Volkshaufen auseinander, hielten aber, als sie den Kaiser von fern erblickten,
einen Augenblick an. Dann ritten sie auf ihn ein und hieben
den von seinen Begleitern verlassenen Galba nieder.
20. Einige erzählen, er habe bei dem ersten Lärm ausgerufen: „Was tut ihr, Kameraden? Ich bin der Eure und Ihr
seid die Meinen!" Sogar ein Geldgeschenk habe er versprochen. Aber die meisten berichten, Galba habe selbst
seinen Hals hingehalten und seinen Mördern zugerufen:
„Los[1] und stoßt zu, wenn's denn sein muß!" Überaus
befremdlich dagegen erscheint es, daß keiner der Anwesenden den Versuch machte, seinem Kaiser zu Hilfe zu
kommen, und daß alle, welche dazu entboten wurden, der
Aufforderung nicht nachkamen, mit Ausnahme einer Abteilung Veteranen des germanischen Heeres. Diese eilten
im noch frischen Gefühl der Dankbarkeit für die gute Behandlung, die Galba ihnen in ihrem maroden und ermüde-
ten Zustand hatte angedeihen lassen[2], sofort herbei, kamen

---

aus 18 fach gefaltetem Leinen, der durch Lagern in Essig und Salzlake
widerstandsfähig gemacht wurde. – [1] Stichwort für das Niederschlagen
des Tieres beim Opfer, s. Caligula, Kap. 58, Anm. - [2] Nach Tacitus,
Historien I, 31 waren sie von Nero nach Alexandria geschickt und
dann wieder zurückgeholt worden. Galba hatte ihnen ausgiebige

aber zu spät, da sie, zuwenig mit den Örtlichkeiten vertraut,
einen Umweg machten, der ihre Ankunft verzögerte.

Galba wurde erstochen am Lacus Curtius[1] und blieb hier, so
wie er war, liegen, bis ein gemeiner Soldat, der gerade vom
Proviantfassen zurückkehrte, seine Last ablegte und ihm
den Kopf abhieb. Da er ihn wegen der Glatze nicht beim
Schopf fassen konnte, barg er ihn in dem Schoß seines
Mantels. Dann zwängte er seinen Daumen in den Mund
und brachte ihn so zu Otho. Dieser schenkte das Haupt
den Marketendern und Troßknechten, die es auf einen
Spieß steckten und unter allerlei Witzen im Lager umher-
trugen, wobei sie wiederholt riefen: „Galba, du Liebesgott,
jetzt genieß dein Alter!" Zu diesem frechen Witz waren
sie besonders dadurch gereizt worden, daß einige Tage
zuvor im Publikum bekanntgeworden war, der Kaiser habe
jemandem, der seine äußere Erscheinung als noch recht
blühend und lebenskräftig pries, mit den Homerischen
Worten erwidert:

> Noch fühl' ich das Mark in den Knochen[2].

Von ihnen kaufte den Kopf ein Freigelassener des Patro-
bius Neronianus[3] für hundert Goldstücke[4] und warf ihn
auf die Stelle hin, wo sein Patron auf Galbas Befehl hingerichtet worden war. Sehr spät erst bestattete Galbas
Hofmeister Argivus den Kopf wie den Rumpf seines Herrn
in dessen Privatgärten an der Aurelischen Landstraße[5].

21. Galba hatte die richtige Durchschnittsgröße, eine große
Glatze, blaue Augen und eine gebogene Nase. Seine Gliedmaßen waren von der Gicht dermaßen verkrümmt, daß er
weder lange einen Schuh zu tragen, noch auch nur eine
kleine Schriftrolle mit den Händen zu öffnen oder auch
nur zu halten vermochte. Dazu hatte er an der rechten

Ruhe und Pflege verschafft. – [1] Vgl. Augustus, Kap. 57, Anm. –
[2] Homer, Ilias, V, 254, Odyssee, XXI, 426. – [3] Ein von Galba mit verschiedenen anderen Helfershelfern (vgl. Kap. 15) hingerichteter Freigelassener Neros. [4] 10000 DM. – [5] Führte von Rom zur etrurischen
Küste, an dieser entlang nach Pisa und weiter über Genua nach
Massilia (Marseille) und Arelate (Arles).

Seite einen Fleischauswuchs, der so stark hervortrat, daß er kaum durch eine Binde zusammengehalten werden konnte.

22. Er war, erzählt man, ein sehr starker Esser. Im Winter pflegte er sogar schon vor Tagesanbruch Nahrung zu sich zu nehmen. Bei der Hauptmahlzeit nun gar häufte er eine solche Masse Speisen vor sich auf, daß er die Reste von Hand zu Hand noch einmal anbieten und zuletzt unter die aufwartende Dienerschaft verteilen lassen konnte[1].

Seine Sinnlichkeit neigte mehr zum männlichen als zum weiblichen Geschlecht, und er verkehrte ausschließlich mit sehr starken und erwachsenen Lustgenossen. Man sagt ihm nach, er habe in Spanien Icelus, der zu seinen alten Buhlern gehörte, als dieser ihm die Nachricht vom Tode Neros überbrachte, nicht nur vor aller Welt auf das leidenschaftlichste geküßt, sondern sich auch auf der Stelle seine Gunst erbeten und ihn beiseite geführt.

23. Galba starb im dreiundsiebzigsten Lebensjahr[2], im siebenten Monat seiner Regierung. Sobald der Senat freie Hand bekam, ordnete er an, daß ihm auf der Stelle des Forums, an der er ermordet worden war, eine Statue auf einer mit Schiffsschnäbeln verzierten Säule gesetzt würde. Aber Vespasian hob den Beschluß auf, weil er zu wissen glaubte, Galba habe von Spanien aus gegen ihn heimlich Mörder nach Judäa abgesandt[3].

---

[1] Diese Übersetzung der mehrdeutigen Stelle scheint am wahrscheinlichsten zu sein. – [2] Vgl. Kap. 4, Anm. – [3] Er führte das Kommando gegen die aufständischen Juden (s. Nero, Kap. 39, Anm.; Vespasian, Kap. 4) und lag damals gerade vor Jerusalem.

OTHO

1. Die Vorfahren Othos stammen aus der kleinen Stadt Ferentium[1] von einer alten und angesehenen Familie, die sich von den Fürsten Etruriens herleitet. Sein Großvater Marcus Salvius Otho hatte zum Vater einen römischen Ritter, aber seine Mutter war von niedriger Herkunft, vielleicht nicht einmal freigeboren. Durch die Gunst der Kaiserin Livia, in deren Hause er aufgewachsen war, wurde er Senator, brachte es aber nicht weiter als bis zur Prätur.
Des späteren Kaisers Vater, Lucius Otho, dessen Mutter einem glänzenden, mit vielen bedeutenden Familien verwandten Geschlecht angehörte, war ein ausgesprochener Liebling des Tiberius und ihm so aus dem Gesicht geschnitten, daß man ihn ziemlich allgemein für dessen Sohn hielt[2]. Die hauptstädtischen Ehrenämter, das Prokonsulat von Afrika und mehrere außerordentliche Militärkommandos verwaltete er auf das gewissenhafteste. Er hatte sogar den Mut, in Illyricum einige Soldaten mit dem Tode zu bestrafen, die beim Aufstand des Camillus[3] aus Reue über ihre Teilnahme an der Revolte gegen Claudius ihre Vorgesetzten als die Anstifter ermordet hatten; und zwar wurde die Hinrichtung in seiner Gegenwart vor dem Hauptquartier vollzogen, obwohl er recht gut wußte, daß sie von Claudius für eben diese Tat im Range befördert worden

---

Marcus Salvius Otho, als Kaiser Imperator Marcus Otho Cäsar Augustus, geb. 28. April 32 n. Chr., tötete sich 16. April 69, Kaiser seit 15. Januar 69. Auch von Otho ist uns eine Lebensbeschreibung Plutarchs erhalten.
[1] In Südetrurien, heute Ferento bei Viterbo. – [2] Man darf hiernach annehmen, Tiberius begünstigte ihn ebenso, wie seine Mutter Livia den Vater. Über sein Konsulat (33) s. Galba, Kap. 6. – [3] 42, s. Claudius, Kap. 13 m. Anm., und Kap. 35.

OTHO

waren. Hierdurch wuchs zwar sein Ruhm, aber an Gunst
verlor er beim Kaiser. Indessen gewann er sie bald wieder.
Denn er entdeckte durch den Verrat von Sklaven den
Mordanschlag eines römischen Ritters gegen Claudius'
Leben. Und dafür zeichnete ihn nicht nur der Senat durch
die überaus seltene Ehre aus, daß ihm eine Statue im Palatium
errichtet wurde, sondern auch Claudius selbst erhob ihn
in den Patrizierstand[1]. Er hielt dabei eine höchst anerken-
nende Lobrede auf ihn, worin er unter anderem sagte: „Er
ist ein Mann, wie ich mir selbst meine Kinder nicht besser
wünschen kann." Von seiner Gattin Albia Terentia, einer
Frau aus vornehmer Familie, hatte er zwei Söhne, Lucius
Titianus[2], und einen jüngeren, Marcus, der den gleichen
Zunamen Otho wie er selbst führte. Auch eine Tochter
gebar sie ihm, die er, ehe sie ganz das heiratsfähige Alter
erreicht hatte, mit dem Sohn des Germanicus, Drusus, ver-
lobte[3].

2. Der Kaiser Otho wurde am 28. April unter dem Konsulat des Camillus Arruntius und des Domitius Ahenobarbus
geboren[4]. Von früher Jugend an war er so verschwenderisch und so sehr zu ausgelassenen Streichen geneigt, daß
er von seinem Vater mit mancher Tracht Prügel bedacht
wurde. Man sagte ihm nach, er habe die Gewohnheit, sich
nachts auf den Straßen herumzutreiben, jeden schwäch-
lichen oder angetrunkenen Menschen, der ihm begegnete, zu
packen und ihn auf einem ausgebreiteten Mantel zu prellen[5].
Nach seines Vaters Tod machte er einer einflußreichen
kaiserlichen Freigelassenen den Hof. Um seinen Zweck
noch besser zu erreichen, stellte er sich sogar in sie verliebt, obwohl sie bereits eine alte abgelebte Person war.

---

[1] Als Censor, 48. Mordanschläge von Rittern, s. Claudius, Kap. 13. –
[2] Lucius Salvius Titianus, Konsul 52, Prokonsul von Asia 63–64,
verlor 69 die Schlacht bei Betriacum (s. Kap. 9). – [3] Über ihn s.
Tiberius, Kap. 54, Anm., und 65, Caligula, Kap. 15, Anm. – [4] 32. Camillus, der spätere Empörer (s. o.), Domitius, der spätere Vater Neros
(s. dort, Kap. 5, Galba, Kap. 6, Anm.). – [5] Solche und ähnliche Scherze
der römischen jeunesse dorée, wiederholt schon bei Plautus erwähnt,
kamen gerade damals durch Nero wieder in Aufnahme (s. dort, Kap. 26).

Durch ihre Vermittlung gewann er die Zuneigung Neros. Bei der vollständigen Gleichheit ihrer Charaktere nahm er sehr bald den ersten Platz unter dessen Freunden ein; wie einige behaupten, verkehrten sie auch geschlechtlich miteinander. Und sein Einfluß stieg so hoch, daß er einmal einen wegen Erpressung bereits verurteilten Konsular gegen eine große Geldsumme unbedenklich in den Senat wieder einführte und ihn sich für seine Wiederaufnahme bedanken ließ, noch ehe er überhaupt die förmliche Begnadigung des Mannes erwirkt hatte[1].

3. Otho wurde von Nero in alle seine geheimsten Pläne eingeweiht. Er war es auch, der an dem Tage, auf welchen der Kaiser die Ermordung seiner Mutter angesetzt hatte, um jeden Verdacht abzulenken, beiden ein Essen gab, bei dem es sehr vergnügt zuging[2]. Ebenso schloß er mit der damaligen Geliebten Neros, Poppäa Sabina, die ihrem Ehemann entführt worden war, eine Scheinehe, um sie in seinem Haus aufnehmen zu können[3]. Aber nicht genug, daß er sie verführt hatte, faßte er eine so heftige Leidenschaft für sie, daß er selbst den Gedanken, Nero zum Nebenbuhler zu haben, nicht ertragen konnte. Wenigstens glaubt man, daß er die mit ihrer Abholung beauftragten Leute nicht ins Haus ließ, sogar Nero selbst die Tür nicht öffnete, als er davorstand und unter vergeblichen Bitten und Drohungen seinen anvertrauten Schatz zurückforderte. Nero begnügte sich darauf, die Ehe zu trennen und Otho von Rom unter dem Vorwand einer ehrenvollen Mission als Legat nach Lusitanien[4] zu entsenden. Weiter mochte der

---

[1] Nach einem Gesetz Cäsars verwirkten unter Aufhebung schwererer Strafen Beamte, die der widerrechtlichen Eintreibung von Geldern überführt waren, ihren Senatssitz, doch konnte sie der Senat offenbar begnadigen. Die hier beschriebene Überrumpelung durfte sich Otho als Günstling des Kaisers leisten. Als Kaiser führte er alle wegen Erpressung Ausgestoßenen wieder in den Senat ein. – [2] Nero, Kap. 34, Anm. – [3] S. Nero, Kap. 35, Anm. Wie das Folgende zeigt, blieb es aber nicht beim bloßen Schein. – [4] Nachbarprovinz der Tarraconensis (s. Galba, Kap. 8, Anm.), umfaßte das heutige Portugal (südlich vom Duero) und Estremadura.

Kaiser nicht gehen, damit nicht durch eine schärfere Strafe die ganze Komödie ans Licht käme. Doch geschah dies bald durch das im Publikum verbreitete Distichon:

Warum, fragt ihr, ist Otho verbannt durch erlogne Beförd'rung?
Weil mit der eigenen Frau er einen Eh'bruch beging[1].

Übrigens verwaltete er seine Provinz mit dem Range eines Quästors zehn Jahre lang, und zwar mit einzigartiger Mäßigung und Uneigennützigkeit[2].

4. Als endlich die Stunde der Rache kam, war Otho der erste, der sich Galbas Unternehmungen anschloß. Zu gleicher Zeit nährte er auch selbst die Hoffnung auf den Kaiserthron, hierzu ermutigt durch die Zeitumstände, aber noch weit mehr durch die Verheißung des Astrologen Seleukus[3]. Dieser hatte ihm einst versichert, er werde Nero überleben. Jetzt kam er unaufgefordert plötzlich zu ihm und versprach ihm des weiteren, er werde binnen kurzem auch Kaiser werden.

Daher ließ es Otho an Aufmerksamkeit und Schmeichelei gegen niemanden fehlen. So oft er z. B. den Kaiser bei sich zu Tisch empfing, verteilte er unter die diensthabende Kohorte der Leibwache Mann für Mann ein Goldstück[4] und suchte nebenbei noch auf alle mögliche Weise sich die anderen Soldaten zu verpflichten. Einem, der mit seinem Gutsnachbar einen Grenzstreit hatte und Otho zum Schiedsrichter nahm, kaufte er das ganze Nachbargut und schenkte es ihm als freien Besitz. Daher gab es bald kaum mehr einen Soldaten, der nicht die Überzeugung hegte und laut aussprach, Otho allein sei ein würdiger Thronfolger.

5. Otho hatte gehofft, Galba werde ihn adoptieren und erwartete dies täglich. Aber als ihm Piso[5] vorgezogen wurde und er sich in der Hoffnung getäuscht sah, entschloß er

---

[1] Stahr. – [2] Die Scheidung Othos von Poppäa kann nicht lange vor 62 stattgefunden haben, da Octavias Katastrophe erst in dies Jahr fällt (s. Nero, Kap. 35, Anm.). Da Otho nach Suetons Wortlaut erst nachher aus Rom entfernt wurde, kann seine im Frühjahr 68 endende Statthalterschaft nur wenig über 6 Jahre gedauert haben. – [3] Nach Tacitus und Plutarch hieß er Ptolemäus; Seleukus war nach ihnen der Astrologe Vespasians. – [4] 100 DM. – [5] S. Galba, Kap. 17, Anm.

sich zur Anwendung von Gewalt. Außer dem Ärger über die erlittene Zurücksetzung stachelte ihn hierzu auch noch die Größe seiner Schuldenlast an. Er pflegte nämlich unverhohlen zu äußern: „Nur als Kaiser kann ich mich halten, und es ist mir ganz gleich, ob ich unter dem Schwert des Feindes in der Feldschlacht oder auf dem Forum unter den Klagen meiner Gläubiger falle." Wenige Tage zuvor hatte er einem Sklaven des Kaisers als Preis für eine ihm verschaffte Verwalterstelle eine Million Sesterzen[1] abgepreßt. Das war das ganze Kapital für sein großes Unternehmen. Zuerst vertraute er seinen Anschlag fünf Leibwächtern, dann zehn anderen, von welchen jeder der ersten fünf ihm zwei zugeführt hatte. Jedem wurden zehntausend Sesterzen bar ausbezahlt und fünfzigtausend weitere versprochen[2]. Durch diese wurden neue Teilnehmer der Verschwörung geworben, doch nicht sehr viele, da man in der festen Zuversicht lebte, zahlreiche weitere würden sich einfinden, wenn man erst losschlüge.

6. Otho hatte ursprünglich im Sinn gehabt, sogleich nach Pisos Adoption sich des Prätorianerlagers zu bemächtigen und Galba auf dem Palatium während des Nachtessens zu überfallen. Aber er gab den Plan mit Rücksicht für die in diesen Tagen diensttuende Kohorte wieder auf, deren schlechten Ruf er nicht noch mehr belasten wollte; denn während sie die Palastwache hatte, waren seinerzeit Kaiser Gajus ermordet und Nero verlassen worden. Die Zwischenzeit bis zur Ausführung der Tat[3] brachte man untätig zu, wozu allerhand unglückliche Vorzeichen und eine Warnung des Seleukus die Veranlassung gaben.

Endlich am festgesetzten Tage wies er die Verschworenen an, ihn auf dem Forum in der Nähe des Saturntempels bei dem Goldenen Meilenstein[4] zu erwarten. Morgens machte

---

[1] 1 Mio. DM. Sklaven konnten sich mit ihrem Taschengeld beträchtliche Reichtümer erwerben. Wenn der hier genannte sich mit diesen nicht freikaufte, so mochte das daran liegen, daß er sich als Freigelassener vielleicht schlechter gestanden hätte. – [2] 10000 und 50000 DM. – [3] 5 Tage, 10.–15. Januar 69. – [4] Der Zentralmeilenstein, an dem alle Straßen des Reiches zusammenliefen, am Fuße des Kapitols, 20 v. Chr.

er dann Galba seine Aufwartung, wurde wie gewöhnlich
von ihm mit einem Kuß empfangen, wohnte auch dem
Opfer bei, das der Kaiser vornahm, und hörte die Prophezeiungen des Opferschauers[1]. Auf die Meldung seines
Freigelassenen, die Architekten seien da – dies war das
verabredete Zeichen –, verabschiedete er sich unter dem
Vorwande, er wolle ein ihm zum Kauf angebotenes Haus
besichtigen, und begab sich eiligst durch eine Hinterpforte
des Palastes nach dem bestimmten Platz. Andere sagen, er
habe einen Fieberanfall vorgeschützt und den neben ihm
Stehenden aufgetragen, ihn damit zu entschuldigen, wenn
nach ihm gefragt werden sollte. Dann warf er sich eiligst
in eine verschlossene Frauensänfte und eilte so dem Lager
zu. Als den Trägern die Kräfte ausgingen, stieg er aus und
lief zu Fuß weiter. Dabei ging ihm ein Schuh auf und er
mußte stehenbleiben. Schließlich wurde er von seiner Umgebung, der das zu lange dauerte, auf die Schultern genommen, als Kaiser begrüßt und unter glückverheißenden
Zurufen und gezückten Schwertern zum Hauptquartier
getragen. Die dem Zug unterwegs Begegnenden schlossen
sich ihm an, ganz als wären sie Mitwisser und Helfershelfer.
Sofort schickte er Soldaten ab, um Galba und Piso zu ermorden. Um sich die Truppen geneigt zu machen, sagte
er zu ihnen in seiner Ansprache statt aller Versprechungen
nichts weiter als die Worte, er werde nur das als sein Eigentum betrachten, was sie ihm übrigließen.

7. Als der Tag sich dem Ende zuneigte, betrat Otho den
Senat und legte dort einen kurzen Rechenschaftsbericht
ab. Von der Straße weg sei er durch die Soldaten entführt
und mit Gewalt genötigt worden, die Regierung zu übernehmen. Er beabsichtige sie nach dem Willen aller zu
führen. Dann begab er sich in das Palatium. Und außer
anderen Schmeicheleien der ihn beglückwünschenden und
umwerbenden Menge wurde er vom niederen Pöbel auch

---

von Augustus errichtet. Sein Name rührt entweder von den in vergoldeter Schrift auf ihm angebrachten Entfernungsangaben her, oder
davon, daß er selbst aus vergoldeter Bronze bestand. – [1] S. Galba,
Kap. 19.

„Nero" gerufen, ohne eine Äußerung der Ablehnung zu bekunden. Nach einigen Berichten setzte er sogar auf den Diplomen und in seinen ersten Briefen an die Provinzialstatthalter den Beinamen Nero zu seinem eigenen Namen. Jedenfalls litt er es, daß Neros Büsten und Statuen wieder aufgestellt wurden, und setzte dessen Prokuratoren und Freigelassene erneut in ihre alten Ämter ein. Auch war das erste, was er als Kaiser unterzeichnete, eine Bewilligung von fünfzig Millionen Sesterzen[1] zur Vollendung des Goldenen Hauses.

Es heißt, daß er in dieser ersten Nacht im Schlaf durch schwere Träume aufgeschreckt worden sei und laut aufgeschrien habe. Die darauf Herbeieilenden hätten ihn auf der Erde vor seinem Bett liegend gefunden. Er soll dann durch alle möglichen Sühnopfer die Manen[2] Galbas, dessen Erscheinung ihn von seinem Lager aufgestört und hinabgeworfen hätte, zu begütigen versucht haben. Am folgenden Tage hat er – wie ferner erzählt wird – bei einem plötzlich heraufgezogenen Gewitter einen schweren Fall getan und wiederholt auf griechisch vor sich hin gemurmelt: „Was hatte ich auch auf der langen Flöte zu blasen?[3]"

8. Etwa um die gleiche Zeit hatten die in Germanien stehenden Heere Vitellius den Huldigungseid geleistet[4]. Als Otho dies erfuhr, beauftragte er den Senat, eine Gesandtschaft an sie abzuschicken, welche melden sollte, die Wahl eines Kaisers sei bereits geschehen, und sie sollten Ruhe und Eintracht wahren. Nichtsdestoweniger trug er sich durch Unterhändler und Briefe dem Vitellius als Mitregenten und Schwiegersohn an. Als sich aber herausstellte, daß der Krieg unvermeidlich sei und die von Vitellius vorausgeschickten Generale und Truppen bereits herannahten, da erhielt er von den Prätorianern einen Beweis treuer Anhänglichkeit, der nahezu mit der Vernichtung des gesamten Senats geendet hätte. Er hatte nämlich befohlen, daß ein Teil der

---

[1] 50 Millionen DM. – [2] Vgl. Caligula, Kap. 3, Anm. – [3] Je länger die Flöte, desto schwerer ist sie zu blasen. Sinn also: „Was mußte ich die erste Geige spielen wollen?" – [4] S. dort, Kap. 8. Vitellius war Statthalter Niedergermaniens.

Marinesoldaten Waffen fassen und zu Schiff fortbringen sollte[1]. Als man diese Waffen bei Einbruch der Nacht aus dem Zeughause im Prätorianerlager hervorholte, vermuteten einige Prätorianer Verrat und schlugen Lärm. Sofort liefen alle Soldaten ohne einen eigentlichen Führer nach dem Palatium und forderten mit Ungestüm das Leben der Senatoren. Sie schlugen die Tribunen zurück, welche ihnen Einhalt zu tun versuchten und hieben sogar einige nieder. Blutig wie sie waren, drangen sie unter dem Rufe: „Wo ist der Kaiser?" bis in den Speisesaal und gaben sich erst zufrieden, nachdem er sich ihnen gezeigt hatte.

Den Feldzug selbst begann Otho mit großer Energie und stark überhastet, ohne Rücksicht auf religiöse Bedenken. Selbst darauf achtete er nicht, daß die Ancilien[2] zwar bereits durch die Straßen getragen, aber noch nicht wieder in das Heiligtum zurückgebracht worden waren, was von uraltersher für ein unglückliches Zeichen gehalten wird. Dies geschah noch dazu an einem Tage, an dem die Verehrer der Göttermutter (Kybele)[3] ihre Trauergesänge und ihre Wehklagen anheben. Auch sonst waren die Vorbedeutungen so ungünstig wie möglich. Zum Beispiel lieferte ein dem Gott der Unterwelt, Pluto, dargebrachtes Opfertier sehr gute Zeichen, während doch bei einem solchen Opfer Eingeweide, welche das Gegenteil anzeigen,

---

[1] Diese sehr dunkle und lückenhafte Stelle ist mit möglichster Anlehnung an den Wortlaut des lateinischen Textes nach seinem ungefähren Sinn wiedergegeben. – [2] Die 12 „Heiligen Schilde", von denen einer angeblich vom Himmel gefallen war; die anderen hatte König Numa sprechend ähnlich nachmachen lassen. Am 1. März wurden sie von den Saliern (s. Claudius, Kap. 33, Anm.) in feierlicher Tanzprozession durch die Stadt getragen und gegen Ende des Monats ebenso feierlich zurückgebracht. Während dieser Zeit sollten umfangreichere, namentlich kriegerische Unternehmungen ganz ruhen, selbst Ehen schloß man in ihr nicht gern. – [3] S. Tiberius, Kap. 2, Anm. Seit der Reorganisation des Kults durch Claudius verbreitete sich der jetzt auch den Bürgern gestattete Kybeledienst über das ganze Reich. Sein Hauptfest fiel auf den 22.–27. März und stellte in aufregenden Veranstaltungen das Verschwinden des Attis (Geliebter Kybeles), sein Wiederauffinden als Leiche und seine Auferstehung dar.

besser sind. Bei seinem Ausmarsch aus der Stadt wurde er
ferner durch die Frühjahrsüberschwemmungen des Tiber-
stroms aufgehalten und beim zwanzigsten Meilenstein fand er
sogar die Heerstraße durch eingestürzte Gebäude versperrt.

9. Ebenso unbesonnen beschloß er, so bald als möglich eine
Entscheidungsschlacht zu liefern, obschon kein Mensch
darüber im Zweifel war, man müsse den Krieg in die Länge
ziehen, da der Feind durch Hunger und ungünstige Geländeverhältnisse in Not geraten würde[1]. Zu diesem unüber-
legten Schritt mag der Kaiser vielleicht dadurch veranlaßt
worden sein, daß er die Pein längerer Ungewißheit nicht
ertragen konnte und nebenbei die Hoffnung hegte, vor der
Ankunft des Vitellius einen Hauptschlag führen zu können,
oder daß er nicht imstande war, die Kampflust seiner ungestüm eine Schlacht fordernden Soldaten zu zügeln. Doch
nahm er persönlich an keinem Treffen teil, sondern blieb
in Brixellum[2] zurück.

In drei, allerdings kleinen, Gefechten, am Fuße der Alpen,
bei Placentia und beim Castor – so hieß die Ortschaft –
blieb er Sieger[3]. In dem letzten und bedeutendsten bei
Betriacum[4] wurde er, und zwar durch List, geschlagen. Es
bestand nämlich die Aussicht, mündlich zu unterhandeln.
Als die Soldaten, in dem Glauben, daß ein Waffenstillstand
vereinbart würde, aus dem Lager herauskamen, sahen sie
sich ganz unvermutet in dem Augenblick der Begrüßung
zum Kampf mit den Feinden gezwungen. Sofort faßte Otho

---

[1] Hunger: wenn die Vorräte aus dem alten Jahr verzehrt und die
neuen noch nicht da wären; ungünstige Geländeverhältnisse: infolge der vielen Flüsse, Kanäle, Seen und Sümpfe des Po-Gebiets. Auch
erwartete man Verstärkungen. – [2] Brixellum, später halb verfallener Ort
am rechten Po-Ufer an der Straße von Parma nach Mantua, heute
Brescello. – [3] Am Fuße der Alpen, bei Albintimilium (heute der ita-
lienisch-französische Grenzort Ventimiglia); Placentia, heute Piacenza;
beim Castor, Flurname nördlich vom Po, 20 km östlich von Cremona
an der Straße nach Mantua, auch von *castor*, Biber, abgeleitet. Es
waren Vorpostengefechte an einer Front, die von der heutigen Riviera
über Appenin und Po bis zur Etsch lief. – [4] Halbwegs zwischen
Cremona und Mantua.

den Entschluß, zu sterben. Viele meinen, nicht ohne Grund, mehr weil er sich nicht überwinden konnte, den Kampf um die Herrschaft auf Kosten des Reiches und mit dem Blute seiner Soldaten fortzusetzen, als aus Verzweiflung an seiner Lage oder aus Mißtrauen gegen seine Truppen. Denn es standen ihm noch seine ganzen Reserven ungeschwächt zur Verfügung und noch andere Truppen waren aus Dalmatien, Pannonien und Mösien im Anmarsch begriffen[1]. Selbst die Geschlagenen waren keineswegs so entmutigt, daß sie nicht, um ihre Scharte wieder auszuwetzen, von selbst, ohne alle Unterstützung, zu jeder kühnen Unternehmung bereit gewesen wären.

10. Mein Vater Suetonius Lätus nahm als Tribun aus dem Ritterstande[2] bei der dreizehnten Legion an diesem Krieg teil. Er pflegte häufig später zu erzählen: Otho habe auch vor seiner Thronbesteigung einen derart großen Abscheu vor Bürgerkrieg gehabt, daß er einmal bei Tisch bei der bloßen Erwähnung vom Ende der Cäsarmörder Cassius und Brutus zusammengeschauert sei. Auch würde er sich nie gegen Galba erhoben haben, wenn er nicht fest geglaubt hätte, die Sache könnte ohne Krieg abgemacht werden. Nach der Schlacht von Betriacum aber sei Otho zu dem Entschluß, sein Leben wegzuwerfen, durch das Beispiel eines gemeinen Soldaten angespornt worden. Als dieser die Niederlage des Heeres meldete und niemand ihm Glauben schenkte, sondern die einen ihn der Lüge ziehen, die anderen der Feigheit, als sei er aus der Schlacht entflohen, stürzte er sich vor Othos Füßen in sein Schwert. Bei diesem Anblick habe der Kaiser, pflegte mein Vater zu sagen, ausgerufen: „Nicht länger will ich so tapfere und um mich verdiente Männer der Gefahr aussetzen!"

---

[1] Die Provinzen Illyricums, s. Augustus, Kap. 21, Anm. Von diesen Legionen wurde dann Vespasian zuerst zum Kaiser ausgerufen, s. Vitellius, Kap. 15, Vespasian, Kap. 6. – [2] Lat. *angusticlavius*, mit dem schmalen Purpurstreifen (der Ritter). Er war ein Berufsoffizier, während die „breitstreifigen" (lat. *laticlavii*) Tribunen aus dem Senatorenstande (s. Domitian, Kap. 10) meist nur kurze Zeit ihrer Militärpflicht genügten und dann die Ämterlaufbahn begannen.

So redete er denn seinem Bruder, dessen Sohn[1] sowie seinen
Freunden einzeln zu, jeder von ihnen möchte nach Möglichkeit auf seine Rettung bedacht sein, und umarmte und
küßte sie zum Abschied. Dann zog er sich zurück und
schrieb zwei Briefe: Ein Trostschreiben an seine Schwester,
aber auch ein Schreiben an Neros Witwe Messalina[2], die
er zu heiraten vorgehabt hatte. Er empfahl ihr seine sterb-
lichen Reste und sein Andenken. Dann verbrannte er seine
sämtlichen Briefschaften, damit sie niemand bei dem Sieger
in Gefahr brächten. Ebenso verteilte er unter seine Bedienten Geldbeträge, soweit ihm hierfür Mittel zur Verfügung
standen.

11. Während seiner Vorbereitungen zum Sterben entstand
ein heftiger Lärm. Auf die Nachricht, man vergreife sich
an den Leuten, welche sich anschickten, ihn und das Lager
zu verlassen, als wären sie Deserteure, sagte er: „So wollen
wir denn unserem Leben noch diese eine Nacht zugeben." -
Dies waren buchstäblich seine Worte. Zugleich verbot er,
jemandem Gewalt anzutun, ließ die Türen seines Schlafzimmers offen und gewährte jedem, der ihn sprechen wollte,
bis zum späten Abend Audienz. Dann stillte er seinen Durst
durch einen Trunk kalten Wassers, ergriff zwei Dolche,
prüfte ihre Schärfe, steckte den einen unter sein Kopfkissen, ließ die Türen schließen und versank in einen ruhigen, festen Schlaf. Erst gegen Morgen erwachte er und
durchbohrte sich mit einem einzigen Stoße unter der linken
Brustwarze. Als seine Diener bei dem ersten lauten Auf-
stöhnen in das Schlafgemach drangen, hauchte er, während
er die tödliche Wunde bald zuhielt, bald aufdeckte, seine
Seele aus und wurde schnell – denn so lautete seine Vorschrift – begraben, fast achtunddreißig Jahre alt, am fünf-
undneunzigsten Tage seiner Regierung[3].

12. Dieser Seelengröße Othos entsprachen weder sein Körper noch sein sonstiges Äußeres. Er wird nämlich geschildert

---

[1] Salvius Coccejanus, später von Domitian getötet (s. dort, Kap. 10). –
[2] S. Nero, Kap. 35, Anm. – [3] 12 Tage vor seinem 38. Geburtstag;
der 95. Tag seiner Regierung wäre der 19. April, der Tag, an dem
Vitellius vom Senat anerkannt wurde.

als mäßig groß, schlecht zu Fuß, krummbeinig und in seinem
Anzug fast von weibischer Eitelkeit. Er ließ sich die Haare
am Leibe ausrupfen und trug auf dem Kopf wegen seines
spärlichen Haarwuchses eine sorgfältig angepaßte und gut-
sitzende Perücke, die kein Mensch von eigenem Haar unterscheiden konnte. Das Gesicht ließ er sich täglich rasieren
und mit feuchtem Brot abreiben, was er von dem ersten
Flaum an getan haben soll, um nie einen Bart zu haben[1].
Auch soll er häufig das Isisfest[2] in dem leinenen, von
dem Kultus vorgeschriebenen Gewande öffentlich besucht
haben. Dies mag, wie ich glaube, der Grund sein, daß sein
Tod, der mit seinem Leben so gar nicht in Einklang stand,
um so größere Bewunderung erregt hat. Viele der anwesenden Soldaten küßten unter heißen Tränen Hände und
Füße des Toten, rühmten ihn als den „tapferen Mann",
„den einzigen Kaiser" und töteten sich dann auf der Stelle
dicht bei dem Scheiterhaufen. Auch von den abwesenden
Soldaten mordeten sich auf die Nachricht viele aus Schmerz
im Zweikampf. Kurz und gut, ein großer Teil der Menschen, die den Lebenden verwünscht hatten, zollten dem
Toten Lob. Man behauptete sogar allgemein, Otho habe
Galba nicht deshalb töten lassen, um selbst Herrscher
werden zu können, sondern um die Republik und die alte
Freiheit wiederherzustellen[3].

---

[1] Nach antiken Angaben sollte dies auch Falten und Flecke der
Haut vertreiben. - [2] Der Isisdienst, neben den Kulten der Kybele,
dem der syrischen Gottheiten und dem der iranischen Magier der
vierte der großen orientalischen Kulte, die vor dem Siege des Christen-
tums die römisch-griechischen Götter fast ganz verdrängten, von
Sulla aus der von Alexandria her beeinflußten griechischen Inselwelt
nach Rom eingeführt, und mehrfach, zuletzt noch von Tiberius
(s. dort, Kap. 36), verboten, war damals wohl endgültig erlaubt. Bei
ihm trugen die Priester stets, die Laien mindestens beim Gottesdienst
weißleinene Gewänder von besonderem Schnitt. S. auch Domitian,
Kap. 1. - [3] Dies war das Schlagwort, unter dem sich damals viele
Statthalter empörten, s. Galba, Kap. 10, Anm., 11, Anm., 16.

VITELLIUS

1. Von der Herkunft der Vitellier gibt es zahlreiche, und zwar einander völlig widersprechende Überlieferungen. Die einen behaupten, das Geschlecht sei alt und von Adel, andere dagegen, es sei neu und unbekannt, ja sogar niedrigen Ursprungs. Ich würde glauben, daß dieser Widerstreit von den Schmeichlern und Neidern des Kaisers Vitellius herrührte, wenn die abweichenden Ansichten über Stand und Rang der Familie nicht beträchtlich älteren Datums wären. Es gibt eine kleine Schrift von Quintus Elogius[1] an Quintus Vitellius, der unter dem vergötterten Augustus Quästor war. Darin heißt es, die Vitellier stammen von Faunus, dem König der Aboriginer[2], und von Vitellia ab, die an vielen Orten als Gottheit verehrt werde, und hätten einst über ganz Latium geherrscht. Die letzten Abkömmlinge ihres Stammes seien aus dem Sabinerlande nach Rom eingewandert und dort unter die Patrizier aufgenommen worden. Spuren des Geschlechts hätten sich lange erhalten, z. B. die Vitellische Straße vom Hügel Janiculus[3] bis an

---

Aulus Vitellius, als Kaiser erst Vitellius Germanicus Imperator, zuletzt Aulus Vitellius Imperator Germanicus Augustus, geb. 24. 9. (oder 7.) 15 n. Chr., ermordet 21. 12. 69, zum Kaiser ausgerufen 2. 1. 69, anerkannt 19. 4. 69.
[1] Name unsicher. Vielleicht ein Freigelassener des Quintus Vitellius (über diesen Kap. 2.). – [2] Der sagenhaften ersten Bewohner Latiums (als „Ureinwohner", „Nomaden", „Bergleute" oder „Nordländer" gedeutet). – Faunus, ein Feldgott, von rationalistischen Erklärern zum (nach dem Tode vergötterten) König gemacht. – Eine Gottheit Vitellia sonst unbekannt (vielleicht Personifikation Italiens. Oskischer Landesname: Vitel..., Kälberland; vielleicht auch nur eine reine Geschlechts- und Familiengottheit). – [3] Langgestreckte Erhebung des rechten Tiberufers im äußersten Westen der Stadt Rom, heute Giani-

VITELLIUS

das Meer; ebenso eine Kolonie gleichen Namens, deren
Verteidigung gegen die Äquiculer sie mit Leuten ihrer
eigenen Sippe einst übernommen hätten. Dann hätten sich
zur Zeit des Samniter-Krieges bei Gelegenheit eines Trup-
pentransportes nach Apulien einige Glieder des Vitellischen
Geschlechts in Nuceria[1] angesiedelt. Ihre Nachkommen seien
erst nach langer Zeit wieder nach Rom zurückgekehrt, und
hier hätten sie ihre Senatorenwürde wieder angenommen.
2. Dagegen nennen mehrere Schriftsteller als Stammvater
des Geschlechts einen Freigelassenen. Cassius Severus[2] und
eine ganze Reihe Anderer berichten, er sei ein Flickschuster
gewesen. Sein Sohn habe sich auf Auktionen durch Erstei-
gerung eingezogener Güter und durch Anzeigen von
Schuldnern des Fiskus ein Vermögen erworben, ein übel-
beleumundetes Frauenzimmer, die Tochter eines Bäckers
Antiochus geheiratet und mit ihr einen Sohn gezeugt, der
römischer Ritter geworden sei. Doch lassen wir diese Wider-
sprüche auf sich beruhen. Sicher ist, daß Publius Vitellius[3]
aus einer in Nuceria angesessenen geachteten Familie
stammte – mag sie nun von alter Herkunft sein oder mochten seine Eltern und Voreltern ihm alles andere als Veranlassung zum Stolz auf sie gegeben haben – und tatsächlich römischer Ritter, noch dazu Vermögensverwalter
des Augustus war. Er hinterließ vier gleichnamige, nur
durch ihre Vornamen unterschiedene Söhne von hoher
Rangstellung: Aulus, Quintus, Publius und Lucius.
Aulus starb während seines Konsulats, das er mit Kaiser
Neros Vater Domitius zusammen angetreten hatte[4]. Er war
übrigens ein Lebemann und durch die Pracht seiner Tafel
berüchtigt. Quintus verlor den Rang eines Senators, weil

---

colo. – Vitellische Straße nur hier, eine römische Kolonie Vitellia in
der Geschichte Coriolans erwähnt. – Äquiculer, im Sabinergebirge. –
[1] Heute Nocera de' Pagani, oberhalb Pompejis am Sarno in Kampanien seitwärts von der nach Apulien führenden Via Appia gelegen. –
[2] Dessen verleumderische Bosheit gefürchtet war, s. Caligula, Kap. 16,
Anm. – [3] Der Großvater des Kaisers. – [4] 32; er war Ersatzkonsul
nach Camillus vom 1. Juli an (s. auch Galba, Kap. 6, Anm., Otho,
Kap. 2, Anm.).

man auf Veranlassung von Tiberius die weniger geeigneten
Senatoren aus dem Senate ausschloß und entfernte. Publius
gehörte zum Gefolge des Germanicus, klagte dessen Feind
und Mörder Gajus Piso an und bewirkte seine Verurteilung[1]. Dann bekleidete er die Prätur, wurde aber später als
ein Mitverschworener Sejans verhaftet und seinem Bruder
zum Gewahrsam übergeben. Hier öffnete er sich mit einem
Federmesser die Adern, ließ sich dann aber verbinden und
heilen, weniger weil er den Selbstmordentschluß bereute,
als aus Nachgiebigkeit gegen die inständigen Bitten der
Seinen, und starb schließlich doch noch in dieser Haft an
einer Krankheit. Lucius bekleidete die Konsulwürde und
wurde dann Statthalter von Syrien. In dieser Stellung wußte
er den Partherkönig Artabanus durch feinstes diplomati-
sches Geschick nicht nur zu einer persönlichen Zusammenkunft, sondern auch zur Huldigung vor den römischen
Legionsfeldzeichen zu bewegen. Später hatte er mit Kaiser
Claudius noch zwei ordentliche Konsulate und das Censoramt inne. Während der Abwesenheit des Kaisers im britannischen Kriege wurden ihm auch in dessen Vertretung die
Regierungsgeschäfte übertragen[2]. Er war ein uneigennütziger und fleißiger Mann, nur sehr verrufen wegen seiner
Leidenschaft für eine Freigelassene. So weit ging er darin,
daß er ihren mit Honig vermischten Speichel, nicht etwa
heimlich oder nur in vereinzelten Fällen, sondern in aller
Öffentlichkeit fast täglich als Heilmittel für seinen Rachen-
katarrh anwendete. Daneben besaß er ein geradezu erstaun-
liches Talent im Schmeicheln. So war er der erste, der es
einführte, Caligula als Gott anzubeten: nach seiner Rückkehr aus Syrien wagte er ihm nicht anders als mit ver-
hülltem Haupt zu nahen, wobei er seinen Körper von
links nach rechts im Kreise drehte und sich dann zu Boden

---

[1] 20, s. Tiberius, Kap. 52, Anm. Er hatte sich in Germanien aus-
gezeichnet und war 18 Statthalter von Bithynien (s. Cäsar, Kap. 2,
Anm.) geworden. – [2] Konsul 34, 43 und 47 oder 50; Statthalter von
Syrien (s. Tiberius, Kap. 41, Anm., Caligula, Kap. 14) 35–39; Reichs-
verweser 44; Censor (s. Claudius, Kap. 16, Anm.) 47/48.

warf[1]. Um sich auch bei Kaiser Claudius, diesem Sklaven seiner Weiber und Freigelassenen, um jeden Preis beliebt zu machen, bat er sich als höchste Gunst von Messalina aus, ihr die Schuhe ausziehen zu dürfen. Ihren ihr vom rechten Fuß abgezogenen Schuh trug er fortwährend zwischen Toga und Tunika bei sich und küßte ihn zuweilen inbrünstig. Unter seinen Hausgöttern standen auch die goldenen Büsten von Narzissus und Pallas[2]. Von ihm stammten auch die Worte: „Mögest du sie noch oft feiern", mit denen er Kaiser Claudius bei der Feier der Säkularspiele beglückwünschte[3]. 3. Lucius Vitellius starb an einem Schlaganfall, am Tage, nach dem er diesen erlitten. Er hinterließ zwei Söhne von Sestilia, seiner sehr braven, aus guter Familie stammenden Frau, die er beide noch als Konsuln sehen durfte, und zwar im gleichen Jahr und außerdem die ganzen zwölf Monate hindurch; denn der jüngere war während der sechs letzten Monate der Nachfolger des älteren gewesen[4]. Der Senat ehrte den Verstorbenen durch ein öffentliches Leichenbegängnis und zugleich durch eine Statue auf der Rednerbühne des Forums mit der Inschrift: „Von unerschütterlicher Treue gegen seinen Kaiser[5]."

Der Kaiser Aulus Vitellius, des Lucius Sohn, wurde am vierundzwanzigsten oder, wie andere berichten, am siebenten September unter dem Konsulat des Drusus Cäsar und des Norbanus Flaccus geboren[6]. Das ihm von den Astrologen in seiner Geburtsstunde gestellte Horoskop erfüllte seine Eltern derart mit Entsetzen, daß sein Vater sich

---

[1] Dies war die Form, in der die Römer ihre Gebete vor den Göttern verrichteten. Das Zu-Boden-Werfen ist gleichzeitig die orientalische Proskynesis (Anbetung des Gott-Königs), wie sie Alexander d. Gr. und die Diadochenkönige an ihren Höfen eingeführt hatten. – [2] Die einflußreichen Freigelassenen des Kaisers Claudius, s. dort Kap. 28 m. Anm. – [3] 47. Die Säkularspiele waren „Jahrhundertfeiern" (s. Claudius, Kap. 21, Anm.). – [4] Aulus, der spätere Kaiser 1. Januar bis 30. Juni, Lucius 1. Juli bis 31. Dezember 48. Ihr Vater beendete in diesem Jahr seine Censur (s. o.). – [5] Nach 51. Auch die Gerichtsverhandlungen fielen aus (s. Caligula, Kap. 5, Anm.). – [6] 15. Drusus Cäsar, der Sohn des Tiberius.

stets mit allen Kräften dagegen wehrte, daß man Aulus, solange er wenigstens lebte, eine Provinz anvertraute. Und als seine Mutter vernahm, er habe ein Legionskommando erhalten, wie später, man habe ihn zum Kaiser aufgerufen, betrauerte sie ihn sofort als einen verlorenen Mann.

Seine Knaben- und erste Jünglingszeit verlebte er auf Capri unter den Lustknaben des Tiberius und behielt davon sein Leben lang den Schimpfnamen Spintria[1]. Man glaubte auch, seine körperlichen Reize wären Anfang und Veranlassung zur Beförderung seines Vaters gewesen. 4. Selbst als er älter wurde, befleckte er sich mit allen möglichen Lastern und gewann dadurch eine hervorragende Stellung am Hof. Bei Caligula war er als eifriger Wagenlenker, bei Claudius als ebenso eifriger Würfelspieler beliebt. Aber noch höher stand er bei Nero in Gunst, teils dieser Fertigkeiten wegen, hauptsächlich aber wegen eines besonderen Verdienstes, das er sich als Vorsitzender in den Neronischen Kampfspielen[2] erwarb. Der Kaiser nämlich wäre brennend gern als Wettkämpfer unter den Kitharöden aufgetreten, wagte aber nicht, dem einstimmigen Wunsch des gesamten Publikums zu entsprechen, sondern verließ das Theater. Aber Vitellius brachte den Kaiser wieder zurück, wobei er vorgab, von dem Volke, das hartnäckig auf seinem Wunsch bestände, dazu beauftragt zu sein, und gab Nero so Gelegenheit, den Bitten des Publikums zu willfahren.

5. Nachdem Vitellius auf diese Weise durch die Gunst dreier Kaiser nicht nur von Amt zu Amt gestiegen, sondern auch zu den höchsten Priesterstellen befördert worden war, wurde er mit dem Prokonsulat von Afrika[3] und mit der Oberaufsicht über die öffentlichen Bauten betraut. Wie er beide Ämter nach ungleichen Grundsätzen verwaltete, so urteilte man auch verschieden darüber. In seiner Provinz bewies er zwei Jahre hintereinander – er war nämlich seinem Bruder, der sein Nachfolger wurde, als Legat beigegeben – ganz besonders große Uneigennützigkeit. Bei

---

[1] S. Tiberius, Kap. 43. – [2] Der Vorfall fand 65, bei den zweiten Neronien statt. – [3] 60 und 61.

seinem städtischen Amt dagegen sagte man ihm nach, er
solle Weihgeschenke und Schmuckgeräte der Tempel gestohlen oder ausgetauscht und statt Gold und Silber Zinn
und Messing untergeschoben haben[1].

6. Verheiratet war Vitellius mit Petronia, der Tochter eines
Konsulars. Von ihr hatte er einen Sohn, Petronianus, der
auf einem Auge blind war. Als die Mutter diesen bei ihrem
Tode unter der Bedingung zum Erben eingesetzt hatte,
daß er aus der väterlichen Gewalt entlassen würde, erklärte
Vitellius ihn für unabhängig. Bald darauf aber brachte er
ihn um – so glaubt man wenigstens – und beschuldigte
ihn obendrein noch, er habe ihm selber nach dem Leben
getrachtet und dann aus Gewissensbissen das zu seinem
verbrecherischen Vorhaben bereitgehaltene Gift selbst getrunken. Kurz nachher heiratete er Galeria Fundana, die
Tochter eines gewesenen Prätors. Auch von ihr hatte er
einen Sohn und eine Tochter[2]. Der Sohn litt jedoch stark
an einem Zungenfehler, war infolgedessen fast stumm und
konnte kaum sprechen.

7. Wider Erwarten wurde Vitellius von Galba nach Nieder-
germanien geschickt[3]. Wie man annimmt, verhalf ihm hierzu die Fürsprache des damals sehr einflußreichen Titus
Vinius, mit dem ihn schon lange ihre gemeinsame Vorliebe
für die Partei der Blauen im Zirkus[4] verband. Indessen
hatte auch Galba offen ausgesprochen, *die* Leute seien am
wenigsten zu fürchten, die immer nur an Essen und Trinken
dächten, und die Reichtümer der Provinz seien ausreichend,
um möglicherweise auch seinen tiefen Schlund auszufüllen[5].
Hieraus geht ganz klar hervor, daß seine Wahl mehr aus
Geringschätzung als aus Gunst erfolgte. Bekanntlich fehlte
es ihm an Reisegeld, als er im Begriff stand, in seine
Provinz abzureisen. Vielmehr lebte er in so zerrütteten

---

[1] Dies geschah, wenn überhaupt, auf Neros Befehl (s. dort, Kap. 32). –
[2] Über die Tochter s. Vespasian, Kap. 14. – [3] Als Nachfolger des
Fontejus Capito, s. Galba, Kap. 11, Anm. – [4] S. Galba, Kap. 14,
Anm. Caligula (s. dort, Kap. 55 m. Anm.) und Nero (s. dort, Kap. 22)
hatten die „Grünen" begünstigt. – [5] Die Provinz begann gerade damals durch Gewerbfleiß aufzublühen.

Vermögensverhältnissen, daß er Frau und Kinder, die er
in Rom zurückließ, heimlich in einem Dachgeschoß zur
Miete einquartierte, sein eigenes Haus dagegen für den
Rest des Jahres auf Zins vermietete. Auch riß er seiner
Mutter eine kostbare Perle mit Gewalt aus dem Ohr und
verpfändete sie, um sich auf diese Weise das nötige Reisegeld zu verschaffen. Seine zahlreichen Gläubiger lauerten
ihm auf und suchten ihn an der Abreise zu hindern.
Unter ihnen befanden sich Bürger aus den Städten Sinuessa
und Formiä[1], deren Steuereinkünfte er unterschlagen hatte.
Er konnte sie sich alle nur dadurch vom Halse halten, daß
er sie durch die Drohung mit verleumderischen Anklagen
in Schrecken setzte. Er machte z. B. gegen einen Freigelassenen, der ihn etwas ungestüm an die Bezahlung seiner
Schulden mahnte, einen Schadenersatzprozeß anhängig,
unter dem Vorwand, jener habe ihm einen Fußtritt versetzt. Erst nachdem er ihm fünfzigtausend Sesterzen[2] abgepreßt hatte, nahm er die Klage zurück.
Bei seiner Ankunft empfing ihn das gegen den Kaiser miß-
gestimmte und zur Empörung geneigte Heer freudig und
mit offenen Armen. War er doch ein Mann, dessen Vater
dreimal Konsul gewesen war, und der selbst im besten
Alter sowie im Ruf eines leutseligen, freigebigen Wesens
stand, ein wahres Geschenk der Götter! Den ihm von früher
her anhaftenden guten Ruf hatte Vitellius allerdings noch
durch neue Beweise verbessert. Überall unterwegs begrüßte er sogar jeden gemeinen Soldaten, der ihm begegnete, mit Kuß und Umarmung. Auf den Poststationen und
in den Herbergen war er mit den Maultiertreibern und
Reisenden übermäßig freundlich und fragte sie morgens
sogar einzeln, ob sie auch schon gefrühstückt hätten, und
daß *er* es bereits getan, bekundete er durch Rülpsen.
8. Sobald Vitellius ins Lager eingezogen war, versagte er
keinem ein Anliegen; ja, er tilgte aus freien Stücken den
mit Ehrenstrafen belegten Soldaten die Kennzeichen ihrer

---

[1] Bade- und Weinorte an der Via Appia im südlichen Latium, heute
Formia bei Gaëta und Mondragone am Monte Massico (dem im Altertum als Weinbaugebiet berühmten mons Massicus). [2] 50000 DM.

Schande, schlug die Anklagen gegen andere nieder und erließ den bereits Verurteilten die Strafe. Kaum war daher ein Monat um, da rissen ihn die Soldaten ohne Rücksicht auf Tag und Stunde – es war bereits am Abend – plötzlich, so wie er war, in seinem Hauskleide aus seinem Schlafzimmer und riefen ihn zum Kaiser aus[1]. Man trug ihn durch die belebtesten Straßen mit dem blanken Schwert des als Gott verehrten Julius (Cäsar) in der Hand, das man aus dem Marsheiligtum genommen und ihm bei der ersten Beglückwünschung überreicht hatte. Er kehrte erst ins Hauptquartier zurück, als das Speisezimmer, das durch den Kamin Feuer gefangen hatte, in Flammen stand. Als darüber große Bestürzung herrschte und man hierin ein böses Vorzeichen erblickte, sprach er: „Seid guten Muts! Für uns hat es geleuchtet!" Weiter sagte er nichts zu den Soldaten. Darauf ging auch das Heer in Obergermanien, das früher von Galba zum Senat abgefallen war[2], zu ihm über. Mit Freuden nahm er jetzt den ihm von allen Seiten angetragenen Beinamen „Germanicus" an; die Bezeichnung „Augustus" lehnte er für vorläufig, den Cäsarentitel für immer ab.

9. Unmittelbar auf die Nachricht von Galbas Ermordung traf Vitellius die notwendigen Anordnungen für Germanien. Dann teilte er seine Truppenmacht in zwei Abteilungen; die eine beschloß er gegen Otho vorauszuschicken, die Führung der anderen wollte er selbst übernehmen. Dem vorausgesandten Heer begegnete ein glückliches Vorzeichen; es flog nämlich von rechts her ein Adler heran, umkreiste die Feldzeichen und flog dann während des Marsches langsam voraus. Als er selbst dagegen aufbrach, stürzten die Reiterstatuen, die man an vielen Orten ihm zu Ehren errichtete, plötzlich mit zerbrochenen Schenkeln zu Boden. Der Lorbeerkranz, den er sich unter genauer Beachtung der religiösen Gebräuche aufgesetzt hatte, fiel ihm

---

[1] Am 2. Januar 69 (der 2. des Monats galt als Unglückstag) in der Provinzhauptstadt Colonia Agrippinensis (heute Köln; der Name stammt von der dort geborenen Agrippina, der Tochter des Germanicus und Mutter Neros). – [2] S. dort Kap. 16.

vom Haupt in einen Fluß. Als er bald darauf zu Vienna[1] auf dem Tribunal saß und Recht sprach, flog ihm ein Hahn erst auf die Schulter und dann auf den Kopf[2]. Diesen Vorzeichen entsprach sein Ende. Denn er war nicht fähig, den ihm von seinen Legaten erkämpften Thron für sich zu behaupten.

10. Den Sieg bei Betriacum und den Tod Othos erfuhr Vitellius, während er noch in Gallien war. Unverzüglich entließ er durch ein einziges Edikt sämtliche Mannschaften der Prätorianerkohorten auf Grund des bösen Beispiels, das sie gegeben hatten[3]. Sie mußten ihre Waffen an die Tribunen abgeben. Hundertzwanzig Mann aber, von denen sich Eingaben an Otho vorgefunden hatten, worin sie Belohnungen für die bei der Ermordung Galbas geleisteten Dienste beantragten, befahl er ausfindig zu machen und hinzurichten. Wahrlich, eine herrliche und edle Tat, die wohl die Hoffnung hätte erwecken können, daß er ein ausgezeichneter Kaiser würde, wenn er sich nicht in allen anderen Handlungen mehr seiner Natur und seinen früheren Lebenswandel gemäß benommen hätte, als mit der Würde eines Kaisers vereinbar war. So zog er denn auf seinem Marsch mitten durch die Städte ganz wie ein triumphierender Feldherr und fuhr auf den Flüssen in besonders üppig eingerichteten Schiffen, die mit allen möglichen Kränzen geschmückt und mit Speisevorräten auf das verschwenderischste versehen waren. Weder unter seiner Dienerschaft noch unter den Soldaten hielt er die geringste Manneszucht. Plünderungen und Ausschweifungen faßte er als Scherz auf. Seine Leute z. B. setzten, nicht zufrieden mit der ihnen überall auf öffentliche Kosten gereichten Verpflegung, nach Belieben Sklaven in Freiheit, mißhandelten die, welche ihnen Widerstand zu leisten versuchten, mit Peitschenhieben und Stockschlägen und verwundeten sie oft mit blanker Waffe, zuweilen sogar tödlich.

Beim Betreten des Schlachtfeldes von Betriacum schau-

---

[1] Heute Vienne, unterhalb von Lyon an der Rhone. - [2] Deutung s. Kap. 18, Anm. - [3] Bei der Ermordung Galbas, s. dort, Kap. 19/20.

derten einige seiner Begleiter vor dem Gestank der in Verwesung übergegangenen Leichenhaufen zurück. Vitellius erkühnte sich, ihnen mit der abscheulichen Äußerung Mut zuzusprechen: „Ein erschlagener Feind riecht sehr gut, aber noch viel besser ein toter Mitbürger." Nichtsdestoweniger trank er selbst, um sich gegen den furchtbaren Geruch zu stärken, vor aller Augen eine große Menge ungemischten Weins und ließ davon auch unter den Truppen austeilen. Mit gleichem Übermut und gleicher Frechheit rief er beim Anblick des schlichten Grabsteines, der die Inschrift trug „Dem Andenken Othos[1]": „Das ist ein Mausoleum, wie er's verdient!" Den Dolch, mit dem Otho sich getötet hatte, sandte er als Weihgeschenk in den Tempel des Mars nach Colonia Agrippinensis. Auf den Höhen der Appeninen feierte er sogar ein nächtliches Dankfest. 11. Seinen Einzug in Rom hielt er mit Trompetenschall, im Feldherrnmantel, das Schwert an der Seite, umgeben von Legionsfeldzeichen und Standarten. Sein Gefolge trug den Militärmantel, und die Soldaten marschierten mit blanker Waffe.

Mehr und mehr setzte er sich dann im Lauf der Zeit über alles göttliche und menschliche Recht hinweg. So trat er am Unglückstag der Schlacht an der Allia[2] das Amt als Pontifex Maximus an, ließ die Magistratswahlen auf zehn Jahre voraus vornehmen und machte sich zum Konsul auf Lebenszeit[3]. Und um keinen Zweifel darüber zu lassen, wen er sich in der Regierung des Staates zum Muster nähme, veranstaltete er mitten auf dem Marsfeld in Gegenwart aller Staatspriester für Nero eine Totenfeier. Bei dem sich anschließenden Festmahl forderte er einen Kitharöden, der seinen Beifall fand, öffentlich auf, auch etwas aus dem „Dominicus" zu rezitieren[4]. Als dieser die Lieder Neros

---

[1] Etwa 30 Jahre später noch von Plutarch gesehen. – [2] Am 18. Juli, an dem die Römer angeblich 387 v. Chr. die bekannte vernichtende Niederlage durch die Gallier erlitten, die zum Brande Roms führte. – [3] Bei Cäsar wird ein ähnliches Verhalten als Ursache zu seiner Ermordung angegeben (s. dort, Kap. 76). – [4] „Herrenbuch". Es enthielt offenbar Kompositionen, vielleicht auch Lieblingslieder Neros.

anstimmte, war Vitellius der erste, der begeistert Beifall
klatschte.

12. Das war der Beginn seiner Regierung, die er dann weiterhin großenteils der Willkür und Laune des ersten besten
Komödianten und Wagenlenkers und namentlich seines
Freigelassenen Asiaticus überließ. Ihn hatte er als jungen
Menschen gemißbraucht. Asiaticus hatte aber dies Leben
bald satt bekommen und war davongelaufen. Als ihn
Vitellius in Puteoli als Verkäufer von Essiglimonade[1]
wiederfand, ließ er ihn zuerst in Fesseln werfen, befreite
ihn jedoch wieder und machte ihn erneut zu seinem Geliebten. Wiederum erregte Asiaticus durch übermäßig wilden Trotz seinen Unwillen. Daher verkaufte er ihn an
einen herumziehenden Fechtmeister. Als aber jener am
Ende eines Gladiatorenkampfes auftreten sollte, ließ er ihn
entführen, gab ihm jedoch erst bei Übernahme des Kommandos der Provinz Germanien die Freiheit. Am ersten
Tage seiner Regierung beschenkte er ihn an der Tafel mit
dem goldenen Ritterring, trotzdem er noch am Morgen
desselben Tages, als alle Welt für jenen Menschen diese
Auszeichnung erbat, in den stärksten Ausdrücken solche
Entwürdigung des Standes abgelehnt hatte.

13. Allein des Vitellius Hauptlaster waren Schwelgerei und
Grausamkeit. Seine Schlemmerei verteilte er auf täglich
drei, auch wohl mitunter vier verschiedene Mahlzeiten:
Frühstück, Mittagbrot, Abendmahlzeit und Trinkgelage.
Leicht konnte er all diese Völlerei aushalten, weil er sich
daran gewöhnt hatte, regelmäßig Brechmittel einzunehmen[2]. Er pflegte sich an einem und demselben Tage bei
mehreren Bekannten zu Tisch anzusagen, und die geringste
Summe, auf welche jedem solche Mahlzeiten zu stehen
kamen, waren vierhunderttausend Sesterzen[3]. Am meisten
von sich reden machte das Abendbankett, das ihm sein
Bruder zur Feier seiner Ankunft in Rom gab, und bei dem,

---

[1] Ein Gemisch von Wasser und Essig oder saurem Wein, angeblich
nur von den niederen Klassen, Sklaven oder Soldaten getrunken. –
[2] Claudius, Kap. 33, Anm. – [3] 400000 DM.

wie es heißt, zweitausend der seltensten Fische und sieben-
tausend Vögel auf den Tisch kamen. Aber selbst dies Essen
übertraf er noch durch ein Festmahl, das er bei der Einweihung einer silbernen Schüssel gab, die er wegen ihrer
ungeheuren Größe „den Schild der Stadtbeschirmerin Minerva" zu nennen pflegte[1]. Darin wurden Lebern von
Meerbrassen, Gehirne von Fasanen und Pfauen, Zungen
von Flamingos, Milch von Muränen, zu deren Herbei-
schaffung man die Kapitäne und die Galeeren aller Meere
von Parthien bis zur spanischen Meerenge in Bewegung
gesetzt hatte[2], zu einem Ragout verbunden, aufgetragen.
Vitellius war ein Mensch von nicht nur unersättlicher, sondern auch an keine Zeit sich bindender unanständiger Ge-
fräßigkeit. So konnte er sich nicht einmal enthalten, beim
Opfern Stücke des Opferfleisches und der Opferkuchen
geradezu vom Herdfeuer zu reißen und noch an den Altären selbst vom Flecke weg zu verzehren, oder auf Reisen
in den Garküchen der Landstraßen noch dampfendes Ge-
müse oder auch wohl schon angebrochene Gerichte vom
Tage zuvor hinunterzuschlingen[3].

14. Bei seiner Neigung zu grausamen Strafen nahm er weder
auf die persönlichen Verhältnisse noch auf die Art des Vergehens seiner Schlachtopfer Rücksicht. Männer von hohem
Adel, seine Mitschüler und Kameraden, die er sich verbunden hatte durch alle möglichen Schmeicheleien und
fast an seiner Herrschermacht teilnehmen ließ, wurden von
ihm bald auf diese, bald auf jene Weise aus dem Wege

---

[1] Offenbar Anspielung auf den Schild des schon vom Meer aus sicht-
baren Riesendenkmals der Athena Promachos („Vorkämpferin") auf
der Akropolis zu Athen. Plinius sagt (Naturgeschichte XXXV,
163 ff.), die Schüssel kostete 1 Million Sesterzen (1 Million DM) und
zu ihrer Herstellung war ein eigener Ofen auf freiem Felde nötig. –
[2] Die hier gebrauchte Bezeichnung für die gesamte Mittelmeerwelt
darf nicht allzu wörtlich genommen werden. Es ist fraglich, ob es
möglich war, die Erzeugnisse des armenisch-parthischen Grenzgebietes
am Schwarzen Meer sowie andererseits die der Länder an der Straße
von Gibraltar *frisch* nach Rom zu bringen. – [3] S. auch Claudius,
Kap. 40, Anm., Nero, Kap. 16, Anm.

geräumt. Einem tat er sogar eigenhändig Gift in einen Trunk
kalten Wassers, den dieser im Fieber verlangte. Ferner
verschonte er keinen der Bankiers oder der vertraglich ge-
sicherten Gläubiger und Zollpächter, wenn sie ihn jemals
in Rom mit Mahnungen gedrängt oder auf Reisen ihm
Zoll abgenommen hatten. Einen von ihnen, der ihm seine
Aufwartung zu machen kam, befahl er sofort zur Hinrichtung abzuführen, ließ ihn aber gleich wieder zurückholen.
Während noch alle Anwesenden sich in Lobeserhebungen
über seine Gnade ergingen, gebot er, ihn vor seinen Augen
zu töten, indem er sagte, er habe Lust nach einer Augen-
weide. In einem zweiten Fall ließ er mit dem Verurteilten
zugleich auch dessen beide Söhne hinrichten, weil sie für
den Vater zu bitten gewagt hatten. Ja, er zwang sogar
einen römischen Ritter, der ihm bei seiner Abführung zum
Richtplatz laut zurief: ,,Du bist ja mein Erbe", sein Testament vorzulegen. Als Vitellius las, daß darin ein Freigelassener des Betreffenden als sein Miterbe genannt sei,
ließ er ihn samt dem Freigelassenen erdrosseln. Einige
Leute niederen Standes befahl er sogar bloß deshalb hinzurichten, weil sie gegen die blaue Zirkuspartei[1] laute Verwünschungen ausgestoßen hatten. Denn er glaubte, sie
hätten dies aus Mißachtung gegen ihn und in der Aussicht
auf einen baldigen Umsturz gewagt.
Doch gegen niemand war er so aufgebracht wie gegen
die Verfasser von Spottgedichten und die Astrologen, die
er auf jede beliebige Anzeige ohne Verhör mit dem Tode
bestrafte. Der Grund zu seiner Erbitterung war, daß unmittelbar nach Bekanntmachung seines Ediktes, nach
welchem bis zum ersten Oktober alle Astrologen Rom und
Italien zu verlassen hätten, sofort folgender Anschlag erschien: ,,Auch die Chaldäer[2] geben hiermit ihrerseits durch
Edikt bekannt: Von Amts wegen![3] Bis zu dem gleichen

---

[1] S. Kap. 7. – [2] Astrologen, im Hinblick auf die babylonische Herkunft der Astrologie und die ihnen zugeschriebenen magischen Kräfte. –
[3] Eingangsformel aller amtlichen Bekanntmachungen, s. Cäsar, Kap. 80,
Anm. Nach Cassius Dio hätte in der Bekanntmachung der Chaldäer
der wirkliche Todestag des Vitellius gestanden.

ersten Oktober wird kein Vitellius Germanicus mehr auf
der Welt sein."

Man hatte ihn auch im Verdacht, bei dem Tode seiner
Mutter die Hand im Spiele gehabt zu haben; denn er sollte
verboten haben, ihr während ihrer Krankheit Nahrung zu
reichen. Ein Chattenweib[4], auf deren Sprüche er wie ein
Orakel vertraute, hatte ihm nämlich geweissagt, erst dann
werde er sicher und lange regieren, wenn er seine Mutter
überlebe. Andere erzählen, die Mutter selbst habe aus
Überdruß über die gegenwärtige Lage der Dinge und aus
Furcht vor der Zukunft von ihrem Sohne Gift verlangt
und auch ohne große Schwierigkeit erhalten[1].

15. Im achten Monat seiner Regierung fielen die Heere der
Provinzen Mösien und Pannonien von ihm ab[2], sowie von
den überseeischen das in Judäa und Syrien stehende Heer;
sie leisteten Vespasian den Huldigungseid, die einen, ohne
daß er anwesend war, die anderen vor ihm persönlich. Um
sich der Gunst und Anhänglichkeit der übrigen zu versichern, wandte Vitellius jetzt alle möglichen Mittel
öffentlicher und privater Bestechung ohne Maß und Ziel
an, auch nahm er eine Aushebung in Rom vor. Hierbei
sicherte er den Freiwilligen für den Fall des Sieges nicht
nur die sofortige Entlassung, sondern auch alle die Vorteile
zu, die sonst nur den Veteranen nach Ablauf der regelrechten Dienstzeit zuteil werden. Dem ihn zu Lande und
zu Wasser hart bedrängenden Feind stellte er teils seinen
Bruder mit einer Flotte entgegen, die mit Rekruten und
einer Anzahl Gladiatoren bemannt war, teils aber die Truppen und Feldherren, die bei Betriacum gesiegt hatten.

---

[1] Chatten (Hessen) s. Domitian, Kap. 6, Anm. Nach Tacitus, Germania 8,
schrieben die Germanen den Frauen Sehergabe und Zauberkräfte zu. –
[2] Sie war Augusta gewesen, wie Livia, Antonia und Agrippina, und
starb wenige Tage vor dem Sturz des Vitellius. „So hatte sie durch
die Herrscherwürde des Sohnes nichts weiter davongetragen als
Trauer und guten Ruf" (Tacitus, Historien, III, 67). – [3] Teile Illyricums, s. Augustus, Kap. 21, Anm. Der Abfall geschah im Juli, s.
Vespasian, Kap. 6; der 8. Monat der Regierung war der August, s.
Kap. 8, Anm.

Doch hier wie dort wurde er von Verrat und Niederlage
betroffen. Jetzt knüpfte er mit Flavius Sabinus[1], dem Bruder
Vespasians, Unterhandlungen an und bedang sich völlige
Sicherheit für sein Leben und hundert Millionen Sesterzen[2]
aus. Dann erklärte er sofort, von der Freitreppe des Palatiums herab, seinen versammelten Soldaten, er entsage der
Regierung, die er wider seinen Willen übernommen hätte.
Als sich aber allgemeiner Widerspruch dagegen erhob, verschob er die Sache. Doch kaum war die Nacht verstrichen,
stieg er schon ganz frühmorgens in Trauerkleidung aufs
Forum hinab und gab dort von der Rednerbühne unter
vielen Tränen dieselbe Erklärung ab, die er jedoch diesmal
ablas. Als ihn hier Soldaten und Volk aufs neue unterbrachen,
ihm zuredeten, den Mut nicht sinken zu lassen und ihm
um die Wette jeden erdenklichen Beistand versprachen,
faßte er wieder Mut. Er überfiel plötzlich Sabinus und die
übrigen Anhänger der Flavischen Partei, die an keine
Feindseligkeiten mehr dachten, zwang sie, sich aufs Kapitol zurückzuziehen und vernichtete sie dort, indem er den
Tempel des Jupiter Optimus Maximus in Brand steckte.
Vitellius selbst schaute dem Kampf und dem Feuer zu,
während er im Palast des Tiberius beim Essen lag. Aber bald
gereute ihn diese Gewalttat. Er suchte die Schuld von sich
auf andere zu schieben, berief eine Versammlung, schwor
selbst und ließ auch die übrigen Anwesenden schwören,
daß ihnen nichts mehr am Herzen läge als die öffentliche
Ruhe. Darauf löste er den Dolch[3], den er an der Seite trug,
vom Gürtel und reichte ihn zuerst dem Konsul, dann, als
dieser ihn nicht nehmen wollte, den anderen Beamten und
so fort allen Senatoren hin. Als aber keiner ihn annahm,
verließ er die Versammlung unter dem Vorwande, ihn im
Tempel der Concordia (die Eintracht) niederzulegen. Aber
auf den Zuruf einiger, er selbst verkörpere die Eintracht,

---

[1] 8 n. Chr. bis 69. Diente nach seiner Prätur in Britannien (unter
seinem Bruder), Mösien und Gallien, dann Konsul und 56 bis 69
Stadtpräfekt (s. Vespasian, Kap. 1), unter Otho zum zweitenmal
Konsul, beim Kapitolsbrand (s. u.) getötet. – [2] 100 Millionen DM. –
[3] Das Sinnbild der kaiserlichen Macht, s. Galba, Kap. 11.

kehrte er wieder um und beteuerte, er wolle nicht nur den
Stahl behalten, sondern auch den Zunamen Concordia annehmen. 16. Zugleich schlug er dem Senat vor, Abgeordnete in Begleitung der Vestalinnen abzusenden, welche um
Friedensvorschläge oder wenigstens um Frist für Verhandlungen bitten sollten.

Tags darauf, als er noch auf Antwort wartete, erhielt er
durch einen Kundschafter die Nachricht von dem Anmarsch des Feindes. Auf der Stelle warf er sich in eine ver-
deckte Sänfte und begab sich heimlich, mit nur zwei Begleitern, einem Bäcker und einem Koch, nach dem Aventin
in sein väterliches Haus, um von dort nach Kampanien zu
fliehen. Bald darauf ließ er sich jedoch auf ein haltloses und
unsicheres Gerücht, daß der Friede bewilligt sei, wieder
zum Kaiserpalast zurücktragen. Als er dort alles verlassen
fand und auch seine Begleiter sich allmählich aus dem
Staube machten, schnallte er einen mit Goldstücken gefüllten Gürtel um den Leib und flüchtete sich in die Kammer des Pförtners. Vor deren Tür band er einen Hund an.
Von innen verrammelte er sie mit einem Bettgestell und
mit Polstern.

17. Bereits waren Soldaten des feindlichen Vortrabs in das
Palatium eingedrungen. Da ihnen niemand entgegentrat,
begannen sie, wie es Kriegsbrauch ist, alle Zimmer zu
durchsuchen. Sie zogen ihn aus seinem Schlupfwinkel hervor und fragten ihn aus, wer er sei – denn sie kannten ihn
nicht –, und ob er wüßte, wo Vitellius wäre. Zuerst täuschte
er sie durch falsche Angaben. Aber bald wurde er erkannt.
Jetzt flehte er unaufhörlich, ihn einstweilen, und wäre es
auch in einem Kerker, in Gewahrsam zu halten, wobei er
vorgab, daß er wichtige Dinge, die das Leben Vespasians
beträfen, zu sagen habe. Doch man band ihm die Hände
auf den Rücken und schleppte ihn, einen Strick um den
Hals, mit zerrissenen Kleidern, halb nackt auf das Forum.
Die ganze Heilige Straße entlang erlitt er die größten Miß-
handlungen und Beschimpfungen. Man zog ihm, wie das
nur bei Verurteilten zu geschehen pflegt, den Kopf an den
Haaren zurück und befestigte ein Schwert mit der Spitze

nach oben auf seiner Brust, damit er sein Gesicht sehen lassen mußte und nicht zur Erde senken konnte. Einige bewarfen ihn mit Kot und Mist, andere schimpften ihn Mordbrenner und Freßsack, ein Teil des Pöbels verhöhnte ihn sogar seiner körperlichen Gebrechen wegen: er war nämlich überaus groß, sein Gesicht vom übermäßigen Weingenuß fast kupferrot, sein Leib aufgedunsen und das eine Bein etwas lahm infolge eines Stoßes von einem Viergespann, den er beim Wettfahren erlitten hatte, während er Kaiser Caligula dazu anleitete. Zuletzt wurde er bei den Gemonien durch unzählige kleine Wunden zu Tode gemartert und dann mit einem Haken in den Tiber geschleift[1].

18. Vitellius starb im siebenundfünfzigsten Lebensjahre[2], zugleich mit ihm sein Bruder und sein Sohn. Tatsächlich behielten die Prophezeiungen Derer recht, welche der Meinung waren, das Vorzeichen, welches ihm, wie wir erzählt haben, zu Vienna begegnete[3], bedeute nichts anderes, als daß er in die Hand eines Menschen von gallischer Abstammung fallen werde. Er wurde nämlich in der Tat von Antonius Primus, einem der Feldherren seines Gegners, überwältigt, der zu Tolosa geboren war und in seiner Jugend den Beinamen „Becco[4]" geführt hatte, was soviel wie „Hahnenschnabel" bedeutet.

---

[1] S. Tiberius, Kap. 53, Anm. – [2] Tatsächlich im 55. Jahre, s. S. 418, Anm. über die Lebenszeit. – [3] S. Kap. 9. Der dort erwähnte Hahn heißt lateinisch gallus, was zugleich Gallier bedeutet. – [4] Vgl. französ. bec, Schnabel. – Antonius Primus, geb. 23 zu Tolosa (Toulouse), führte die pannonischen und mösischen Legionen (s. Kap. 15, Vespasian, Kap. 6), blieb Vespasians Statthalter bis zur Ankunft des Mucianus (s. Vespasian, Kap. 6 und 13), der ihn absetzte; 98 in einem Epigramm Martials als noch lebender Gönner erwähnt.

VESPASIAN

1. Die Herrschaft über den römischen Staat, die durch die gewaltsame Besitzergreifung und die Ermordung dreier Kaiser längere Zeit unsicher und dauernden Veränderungen ausgesetzt war, übernahm endlich das Geschlecht der Flavier und verlieh ihr Beständigkeit. Dies Geschlecht war zwar von dunkler Herkunft und verfügte nicht über die Bilder berühmter Ahnen, aber der Staat brauchte sich dessen nicht zu schämen, wenn es auch immerhin Tatsache ist, daß Domitian[1] nur den verdienten Lohn für seine Habgier und Grausamkeit erlitten hat.

Titus Flavius Petro, ein Bürger aus der Munizipalstadt Reate[2], stand im Bürgerkrieg als Centurio oder als freiwilliger Veteran[3] auf seiten des Pompejus, entkam aus der Schlacht bei Pharsalus und kehrte in seine Heimat zurück. Nach seiner Begnadigung und seinem Abschied besorgte er hier für eine Bank den Einzug von Außenständen. Sein Sohn, der den Zunamen Sabinus führte, tat keine Kriegsdienste – doch erwähnen einige, er sei Primipilar gewesen, andere, er habe als Centurio aus Gesundheitsrücksichten den Abschied erhalten –, sondern er war in Asien bei der

---

Titus Flavius Vespasianus, als Kaiser Imperator Cäsar Vespasianus Augustus, geb. 17. November 9 n. Chr., gest. 23. Juni 79, zum Kaiser ausgerufen 1. Juli 69.

[1] Der 96 ermordete dritte flavische Kaiser, der jüngere Sohn Vespasians, s. seine Lebensbeschreibung. – [2] Im Sabinerland, heute Rieti. – [3] S. Augustus, Kap. 56, Anm., Galba, Kap. 10, Anm. Im Heere des Pompejus dienten sehr viel freiwillige Veteranen seiner früheren Feldzüge. Schlacht bei Pharsalus (48 v. Chr.), s. Cäsar, Kap. 30 u. 35.

Verwaltung des „Vierzigsten[1]", und man sah noch später Büsten von ihm, die ihm von den Städten seines Bezirks mit der griechischen Inschrift „*Dem redlichen Zollbeamten*" gesetzt worden waren. Später betrieb er ein Bankgeschäft bei den Helvetiern und starb dort. Er hinterließ eine Frau, Vespasia Polla, und zwei Kinder von ihr.

Der Ältere, Sabinus, brachte es bis zum Stadtpräfekten von Rom[2], der Jüngere, Vespasian, sogar bis zum Kaiserthron. Polla stammte aus Nursia von einer vornehmen Familie; ihr Vater Vespasius Pollio war dreimal Militärtribun sowie auch Lagerpräfekt gewesen. Ihr Bruder war Senator im Range eines Prätors. Auch heute noch heißt ein Ort auf einer Anhöhe beim sechsten Meilenstein auf dem Wege von Nursia nach Spoletium Vespasiä[3]. Man sieht dort noch mehrere Denkmäler der Vespasier als deutlichen Beweis für den Glanz und das Alter der Familie.

Ich will nicht in Abrede stellen, daß einige die Behauptung aufgeworfen haben, Petros Vater stammte aus dem Transpadanischen und sei Vermieter von Tagelöhnern gewesen, wie sie alljährlich aus Umbrien zur Feldarbeit ins Sabinerland zu wandern pflegen[4]. Er habe sich dann in Reate niedergelassen und dort eine Frau genommen. Ich für meinen Teil habe trotz sorgfältigster Nachforschung auch nicht eine Spur davon gefunden.

2. Vespasian wurde im Sabinischen in einem kleinen Flecken oberhalb Reate, namens Falacrina, geboren, und zwar am siebzehnten November abends unter dem Konsulat des Quintus Sulpicius Camerinus und des Gajus Poppäus Sabinus[5], fünf Jahre vor dem Tod von Augustus. Er wurde

---

[1] *Quadragesima*, Hafengelder in Höhe von 2,5 % des Wertes der Ladung der ein- und ausfahrenden Schiffe. – [2] S. Vitellius, Kap. 15, Anm. Stadtpräfekt, s. Augustus, Kap. 37, Anm. – [3] Nursia, heute Norcia, s. Augustus, Kap. 12, Anm. – Spoletium, heute Spoleto – Vespasiä, wohl nur hier erwähnt. – [4] Bei dem Mangel an Arbeitskräften (s. Augustus, Kap. 32) waren diese Vermieter sehr wichtig, wurden rasch reich und besaßen eine angesehene Stellung. – [5] Großvater mütterlicherseits Poppäa Sabinas (s. Nero, Kap. 35, Anm.), Konsul 9. – Falacrina, Name in der Nähe von Rieti noch erhalten.

VESPASIANUS

unter Aufsicht seiner Großmutter väterlicherseits, Tertulla,
auf ihrem Landsitz bei Cosa[1] erzogen. Daher besuchte er
denn auch noch als Kaiser häufig diesen Ort, wo seine
Wiege stand, und ließ die Villa ganz in ihrem ursprünglichen Zustand erhalten, damit sein Auge keinen der gewohnten Gegenstände zu vermissen brauchte. Auch hielt
er das Andenken an seine Großmutter so lieb und wert,
daß er sein Leben lang an Feier- und Festtagen aus ihrem
kleinen silbernen Becher zu trinken pflegte.

Nach Empfang der Männertoga wollte Vespasian den breiten
Purpurstreif, obwohl sein Bruder ihn bereits erhalten hatte,
erst lange nicht anlegen[2]. Nur seine Mutter war imstande,
ihn hierzu zu bewegen. Sie erst brachte es fertig, und zwar
mehr durch Schelten als durch Bitten oder durch ihr Ansehen, da sie ihn nämlich wiederholt mit bitterer Ironie
den ,,Lakaien‘‘ seines Bruders nannte.

Als Kriegstribun diente er in Thrazien, als Quästor erhielt
er durchs Los Kreta und Kyrene zur Provinz. Er trat als
Bewerber um die Ädilität und darauf um die Prätur auf.
Jene erhielt er erst, nachdem er einmal durchgefallen war,
mit großer Mühe und als Sechster, während er die Prätur
sofort bei der ersten Bewerbung und als einer der ersten
bekam. Um sich bei dem gegen den Senat erzürnten Caligula auf alle erdenkliche Weise einzuschmeicheln, forderte er
im Senat zur Feier für den germanischen ,,Sieg‘‘ des Kaisers
außerordentliche Spiele. Ferner beantragte er, die Strafe der
Verschworenen dadurch zu verschärfen, daß sie unbegraben
liegenbleiben sollten[3]. Ebenso dankte er dem Kaiser in einer

---

[1] Es gab mehrere Orte dieses Namens, vor allem einen solchen in Etrurien, doch kennt man keinen im Sabinerland. – [2] Den breiten Purpurstreifen der Senatoren durften seit Augustus auch ihre Söhne tragen (s.
dort, Kap. 38). Dies Vorrecht wurde noch von ihm selbst ausnahmsweise auf die Söhne reicher und angesehener Ritter ausgedehnt (vgl.
dort Kap. 40, Ovid, Tristien IV, 10, 28 f.). Beide Kategorien erhielten
dadurch das Recht, den Senatssitzungen beizuwohnen. Auf dem Wege
dorthin wird ihnen, wie auch sonst den Großen, ein Lakai voraus-
gegangen sein. – [3] Ädil 38 (s. Kap. 5), Prätor 39, Zeitereignisse, s. Caligula, Kap. 44-48. Verschworene: Lentulus Gätulicus, Ämilius Lepidus

Versammlung derselben hohen Körperschaft, daß er ihn
der Ehre einer Einladung zur Tafel gewürdigt habe.

3. Inzwischen heiratete er Flavia Domitilla, die frühere
Geliebte des Statilius Capella, eines römischen Ritters aus
Sabrata in Afrika. Sie besaß eigentlich nur das latinische
Bürgerrecht, wurde aber bald durch Urteil der Rekuperatoren[1] für eine Freigeborene und römische Bürgerin erklärt,
da Flavius Liberalis, der doch selbst nur ein Ferentiner und
nichts weiter als der Schreiber eines Quästors war, sie als
seine Tochter anerkannte. Diese Frau gebar Vespasian
drei Kinder: Titus, Domitian und Domitilla. Frau und
Tochter überlebte er und verlor sie noch als Privatmann.
Nach dem Tode seiner Gattin nahm er seine frühere Geliebte Cänis, eine Freigelassene der Antonia Augusta[2] – sie
versah zugleich bei ihr die Dienste einer Sekretärin – wieder
in sein Haus. Auch als Kaiser hielt er sie fast wie eine rechtmäßige Ehefrau.

4. Unter Claudius wurde Vespasian auf Empfehlung des
Narzissus als Legat einer Legion nach Germanien geschickt
und später nach Britannien versetzt. Hier bestand er dreißig
Gefechte gegen den Feind. Er unterwarf zwei sehr kriegerische Stämme, über zwanzig Städte und die nahe bei Britannien gelegene Insel Vectis[3]. Das Oberkommando führte
dabei teils Aulus Plautius als Legat mit konsularischem
Range, teils der Kaiser Claudius selbst. Zum Lohn dafür
erhielt Vespasian die Triumphalauszeichnungen und in
kurzer Frist zwei Stellen in Priesterkollegien, dazu das Konsulat, das er während der zwei letzten Monate des betreffenden Jahres ausübte. Die ganze Zwischenzeit bis zum

---

und ihre Anhänger (s. Caligula, Kap. 8, Anm., Kap. 24, Anm.). –
[1] S. Nero, Kap. 17, Anm. Da sie Streitigkeiten zwischen Bürgern und
Nichtbürgern entscheiden mußten, hatten sie sich über das Bürgerrecht
der streitenden Parteien zu äußern. – Sabrata, in Afrika, westlichste der
drei Städte von Tripolis. – Ferentiner, s. Otho, Kap. 1, Anm. – [2] S. Caligula, Kap. 15, Anm., Claudius, Kap. 11 m. Anm. Nach Cassius Dio
LXVI, 14 vermittelte Cänis den Briefwechsel zwischen ihr und Tiberius über Sejan, der zu dessen Entlarvung führte (s. Tiberius,
Kap. 61). – [3] Die heutige Isle of Wight. 43–47. S. Claudius, Kap. 17.

Prokonsulat verlebte er in Muße ganz zurückgezogen, und zwar aus Furcht vor Agrippina, die damals noch großen Einfluß auf ihren Sohn Nero besaß und die selbst die Freunde des toten Narzissus mit ihrem Haß verfolgte.

Dann erhielt er durchs Los Afrika zur Provinz. Durch seine uneigennützige Verwaltung erwarb er sich die allgemeine Achtung. Nur ein einziges Mal wurde er in Hadrumetum[1] bei einem Krawall mit Rüben beworfen. Jedenfalls kehrte er aus der Provinz um nichts wohlhabender zurück. Er sah sich vielmehr genötigt, aus Mangel selbst an Kredit alle seine Besitzungen seinem Bruder zu verpfanden. Um seine äußere Stellung aufrechtzuerhalten, mußte er sich dazu erniedrigen, Geschäfte als Maultierhändler zu betreiben. Deshalb hieß er im Publikum „Mulio" („Maultiertreiber")[2]. Auch soll er überführt worden sein, von einem jungen Menschen, dem er gegen den Willen seines Vaters die Auszeichnung des breiten Purpurstreifens verschafft hatte, zweihunderttausend Sesterzen[3] erpreßt zu haben. Hierfür hätte er sich einen schweren Verweis zugezogen.

Vespasian gehörte zum Gefolge Neros auf der achäischen Reise[4]. Er fiel aber beim Kaiser in Ungnade; denn wenn dieser sang, entfernte sich Vespasian öfters, oder schlief auch wohl ein, wenn er dablieb. Er wurde deshalb nicht nur von dem näheren Umgang mit der allerhöchsten Person ausgeschlossen, sondern auch nicht einmal mehr zu der öffentlichen Aufwartung bei Hof zugelassen. Vespasian zog sich deshalb in eine kleine abgelegene Stadt zurück. Hier hielt er sich einige Zeit unter beständiger Furcht vor dem Äußersten verborgen, bis ihm wider Erwarten eine Provinz mit einem Armeekommando übertragen wurde[5].

Im ganzen Orient war ein alter, fest eingewurzelter Glaube verbreitet, es würden nach einem Schicksalsspruch um diese Zeit Leute, welche von Judäa kämen, die Herrschaft

---

[1] Küstenstadt, Ruinen beim heutigen Sousse in Tunis. - Konsul 51, Narzissus gest. 54, Agrippina gest. 59, danach Prokonsulat. - [2] Die Maultiere aus Vespasians Heimat Reate waren berühmt. - [3] 200000 DM, s. Kap. 2, Anm. - [4] S. Nero, Kap. 22–25, Sept. 66 bis Anfang 68. - [5] Kurz vor oder kurz nach Neujahr 67.

über die Welt erringen[1]. Diese Weissagung, die, wie der
Erfolg später lehrte, auf einen römischen Kaiser ging, be-
zogen die Juden auf sich und empörten sich gegen Rom.
Sie ermordeten ihren Statthalter und schlugen obendrein
den zur Hilfe heranrückenden konsularischen Legaten von
Syrien in die Flucht, wobei ihnen ein Legionsadler in die
Hände fiel. Die Erwägung, daß zur Unterdrückung dieses
Aufstandes eine bedeutende Heeresmacht sowie ein tüchtiger Feldherr nötig war, dem man zugleich eine so wichtige
Stellung ohne Besorgnis für die eigene Sicherheit anver-
trauen könne, lenkte die Wahl in erster Linie auf Vespasian. Denn er hatte seine Tüchtigkeit bereits bewährt;
ferner war er von so niedriger Herkunft und so unbekann-
tem Namen, daß er in keiner Weise zu Befürchtungen
Anlaß zu geben schien. Der neue Feldherr verstärkte seine
Streitkräfte durch zwei Legionen, acht Reiterschwadronen
und zehn Kohorten der Hilfstruppen. Seinen älteren Sohn
Titus machte er zu einem seiner Legaten. Beim ersten Auftreten in seinem Machtbereich zog er auch die Aufmerksamkeit der Nachbarprovinzen auf sich. Denn er stellte
sofort die Kriegszucht wieder her und bewies in mehreren
Gefechten große persönliche Tapferkeit; bei der Belagerung einer Festung wurde er durch einen Steinwurf am
Knie verwundet und sein Schild von mehreren Pfeilen
durchbohrt.

5. Als Otho und Vitellius nach Neros und Galbas Tod den
Kampf um den Thron begannen, wuchs Vespasians Hoffnung auf die Herrschaft, die er schon lange in seinem
Inneren durch folgende Vorzeichen genährt hatte: Auf dem
Landgut der Flavier trieb eine alte, dem Mars geheiligte
Eiche bei den drei Entbindungen der Vespasia plötzlich
immer je einen neuen Wurzelschößling. Diese erwiesen sich
als unzweideutige Zeichen von dem Geschick eines jeden
der Kinder. Der erste Schößling nämlich war schwach und
trocknete bald ein; so wurde denn auch das Mädchen, das

---

[1] Die jüdischen Messiashoffnungen, von Sueton in ähnlicher Weise
umgedeutet wie die entsprechende spanische Weissagung bei Galba,
Kap. 9.

Vespasia gebar, kein Jahr alt. Der zweite war sehr kräftig entwickelt und versprach glückliches Fortkommen. Der dritte sah sogar einem Baum gleich. Deshalb soll auch Vespasians Vater Sabinus, den noch dazu ein Eingeweideschauer in seiner Ansicht bestärkt hatte, seiner Mutter die Nachricht überbracht haben, ihr sei ein Enkel geboren, der einst Kaiser werden würde. Die alte Frau aber habe bloß laut aufgelacht und ihre Verwunderung darüber geäußert, daß ihr Sohn schon nicht mehr recht im Kopfe sei, während sie selbst noch ihren klaren Verstand besäße.

Als später Kaiser Gajus einmal gegen Vespasian aufgebracht war, weil er als Ädil für das Fegen der Straßen nicht gehörig gesorgt hatte, ließ er ihm den Faltenbausch seiner Toga Prätexta[1] durch Soldaten mit von der Gasse aufgesammeltem Kot füllen. Eine ganze Reihe Leute sah dies als eine Vorbedeutung dafür an, daß der mit Füßen getretene und verwahrloste Staat bei einer Revolution sich einst in seinen Schutz und – sozusagen – in seinen Schoß begeben werde. – Während Vespasian einmal beim Mittagessen war, schleppte ein fremder Hund eine Menschenhand, die er auf einem Kreuzwege gefunden haben mochte, ins Zimmer und ließ sie unter den Tisch fallen[2]. – Ein andermal bei der Hauptmahlzeit brach ein Pflugstier, der sein Joch abgeworfen hatte, ins Speisezimmer ein, jagte die aufwartenden Diener in die Flucht, warf sich dann wie plötzlich ermattet Vespasian zu Füßen vor sein Lager hin und beugte vor ihm den Nacken. – Ein Zypressenbaum auf dem Landgut seines Großvaters, der ohne ein vorhergegangenes Unwetter mit den Wurzeln ausgerissen und zu Boden geworfen war, richtete sich tags darauf noch frischer und kräftiger wieder auf. – In Achaja träumte ihm sogar, sein und seiner Familie Glück würde beginnen, wenn Nero ein Zahn gezogen würde. Und wirklich traf es ein, daß am folgenden Tage, als er dem Kaiser seine Aufwartung machte, ein Arzt ins

---

[1] Die Amtstracht der curulischen Ädilen. – [2] Das lat. Wort für Hand *manus* bedeutet auch Herrschaft. – Das Vergraben von Leichenteilen oder ganzen Leichen an Kreuzwegen sollte Übeltätern Glück bringen, die Hand wohl beim Diebstahl.

Atrium heraustrat und ihm einen Zahn zeigte, den er eben dem Kaiser gezogen hatte.

Als er in der Nähe von Judäa das Orakel des Gottes vom Karmel[1] befragte, gaben ihm die Lose das sichere Versprechen: alles, was er vorhätte oder sich wünschte, sei es auch noch so groß, werde in Erfüllung gehen. Auch einer der vornehmen jüdischen Kriegsgefangenen, Josephus[2], versicherte, als man ihn in Fesseln legte, hoch und heilig: Vespasian werde ihn binnen kurzem wieder in Freiheit setzen, doch erst, wenn er bereits Kaiser geworden sei.

Dazu wurden ihm auch wiederholt aus Rom ähnliche Vorzeichen gemeldet, wie z. B. Nero sei in seinen letzten Tagen durch ein Traumgesicht die Mahnung zuteil geworden, den Wagen des Jupiter Optimus Maximus aus seinem Heiligtum in das Haus Vespasians und von da in den Zirkus zu führen. Als nicht lange darauf Galba die Volksversammlung zu seiner zweiten Konsulwahl betrat, habe sich die Statue des als Gott verehrten Julius (Cäsar) von selbst nach Osten herumgedreht. Ferner hätten kurz vor dem Beginn der Schlacht bei Betriacum zwei Adler vor aller Augen miteinander zu kämpfen begonnen. Als der eine besiegt worden, sei ein dritter von Osten her hinzugekommen und habe den Sieger verjagt.

6. Dennoch unternahm Vespasian trotz der Bereitschaft und des Drängens seiner Leute nichts eher, als bis Truppen, die er nicht kannte und die entfernt von ihm lagen, unvermutet sich für ihn erklärten. Von dem Heer in Mösien waren aus jeder der drei Legionen je zweitausend Mann Otho zu Hilfe geschickt worden[3]. Sie hatten bereits den Marsch angetreten, als sie die Nachricht erhielten, Otho sei be-

---

[1] Der Baal, gegen den schon Elias angekämpft hatte. Offenbar gab er damals Losorakel (s. Tiberius, Kap. 14, Anm., 63, Anm.) nach griechischer Art. – [2] Der bekannte Geschichtsschreiber des jüdischen Krieges, mütterlicherseits ein Abkömmling des Makkabäerhauses, wurde von Vespasian als Titus Flavius Josephus mit dem Bürgerrecht, von Titus mit einer Rente und mit Landbesitz in Judäa, von Domitian mit Steuerfreiheit beschenkt. – [3] S. Otho, Kap. 9, Anm., Vitellius, Kap. 15, Anm.

siegt und habe sich selbst das Leben genommen. Trotzdem setzten sie ihren Marsch bis Aquileja[1] fort, als schenkten sie dem Gerücht keinen Glauben. Dort ließen sie sich durch die günstige Gelegenheit aus mangelnder Disziplin zu allen möglichen Ausschweifungen und Plünderungen hinreißen. Aus Furcht, man möchte sie nach ihrer Rückkehr zur Rechenschaft und Verantwortung ziehen, faßten sie den Entschluß, selbst einen Kaiser zu erwählen und zu ernennen: sie seien doch um nichts schlechter als das spanische Heer, das Galba, als das Prätorianerkorps, das Otho, oder als das germanische Heer, das Vitellius zum Kaiser gemacht hätte. Sie stellten also eine Liste aller damals bei den verschiedenen Heeren befindlichen konsularischen Legaten zusammen. Während sie bei allen übrigen bald dies, bald das auszusetzen fanden, strichen einige Soldaten von der dritten Legion, welche um die Zeit von Neros Tod aus Syrien nach Mösien verlegt worden war, Vespasian ganz besonders heraus. Darauf stimmten alle zu und schrieben seinen Namen unverzüglich auf alle Feldzeichen. Allerdings wurde damals die Sache unterdrückt, und die Soldaten wurden auf kurze Zeit wieder zum Gehorsam gebracht. Allein das Gerücht von dem Vorgefallenen hatte sich verbreitet, und der Präfekt von Ägypten, Tiberius Alexander[2], war der erste, der daraufhin seine Legionen am ersten Juli Vespasian den Huldigungseid leisten ließ. Dieser Tag wurde denn auch später als der Tag seiner Thronbesteigung betrachtet. Darauf leistete ihm sein eigenes Heer in Judäa am elften Juli den Eid.

Hauptsächlich begünstigten folgende Umstände Vespasians Unternehmen: Zunächst ein in vielen Abschriften verbreiteter echter oder unechter Brief des verstorbenen

---

[1] Im Lagunengebiet der Nordküste des Adriatischen Meeres, damals bedeutendste Handelsstadt Oberitaliens. – [2] Tiberius Julius Alexander, ein Jude aus Alexandria, Neffe des Schriftstellers und Philosophen Philo, Sohn eines Provinzialbeamten, nach Abfall vom Judentum von Tiberius zum Ritter erhoben, ein sehr tüchtiger Offizier, 46 Statthalter von Judäa, im armenischen Krieg (s. Nero, Kap. 13, Anm.) Generalstabschef, 67–70 Präfekt von Ägypten.

Kaisers Otho an Vespasian, in welchem jener ihn auf das leidenschaftlichste beschwor, ihn zu rächen, und den Wunsch aussprach, er möge sich des Staates annehmen. Ferner wurde zugleich damit das Gerücht verbreitet, Vitellius habe nach seinem Sieg beschlossen, die Winterlager der Legionen zu verlegen und die germanischen in den Orient zu versetzen, wo der Dienst im allgemeinen gefahr- und müheloser war. Dazu kam noch, daß von den Provinzialstatthaltern Licinius Mucianus[1] und von den Königen Vologäsus von Parthien[2] auf Vespasians Seite traten. Jener versprach ihm unter Hintansetzung seiner Feindschaft, die er bis dahin aus Eifersucht ihm gegenüber offen gezeigt hatte, das in Syrien stehende Heer, dieser vierzigtausend Bogenschützen.

7. So begann denn Vespasian den Bürgerkrieg und schickte seine Generale mit einem Teil seiner Truppen nach Italien voraus. Er selbst wandte sich unterdessen nach Alexandria, um sich in den Besitz der ägyptischen Schlüsselstellung[3] zu setzen. Hier betrat er, um ein Orakel über den Bestand seiner Herrschaft einzuholen, ohne Begleitung ganz allein den Tempel des Serapis. Als er sich nach einem langen inbrünstigen Gebet an den Gott endlich umwandte[4], glaubte er seinen Freigelassenen Basilides[5] zu erblicken, der ihm,

---

[1] Gajus Licinius Mucianus, eine Hauptperson bei der Thronbesteigung Vespasians, von Claudius zeitweise nach Asien ausgewiesen, 67–69 Statthalter Syriens, nach Antonius Primus (s. Vitellius, Kap. 18, Anm.) Vertreter und Bevollmächtigter Vespasians in Rom bis zu dessen Ankunft aus Ägypten (s. Kap. 8), gest. 77 (s. auch Kap. 13, Anm.). – [2] S. Nero, Kap. 57, Anm. Nach obigem Wortlaut könnte man ihn für einen der Klientelkönige des Reiches halten, was er nicht war. – Die Partherpfeile waren sprichwörtlich. – [3] S. Cäsar, Kap. 35. Von der ägyptischen Kornzufuhr hing neben der Afrikas (s. Galba, Kap. 11, Anm.) die Ernährung Roms ab. – [4] Serapis, im Isisdienst (s. Otho, Kap. 12, Anm.) Totengott, aber auch Segensspender, hatte an seiner Hauptkultstätte, dem Serapeion in Alexandria, ein Orakel, bei dem man Schlüsse auf die Zukunft aus *dem* zog, was der Nachsuchende nach einem Tempelschlaf zuerst erblickte. – [5] Der Name („der Königsgleiche") wurde auf die Erlangung der Herrschaft gedeutet. Er war häufig, nach Tacitus soll schon der Priester auf dem Karmel so geheißen haben. Vgl. auch Augustus, Kap. 96, Schluß.

wie es dort Sitte ist, heilige Kräuter nebst Kränzen und
Opferkuchen brachte. Dabei stand fest, daß niemand ihn
in den Tempel hineingelassen hatte, ja, daß Basilides auch
wegen eines Nervenleidens seit langer Zeit kaum mehr
gehen konnte und sich außerdem weit entfernt befand.
Unmittelbar darauf kam die briefliche Nachricht, daß bei
Cremona[1] die Truppen des Vitellius geschlagen, er selbst
aber in Rom ermordet worden sei.

Noch fehlte Vespasian, der wider alles Erwarten als ganz
neuer Fürst den Thron bestiegen hatte, das Ansehen und
eine von Gott bestätigte Majestät. Aber auch dies wurde
ihm zuteil. Zwei Leute aus dem Volke, ein Blinder und
ein Lahmer, traten vor sein Tribunal und flehten ihn um
Heilung an. Sie sei ihnen von Serapis im Traum verheißen.
Der Gott hätte ihnen prophezeit, Vespasian werde dem
Blinden das Augenlicht wiedergeben, wenn er die Augen
mit seinem Speichel benetze, und das Bein des Lahmen
heilen, wenn er geruhe, es mit seiner Ferse zu berühren.
Vespasian selbst glaubte kaum daran, daß die Sache
glücken würde. Deswegen konnte er sich nicht einmal zu
einem Versuch entschließen. Endlich, auf Zureden seiner
Freunde, unterzog er sich mitten in der öffentlichen Versammlung beidem, und siehe, der Erfolg blieb nicht aus.
Um dieselbe Zeit wurden zu Tegea in Arkadien auf Anregung der Wahrsager an einem geheiligten Ort Nach-
grabungen angestellt. Hierbei wurden Gefäße von uralter
Arbeit zutage gefördert, auf denen sich ein Bildnis befand,
das Vespasian ganz ähnlich sah.

8. Unter so günstigen Vorzeichen kehrte Vespasian ruhm-
gekrönt nach Rom zurück, hielt über die Juden einen
Triumph und bekleidete außer seinem früheren Konsulat
diese Würde noch achtmal. Er übernahm auch das Censoramt[2]. Während der ganzen Zeit seiner Regierung betrach-

---

[1] Die Hauptmacht des Vitellius war seit der Schlacht bei Betriacum
(s. Otho, Kap. 9 m. Anm., Vitellius, Kap. 15) in der Gegend stehen-
geblieben. Nach dem Siege wurde Cremona von Antonius Primus
(s. Vitellius, Kap. 18, Anm.) geplündert und verbrannt. – [2] Rückkehr: Sept. 70; Triumph (mit Titus zusammen [s. dort, Kap. 6], nach

tete er es als seine vornehmste Aufgabe, den schwer zerrütteten und fast am Rande des Abgrunds stehenden Staat
im Innern zu festigen, erst dann, ihm Glanz nach außen
zu verleihen.

Die Soldaten, teils durch den Sieg übermütig geworden,
teils erbittert über die Schande ihrer Niederlage, hatten
sich zu jeder nur möglichen Zügellosigkeit und Frechheit
verstiegen. Aber auch die Provinzen und freien Städte und
ebenso einige Königreiche lagen untereinander vielfach in
heftigem Streit. Daher entließ Vespasian eine große Zahl
der Truppen des Vitellius aus dem Dienst und hielt die
übrigen in strenger Zucht. Ferner war er weit entfernt,
gegen seine eigenen Truppen, die ihm zum Siege verholfen
hatten, außergewöhnliche Nachsicht zu üben, vielmehr
zahlte er ihnen selbst die ihnen von Rechts wegen zustehenden Belohnungen erst sehr spät aus. – Auf Zucht und Anstand hielt er bei jeder Gelegenheit viel. So wies er z. B. einen
nach Pomade duftenden jungen Mann. der ihm für ein ihm
bewilligtes Militärkommando seinen Dank abstatten wollte,
nicht bloß mit verächtlicher Gebärde ab, sondern fuhr ihn
auch noch mit zorniger Stimme an: „Mir wäre es lieber,
Du röchest nach Knoblauch." Zugleich nahm er das Ernen-
nungsdiplom zurück. Als gar die Matrosen, die gelegentlich von Ostia und Puteoli nach Rom zu Fuß hin und
zurück zu marschieren hatten, eine Zulage unter dem Titel
„Schuhgeld" beantragten, begnügte Vespasian sich nicht
damit, sie ohne Bescheid abzuweisen, sondern erließ noch
dazu die Verordnung, künftig sollten sie ihre Märsche ohne
Schuhe machen. Seitdem marschieren sie so noch heute.

Achaja[1], Lyzien[2], Rhodos, Byzantium, Samos verloren ihre
Freiheit[3] und wurden wie das Rauhe Zilizien und Kommagene, die bis dahin von eigenen Königen regiert wurden,

---

dem der damals errichtete Bogen heißt): 71; Konsulate: 70–72, 74–77,
79; Censur (mit Titus, s. dort, Kap. 6): 73–74. – [1] S. Nero, Kap. 28,
Anm. – [2] Nicht das 43 von Claudius eingezogene (s. dort, Kap. 25,
Anm.), sondern die seit Vespasian mit ihm zur Provinz vereinigten
Küsten- und Gebirgslandschaften, zu denen auch das hier erwähnte
Rauhe Zilizien gehörte. – [3] d. h. ihre Selbstverwaltung.

zu römischen Provinzen gemacht. Nach Kappadozien[1] legte er zur Verstärkung gegen die fortwährenden Einfälle der Barbaren mehrere Legionen und setzte zum Statthalter, an Stelle eines Ritters wie bisher, von jetzt an einen Mann konsularischen Ranges ein.

Rom selbst war durch die Trümmer und den Schutt von früheren Bränden entstellt. Vespasian erlaubte jedermann, die leeren Baustellen in Besitz zu nehmen und Bauten darauf zu errichten, wenn die rechtmäßigen Eigentümer die Flächen noch länger unbenutzt ließen. Er selbst nahm die Wiederherstellung des Kapitols in Angriff, legte als der erste Hand an bei der Wegräumung des Schutts und trug ein paar Körbe davon auf seinem eigenen Nacken hinweg[2]. Ferner unternahm er es, dreitausend dort beim Brande des Archivs geschmolzene Erztafeln nach von überall zusammengesuchten Kopien wiederherzustellen. Diese unschätzbare, bis in uralte Zeiten hinaufreichende Sammlung wertvoller Urkunden enthielt die Senats- und Volksbeschlüsse über Verträge und Bündnisse sowie über sonstige Privilegien[3] fast seit Gründung Roms.

9. Auch neue Bauwerke ließ Vespasian ausführen: den Tempel des Friedens nahe am Forum und den des vergötterten Claudius auf dem Cäliushügel. Agrippina hatte bereits mit seinem Bau begonnen, aber Nero ihn wieder fast völlig niedergerissen. Ebenso baute er ein Amphitheater in der Mitte der Stadt, was, wie er in Erfahrung gebracht hatte, bereits von Augustus geplant worden war[4].

---

[1] Binnenlandschaft im Osten Kleinasiens, an Armenien angrenzend; Kommagene, unmittelbar südöstlich davon zwischen Zilizien, Syrien und dem Euphrat. – [2] S. Nero, Kap. 19. Nach Tacitus, Historien IV, 53 war Vespasian bei Beginn der Arbeiten noch nicht wieder in Rom. – [3] Alle für den Staat wichtigen Urkunden wurden auf Erztafeln eingraviert und im Archiv niedergelegt. War das einmal geschehen, so konnte ihr Wortlaut nicht mehr verändert werden (s. Cäsar, Kap. 28). – [4] Der Bezirk des Friedenstempels (beim Ostende des Forum Romanum) war mit einer Mauer umgeben, wie das Forum Cäsars und das des Augustus, und wurde später Friedens- oder Vespasiansforum genannt. Bis zum Tempel des Claudius hatte das „Goldene Haus" gereicht. Auch

Die beiden oberen Stände der Senatoren und Ritter, die
teils durch zahlreiche Hinrichtungen stark zusammengeschmolzen, teils durch langjährige, mit der Verleihung
dieser Würden getriebene Mißbräuche in Schande geraten
waren, säuberte und ergänzte Vespasian. Er nahm eine
Musterung beider Stände vor, schloß die unwürdigsten
Mitglieder aus und ersetzte sie durch ehrenhafte Männer
aus Italien sowie aus den Provinzen[1]. Und damit bekannt
würde, daß beide Stände nicht durch irgendein Vorrecht,
vielmehr nur durch den Rang unter sich verschieden seien,
gab er bei einem Streit zwischen einem Senator und einem
römischen Ritter seine Entscheidung dahin ab: „Man darf
einen Senator nicht schimpfen; wieder schimpfen aber ist
das Recht jedes Bürgers und gesetzlich erlaubt."

10. Überall hatten sich die Prozesse in ungewöhnlichem
Maße aufgehäuft; die alten waren durch die Unterbrechung
der Rechtspflege schwebend geblieben, und durch die unruhigen Zeitverhältnisse kamen immer wieder neue dazu.
Vespasian wählte also durchs Los eine Kommission von
Richtern, welche das im Krieg geraubte Hab und Gut den
Eigentümern wieder zuerkennen und zugleich die Prozesse
der Centumviralgerichte[2], deren Abwicklung augenscheinlich sonst die streitenden Parteien nicht mehr erlebt hätten,
durch außerordentliche Entscheidungen erledigen und auf
das Mindestmaß beschränken sollten.

11. Unsittlichkeit und Luxus hatten überhand genommen,
da niemand ihnen Einhalt tat. Vespasian veranlaßte deswegen den Senat, zu beschließen, daß jede Frau, die mit
einem fremden Sklaven verkehrt hatte, als Sklavin des
Herrn gelten sollte, dem ihr Geliebter gehörte. Die Wucherer sollten kein Recht haben, Geld, welches sie Haussöhnen

---

das Amphitheater (*Amphitheatrum Flavium*), später Kolosseum genannt
(s. Kap. 18, Anm.), entstand auf dem Gelände des „Goldenen Hauses".–
[1] Ein wichtiger Schritt zum Ausgleich zwischen Rom und den Provinzen, der auch die kaiserliche Macht verstärkte, da jetzt infolge
des Aussterbens der alten Familien die Ergänzung der Stände durch
berufene Mitglieder zu überwiegen begann. – [2] S. Augustus, Kap. 36,
Anm.

geborgt hatten, jemals wieder einzufordern, d. h. selbst dann
nicht, wenn die Väter der Betreffenden gestorben waren.
In allen übrigen Dingen zeigte er sich gleich von Anfang
an bis zum Ende seiner Regierung bürgerlich schlicht und
gütig. 12. Niemals verheimlichte er seine frühere geringe
Stellung, er rühmte sich sogar ihrer des öfteren. Als einmal
einige Leute den Versuch machten, den Ursprung des Flaviergeschlechts auf die Gründer der Stadt Reate und auf einen
Gefährten des Herkules zurückzuführen, dessen Denkmal
noch jetzt auf der Salarischen Straße steht, lachte er sie
ohne weiteres aus. Auf äußere Ehrungen legte er so wenig
Wert, daß er am Tage seines Triumphs ermüdet und gelang-
weilt von dem endlosen Festgepränge des Zuges offen zu-
gab: „Mir geschieht schon ganz recht, daß ich so töricht
gewesen bin, mir in meinem Alter auch noch einen Triumph
zu wünschen, den ich weder meinen Vorfahren schuldig
war noch selbst jemals erhofft hatte." Selbst die tribunizische Gewalt[1] ⟨...⟩ den Namen „Vater des Vaterlandes"
nahm er erst spät an. Noch während des Bürgerkriegs
stand er von dem Brauch ab, die zur Audienz Vor-
gelassenen durchsuchen zu lassen[2].
13. Den Freimut der Freunde, die verblümten Sticheleien
der Sachwalter und die Unverschämtheit der Philosophen
ertrug er mit größter Geduld. Licinius Mucianus, dessen
Ansehen unter seinem ausschweifenden Leben litt, ließ es
im Vertrauen auf seine dem Kaiser geleisteten Dienste[3]
fortwährend ihm gegenüber an der schuldigen Ehrerbietung
fehlen. Aber Vespasian tadelte ihn trotz alledem nie anders
als unter vier Augen, und wenn er sich einmal über ihn bei
einem gemeinsamen Freund beklagte, fügte er stets am

---

[1] Der Sinn dieser im lat. Text verdorbenen Stelle ist nicht ganz klar.
Die tribunizische Gewalt war fast die wichtigste der Befugnisse, aus
denen sich die Kaisermacht zusammensetzte. Dementsprechend hat
Vespasian sie auch von seinem Regierungsantritt an ausgeübt; sie
wurde ihm vom Senat mit den üblichen Ämtern und Ehrungen am
22. Dezember 69 übertragen. – [2] S. Claudius, Kap. 35. – [3] S. Kap. 6,
Anm. Er rühmte sich nach Tacitus, Historien, IV, 4, sogar vor dem
Senat als „Kaisermacher".

Schluß hinzu: „Und ich bin doch wenigstens ein Mann."
Salvius Liberalis hatte in seiner Verteidigungsrede für
einen angeklagten reichen Klienten vorzubringen gewagt:
„Was geht es den Kaiser an, wenn Hipparchus hundert
Millionen Sesterzen besitzt?" Vespasian erteilte ihm hierfür sogar ein Lob[1]. Den Kyniker Demetrius, der nach
seiner Verurteilung auf einer Reise dem Kaiser begegnete
und weder vor ihm aufstand noch ihn grüßte, ja sogar ihn
noch mit Schimpfreden anknurrte, nannte er einfach
„Hund"[2].

14. Beleidigungen und Feindschaften trug Vespasian fast
gar nicht nach. Ebenso fehlte ihm jede Rachgier. So verheiratete er die Tochter seines Feindes Vitellius[3] auf das
glänzendste und gab ihr sogar eine Mitgift und eine Aussteuer. – Nach seiner unter Nero erfolgten Verweisung vom
Hof hatte er einst bei einem Kammerherrn ängstlich an-
gefragt, was er denn tun oder wohin er sich begeben sollte.
Daraufhin war ihm von diesem mit folgenden Worten die
Türe gewiesen worden: „Geh hin, wo der Pfeffer wächst![4]"
Als der Betreffende den Kaiser später um Verzeihung bat,
machte Vespasian seinem Zorn gegen ihn einzig und allein
in den fast gleichen Worten Luft. – Er war weit davon entfernt, auf bloßen Verdacht oder Befürchtungen hin sich veranlaßt zu sehen, Leute zu verderben. Als seine Freunde ihn
z. B. baten, sich vor Mettius Pompusianus in acht zu nehmen,

---

[1] Gajus Salvius Liberalis Nonius Bassus, berühmter Sachwalter,
durch Vespasian (s. Kap. 9) Senator, unter Domitian Konsul und
zeitweise verbannt, 100: Prozeßgegner des Tacitus und des jüngeren Plinius, der mit höchster Achtung von ihm spricht. – [2] Demetrius aus Sunion in Attika, einer der bedeutendsten Philosophen der
Zeit, lebte, wenn er durfte, in Rom, Freund Senecas, wegen seines
Freimuts gefürchtet und bewundert, als Republikaner von Caligula
und Nero, als Philosoph von Vespasian und Domitian ausgewiesen,
gehörte der kynischen Schule an, die alle Konventionen verwarf und
deren Name mit dem griech. kýōn, der Hund, zusammengebracht
wurde, weil die Kyniker so lebten und sich so benahmen „wie die
Hunde". „Hund" hier also doppelsinnig. – [3] S. Vitellius, Kap. 6. –
[4] Wörtlich: nach Morbovia („Krankenhausen", „Pest").

weil man allgemein glaube, sein Horoskop verheiße jenem den Thron, machte er den Mann sogar noch zum Konsul, wobei er bemerkte, er bürge dafür, Mettius werde sich einmal dieser Gnade erinnern.

15. Nicht leicht kam es vor, daß unter ihm jemand unschuldig bestraft wurde, es sei denn in seiner Abwesenheit und ohne sein Vorwissen oder jedenfalls gegen seinen Willen und auf falschen Bericht hin. Helvidius Priscus[1] hatte den Kaiser bei seiner Rückkehr aus Syrien nach Rom als einziger bloß mit seinem Privatnamen Vespasian begrüßt und ihn als Prätor, anstatt ihn mit der schuldigen Achtung zu nennen, in allen seinen Edikten völlig ignoriert. Trotzdem wurde Vespasian erst dann gegen ihn aufgebracht, als er von ihm bei einem heftigen Wortwechsel auf die unverschämteste Weise persönlich beleidigt worden war[2]. Obwohl er ihn zuerst verbannt und später den Befehl zu seiner Hinrichtung gegeben hatte, hätte er schon unmittelbar darauf wieder viel darum gegeben, wenn er ihn hätte am Leben erhalten können. Er schickte sogar Boten aus, um die Vollstrecker des Urteils zurückzurufen. Wenn man ihm nicht fälschlich berichtet hätte, das Todesurteil sei bereits vollstreckt, würde ihm die Rettung auch sicherlich gelungen sein. Kurz, Vespasian hatte nie Freude am Blutvergießen, ja, er vollzog selbst ein gerechtes Todesurteil nur mit Tränen und Seufzen.

16. Das einzige, was man dem Kaiser mit Recht vorwerfen kann, ist Geldgier. Nicht genug, daß er die unter Galba aufgehobenen Abgaben wieder einführte, neue sehr drückende hinzufügte und die Tribute der Provinzen er-

---

[1] Führer der auf Cato (s. Cäsar, Kap. 14, Anm.) und die Cäsarmörder zurückgehenden philosophisch-republikanischen Senatsopposition, als Schwiegersohn des Pätus Thrasea 66–68 verbannt. Da er gegen Vespasian sachlich nichts vorbringen konnte, wollte er wenigstens durch sein Betragen vor aller Öffentlichkeit zeigen, daß ihm sogar der Kaiser gleichgültig war. – [2] Nach Cassius Dio LXVI, 12 in einer Senatssitzung; der Kaiser sei dadurch zu Tränen gereizt worden, doch nicht er hätte ihn festgenommen, sondern der Senat durch die Tribunen. S. auch Kap. 25, Anm.

höhte, bei einigen geradezu verdoppelte, trieb er auch sogar öffentlich Finanzgeschäfte, deren selbst ein Privatmann sich hätte schämen müssen. Denn er kaufte gewisse Waren bloß deshalb auf, um sie nachher einzeln mit großem Gewinn wieder weiterzuveräußern. Auch trug er nicht einmal Bedenken, sich von Bewerbern die Ämter und von Angeklagten, schuldigen wie unschuldigen, die Freisprechung abkaufen zu lassen. Man sagt ihm auch nach, daß er absichtlich seine habsüchtigsten Prokuratoren in desto höhere Stellen zu befördern pflegte, um sie dann später zu um so größeren Geldbußen verurteilen zu können. Es hieß allgemein, er bediene sich ihrer als Schwämme, weil er sie sozusagen anfeuchte, wenn sie trocken seien, und ausdrücke, wenn sie sich vollgesogen hätten.

Nach Ansicht einiger Leute ist diese große Habgier ein Naturfehler gewesen, und einer seiner alten Rinderhirten hat ihm das einmal ins Gesicht gesagt. Der Mann hatte nämlich Vespasian nach seiner Thronbesteigung wiederholt gebeten, ihn ohne Bezahlung des Loskaufgeldes freizulassen. Als der Kaiser es ihm trotzdem abschlug, habe der Alte laut ausgerufen: ,,Der Fuchs wechselt den Balg und bleibt ein Schalk!" Dagegen sind andere der Meinung, Vespasian sei bei dem ungeheuren Fehlbetrag im Staatsschatz und in der kaiserlichen Kasse notgedrungen zu seinen gewaltigen Eingriffen gezwungen worden. Er hat denn auch gleich beim Anfang seiner Regierung mit Bezug hierauf öffentlich erklärt: ,,Vierzig Milliarden Sesterzen[1] benötige ich, um den Staat vor dem Bankrott zu bewahren." Diese Ansicht von seinem Charakter dürfte wohl die richtigere sein, da er jedenfalls auch von den nicht ganz rechtmäßig erworbenen Geldmitteln den besten Gebrauch gemacht hat.

17. Überaus freigebig, wie er gegen alle Menschenklassen war, erstattete der Kaiser auch Senatoren, was ihnen an ihrem standesgemäßen Vermögen fehlte. Mittellose Konsulare unterstützte er durch jährliche Pensionen von fünfhunderttausend Sesterzen[2], zahlreichen Städten im ganzen

---

[1] 40 Milliarden DM. – [2] 500000 DM. S. Nero, Kap. 10.

Reichsgebiet, die durch Erdbeben oder Brandunglück gelitten hatten, half er wieder auf.

Talente und Künste erfreuten sich Vespasians besonderer
Gunst. 18. Er zuerst setzte aus der kaiserlichen Kasse den
lateinischen und griechischen Rhetoren Jahresbesoldungen
von hunderttausend Sesterzen[1] aus. Begabte Dichter und
Künstler, wie z. B. die, welche die Koische Venus und den sogenannten Koloß Neros[2] wiederhergestellt hatten, erhielten
bei ansehnlicher Bezahlung noch reichliche Geschenke. Auch
einem Mechaniker, der sich erbot, riesige Säulen mit geringen
Kosten auf das Kapitol zu schaffen, gab er für seine Erfindung
freiwillig eine reiche Belohnung, erließ ihm jedoch die Ausführung mit dem Bemerken: „Du mußt mir erlauben, auch
den Mann aus dem Volk sein Brot verdienen zu lassen."

19. Bei den Spielen, mit welchen er das neu wiederher-
gestellte Theater des Marcellus einweihte, hatte er auch die
alten Künstler wieder auftreten lassen. Dem Tragöden
Apellaris gab er vierhunderttausend, den Kitharöden Terpnus und Diodor je zweihunderttausend, einigen anderen
hunderttausend und als niedrigsten Satz vierzigtausend
Sesterzen[3], ungerechnet die zahlreichen goldenen Kränze,
welche er austeilte. Auch hielt er beständig Tafel, und zwar
gab er sehr häufig große und reiche Essen, um den Lebens-
mittelhändlern etwas zu verdienen zu geben. Tischge-
schenke spendete Vespasian den Männern gewöhnlich am
Saturnalienfest, den Frauen am ersten März[4].

---

[1] 100000 DM. – Der erste lateinische Rhetor, der dies erhielt, war
Quintilian. S. auch Augustus, Kap. 89. – [2] Koische Venus, entweder eine von Augustus im Cäsartempel aufgehängte Aphrodite
Anadyomene, die von Apelles für Kos gemalt und in Rom verfallen
war, oder eine Plastik, die Vespasian seinem Friedenstempel als Kultbild gegeben hatte. – Die 25,5 m hohe Statue Neros aus dem Vestibül des Goldenen Hauses (s. Nero, Kap. 31) wurde in ein Bild des
Sonnengottes umgearbeitet und von Hadrian beim Flavischen Amphitheater aufgestellt, das später nach ihm Kolosseum genannt wurde. –
[3] 400000 DM, 200000 DM, 100000 DM, 40000 DM. Terpnus, s.
Nero, Kap. 20; Theater des Marcellus, s. Cäsar, Kap. 44, Augustus,
Kap. 29. – [4] Dem Tage des Frauenfestes der Matronalia.

Trotz alledem blieb der alte Vorwurf der Habgier an ihm haften. So fuhren die Alexandriner fort, ihm den Spitznamen Kybiosaktes (Heringskrämer)[1] zu geben, den früher einer ihrer Könige wegen seines schmutzigen Geizes geführt hatte. Selbst bei seinem Leichenbegängnis fragte der Vorsteher der Pantomimen, Favor, der in der Maske des Kaisers auftrat und, wie es Sitte ist, seine Gewohnheiten und Reden nachahmte, wie wenn er noch lebte, die Prokuratoren ganz laut, wie hoch das Begräbnis und der Leichenzug zu stehen käme. Auf die Antwort: „Zehn Millionen Sesterzen", rief er vor aller Öffentlichkeit aus: „Gebt mir hunderttausend Sesterzen[2] und werft mich dann meinetwegen in den Tiber!"

20. Vespasian besaß eine mittlere, gleichmäßig gebaute Figur, gedrungene und kräftige Glieder und sein Gesicht hatte etwas vom Ausdruck eines Mannes, der ständig an schlechter Verdauung leidet. Daher gab ihm ein bekannter Witzbold auf die Aufforderung, auch auf ihn einmal einen Witz zu machen, die nicht üble Antwort: „Sehr gern, sobald du deinem Leib Erleichterung geschafft hast." Er erfreute sich einer sehr guten Gesundheit, obgleich er zu ihrer Erhaltung nichts weiter tat, als daß er sich den Hals und die übrigen Teile des Körpers in dem Ballspielsaal des Bades eine bestimmte Zahl von Malen selbst frottierte und alle Monate einmal Fasttag hielt.

21. Seine Tagesordnung war etwa folgende. Als Kaiser pflegte er immer früh und noch vor Tagesanbruch aufzustehen. Dann las er die eingelaufenen Briefe und kurzen Berichte der Behörden durch und empfing seine Freunde. Während der Aufwartung zog er sich selbst Schuhe und Kleider an. Nach Erledigung aller laufenden Geschäfte machte er eine Spazierfahrt und hielt dann Mittagsschlaf, wobei eine seiner Nebenfrauen, deren er an Stelle der verstorbenen Cänis sich mehrere zugelegt hatte, bei ihm ruhte. Aus seinem Schlafzimmer ging er ins Bad und dann zu

---

[1] Wörtlich: Hausierer mit Thunfischstücken, einem Volksnahrungsmittel billigster Art. Die Alexandriner waren wegen ihres bissigen Witzes bekannt. – [2] 10 Millionen und 100000 DM.

Tisch. Um diese Zeit soll er am gnädigsten und zugäng-
lichsten gewesen sein. Deshalb nahmen denn auch die Angehörigen seines Hofes solche Augenblicke vorzugsweise
wahr, wenn sie eine Bitte vorzubringen hatten.

22. Bei Tisch wie auch bei anderen Gelegenheiten war
Vespasian sehr leutselig und überging manches mit einem
Scherz. Denn er liebte es, Witze zu machen, die zuweilen
so albern und gemein waren, daß er sich selbst vor Zoten
nicht scheute. Dennoch gibt es auch einige vortreffliche
Witzworte von ihm, wie die folgenden: Der Konsular
Mestrius Florus hatte ihn einmal darauf aufmerksam ge-
macht, man dürfe nicht plostra, sondern müsse plaustra
sagen. Dafür nannte ihn Vespasian am folgenden Tage bei
der Begrüßung Flaurus[1]. Ein andermal schenkte er einer
Frau, die sterblich in ihn verliebt zu sein vorgab, nach ge-
nossener Gunst vierhunderttausend Sesterzen[2]. Auf die
Frage seines Kassenverwalters, worunter er befehle, diese
Summe in die Rechnungsbücher einzutragen, gab er zur
Antwort: „Für übergroße Liebe zu Vespasian."

23. Auch griechische Verse wußte er recht passend anzubringen. So wandte er z. B. auf einen sehr hochgewachsenen
und mit einem unmäßig großen Glied begabten Mann den
Homerischen Vers an:

Mächtig schreitet er aus und schwenkt die ragende Lanze.[3]

Von dem sehr reichen Freigelassenen Kerylos, der, um
sich den Ansprüchen des Fiskus zu entziehen, sich für einen
Freigeborenen ausgegeben und seinen Namen in Laches
verändert hatte, sagte er:

O, Laches, Laches,
Wenn du einst tot bist, wirst du dennoch wieder sein
Ein Kerylos[4].

---

[1] Mestrius Florus, ein Freund Plutarchs und des damals in Griechen-
land siegreichen Klassizismus, forderte für das Lateinische eine Rück-
kehr zu Cicero, der es für eine Anpassung an den Geschmack des
Pöbels erklärt hatte, daß sich Claudius nach seinem Übertritt zu den
Plebejern Clodius nannte (s. Cäsar, Kap. 6, Anm.). – Plaustra, Wagen –
Flaurus (griech. Fremdwort), Nichtsnutz. – [2] 400000 DM. – [3] Homer,
Ilias VII, 213. – [4] Aus einem sonst unbekannten Lustspiel Menanders.

Ganz besonders gern machte er Witze über seine nicht
eben sauberen Finanzoperationen. Damit beabsichtigte er,
das Üble daran durch einen scherzhaften Einfall zu mildern und die Sache ins Witzige zu ziehen. So bat ihn einmal einer seiner liebsten Hofbeamten für jemand, den er
als seinen Bruder ausgab, um eine Verwalterstelle. Vespasian verschob die Entscheidung, ließ aber inzwischen den
Bewerber zu sich rufen, sich selbst die Summe auszahlen,
die jener seinem Fürsprecher in Aussicht gestellt hatte, und
verlieh ihm unverzüglich die Stelle. Als darauf der Hof-
beamte wieder bei ihm anfragte, gab Vespasian ihm zur
Antwort: „Such' dir einen anderen Bruder; der, den Du
für Deinen hältst, ist meiner!" Auf einer Reise hatte er
einmal seinen Maultiertreiber im Verdacht, er sei nur deshalb zum Beschlagen der Mauleselinnen abgestiegen, damit ein Bittsteller Zeit hätte, den Kaiser anzugehen. Vespasian fragte ihn sofort, wieviel er am Beschlagen verdient
hätte, und bedang sich einen Teil seines Verdienstes aus.
Sein Sohn Titus tadelte ihn, daß er auch eine Urinsteuer[1]
ausgedacht hatte, Vespasian jedoch hielt ihm ein Stück
Geld von der ersten Erhebung unter die Nase und fragte
ihn: „Verspürst Du einen üblen Geruch?" Als Titus ver-
neinte, sagte er: „Und doch ist es vom Urin." Die Abgesandten einer Stadt kündigten ihm einmal an, man habe
beschlossen, ihm auf öffentliche Kosten für eine beträchtliche Geldsumme eine Kolossalstatue zu setzen. Vespasian forderte sie auf, die Statue sofort zu errichten, hielt
die hohle Hand hin und sagte: „Der Grundstein ist gelegt."
Selbst nicht einmal die Furcht und die unmittelbare Nähe
seines Todes hielten ihn davon ab, Witze zu machen. Denn
als unter anderen schlimmen Vorzeichen die Türen des
Mausoleums sich plötzlich geöffnet und am Himmel ein

Der Name bedeutet Eisvogel, läßt sich aber auch mit „Im Tode
verdorben" wiedergeben. Nebensinn: „Im Tode sind alle gleich, und
der Fiskus wird spätestens nach deinem Tode deinen Besitz als den
des Kerylos, des Freigelassenen, behandeln." – [1]Für die Benutzung
von Urin zum Gerben.

Komet sich gezeigt hatte, sagte er: „Das eine bezieht sich auf Junia Calvina aus der Familie des Augustus, das andere auf den Partherkönig, der langes Haar trägt[1]." Und beim ersten Anfall seiner tödlichen Krankheit rief er aus: „O weh, ich glaube, ich werde ein Gott!"

24. In seinem neunten Konsulat erfuhr er in Kampanien die erste leichte Erschütterung seiner Gesundheit. Er begab sich eiligst nach Rom zurück und von dort nach Cutiliä[2] und seinen reatinischen Landgütern, wo er sonst alljährlich den Sommer zubrachte. Hier verschlimmerte sich sein Zustand, da er sich obendrein durch den übertriebenen Gebrauch des kalten Wassers auch ein Darmleiden zuzog. Trotzdem besorgte er wie sonst alle seine Regierungsgeschäfte, ja er gab sogar, obwohl zu Bett liegend, den Gesandten Audienz. Aber plötzlich trat ein furchtbarer Durchfall ein, der eine völlige Abnahme seiner Kräfte zur Folge hatte. Mit den Worten: „Ein Imperator muß stehend sterben[3]", versuchte Vespasian, sich mit aller Anstrengung aufzurichten; und hierbei starb er unter den Händen der Leute, welche ihm aufhelfen wollten, am dreiundzwanzigsten Juni im Alter von neunundsechzig Jahren, sieben Monaten und sieben Tagen.

25. Alle sind darin einig, daß er in sein und der Seinen Geburtsgestirn so großes Vertrauen setzte, daß er trotz der unaufhörlichen Verschwörungen gegen ihn doch kühn genug war, dem Senat die feste Versicherung auszusprechen, entweder seine Söhne würden ihm in der Regierung folgen oder niemand[4]. Auch wird erzählt, er habe

---

[1] Wortspiel mit Calvinus, kahl, und dem langen Haar des Partherkönigs. Junia Calvina hatte als Enkelin der Julia, der Enkelin des Augustus, ein Recht auf einen Platz im Mausoleum (s. Augustus, Kap. 65 u. 100). Sie war die Schwester des Junius Silanus, der wegen Blutschande mit ihr 49 Selbstmord begehen mußte. Sie selbst wurde verbannt und nach 10 Jahren von Nero zurückgerufen. – [2] Bad in der Nähe von Reate mit einem kleinen Bergsee und eiskalten Schwefelquellen. – [3] Wie ein Soldat in der Schlacht. Ähnlich Bismarcks Wunsch, „in den Sielen" sterben zu können. – [4] Verschwörungen, s. Titus, Kap. 6. Unter diesem Eindruck gewinnt die

einmal im Traum eine Waage vollkommen im Gleich-
gewicht mitten im Vorhof seines Palastes aufgestellt gesehen. In der einen Schale standen Claudius und Nero, in
der anderen er selbst und seine Söhne. Und so ist es denn
auch eingetroffen; beide Teile haben ebenso viele Jahre
und eine völlig gleiche Zeit hindurch regiert[1].

Versicherung den Sinn einer Drohung. Sie soll nach Cassius Dio
LXVI, 12 nach dem Zusammenstoß mit Helvidius Crispus (s. Kap. 15)
gefallen sein. Hiernach könnte dieser dem Kaiser zugemutet haben,
seine Söhne von der Thronfolge auszuschließen, worin dann die Beleidigung gelegen hätte. - [1] Claudius und Nero: 41-68 (27 Jahre), die
Flavier: 69-96 (27 Jahre).

TITUS

1. Titus, der den Beinamen Vespasian nach seinem Vater führte, war geradezu die Liebe und das Entzücken des Menschengeschlechts. So sehr befähigt war er von Natur oder durch Kunst oder Glück, sich die Zuneigung aller zu gewinnen, und zwar, was besonders schwierig ist, als Herrscher. Denn als Privatmann und noch selbst, als sein Vater bereits Kaiser war, wurde er förmlich gehaßt; selbstverständlich unterlag sein Benehmen auch dem öffentlichen Tadel.

Er wurde geboren am 30. Dezember des denkwürdigen Jahres, in dem Kaiser Caligula ermordet ward[1], nahe bei dem Septizonium[2] in einem ärmlichen Hause und noch dazu in einem sehr kleinen finsteren Zimmer. Noch heute wird es in seinem alten Zustand gezeigt. 2. Erzogen wurde Titus am Hof in Gemeinschaft mit Britannicus. Beide genossen den gleichen Unterricht bei demselben Lehrer. Damals, sagt man, soll ein Physiognom, den der Freigelassene des Claudius, Narzissus, einführte, um Britannicus zu beschauen, zuversichtlich erklärt haben, Britannicus werde niemals, aber Titus – er war bei dieser

---

Titus Flavius Vespasianus, als Kaiser Imperator Titus Cäsar Vespasianus Augustus, geb. 30. Dezember 39, gest. 13. September 81. Kaiser seit 24. Juni 79.

[1] Das Jahr der Ermordung Caligulas war 41, dagegen steht 39 als Geburtsjahr des Titus schon durch Suetons eigene Berechnung seines Alters auf 42 Jahre (s. Kap. 11) unzweifelhaft fest. – [2] Name eines Bauwerks, das irgend etwas mit den Zonen (Bahnen) der damals bekannten 7 Planeten zu tun gehabt haben muß, vielleicht eine Darstellung ihres vermuteten Laufs mit immerwährendem Kalender. Das berühmt gewordene Septizonium am Palatin stammt aus späterer Zeit.

Untersuchung zugegen – werde sicher einmal Kaiser werden. Beide waren so eng miteinander befreundet, daß man
glaubt, von dem Gifttrank, an dessen Genuß Britannicus
starb[1], habe auch der neben ihm bei Tisch liegende Titus
gekostet und sei lange an den Folgen davon schwer erkrankt gewesen. Im Andenken daran errichtete er dem
Britannicus später ein vergoldetes Standbild im Palatium
und weihte ihm ferner eine elfenbeinerne Reiterstatuette,
die auch heute noch im feierlichen Zirkusaufzug mit voran-
geführt wird und die Titus bei ihrer ersten Prozession persönlich begleitete.

3. Schon im Knaben traten die glänzenden Gaben seines
Körpers und Geistes zutage, die sich dann mit fortschrei-
tendem Alter immer mehr und mehr entwickelten: seine
überaus schöne Erscheinung, in der sich Würde mit Anmut
harmonisch paarten; sein hervorragend kräftiger Körper,
obwohl seine Figur nicht groß und sein Leib etwas dick
war; ein wunderbares Gedächtnis; Geschick zu fast allen
Künsten des Krieges wie des Friedens. Fechten und Reiten
verstand er wie kein anderer. Im Lateinischen und auch
im Griechischen besaß er besondere Fertigkeit als Redner
und Dichter. Beides fiel ihm so leicht, daß er es aus dem
Stegreif konnte. Selbst der Musik stand er nicht fremd
gegenüber, wie er denn mit Anmut und Geschick sang und
die Zither schlug. Viele Personen haben mir erzählt, er
hätte sich geübt, auf das geschwindeste in Kurzschrift
nachzuschreiben und dabei sich oft mit seinen Schreibern
zum Scherz in einen Wettstreit eingelassen. Auch verstand
er alle Handschriften nachzumachen, die er irgend einmal
gesehen hatte. Deshalb habe er oft erklärt, er hätte der
größte Fälscher sein können.

4. Als Kriegstribun diente Titus in Germanien und Britannien. Überall genoß er den Ruf, ein ebenso tüchtiger
wie uneigennütziger Mann zu sein, wie dies aus der Menge
der ihm in beiden Provinzen errichteten Statuen, Hermen
und Inschriften hervorgeht. Nach beendetem Kriegsdienst

---

[1] 55, Nero, Kap. 33.

TITUS

war er als Sachwalter auf dem Forum tätig, und zwar mehr um der Ehre wegen, als berufsmäßig.

In diese Zeit fällt seine Verheiratung mit Arrecina Tertulla, deren Vater zwar nur römischer Ritter, aber früher Präfekt der Prätorianerkohorten[1] gewesen war. Nach ihrem Tode heiratete er Marcia Furnilla, eine Frau aus glänzender Familie. Doch trennte er sich nach Geburt einer Tochter[2] wieder von ihr.

Nach Bekleidung der Quästur erhielt er das Kommando über eine Legion[3]. In dieser Stellung unterwarf er Tarichää und Gamala[4], zwei wohlbefestigte Städte Judäas. In einem der hier stattfindenden Kämpfe wurde ihm sein Pferd unter dem Leibe getötet, worauf er sich auf ein anderes schwang, dessen Reiter neben ihm gefallen war.

5. Bei Galbas Thronbesteigung wurde er zur Huldigung abgesandt. Überall, wo er unterwegs durchkam, lenkte er die Aufmerksamkeit der Leute auf sich; denn man glaubte allgemein, Galba lasse ihn nach Rom kommen, um ihn zu adoptieren. Aber auf die Nachricht von neuen Unruhen[5] in Rom kehrte er unterwegs wieder um. Als er das Orakel der Venus von Paphos[6] über seine Seefahrt befragte, bestärkte es zugleich seine Hoffnung auf den Thron. Bald sollte sich diese erfüllen.

Sein Vater ließ ihn in Judäa zurück, um die Unterwerfung des Landes ganz durchzuführen. Beim letzten Sturm auf Jerusalem tötete Titus zwölf Feinde mit ebensoviel Pfeilschüssen. Er eroberte die Stadt am Geburtstag seiner Tochter, und der Jubel und die Begeisterung seiner Soldaten

---

[1] Damals das zweithöchste ritterliche Amt nach der Präfektur von Ägypten. Marcus Arrecinus Clemens, der Vater Tertullas, war Macros (s. Caligula, Kap. 12, Anm.) Nachfolger gewesen. – [2] Vor 65, ihr Name war Julia. Zur Augusta ernannt, heiratete sie, von Domitian zurückgewiesen, den jüngeren Flavius Sabinus. Nach dessen Hinrichtung (s. Domitian, Kap. 10) Geliebte Domitians (s. dort, Kap. 22), gestorben und vergöttert vor 90. – [3] 67 (s. Vespasian, Kap. 4, Anm.). – [4] Auf der West- und der Ostseite des Sees Genezareth. – [5] D. h. der Erhebung Othos, Januar 69. Er war bis Korinth gekommen. – [6] An der Westküste Cyperns, Hauptkultstätte der danach Cypria genannten Venus.

für ihn war so groß, daß sie ihn bei ihren Glückwünschen
zum Siege als „Imperator" begrüßten[1]. Als er sich bald
darauf anschickte, die Provinz zu verlassen, versuchten sie
ihn zurückzuhalten und sie beschworen ihn flehentlich, ja
selbst mit Drohungen, entweder zu bleiben oder sie alle
mitzunehmen. Daher entstand der Verdacht, er habe von
seinem Vater abfallen und sich zum König des Orients
machen wollen. Diesem Verdacht gab der Umstand neue
Nahrung, daß er auf seinem Zug nach Alexandria während
der Weihe eines Apisstiers bei Memphis ein Diadem[2] trug.
Dies entsprach zwar ganz der Sitte und dem Ritus jener
alten religiösen Feier, wurde aber doch von geschäftigen
Zwischenträgern anders ausgelegt. Deshalb beeilte er sich,
nach Italien zu kommen, fuhr auf einem bloßen Transport-
schiff nach Regium, von dort nach Puteoli und reiste von
da sofort mit größter Geschwindigkeit nach Rom. Hier
begrüßte er den überraschten Vater, gleichsam um die
Grundlosigkeit der gegen ihn ausgesprengten Gerüchte zu
beweisen, mit den Worten: „Da bin ich, Vater, da bin ich."
6. Seitdem nahm Titus ununterbrochen an der Regierung
seines Vaters teil und blieb ihre Stütze. Er triumphierte mit
ihm und bekleidete mit ihm zugleich die Censur, ferner
war er sein Kollege im tribunizischen Amt und in sieben
Konsulaten[3]. Ferner übernahm er fast alle Regierungsgeschäfte, diktierte sogar Briefe in seines Vaters Namen,
verfaßte die Edikte, verlas statt des Quästors[4] die kaiserlichen Ansprachen im Senat und übernahm endlich auch
das Oberkommando über die Prätorianergarde, das bis
dahin immer nur ein römischer Ritter innegehabt hatte,

---

[1] Diese Begrüßungen waren freiwillige Kundgebungen der Soldaten
nach großen Erfolgen; die Kaiser zählten in ihrer Titulatur nach, wie
oft sie stattgefunden hatten. – [2] Symbol des Königtums. Apisstier, das
heiligste Tier der Ägypter, Memphis die alte Hauptstadt Ägyptens,
Ruinen südlich vom heutigen Kairo. Nach längeren Siegesfeiern war
Titus am Euphrat mit einer Gesandtschaft der Parther (s. Vespasian,
Kap. 6) zusammengekommen und im Mai 71 nach Ägypten gereist. –
[3] S. Vespasian, Kap. 8, Anm. Konsul 70, 72, 74–77, 79. – [4] S. Nero,
Kap. 15.

verfuhr aber in dieser Stellung sehr tyrannisch und gewalttätig. So ließ er z. B. jeden, der ihm verdächtig war, auf
die Weise ums Leben bringen, daß er Leute anstiftete,
in den Theatern und in den Lagern gleichsam im Namen
Aller die Bestrafung des Betreffenden laut zu fordern.
Darunter befand sich Aulus Cäcina[1], ein Mann konsularischen Ranges, den Titus zur Tafel lud und gleich beim
Verlassen des Speisesaals niederstoßen ließ. Freilich war
hier Gefahr im Verzug; denn ihm war sogar der eigenhändig geschriebene Entwurf einer Ansprache, welche
Cäcina an die Soldaten zu halten gedachte, in die Hände
gefallen. Für seine künftige Sicherheit sorgte Titus allerdings durch solche Handlungsweise in hervorragendem
Maße; allein für den Augenblick machte er sich dadurch
äußerst verhaßt. Man kann daher wohl mit Fug und Recht
behaupten, daß schwerlich ein Fürst mit so üblem Ruf
und unter so allgemeiner Abneigung den Thron bestiegen
hat[2].

7. Außer Grausamkeit warf man ihm auch liederlichen
Lebenswandel vor; denn er pflegte die Kneipereien mit
seinen ausgelassenen Freunden bis tief in die Nacht auszudehnen. Ebenso stand er im Verdacht, sich geschlechtlichen Ausschweifungen hinzugeben, weil ein Schwarm von
Lustknaben und Verschnittenen ständig um ihn her war.
Auch ergriff ihn eine heftige Leidenschaft zu der Königin
Berenike[3], der er, wie man allgemein sagte, sogar die Ehe
versprochen hatte. Auch der Habsucht beschuldigte man

---

[1] Er war von Galba zu Vitellius übergegangen, Sieger bei Betriacum
(s. Otho, Kap. 9); Vespasian entgegengesandt, ging er zu diesem über
(s. Vitellius, Kap. 15). – [2] S. Vespasian, Kap. 25, Anm. – [3] Geb. 28,
Schwester des Judenkönigs Herodes Agrippa II., mit dem sie nach
zwei kurzen Ehen seit 48 wie Mann und Frau zusammenlebte. Hörte
Paulus in Cäsarea (60, Apostelgesch. 26), suchte mit ihrem Bruder den
Juden vom Aufstand abzuraten, begleitete wohl ihn und sein Kon-
tingent ins römische Lager, Helferin Vespasians bei seiner Erhebung
zum Kaiser, Freundin des 11 Jahre jüngeren Titus, mit dem sie, noch
damals eine Schönheit ersten Ranges, 75–79 in Rom heimlich ver-
mählt war.

ihn, weil es bekannt war, daß er mit den richterlichen Entscheidungen seines Vaters Handel trieb und Bestechungen
annahm[1]. Kurz und gut, man glaubte und sprach es auch
ganz offen aus, daß er ein zweiter Nero sei. Aber dieser Ruf
schlug zu seinen Gunsten ins Gegenteil um und verwandelte sich in die größte Bewunderung, da sich bei ihm
als Kaiser nicht nur keins dieser Laster, sondern gerade
umgekehrt die herrlichsten Eigenschaften herausstellten.
Die Gelage, die er gab, waren mehr heiter als verschwenderisch. Er suchte sich zu seinen Freunden Männer aus, welche
auch die nach ihm regierenden Kaiser beibehalten und vorzugsweise in ihrem Dienst verwendet haben, weil sie für
sie selbst und den Staat unentbehrlich waren. Berenike
sandte er unmittelbar nach seiner Thronbesteigung aus
Rom fort, so schmerzlich es für ihn und auch für sie war.
Einigen seiner erklärten Lieblinge entzog er nicht nur seine
bisherige übermäßige Gunst, sondern vermied es sogar,
sich überhaupt ihre Leistungen auch nur öffentlich anzu-
sehen, obwohl sie schon bald als Tänzer die Bühnen be-
herrschten. Keinem Bürger entzog er das Geringste. Frem-
des Eigentum hielt er heilig, wie kaum sonst jemand. Selbst
die zulässigen und üblichen Geschenke nahm er nicht an.
Und doch stand er keinem seiner Vorgänger an Freigebigkeit nach. Bei der Einweihung des Amphitheaters[2], neben
dem er in großer Schnelligkeit Bäder[3] erbaut hatte, veranstaltete er ein prächtig ausgestattetes Gladiatorenspiel.
Ferner gab er auch ein Seegefecht in der alten Naumachie[4],
ebendaselbst auch ein Gladiatorenspiel und an einem einzigen Tag eine Tierhetze mit fünftausend der verschiedensten wilden Tiere.

8. Von Natur überaus wohlwollend, war Titus der erste
Kaiser, der die von seinen Vorgängern erteilten Gnaden-

---

[1] Vgl. Vespasian, Kap. 16. – [2] Des Kolosseums, s. Vespasian, Kap. 9,
Anm. Sie fand 80 statt und dauerte 100 Tage. – [3] Die Titusthermen,
Fundort der Laokoongruppe und der Malereien, nach denen Raffael
seine „Grotesken" entwarf, darunterliegende Teile des Goldenen
Hauses jetzt freigelegt. – [4] S. Augustus, Kap. 43, Anm., Tiberius,
Kap. 72, Nero, Kap. 27.

akte samt und sonders durch ein einziges Edikt bestätigte, ohne daß er sich darum angehen ließ. Bisher hatten nämlich nach einem von Tiberius eingeführten Grundsatz alle Kaiser nach diesem die von ihren Vorgängern gewährten Vergünstigungen nur dann für gültig erklärt, wenn sie selbst sie den betreffenden Personen auf erneutes Ansuchen verliehen hatten. Bei allen an ihn gerichteten sonstigen Bitten der Leute hielt er aufs strengste daran fest, niemand ohne Hoffnung zu entlassen. Und wenn ihn seine Vertrauten darauf aufmerksam machten, er verspreche mehr, als er leisten könne, gab er zur Antwort: „Keiner, der mit dem Kaiser gesprochen hat, darf traurig hinweggehen." Als ihm einmal bei Tisch einfiel, daß er an dem ganzen Tage niemandem eine Gnade erwiesen habe, sprach er jene denkwürdigen und mit Recht gepriesenen Worte: „Freunde, ich habe einen Tag verloren!"

Hauptsächlich das Volk in seiner Gesamtheit behandelte er bei allen Gelegenheiten ganz besonders leutselig. So erklärte er einmal bei Ankündigung eines Gladiatorenspiels öffentlich, er werde sich dabei nach dem Geschmack des Volkes und nicht nach seinem eigenen richten. Und er hielt auch sein Wort; denn er schlug ihm keine Bitte ab und forderte es sogar ausdrücklich auf, alle seine Wünsche auszusprechen. Da er für seine Person für die Fechter in thrazischer Waffenrüstung seine Vorliebe offen zur Schau trug[1], neckte er sich deshalb mehrfach mit dem Volk in Worten und Gebärde, doch ohne seiner kaiserlichen Würde oder der Gerechtigkeit dabei etwas zu vergeben. In seinem Streben nach Beliebtheit ließ er sich so weit herab, daß er öfters, wenn er selbst badete, Leuten aus dem niederen Volk freien Zutritt zu den von ihm jüngst erbauten Thermen gewährte.

Mehrere große Unglücksfälle ereigneten sich unter seiner Regierung; so der Ausbruch des Vesuvs in Kampanien[2],

---

[1] Auch Caligula hatte die gleiche Vorliebe, s. dort, Kap. 54 u. 55. Thrazische Fechter, s. dort Kap. 55, Anm. – [2] Der am 24. August 79 Pompeji und Herkulaneum zerstörte.

ein Brand in Rom, der drei Tage und drei Nächte anhielt[1],
außerdem eine so furchtbare Pest, wie sie vielleicht bisher
noch nie aufgetreten war[2]. Bei diesen vielen schweren Un-
glücksfällen bewies Titus nicht nur die teilnahmsvolle Fürsorge des Fürsten, sondern auch die in ihrer Art einzig
dastehende mitleidsvolle Liebe eines Vaters. Hier sprach
er durch Edikte Trost zu, dort brachte er, soweit seine
Kräfte reichten, Hilfe. Er wählte aus der Zahl der gewesenen Konsuln durchs Los eine Kommission zu einer Hilfs-
aktion für Kampanien. Das Vermögen Derer, die beim Ausbruch des Vesuvs umgekommen waren und keine Erben
hatten, überwies er für den Aufbau der von jenem Unglück
heimgesuchten Städte. Nach dem Brande in Rom gab er als
einzige Erklärung ab: „Ich bin zugrunde gerichtet." Darauf
bestimmte er, sämtlichen Schmuck seiner Lustschlösser zur
Wiederherstellung der öffentlichen Gebäude und Tempel
zu verwenden. Die Aufsicht über die beschleunigte Ausführung dieser Arbeiten übertrug er mehreren Angehörigen
aus dem Ritterstande. Zur Hebung des Gesundheitszustandes und zur Linderung der Krankheiten wandte er jede
erdenkliche Art Sühnopfer und Heilmittel an und ließ keine
göttliche oder menschliche Hilfe unversucht.
Ein wahres Unglück für die Zeit waren auch die Angeber
und ihre Anstifter, die seit langem ihr Unwesen frech getrieben hatten. Diese ließ er regelmäßig auf dem Forum
mit Peitschenhieben und Stockschlägen züchtigen, dann
(um sie anzuprangern) durch die Arena des Amphitheaters
führen und zuletzt teils als Sklaven versteigern, teils auf
die ungesundesten Inseln importieren. Und um Leuten
ihres Gelichters auch für die Zukunft ein für allemal das
Handwerk zu legen, verbot er u. a., eine und dieselbe
Klagesache mit Berufung auf verschiedene Gesetze anhängig zu machen[3] und über den Stand eines Verstorbe-

---

[1] 80, während der Abwesenheit des Kaisers bei den Rettungsarbeiten
in Kampanien. – [2] 79, angeblich durch die Asche des Vesuvausbruchs
verbreitet. – [3] Wenn also eine Klage einmal abgewiesen war, konnte
sie nicht mehr unter Berufung auf ein anderes Gesetz erneuert werden
(Ne bis in idem!).

nen[1] nur eine bestimmte Frist von Jahren eine Untersuchung
anzustellen.

9. Das Amt eines Pontifex Maximus erklärte Titus nur darum annehmen zu wollen, „um seine Hände rein von Blut
erhalten zu können". Und er hielt Wort. Denn von der
Zeit an wurde niemand mehr auf seinen Befehl oder auch
nur mit seiner Einwilligung hingerichtet. Und obwohl er
mehrmals Veranlassung zu solcher Bestrafung hatte, so
versicherte er doch jedesmal hoch und heilig: „Ich will
lieber sterben als andere verderben." Zwei Männer aus
Patrizierfamilien waren überführt worden, nach der Kaiser-
herrschaft getrachtet zu haben. Titus begnügte sich damit,
sie zu ermahnen, von ihrem Vorhaben abzustehen, weil,
wie er sagte, der Thron vom Schicksal verliehen werde.
Wenn sie sonst noch Wünsche hätten, werde er sie ihnen
gern bewilligen. Und so schickte er denn auch auf der
Stelle an die weit entfernt wohnende Mutter des Einen
seine Kuriere ab, um der bekümmerten Frau zu melden,
ihr Sohn sei wohl und munter. Beide zog er sogar nicht
nur zu seiner eigenen Tafel im engsten Freundeskreis, sondern ließ ihnen auch am folgenden Tag bei dem Gladiatorenspiel ihre Plätze absichtlich in seiner nächsten Umgebung anweisen und reichte ihnen die ihm zur Prüfung
vorgelegten Waffen der Kämpfer gleichfalls zur Besichtigung dar. Auch erzählt man, er habe sich das Horoskop
beider mitteilen lassen und prophezeit, es drohe ihnen
beiden Gefahr, aber erst in Zukunft und von einem anderen als ihm. So geschah es denn auch wirklich.

Seinen Bruder, der ihm unaufhörlich nachstellte, ja fast
ganz offen die Heere zur Empörung aufwiegelte und endlich Fluchtversuche machte, konnte er sich nicht entschließen zu töten oder zu verbannen; er brachte es nicht
einmal fertig, ihn mit geringerer Auszeichnung zu behandeln. Im Gegenteil, er fuhr fort, ihn öffentlich, wie vom
ersten Tag seiner Regierung an, als seinen Mitregenten

---

[1] Ob freigeboren, freigelassen oder Sklave, ob Bürger, Latiner oder
Fremder; dies beeinflußte das Testament.

und Nachfolger zu erklären[1]. Nur zuweilen beschwor er
ihn unter vier Augen mit Tränen, doch endlich einmal seine
brüderliche Liebe zu ihm mit Gleichem zu vergelten.

10. Mitten in seiner ausgezeichneten Regierung überraschte
Titus ein vorzeitiger Tod, mehr zum Unglück der Menschheit als zu seinem eigenen. Nach Schluß der öffentlichen
Schauspiele, an deren Ende er angesichts des Volkes bitterlich geweint hatte, begab er sich in das Sabinerland[2], noch
niedergeschlagener, weil ihm beim Opfern das Opfertier
entsprungen war und es bei heiterem Himmel gedonnert
hatte. Gleich beim ersten Nachtquartier bekam er Fieber,
ließ sich aber in einer Sänfte weitertragen. Dabei schlug
er, wie man erzählt, häufig die Vorhänge zurück, blickte
zum Himmel auf und klagte bitterlich: ,,Ich habe es nicht
verdient, daß mir das Leben genommen wird, denn es
gibt keine Tat, die ich zu bereuen habe, ausgenommen eine
einzige." Welche er damit gemeint hat, darüber sprach er
selbst sich damals nicht deutlich aus, und für andere mag
es nicht leicht sein, es zu erraten. Einige glauben, er habe
an den intimen Verkehr gedacht, den er mit seines Bruders
Frau gehabt haben sollte. Aber Domitia[3] pflegte unter
ihrem heiligsten Eid zu versichern, daß solche Beziehungen
zwischen ihr und Titus gar nicht bestanden hätten, und
wenn es wirklich der Fall gewesen wäre, so hätte sie es
keineswegs geleugnet, vielmehr sich dessen sogar gerühmt;
denn mit allen ihren Ausschweifungen zu prahlen, war sie
stets ohne weiteres bei der Hand.

11. Titus starb[4] in demselben Landhause wie sein Vater,
am dreizehnten September, zwei Jahre, zwei Monate und
zwanzig Tage, nachdem er seinem Vater in der Regierung
gefolgt war, im zweiundvierzigsten Lebensjahr. Als die
Kunde sich davon verbreitete, trauerte das ganze Volk wie

---

[1] Doch wurde ihm, wie die Inschriften beweisen, weder die prokon-
sularische noch die tribunizische Gewalt übertragen, ebensowenig der
Imperatortitel. – [2] Sommer 81. – [3] S. Domitian, Kap. 3, Anm. – [4] Die
Todesursache ist unbekannt, man munkelte natürlich von Vergiftung
durch Domitian. Die Juden deuteten den Tod als Strafe für die Zerstörung des Tempels in Jerusalem.

über einen Todesfall in der eigenen Familie. Der Senat stürzte, noch ehe eine öffentliche Bekanntmachung ihn berief, zur Kurie, deren Türen noch verschlossen waren und erst geöffnet werden mußten. Er drückte dem Toten seinen Dank in solchem Übermaß aus und überhäufte ihn derart mit Lobeserhebungen, wie Titus sie selbst bei Lebzeiten und wenn er unter ihnen weilte niemals vernommen hatte.

DOMITIAN

1. Domitian wurde in dem Jahr, in dem sein Vater zum Konsul ernannt war, am 24. Oktober geboren, im letzten Monat, vor dem er sein Amt antreten sollte, und zwar im sechsten Stadtbezirk in einem Hause der Granatapfelstraße[1], welches er später in einen Tempel des Flavischen Geschlechts umwandelte. Seine Knaben- und erste Jünglingszeit soll er in derart beschämender Dürftigkeit verlebt haben, daß er nicht einmal ein einziges Silbergefäß zu seinem Gebrauch hatte. Auch steht hinreichend fest, Clodius Pollio, ein Mann prätorischen Ranges, auf den das „Der Einäugige" betitelte Gedicht Neros geht, habe einen eigenhändigen Brief Domitians aufbewahrt und zuweilen gezeigt, in welchem er ihm eine Nacht versprochen hatte. Ferner haben einige behauptet, Domitian sei ebenso von seinem Nachfolger Nerva[2] mißbraucht worden.

Im Krieg gegen Vitellius[3] flüchtete er mit seinem Onkel Sabinus und einem Teil der vorhandenen Truppen aufs Kapitol. Aber als die Feinde eindrangen und der Tempel in Brand geriet, brachte er die Nacht heimlich bei dem Tempelwärter zu. Am folgenden Morgen entwischte er in der Verkleidung eines Isispriesters inmitten einer Schar von Dienern dieses buntschillernden Götzendienstes[4] und begab sich mit nur einem Begleiter zur Mutter eines Schulkameraden auf das andere Tiberufer. Hier hielt er sich so

---

Titus Flavius Domitianus, als Kaiser Imperator Cäsar Domitianus Augustus (seit 83/84 auch der Beiname Germanicus), geb. 24. 10. 51, ermordet 18. 9. 96. Kaiser seit 13. 9. 81.

[1] Auf dem Quirinal, im Zuge der heutigen Via Quattro Fontane. -
[2] Marcus Coccejus Nerva, geb. um 35, Nachfolger Domitians, gest. 98.-
[3] S. Vitellius, Kap. 15. - [4] S. Otho, Kap. 12, Anm.

DOMITIANUS

gut verborgen, daß die Späher, welche ihm auf dem Fuße gefolgt waren, ihn trotz aller Nachforschungen nicht ausfindig machen konnten. Erst nach dem Siege seines Vaters kam er aus seinem Versteck hervor, wurde als Cäsar[1] begrüßt und übernahm das Amt eines Stadtprätors mit konsularischer Gewalt, doch nur dem Namen nach, denn die tatsächliche Ausübung der Rechtspflege übertrug er seinem nächsten Kollegen.

Im übrigen übte er die ganze Machtgewalt seiner Stellung als kaiserlicher Prinz mit so schrankenloser Willkür aus, daß er schon damals zeigte, was künftig von ihm zu erwarten sei. So erlaubte er sich – um nur einige Beispiele zu erwähnen – gegen die Ehefrauen vieler Personen die gröbsten Zudringlichkeiten. Domitia Longina entführte er sogar ihrem Ehemann Älius Lamia[2] und nahm sie selbst zur Frau. Auch vergab er an *einem* Tag über zwanzig Ämter für Rom und für die Provinzen, so daß Vespasian wiederholt äußerte: „Ich wundere mich, daß er nicht auch mir einen Nachfolger schickt."

2. Auch einen Feldzug gegen Gallien und die germanischen Provinzen unternahm er, ganz unnötigerweise und gegen den Rat der Freunde seines Vaters[3], nur um nicht an Macht und Ansehen hinter seinem Bruder zurückzustehen. Dies zog ihm den heftigen Tadel seines Vaters zu; damit er um so eher an seine Jugend und seine Stellung gemahnt würde, mußte er seitdem bei seinem Vater wohnen. Wenn dieser und sein Bruder öffentlich im Prachtsessel erschienen, mußte er ihnen in einer Sänfte folgen. Den Triumphzug beider über Judäa begleitete er denn auch nur auf einem

---

[1] Der Cäsartitel wurde von der ganzen kaiserlichen Familie geführt, siehe Galba, Kap. 11, Anm. – [2] S. Caligula, Kap. 59, Anm., Konsul 80, von Domitian hingerichtet (s. Kap. 10). – [3] In den Wirren des Vierkaiserjahres 69 hatten die batavischen Hilfstruppen am Niederrhein unter Julius Civilis einen Aufstand zur Errichtung eines *Imperium Galliarum* (Gallisches Reich) begonnen, dem sich neben gallischen und germanischen Stämmen auch ein Teil des Reichsheeres anschloß. Die treugebliebenen Truppen überwältigten ihn Ende 70, Domitian kam nur bis Lyon.

Schimmel[1]. Von seinen sechs Konsulaten bekleidete er
nicht mehr als eins als ordentlicher Konsul und auch dies
bloß, weil sein Bruder zurücktrat und seine Bewerbung
unterstützte[2].

Auch er selbst wußte sehr geschickt den Bescheidenen zu
spielen; vor allem heuchelte er Neigung zur Poesie, mit der
er sich vorher nie abgegeben hatte und von der er sich
später mit Verachtung wieder abwandte. Er trat sogar
öffentlich mit Vorlesungen auf. Als aber der Partherkönig
Vologäsus sich Hilfstruppen gegen die Alanen[3] und einen
von Vespasians Söhnen zum Feldherrn erbat, setzte Domitian nichtsdestoweniger alles in Bewegung, um mit dieser
Sendung betraut zu werden. Nachdem sich jedoch die
Sache zerschlagen hatte, versuchte er andere Könige des
Orients durch Geschenke und Versprechungen zu einer
gleichen Forderung zu bewegen.

Nach seines Vaters Tod schwankte Domitian lange, ob er
nicht den Soldaten ein doppelt so großes Geldgeschenk (wie
sein Bruder Titus) anbieten sollte und scheute sich nicht,
öffentlich zu erklären, sein Vater habe ihn im Testament
zum Mitregenten ernannt, aber das Testament sei ver-
fälscht[4]. Seitdem hörte er nicht auf, seinem Bruder heimlich
und offen Fallstricke zu legen, bis Titus eine schwere
Krankheit befallen hatte. Damals befahl Domitian, bevor
jener noch seinen Geist richtig aufgegeben hatte, ihn allein
und ohne Beistand als tot liegenzulassen. Als dann der
Tod eingetreten war, erwies er ihm außer der Vergötte-
rung keinerlei Ehre, erlaubte sich vielmehr, in Reden und
Edikten zum öfteren seines Bruders mit hämischen Seiten-
hieben zu gedenken.

3. Im Anfang seiner Regierung zog sich Domitian täglich
eine Stunde in seine Privatgemächer zurück und tat darin

---

[1] Dies war der Platz der jüngeren Prinzen, s. Tiberius, Kap. 6, Anm.
Domitian war damals (71) nicht ganz 20 Jahre alt. – [2] Konsul 71, 73
(ord.), 75–77, 79; ferner 80 unter Titus. – [3] Nomadisches Reitervolk
nördlich vom Kaukasus, in der Völkerwanderung bis ins heutige
Katalonien (eigentlich Got-Alanien) gelangt. – [4] S. Titus, Kap. 3,
Schluß, Kap. 9, Schluß m. Anm.

weiter nichts, als daß er Fliegen fing, die er mit einem
scharf gespitzten Schreibgriffel aufspießte. Dies veranlaßte
Vibius Crispus, auf die Frage, ob jemand drinnen beim
Kaiser sei, die witzige Antwort zu geben: „Nicht einmal
eine Fliege." Sein nächster Schritt war, daß er seine Gattin
Domitia, die ihm in seinem zweiten Konsulat einen Sohn
geboren hatte, ⟨den er im zweiten Jahre seiner Regierung
wieder verlor⟩[1], zur Augusta ernannte. Dann verstieß er
sie, weil sie sich sterblich in den Schauspieler Paris[2] verliebt hatte. Indessen konnte er die Trennung von ihr nicht
ertragen und nahm sie nach kurzer Zeit unter dem Vorwand, es sei der lebhafte Wunsch des Volkes, wieder als
seine Gemahlin auf[3].

In der Regierung benahm er sich eine Zeitlang ganz un-
beständig, und seine Fehler und Vorzüge wogen einander
auf, bis sich zuletzt auch seine Tugenden in Laster verkehrten. Soweit man vermuten darf, war er entgegen seiner
natürlichen Anlage aus Not raubgierig und aus Furcht
blutdürstig.

4. Schauspiele gab Domitian häufig mit großer Pracht und
reicher Ausstattung, nicht nur im Amphitheater, sondern
auch im Zirkus[4], wo er außer den üblichen Rennen der
Zwei- und Viergespanne auch zwei Gefechte veranstaltete,
das eine zwischen Reitern, das andere zwischen Fußtrup-
pen. Im Amphitheater gab er sogar ein Seegefecht. Tier-

---

[1] Lücke im Text, von Ihm, Hermes 36 (1901), S. 291f. in obigem
Sinn ergänzt. Der junge Prinz wurde bei der Geburt von Martial
mit einem Epigramm (VI, 3) begrüßt und nach seinem Tod zu den
Göttern erhoben. – [2] Nachfolger des Paris aus der Zeit Neros (s. dort,
Kap. 54, Anm.). Am Hof einflußreich, von den Damen der ersten
Gesellschaft umschwärmt, von Domitian aus Eifersucht auf offener
Straße umgebracht, Bewunderer, die an der Stelle Balsam und Blumen
streuten, hingerichtet. Auf ihn Martials berühmtes Trauerepigramm,
XI, 13. – [3] Domitia Longina, Tochter des berühmten Feldherrn Domitius Corbulo, von Domitian 70 ihrem Gatten Älius Lamia entführt
(s. Kap. 1), war auch nach der Wiederannahme in ständiger Furcht
vor der Rache Domitians, 96 am Komplott zu seiner Ermordung
beteiligt (s. Kap. 14), lebte noch zur Zeit Suetons. – [4] Im Amphitheatrum Flavium (Kolosseum) und Circus Maximus.

hetzen und Gladiatorenkämpfe veranstaltete er selbst nachts
bei Fackellicht. Hierbei traten außer Männern auch Frauen
als Kämpfer[1] auf. Daneben war er stets ein fleißiger Be-
sucher der von den Quästoren gegebenen Spiele. Diese
waren seit einiger Zeit abgekommen, von ihm aber wieder
eingeführt worden[2]. Er erlaubte bei ihnen dem Volke sogar, sich jedesmal zwei Gladiatorenpaare aus seiner eigenen
Truppe auszubitten. Diese Fechter ließ er dann zum Schluß
mit der ganzen Pracht des Hofes in die Schranken führen.
Bei allen derartigen Gladiatorenkämpfen stand zu seinen
Füßen ein in Scharlach gekleideter Zwerg mit einem ungewöhnlich kleinen und mißgestalteten Kopf, mit dem er
viel, oft auch über ernste Dinge, plauderte. Wenigstens
hörte man einmal, wie er die Frage an ihn richtete, ob
er wohl wisse, warum es ihm beliebt habe, bei der letzten
Ämterverteilung die Provinz Ägypten Mettius Rufus zu
übertragen. – Ferner gab Domitian Seegefechte, in denen
fast reguläre Flotten auftraten. Zu diesem Zweck hatte er
in der Nähe des Tiber ein Bassin ausgraben und Sitzreihen darumbauen lassen. Bei stärkstem Regen wohnte
er den Aufführungen von Anfang bis zu Ende bei. – Auch
die Feier der Säkularspiele[3] beging er. Hierbei rechnete er
die Zeit nicht von dem Jahre an, in dem Claudius sie gefeiert hatte, sondern von dem, in welchem sie einst von
Augustus veranstaltet wurden. Bei dieser Feier setzte er
am Tage der Wettrennen im Zirkus, damit man um so
leichter mit den hundert angesetzten Rennen fertig würde,
die Zahl der zurückzulegenden Strecken der Bahn für jedes
einzelne Rennen von sieben auf fünf herab.
Der Kaiser war außerdem der Stifter des zu Ehren des

---

[1] Dies war schon zu Neros Zeiten geschehen, selbst von Damen
des Senatorenstandes (s. dort, Kap. 12, Anm.). – [2] Spiele der Quästoren, von Claudius eingeführt (s. dort, Kap. 24), von Nero wieder
abgeschafft. – [3] S. Augustus, Kap. 31 m. Anm., Claudius, Kap. 21
m. Anm., Vitellius, Kap. 3, Schluß. Domitian feierte sie 6 Jahre
zu früh, 88 statt 94. Später fanden sie noch 147 (900. Geburtstag
Roms), 204 (220 Jahre nach Augustus) und 247 (Tausendjahrfeier
Roms) statt.

Kapitolinischen Jupiter alle fünf Jahre stattfindenden drei-
fachen Wettkampfes: in musischen Künsten, im Wettrennen
und in der Gymnastik[1], und zwar kamen bedeutend mehr
Preise zur Verteilung, als jetzt gegeben werden. Man rang
mit Reden in lateinischer und griechischer Sprache auch
um den Preis. Außer den Kitharöden bewarben sich Zither-
spieler, die einen Chor im Tanz begleiteten, und einzelne
Virtuosen auf der Zither[2]. In der Kampfbahn liefen außerdem auch junge Mädchen um die Wette. Den Vorsitz bei
den Wettkämpfen führte Domitian in griechischer Tracht,
und zwar in Sandalen und in einer Purpurtoga nach griechischem Schnitt. Auf dem Haupt trug er eine goldene
Krone mit Bildern Jupiters, Junos und Minervas. Neben
ihm saßen der Jupiterpriester und das Flavische Priester-
kolleg[3] in gleicher Kleidung, nur daß sich auf ihren Kronen
auch das Bildnis des Kaisers befand. Ferner feierte er alljährlich auf seinem albanischen Landgut das Fest der Quinquatren zu Ehren der Minerva[4] und setzte dafür ein be-
sonderes Priesterkollegium ein. Aus ihm wurde der jeweilige
Leiter bei der Festfeier durchs Los gewählt; er hatte die
Aufgabe, glänzende Tierhetzen und Bühnenspiele, außerdem noch Wettkämpfe von Rednern und Dichtern zu
veranstalten.
Geldspenden verteilte Domitian dreimal unter das Volk,
und zwar jedesmal dreihundert Sesterzen[5] für die Person,
und gab bei den Gladiatorenspielen zum Fest der Sieben

---

[1] Zum erstenmal 86 bei der Wiedereinweihung des Tempels gefeiert. Gleichzeitig Erneuerung der Neronischen Spiele (s. Nero,
Kap. 12). Der Prosa-Wettstreit kam bald ab, doch bei den Dichtern wurde die damals eingeführte „Krönung auf dem Kapitol"
(in der Renaissancezeit erneuert: u. a. Petrarca, Hutten, Tasso) ein
Ziel des Ehrgeizes. Da die Spiele „griechisch" waren, war auch die
Tracht des Kaisers griechisch. – [2] S. Nero, Kap. 20, Anm. – [3] Für
den Kult der zu den Göttern erhobenen Mitglieder des Flavischen
Kaiserhauses, dessen Hauptstätte der Vespasianstempel am Aufgang
vom Forum Romanum zum Kapitol war (seine Reste – 3 Säulen mit
Gebälk – auf fast allen Abbildungen des Forums). – [4] S. Augustus,
Kap. 71, Anm., Nero, Kap. 34, Domitian, Kap. 15, Anm. – [5] 300 DM.

Hügel[1] ein üppiges Bankett. Hierbei ließ er unter Senat
und Ritterschaft große Eßkörbe, unter das Volk aber kleinere verteilen. Er selbst machte mit dem Essen den Anfang[2]. Am folgenden Tag ließ er Anweisungen auf die verschiedenartigsten Geschenke auswerfen, und weil der
größte Teil davon unter die Sitzreihen des Volkes gefallen
war, machte er bekannt, daß auf jede Sitzabteilung des
Ritter- und Senatorenstandes noch fünfzig Anweisungs-
täfelchen zur Verteilung gelangen sollten.

5. Sehr viel prächtige Bauwerke, welche durch Feuer vernichtet waren, stellte Domitian wieder her, darunter auch
das kürzlich schon wieder[3] durch einen Brand heimge-
suchte Kapitol. Doch trugen in allen Fällen die Inschriften
nur seinen Namen allein, ohne daß der ursprünglichen Erbauer irgendwie darin Erwähnung getan wurde. Dagegen
neu baute er einen Tempel auf dem Kapitol, den er „Dem
Wächter Jupiter" weihte, sowie das Forum, welches jetzt
den Namen Nervas trägt[4], ferner den Tempel des Flavischen Geschlechts, ein Stadion, ein Odeon (für Konzerte)
sowie die (obenerwähnte) Naumachie, aus deren Steinen
später die abgebrannten Seitenwände des Circus Maximus
wieder aufgebaut wurden.

6. Seine Feldzüge unternahm er teils aus eigenem Antrieb,
teils gezwungenermaßen. Von sich aus den gegen die
Chatten, aus Zwang einen gegen die Sarmaten, welche eine
Legion samt ihrem Legaten niedergemetzelt hatten, und
zwei gegen die Dazier; das eine Mal, um die Niederlage des

---

[1] Ursprünglich ein Fest der Bewohner des Palatins, Esquilins und
des Gebietes dazwischen (die „7 Hügel" wurden dann anders gezählt
als sonst), bei dem man sich beschenkte, im Dezember gefeiert. –
[2] Solche Verteilungen von Eßwaren an das Publikum hatten auch
früher stattgefunden (s. Caligula, Kap. 18), diesmal nahmen sie aber
einen aufsehenerregenden Umfang an und wurden zu einem förmlichen
Bankett. Vgl. Martial VIII, 50. – [3] Titus, Kap. 8. – [4] Es füllte ziemlich
den freien Raum zwischen den vier bestehenden Foren (Forum Romanum, Forum Cäsars, des Augustus und Vespasians). – Tempel des
Flavischen Geschlechts, der obenerwähnte sog. Vespasianstempel. –
Stadion und Odeon auf dem Marsfeld.

Konsularen Oppius Sabinus, das zweite Mal, um die des Präfekten der Prätorianerkohorten, Cornelius Fuscus, zu rächen,
dem er den Oberbefehl in diesem Kriege übertragen hatte.
Nach mehreren Gefechten von ungleichem Erfolg hielt er über
die Chatten und Dazier je zweimal einen Triumph[1]. Zur Feier
seines Sieges über die Sarmaten begnügte er sich, dem Kapitolinischen Jupiter seinen Lorbeerkranz darzubringen.

Einen Bürgerkrieg, welchen der Statthalter von Obergermanien, Lucius Antonius, angezettelt hatte, beendete Domitian, ohne persönlich einschreiten zu müssen, mit Hilfe
eines wunderbaren Glücksumstandes; denn gerade in der
Stunde des Entscheidungskampfes taute plötzlich das Eis
des Rheines auf und verhinderte die Truppen der Barbaren, die zu Antonius stoßen wollten, am Überschreiten des
Stromes. Von diesem Siege erfuhr der Kaiser früher durch
Vorzeichen, als durch Boten. Am Tage der Entscheidungsschlacht nämlich umfaßte ein prächtiger Adler seine
Statue in Rom mit den Flügeln und stieß dabei helle
Jubelschreie aus. Kurz darauf verbreitete sich die Nachricht, Antonius sei erschlagen, mit solcher Bestimmtheit,
daß viele sogar steif und fest behaupteten, sie hätten seinen
nach Rom gebrachten Kopf gesehen[2].

7. Domitian traf außerdem noch viel Neuerungen in den
allgemein herrschenden Gewohnheiten. Die Austeilung von
Speiseportionen hob er auf und führte die Sitte wieder ein,
richtige Mahlzeiten[3] zu geben. Die früheren vier Zirkus-
parteien der Rennfahrergruppen vermehrte er um zwei
neue, die „Goldene" und die „Purpurne"[4]. Den Panto-

---

[1] Chatten, Hessen; Sarmaten, (slawisches?) Reitervolk zwischen Donau,
Theiß und Karpathen; Dazier, im heutigen Großrumänien. Mit dem
Chattenkrieg sind die Anfänge des „Limes", des römischen Grenz-
walls am Rhein, Main, Neckar und Donau verknüpft, die Dazierkriege
führten zur Unterwerfung des Landes durch Trajan. – Triumphe:
über die Chatten 83 und 89, über die Dazier 86 und 89. – [2] 88, im
Anschluß daran 2. Chattenkrieg. S. auch Kap. 7. – [3] Nero hatte aus
Sparsamkeitsrücksichten die Veranstaltung von Mahlzeiten für das
ganze Volk abgeschafft (s. dort, Kap. 16); ihre Wiedereinführung (s. auch
Kap. 4, Anm.) dauerte nicht lange. – [4] S. Caligula, Kap. 55, Anm.

mimen und Tänzern untersagte er das Auftreten auf öffentlichen Bühnen, jedoch erlaubte er ihnen die Ausübung
ihrer Kunst in Privathäusern. Das Kastrieren von Personen
männlichen Geschlechts wurde von ihm verboten und die
Preise der bei den Sklavenhändlern noch vorhandenen
Eunuchen herabgesetzt.

Als einmal bei einer sehr guten Weinernte großer Mangel
an Getreide eingetreten war, kam er zu der Ansicht, daß
der Weinbau zu eifrig betrieben und darüber der Ackerbau
vernachlässigt würde. Deshalb erließ Domitian ein Edikt,
durch das er zunächst verbot, in Italien neue Weinberge
anzulegen, und dann befahl, in den Provinzen diese nieder-
zuhauen und höchstens die Hälfte übrigzulassen. Aber er
bestand nicht auf Durchführung seines Ediktes[1].

Einige der höchsten Stellen vergab er an Freigelassene und
römische Ritter[2]. Er verbot, zwei Legionen in *ein* Lager
zusammenzuziehen; ferner durfte kein Soldat mehr als tausend Sesterzen bei der Legionskasse hinterlegen. Denn es
stellte sich heraus, daß Lucius Antonius, der zwei Legionen
in einem Winterlager vereinigt hatte, seinen Aufstandsver-
such gerade im Vertrauen auf die hohen Summen der von
seinen Soldaten deponierten Gelder in die Wege geleitet
hatte. Durch eine jährliche Zulage von drei Goldstücken erhöhte der Kaiser die Löhnung der Soldaten um ein Drittel[3].

8. Die Rechtsprechung handhabte Domitian eifrig und gewissenhaft, wobei er häufig auch auf dem Forum vom Tribunal außerordentliche Sitzungen abhielt. Parteiische Entscheidungen der Centumviralrichter[4] hob er auf. Den Rekuperatoren[5] schärfte er wiederholt ein, sich (in Prozessen, in
denen es um den Stand als Freigeborener, Freigelassener
oder Sklave ging) nicht durch Scheingründe und Schikanen

---

[1] S. Kap. 14. Die Verminderung des Weinbaues zugunsten des Getreides
ist auch heute ein Hauptziel der italienischen Landwirtschaftspolitik. -
[2] Er drängte also die Senatoren zurück, doch vergab er auch viel bisher von Freigelassenen besetzte Posten an Ritter. - [3] Er erhöhte also
die Löhnung von 9 Goldstücken (900 DM) auf 12 (1200 DM). – 1000
Sest.: 1000 DM. – [4] S. Augustus, Kap. 36, Anm., Vespasian, Kap. 10.
– [5] S. Nero, Kap. 17, Anm., Vespasian, Kap. 3, Anm.

beeinflussen zu lassen. Richter, die sich bestechen ließen, maßregelte er jedesmal samt dem ganzen Kollegium, dem sie angehörten. Ferner gestattete er den Volkstribunen, einen Ädilen, der schmutzige Geschäfte getrieben hatte, auf Unterschleif anzuklagen und gegen ihn beim Senat eine Untersuchung zu fordern. Die Behörden in Rom und die Vorsteher der Provinzen hielt er so gründlich in Ordnung, daß sie niemals ehrlicher und gerechter als damals gewesen sind, während wir doch Viele nach seiner Zeit aller möglichen Verbrechen angeklagt gesehen haben.

Da der Kaiser als Censor[1] die Hebung der öffentlichen Moral durchzuführen bestrebt war, schaffte er den eingerissenen Mißbrauch ab, wonach sich jeder im Theater beliebig auf die Ritterplätze setzen konnte[2]. Schmähschriften, die man öffentlich verbreitete, um angesehenen Männern und Frauen etwas anzuhängen, ließ er vernichten und belegte obendrein die Verfasser mit entehrenden Strafen. Einen Mann im Range eines Quästors stieß er aus dem Senat, weil man ihm nachsagte, er sei ein leidenschaftlicher Pantomime und Tänzer. Frauen von schlechtem Ruf nahm er das Recht, sich einer Sänfte zu bedienen und Legate oder Erbschaften anzutreten. Einen römischen Ritter strich er aus der Richterliste, weil er sich mit seiner Frau wieder verheiratete, von der er sich hatte scheiden lassen, und der er einen Prozeß wegen Ehebruchs anhängig gemacht hatte. Mehrere Senatoren und Ritter ließ er nach dem Scantinischen Gesetz[3] verurteilen.

Keuschheitsvergehen der Vestalinnen, die selbst sein Vater und Bruder ungeahndet gelassen hatten, bestrafte er auf verschiedene Weise, und zwar sehr streng, nämlich die früheren mit einer einfachen Todesart, die späteren mit der Todesstrafe „nach der Vorfahren Brauch[4]". So ließ er denn den Schwestern Oculata und der Varronilla die Wahl der

---

[1] Seit 83 übernahm er die Censur auf Lebenszeit. – [2] Cäsar, Kap. 39, Anm., Caligula, Kap. 26. – [3] Gegen widernatürliche Unzucht (*de venere nefanda*, Knabenschändung), die mit einer Buße von 10000 Sest. (10000 DM) bestraft wurde. – [4] Bei Männern Auspeitschung bis zum Tode (s. Nero, Kap. 49), Frauen wurden lebendig begraben (s. u.).

Todesart frei, während er ihre Verführer verbannte; dagegen ließ er später die oberste Vestalin Cornelia, die früher
freigesprochen, dann nach längerer Zeit aufs neue angeklagt und überführt worden war, lebendig begraben und
ihre Liebhaber auf dem Comitium mit Ruten zu Tode
peitschen. Ausgenommen wurde hiervon nur ein Mann
prätorischen Ranges. Ihn begnadigte Domitian zur Verbannung, weil seine Schuld (auch bei der zweiten Anklage)
nicht erwiesen und ihm bei der Untersuchung nur durch
die Folter ein höchst unzuverlässiges Geständnis abgepreßt worden war[1]. Und damit keine Verletzung der den
Göttern geschuldeten Ehrfurcht unbestraft blieb, ließ er
ein Grabmal, das einer seiner Freigelassenen seinem Sohn
aus Steinen für den Tempel des Kapitolinischen Jupiter
erbaut hatte, durch Soldaten niederreißen und die darin
befindlichen Gebeine und Aschenreste ins Meer werfen.

9. Anfangs verabscheute Domitian alles Blutvergießen. Als
ihm daher einmal, während sein Vater noch abwesend war,
der Vers Vergils einfiel:

Eh' noch ein frevelnd Geschlecht hielt Schmaus vom getöteten Farren[2],

beabsichtigte er, ein Edikt des Inhalts zu erlassen, daß man
keine Ochsen opfern solle. Ebenso war an ihm als Privatmann nie und als Kaiser lange Zeit auch nur die geringste
Spur von Habgier und Geiz zu bemerken; im Gegenteil,
er gab häufig deutliche Beweise von Uneigennützigkeit,
ja sogar von Freigebigkeit. Er bedachte seine Umgebung
mit den reichlichsten Geschenken und ermahnte sie mit
größter Eindringlichkeit, nur nicht knickrig zu sein. Erbschaften, die ihm von Leuten vermacht wurden, welche
Kinder hatten, nahm er nicht an. Selbst ein Legat im Testament des Rustius Cäpio, der bestimmt hatte, daß sein Erbe
jährlich den Senatoren beim Eintritt in die Kurie Mann für
Mann eine bestimmte Summe zahlen sollte, erklärte er für un-

---

[1] Doch war überhaupt in keinem der Vestalinnen-Prozesse die Schuld
klar erwiesen. Ein vernichtendes Urteil über das Verfahren gegen
Cornelia bei Plinius, Briefe IV, 11. – [2] Vergil, Georgica, II, 537, aus
der Schilderung des goldenen Zeitalters. Übersetzung von Stahr.

gültig[1]. Die Prozesse der Angeklagten, deren Namen länger als fünf Jahre im Schatzamt öffentlich aushingen, schlug er samt und sonders nieder. Das Wiederaufnahmeverfahren gestattete er nur innerhalb Jahresfrist, und zwar unter der Bedingung, daß den Ankläger, falls er den Prozeß nicht gewönne, die Strafe der Verbannung treffen sollte[2]. Den Schreibern der Quästoren, welche gewohnheitsgemäß Geschäfte trieben, obwohl sie damit gegen das Clodische Gesetz[3] verstießen, erließ er für das Vergangene die Strafe. Die bei der Ackerverteilung an die Veteranen hier und da übriggebliebenen Parzellen Land schlug er auf Grund des Verjährungsrechts denen zu, die sie schon längere Zeit in Besitz genommen hatten[4]. Falschen Anklagen beim Fiskus steuerte er dadurch, daß er auf sie eine schwere Strafe setzte. Allgemein war eine Äußerung von ihm verbreitet: ,,Ein Kaiser, der die Angeber nicht züchtigt, reizt sie nur an.''

10. Indessen seine Milde und Uneigennützigkeit waren nicht von Bestand. Sein Wesen schlug allerdings bedeutend schneller in Grausamkeit um als in Habsucht. Er ließ z. B. einen Schüler des Pantomimen Paris umbringen, einen nicht einmal erwachsenen und obendrein damals sehr kranken jungen Menschen, und zwar bloß, weil er durch sein Talent und seine Erscheinung an seinen Lehrer erinnerte. Ebenso tötete er einen Hermogenes aus Tarsus für

---

[1] Weder über Rustius Cäpio noch über das hier erwähnte Legat ist Näheres bekannt. Für beide hier möglichen Deutungen: Neujahrsgeschenke an *alle* Senatoren, die die Kurie betreten, oder alljährliches Geschenk an die *neueintretenden* Senatoren gibt es Beispiele bei den Ratsversammlungen der Städte. – [2] Ähnlich Augustus (s. dort, Kap. 32). – [3] Sonst nicht bekannt. – [4] Bei der Gründung von Kolonien waren außer nicht zur Verteilung gekommenen oder abseits gelegenen Grundstücken kleinere Flurteile dadurch liegengeblieben, daß die Parzellen der Kolonisten genau rechteckig waren, während die betr. Feldmark im ganzen natürlich eine unregelmäßige Form hatte. Im Laufe der Zeit war dieses Staatsland von Privatleuten besetzt worden. Vespasian begann es zu verkaufen, dann veranlaßten ihn zahlreiche Proteste zur Einstellung des Verfahrens, das Titus wieder aufnahm. Domitian erkannte, wie wir sehen, ein Ersitzungsrecht an.

einige Anspielungen in einem Geschichtswerk und ließ sogar die Abschreiber ans Kreuz schlagen. Einen Familienvater, der im Zirkus über einen Thrazier geäußert hatte, er sei wohl dem Murmillo, aber nicht dem Veranstalter der Spiele[1] gewachsen, ließ er aus den Zuschauerbänken in die Arena schleppen, ihm eine Tafel mit dem Text: „Ein Schildknappe der Thrazier, der eine Majestätsbeleidigung ausgesprochen hat" umhängen und ihn dann von Hunden zerreißen.

Eine ganze Reihe Senatoren, darunter einige Konsulare, ließ er umbringen, wie Civica Cerealis noch während seines Prokonsulats in Asien, Salvidienus Orfitus und Acilius Glabrio in der Verbannung, jedesmal unter dem Vorwand, daß der Betreffende einen Umsturz plane; dagegen die übrigen aus ganz belanglosen Gründen, z. B. Älius Lamia[2] wegen einiger zwar zweideutiger, aber bereits lange zurückliegender und harmloser Witze; denn er hatte nach Entführung seiner Frau (durch Domitian) zu einem, der seine Stimme lobte, gesagt: „Ich lebe enthaltsam" und dem Kaiser Titus, der ihm zu einer zweiten Ehe zuredete, auf griechisch geantwortet: „Willst Du vielleicht auch eine Frau nehmen?" Salvius Coccejanus ließ er hinrichten, weil er den Geburtstag seines Oheims, des Kaisers Otho, gefeiert hatte; Mettius Pompusianus, weil es sich herumgesprochen hatte, sein Horoskop prophezeie ihm den Thron, er trage auch stets eine Weltkarte auf Pergament sowie die Reden der Könige und Feldherren aus Titus Livius mit sich herum und habe seinen Sklaven die Namen Mago und Hannibal gegeben[3]; Sallustius Lucullus, den Le-

---

[1] Domitian; die Bemerkung sollte besagen, bei der Parteilichkeit des Kaisers (Beispiele für die entgegengesetzte Parteinahme s. Caligula, Kap. 54, 55, Titus, Kap. 8) könne der Thrazier nicht auf Anerkennung rechnen. Die Inschrift auf der Tafel macht den Familienvater selber zum *parmularius* („Schildträger", andere Bezeichnung für Thrazier). – [2] S. Kap. 1, Anm. – [3] Vespasian machte sich hieraus nichts, s. dort, Kap. 14. – Die Auszüge aus beliebten Schriftstellern, die damals aufzukommen begannen, führten allmählich zur Vernichtung der Originalliteratur. – Mago, Bruder und Unterführer Hannibals.

gaten von Britannien, weil er erlaubt hatte, eine neue Art
Lanzen „lucullische" zu nennen; Junius Rusticus, weil er
eine Lobschrift auf Pätus Thrasea und auf Helvidius Priscus veröffentlicht und sie die redlichsten Männer genannt
hatte[1]. Dieser Prozeß bot ihm auch Gelegenheit, alle Philosophen aus Rom und Italien zu verbannen. Ferner tötete
er den Helvidius, den Sohn. Er beschuldigte ihn, er habe
im Nachspiel zu einem Theaterstück unter der Maske des
Paris und der Önone[2] des Kaisers Ehescheidung von
seiner Frau durchgehechelt; Flavius Sabinus, einen seiner
beiden Vettern, ließ er ermorden, weil der Herold am Tag
der Konsulwahlen, an dem er gewählt worden war, ihn
aus Versehen anstatt als Konsul als Imperator ausgerufen
hatte.

Nach seinem Sieg über Antonius[3] wurde er immer grausamer. Um die noch verborgenen Mitwisser der Verschwörung zu entdecken, unterwarf er viele Anhänger der
Gegenpartei einer neuen Folter. Er ließ ihnen nämlich die
Schamteile mit Feuer verbrennen, einigen auch die Hände
abhauen. Tatsache ist, daß er von den hauptsächlichsten
Teilnehmern nur zwei begnadigte, einen Tribunen aus dem
Senatorenstande[4] und einen Centurio. Um ihre Unschuld
zu offenbaren, hatten beide nachgewiesen, daß sie wider-
natürlich veranlagt seien. Deshalb hätten sie beim Feldherrn
wie bei den Soldaten kein Ansehen genießen können.

11. Domitians Grausamkeit war nicht nur groß, sondern
auch heimtückisch und kam zum Ausbruch, ohne daß man
sie ahnte. Am Tage, bevor er einen seiner Kassenbeamten
ans Kreuz schlagen ließ, beschied er ihn zu sich in sein

---

[1] S. Nero, Kap. 37, Anm., Vespasian, Kap. 15, Anm. Auch Junius
Rusticus war, wie der Jüngere Helvidius Priscus, ein Führer der
„philosophischen" Opposition, daher auch die Verbannung der Philosophen. – [2] Önone, eine Nymphe, war die erste Gattin des Paris, die er
um Helenas willen verlassen hatte. Nach der Eroberung Trojas Wieder-
vereinigung mit ihr. Domitian sah in dem Stück eine Anspielung auf
seine eigene Scheidung und seine erneute Vermählung mit Domitia.
Ferner erinnerte ihn der Name Paris an den gleichnamigen Liebhaber
Domitias (s. Kap. 3). – [3] S. Kap. 6. – [4] S. Otho, Kap. 10, Anm.

Schlafzimmer, nötigte ihn, neben sich auf seinem Lager Platz zu nehmen und entließ ihn im Gefühl vollständigster Sicherheit und in heiterster Stimmung; er erwies ihm sogar die Gnade, ihm einige Gerichte von der kaiserlichen Tafel zu schicken. Den Konsular Arrecinus Clemens[1], einen seiner Vertrauten und Spione, behandelte er in dem Augenblick, als er sich mit der Absicht trug, ihn zum Tod zu verurteilen, mit der gewohnten, ja womöglich mit noch größerer Freundlichkeit, bis er schließlich an ihn, während er sich in der gleichen Sänfte mit ihm tragen ließ, beim Anblick seines Anklägers die Frage richtete: „Willst Du, daß wir diesen nichtswürdigen Sklaven morgen verhören?"

Um die Geduld der Menschen noch unverschämter zu mißbrauchen, verkündete er niemals eins seiner ungewöhnlich harten Urteile, ohne im Eingang sich seiner Milde zu rühmen. Daher gab es bald kein sichereres Zeichen für den grausamen Ausgang seines Richterspruches als eben jene sanften Worte zu Beginn seiner Rede. So hatte er einmal einige wegen Majestätsbeleidigung Angeklagte vor den Senat gebracht und dabei die Bemerkung vorausgeschickt, heute werde er erfahren, wie teuer er dem Senat sei. Hierdurch hatte er es leicht durchgesetzt, daß dieser die Todesstrafe sogar durch Hinrichtung „nach der Väter Brauch" verschärfte. Voll Schreck über die Furchtbarkeit der Strafe erhob er, um den Haß gegen ihn zu besänftigen, gegen den Vollzug mit folgenden Worten Einspruch – ich halte es für zweckmäßig, sie wortwörtlich anzuführen: „Gewährt mir, versammelte Väter, aus Eurer treuen Ergebenheit für mich eine Gunst, die Euch freilich, wie ich weiß, zu gewähren schwerfallen wird, nämlich, daß Ihr den Verurteilten die freie Wahl der Todesart gnädigst gestattet. Denn dadurch werdet ihr Euren Augen ein schreckliches Schauspiel ersparen, und jedermann wird daraus ersehen, daß ich an der Senatssitzung teilgenommen habe."

12. Als Domitian durch die Aufwendungen für Bauwerke

---

[1] Bruder der ersten Gattin des Titus, s. dort, Kap. 4, Anm.

und Spiele sowie auch durch die den Soldaten bewilligte
Zulage seine Geldmittel völlig erschöpft hatte, machte er
anfangs den Versuch, die Zahl der Soldaten herabzusetzen,
um dadurch die Ausgaben für das stehende Heer zu ver-
ringern. Allein, da er sah, daß er sich dadurch den Angriffen der Barbaren aussetzte und daß er trotz jener Maßnahme doch nicht aus seiner Geldverlegenheit herauskam,
begann er ohne Scheu alle Leute rücksichtslos auf jede
erdenkliche Weise auszuplündern. Das Vermögen der Lebenden wie der Verstorbenen verfiel in einem fort auf jede
beliebige Anklage und Anschuldigung hin der Beschlag-
nahme. Es genügte hierbei der Vorwurf einer noch so unbedeutenden Handlung oder Äußerung gegen die Majestät
des Kaisers. Man konfiszierte ferner auch Erbschaften von
ganz fremden Leuten, sobald sich nur irgendein Mensch
fand, welcher aussagte, er habe es aus dem Munde des
Verstorbenen bei dessen Lebzeiten vernommen, der Kaiser
sei sein Erbe.

Besonders hart wurde die Judensteuer[1] eingetrieben. Man
denunzierte beim Fiskus sowohl die Leute, welche, ohne
sich zum Judentum zu bekennen, nach jüdischem Ritus
lebten[2], wie die, welche ihre Abstammung verheimlichten,
um sich so der Zahlung der ihrem Volke auferlegten
Steuer zu entziehen. Ich erinnere mich, als ganz junger
Mensch dabei gewesen zu sein, wie ein neunzigjähriger

---

[1] Die Tempelsteuer von ½ Schekel (= 2 Drachmen oder Denaren,
8 DM), die jeder erwachsene Jude nach Jerusalem zu zahlen hatte,
war von Titus auf den Jupiter Capitolinus und seinen irdischen Vertreter, den Kaiser, übertragen worden, und galt jetzt als Entgelt für
die Duldung der jüdischen Religion. – [2] Die Proselyten und die Anhänger judaisierender Sekten (s. Tiberius, Kap. 36, Anm.), aber wohl
auch die Christen, die außerdem noch mit denen gemeint sein können,
„die ihre Abstammung verheimlichten". Eine Christenverfolgung
durch Domitian wird von Kirchenhistorikern mit ziemlicher Bestimmtheit behauptet. Ihr Hauptopfer soll Flavius Clemens, der Vetter
des Kaisers (s. Kap. 15, Anm.), gewesen sein, der nach katholischer
Lehre der dritte Bischof von Rom war. Ferner ist nach dem archäo-
logischen Befund Acilius Glabrio (s. Kap. 10) in einem Märtyrergrab
beigesetzt worden.

Greis sich vor dem Prokurator und einem zahlreich versammelten Kollegium besichtigen lassen mußte, ob er be-
schnitten sei.

Von Jugend auf hatte Domitian nichts Freundliches in
seinem Wesen, im Gegenteil, er war anmaßend und kannte
in seinen Worten und Handlungen weder Maß noch Ziel.
Als seines Vaters Konkubine Cänis[1] ihn bei ihrer Rückkehr von Istrien wie gewöhnlich (auf den Mund) küssen
wollte, reichte er ihr nur die Hand (zum Kusse) hin. Aus
Ärger darüber, daß seines Bruders Schwiegersohn sich
ebenso wie er weißgekleidete Diener hielt, rief er die
Worte aus:

> Nimmer Gedeih'n bringt Vielregiment[2].

13. Als er dann zur Herrschaft gelangt war, hatte er die
Stirn, vor dem Senat zu prahlen, *er* sei es gewesen, der
seinem Vater wie seinem Bruder den Thron gegeben, sie
hätten ihm diesen nur zurückgegeben. Bei der Wiederverheiratung mit seiner geschiedenen Frau sagte er, er habe
sie auf seinen *Göttersitz* zurückgerufen. Auch hörte er
gern, wie das Volk ihn im Amphitheater am Tage des
großen Festschmauses[3] mit dem Zuruf begrüßte: „Heil
unserm *Herrn* und unserer *Herrin!*" Sogar noch mehr: als
beim Wettkampf zu Ehren des Kapitolinischen Jupiter
alle Anwesenden ihn einstimmig baten, er möchte doch
den früher aus dem Senat gestoßenen Palfurius Sura, der
jetzt aber den Siegeskranz im Wettstreit der Redner erhalten hatte, wieder in den Senat aufnehmen, würdigte er
sie nicht einmal einer Antwort, sondern befahl ihnen ganz
einfach durch Heroldsruf, den Mund zu halten. Von

---

[1] S. Vespasian, Kap. 3, Anm. – [2] Ilias, II, 204. – Der Schwiegersohn
seines Bruders, sein Vetter Flavius Sabinus (s. Kap. 10), Gatte Julias,
der Tochter des Titus (s. dort, Kap. 4, Anm.), die später Domitians
Geliebte wurde (s. Kap. 22). – [3] Vielleicht der gelegentlich des Festes
der Sieben Hügel (s. Kap. 4, dort auch Kapitolinischer Wettkampf). –
Begrüßung als „Herr", s. Augustus, Kap. 53, Anm., Tiberius, Kap. 27,
doch auch Claudius, Kap. 21. Bei Domitians Zeitgenossen Martial ist
das Wort schon zur bloßen Redensart verflüchtigt (V, 57), daher der
Wunsch des Kaisers, „Herr und *Gott*" genannt zu werden.

gleicher Anmaßung zeugt, wenn er im Namen seiner
Prokuratoren ein amtliches Rundschreiben diktierte und
sich dabei der Eingangsformel bediente: „Unser *Herr* und
Gott befiehlt, daß folgendes geschieht." Daher wurde es
Brauch, ihn mündlich wie schriftlich nur so anzureden.
Die ihm auf dem Kapitol errichteten Statuen durften nur
von Gold und Silber sein und mußten ein ganz bestimmtes
Gewicht haben. Janus- und Triumphbogen mit Viergespannen und Triumphalzeichen darauf errichtete er in allen
Bezirken der Stadt in solcher Größe und Zahl, daß man
einmal an einen auf griechisch schrieb: „Es ist genug![1]"
Siebzehnmal bekleidete Domitian das Konsulat[2], eine Zahl,
die vor ihm niemand erreicht hatte. Die sieben mittelsten
hatte er in aufeinanderfolgenden Jahren inne, doch alle nur
dem Namen nach und keins über den ersten Mai hinaus,
viele sogar nur bis zum dreizehnten Januar. Nach zwei
Triumphen und nach Annahme des Beinamens Germanicus
nannte er die Monate September und Oktober nach seinen
beiden Zunamen „Germanicus" und „Domitianus"; denn
in dem einen hatte er die Regierung angetreten und in dem
anderen war er geboren[3].

14. Eine derartige Regierungsweise machte Domitian allgemein zum Gegenstand des Schreckens und des Hasses.
Schließlich fand er seinen Untergang durch eine Verschwörung seiner Freunde und seiner bevorzugten Freigelassenen, an der auch seine Gattin[4] teilnahm. Von dem letzten
Jahr und Tag seines Lebens hatte er schon lange eine Vorahnung, selbst von der Stunde und Art seines Todes. In
seiner Jugend hatten ihm die Chaldäer alles vorausgesagt.
Auch sein Vater hatte ihn einmal bei Tisch, als er keine
Pilze essen wollte, ausgelacht, weil er sein Geschick nicht
besser kenne; denn sonst müßte er sich vielmehr vor

---

[1] Das entsprechende Wort (das griechische *arkeî*) hat den Zahlenwert
(s. Nero, Kap. 39, Anm.) 1135. Sueton schreibt es der Aussprache
entsprechend mit lat. Buchstaben *arci*, mit Bezug auf das lat. arcus =
Bogen. – [2] Siebenmal als Prinz, s. Kap. 2, Anm., zehnmal als Kaiser,
82–88 (die 7 mittelsten), 90, 92, 95. – [3] Regierungsantritt: 13. 9., Geburtstag: 24. 10. – [4] S. Kap. 3, Anm.

Eisen fürchten. Deshalb war er beständig voller Angst und
Schrecken, auch der geringste Verdacht versetzte ihn in
übermäßige Unruhe. So glaubt man, nichts habe so sehr
dazu beigetragen, daß er das Edikt über die Ausrottung
der Weinberge[1] zurücknahm, als die Verbreitung einer
Schmähschrift, in welcher die griechischen Verse standen:

Nagst du auch ab mich zur Wurzel, genug der Frucht trag' ich
dennoch,
Dich, wenn zum Opfer du fällst, Bock, zu besprengen mit Wein[2].

Aus gleicher Furcht lehnte Domitian auch eine ganz neue
und eigens für ihn vom Senat ausgedachte Ehre ab, obwohl er sonst auf besondere Ehrenbezeigung sehr begierig
war. Der Senat hatte nämlich beschlossen, sooft er das
Konsulat bekleiden würde, sollten eigens durchs Los dazu
erwählte römische Ritter in Galauniform und mit ihren
Dienstlanzen vor ihm zwischen den Lictoren und den
Dienern herziehen.
Je mehr nun die Zeit der gefürchteten Gefahr herankam,
desto ängstlicher wurde der Kaiser von Tag zu Tag. Er ließ
die Wände der Hallen, in denen er spazierenzugehen pflegte,
mit Spiegelsteinen[3] bekleiden, um darin alles, was hinter
seinem Rücken vorging, sich spiegeln zu sehen. Die Gefangenen verhörte er meist nur insgeheim und unter vier
Augen und hielt hierbei sogar ihre Ketten in seiner Hand.
Und um seinen Hofbedienten einzuschärfen, man dürfe
sich selbst in guter Absicht nicht dazu verleiten lassen,
an seinen Herrn Hand zu legen, verurteilte er seinen
Geheimsekretär Epaphroditus zum Tode; denn es hieß
allgemein, er wäre Nero mit seiner Hand behilflich gewesen, als sich dieser, von Allen im Stich gelassen, den

---

[1] S. Kap. 7. – [2] Ein berühmt gewordenes und oft (u. a. Ovid, Fasten I,
355 ff.) nachgeahmtes Epigramm des Euenos von Askalon (Anthologia
Palatina IX, 75): der Bock, der den Weinstock benagt, wird dem
Bacchus geopfert und mit Wein besprengt. Die Beziehung ist auch
ohne Textänderungen, die mehrfach vorgeschlagen worden sind, deutlich genug. – [3] Im Lateinischen: *phengites*, nach Plinius ein marmor-
hartes, weißes und spiegelndes Gestein aus Kappadozien.

Tod zu geben versuchte[1]. 15. Schließlich ließ er seinen
Vetter Flavius Clemens fast unmittelbar nach seinem Konsulat auf einen ganz fadenscheinigen Verdacht hin plötzlich
töten[2]. Dabei war Flavius von einer geradezu verächtlichen
Gleichgültigkeit gegen den Staat[3], und der Kaiser hatte noch
dazu dessen Söhne schon als kleine Kinder öffentlich als
seine Nachfolger bezeichnet, ihre früheren Namen geändert und den einen Vespasian, den anderen Domitian
nennen lassen. Diese Tat war es besonders, die seinen
eigenen Untergang beschleunigte.

In Domitians Todesjahr kamen volle acht Monate hintereinander so viel Blitzeinschläge vor, daß er zuletzt auf die
Meldung eines neuen Einschlags hin in die Worte ausbrach:
„Nun, so treffe es denn, wen es will!" Es schlug ein in das
Kapitol und den Tempel des Flavischen Geschlechts; ebenso in seinen Palast auf dem Palatin, und zwar in sein Schlafzimmer. Durch die Gewalt des Sturmes wurde sogar die
Inschriftplatte von der Basis seiner Triumphstatue losge-
rissen und fiel auf ein in der Nähe befindliches Denkmal
herab. Der Baum, welcher noch vor Vespasians Eintritt
in das öffentliche Leben zu Boden gefallen war, sich dann
aber wieder aufgerichtet hatte, stürzte jetzt plötzlich von
neuem zur Erde[4]. Die Fortuna von Präneste[5], deren Gnade
sich der Kaiser bei Beginn eines neuen Jahres (durch Gebet
und Opfer) stets empfahl, pflegte ihm immer den gleichen
glückverheißenden Orakelspruch zu erteilen, aber im letzten
Jahr gab sie ihm einen sehr unheilvollen, in dem auch von
Blutvergießen die Rede war. Ihm träumte, Minerva, welcher

---

[1] S. Nero, Kap. 49. Er behielt offenbar unter den Flaviern sein Amt
und einen gewissen Einfluß. Der Philosoph Epiktet war sein Sklave. -
[2] Ein jüngerer Bruder des Flavius Sabinus (s. Kap. 10 und 12, Anm.,
dort auch über sein etwaiges Christentum); er war der einzige erwachsene Prinz und dadurch verdächtig. Von seiner Gattin Flavia Domitilla, einer Schwestertochter Domitians (s. Kap. 17, Anm.), hatte er
mindestens 7 Kinder. Die hier genannten beiden Söhne wurden von
dem berühmten Rhetor Quintilian erzogen. Getötet Ende 95 oder
Januar 96. - [3] Dies war einer der Vorwürfe, die man den Christen
machte. - [4] S. Vespasian, Kap. 5. - [5] S. Tiberius, Kap. 63, Anm.

er abergläubische Verehrung zollte, verlasse seine Haus-
kapelle und erklärte, ihn nicht länger beschützen zu können, weil sie von Jupiter entwaffnet worden sei[1].

Aber den erschütterndsten Eindruck machte auf Domitian
die Antwort, die ihm der Astrologe Askletarion gab, und
was sich später mit diesem ereignete. Askletarion war nämlich angezeigt worden und stellte auch nicht in Abrede,
mit dem geprahlt zu haben, was er vermittelst seiner Kunst
vorausgesehen hatte. Auf die Frage Domitians, welches
Ende denn ihn selbst erwarte, antwortete er mit Bestimmtheit, er werde in kurzer Zeit von Hunden zerrissen werden.
Der Kaiser gab darauf den Befehl, ihn zwar sofort zu
töten, aber ihn auch auf das sorgfältigste zu bestatten, um
so die Nichtigkeit seiner Kunst zu beweisen. Als man damit
beschäftigt war, wurde durch einen plötzlichen Sturm der
Scheiterhaufen umgeworfen und der halbverbrannte Leich-
nam von Hunden zerrissen. Dies erfuhr der Kaiser bei
Tisch unter den übrigen Tagesneuigkeiten durch den
Mimusschauspieler Latinus, der den Vorgang zufällig im
Vorbeigehen mit angesehen hatte.

16. Als man ihm am Tage vor seiner Ermordung Früchte
einer afrikanischen Apfelsorte[2] vorsetzte, befahl er, sie auf
den folgenden Tag aufzuheben und fügte hinzu: „Wenn
ich sie dann noch essen kann." Zu seiner nächsten Umgebung gewendet, versicherte er: „Am morgigen Tag wird
sich der Mond, noch ehe er den Wassermann verläßt[3], mit
Blut beflecken und eine Tat geschehen, von der die ganze
Welt reden wird." Gegen Mitternacht fuhr er vor Schreck
so heftig auf, daß er aus dem Bett sprang.

Frühmorgens verhörte er dann einen ihm aus Germanien

---

[1] Minerva (griech. Pallas) wurde von Domitian besonders verehrt
(s. Kap. 4). Er gab sich bisweilen als ihren Sohn aus und errichtete
ihr einen Tempel auf seinem Forum. – [2] Lat. tubures, nach Plinius
eine aus dem (tropischen?) Afrika eingeführte Frucht, über die sonst
nichts bekannt ist. – [3] Der Mond war am 16. Sept. 96 in den Wassermann getreten und verließ ihn am 18. noch am Tage. Gleichzeitig
standen Mars und Saturn im Wassermann – die denkbar gräßlichste
Konjunktion, die auf eine Katastrophe schlimmster Art deutete.

geschickten Zeichendeuter und verurteilte ihn zum Tode, da er, über die Bedeutung eines Blitzes befragt, einen Regierungswechsel vorausgesagt hatte[1]. Als er eine eiternde Warze auf seiner Stirn allzu heftig kratzte, so daß sie blutete, sagte er: „Wäre das doch alles." Dann fragte er nach der Zeit; man meldete ihm absichtlich die sechste Stunde statt der fünften, vor der er sich fürchtete. In dem Glauben, daß nun die Gefahr vorüber sei, wollte er voller Freude darüber jetzt ein Bad nehmen[2], als ihn sein Kammerherr Parthenius durch die Meldung, es sei jemand da mit einer wichtigen, keinen Aufschub duldenden Botschaft, von seinem Vorhaben abhielt. Der Kaiser ließ daher alle Anwesenden entfernen und zog sich in sein Schlafzimmer zurück. Hier wurde er ermordet.

17. Über den Plan und die Ausführung des Mordes ist etwa folgendes bekanntgeworden. Die Verschworenen waren noch unschlüssig, wann und wie sie Domitian überfallen sollten, namentlich darüber, ob im Bad oder bei Tisch. Da bot Stephanus, der Verwalter Domitillas[3], der damals wegen Unterschlagung von Geldern angeklagt war, Rat und Hilfe an. Um jeden Verdacht zu vermeiden, wickelte er um seinen linken Arm einen wollenen Verband, als wenn er eine Verletzung daran hätte, und schob zwischen ihn, als die Stunde da war, heimlich einen Dolch. Hierauf ließ er dem Kaiser melden, er habe eine Verschwörung anzuzeigen und wurde daher vorgelassen. Als Domitian dann die ihm überreichte Anzeige gelesen hatte und über ihren Inhalt wie vom Schlage gerührt dastand, stieß er ihm den Dolch in den Unterleib. Trotz seiner Verwundung setzte sich

---

[1] Nach Cassius Dio wurde er von Nerva befreit und belohnt. -
[2] Domitian pflegte vor der Mittagsmahlzeit zu baden (s. Kap. 21). Da wegen der frühen Tageszeit (5. Stunde: 10 bis 11 Uhr, 6. Stunde: 11-12 Uhr) die Mittagsmahlzeit kaum stattgefunden haben konnte, so wird der hier gebrauchte lateinische Ausdruck *corporis cura* (Körperpflege) wohl das Bad bedeuten und nicht die an sich auch mögliche mittägliche Siesta der Südländer, die erst *nach* dem Essen stattfand. -
[3] Flavia Domitilla, die Gattin des Flavius Clemens (s. Kap. 15, Anm.), nach seinem Tod verbannt, angeblich als Christin.

der Kaiser zur Wehr, aber die Ordonnanz[1] Clodianus und Maximus, ein Freigelassener des Parthenius, sowie Satur, der oberste Kammerdiener, ferner ein Angehöriger der kaiserlichen Fechtertruppe fielen über ihn her und machten ihm mit sieben Wunden den Garaus. Der Knabe, der gerade seinen üblichen Dienst bei dem Altar der Laren des kaiserlichen Schlafzimmers verrichtete[2] und bei der Ermordung seines Herrn zugegen war, pflegte noch weitere Einzelheiten zu erzählen. Domitian habe ihm gleich bei der ersten Wunde, die er erhielt, befohlen, ihm einen unter dem Kopfkissen liegenden Dolch zu reichen und die Diener zu rufen. Er habe aber am Kopfende nichts als den Griff eines Dolches gefunden und außerdem seien alle Türen verschlossen gewesen. Unterdessen habe sich der Kaiser auf Stephanus gestürzt, ihn zur Erde niedergerissen und lange mit ihm gerungen, während er versuchte, ihm bald den Dolch zu entwinden, ihm bald trotz seiner zerfleischten Finger die Augen auszubohren.

Domitian wurde am achtzehnten September seines fünfundvierzigsten Lebensjahrs ermordet[3], im fünfzehnten Jahr seiner Regierung. Seine Leiche wurde auf einer ganz einfachen Bahre von gewöhnlichen Totengräbern hinausgetragen. Seine Amme Phyllis erwies ihm in ihrer Villa an der Latinischen Straße[4] die letzte Ehre. Aber seine Reste verbrachte sie heimlich in den Tempel des Flaviergeschlechts und mischte sie unter die Asche von Titus' Tochter Julia, welche sie gleichfalls erzogen hatte.

18. Domitian war schlank von Gestalt. Sein Gesicht hatte einen bescheidenen Ausdruck und war gerötet[5]. Er hatte

---

[1] Lat. cornicularius (Hornträger), ein durch 2 Hörnchen am Helm gekennzeichneter Soldat, der einem höheren Offizier oder Beamten zu besonderen Dienstleistungen beigegeben war. – [2] S. Augustus, Kap. 7. Bei diesen kaiserlichen Hausgöttern hatte ständig ein Opferknabe Dienst. – [3] 96. Er hatte am 13. Sept. sein 16. Regierungsjahr begonnen. – [4] Die von der Via Appia links abgehende Straße durch die Albanerberge, Latium und das Innere Kampaniens. – [5] Nach Tacitus, Agricola 45, nicht aus Bescheidenheit, sondern gerade, um die Schamröte zu verbergen.

große, aber etwas schwache Augen. Sonst war er schön
und stattlich, besonders in seinen jüngeren Jahren, und
zwar in seiner ganzen Körperbildung, mit Ausnahme der
Füße, deren Zehen etwas zu kurz waren. Später entstellte
ihn auch eine Glatze, ein dicker Bauch und zu dünne
Beine, die allerdings erst durch eine lange Krankheit ab-
gemagert waren. Domitian wußte sehr gut, daß sein be-
scheidener Gesichtsausdruck ihn den Menschen empfahl.
So äußerte er einmal selbstgefällig im Senat: „Bis jetzt hat
Euch wenigstens meine Gesinnung und mein Gesicht gefallen." Seine Kahlköpfigkeit verdroß ihn so sehr, daß er
es als persönliche Beleidigung auffaßte, wenn dieser Schön-
heitsfehler einem anderen im Scherz oder bei einem Zank
vorgeworfen wurde. Und doch schob er in seine kleine
Schrift, die er über die „Haarpflege" veröffentlichte und
einem Freunde widmete, folgende Worte ein, mit denen
er ihn und sich selbst zugleich zu trösten versucht:

„Siehest du nicht, wie ich selber so groß und schön an Gestalt bin?[1]
und dennoch erwartet dasselbe Schicksal mein Haar, und
ich trage es tapfer, daß dies mich schon in der Jugend zum
Greise macht. Bedenke, daß nichts lieblicher ist als Schönheit, aber auch nichts vergänglicher!"

19. Körperliche Anstrengung konnte Domitian nur schwer
aushalten; deswegen ging er denn auch in der Stadt kaum
zu Fuß. Im Felde und auf dem Marsch ritt er selten, sondern
ließ sich meist in einer Sänfte tragen. Waffenübungen
liebte er nicht, dagegen war er ein eifriger Bogenschütze[2].
Heute leben noch viele Leute, welche zugeschaut haben,
wie er auf seinem albanischen Sommersitz oft Hunderte von
wilden Tieren aller Art erlegte und zuweilen absichtlich
die Köpfe von einigen so traf, daß zwei Pfeilschüsse wie
zwei Hörner darin steckenblieben. Zuweilen schoß er aus

---

[1] Ilias, XXI, 108. Domitians Schrift nicht erhalten. – [2] Der Bogen galt
bei den Römern nicht als Waffe im eigentlichen Sinn, sondern mehr
als Sportgerät. Die Bogenschützen des Heeres wurden von Hilfstruppen (s. Galba, Kap. 10, Anm.) gestellt. Auch Titus war ein guter
Schütze, s. dort, Kap. 5.

der Entfernung einem jungen Sklaven, der seine rechte aus-
gespreizte Hand als Ziel bieten mußte, mit solcher Geschicklichkeit durch die Finger, daß alle Pfeile hindurchflitzten,
ohne ihn zu verletzen.

20. Die Beschäftigung mit den Wissenschaften gab er
gleich nach seiner Thronbesteigung auf. Trotzdem war er
ohne Rücksicht auf die hohen Kosten ständig um den
Wiederaufbau der durch Feuer zerstörten Bibliotheken besorgt, suchte von überallher Kopien der vernichteten Werke
zu bekommen und schickte Leute nach Alexandria[1], um Abschriften zu machen und nach den dortigen Originalen Ver-
besserungen vorzunehmen. Trotz alledem gab er sich nicht
die geringste Mühe, sich Kenntnisse von Werken aus der
Geschichte und Dichtkunst zu erwerben oder sich auch nur
die übliche stilistische Fertigkeit anzueignen. Außer den
Denkwürdigkeiten und Aktenstücken des Kaisers Tiberius[2]
las er nichts. Seine Briefe wie seine Reden und Edikte ließ
er von anderen abfassen. Und doch war seine Redeweise
gewählt, und er machte manchmal recht witzige Bemerkungen. „Ich wollte", sagte er z. B., „ich wäre so schön,
wie Mäcius sich vorkommt." Und von dem Kopf eines
Mannes, dessen rötliches Haar weiß gesprenkelt war, äußerte
er: „Es ist wie Schnee, auf den man Met gegossen hat."
21. „Die Lage der Fürsten", pflegte er zu sagen, „ist höchst
beklagenswert; denn, wenn sie eine Verschwörung entdeckt haben, glaubt man ihnen nicht früher, als bis sie ermordet sind."
In seinen Mußestunden unterhielt sich Domitian mit Würfelspiel, selbst an Werktagen und in frühen Morgenstunden.
Er badete noch am Vormittag und aß zu Mittag sich vollständig satt; daher pflegte er abends bei der Hauptmahlzeit selten etwas mehr als einen Matius-Apfel[3] und einen
mäßigen Trunk Weins aus einer Karaffe zu sich zu nehmen.

[1] Die alexandrinischen Bibliotheken und die Gelehrtenstiftung des
Museums dort standen immer noch im besten Ruf. – [2] S. dort, Kap. 61. –
[3] Nach dem Ritter Gajus Matius Calvena, einem Hofbeamten des
Augustus, der als Obstzüchter, Verfasser eines ausführlichen Koch-
buchs und – Übersetzer der Ilias in lateinische Verse genannt wird.

Er gab oft reichliche Festessen, aber es wurde sehr rasch gespeist, jedenfalls dauerte die Abendmahlzeit nicht länger als bis zum Sonnenuntergang. Nach der Tafel schloß sich auch kein Trinkgelage an; denn der Kaiser machte bis zur Schlafenszeit regelmäßig ganz allein einen Spaziergang an einem eigens hierzu abgesperrten Platz.

22. Domitian war im Geschlechtsverkehr sehr ausschweifend. Seinen fortgesetzten Umgang mit Frauen pflegte er als eine Art Turnübung mit dem Namen „Bettkampf" zu bezeichnen. Ferner sagt man ihm nach, er enthaare seine Mätressen mit eigener Hand und bade mit den gemeinsten Dirnen zusammen.

Seines Bruders Tochter (Julia), die ihm in ihren jungen Jahren zur Ehe angetragen wurde, weigerte er sich hartnäckig, zu heiraten, weil er bereits in den Banden Domitias schmachtete. Aber kurz darauf, nach ihrer Vermählung mit einem andern Mann[1], war er es, der sie aus freien Stücken verführte. Später, nachdem Julia ihren Vater und Gatten verloren hatte, offenbarte er seine heftige Leidenschaft für sie vor aller Öffentlichkeit. Er wurde sogar die Ursache ihres Todes; denn er zwang sie, sich das Kind abzutreiben, das sie von ihm empfangen hatte.

23. Das Volk nahm die Nachricht von Domitians Ermordung mit Gleichgültigkeit auf, dagegen entstand bei den Soldaten große Erbitterung. Sie versuchten sofort seine Aufnahme unter die Götter durchzusetzen und wären sogar bereit gewesen, seinen Tod zu rächen, wenn ihnen nicht die Anführer gefehlt hätten. Doch erreichten sie bald nachher ihren Willen dadurch, daß sie mit allem Nachdruck auf die Bestrafung der Anstifter des Mordes drangen. Der Senat dagegen zeigte solche Freude, daß alle Mitglieder um die Wette in die Kurie strömten und sich nicht enthalten konnten, dem Toten die schmachvollsten und bittersten Beschimpfungen nachzurufen. Man ließ sogar Leitern bringen, die Medaillons mit seinem Porträt vor der Versammlung herunterreißen und an Ort und Stelle auf dem

---

[1] Flavius Sabinus, s. Kap. 10 u. 12, Anm. - Julia, s. Titus, Kap. 4, Anm.

Boden zerschmettern. Zuletzt beschloß man, seinen Namen
auf allen Inschriften überall auszukratzen und jede Erinnerung an ihn zu tilgen[1].

Wenige Monate vor seiner Ermordung hatte eine Krähe
auf dem Kapitol (auf griechisch) gekrächzt: „Alles wird
gut sein", ein Vorzeichen, das ein Dichter durch folgende
Verse deutete:

> Neulich saß eine Kräh' auf Tarpejas Gipfel, die konnte
>   Nicht schrein: „'s ist alles gut!" Darum rief sie: „Es wird!"[2]

Auch erzählt man, Domitian selbst habe geträumt, ihm sei
hinten am Nacken ein goldener Buckel herausgewachsen,
und er habe dies für ein untrügliches Zeichen gehalten,
daß nach ihm die Lage des Staates glücklicher und er-
freulicher sein werde. Und wirklich ist dies durch die Recht-
lichkeit und maßvolle Regierung der folgenden Herrscher
bald eingetroffen[3].

---

[1] Zahlreiche Inschriften, auf denen der Name Domitians ausgemeißelt
ist, sind noch vorhanden. Eine lebendige Schilderung des Vorgangs,
der sogenannten *damnatio memoriae*, d. h. der Tilgung des Andenkens
an den Kaiser, gibt auch der jüngere Plinius (Panegyricus auf Trajan,
Kap. 52): „Man freute sich, seine Porträts mit den hochmütigen
Gesichtszügen auf dem Boden zu zerschmettern, mit den Schwertern
darauf einzudringen und die Wut daran mit Beilen auszulassen, wie
wenn den einzelnen Hieben Blut und Schmerz folgen würden. Niemand hielt Maß in seiner Freude und in der spät zum Ausdruck
kommenden Fröhlichkeit, da man eine Art Rache darin sah, daß den
Standbildern die Gelenke zertrümmert, sowie die Gliedmaßen verstümmelt, und endlich daß die einst Schauder und Schrecken er-
regenden Büsten herabgeschleudert und eingeschmolzen wurden..." –
[2] Man glaubte, aus dem Gekrächz die griech. Worte *éstai pánta kalõs*
herauszuhören. Tarpejas Gipfel, der Gipfel des Tarpejischen Felsens,
der den Südabhang des Kapitols bildet. – [3] Nerva, Trajan, Hadrian,
Antoninus Pius und Marc Aurel (96–180) führten auf allen Gebieten
auch eine Nachblüte der Kultur herbei, für die das Werk Suetons selbst
ein charakteristisches Zeugnis ist.

AUSGEWÄHLTE LITERATUR ZU SUETON

1) Ausgaben, Kommentare, Indices (systematisch)

Quae supersunt omnia, ed. C. L. Roth (Leipzig 1858)
Gesamtkommentar von D. C. W. Baumgarten-Crusius, 3 Bände
  (III: Indices; Leipzig 1816/18)

Praeter Caesarum libros reliquiae, ed A. Reifferscheid (Leipzig
  1860)
De poetis, ed. A. Rostagni (Turin 1944)
De grammaticis et rhetoribus, ed. R. P. Robinson (Paris 1925)
–, ed. G. Brugnoli (Leipzig 1960)
–, italienische Übersetzung mit Kommentar von F. Della Corte
  (Turin ³1968)
Περὶ βλασφημιῶν. Περὶ παιδιῶν [byzantinische Exzerpte], ed. J.
  Taillardat (Paris 1967)

Vitae XII Imperatorum, Text und Kommentar von J. H. Bremi
  (Zürich ¹1800, ²1820)
De vita Caesarum, ed. M. Ihm (ed. maior Leipzig 1907, ed.
  minor Leipzig 1908)
–, lateinisch-englisch von J. C. Rolfe, 2 Bände (London 1928/30)
–, lateinisch-französisch von H. Ailloud, 3 Bände (Paris 1931/32)

Einzelausgaben/Kommentare zu
  Divus Iulius und Divus Augustus von J. H. Westcott / E. M.
    Rankin (Boston 1918)
  Tiberius bis Nero von I. B. Pike (Boston 1903)
  Galba bis Domitian von G. W. Mooney (London 1930)

  Divus Iulius von H. E. Butler / N. Cary (New York – Oxford
    1927)
  Divus Augustus von E. S. Shuckburgh (Cambridge 1896)
  – M. A. Levi (Florenz ¹1951, ²1958)
  – J. M. Carter (Bristol 1982)

Tiberius c. 1–23 von M. J. du Four (Diss. Philadelphia 1941)
    c. 24–40 von J. R. Rietra (Diss. Amsterdam 1928)
        Beide Teile als 1 Band im Nachdruck: New York 1979
– W. Vogt (Diss. Würzburg 1975)
Caligula c. 1–21 von J. E. Maurer (Diss. Philadelphia 1949)
Divus Claudius von H. Smilda (Groningen 1896)
Nero von B. H. Warmington (Bristol 1977)
– K. R. Bradley (Brüssel 1978)
Galba, Otho, Vitellius von C. Hofstee (Groningen 1898)
Divus Vespasianus von A. W. Braithwaite (Oxford 1927)
Divus Titus von H. Price (Menasha 1919)
– H. Martinet (Königstein i. T. 1981)
Domitianus von J. Janssen (Diss. Amsterdam 1918, Groningen
    1919)
– P.E. Arias (Catania 1945)

Index verborum C. Suetonii Tranquilli stilique eius proprietatum
nonnullarum von A. A. Howard und C. N. Jackson (Cam-
bridge/Mass. 1922)

2) Forschungsliteratur (chronologisch)

a) Zur antiken Biographie

F. Leo, Die griechisch-römische Biographie nach ihrer litterari-
schen Form (Leipzig 1901)
D. R. Stuart, Epochs of Greek and Roman Biography (Berkeley
1928)
W. Steidle, Sueton und die antike Biographie (München ¹1951,
²1963)
A. Dihle, Studien zur griechischen Biographie (Göttingen 1956)
T. A. Dorey (Hrsg.), Latin Biography (London 1967)
A. Momigliano, The Development of Greek Biography (Cam-
bridge/Mass. 1971); italienisch (Turin 1974) mit Anhang
E. Jenkinson, Cornelius Nepos and Biography at Rome, in:
Aufstieg und Niedergang der römischen Welt (= ANRW) I,3
(Berlin 1973) 703–719
R. Syme, Biographers of the Caesars, Museum Helveticum 37
(1980) 104–128
Angekündigt: J. Wagner (Hrsg.), Antike Biographie (Darmstadt
ca. 1987)

G. Lewis, Suetonius' Caesares and their literary antecedents, in: ANRW II,33 (Berlin ca. 1987)

b) Zu Sueton und seinem Werk De vita Caesarum

A. Macé, Essai sur Suétone (Paris 1900)

J. W. Freund, De Suetonii Tranquilli usu atque genere dicendi (Diss. Breslau 1901)

G. Funaioli, I Cesari di Suetonio, in: Raccolta di scritti in onore di F. Ramorino (Mailand 1927), danach in: Studi li letteratura antica II,2 (Bologna 1947) 147–179

–, RE-Art. Suetonius (1931), RE IV A 593–641

W. Steidle s. 2 a

F. Della Corte, Suetonio eques Romanus (Florenz ¹1958, ²1967)

G. B. Townend, Suetonius and his influence, in: Latin Biography (s. 2 a) 79–111

B. Mouchová, Studie zu Kaiserbiographien Suetons (Prag 1968)

H. Gugel, Studien zur biographischen Technik Suetons (Wien – Köln – Graz 1977)

E. Cizek, Structures et idéologie dans ‚Les vies des douze Césars' de Suétone (Bukarest – Paris 1977)

P. Sage, Quelques aspects de l'expression narrative dans les XII Césars de Suétone, Revue belge de philologie 57 (1979) 18–50

B. Baldwin, Suetonius (Amsterdam 1983)

A. Wallace-Hadrill, Suetonius. The Scholar and his Caesars (New Haven – London 1983)

U. Lambrecht, Herrscherbild und Principatsidee in Suetons Kaiserbiographien. Untersuchungen zur Caesar- und zur Augustus-Vita (Bonn 1984)

ZEITTAFEL

v. Chr.

100   Caesar geboren.

95/92/90   Die weitere Ausdehnung des Pontischen Reiches unter Mithradates VI. (Eupator) in Form von Hegemonie über Kappadokien und Bithynien wird von römischer Seite dreimal zurückgewiesen.

91   Reformfreundliches Volkstribunat des M. Livius Drusus; seine Ermordung einer der Gründe für den Bundesgenossenkrieg.

91–89   Bundesgenossenkrieg (bellum Marsicum); nach 89 noch Restkämpfe mit samnitischen Splittergruppen.

90/89   Bürgergesetze der Konsuln L. Julius Caesar und Cn. Pompejus Strabo sowie der Volkstribunen Plautius und Papirius: 90 lex Iulia (römisches Bürgerrecht für alle treugebliebenen Latiner und Bundesgenossen), 89 lex Plautia Papiria (römisches Bürgerrecht für alle meldewilligen Bundesgenossen südlich des Padus) und lex Pompeia (latinisches Recht für die Bewohner der Transpadana).

89–85   1. Mithradatischer Krieg, nach dem Blutbefehl von Ephesos 88 (80000 Römer und Italiker in Kleinasien umgebracht) von Sulla 85 siegreich beendet; doch der Friede von Dardanos wird nicht schriftlich fixiert.

88   Sulla Konsul; nach seinem Marsch auf Rom nobilitätsfreundliche Gesetzgebung von kurzer Dauer.

87   Cinna Konsul; während Sulla gegen Mithradates kämpft, 87–84 Cinnas Gewaltherrschaft in Rom; sie endet mit seiner Ermordung.

86   Marius, nochmals Konsul, stirbt am 13. 1.

83–82   2. Mithradatischer Krieg, unglücklich von L. Licinius
        Murena geführt, der aus Kappadokien vertrieben
        wird; Sulla erreicht die beiderseitige Anerkennung des
        Status quo (Verzicht des Mithradates auf Bithynien,
        incl. Paphlagonien, und Kappadokien). Gleichzeitig,
        nach Sullas Rückkehr nach Italien im Frühjahr 83,
        erneuter Bürgerkrieg; im Frühjahr 82 Sieg Sullas bei
        Sacriportus (seitdem Sulla im Besitz von Rom), am
        1. 11. beim Collinischen Tor über Marianer und Sam-
        niten; letzte Kämpfe gegen Nola (bis 80) und Volater-
        rae (bis 79). Noch 82, nach Sullas entscheidendem
        Sieg, Proskriptionen incl. Sippenhaftung. Dezember
        82: Sulla dictator legibus scribundis et rei publicae
        constituendae.

81   leges Corneliae: Sullas Wiederaufrichtung der Senats-
        herrschaft.

80   Q. Sertorius, 81 als Praetor aus Hispania citerior vom
        Sullaner T. Annius vertrieben, organisiert in Lusita-
        nien mit Hilfe einheimischer Aufständischer eine Ar-
        mee; seitdem zunehmende militärische Erfolge in Spa-
        nien.

79   Abdankung Sullas, der 78 stirbt.

78–77   Nach Sullas Tod Umsturzbewegung des Konsuls
        M. Aemilius Lepidus zugunsten der Marianer; sie
        wird von Q. Lutatius Catulus und Cn. Pompejus nie-
        dergeworfen, Lepidus stirbt in Sardinien.

77–72   Krieg des Pompejus, der Q. Caecilius Metellus zu
        Hilfe kommt, gegen Sertorius; dieser 72 ermordet,
        letzte Kämpfe 71 beendet.

74   Beginn des 3. Mithradatischen Krieges (bis 66) unter
        L. Licinius Lucullus. M. Antonius wird als Praetor
        mit imperium infinitum aequum gegen die Seeräuber
        entsandt. Kyrene wird römische Provinz.

73–71   Sklavenkrieg des Spartacus in Italien, siegreich von
        M. Licinius Crassus beendet.

71   Der suebische Heerkönig Ariovist überschreitet, von
        den Sequanern gegen die Haeduer gerufen, mit 15000
        Germanen den Rhein.

70 Unter dem ersten Konsulat von Crassus und Pompejus wird die sullanische Verfassung beseitigt: Wiederherstellung der vollen tribunizischen Gewalt, Rückkehr der Ritter in die Geschworenengerichte, Wiedereinführung der Zensur.

69 Lucullus marschiert gegen Tigranes von Armenien, wo der geschlagene Mithradates 71 Zuflucht fand; Sieg bei Tigranocerta.

68 Caesars Quaestur. Mithradates kehrt nach Pontus zurück.

67 Auf Antrag des Volkstribunen A. Gabinius erhält Pompejus ein Kommando mit Sondervollmachten gegen die Seeräuber; durch ihn wird der Seeräuberkrieg beendet.

66 Auf Antrag des Volkstribunen C. Manilius wird Pompejus, ausgestattet mit Sondervollmachten, mit der Kriegführung gegen Mithradates betraut; auch diesen Krieg beendet Pompejus siegreich. Ende 66: Erster (angeblicher) Putschplan des L. Sergius Catilina.

64 Pompejus errichtet die Doppelprovinz Bithynia et Pontus sowie die Provinz Syria (nach erfolgreichem Feldzug gegen Syrien).

63 Ciceros Konsulat. Pompejus erstürmt Jerusalem und ordnet die Verhältnisse in Judäa neu. Selbstmord des Mithradates. Aufdeckung der (2.) Catilinarischen Verschwörung durch Cicero. C. Octavius (später: Octavian, Augustus) geboren.

62 Zu Anfang des Jahres fällt Catilina bei Pistoria, zum Jahresende landet Pompejus in Brundisium. Caesars Praetur.

61 In der ersten Jahreshälfte Clodius' Skandalprozeß, in der zweiten Beginn von Caesars Statthalterschaft in Hispania ulterior, wo er gegen Lusitaner und Gallaecer erfolgreich kämpft sowie sich und die Provinz (Reform des Schuldwesens) finanziell saniert. 28./29. 9.: Pompejus' Triumph, jedoch ohne Bestätigung seiner acta durch den Senat, ohne Versorgung seiner Veteranen (das 60 vom Volkstribunen L. Flavius eingebrachte Ackergesetz scheitert im Senat).

60 Caesar, aus Spanien zurückgekehrt, wird zum Konsul
für 59 gewählt; um die Jahresmitte Geheimpakt mit
Pompejus und Crassus (1. Triumvirat), jenseits der
republikanischen Verfassung.

59 Caesars erstes Konsulat: zwei Ackergesetze, Anordnungen des Pompejus in Vorderasien vom Senat gebil-
ligt, lex Iulia de repetundis (neue Basis der Provinzial-
verwaltung). Ein Antrag des Volkstribunen P. Vati-
nius sichert dem künftigen Proconsul Gallia cisalpina
und Illyricum mit drei Legionen, der Senat fügt Gallia
transalpina mit einer Legion hinzu, alles für fünf
Jahre.

58–51 Caesar unterwirft von der Gallia Narbonensis aus das
freie Gallien (Gallia comata): 58 Sieg über die Helve-
tier und die Sueben unter Ariovist, 57 Niederwerfung
der belgischen Stämme, 56 Befestigung der Herrschaft
in Bretagne und Normandie gegen Veneter und Mori-
ner, 55 1. Rheinübergang und 1. Britannienzug, 54
2. Britannienzug und Kampf gegen aufständische Bel-
ger unter Ambiorix, 53 2. Rheinübergang (Neuwieder Becken) und Vernichtung der Eburonen, 52 siegreicher Kampf gegen Vercingetorix, 51 Unterwerfung
der restlichen Aufständischen.

56 April: Konferenz von Luca, Erneuerung des Triumvirats.

55 Crassus' und Pompejus' 2. Konsulat. Verlängerung
von Caesars Imperium.

53 Crassus' Niederlage und Tod bei Carrhae durch die
Parther.

52 Pompejus alleiniger Konsul (bis August); leges Pom-
peiae (bedrohlich für Caesar).

51 Parthischer Einfall in Syrien. Veröffentlichung von
Ciceros De re publica und Caesars De bello Gallico
(I–VII).

50 Kampf um Caesars Nachfolge in Gallien; am 2. 12.
betraut der Konsul Claudius Marcellus, ohne Ermächtigung durch den Senat, Pompejus mit dem
Schutz des Staates.

49 Den Senatsbeschluß vom 7. 1., Caesar durch L. Domitius Ahenobarbus in Gallien abzulösen, ihn zur Entlassung seines Heeres aufzufordern und das senatus consultum ultimum auszusprechen, beantwortet Caesar am 11. 1. mit dem Übergang über den Rubico.

49–45 Bürgerkrieg: 49 Caesar gewinnt Rom und Italien, Rückensicherung durch den 1. spanischen Feldzug; 48 Schlacht bei Pharsalus, Pompejus' Ende in Ägypten (28. 9.); 48–47 Caesar in Ägypten (bellum Alexandrinum); 47 bellum Asiaticum gegen Pharnakes, König von Bosporos, der Pontus wiedergewinnen wollte und 48 Domitius Calvinus geschlagen hatte, entschieden durch den Sieg bei Zela (veni vidi vici); 47–46 bellum Africanum, Caesars Sieg bei Thapsus (6. 2. 46), Catos Selbstmord in Utica; 46–45 2. spanischer Feldzug gegen die Söhne des Pompejus, entschieden durch die Schlacht bei Munda.

45 (1. 1.) Einführung des Julianischen Kalenders. Nach seiner Rückkehr nach Rom im Oktober wird Caesar dictator perpetuus.

44 (15. 3.) Caesars Ermordung; nach der Leichenrede des Konsuls M. Antonius verlassen die Führer der Verschworenen Rom, wo im Mai auch C. Octavius, Caesars Großneffe und Testamentserbe (seit der Adoption C. Iulius Caesar Octavianus), erscheint.

44–43 Mutinensischer Krieg gegen D. Brutus, der auf der Flucht getötet wird; anstelle der gefallenen Konsuln A. Hirtius und C. Vibius Pansa zwingt man dem Senat die neuen Konsuln Octavianus und Q. Pedius, dessen Oheim, auf; lex Pedia gegen die Caesarmörder, Ende der res publica libera im Westen.

43–32 2. Triumvirat, gegründet bei Bononia zwischen Antonius, M. Aemilius Lepidus und Octavian: Zuteilung von Vollmachten und Machtbereichen; Proskriptionen, Tod Ciceros am 7. 12. 43.

42 Bei Philippi siegen Antonius und Octavian über M. Brutus und C. Cassius in zwei Schlachten. Tiberius geboren.

41–40 Perusinischer Krieg, von Octavians Feldherrn M. Vipsanius Agrippa gegen Fulvia, die Frau des Antonius, und dessen Bruder L. Antonius siegreich beendet.

40 Vertrag von Brundisium zwischen Octavian und Antonius: letzterer heiratet nach Fulvias Tod Octavians Schwester Octavia und erhält die östliche Reichshälfte, Octavian die westliche, Lepidus Afrika.

39 Geburt Julias, Tochter Octavians und Scribonias.

39–38 Krieg des Ventidius, Legat des Antonius, gegen die Parther, die er zum Rückzug hinter den Euphrat zwingt: Syrien und Palästina wieder unter römischem Einfluß.

38 Octavian heiratet Livia. Agrippa verpflanzt die Ubier nach Köln.

37 Vertrag von Tarent: Verlängerung des Triumvirats um fünf Jahre. In Jerusalem wird der Idumäer Herodes zum König der Juden eingesetzt.

36 Agrippas Sieg bei Naulochoi über Sex. Pompejus; Lepidus als Triumvir abgesetzt, bleibt pontifex maximus; unglücklicher Partherkrieg des Antonius.

35–33 Octavians Kämpfe um Illyrien und Pannonien.

33–32 Zunehmende Entfremdung und Bruch zwischen Octavian und Antonius.

32 Treueid Italiens und der Westprovinzen für Octavian.

31 (2. 9.) Schlacht bei Actium; Flotte und Landheer des Antonius kapitulieren.

30 Antonius' und Kleopatras Tod; Ägypten wird römische Provinz.

29 Schließung des Janustempels; drei Triumphe Octavians.

29–28 Unterwerfung Mösiens durch M. Licinius Crassus.

27 (13. 1.) Proconsularisches Imperium auf zehn Jahre für Octavian; (16. 1.) Erhebung Octavians zum Augustus mit erhöhter auctoritas.

27 v.–14 n. Chr.   Augustus als erster Princeps.

27   Teilung der Provinzen in senatorische und kaiserliche.

27–25   Weitere Befriedung Spaniens durch Augustus. Errichtung des ersten Pantheon durch Agrippa.

25   Zug des C. Petronius gegen Äthiopien.

25–24   Aelius Gallus' Zug gegen Südarabien.

23   Erkrankung des Augustus. Zweite (seit 27) Verfas-
sungsreform: Augustus erhält die volle tribunicia potestas und ein imperium proconsulare maius, d. h. mit
Weisungsbefugnis auch gegenüber Statthaltern senatorischer Provinzen. Tod des Marcellus.

21–19   Augustus in Griechenland und Asia.

21   Vermählung Julias mit Agrippa.

20   Rückgabe römischer Feldzeichen und Gefangener
durch die Parther.

20–19   Abschließende Kämpfe Agrippas gegen Cantabrer
und Asturer in Nordwestspanien.

18   Mitregentschaft (imperium maius und tribunicia potestas) Agrippas. Strenge Ehe- und Sittengesetzgebung.

17   Augustus adoptiert seine beiden Enkel Gaius und
Lucius Caesar. Säkularfeier.

16–13   Einrichtung der tres Galliae: Aquitania, Lugdunensis,
Belgica.

15   Züge des Tiberius und seines Bruders Drusus gegen
Völker der Alpen und des nördlichen Alpenvorlands.
Germanicus geboren.

12   Tod Agrippas; Augustus wird, nach Lepidus' Tod,
pontifex maximus. Drusus errichtet in Lugdunum
einen Altar der Roma und des Augustus als Mittelpunkt des gallischen Herrscherkults.

12–9   Feldzüge des Drusus in Germanien, des Tiberius in
Pannonien.

11   Vermählung Julias mit Tiberius.

10   Claudius (jüngster Sohn des Drusus) geboren in Lugdunum.

9 Drusus' Tod. Einweihung der Ara pacis Augustae.

8 Neueinteilung Roms in 14 regiones und 265 vici.

8–7 Tiberius in Germanien.

6 Tiberius zieht sich vom öffentlichen Leben nach Rhodos zurück.

5 Verleihung der toga virilis an Gaius Caesar.

4 Herodes d. Gr., seit 37 König von Judäa, gestorben; Geburt Jesu kaum zuvor, eher um 2 (Luc. 3, 23).

2 Weihung des Mars-Ultor-Tempels und des Augustusforums; Augustus erhält den Titel pater patriae, Lucius Caesar die toga virilis; Verbannung der Julia.

n. Chr.

1 Gaius Caesar erreicht den Verzicht der Parther auf Armenien.

2 Tod des Lucius Caesar; Tiberius kehrt von Rhodos zurück.

4 Tod des Gaius Caesar; Adoption und Mitregentschaft des Tiberius.

4–5 Tiberius zum zweiten Mal in Germanien, zwischen Rhein und Elbe.

6 Tiberius bereitet Angriff gegen den Markomannenkönig Marbod vor, muß dann aber den pannonischen Aufstand (6–9) niederwerfen.

9 Quinctilius Varus' Niederlage, mit Verlust dreier Legionen, im Teutoburger Wald durch den Cheruskerfürsten Arminius. Titus Flavius Vespasianus in Reate geboren.

12 Gaius Caesar (Caligula) geboren.

13 Tiberius' Mitregentschaft verstärkt: Verlängerung der tribunicia potestas um weitere zehn Jahre, dazu das proconsulare imperium maius gleich dem des Augustus.

14 (19. 8.) Tod des Augustus, das Testament enthält Livias Adoption; vom 19. 8. bis 17. 9. Interregnum: Tiberius zaudert, Augustus' Nachfolge im Principat anzutreten.

14–68 Die Julisch-Claudische Dynastie.

14–37 Tiberius.

14–16 Feldzüge des Germanicus gegen Arminius, danach Abberufung des Germanicus vom germanischen Kriegsschauplatz durch Tiberius.

17–24 Aufstand des Tacfarinas in Afrika.

18–19 Germanicus mit imperium maius im Orient. Kappadokien und Kommagene werden römische Provinzen.

19 (10. 10.) Germanicus' Tod in Antiochien. Marbod muß zu den Römern nach Noricum fliehen, Zwangsexil in Ravenna.

21 Ermordung des Arminius; Aufstand des Julius Florus und Julius Sacrovir in Gallien.

21–22 Tiberius in Campanien; Schaffung des Prätorianerlagers auf dem Viminal in Rom.

23–31 Sejan alleiniger Gardepräfekt (praefectus praetorio).

23 Tod von Tiberius' Sohn Drusus.

26–36/37 Pontius Pilatus kaiserlicher praefectus in Judäa.

27–28 (oder 28–29) Auftreten Johannes des Täufers. Daran anschließend Jesu öffentliche Wirksamkeit.

27–37 Tiberius in Capri.

29 Tod der Livia (Augusta).

30 (oder 33; wahrscheinlich am 7. 4.) Jesu Kreuzigung.

31 Sejans Sturz und Hinrichtung.

37 (16. 3.) Tod des Tiberius. Geburt des L. Domitius Ahenobarbus (später: Nero).

37–41 Gaius Caesar, genannt Caligula.

39 Titus Flavius Vespasianus als Sohn Vespasians geboren.

40 Caligula läßt in Rom König Ptolemaios von Mauretanien ermorden.

41 (24. 1.) Caligula ermordet; die Prätorianer rufen seinen Oheim Claudius zum Imperator aus, am Tag danach bestätigt ihn der Senat als Princeps.

41–54 Claudius.

42 Mauretania wird Doppelprovinz: M. Caesariensis und
    M. Tingitana.

43–50 Eroberung Südenglands durch Aulus Plautius und
    Ostorius Scapula.

44 Mösien, bisher von Makedonien aus verwaltet, wird
    eigene Provinz; nach dem Tod Agrippas I. wird Judäa
    (wie schon 6–41) wieder Teil der Provinz Syrien.

46 Thrakien wird nach Ermordung Rhoemetalces' III.
    römische Provinz; das Bosporanische Reich wird
    Klientelstaat.

47 Domitius Corbulo siegt über die Friesen, verharrt
    jedoch auf Claudius' Befehl am Niederrhein. Beginn
    von Claudius' Zensur.

48 Messalinas Sturz und Tod.

49 Claudius' Heirat mit seiner Nichte Agrippina d. J.

49/50–56 Die großen (2. und 3.) Missionsreisen des Paulus.

50 Sieg über die Chatten durch Pomponius Secundus.

51 Titus Flavius Domitianus als jüngster Sohn Vespasians
    geboren.

54 (13. 10.) Claudius wird von Agrippina vergiftet.

54–68 Nero (die ersten fünf segensreichen Jahre unter dem
    Einfluß seines Erziehers Seneca und des Gardepräfek-
    ten Afranius Burrus).

54 Nach zwölf Baujahren weiht Nero den Hafen von
    Ostia ein.

58–63 Corbulo kämpft mit den Parthern um die Hegemonie
    über Armenien; künftig dort parthische Dynastie un-
    ter römischer Oberhoheit.

59 Ermordung Agrippinas im Auftrag Neros.

61 Suetonius Paulinus wirft den Aufstand der britanni-
    schen Königin Boudicca nieder.

62 Tod des Burrus; Senecas Rückzug aus der Politik.

64 (18.–27. 7.) Brand von Rom, anschließende Christen-
    verfolgung.

65 Pisonische Verschwörung; Seneca wird zum Selbstmord gezwungen.

66 Tiridates' Krönung zum König von Armenien in Rom; griechische Kunstreise Neros (Rückkehr nach Rom Anfang 68); Aufstand der Juden.

67 Ernennung Vespasians zum Legaten zwecks Rückgewinnung Judäas.

68 Erhebung des Julius Vindex in Gallien; (6. 6.) Neros Selbstmord.

68–69 Vierkaiserjahr. Galba, Otho, Vitellius, Vespasian. Kämpfe an der unteren Donau gegen die Daker; Brand des kapitolinischen Jupitertempels (19. 12. 69).

69–96 Die Flavische Dynastie.

69–79 Vespasian.

69 Vespasian am 1.–3. 7. im Orient zum Kaiser ausgerufen (Tod des Vitellius am 20. 12.).

69–70 Bataveraufstand unter Julius Civilis.

70 (Sommer) Ankunft Vespasians in Rom; (September) Zerstörung Jerusalems durch Titus.

71–77 Eroberung von Mittelengland durch Petilius Cerialis, von Wales durch Julius Frontinus.

73–74 Römischer Vorstoß in das Dekumatland (zwischen Oberrhein und oberer Donau); Zensur des Vespasian und Titus.

77(78)–83(84) Julius Agricola erobert Nordengland und Südschottland.

79 (24. 6.) Tod Vespasians.

79–81 Titus.

79 (24. 8.) Vesuvausbruch, Vernichtung von Pompeji und Herculaneum; Tod des älteren Plinius.

80 Einweihung des um 72 von Vespasian begonnenen (und erst unter Domitian vollendeten) Colosseums.

81 (13. 9.) Tod des Titus.

81–96 Domitian.

83 1. Chattenkrieg Domitians; Limes zur Grenzsiche-
rung (um die Wetterau).

85 Domitian wird censor perpetuus.

85/86 Teilung der Provinz Mösien: Moesia inferior und
Moesia superior.

85–88 Krieg gegen die Daker unter Decebalus an der unteren
Donau.

86 Einrichtung des Agon Capitolinus.

88 Sieg über die Daker bei Tapae durch Tettius Julianus.
Säkularfeier.

88–89 2. Chattenkrieg, nur kurz (89) gestört durch den Aufstand des Antonius Saturninus in Mainz; Erweiterung
des römischen Territoriums nördlich der Wetterau bis
zum Neuwieder Becken.

89 Aus bisherigen Militärbezirken entstehen die Provinzen Germania inferior und (unter Einschluß der neuen
Eroberungen) Germania superior.

92–93 Nach Vernichtung der Legio Rapax kämpft Domitian
gegen die Jazygen an der mittleren Donau.

96 (18. 9.) Ermordung Domitians.

NAMENREGISTER

Die Ziffern bezeichnen die Kapitel der einzelnen Kaiserbiographien, die abgekürzt werden: A. = Augustus, C. = Caesar, Cal. = Caligula, Cl. = Claudius, D. = Domitia, G. = Galba, N. = Nero, O. = Otho, T. = Tiberius, Tit. = Titus, V. = Vespasian, Vit. = Vitellius.